Ines Zenke, Stefan Wollschläger, Jost Eder (Hrsg.)
Preise und Preisgestaltung in der Energiewirtschaft
De Gruyter Praxishandbuch

Preise und Preisgestaltung in der Energiewirtschaft

Von der Kalkulation bis zur Umsetzung von
Preisen für Strom, Gas, Fernwärme, Wasser und CO_2

Herausgegeben von
Ines Zenke, Stefan Wollschläger, Jost Eder

Bearbeitet von
Olaf Däuper, Jost Eder, Claudia Fischer, Andreas Große, Tigran Heymann, Marcel Malcher, Stefan Missling, Roland Monjau, Thomas Pilgram, Matthias Puffe, Daniel Schiebold, Jana Siebeck, Miriam Vollmer, Jan-Hendrik vom Wege, Stefan Wollschläger, Ines Zenke, Regina Zorn

DE GRUYTER

Zitiervorschlag: Zenke/Wollschläger/Eder/*Bearbeiter*, Kap. 1 Rn 10.

Hinweis:
Alle Angaben in diesem Werk sind nach bestem Wissen unter Anwendung aller gebotenen Sorgfalt erstellt worden. Trotzdem kann von dem Verlag und den Autoren keine Haftung für etwaige Fehler übernommen werden.

ISBN 978-3-11-035462-1
e-ISBN (PDF) 978-3-11-035482-9
e-ISBN (EPUB) 978-3-11-038353-9

Bibliografische Information der Deutschen Nationalbibliothek
Die Deutsche Nationalbibliothek verzeichnet diese Publikation in der Deutschen Nationalbibliografie; detaillierte bibliografische Daten sind im Internet über http://dnb.d-nb.de abrufbar.

© 2015 Walter de Gruyter GmbH, Berlin/München/Boston
Einbandabbildung: Card76/iStock/Thinkstock
Datenkonvertierung/Satz: fidus Publikations-Service GmbH, Nördlingen
Druck: CPI books GmbH, Leck
♾ Gedruckt auf säurefreiem Papier
Printed in Germany

www.degruyter.com

Vorwort

Liebe Leser,

Energie- und Versorgungspreise sind wie das Wetter: Jeder ist davon betroffen, alle sprechen darüber und jeder hat auch eine eigene Meinung dazu. Wir haben in zahlreichen beruflichen, politischen und auch privaten Diskussionen und Gesprächen festgestellt, dass es häufig schwierig ist, die Zusammenhänge des Entstehens und der Anpassung von Versorgerpreisen umfassend im Blick zu behalten. Dieses Buch soll Ihnen daher dabei helfen, die mittlerweile komplexen und vielschichtigen Fragestellungen rund um das Thema Energie- und Versorgungspreise systematisch und übersichtlich zu erfassen.

Großen Dank schulden wir allen unseren Autoren, die als ausgesprochene Experten maßgeblich zum Gelingen dieses Buches beigetragen haben. Unser besonderer Dank gilt ebenfalls Frau Katja Seidel und Frau Arlett Steinhöfel sowie Maria Thelemann, die das Entstehen des Werkes wertvoll begleitet, zahlreiche Literatur ausgewertet und das Gesamtprojekt redaktionell betreut haben.

Gesondert bedanken möchten wir uns auch bei unserem Verlag und insbesondere bei Herrn Ullrich Wittek. Nur ihr besonderer Einsatz ermöglichte das so erfreuliche Agieren am Puls der Zeit.

Ein Buch kann nur geschrieben werden, wenn der nötige Freiraum hierfür besteht. Besonderer Dank gilt daher unseren Ehepartnern Rhett, Christin und Catharina, die uns in der Zeit der Entstehung dieses Werkes noch mehr als sonst entbehren mussten. Ein ganz spezieller Gruß geht dabei auch an Florentine, Edgar, Leo und Jasper.

Wir hoffen, Ihnen mit diesem Werk für die tägliche Praxis wertvolle Anregungen und Hilfestellungen geben zu können. Wir sind für kritische Anmerkungen und konstruktive Änderungsvorschläge stets aufgeschlossen und dankbar.

Sie erreichen uns unter:
Becker Büttner Held
Rechtsanwälte Wirtschaftsprüfer Steuerberater
Magazinstraße 15–16, 10179 Berlin

oder per E-Mail:
ines.zenke@bbh-online.de,
stefan.wollschlaeger@bbh-online.de bzw.
jost.eder@bbh-online.de.
Berlin, 1.10.2014

Dr. Ines Zenke
Stefan Wollschläger
Dr. Jost Eder

Inhaltsübersicht

Abkürzungsverzeichnis —— XXI
Literaturverzeichnis —— XXVII
Bearbeiterverzeichnis —— XXXI
Rechtsprechungsübersicht —— XXXV

Kapitel 1
Einführung —— 1

A. Warum sind die Energiepreise wie sie sind – Preisbestandteile? —— 1
B. Reaktionsmöglichkeiten des Kunden —— 7
C. Regelungsvielfalt in der Energiewirtschaft —— 9

Kapitel 2
Preiskalkulation —— 13

A. Der Preis im Marktumfeld —— 13
B. Wie ein Preis entsteht —— 20
C. Die Notwendigkeit der Anpassung von Tarifpreisen —— 35

Kapitel 3
Erzeugung —— 41

A. Die Erzeugerlandschaft in der Bundesrepublik Deutschland —— 41
B. Kostenstrukturen von Stromerzeugungsanlagen —— 49
C. Ökonomischer Effekt der Kosten- und Technologiedifferenzen —— 53
D. Fazit und Ausblick —— 59

Kapitel 4
Ein- und Verkauf —— 61

A. Strom- und Gasgroßhandel —— 61
B. Bedeutung von Erneuerbaren Energien —— 77
C. Strukturierte Energiebeschaffung —— 86

Kapitel 5
Preisanpassungsregelungen in Sonderkundenverträgen —— 99

A. Einführung —— 99
B. Preisanpassungsregelungen in der Energiewirtschaft –
   ein Überblick —— 99

C. Der Rechtsrahmen für Preisanpassungen —— 102
D. Preise, Preisbestandteile und Preisanpassungsregelungen in Sonderkundenverträgen —— 113
E. Wichtige Gerichtsentscheidungen —— 121
F. Ausblick —— 125

Kapitel 6
Grundversorgung —— 127

A. Grundlagen der Grundversorgung —— 127
B. Preisanpassungsrecht —— 130
C. Umfang der gerichtlichen Preisprüfung —— 135

Kapitel 7
Fernwärmeversorgung —— 143

A. Preisänderungsmöglichkeiten bei der Fernwärmeversorgung —— 143
B. Regelung des § 24 AVBFernwärmeV —— 152
C. Änderung von Klauseln während der Vertragslaufzeit —— 169
D. Kartellrechtliche Implikationen —— 173

Kapitel 8
Gestaltung und Kontrolle von Wasser- und Abwasserpreisen —— 179

A. Ausgangslage und Rahmenbedingungen —— 179
B. Preisbildung und Preisanpassung —— 182
C. Kontrolle von Wasserpreisen durch Kunden —— 191
D. Kontrolle von Wasserpreisen durch Kartellbehörden —— 196
E. Exkurs: Abwasserpreise —— 200

Kapitel 9
Netznutzungsentgelte —— 203

A. Bedeutung der Netznutzungsentgelte für die Energiepreisentwicklung —— 204
B. Regulierung des Netzzugangs —— 208
C. Rechtsschutzmöglichkeiten —— 246
D. Fazit —— 252

Kapitel 10
Stromsteuer, EEG-Umlage, Strompreiskompensation: Optimierungsmöglichkeiten bei den Stromkosten —— 253

A. Einleitung —— 253
B. Entlastungs- und Optimierungsmöglichkeiten —— 254

Kapitel 11
Resümee/Ausblick —— 289

Stichwortverzeichnis —— 293

Inhaltsverzeichnis

Abkürzungsverzeichnis —— XXI
Literaturverzeichnis —— XXVII
Bearbeiterverzeichnis —— XXXI
Rechtsprechungsübersicht —— XXXV

Kapitel 1
Einführung —— 1

A. Warum sind die Energiepreise wie sie sind – Preisbestandteile? —— 1
  I. Strompreis —— 2
    1. Zusammensetzung des Strompreises —— 2
    2. Entwicklungen des Strompreises —— 2
  II. Gaspreis —— 5
    1. Zusammensetzung des Gaspreises —— 5
    2. Entwicklungen des Gaspreises —— 6
B. Reaktionsmöglichkeiten des Kunden —— 7
  I. Überprüfung der Preisanpassung des Versorgers —— 8
  II. Wechsel des Anbieters oder des Tarifs —— 9
C. Regelungsvielfalt in der Energiewirtschaft —— 9

Kapitel 2
Preiskalkulation —— 13

A. Der Preis im Marktumfeld —— 13
  I. Angebot und Nachfrage —— 15
  II. Das Monopol —— 18
  III. Das Oligopol —— 19
B. Wie ein Preis entsteht —— 20
  I. Preisbildung zwischen Angebot und Nachfrage in der praktischen Umsetzung am Beispiel Strom —— 22
  II. Einflussfaktoren auf die Strompreise —— 24
  III. Quantitative vs. qualitative Methoden der Preisprognose —— 27
  IV. Mengen- und Preisrisiken und ihre Bedeutung für den wirtschaftlichen Vertriebserfolg —— 29
  V. Bewertung von Marktpreisrisiken —— 30
  VI. Preiskalkulation unter Unsicherheit —— 32
  VII. Die Herausforderung der Preis- und Mengenprognose —— 33
C. Die Notwendigkeit der Anpassung von Tarifpreisen —— 35
  I. Preiskomponenten in den Letztverbraucherpreisen und die Möglichkeit der Beeinflussbarkeit —— 36

II. Bottom-Up- vs. Top-Down-Kalkulationen —— 37
  III. Segmentspezifische Tarifpreiskalkulation —— 40

Kapitel 3
Erzeugung —— 41

A. Die Erzeugerlandschaft in der Bundesrepublik Deutschland —— 41
  I. Verwandte Brennstoffträger —— 42
    1. Nach wie vor die Nummer 1: Braunkohle —— 42
    2. Nummer 2: Erneuerbare Energien —— 43
    3. Nummer 3: Steinkohle —— 43
    4. Nummer 4: Kernenergie —— 44
    5. Nummer 5: Erdgas —— 45
  II. Steuerbarkeit von Stromerzeugungsanlagen —— 46
  III. Regionale Verteilung der Stromerzeugung —— 47
  IV. Im Ergebnis: Breites Portfolio der Erzeugungsanlagen —— 48
B. Kostenstrukturen von Stromerzeugungsanlagen —— 49
  I. Fixe Kosten im Kraftwerksbetrieb —— 50
  II. Variable Kosten im Kraftwerksbetrieb —— 51
  III. Kostenhierarchie der Kraftwerkstypen —— 53
C. Ökonomischer Effekt der Kosten- und Technologiedifferenzen —— 53
  I. Anlagenbetrieb bei Deckungsbeitragserwirtschaftung —— 53
  II. Einsatzvorrang der Kohleverstromer —— 54
  III. Allgemeingültigkeit des Kohlevorrangs auf allen relevanten Märkten —— 56
D. Fazit und Ausblick —— 59

Kapitel 4
Ein- und Verkauf —— 61

A. Strom- und Gasgroßhandel —— 61
  I. Überblick —— 61
  II. Darstellung der Märkte —— 63
    1. Überblick —— 63
    2. Physische und finanzielle Erfüllung —— 64
    3. Der Spotmarkt —— 65
      a) Der Spotmarkt für Strom der EPEX Spot SE —— 66
        aa) Einbettung des physischen Handels in die Netztopographie —— 67
        bb) Die Preisermittlung —— 69
      b) Spotmarkt für Gas —— 72
      c) Außerbörsliche Spotmarktprodukte —— 72
    4. Der Terminmarkt —— 73

        a) Der Terminmarkt für Strom an der EEX —— 73
        b) Der Terminhandel für Gas an der EEX —— 76
        c) Außerbörsliche Terminmarktprodukte —— 77
B. Bedeutung von Erneuerbaren Energien —— 77
  I. Vermarktung von EEG-Strom vor Einführung der Marktprämie —— 77
    1. Physische Wälzung —— 77
    2. Vermarktung aufgrund der AusglMechV —— 78
    3. Vermarktung von EEG-Strom im Wege der Marktprämie —— 78
        a) Day-ahead-Markt als Preisreferenz —— 79
        b) Auflösen des Vermarktungsportfolios —— 80
  II. Negative Preise —— 82
    1. Bedeutung der Fernsteuerbarkeit —— 82
    2. Bedeutung von Flexibilitäten —— 83
        a) Abrechnung und Nachholeffekte —— 84
        b) Mangelnde Sensibilität der Nachfrage —— 84
        c) Ausgleichseffekte —— 85
C. Strukturierte Energiebeschaffung —— 86
  I. Hintergrund —— 86
  II. Anforderungen an die Organisation für eine strukturierte Energiebeschaffung —— 87
    1. Risikomanagement —— 88
        a) Festlegung und Bewertung relevanter Risiken —— 88
        b) Festlegung von Handlungs- und Risikorichtlinien —— 90
        c) Überwachung und Reporting —— 91
    2. Aufbauorganisation —— 91
    3. Auswirkung des EEG auf die Preiskalkulation in der strukturierten Beschaffung —— 92
    4. Auswirkungen des EEG auf die Bilanzkreisbewirtschaftung —— 93
  III. Rechtliche Anforderungen —— 93
    1. Vertragsmanagement —— 94
    2. Anpassungsbedarf aufgrund der Energiemarktregulierung? —— 94
        a) Finanzmarktrichtlinie – MiFID II —— 95
        b) OTC-Derivateverordnung – EMIR —— 96
        c) Transparenzverordnung – REMIT/MTSG —— 97

Kapitel 5
Preisanpassungsregelungen in Sonderkundenverträgen —— 99

A. Einführung —— 99
B. Preisanpassungsregelungen in der Energiewirtschaft – ein Überblick —— 99
  I. Einführung —— 99

II. Netzwirtschaftliche Verträge (Netzanschluss- und
       Netznutzungsverträge) —— 100
  III. Sonderkundenverträge (Strom- und Gaslieferverträge) —— 101
C. Der Rechtsrahmen für Preisanpassungen —— 102
  I. Grundlagen —— 102
  II. Vertragsrechtliche Vorgaben zur Preisanpassung —— 102
       1. Das Recht der AGB —— 102
       2. Schutzzweck —— 103
       3. Anwendungsbereich des AGB-Rechts —— 103
       4. Anwendbarkeit des AGB-Rechts gegenüber Unternehmen und
          juristischen Personen —— 104
       5. Klauselkontrolle nach § 309 Nr. 1 BGB —— 104
       6. Klauselkontrolle nach § 307 BGB —— 105
  III. Inhalt der Entgeltanpassung: § 315 BGB —— 110
  IV. Kartellrecht —— 112
D. Preise, Preisbestandteile und Preisanpassungsregelungen
   in Sonderkundenverträgen —— 113
  I. Ausprägungen —— 113
  II. Steuern, Abgaben und sonstige hoheitliche Belastungen —— 113
  III. Der Energiepreis im engeren Sinn —— 116
       1. Separierte Preissysteme, Pauschalpreise und Konsequenzen für
          die Preisanpassung —— 116
       2. Pauschalpreissystem —— 116
       3. Keine Möglichkeit der Preisanpassung durch öffentliche Bekanntgabe
          in Sonderkundenverträgen —— 117
       4. Separierte Preissysteme: Gleitende Weitergabe einzelner
          Entgeltbestandteile —— 118
       5. Kein Sonderkündigungsrecht bei separierten Preissystemen —— 119
E. Wichtige Gerichtsentscheidungen —— 121
  I. Flüssiggas-Entscheidung des BGH —— 121
  II. Entscheidung des BGH zu sog. GVV-Klauseln —— 122
  III. BGH zur Wirksamkeit von HEL-Klauseln gegenüber Verbrauchern —— 123
  IV. BGH zur Wirksamkeit von HEL-Klauseln gegenüber Gewerbekunden —— 124
F. Ausblick —— 125

**Kapitel 6
Grundversorgung —— 127**

A. Grundlagen der Grundversorgung —— 127
  I. Regelung im Energiewirtschaftsgesetz —— 127
       1. Grundversorgungspflichtiges Unternehmen —— 127
       2. Grundversorgungsberechtigte Energiekunden —— 128

3. Wirkung der Grundversorgung —— 129
B. Preisanpassungsrecht —— 130
   I. Einordnung in die Grundversorgung —— 130
      1. Relevanz der Abgrenzung —— 130
      2. Abgrenzung —— 131
      3. Best-Preis-Abrechnung —— 132
   II. Rechtsprechung in Deutschland —— 132
   III. Einflüsse des europäischen Rechts auf deutsche Versorgerpreise —— 133
C. Umfang der gerichtlichen Preisprüfung —— 135
   I. Gerichtliche Zuständigkeit —— 135
   II. Anwendbarkeit des § 315 BGB in Zeiten des Wettbewerbs —— 137
   III. Gegenstand der Prüfung —— 138
      1. Keine Prüfung des Ausgangspreises —— 138
      2. Überprüfung der Preisveränderungen —— 139
         a) Preissockel als Überprüfungsgrundlage —— 139
         b) Prüfungsumfang —— 140
            aa) Billigkeitsnachweis durch Preisvergleich —— 140
            bb) Nachweis der gestiegenen Bezugskosten —— 141
            cc) Darlegung von Senkungspotenzial —— 142

Kapitel 7
Fernwärmeversorgung —— 143

A. Preisänderungsmöglichkeiten bei der Fernwärmeversorgung —— 143
   I. Preisänderungsklausel —— 143
   II. Preisänderung durch öffentliche Bekanntmachung —— 145
      1. Preisänderungsrecht aus § 4 Abs. 2 AVBFernwärmeV? —— 145
      2. Rechtsfolge —— 147
   III. Festpreisregelung —— 148
      1. Eingeschränkte Eignung —— 148
      2. Problematik des stillschweigenden Vertragsschlusses —— 149
B. Regelung des § 24 AVBFernwärmeV —— 152
   I. Anwendungsbereich —— 152
      1. Industriekunden —— 152
      2. Individualvereinbarung —— 153
   II. Anforderungen im Einzelnen —— 154
      1. Kostenelement —— 154
         a) Bedeutung des Kostenelements —— 154
         b) Einsatz verschiedener Brennstoffe —— 156
         c) Mittelbare Kostenorientierung —— 157
         d) Einkauf von Fernwärme durch das Versorgungsunternehmen —— 158
      2. Marktelement —— 159

    a) Mögliche Indizes als Marktelement —— 160
    b) Doppelfunktion eines Index? —— 161
  3. Angemessenes Verhältnis —— 164
  4. Transparenzgebot —— 165
  5. Maßgeblicher Beurteilungszeitpunkt für die Wirksamkeit einer Preisänderungsklausel —— 166
    a) Tatsächliche Verhältnisse bei Vertragsschluss —— 167
    b) Konsequenzen bei nachträglicher Änderung der Kostenstruktur —— 167
C. Änderung von Klauseln während der Vertragslaufzeit —— 169
 I. Ordentliche Vertragskündigung —— 169
 II. Nachtragsvereinbarung —— 170
 III. Einseitige Anpassung nach § 4 Abs. 2 AVBFernwärmeV —— 171
 IV. Weitere Anpassungsmöglichkeiten —— 172
D. Kartellrechtliche Implikationen —— 173
 I. Marktabgrenzung in der Fernwärme —— 173
  1. Sachliche Marktabgrenzung —— 173
  2. Räumliche Marktabgrenzung —— 175
 II. Auswirkungen auf die Preisgestaltung —— 175
  1. Kartellrechtliche Auswirkung —— 176
  2. Zivilrechtliche Auswirkung —— 176

Kapitel 8
Gestaltung und Kontrolle von Wasser- und Abwasserpreisen —— 179

A. Ausgangslage und Rahmenbedingungen —— 179
 I. Rahmenbedingungen der Wasserversorgung —— 179
 II. Rechtsgrundlagen und Kontrollregime —— 179
  1. Öffentlich-rechtliche Wasserversorgung —— 180
  2. Privatrechtliche Wasserversorgung —— 180
 III. Wasserpreise im Fokus —— 181
B. Preisbildung und Preisanpassung —— 182
 I. Typische Preiskomponenten —— 182
  1. Tarifkunden —— 182
  2. Nichttarifkunden —— 182
 II. Ansatzfähige Kosten —— 182
  1. Wasserpreiskalkulation —— 183
    a) Gründe für eine Wasserpreiskalkulation —— 183
    b) Spielräume bei Ansätzen und Methodik —— 183
  2. Kosten der Wassersparte —— 184
  3. Zuordnung von fixen und variablen Kosten —— 185
  4. Beschränkung auf „notwendige" Kosten? —— 185

III. Preisanpassungsrecht —— 185
  1. Tarifkunden —— 185
  2. Nichttarifkunden —— 186
    a) Bestehen ausdrücklicher Vereinbarungen —— 186
    b) Versorgung ohne ausdrückliche Vereinbarung —— 186
IV. Entscheidung für ein atypisches Tarifmodell —— 187
  1. Gründe für grundsätzliche Umstellungen des Tarifmodells —— 187
  2. Rechtliche Gesaltungsspielräume und Grenzen —— 188
    a) Zivilrechtliche Vorgaben —— 188
    b) Aussagen der Kommunalabgabengesetze und der verwaltungsgerichtlichen Rechtsprechung —— 189
C. Kontrolle von Wasserpreisen durch Kunden —— 191
  I. Tarifkunden —— 191
    1. § 315 BGB als Maßstab für Ausgangspreis und Preisanpassung —— 191
    2. Billiges Ermessen und Prinzipien des öffentlichen Finanzgebarens —— 191
    3. Prozessuale Aspekte —— 193
    4. Zeitliche Begrenzung der Geltendmachung —— 194
      a) Verjährung —— 194
      b) Akzeptanz des Preissockels —— 194
  II. Nichttarifkunden —— 195
    1. § 315 BGB —— 195
    2. AGB-Recht —— 195
    3. Weitere Prüfungsmaßstäbe —— 196
D. Kontrolle von Wasserpreisen durch Kartellbehörden —— 196
  I. Überblick —— 196
    1. Zuständigkeit und Verfahren —— 196
  II. Kontrollmaßstab —— 197
    1. Vergleichsmarktkonzept —— 198
    2. Kostenkontrolle —— 199
E. Exkurs: Abwasserpreise —— 200
  I. Preisanpassungsrecht —— 200
  II. Billigkeitskontrolle —— 202
  III. Kontrolle von Abwasserpreisen durch Kartellbehörden —— 202

Kapitel 9
Netznutzungsentgelte —— 203

A. Bedeutung der Netznutzungsentgelte für die Energiepreisentwicklung —— 204
B. Regulierung des Netzzugangs —— 208
  I. Einführung —— 208
  II. Allgemeines —— 210

III. Vom verhandelten Netzzugang zur Netzentgeltregulierung —— 212
　　1. Verhandelter Netzzugang —— 212
　　2. Netzentgeltregulierung nach dem EnWG 2005 —— 214
IV. Die kostenorientierte Entgeltbildung —— 215
　　1. Das Genehmigungsverfahren nach § 23a EnWG —— 215
　　2. Anwendungsbereich der kostenorientierten Entgeltbildung —— 218
　　3. Der Weg in die Anreizregulierung —— 219
V. Die Anreizregulierung —— 220
　　1. Systematik und Funktionsweise der ARegV —— 220
　　2. Festlegung von Erlösobergrenzen —— 221
　　　a) Ausgangsniveau —— 221
　　　b) Kostenbestandteile in der Erlösobergrenze —— 221
　　　c) Effizienzwert —— 222
　　　d) Qualitätsvorgaben —— 223
　　　e) Genereller sektoraler Produktivitätsfaktor —— 224
　　　f) Vereinfachtes Verfahren —— 224
　　3. Anpassungsmöglichkeiten der Erlösobergrenze —— 226
　　　a) Anpassung nach § 4 ARegV —— 226
　　　b) Regulierungskonto —— 226
　　　c) Erweiterungsfaktor —— 226
　　4. Evaluierung der Anreizregulierung —— 227
VI. Methodik kostenorientierter Ermittlung von Netzentgelten —— 228
　　1. Einführung —— 228
　　2. Kostenartenrechnung —— 229
　　　a) Grundlagen der Netzkostenermittlung —— 229
　　3. Aufwandsgleiche Kostenpositionen —— 231
　　4. Kalkulatorische Kostenpositionen —— 233
　　　a) Kalkulatorische Restwerte und Abschreibungen —— 233
　　　b) Kalkulatorische Eigenkapitalverzinsung —— 236
　　　c) Kalkulatorische Gewerbesteuer —— 238
　　5. Kostenstellenrechnung —— 240
　　6. Kostenträgerrechnung —— 241
　　　a) Grundlagen —— 241
　　　b) Strom —— 241
　　　c) Gas —— 245
C. Rechtsschutzmöglichkeiten —— 246
　I. Verpflichtungsrechtsbeschwerde —— 246
　　1. Überblick —— 246
　　2. Beteiligung —— 247
　　　a) Prinzip der Beteiligungskontinuität —— 247
　　　b) Beteiligung am behördlichen Verfahren —— 248
　　　c) Notwendige Beiladung —— 248

II. Überblick: Eilrechtsschutz —— 249
    1. Effektiver Rechtsschutz —— 249
    2. Antrag auf vorläufige Anordnung —— 249
    3. Anordnungsanspruch und Anordnungsgrund —— 249
    4. Unbefriedigende Sachlage im Eilrechtsschutz —— 250
III. Netzentgeltüberprüfung nach § 315 BGB —— 251
D. Fazit —— 252

Kapitel 10
Stromsteuer, EEG-Umlage, Strompreiskompensation: Optimierungsmöglichkeiten bei den Stromkosten —— 253

A. Einleitung —— 253
B. Entlastungs- und Optimierungsmöglichkeiten —— 254
    I. Stromsteuer —— 254
        1. Einleitung —— 254
        2. Stromsteuerbefreiungen —— 255
            a) Input-Befreiung: Strom zur Stromerzeugung —— 255
            b) Output-Befreiung: „Grüner Strom aus grünen Netzen" —— 257
            c) Input-Befreiung: Dezentrale Stromversorgung aus kleinen Anlagen —— 259
        3. Stromsteuerentlastungen —— 262
            a) Steuerentlastung für bestimmte Prozesse und Verfahren —— 263
            b) Steuerentlastung für Unternehmen des Produzierenden Gewerbes oder Unternehmen der Land- und Forstwirtschaft —— 264
            c) Steuerentlastung in Sonderfällen (Spitzenausgleich) —— 265
    II. Reduzierung der EEG-Umlage —— 268
        1. Einleitung —— 269
        2. Antragsberechtigte Unternehmen —— 269
        3. Materielle Begrenzungsvoraussetzungen —— 270
        4. Besondere Vorgaben für neu gegründete Unternehmen, Unternehmensumwandlungen und selbständige Unternehmensteile —— 272
        5. Anforderungen an das Antragsverfahren —— 274
        6. Begrenzungsumfang —— 275
        7. Härtefallregelung —— 276
        8. Schienenbahnen —— 278
    III. Beihilfen zur Kompensation für indirekte CO_2-Kosten —— 278
        1. Einleitung —— 278
        2. Voraussetzungen der Beihilfegewährung —— 281
            a) Antragsberechtigung —— 281
            b) Antragsverfahren —— 281

   c) Beihilfehöhe —— **282**
 3. Praxisrelevante Schwer- und Problempunkte —— **284**
   a) Kapazitätserweiterungen —— **284**
   b) Strompreiskompensation bei eigenerzeugtem Strom —— **284**
   c) CO_2-Strompreiskompensation in der Besonderen Ausgleichsregelung —— **285**

Kapitel 11
Resümee/Ausblick —— 289

Stichwortverzeichnis —— **293**

Abkürzungsverzeichnis

%	Prozent
§/§§	Paragraf/en
€	Euro
€/kW	Euro pro Kilowatt
€/MWh	Euro pro Megawattstunde
€/t CO_2	Euro pro Tonne Kohlendioxid
a. A.	anderer Ansicht
a. E.	am Ende
a. F.	alte Fassung
ABl EU	Amtsblatt der Europäischen Union
AbLaV	Verordnung zu abschaltbaren Lasten
Abs.	Absatz
AFG	Arbeitsförderungsgesetz
AG	Amtsgericht
	Arbeitsgemeinschaft
	Aktiengesellschaft
AGB	Allgemeine Geschäftsbedingungen
AGBG	AGB-Gesetz
AKW	Atomkraftwerk
Anm.	Anmerkung von
AO	Abgabenordnung
AP	Arbeitspreis
ARegV	Anreizregulierungsverordnung
AT	Allgemeiner Teil
AtomG	Atomgesetz
Aufl.	Auflage
AusglMechV	Ausgleichsmechanismusverordnung
AVBEltV	Verordnung über Allgemeine Bedingungen für die Elektrizitätsversorgung von Tarifkunden
AVBFernwärmeV	Verordnung über Allgemeine Bedingungen für die Versorgung mit Fernwärme
AVBGasV	Verordnung über Allgemeine Bedingungen für die Gasversorgung von Tarifkunden
AVBWasserV	Verordnung über Allgemeine Bedingungen für die Versorgung mit Wasser
Az.	Aktenzeichen
BAFA	Bundesamt für Wirtschaft und Ausfuhrkontrolle
BaFin	Bundesanstalt für Finanzdienstleistungen
BAnz	Bundesanzeiger
BauR	Zeitschrift für das gesamte öffentliche und zivile Baurecht (Zeitschrift)
BayVerwBl	Bayerische Verwaltungsblätter (Zeitschrift)
BB	Betriebs-Berater (Zeitschrift)
BDEW	Bundesverband der Energie- und Wasserwirtschaft e. V.
BDI	Bundesverband der Deutschen Industrie e. V.
Bek.	Bekanntmachung
ber.	berichtigt
BerlBG	Berliner Betriebe-Gesetz

Beschl.	Beschluss
BFH	Bundesfinanzhof
BGB	Bürgerliches Gesetzbuch
BGBl. I/II	Bundesgesetzblatt Teil 1/Teil 2
BGH	Bundesgerichtshof
BGHZ	Entscheidungen des Bundesgerichtshofes in Zivilsachen
BHKW	Blockheizkraftwerk
Bill.	Billion
BiomasseV	Biomasseverordnung
BK	Braunkohle
	Beschlusskammer
BKartA	Bundeskartellamt
BMF	Bundesfinanzministerium
BMWi	Bundesministerium für Wirtschaft und Technologie
BNetzA	Bundesnetzagentur
BR-Drucks.	Bundesrats-Drucksache
bspw.	beispielsweise
BT-Drucks.	Bundestags-Drucksache
BTOElt	Bundestarifordnung Elektrizität
BTOGas	Bundestarifordnung Gas
BVerwG	Bundesverwaltungsgericht
BVMW	Bundesverband mittelständische Wirtschaft, Unternehmerverband Deutschlands e. V.
bzw.	beziehungsweise
ca.	circa
CO_2	Kohlendioxid
CO_2/kWh	Kohlendioxid pro Kilowattstunde
CO_2/MWh	Kohlendioxid pro Megawattstunde
ct	Cent
ct/kWh	Cent pro Kilowattstunde
CuR	Contracting und Recht (Zeitschrift)
d. h.	das heißt
DEA	Data Envelopment Analysis (Dateneinhüllungsanalyse)
DEHSt	Deutsche Emissionshandelsstelle
DKW	Dampfkraftwerk
DÖV	Die öffentliche Verwaltung (Zeitschrift)
DVBl.	Deutsches Verwaltungsblatt (Zeitschrift)
E&M	Energie & Management (Zeitschrift)
e|m|w	Zeitschrift für Energie, Markt, Wettbewerb (Zeitschrift)
EEG	Erneuerbare-Energien-Gesetz
EEX	European Energy Exchange
EFET	European Federation of Energy Traders (Verband europäischer Energiehändler)
EG	Erdgas
EKFG	Gesetz zur Errichtung eines Sondervermögens „Energie- und Klimafonds"
EltRL	Elektrizitätsbinnenmarktrichtlinie
EMAS	Eco-Management and Audit Scheme

EMIR	European Market Infrastructure Regulation
EmissH-RL	Emissionshandelsrichtlinie
EnergieStG	Energiesteuergesetz
EnergieSt-RL	Energiesteuer-Richtlinie
EnergieStV	Energiesteuer-Durchführungsverordnung
EnWG	Energiewirtschaftsgesetz
EnWZ	Zeitschrift für das gesamte Recht der Energiewirtschaft (Zeitschrift)
ER	EnergieRecht – Zeitschrift für die gesamte Energierechtspraxis (Zeitschrift)
et	Energiewirtschaftliche Tagesfragen (Zeitschrift)
et al.	und andere
etc.	et cetera
EU	Europäische Union
EuGH	Europäischer Gerichtshof
EUR/kW	Euro pro Kilowatt
EVU	Energieversorgungsunternehmen
f./ff.	folgend/fortfolgend
FAZ	Frankfurter Allgemeine Zeitung (Zeitschrift)
FG	Finanzgericht
FMS	Formular-Management-System
Fn	Fußnote
G	Gesetz
g	Gramm
GasGVV	Gasgrundversorgungsverordnung
GasNEV	Gasnetzentgeltverordnung
gem.	gemäß
ggf.	gegebenenfalls
GKM	Großkraftwerk Mannheim
GSP	genereller sektoraler Produktivitätsfaktor
GT	Gasturbine
GuD	Gas- und Dampfkraftwerk
GuV	Gewinn- und Verlustrechnung
GVBl.	Gesetz- und Verordnungsblatt
GVG	Gerichtsverfassungsgesetz
GVV	Grundversorgungsverordnung
GWB	Gesetz gegen Wettbewerbsbeschränkungen
GWh	Gigawattstunde
GWh/a	Gigawattstunde pro Jahr
h	Stunde/n
HEL	leichtes Heizöl
HPFC	Hourly-Price-Forward-Curve (Stundenterminpreiskurve)
Hrsg.	Herausgeber
Hs.	Halbsatz
HSL	schweres Heizöl
i. d. F.	in der Fassung
i. d. R.	in der Regel

i. S.	im Sinne
i. S. d.	im Sinne des
i. S. v.	im Sinne von
i. V. m.	in Verbindung mit
IR	InfrastrukturRecht (Zeitschrift)
Kap.	Kapitel
Kfz	Kraftfahrzeug
KG	Kammergericht
KMU	kleine und mittlere Unternehmen
KoV	Kooperationsvereinbarung
KVR	Konzessionsvergaberichtlinie
KWG	Kreditwesengesetz
kWh	Kilowattstunde/n
KWKG	Kraft-Wärme-Kopplungsgesetz
LBEG	Landesamt für Bergbau, Energie und Geologie
LG	Landgericht
lit.	litera
LNG	Liquified Natural Gas
LW	Laufwasserkraftwerk
m³/a	Kubikmeter pro Jahr
m. w. N.	mit weiteren Nachweisen
MaComp	Mindestanforderungen an die Compliance-Funktion und die weiteren Verhaltens-, Organisations- und Transparenzpflichten nach §§ 31 ff. WpHG für Wertpapierdienstleistungsunternehmen
MaPrV	Managementprämienverordnung
MaRisk	Mindestanforderungen an das Risikomanagement
MCP	Market Clearing Price
MiFID	Markets in Financial Instruments Directive (Finanzmarktrichtlinie)
min	Minute(n)
Mio.	Million/en
Mrd.	Milliarde/n
MTF	Multilateral Trading Facility (multilaterale Handelsplattform)
MTSG	Markttransparenzstellengesetz
MüKo	Münchener Kommentar
MW	Megawatt
MWh	Megawattstunde
MWh/h	Megawattstunde pro Stunde
m. w. N.	mit weiteren Nachweisen
N&R	Netzwirtschaften und Recht (Zeitschrift)
n. F.	neue Fassung
n. v.	nicht veröffentlicht
NCG	NetConnect Germany
NJW	Neue Juristische Wochenschrift (Zeitschrift)
NJW-RR	NJW-Rechtsprechungs-Report (Zeitschrift)
Nr.	Nummer

NVwZ	Neue Zeitschrift für Verwaltungsrecht (Zeitschrift)
NVwZ-RR	NVwZ-Rechtsprechungs-Report Verwaltungsrecht (Zeitschrift)
NWVBl.	Nordrhein-Westfälische Verwaltungsblätter (Zeitschrift)
NZM	Neue Zeitschrift für Miet- und Wohnungsrecht (Zeitschrift)
OLG	Oberlandesgericht
OTC	Over the Counter (außerbörslicher Handel)
OTF	Organised Trading Facility (organisierte Handelsplattform)
OVG	Oberverwaltungsgericht
p^*	Gleichgewichtspreis
PaR	Profit at Risk
PV	Photovoltaik
q^*	Gleichgewichtsmenge
rd.	rund
RdE	Recht der Energiewirtschaft (Zeitschrift)
REMIT	Regulation on wholesale Energy Market Integrity and Transparency
RL	Richtlinie
Rn	Randnummer
S.	Satz
	Seite
SächsKAG	Sächsisches Kommunalabgabengesetz
SFA	Stochastic Frontier Analysis (Stochastische Effizienzgrenzenanalyse)
SK	Steinkohle
sog.	sogenannt/e/er/es
SpaEfV	Spitzenausgleich-Effizienzverordnung
SRU	Sachverständigenrat für Umweltfragen
StE	Steuern der Energiewirtschaft (Zeitschrift)
SteinkohleFinG	Steinkohlefinanzierungsgesetz
StromGVV	Stromgrundversorgungsverordnung
StromNEV	Stromnetzentgeltverordnung
StromStG	Stromsteuergesetz
StromStV	Stromsteuer-Durchführungsverordnung
t	Tonne/n
Tab.	Tabelle
TEHG	Treibhausgasemissionshandelsgesetz
Teilurt.	Teilurteil
TTF	Title Transfer Facility
TV-V	Tarifvertrag für kommunale Versorgungsbetriebe
TWh	Terrawattstunde/n
u. a.	unter anderem/n
u. U.	unter Umständen
UAbs.	Unterabsatz
UBA	Umweltbundesamt

UmwRG	Umwelt-Rechtsbehelfsgesetz
ÜNB	Übertragungsnetzbetreiber
Urt.	Urteil
UStG	Umsatzsteuergesetz
V	Verordnung
v.	von
	vom
v. a.	vor allem
VaR	Value-at-Risk (Marktrisiko)
VersR	Versicherungsrecht (Zeitschrift)
VersW	Versorgungswirtschaft (Zeitschrift)
VG	Verwaltungsgericht
VGH	Verwaltungsgerichtshof
vgl.	vergleiche
VHP	virtueller Handelspunkt
VNB	Verteilnetzbetreiber
VU	Versäumnisurteil
VV	Verbändevereinbarung
VwGO	Verwaltungsgerichtsordnung
WKA	Windkraftanlage
WM	Weltmeisterschaft
	Wertpapier-Mitteilungen (Zeitschrift)
WuW	Wirtschaft und Wettbewerb (Zeitschrift)
WuW/E	Entscheidungssammlung der Zeitschrift für Wirtschaft und Wettbewerb (Zeitschrift)
WZ	Wirtschaftszweig/e
z. B.	zum Beispiel
z. T.	zum Teil
ZfE	Zeitschrift für Energiewirtschaft (Zeitschrift)
ZfK	Zeitung für kommunale Wirtschaft (Zeitschrift)
ZfW	Zeitschrift für Wasserrecht (Zeitschrift)
ZfZ	Zeitschrift für Zölle und Verbrauchsteuern (Zeitschrift)
zit.	zitiert
ZMR	Zeitschrift für Miet- und Raumrecht (Zeitschrift)
ZNER	Zeitschrift für Neues Energierecht (Zeitschrift)
ZPO	Zivilprozessordnung
ZRFC	Risk, Fraud & Compliance (Zeitschrift)
ZUR	Zeitschrift für Umweltrecht (Zeitschrift)

Literaturverzeichnis

Altrock, Martin/Oschmann, Volker/Theobald, Christian (Hrsg.), Erneuerbare-Energien-Gesetz (EEG), Kommentar, 4. Aufl., München 2013 (zit.: Altrock/Oschmann/Theobald/*Bearbeiter*, EEG, §)
Arthur Andersen (Hrsg.), Energiehandel – Aktueller Stand und Entwicklung in Deutschland, Österreich, Schweiz, Stuttgart, Eschborn 2000 (zit.: *Arthur Andersen*, Energiehandel)
Bamberger, Heinz Georg/Roth, Herbert (Hrsg.), Kommentar zum Bürgerlichen Gesetzbuch, 3. Aufl., München 2012 (zit.: Bamberger/Roth/*Bearbeiter*, §)
Bartsch, Michael/Röhling, Andreas/Salje, Peter/Scholz, Ulrich (Hrsg.), Stromwirtschaft – Ein Praxishandbuch, 2. Aufl., Köln 2008 (zit.: Bartsch/Röhling/Salje/Scholz/*Bearbeiter*, Stromwirtschaft)
Baur, Jürgen F. (Hrsg.), Deregulierung und Regulierung durch nationales und europäisches Kartellrecht, Die Entwicklung des Wettbewerbsrechts und ihre Auswirkungen auf die deutsche Versorgungswirtschaft, VEnergR Band 71, Baden-Baden 1994 (zit.: Baur/*Bearbeiter*, Deregulierung und Regulierung, VEnergR Bd. 71)
Becker, Carsten/Blau, Claudia, Die Preismissbrauchskontrolle in der Praxis, München 2010 (zit.: *Becker/Blau*, Preismissbrauchskontrolle)
Becker, Peter, Aufstieg und Krise der deutschen Stromkonzerne, Bochum 2010 (zit.: *Becker*, Aufstieg und Krise der deutschen Stromkonzerne)
Bongartz, Matthias (Hrsg.), EnergieStG StromStG – Energiesteuer, Stromsteuer, Zolltarif, Lose-Blatt-Kommentar, München (zit.: Bongartz/*Bearbeiter*, EnergieStG StromStG, §)
Borchert, Jörg/Schemm, Ralf/Korth, Swen, Stromhandel – Institutionen, Marktmodelle, Pricing und Risikomanagement, Stuttgart 2006 (zit.: *Borchert/Schemm/Korth*, Stromhandel)
Britz, Gabrielle/Hellermann, Johannes/Hermes, Georg (Hrsg.), Energiewirtschaftsgesetz, Kommentar, 2. Aufl., München 2010 (zit.: Britz/Hellermann/Hermes/*Bearbeiter*, EnWG, §)
Brunke, Oliver, Die Strafbarkeit marktmissbräuchlichen Verhaltens am Spotmarkt der European Energy Exchange, Dissertation, Erlangen 2010 (zit.: *Brunke*, Die Strafbarkeit marktmissbräuchlichen Verhaltens)
Brösse, Ulrich, Einführung in die Volkswirtschaftslehre – Mikroökonomie, 3. Aufl., München 1999 (zit.: *Brösse*, Mikroökonomie)
Büdenbender, Ulrich, Zulässigkeit der Preiskontrolle von Fernwärmeversorgungsverträgen nach § 315 BGB, Essen 2005 (zit.: *Büdenbender*, Zulässigkeit Preiskontrolle Fernwärmeversorgungsverträgen)
Büdenbender, Ulrich/Rosin, Peter, Energierechtsreform 2005, Essen 2005 (zit.: *Büdenbender/Rosin*, Energierechtsreform)
Burger, Markus/Graeber, Bernhard/Schindlmayr, Gero, Managing Energy Risk – An Integrated View on Power and Other Energy Markets, New York 2007 (zit.: *Burger* et. al., Managing Energy Risk)
Christiansen, Neele Ann, Optimierung des Rechtsschutzes im Telekommunikations- und Energierecht – Vereinheitlichung oder systemimmanente Reform, Dissertation, Tübingen 2013 (zit.: *Christiansen*, Optimierung des Rechtsschutzes)
Danner, Wolfgang/Theobald, Christian (Hrsg.), Energierecht, Lose-Blatt-Kommentar, München (zit.: Danner/Theobald/*Bearbeiter*, §)
Dowd, Kevin, Beyond Value at Risk – New Science of Risk Management, New York 1999 (zit.: *Dowd*, Value at Risk)
Eichhorn, Frank/Utescher-Dabitz, Tanja (Hrsg.), Praxishandbuch – Die Besteuerung von Strom, Erdgas und Kohle, Frankfurt am Main 2009 (zit.: Eichhorn/Utescher-Dabitz/*Bearbeiter*, Besteuerung von Strom, Erdgas und Kohle)
Erdmann, Georg/Zweifel, Peter, Energieökonomik – Theorie und Anwendungen, Berlin 2008 (zit.: *Erdmann/Zweifel*, Energieökonomik)

Erman, Walter (Hrsg.), Bürgerliches Gesetzbuch (BGB), 13. Aufl., Köln 2011 (zit.: Erman/*Bearbeiter*, §)

Fama, Eugene F./Fisher, Lawrence/Jensen, Michael C./Roll, Richard, The Adjustment of Stock Prices to New Information, International Economic Review 10 (1)/1969 (zit.: *Fama/Fisher/Jensen/Roll*, International Economic Review 10 (1))

Frank, Robert H., Microeconomics and Behavior, 4. Aufl., Boston 2000 (zit.: *Frank*, Microeconomics and Behavior)

Friedrich, Klaus/Meißner, Cornelius (Hrsg.), Energiesteuern einschließlich ökologischen Steuerreform, Lose-Blatt-Kommentar, Planegg (zit.: Friedrich/Meißner/*Bearbeiter*, Energiesteuern, §)

Fusaro, Peter C./Miller, Ross M., What went wrong at Enron – Everyone's guide to the largest bankruptcy in U.S. History, New York 2002 (zit.: *Fusaro/Miller*, What went wrong at Enron)

Gerke, Wolfgang, Risikoadjustierte Bestimmung des Kalkulationszinssatzes in der Stromnetzkalkulation, Frankfurt am Main 2003 (zit.: *Gerke*, Stromnetzkalkulation)

Graeber, Dietmar Richard, Handel mit Strom aus erneuerbaren Energien, Wiesbaden 2014 (zit.: *Graeber*, Handel mit Strom aus erneuerbaren Energien)

Haubrich, Hans J. (Hrsg.), Jahresbericht 1999 des Instituts für Elektrische Anlagen und Energiewirtschaft der RWTH Aachen in Verbindung mit der Forschungsgesellschaft Energie an der RWTH Aachen e. V., Aachener Beiträge zur Energieversorgung, Band 61, Aachen 1999 (zit.: Haubrich/*Bearbeiter*, Jahresbericht 1999)

Held, Christian/Theobald, Christian (Hrsg.), Kommunale Wirtschaft im 21. Jahrhundert – Rahmenbedingungen, Strategien und Umsetzungen, Frankfurt am Main 2006 (zit.: Held/Theobald/*Bearbeiter*, Kommunale Wirtschaft im 21. Jahrhundert)

Hölder, Daniel, Erneuerbare: Stromvertriebe stärken!, Energy 2.0, Ausgabe 1.2013 (zit.: *Hölder*, Energy 2.0 1/2013)

Holznagel, Bernd/Schütz, Raimund (Hrsg.), Anreizregulierungsverordnung – Kommentar, München 2013 (zit.: Holznagel/Schütz/*Bearbeiter*, ARegV, §)

Horstmann, Karl-Peter/Cieslarczyk, Michael (Hrsg.), Energiehandel, Köln 2006 (zit.: Horstmann/Cieslarczyk/*Bearbeiter*, Energiehandel)

Jäger, Kristin, Die Bedeutung von Windprognosen im Marktprämienmodell am Beispiel Clean Energy Sourcing GmbH, STIFT-Preisträger 2012 für anwendungsorientierte Forschung, Nordhausen 2012 (zit.: *Jäger*, Windprognosen)

Landesamt für Bergbau, Energie und Geologie Niedersachsen, Erdöl und Erdgas in der Bundesrepublik Deutschland 2012, Hannover 2013 (zit.: *LBEG*, Erdöl und Erdgas)

Koenig, Christian/Kühling, Jürgen/Rasbach, Winfried, Energierecht, 3. Aufl., Baden-Baden 2013 (zit.: *Koenig/Kühling/Rasbach*, Energierecht)

Konstantin, Panos, Praxisbuch Energiewirtschaft – Energieumwandlung, -transport und -beschaffung im liberalisierten Markt, 3. Aufl., Berlin 2013 (zit.: *Konstanstin*, Praxisbuch Energiewirtschaft)

Kraft, Manfred/Wollschläger, Stefan, Leitfaden zur Kalkulation und Änderung von Fernwärmepreisen, Frankfurt am Main 2012 (zit.: *Kraft/Wollschläger*, Leitfaden Fernwärmepreise)

Marrison, Christopher, The Fundamentals of Risk Measurement, New York 2002 (zit.: *Marrison*, Risk Measurement)

Monopolkommission, Sondergutachten 65, Energie 2013: Wettbewerb in Zeiten der Energiewende, Baden-Baden 2014 (zit.: *Monopolkommission*, Sondergutachten 65, Energie)

Morell, Klaus-Dieter, Verordnung über Allgemeine Bedingungen für die Versorgung mit Wasser (AVBWasserV), Lose-Blatt-Kommentar (zit.: *Morell*, AVBWasserV, §)

Ockenfels, Axel, Strombörse und Marktmacht – Gutachten für das Ministerium für Wissenschaft, Wirtschaft und Verkehr des Landes Schleswig Holstein, Köln 2007 (zit.: *Ockenfels*, Strombörse und Marktmacht)

Palandt, Otto (Hrsg.), Bürgerliches Gesetzbuch, Kommentar, 73. Aufl., München 2014 (zit.: Palandt/ *Bearbeiter*, §)

Säcker, Franz Jürgen (Hrsg.), Berliner Kommentar zum Energierecht, 3. Aufl., Frankfurt am Main 2014 (zit.: Säcker/*Bearbeiter*, EnWG, §)

Säcker, Franz Jürgen/Busse von Colbe, Walther (Hrsg.), Wettbewerbsfördernde Anreizregulierung – zum Anreizregulierungsbericht der Bundesnetzagentur vom 30. Juni 2006, Frankfurt am Main u. a. 2007 (zit.: Säcker/Busse von Colbe/*Bearbeiter*, Anreizregulierung)

Säcker, Franz Jürgen/Rixecker, Roland (Hrsg.), Münchener Kommentar zum Bürgerlichen Gesetzbuch, Bd. 2, 6. Aufl., München 2012 (zit.: MüKo/*Bearbeiter*)

Samuelson, Paul A./Nordhaus William D., Volkswirtschaftslehre, 15. Aufl., Wien 1998 (zit.: *Samuelson/Nordhaus*, Volkswirtschaftslehre)

Schäfer, Michael (Hrsg.), Kommunalwirtschaft, Eine gesellschaftspolitische und volkswirtschaftliche Analyse, Wiesbaden 2014 (zit.: Schäfer/*Bearbeiter*, Kommunalwirtschaft)

Schiffer, Hans-Wilhelm, Energiemarkt Deutschland – Jahrbuch 2014 – Daten und Fakten zu konventionellen und erneuerbaren Energien, 12. Aufl., Köln 2014 (zit.: *Schiffer*, Jahrbuch 2014)

Schneider, Jens-Peter/Theobald, Christian (Hrsg.), Recht der Energiewirtschaft, Praxishandbuch, 1. Aufl., München 2003 (zit.: Schneider/Theobald/*Bearbeiter*, HBEnWR, §)

Scholtka, Boris/Brucker, Guido, Entgeltregulierung der Energienetze – eine Bestandsaufnahme anhand der Rechtsprechung, Berlin 2013 (zit.: *Scholtka/Brucker*, Entgeltregulierung)

Schwintowski, Hans-Peter (Hrsg.), Handbuch Energiehandel, 3. Aufl., Berlin 2014 (zit.: Schwintowski/*Bearbeiter*, Energiehandel)

Seifert, Jan, Preismodellierung und Derivatebewertung im Strommarkt – Theorie und Empirie, Dissertation, Karlsruhe 2010 (zit.: *Seifert*, Preismodellierung und Derivatebewertung)

Smith, Adam, An Inquiry into the Nature and Causes of the Wealth of Nations, London 1776 passim (dt. Übersetzung von Rechtenwald „Der Wohlstand der Nationen", 5. Rev. Taschenbuchausgabe, 1978) (zit.: *Smith*, Wealth of Nations)

Soergel, Theodor (Hrsg.), Bürgerliches Gesetzbuch mit Einführungsgesetz und Nebengesetzen, 13. Aufl., Stuttgart 2012 (zit.: Soergel/*Bearbeiter*, §)

Soyk, Stefan, Energie- und Stromsteuerrecht – Die besonderen Verbrauchsteuern auf die Energieverwendung, 3. Aufl., Köln 2013 (zit.: *Soyk*, Energie- und Stromsteuerrecht)

Staudinger, Julius von (Hrsg.), Kommentar zum Bürgerlichen Gesetzbuch: mit Einführungsgesetz und Nebengesetzen, Berlin 2001, Neubearbeitung 2004 (zit.: Staudinger/*Bearbeiter*, §)

Stein, Roland M./Thoms, Anahita, Energiesteuern in der Praxis – Energiesteuer, Stromsteuer, Biokraftstoffquote, Energiesteuer-Compliance, 2. Aufl., Köln 2013 (zit.: *Stein/Thoms*, Energiesteuern)

Stiglitz, Joseph E., The Roaring Nineties – A New History of the World's Most Prosperous Decade, New York 2006 (zit.: *Stiglitz*, World's Most Prosperous Decade)

Swider, Derk J./Ellersdorfer, Ingo/Hundt, Matthias/Voß, Alfred, Anmerkungen zu empirischen Analysen der Preisbildung am deutschen Spotmarkt für Elektrizität, Gutachten, Stuttgart 2007 (zit.: *Swider/Ellersdorfer/Hundt/Voß*, Preisbildung am deutschen Spotmarkt)

Theobald, Christian/Nill-Theobald, Christiane, Grundzüge des Energiewirtschaftsrechts, 3. Aufl., München 2013 (zit.: *Theobald/Theobald*, Energierecht)

Theobald, Christian/de Wyl, Christian/Eder, Jost, Der Wechsel des Stromlieferanten, München 2004 (zit.: *Theobald/de Wyl/Eder*, Wechsel des Stromlieferanten)

Wilcox, J./Binns, M., Importance of European Liberalisation to Trading, World Power Report (zit.: *Wilcox/Binns*, World Power Report)

Weron, Rafał, Modeling and forecasting electricity loads and prices – An Approach, New York 2006 (zit.: *Weron*, Electricity loads and prices)

Witzel, Horst/Topp, Adolf, Allgemeine Versorgungsbedingungen für Fernwärme, Erläuterungen für die Praxis zur Verordnung über allgemeine Bedingungen für die Versorgung mit Fernwärme, 2. Aufl., Frankfurt am Main 1997 (zit.: *Witzel/Topp*, Versorgungsbedingungen Fernwärme)

Zahoransky, Richard A., Energietechnik – Systeme zur Energieumwandlung, Kompaktwissen für Studium und Beruf, 3. Aufl., Wiesbaden 2007 (zit.: *Zahoransky*, Energietechnik)

Zander, Wolfgang/Riedel, Martin (Hrsg.), Praxishandbuch Energiebeschaffung – wirtschaftlicher Strom- und Gaseinkauf, Lose-Blatt-Werk, Berlin u. a. (zit.: Zander/Riedel/*Bearbeiter*, Praxishandbuch Energiebeschaffung)

Zenke, Ines/Fuhr, Thomas, Handel mit CO_2-Zertifikaten, München 2006 (zit.: *Zenke/Fuhr*, CO_2-Zerfitikate)

Zenke, Ines/Schäfer, Ralf (Hrsg.), Energiehandel in Europa, 3. Aufl., München 2012 (zit.: Zenke/Schäfer/*Bearbeiter*, Energiehandel)

Zenke, Ines/Wollschläger, Stefan (Hrsg.), § 315 BGB: Streit um Versorgerpreise, 2. Aufl., Frankfurt am Main 2009 (zit.: Zenke/Wollschläger/*Bearbeiter*, § 315 BGB, 2. Aufl.)

Bearbeiterverzeichnis

Dr. Olaf Däuper ist Rechtsanwalt und Partner bei der auf Infrastrukturrecht spezialisierten Kanzlei Becker Büttner Held in Berlin. Er ist Experte für das europäische und nationale Kartellrecht, das allgemeine Energiewirtschaftsrecht sowie das Atom- und Umweltrecht. Ein besonderer Fokus liegt auf der umfassenden Beratung der Gaswirtschaft und der Beratung bei Kraftwerksprojekten. Dr. Olaf Däuper hat zahlreiche Beiträge in Fachzeitschriften veröffentlicht und ist Autor des Buches „Gaspreisbildung und Europäisches Kartellrecht", dass 2003 in der Schriftenreihe „Energie- und Infrastrukturrecht" im C.H.Beck Verlag erschienen ist.

Dr. Jost Eder ist Rechtsanwalt und Partner bei der auf Infrastrukturrecht spezialisierten Partnerschaft Becker Büttner Held in Berlin mit den Beratungsschwerpunkten Netzzugangs- und Energielieferverträge, Entflechtung („Unbundling"), Zähler- und Messwesen, Regulierung sowie Arbeitsrecht. Er ist Herausgeber und Autor zahlreicher Fachpublikationen; u. a. Mitherausgeber von de Wyl/Eder/Hartmann, „Praxis-Kommentar Netzanschluss- und Grundversorgungsverordnungen", VWEW Energieverlag, 2008; Mitautor von Theobald/de Wyl/Eder, „Der Wechsel der Stromlieferanten", Beck-Rechtsberater im dtv, 2004, sowie Mitautor des energierechtlichen Kommentarbandes Danner/Theobald, „Energierecht", C. H. Beck Verlag (Loseblattsammlung).

Dr. Claudia Fischer ist Rechtsanwältin bei der auf Infrastrukturrecht spezialisierten Partnerschaft Becker Büttner Held in Berlin. Sie hat mit einem naturschutzrechtlichen Thema promoviert (Universität Rostock) und beschäftigt sich heute mit dem Energierecht, dem Recht des physischen/finanziellen Energie- und CO_2-Zertifikatehandels, EFET-Verträgen und anderen Handelsrahmenverträgen sowie dem Bank- und Börsenrecht (insbesondere KWG und WpHG).

Andreas Große ist Rechtsanwalt, Fachanwalt für Verwaltungsrecht und Partner Counsel der auf Infrastrukturrecht spezialisierten Partnerschaft Becker Büttner Held in Berlin. Seine Beratungsschwerpunkte sind das Strom- und Energiesteuerrecht sowie die Erneuerbaren Energien. Er ist Verfasser verschiedener Fachpublikationen im Bereich der Erneuerbaren Energien und des Anlagenzulassungsrechts, u. a. als Mitautor des Kommentars von Altrock/Oschmann/Theobald, „Erneuerbare-Energien-Gesetz", C. H. Beck Verlag.

Tigran Heymann ist Rechtsanwalt und Partner Counsel der auf Infrastrukturrecht spezialisierten Partnerschaft Becker Büttner Held in Berlin mit den Beratungsschwerpunkten Kartell- und Regulierungsrecht, öffentliches und allgemeines Energiewirtschaftsrecht sowie EU-Beihilfenrecht. Er hat sich u. a. auf die Industriekundenberatung spezialisiert und berät Mandanten hierbei in gesetzgeberischen, behördlichen und gerichtlichen Angelegenheiten ebenso wie bei außergerichtlichen Fragestellungen. Als (Mit-)Autor hat er an zahlreichen einschlägigen Online- und Printpublikationen mitgewirkt.

Marcel Malcher ist Diplom-Ingenieur und Vorstand des Beratungsunternehmens Becker Büttner Held Consulting AG. Er ist Experte in den Geschäftsfeldern Vertrieb, Handel und Erzeugung. Seine Beratungsschwerpunkte liegen in der Entwicklung von Unternehmens- und Geschäftsfeldstrategien, Innovationsmanagement, Kooperationen, Restrukturierung sowie Geschäftsprozessoptimierung. Er weist eine umfangreiche Projekterfahrung auf und war viele Jahre in leitenden Positionen bei Energieversorgern tätig.

Stefan Missling ist Rechtsanwalt und Partner der auf Infrastrukturrecht spezialisierten Partnerschaft Becker Büttner Held in Berlin mit den Beratungsschwerpunkten Regulierungs- und Genehmigungsrecht im Bereich der Infrastrukturwirtschaften, vornehmlich im Bereich der Strom- und Gasverteilernetze in Deutschland. Er vertritt die Interessen von zahlreichen Netzbetreibern und Investoren in gerichtlichen und außergerichtlichen Verfahren insbesondere zu Erlösobergrenzen und Netzentgelten. Gegenstand der Beratung sind alle Arten von Energieverteilernetzen bis hin zu Anschlussleitungen für Offshore-Windanlagen. Im Regulierungsrecht ist er als Berater eines europäischen Netzbetreiberverbandes international tätig im Bereich der Rechtsvergleichung sowie der Begleitung europäischer Rechtssetzungsverfahren. Er ist in dieser Funktion in zahlreichen Gremien und Arbeitsgruppen – wie etwa in der Netzplattform beim Bundeswirtschaftsministerium – zur Weiterentwicklung des Regulierungssystems auf nationaler und europäischer Ebene vertreten. Im Telekommunikationsrecht ist Stefan Missling im Bereich von Mobilfunknetzen und Rundfunksendeanlagen tätig. Er hält fortlaufend Vorträge zu den aufgeführten Beratungsgebieten und ist Mitautor des energierechtlichen Kommentarbandes Danner/Theobald, „Energierecht", C. H. Beck Verlag (Loseblattsammlung) zu allen die Entgeltregulierung betreffenden Vorschriften sowie zum Recht der Energieleitungen.

Roland Monjau ist Diplomingenieur für Maschinenbau und Senior Consultant bei der auf Energie- und Infrastrukturberatung spezialisierten Becker Büttner Held Consulting AG. Seine Beratungsschwerpunkte umfassen Investitions- und Geschäftsmodellentwicklung im Bereich Energieerzeugung sowohl aus konventionellen als auch Erneuerbaren Energien. Des Weiteren beschäftigt er sich mit Systemanalysen und Transformationsprozessen im Rahmen der deutschen Energiewende und tritt als Gutachter für Kraft-Wärmekopplungsanlagen auf. Neben seiner Beratertätigkeit für Unternehmen der Energiewirtschaft begutachtet er Fragestellungen zur Integration von neuen Technologien und deren regulatorischen Auswirkungen für öffentliche Auftraggeber in Politik und Forschung.

Dr. Thomas Pilgram ist Vorstand des Grünstromlieferanten und Direktvermarkters Clean Energy Sourcing AG, Leipzig. Zuvor war er Geschäftsführer bei Bergen Energi Deutschland GmbH, Leipzig. Vorangegangen ist eine langjährige Beschäftigung bei der deutschen Strombörse, zuletzt als Leiter Business Development. Er ist Autor zahlreicher Fachpublikationen zu Börsen- und Stromgroßhandelsthemen; u. a. als Mitautor in Zenke/Ellwanger, „Handel mit Energiederivaten", C. H. Beck Verlag, 2005, 2009 und 2012, Horstmann/Cieslarczyk, „Energiehandel", Carl Heymanns Verlag, 2006, Zenke/Fuhr/Bornkamm, „CO_2-Handel aktuell", VWEW Energieverlag, 2009 sowie Schwintowski, „Handbuch Energiehandel", Erich Schmidt Verlag, 2014.

Matthias Puffe ist Senior Consultant bei der Becker Büttner Held Consulting AG in Berlin. Seine Schwerpunkte sind die Gestaltung und Durchführung von Ausschreibungen zur Strom- und Gasbeschaffung und der Aufbau von Preisformeln und -modellen von Strom- und Gaslieferkonzepten für Energieversorger und Industriekunden. Ebenso hat er zahlreiche Projekterfahrungen im Aufbau von Handelssignallogiken als Grundlage von Hedging-Strategien im Energiehandel, der Einführung von Portfolio- und Risikomanagementsystemen, im Aufbau eines kennzahlenbasierten Risikocontrolling sowie der Erstellung und Prüfung von Risikohandbüchern für Energieversorgungsunternehmen und Energiehändler. Zuvor war er sechs Jahre Geschäftsführender Gesellschafter einer mittelständischen Unternehmensberatung in der Energiewirtschaft mit kaufmännischer Verantwortung.

Daniel Schiebold ist Rechtsanwalt, Fachanwalt für Verwaltungsrecht und Partner der auf Infrastrukturrecht spezialisierten Partnerschaft Becker Büttner Held. Seine Beratungsschwerpunkte liegen im im Wasserver- und Abwasserentsorgungsrecht, im Kommunalrecht sowie im Strom- und Energiesteuerrecht. Daniel Schiebold ist Redakteur der Fachzeitschrift InfrastrukturRecht (IR) für den Bereich Wasser/Abwasser im C. H. Beck Verlag und Autor zahlreicher Fachartikel und Beiträge in Fachbüchern.

Jana Siebeck ist Rechtsanwältin bei der auf Infrastrukturrecht spezialisierten Partnerschaft Becker Büttner Held in Berlin. Ihr Beratungsschwerpunkt liegt im Bereich des Wasser- und Abwasserrechts und dort insbesondere auf den Themen Bildung von Wasser- und Abwasserpreisen, kartellrechtliche Wasserpreiskontrolle, Verträge zwischen Wasserversorgern bzw. Abwasserentsorgern und Kunden sowie Wasserkonzessionsverträge und -konzessionierungsverfahren.

Dr. Miriam Vollmer ist Rechtsanwältin, Fachanwältin für Verwaltungsrecht und Partner der auf Infrastrukturrecht spezialisierten Partnerschaft Becker Büttner Held in Berlin mit dem Beratungsschwerpunkt Umweltrecht und beschäftigt sich insbesondere mit dem Emissionshandel, dem Immissionsschutzrecht und dem Recht der Fernwärmeversorgung. Miriam Vollmer hat über ein energiebezogenes Thema im Immissionsschutzrecht promoviert und publiziert regelmäßig vor allem zu umweltrechtlichen Fragen. Sie verfügt über eine umfangreiche auch universitäre Lehr- und Vortragserfahrung.

Jan-Hendrik vom Wege ist Rechtsanwalt und Partner der auf Infrastrukturrecht spezialisierten Partnerschaft Becker Büttner Held in Hamburg. Er beschäftigt sich im Besonderen mit der vertraglichen Ausgestaltung des Netzzugangs (Lieferantenrahmenverträge, Netzanschluss- und Anschlussnutzungsverträge), des liberalisierten Markts des Mess- und Zählerwesens sowie der Belieferung von Letztverbrauchern und Weiterverteilern im Schwerpunktgebiet Strom. Zudem begleitet er Unternehmen aus der Energiewirtschaft in Regulierungsfragen und bei der Umsetzung der vorgeschriebenen Entflechtung. Er ist Experte in den Bereichen Smart Metering, Smart Grid und E-Mobility.

Stefan Wollschläger ist Rechtsanwalt und Partner der auf Infrastrukturrecht spezialisierten Partnerschaft Becker Büttner Held in Hamburg. Seine Beratungsschwerpunkte liegen im Bereich des Wärmerecht und Contracting, dem Wettbewerbs- und Kartellrecht sowie dem Regulierungsrecht. Neben seiner forensischen und außergerichtlichen Tätigkeit ist er Autor zahlreicher Fachpublikationen u. a. als Mitautor des energierechtlichen Kommentarbandes Danner/Theobald, „Energierecht", C. H. Beck Verlag (Loseblattsammlung); als Autor und Herausgeber des „Leitfadens zur Kalkulation mit Änderung von Fernwärmepreisen" AGFW-Projektgesellschaft mbH, Frankfurt am Main 2012. Des Weiteren ist Stefan Wollschläger Redakteur der Rubrik „Wärme" der monatlich erscheinenden Zeitschrift InfrastrukturRecht.

Dr. Ines Zenke ist Rechtsanwältin, Fachanwältin für Verwaltungsrecht und Partner der auf Infrastrukturrecht spezialisierten Partnerschaft Becker Büttner Held mit den Beratungsschwerpunkten Kartell- und Regulierungsrecht, Energie- und Emissionshandel, Umwelt- und Immissionsschutzrecht und EU-Beihilfenrecht sowie im Bereich der Compliance- und Politikberatung tätig. Sie ist regelmäßig Sachverständige im Bundestag, z. B. EnWG-2003-Gesetzesinitiative, Finanzmarktrichtlinien-Umsetzungsgesetz 2007, Treibhausemissionshandelsgesetz 2011 sowie Kapitalanlagengesetzbuch 2013. Ines Zenke hat im Energierecht zu verfassungs- und europarechtlichen Fragestellungen promoviert. Sie ist Verfasserin zahlreicher Fachpublikationen, u. a. kommentiert sie im Danner/Theobald, „Energierecht", C. H. Beck Verlag die Themen Emissionshandel (zus. mit Miriam Vollmer) und Energiehandel (zus. mit Christian Dessau) auf jeweils 150 Seiten. Seit dem Sommersemester 2013 ist sie Dozentin an der Hochschule für nachhaltige Entwicklung Eberswalde (HNEE), Fachbereich Wirtschaft, Studiengang Master Kommunalwirtschaft.

Regina Zorn ist Rechtsanwältin der auf Infrastrukturrecht spezialisierten Partnerschaft Becker Büttner Held in Hamburg. Ihre Beratungsschwerpunkte liegen neben dem Wärmerecht und Contracting auch im Bereich des Kartell- und Regulierungsrecht, der Billigkeit von Entgelten sowie im allgemeinen Energiewirtschaftsrecht. Sie berät in diesen Bereichen umfassend außergerichtlich und auch forensisch. Hierneben publiziert sie regelmäßig in Fachzeitschriften.

Rechtsprechungsübersicht

Gericht	Datum	Aktenzeichen	Kurztext	Fundstelle
Europäischer Gerichtshof	22.5.2008	C-439/06	Europarechtswidrigkeit der Objektnetzausnahmegenehmigung des § 110 Abs. 1 Nr. 1 EnWG	EuZW 2008, 406 ff. = ZNER 2008, 148 ff.
Europäischer Gerichtshof	21.3.2013	C-92/11	Preisanpassungsklauseln in Erdgas-Sonderverträgen unterliegen der Missbrauchskontrolle	ZNER 2013, 147 ff. = NJW 2013, 2253 ff. = EuZW 2013, 461 ff. = et 2013, 114 ff.
Bundesgerichtshof	5.2.1957	V BLw 37/56	Hoferbfolge – Genehmigung eines Übergabe- oder Übergabevorvertrages sowie Zustimmung zur Erbeinsetzung	BGHZ 23, 249 ff.
Bundesgerichtshof	17.2.1964	II ZR 98/62	Nichtigkeit von AGB wegen Verstoßes gegen Treu und Glauben	BGHZ 41, 151 ff. = NJW 1964, 1123 f.
Bundesgerichtshof	4.6.1970	VII ZR 187/68	Steuerberatungsvertrag unter Einbeziehung der Allgemeinen Gebührenordnung für die wirtschaftsprüfenden sowie wirtschafts- und steuerberatenden Berufe	BGHZ 54, 106 ff.
Bundesgerichtshof	27.1.1971	VIII ZR 151/69	wesentliche Bestandteile eines Pachtvertrages oder einer Vereinbarung zur Pachtverlängerung	BGHZ 55, 248 ff.
Bundesgerichtshof	26.11.1975	VIII ZR 164/74	Nichtgewährung von Preisvergünstigungen an Großabnehmer bei der Wasserversorgung	NJW 1976, 709 f.
Bundesgerichtshof	15.12.1976	IV ZR 197/75	Mindestprovisionsklausel als Individualvereinbarung oder AGB	NJW 1977, 624 ff.
Bundesgerichtshof	8.2.1978	VIII ZR 240/76	Einschränkung der Haftungsfreistellung	BGHZ 70, 304 ff.
Bundesgerichtshof	11.6.1980	VIII ZR 174/79	Preiserhöhungsklausel in AGB bei Dauerschuldverhältnis	NJW 1980, 2518 f.

Gericht	Datum	Aktenzeichen	Kurztext	Fundstelle
Bundesgerichtshof	7.10.1981	VIII ZR 229/80	Wirksamkeit von Tagespreisklauseln in Neuwagen-Verkaufsbedingungen	BGHZ 82, 21 ff.
Bundesgerichtshof	1.12.1981	KZR 37/80	Feststellung der generellen Unwirksamkeit einer Klausel in den AGB eines Liefervertrages	BGHZ 82, 238 ff.
Bundesgerichtshof	18.5.1983	VIII ZR 20/82	Anforderungen an die Wirksamkeit einer Tagespreisklausel	NJW 1983, 1603 ff. = BB 1983, 921 ff.
Bundesgerichtshof	21.12.1983	VIII ZR 195/82	unzulässige Verkleinerung des Marktverantwortungsgebiets eines Vertragshändlers durch AGB	BGHZ 89, 206 ff.
Bundesgerichtshof	1.2.1984	VIII ZR 54/83	Schließung einer durch Unwirksamkeit der Tagespreisklausel entstandenen Regelungslücke in Kfz-Verkaufs-AGB durch ergänzende Auslegung	BGHZ 90, 69 ff.
Bundesgerichtshof	1.2.1984	VIII ZR 106/83	Tagespreisklausel beim Kfz-Kauf	NJW 1984, 1180 f.
Bundesgerichtshof	8.3.1984	IX ZR 144/83	keine vorzeitige Auflösung eines Direktschulvertrages	BGHZ 90, 280 ff. = NJW 1984, 1531 ff.
Bundesgerichtshof	5.4.1984	III ZR 12/83	Gebührenerhebung für die Bereitstellung von Löschwasser	NJW 1985, 197 ff. = VersR 1984, 1040 ff.
Bundesgerichtshof	27.9.1984	X ZR 12/84	Zündholzschachteln – Wirksamkeit einer formularmäßigen Preiserhöhungsklausel in langfristigen Lieferverträgen des kaufmännischen Geschäftsverkehrs	BGHZ 92, 200 ff.
Bundesgerichtshof	16.1.1985	VIII ZR 153/83	Formularmäßige Preisanpassungsklausel im Bezugsvertrag	BGHZ 93, 252 ff.
Bundesgerichtshof	29.10.1985	X ZR 12/85	AGB-Klausel über sofortige Fälligkeit des Restkaufpreises bei Sukzessivlieferungsvertrag	NJW-RR 1986, 211 ff.
Bundesgerichtshof	6.3.1986	III ZR 195/84	Zinsanpassungsklausel in Kreditverträgen	NJW 1986, 1803 ff.

Gericht	Datum	Aktenzeichen	Kurztext	Fundstelle
Bundes-gerichtshof	12.3.1987	VII ZR 37/86	Fälligkeit, Leistungsumfang und Schadensersatzbeschränkung in Reise-AGB	BGHZ 100, 157 ff. = WM 1987, 652 f.
Bundes-gerichtshof	10.10.1991	III ZR 100/90	Gerichtliche Billigkeitskontrolle tariflicher Abwasserentgelte eines Zweckverbands	NJW 1992, 171 ff.
Bundes-gerichtshof	10.12.1992	I ZR 186/90	Unwirksamkeit des uneingeschränkten „Verzichts auf die Einrede des Fortsetzungszusammenhangs" in Vertragsstrafeklauseln	BGHZ 121, 13 ff.
Bundes-gerichtshof	17.5.1994	X ZR 82/92	Rechnungslegung des Arbeitgebers gegenüber dem Arbeitnehmererfinder	BGHZ 126, 109 ff.
Bundes-gerichtshof	30.6.1994	VII ZR 116/93	Unwirksamkeit einer Verjährungsklausel zulasten des Bauherrn bei Beteiligung des Baubetreuers an der Treuhändergesellschaft	BGHZ 126, 326 ff.
Bundes-gerichtshof	25.2.1998	VIII ZR 276/96	Inhaltskontrolle und Haftungsausschluss in den AGB eines EVU	RdE 1998, 194 ff. = NJW 1998, 1640 ff.
Bundes-gerichtshof	3.11.1999	VIII ZR 269/98	Optionsklausel zur Laufzeitverlängerung einer Tankstellen-Alleinbezugsverpflichtung	NJW 2000, 1110 ff.
Bundes-gerichtshof	6.3.2001	KZR 37/99	Kabel-Hausverteilanlagen – Keine Beschränkung der Preisgestaltungsfreiheit durch Erstvertrag	NJW 2001, 2541 ff.
Bundes-gerichtshof	19.11.2002	X ZR 243/01	Kerosinzuschlag I – Transparenzverstoß einer Preisanpassungsklausel in Reiseverträgen	NJW 2003, 501 ff.
Bundes-gerichtshof	19.11.2002	X ZR 253/01	Kerosinzuschlag II – Wirksamkeit von Preisanpassungsklauseln in Pauschalreiseverträgen	NJW 2003, 746 ff.
Bundes-gerichtshof	30.4.2003	VIII ZR 279/02	Vertragsschluss durch konkludentes Handeln mit einem Wasserversorgungsunternehmen	VersW 2003, 257 ff.

Gericht	Datum	Aktenzeichen	Kurztext	Fundstelle
Bundes-gerichtshof	30.10.2003	III ZR 380/02	Schadensersatzanspruch einer Jagdgenossenschaft wegen des Neubaus einer Gasversorgungsleitung durch den Jagdbezirk	IR 2004, 11 f.
Bundes-gerichtshof	22.12.2003	VIII ZR 90/02	Weitergabe der Mehrbelastung aus EEG und KWKG	RdE 2004, 105 ff.
Bundes-gerichtshof	1.2.2005	X ZR 10/04	Unwirksamkeit des Ausschlusses von Ersatz für verlorene Fahrscheine in den AGB eines Busreiseunternehmens	NJW 2005, 1174 ff.
Bundes-gerichtshof	21.9.2005	VIII ZR 38/05	Flüssiggas – Unwirksame Preisanpassungsklausel in Flüssiggasbelieferungsverträgen	RdE 2006, 52 ff. = ZNER 2005, 323 f.
Bundes-gerichtshof	18.10.2005	KZR 36/04	Stromnetzentgelt I – Überprüfbarkeit des Stromnetznutzungsentgelts	RdE 2006, 81 ff.
Bundes-gerichtshof	11.10.2006	VIII ZR 270/05	keine Billigkeitskontrolle gem. § 315 BGB bei Fernwärme	NJW 2007, 210 f.
Bundes-gerichtshof	28.3.2007	VIII ZR 144/06	keine Billigkeitskontrolle des anfänglich vereinbarten Strompreises	NJW 2007, 1672 ff. = N&R 2007, 114 ff.
Bundes-gerichtshof	13.6.2007	VIII ZR 36/06	Billigkeitskontrolle bei einseitigen Tariferhöhungen eines Gasversorgers	BGHZ 172, 315 ff. = NJW 2007, 2540 ff. = RdE 2007, 258 ff. = IR 2007, 206 f.
Bundes-gerichtshof	29.4.2008	KZR 2/07	Erdgassondervertrag – Zur Unwirksamkeit einer Preiserhöhungsklausel in AGB	BGHZ 176, 244 = NJW 2008, 2172 ff. = RdE 2008, 204 ff.
Bundes-gerichtshof	29.4.2008	KVR 30/07	Sitz der Landesregulierungsbehörde im Falle der Organleihe maßgeblich für Bestimmung des örtlich zuständigen Beschwerdegerichts	ZNER 2008, 160 f. = RdE 2008, 279 ff.
Bundes-gerichtshof	14.8.2008	KVR 34/07	Berücksichtigung der Gewerbesteuer und der Kosten für die Beschaffung von Verlustenergie bei der Stromnetzentgeltermittlung	IR 2008, 351 f.

Gericht	Datum	Aktenzeichen	Kurztext	Fundstelle
Bundesgerichtshof	14.8.2008	KVR 35/07	kein Ansatz des Netzkaufpreises auf Sachzeitwertbasis bei Netzentgeltermittlung	RdE 2008, 341 ff.
Bundesgerichtshof	14.8.2008	KVR 36/07	Berücksichtigung der Gewerbesteuer bei der Stromnetzentgeltermittlung	RdE 2008, 337 ff.
Bundesgerichtshof	14.8.2008	KVR 39/07	Pflicht des Netzbetreibers zum periodenübergreifenden Ausgleich von Mehrerlösen	RdE 2008, 323 ff.
Bundesgerichtshof	14.8.2008	KVR 42/07	Bedingungen einer energiewirtschaftlichen Erstreckungsgenehmigung	ZNER 2008, 222 ff.
Bundesgerichtshof	19.11.2008	VIII ZR 138/07	Kontrolle des Gaspreises gem. § 315 BGB nach Tariferhöhung des Gasversorgers	BGHZ 178, 362 ff.
Bundesgerichtshof	19.11.2008	VIII ZR 295/07	Abgrenzung zwischen formeller Wirksamkeit und inhaltlicher Richtigkeit einer Abrechnung	n. v.
Bundesgerichtshof	10.12.2008	KVR 2/08	Stadtwerke Uelzen – Gasversorgungsmarkt als sachlich relevanter Markt in der kartellrechtlichen Missbrauchskontrolle	WuW/E DE-R 2538 ff.
Bundesgerichtshof	17.12.2008	VIII ZR 274/06	Unwirksamkeit einer Preisanpassungsklausel in formularmäßigem Gaslieferungsvertrag	BGHZ 179, 186 ff.
Bundesgerichtshof	3.3.2009	EnVR 79/07	Berechnung der Netzkosten bei verpachtetem Netzbetrieb	n. v.
Bundesgerichtshof	23.6.2009	EnVR 19/08	Selbstbindung der Verwaltung bzgl. Schlüsselung von Gemeinkosten	ZNER 2009, 261 ff.
Bundesgerichtshof	15.7.2009	VIII ZR 225/07	Wirksamkeit einer Preisanpassungsklausel in Gassonderkundenvertrag	BGHZ 182, 59 ff.
Bundesgerichtshof	21.7.2009	EnVR 12/08	keine rückwirkende Entgeltgenehmigung für Netzzugang	ZNER 2010, 72

Gericht	Datum	Aktenzeichen	Kurztext	Fundstelle
Bundesgerichtshof	28.10.2009	VIII ZR 320/07	Unwirksamkeit von nur preiserhöhenden Preisanpassungsklauseln in Gassonderverträgen	NJW 2010, 993 ff.
Bundesgerichtshof	13.1.2010	VIII ZR 81/08	Unwirksamkeit von Preisanpassungsklauseln in Gaslieferverträgen mit Normsonderkunden	NJW-RR 2010, 1202 ff.
Bundesgerichtshof	2.2.2010	KVR 66/08	Wasserpreise Wetzlar – Missbrauchsaufsicht bei Wasserpreisen	NJW 2010, 2573 ff. = ZfW 2011, 18 ff. = et 2010, 70 ff.
Bundesgerichtshof	24.3.2010	VIII ZR 178/08	unwirksame „HEL"-Preisanpassungsklauseln in Gassonderverträgen	BGHZ 185, 96 ff. = NJW 2010, 2789 ff.
Bundesgerichtshof	24.3.2010	VIII ZR 304/08	unwirksame „HEL"-Preisanpassungsklauseln in Gassonderverträgen	NJW 2010, 2793 ff. = RdE 2010, 215 ff.
Bundesgerichtshof	30.3.2010	XI ZR 200/09	Zwangsvollstreckung aus einer Unterwerfungserklärung für den Zessionar einer Sicherungsgrundschuld nur bei Eintritt in den Sicherungsvertrag	BGHZ 185, 133 ff.
Bundesgerichtshof	14.7.2010	VIII ZR 246/08	Rückforderung überzahlter Gaspreise bei unwirksamer Preisänderungsklausel in einem Sonderkundenvertrag	NJW 2011, 50 ff.
Bundesgerichtshof	6.4.2011	VIII ZR 66/09	Wirksamkeit von Preisanpassungsklauseln in Fernwärmelieferverträgen	NJW 2011, 2501 ff. = BB 2011, 1421 ff. = ZNER 2011, 304 ff.
Bundesgerichtshof	6.4.2011	VIII ZR 273/09	Wirksamkeit von Preisanpassungsklauseln in Fernwärmelieferverträgen	BGHZ 189, 131 ff.
Bundesgerichtshof	11.5.2011	VIII ZR 42/10	Berücksichtigung eines Verfahrensmangels von Amts wegen bei Erlass eines unzulässigen Teilurteils	BGHZ 189, 356 ff.
Bundesgerichtshof	28.6.2011	EnVR 34/10	Anreizregulierung bei Durchleitung von Elektrizität durch fremde Stromnetze	IR 2011, 206 ff.

Gericht	Datum	Aktenzeichen	Kurztext	Fundstelle
Bundes-gerichtshof	28.6.2011	EnVR 48/10	Anreizregulierung bei Durchleitung von Elektrizität durch fremde Stromnetze	RdE 2011, 308 ff. = ZNER 2011, 423 ff.
Bundes-gerichtshof	29.6.2011	VIII ZR 211/10	Vorlagebeschluss an den EuGH zum Preisbestimmungsrecht eines Stromversorgers	NJW 2011, 3096 ff.
Bundes-gerichtshof	6.7.2011	VIII ZR 37/10	Wirksamkeit einer Preisanpassungsklausel in einem Fernwärmeliefervertrag	NJW, 2011, 3219 ff.
Bundes-gerichtshof	13.7.2011	VIII ZR 339/10	Anforderungen an Preisanpassungsklauseln für den Arbeitspreis in Fernwärmelieferverträgen	NJW 2011, 3222 ff.
Bundes-gerichtshof	18.10.2011	KZR 18/10	Stornierungsentgelt – Billigkeitskontrolle von Eisenbahninfrastrukturentgelten	NVwZ 2012, 189 ff.
Bundes-gerichtshof	18.10.2011	KVR 9/11	Niederbarnimer Wasserverband – Auskunftspflicht eines Wasserversorgers gegenüber dem Bundeskartellamt	NJW 2012, 1150 ff. = RdE 2012, 157 f. = N&R 2012, 117 f.
Bundes-gerichtshof	31.1.2012	EnVR 16/10	Anwendung des § 9 ARegV n.F. auf die gesamte erste Regulierungsperiode	ZNER 2012, 272 ff. = N&R 2012, 174 ff.
Bundes-gerichtshof	15.5.2012	EnZR 105/10	Billigkeitskontrolle nach § 315 BGB von genehmigten Netznutzungsentgelten	RdE 2012, 382 ff. = ZNER 2012, 481 ff.
Bundes-gerichtshof	15.5.2012	KVR 51/11	Wasserpreise Calw – Kostenkontrolle von Wasserpreisen nach dem Vergleichsmarktprinzip	NJW 2012, 3243 ff. = ZNER 2012 485 ff. = N&R 2012, 299 ff.
Bundes-gerichtshof	18.2.2013	EnVR 2/13	fehlerhafte Berechnung des Fremdkapitalzinssatzes	n. v.
Bundes-gerichtshof	6.6.2013	IX ZR 204/12	Haftung des Steuerberaters wegen verspäteter Insolvenzantragstellung	NJW 2013, 2345 ff.
Bundes-gerichtshof	31.7.2013	VIII ZR 162/09	Unwirksamkeit von Preisänderungsklauseln in Gassonderverträgen	BGHZ 198, 111 ff. = NJW 2013, 3647 ff.

Gericht	Datum	Aktenzeichen	Kurztext	Fundstelle
Bundesgerichtshof	15.1.2014	VIII ZR 111/13	Einbeziehung von AGB bei einem konkludent geschlossenen Fernwärmeversorgungsvertrag	NJW 2014, 1296 ff.
Bundesgerichtshof	14.5.2014	VIII ZR 114/13 VIII ZR 116/13	Preisnebenabreden der Inhaltskontrolle nach § 307 BGB	n. v.
Bundesgerichtshof	25.6.2014	VIII ZR 344/13	Wirksamkeit von Preisanpassungsklauseln bei Fernwärmelieferungen	n. v.
Kammergericht Berlin	15.2.2005	7 U 140/04	Anwendung des § 315 Abs. 3 BGB auf die Tarife eines Wasserversorgungsunternehmens	ZMR 2006, 38 ff. = IR 2005, 93 f.
Brandenburgisches Oberlandesgericht	3.4.2002	7 U 185/01	Unwirksamkeit einer den Stromabnehmer unangemessen benachteiligenden Klausel eines Stromliefervertrages wegen Verstoßes gegen §§ 9 ff. AGBG	RdE 2002, 314 ff.
Brandenburgisches Oberlandesgericht	21.6.2006	7 U 175/05	Feststellung der Unwirksamkeit der Preisänderungsklausel in einem Fernwärmelieferungsvertrag	RdE 2007, 19 ff.
Oberlandesgericht Bremen	16.11.2007	5 U 42/06	Unwirksamkeit der von Gasversorgungsunternehmen verwendeten Preisanpassungsklauseln	ZNER 2008, 65 ff.
Oberlandesgericht Celle	19.8.2010	13 U 82/07 (Kart)	Billigkeitsprüfung von Preiserhöhungen der Gasversorgungsunternehmen gegenüber Tarifkunden	ZNER 2011, 63 ff.
Oberlandesgericht Celle	1.10.2010	13 AR 5/10 (Kart)	Zuständigkeit des Kartellgerichts bei Billigkeitsprüfung von Gaslieferverträgen	WuW 2011, 82 ff.
Oberlandesgericht Celle	7.3.2012	7 U 62/11	Erhöhung der Abwasserentgelte	n. v.
Oberlandesgericht Dresden	17.11.2009	9 U 1467/09	Ablehnung der Versorgung gem. § 36 Abs. 1 Satz 2 EnWG wegen Altschulden	RdE 2010, 186 ff. = ZfK 2010, 6
Oberlandesgericht Düsseldorf	12.10.1995	13 U 134/94	Gebührenberechnung in der Trinkwasserversorgung	NWVBl. 1996, 277

Gericht	Datum	Aktenzeichen	Kurztext	Fundstelle
Oberlandesgericht Düsseldorf	2.11.2006	VI-3 Kart 165/06 (V)	Beiladung eines Stromlieferanten zum Verfahren auf Genehmigung von Netznutzungsentgelten eines Verteilnetzbetreibers	ZNER 2006, 349 f. = IR 2007, 36 f.
Oberlandesgericht Düsseldorf	29.3.2007	VI-3 Kart 466/06 (V)	Eilrechtsschutzverfahren im Netzentgeltgenehmigungsverfahren	ZNER 2007, 203 ff.
Oberlandesgericht Düsseldorf	27.2.2008	VI-3 Kart 118/07 (V)	Zulässigkeit von Festlegungen von Vorgaben für Netzentgeltgenehmigungsanträge	n. v.
Oberlandesgericht Düsseldorf	27.2.2008	VI-3 Kart 150/07 (V)	Festlegungsermächtigung der Bundesnetzagentur	n. v.
Oberlandesgericht Düsseldorf	13.12.2010	VI-W (Kart) 8/10	sachliche und örtliche Zuständigkeit der Gerichte für Klagen aus Belieferungsverträgen mit einem EVU	IR 2011, 85
Oberlandesgericht Düsseldorf	6.4.2011	VI-3 Kart 133/10 (V)	Mehrerlösabgrenzung in der Anreizregulierung und Geltung der Genehmigungsfiktion	ZNER 2011, 333 ff.
Oberlandesgericht Düsseldorf	24.2.2014	VI-2 Kart 4/12 (V)	Berliner Wasserbetriebe – Preissenkungsverfügung durch das Bundeskartellamt	ZNER 2014, 186 ff. = IR 2014, 115 f. = VersW 2014, 132
Oberlandesgericht Frankfurt am Main	11.9.2007	11 W 38/06	Beschwerdeverfahren wegen der Genehmigung der Entgelte für den Netzzugang	n. v.
Oberlandesgericht Frankfurt am Main	16.12.2010	11 AR 3/10	Energieversorgungspreise – Zuständigkeit der Kartellgerichte bei Auseinandersetzungen über die Billigkeit von einseitigen Preiserhöhungen von Energieversorgern	WuW 2011, 415 ff.
Oberlandesgericht Hamm	6.3.2008	2 U 114/07	Wirksamkeit von Preiserhöhungen bei Gaslieferverträgen trotz unwirksamer Preisanpassungsklauseln	ZNER 2008, 68 ff.
Oberlandesgericht Koblenz	9.2.2007	W 50/07	Feststellung der Unwirksamkeit einer Preisbestimmung	n. v.

Gericht	Datum	Aktenzeichen	Kurztext	Fundstelle
Oberlandesgericht Koblenz	4.5.2007	W 595/06 Kart	Unzulässigkeit einer Kürzung beim Sachanlagenvermögen	RdE 2007, 198 ff.
Oberlandesgericht Koblenz	12.4.2010	12 U 18/08	Billigkeit von Preiserhöhungen in Gaslieferverträgen	IR 2010, 154 f.
Oberlandesgericht Koblenz	17.6.2010	U 1092/09.Kart	einseitige Preisänderung des Gasversorgungstarifes durch den Gasversorger	IR 2011, 36
Oberlandesgericht Koblenz	8.11.2012	6 W 595/06 Kart	Risikozuschlag auf den Zinssatz für das sog. überschießende Eigenkapital	ZNER 2012, 630 ff. = EnWZ 2013, 45 ff.
Oberlandesgericht Köln	3.4.2008	8 W 19/08	Zuständigkeit eines Gerichts bei Vertragsverletzung durch Energiekunden	NJW-RR 2009, 987 ff.
Oberlandesgericht München	15.5.2009	AR (K) 7/09	Ausschließlichkeit der Zuständigkeit der Landgerichte für die Rüge der Unbilligkeit von Gaspreiserhöhungen nach § 102 Abs. 1 EnWG	ZNER 2009, 399 f.
Oberlandesgericht München	1.10.2009	U (K) 3772/08	Billigkeitskontrolle für einseitige Gaspreiserhöhungen gegenüber Endverbrauchern	n. v.
Oberlandesgericht München	28.1.2010	U (K) 4221/09		n. v.
Oberlandesgericht Naumburg	16.4.2007	1 W 25/06	Aufhebung eines Stromnetzentgeltgenehmigungsbescheides	RdE 2007, 168 ff.
Oberlandesgericht Naumburg	22.11.2007	1 W 27/07 (EnWG) 1 W 28/07 (EnWG)	Rechtmäßigkeit der Festlegung von Vorgaben für Anträge auf Netzentgeltgenehmigung	IR 2008, 89 f. = WuW/E DE-R 2531 ff.
Oberlandesgericht Naumburg	13.11.2008	6 U 63/08	Billigkeitskontrolle der Tariferhöhung durch ein Trinkwasserversorgungsunternehmen	IR 2009, 95
Oberlandesgericht Nürnberg	9.12.2008	1 U 1105/08	Beanstandung der Gaspreiserhöhungen durch Weitergabe der gestiegenen Bezugskosten	n. v.

Gericht	Datum	Aktenzeichen	Kurztext	Fundstelle
Oberlandesgericht Nürnberg	31.3.2009	1 W 988/08	Kundenbegriff in der ARegV	IR 2009, 156 f.
Oberlandesgericht Nürnberg	15.6.2012	1 U 605/11	Rechtmäßigkeit eines Belieferungsvertrages für Strom, Gas und Wasser	IR 2012, 207 f. = et 2013, 101 ff.
Oberlandesgericht Oldenburg	14.12.2010	12 U 49/07	Gasversorgung von Sondervertragskunden – Aussetzung des Verfahrens wegen einer EuGH-Vorlage	ZNER 2011, 76 ff.
Oberlandesgericht Oldenburg	3.1.2011	5 AR 35/10	Sonderzuständigkeit der Handelskammern für Streitigkeiten von Sondervertragskunden über Gaspreise	n. v.
Oberlandesgericht Stuttgart	13.1.2005	2 U 134/04	Unwirksamkeit einer Preisanpassungsklausel in einem Energielieferungsvertrag	ZNER 2005, 163 ff.
Oberlandesgericht Stuttgart	16.4.2007	202 EnWG 4/06	Aufhebung eines Stromnetzentgeltgenehmigungsbescheides	IR 2007, 182 f.
Oberlandesgericht Stuttgart	25.8.2011	201 Kart 2/11	Wasserpreis Calw I – Aufhebung einer kartellrechtlichen Missbrauchsverfügung wegen überhöhter Wasserentgelte	ZNER 2011, 633 ff. = IR 2011, 355 f.
Oberlandesgericht Stuttgart	5.9.2013	201 Kart 1/12	Wasserpreise Calw II – Preissenkungsverfügung bei Wasserpreisen	ZNER 2013, 614 ff. = IR 2014, 21 f.
Landgericht Bonn	7.9.2006	8 S 146/05	Billigkeitskontrolle von Gaspreiserhöhungen gem. § 315 BGB sowie Wirksamkeit einer nach § 4 Abs. 2 AVBGasV entsprechenden Preisanpassungsklausel	RdE 2007, 84 ff.
Landgericht Bremen	24.5.2006	8 O 1065/05	Gaspreis – Unwirksamkeit einer Preisanpassungsklausel (Kostenelementeklausel) in einem Gaslieferungsvertrag mit Haushaltskunden	VersW 2006, 178 ff.
Landgericht Düsseldorf	16.4.2008	34 O (Kart) 168/07	Anforderungen an die Billigkeit eines angesetzten Gaspreises i. S. d. § 315 BGB	RdE 2008, 213 ff.

Gericht	Datum	Aktenzeichen	Kurztext	Fundstelle
Landgericht Ellwangen	17.8.2012	2 O 366/10	Anwendbarkeit des § 315 BGB in Zeiten von Wettbewerb	IR 2012, 356 f.
Landgericht Frankenthal	10.9.2009	2 HK O 90/09	Zur Nichtanwendbarkeit des § 315 BGB auf Preisanpassungen in Zeiten des Wettbewerbs	RdE 2010, 73
Landgericht Frankfurt/Oder	28.2.2012	6a S 113/11	Preisanpassungsklausel verstößt gegen § 24 Abs. 3 Satz 1 AVBFernwärme a. F.	n. v.
Landgericht Itzehoe	21.12.2006	3 O 52/06	Wirksamkeit von Preisanpassungsklauseln in Energielieferverträgen	IR 2007, 39 f.
Landgericht Itzehoe	18.11.2008	1 S 82/08	Wirksamkeit einer Preisanpassungsklausel in einem Fernwärmeversorgungsvertrag	n. v.
Landgericht Köln	4.2.2009	90 O 35/08	Rückforderung von gezahlten Strom- und Gasentgelten	n. v.
Landgericht Köln	14.8.2009	90 O 41/07	Anforderungen an die Darlegung der Billigkeit von Gaspreisänderungen (Delta-Berechnung)	IR 2009, 352 f.
Landgericht Krefeld	9.7.2010	1 S 8/10	Nachweis der Billigkeit von Gaspreiserhöhungen durch Vorlage einer Delta-Tabelle	IR 2010, 205 f.
Landgericht Mannheim	16.4.1999	7 O 372/98 (Kart.)	Nichtigkeit von Wettbewerbsausschlüssen in Stromlieferverträgen	WuW 1999, 610 ff.
Landgericht Mönchengladbach	15.9.2011	6 O 61/11	Treuwidrigkeit des Unbilligkeitseinwandes bei Möglichkeit eines Lieferantenwechsels	IR 2011, 346 f.
Landgericht Mühlhausen	4.3.2008	3 O 1132/06	keine entsprechende Anwendbarkeit der Billigkeitskontrolle gem. § 315 Abs. 3 BGB in der Grundversorgung bei jederzeit möglichem Anbieterwechsel	RdE 2008, 215 ff.
Landgericht Münster	13.7.2010	06 S 70/09	Billigkeitskontrolle von Tariferhöhungen auf dem liberalisierten Strom- und Gasmarkt	ZNER 2010, 609 f.

Gericht	Datum	Aktenzeichen	Kurztext	Fundstelle
Landgericht Nürnberg-Fürth	22.5.2013	3 O 4143/12	Recht zur einseitigen Änderung der Preisanpassungsklausel in den Versorgungsbedingungen sowie zum Missbrauch der marktbeherrschenden Stellung bei Rabattgewährung an einzelne Endkunden	CuR 2013, 125 ff.
Landgericht Schweinfurt	21.9.2012	32 S 20/10	Widerspruch gegen Gaspreiserhöhungen, Anwendbarkeit von AVBGasV und GasGVV bei Tarifkunden	n. v.
Landgericht Verden	5.7.2007	5 O 419/06	Wirksamkeit von Preisanpassungsklauseln in Sonderlieferverträgen mit Haushaltskunden	IR 2007, 235 f.
Amtsgericht Ahaus	24.6.2009	16 C 646/08	Angemessenheit von Gas- und Strombezugspreisen	n. v.
Amtsgericht Bad Oldesloe	21.7.2009	2 C 471/08	Keine Anwendbarkeit von § 315 BGB bei Wechselmöglichkeit des Stromanbieters	n. v.
Amtsgericht Erfurt	30.1.2008	5 C 1938/07	Zuständigkeit des Landgerichts bei Abhängigkeit der Entscheidung von den Normen des EnWG	n. v.
Amtsgericht Halle	9.6.2009	2 C 272/09	Keine Preiskontrolle gem. § 315 BGB bei Möglichkeit des Stromversorgerwechsels	n. v.
Amtsgericht Heilbronn	15.4.2005	15 C 4394/04	Unbilligkeit der Gaspreiserhöhung sowie Pflicht des Versorgungsunternehmens zur Offenlegung der Kosten- und Gewinnkalkulation	RdE 2005, 176 ff. = ZNER 2005, 177 ff.
Amtsgericht Neustadt am Rübenberge	6.10.2010	41 C 11/10	Anwendbarkeit von § 315 BGB auf Gas- und Strompreiserhöhungen	IR 2011, 40 f.
Amtsgericht Nordhorn	11.6.2009	3 C 1426/08	sachliche Zuständigkeit eines Amtsgericht gem. § 102 Abs. 1 Satz 2 EnWG und damit Verweisung an ein Landgericht	n. v.

Gericht	Datum	Aktenzeichen	Kurztext	Fundstelle
Amtsgericht Viersen	27.9.2011	32 C 54/10	Widerspruch gegen Gaspreiserhöhung wegen Unbilligkeit und Recht zur Preisanpassung aus § 4 Abs. 1 und 2 AVBGasV/ § 5 Abs. 1 GasGVV	n. v.
Bundesverwaltungsgericht	24.4.1970	VII B 58.69	Gebührenstaffelung eines Wassergroßverbrauchers	n. v.
Bundesverwaltungsgericht	1.8.1986	8 C 112.84	Erhebung einer Mindestgebühr bei der verbrauchsabhängigen Bemessung von Wassergebühren	NVwZ 1987, 231 f.
Bundesverwaltungsgericht	20.12.2000	11 C 7.00	Abfallgebühren für eine Biotonne bei eigener Biokompostierung	DVBl. 2001, 488 ff. = NVwZ 2002, 199 ff.
Bundesverwaltungsgericht	11.11.2011	9 B 41.11	Maßstab einer verbrauchsunabhängigen Abfallgrundgebühr	n. v.
Oberverwaltungsgericht Berlin-Brandenburg	7.11.2012	OVG 9 A 7.10	Umstellung eines Grundgebührenmaßstabes für Abwasser auf die Anzahl von Wohneinheiten	n. v.
Oberverwaltungsgericht Brandenburg	22.5.2002	2 D 78/00.NE	Nichtigkeit einer Grundgebühr-Regelung in einer Wasserversorgungssatzung für zu Wohnzwecken genutzte Grundstücke	n. v.
Oberverwaltungsgericht Niedersachsen	24.2.1997	3 K 2811/94	Gebührenfestsetzung für die Tierkörperbeseitigung nach dem Wahrscheinlichkeitsmaßstab	n. v.
Oberverwaltungsgericht Niedersachsen	26.8.2002	9 LA 305/02	Bemessungsmaßstab für die Grundgebühr bei der Wasserversorgung	n. v.
Oberverwaltungsgericht Nordrhein-Westfalen	20.5.1996	9 A 5654/94	Erhebung einer Grund- und Mindestgebühr	NVwZ-RR 1997, 314
Oberverwaltungsgericht Nordrhein-Westfalen	2.2.2000	9 A 3915/98	Heranziehung zu Abfallentsorgungsgebühren	NVwZ-RR 2001, 122

Gericht	Datum	Aktenzeichen	Kurztext	Fundstelle
Oberverwaltungsgericht Nordrhein-Westfalen	3.9.2009	10 D 121/07.NE	Bebauungsplan für E.ON-Steinkohlekraftwerk Datteln unwirksam	ZNER 2009, 284 ff. = ZUR 2009, 597 ff.
Oberverwaltungsgericht Nordrhein-Westfalen	1.12.2011	8 D 58/08.AK	Vorbescheid und erste Teilgenehmigung für das Kohlekraftwerk Trianel (Lünen) aufgehoben	ZNER 2012, 199 ff. = ZUR 2012, 372 ff.
Oberverwaltungsgericht Nordrhein-Westfalen	12.6.2012	8 D 38/08.AK	immissionsschutzrechtliche Genehmigung des Steinkohlekraftwerks Datteln	ZNER 2012, 526 ff. = BauR 2012, 1883 ff. = ZUR 2012, 678 ff.
Oberverwaltungsgericht Sachsen-Anhalt	30.1.2003	1 L 362/01	Gebührenzahlungspflicht für die Benutzung einer öffentlichen Abwasserbeseitigungsanlage	n. v.
Oberverwaltungsgericht Sachsen-Anhalt	21.6.2011	4 L 229/10	Bemessung einer Abwassergrundgebühr	n. v.
Thüringer Oberverwaltungsgericht	12.12.2001	4 N 595/94	Grund- und Verbrauchsgebühren für die Wasserversorgung	n. v.
Thüringer Oberverwaltungsgericht	26.9.2005	4 EO 817/03	Abwassergrundgebühren nach der Nennweite des Anschlusskanals	DÖV 2006, 523 ff.
Verwaltungsgerichtshof Baden-Württemberg	20.7.2011	10 S 2102/09	GKM Block 9 – Rügebefugnis eines anerkannten Umweltverbands gegen die immissionsschutzrechtliche Genehmigung zur Erweiterung eines Steinkohlekraftwerks	n. v.
Bayerischer Verwaltungsgerichtshof	20.10.1997	4 N 95.3631	Kostenüberdeckung	BayVerwBl 1998, 148
Bayerischer Verwaltungsgerichtshof	6.12.2001	23 B 01.1018	Bemessung der Grundgebühr von Entwässerungsgebühren nach Wohneinheiten	BayVerwBl 2002, 635
Verwaltungsgerichtshof Hessen	25.2.1966	R V 2/62		n. v.

Gericht	Datum	Aktenzeichen	Kurztext	Fundstelle
Verwaltungsgerichtshof Hessen	7.3.2012	5 C 206/10.N	Gebührenstruktur für die Umlegung der Abfallbeseitigungskosten	NVwZ-RR 2012, 696 = DÖV 2012, 606
Verwaltungsgerichtshof Hessen	9.1.2014	6 A 1999/13 6 A 71/13	besondere Ausgleichsregelung nach EEG für selbständige Unternehmensteile	ER 2014, 135 ff.
Verwaltungsgericht Frankfurt	14.3.2013	5 K 2071/12.F	Anspruch auf Begrenzung nach § 41 Abs. 1 Nr. 2 EEG 2009 für Unternehmensteile	ER 2013, 166 ff.
Bundesfinanzhof	22.11.2005	VII R 33/05	kein Vergütungsanspruch der Tochtergesellschaft der von der die Gasheizungsanlage betreibenden Muttergesellschaft gelieferten Wärme	CuR 2006, 66 ff.
Bundesfinanzhof	31.1.2008	VII B 79/07	Entnahme von Strom nur durch tatsächlichen Letztverbraucher	StE 2008, 74 ff.
Bundesfinanzhof	23.6.2009	VII R 34/08 VII R 42/08	Auslegung des Anlagenbegriffs i. S. d. § 9 Abs. 1 Nr. 3 StromStG	IR 2009, 354 = StE 2010, 9 ff.
Bundesfinanzhof	9.9.2011	VII R 75/10	kein stromsteuerrechtliches Herstellerprivileg für die Produktion von Energieerzeugnissen	CuR 2011, 174 ff.
Bundesfinanzhof	13.12.2011	VII R 73/10	kein stromsteuerrechtliches Herstellerprivileg auf die Beleuchtung und Klimatisierung von Sozialräumen	ZfZ 2012, 106 ff.
Bundesfinanzhof	25.9.2013	VII R 64/11	keine Steuerbegünstigung für den von beauftragten Subunternehmern verbrauchten Strom	EnWZ 2014, 42 ff.
Finanzgericht Berlin-Brandenburg	1.8.2012	1 K 1106/09	Steuerfreiheit von Strom aus kleinen Anlagen	StE 2012, 16 ff.
Finanzgericht Berlin-Brandenburg	28.11.2013	1 K 1045/09	Steuerbefreiung für aus der Verbrennung von Klärschlamm gewonnenen Strom	CuR 2014, 46 ff.
Finanzgericht Düsseldorf	21.9.2005	4 K 2253/04 VSt	Stromsteuerbefreiung für die der Stromerzeugung vorgeschalteten Stromentnahmen für die Aufbereitung von Klärschlamm	StE 2007, 153 ff. = IR 2005, 280 f.

Gericht	Datum	Aktenzeichen	Kurztext	Fundstelle
Finanzgericht Gotha	31.7.2008	II 9/06	Stromsteuerbegünstigung eines Unternehmen des Produzierenden Gewerbes als Letztverbraucher von Strom zu betriebseigenen Zwecken	n. v.
Finanzgericht Hamburg	9.11.2010	4 K 94/10	Stromsteuerbegünstigung für stromerzeugende Anlagen	IR 2011, 67 f.
Finanzgericht München	21.9.2011	14 K 145/10	rechtliche Selbständigkeit eines Subunternehmers im Stromsteuerrecht	IR 2012, 43 f. = CuR 2012, 35 ff.
Bundeskartellamt	13.1.2008	B8 – 113/03 – 1	Praktizierung wettbewerbsbeschränkender Vereinbarungen (langfristige Lieferverträge)	n. v.
Bundesnetzagentur	2.5.2007	BK8-07-008 (Strom)	Vorgaben für Anträge auf Genehmigung der Entgelte für den Zugang zu Elektrizitätsversorgungsnetzen	n. v.
Bundesnetzagentur	2.5.2007	BK9-07/601-1	Vorgaben für Anträge auf Genehmigung der Entgelte für den Zugang zu Gasversorgungsnetzen	n. v.
Bundesnetzagentur	29.6.2011	BK6-06-013	Festlegung zur Vereinheitlichung der Bilanzkreisverträge	n. v.
Bundesnetzagentur	25.10.2012	BK6-12-024	Weiterentwicklung des Ausgleichsenergiepreis-Abrechnungssystems	IR 2012, 358 f.
Bundesnetzagentur	21.10.2013	BK6-13-042	Festlegung eines Netznutzungsvertrages (Strom)	n. v.
Bundesnetzagentur	11.12.2013	BK4-13-739	Festlegung zur Ermittlung individueller Netzentgelte gem. § 19 Abs. 2 StromNEV	EnWZ 2014, 88 ff.

Kapitel 1
Einführung

Die Höhe der Energiepreise beschäftigt die Nation mittlerweile fast so stark wie die Fußballergebnisse, und das will gerade im Jahr der Fußball-WM etwas heißen. Der Output der Energiewende ist der Preis: Nicht der Ausstieg aus der Atomenergie, nicht das Anwachsen der Erneuerbaren Energien in Deutschland. Es ist, so sagt es der Bürger, der Preis für Strom und Gas und auch Wärme und Wasser. Der Preis steht im Mittelpunkt der Wahrnehmbarkeit. Immerhin kostet die Energiewende eher mehr als 1 Billion Euro, kalkulierte unser ehemaliger Bundesumweltminister Peter Altmaier bereits im Mai 2013 über den Daumen. Und dann – schiebt Altmaier im selben Interview gleich hinterher – „wird es nicht nur für die Rentnerin in Wanne-Eickel zum Problem".[1]

Wie hat sich der Preis in den letzten Jahren nun entwickelt? Für Strom nach oben, das bleibt festzustellen. Zahlte ein Drei-Personen-Haushalt mit einem jährlichen mittleren Stromverbrauch von 3.500 kWh im Jahr 1998 – dem Jahr der Liberalisierung der Strom- und Gasmärkte[2] – noch 17,11 ct/kWh und im Jahr 2000 lediglich 13,94 ct/kWh, waren dies in 2013 schon 29,38 ct/kWh. Einen stetigen Preisanstieg haben jedenfalls seit dem Jahr 2000 auch die Gasmärkte zu verzeichnen. Und wer nun glaubt, beim Wasserpreis sei dies ähnlich, der hat Recht. Die Preise für CO_2-Zertifikate, die Emissionsberechtigungen, hingegen sind – zumindest Stand heute – so niedrig, dass so manch einer alles tun würde, um sie endlich aus dem Tal herauszuholen.[3]

Aber warum hat sich der Preis für Strom und Gas so entwickelt? Ist es wirklich wahr, dass die Energieversorger sich „weiter dumm und dusselig" verdienen und der Bürger, der einfache Haushalt, zudem noch die deutsche Industrie entlastet, weil diese nicht ins Ausland abwandern soll/will? Und warum wünscht sich die Industrie eigentlich die Zeiten vor der Liberalisierung der Energiemärkte in 1998 zurück?

A. Warum sind die Energiepreise wie sie sind – Preisbestandteile?

Bevor der Frage der Preisbildung im Einzelnen nachgegangen werden soll, lohnt es sich einmal einen Blick auf die Zusammensetzung des Strom- und Gaspreises zu werfen. Die größten Bestandteile des Strompreises (und mit kleinen Abstrichen des Gaspreises) bilden die staatlich veranlassten bzw. regulierten Preisbestandteile.

---

[1] Interview vom 31.5.2013, abrufbar bei der fr-online unter http://www.fr-online.de/politik/altmaier-zur-energiewende--es-kann-teurer-als-eine-billion-werden-,1472596,23075860.html.
[2] Gesetz über die Elektrizitäts- und Gasversorgung (Energiewirtschaftsgesetz 1998 – EnWG 1998) v. 24.4.1998 (BGBl. I S. 730).
[3] Siehe die europäische Beschlusslage zum Backloading: http://ec.europa.eu/deutschland/press/pr_releases/11960_de.htm.

I. Strompreis

1. Zusammensetzung des Strompreises

5 Besonders deutlich wird der staatliche Anteil beim Strompreis. Schaut man sich hier die einzelnen Bestandteile an, wird man feststellen, dass der größte Teil des Strompreises entweder staatlich reguliert oder aber unmittelbar staatlich veranlasst wird.

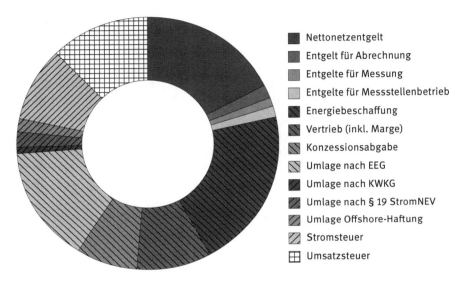

Abb. 1: Strompreis: Zusammensetzung[4]

6 Dem Energiemonitoringbericht 2013 der BNetzA und des BKartA ist zu entnehmen, dass im April 2013 22,2 % des Anteils am Strompreis der Regulierung unterliegen. Weitere 49,1 % sind Steuern und staatlich veranlasste Umlagen, welche sich einer Beeinflussbarkeit des Versorgungsunternehmens entziehen. 21,3 % des Strompreises entfällt dann auf die Energiebeschaffung.[5] Lediglich 7,5 % des Strompreises bilden mithin die eigenen Kosten des Versorgungsunternehmens und die Marge ab. Raum für Vorwürfe der Preistreiberei und der unbilligen Preisgestaltung wird man hier kaum erheben können.

2. Entwicklungen des Strompreises

7 Neben dem IST-Bestand des Strompreises ist es aber auch interessant, sich einmal die Entwicklung des Strompreises und seiner Bestandteile anzusehen.

---

4 *BNetzA/BKartA*, Monitoringbericht 2013, S. 152.
5 Zur Energiebeschaffung und den Marktregularien Kap. 4.

A. Warum sind die Energiepreise wie sie sind – Preisbestandteile? — 3

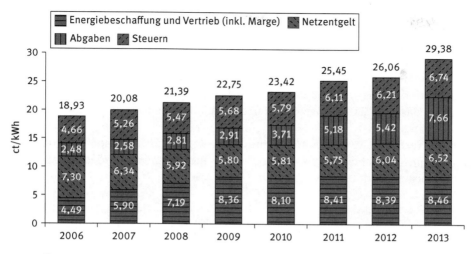

Abb. 2: Über alle Tarife mengengewichteter Elektrizitätspreis für Haushaltskunden[6]

Wie man dieser Darstellung schön entnehmen kann, ist das Gefühl vieler Kunden, der **Strompreis** wird immer teurer, durchaus nicht falsch. Zahlte der Kunde im Jahr 2006 noch einen Betrag von 18,93 ct/kWh so war es im Jahr 2013 ein Betrag von 29,38 ct/kWh. Der Strompreis hat sich also um ca. 55 % erhöht. Doch woher kommen diese Steigerungen?

Der größte Anstieg ist bei den **staatlichen Abgaben** zu sehen. Beliefen sich diese im Jahr 2006 noch auf 2,48 ct/kWh, betrugen sie im Jahr 2013 schon 7,66 ct/kWh. Dies ist eine Steigerung von mehr als 300 %. Größter Kostenbestandteil ist hierbei die **EEG-Umlage**.

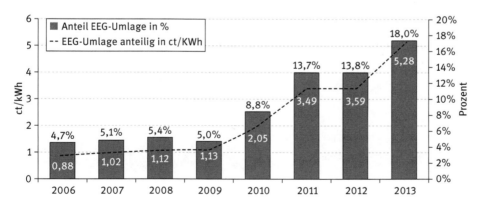

Abb. 3: Entwicklung EEG-Umlage und Anteil am Haushaltskundenpreis 2006 bis 2013[7]

---

6 *BNetzA/BKartA*, Monitoringbericht 2013, S. 156, Abb. 79.
7 *BNetzA/BKartA*, Monitoringbericht 2013, S. 157, Abb. 80.

10 Diese stieg von 0,88 ct/kWh (2006) auf 5,28 ct/kWh (2013), also um 600 %. Der Anstieg der EEG-Umlage ging auch in dem darauffolgenden Jahr weiter, sie betrug im Jahr 2014 schon 6,24 ct/kWh. Mit dem EEG 2014[8] ist unter anderem bezweckt, dem fortwährenden und starken **Anstieg** der **EEG-Umlage** entgegenzuwirken. Ob dies gelingt, werden die kommenden Jahre zeigen. Es dürfte jedenfalls nicht zu erwarten sein, dass die EEG-Umlage in den nächsten Jahren deutlich unter das derzeitige Niveau sinkt.

11 Die **Netzentgelte** sind mit Einführung der Regulierung, die aufgrund des sich hinziehenden Genehmigungsverfahrens vor den Regulierungsbehörden erst zum Jahr 2007 wirksam wurde, deutlich gefallen.

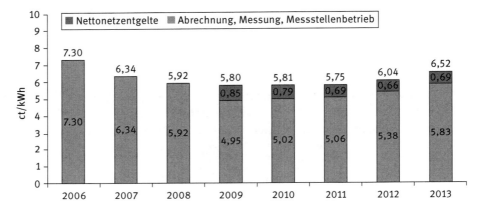

Abb. 4: Entwicklung Netzentgelte für Haushaltskunden 2006 bis 2013[9]

12 Seit 2011 ist ein Anstieg der Netzentgelte zu beobachten, die derzeit wieder über dem Niveau aus dem Jahr 2007 liegen.

13 Die **Energiebeschaffungskosten** sind in den Jahren 2006 bis 2013 von 4,27 ct/kWh auf 6,25 ct/kWh gestiegen. Im gleichen Zeitraum sind die Vertriebskosten inkl. Marge von 0,22 ct/kWh stark auf 2,21 ct/kWh gestiegen.

---

8 Gesetz zur grundlegenden Reform des Erneuerbaren-Energien-Gesetzes und zur Änderung weiterer Bestimmung des Energiewirtschaftsrechts v. 21.7.2014 (BGBl. I S. 1066).
9 *BNetzA/BKartA*, Monitoringbericht 2013, S. 155, Abb. 78.

A. Warum sind die Energiepreise wie sie sind – Preisbestandteile?

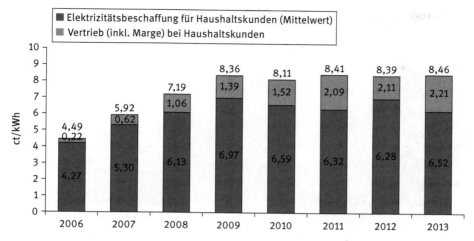

Abb. 5: Entwicklung Energiebeschaffung sowie Vertrieb 2006 bis 2013[10]

Gerade der Anstieg der **Vertriebskosten** dürfte durch die voranschreitende Liberalisierung begründet sein. Da immer mehr Lieferanten sich um die gleichen Kunden bemühen, erhöht sich auch der Werbe- und Vertriebsaufwand. Anzeigen, Sponsoring aber auch Internetauftritte und Besuche von Kundenwerbern verursachen Kosten, die sich letztlich auch auf den Preis auswirken.

II. Gaspreis

1. Zusammensetzung des Gaspreises

Die Zusammensetzung des Gaspreises ist weniger komplex als diejenigen des Strompreises.

Wie der Abbildung 6 zu entnehmen ist, ist der Preisbestandteil, welcher der staatlichen Regulierung unterliegt oder aber Steuern und Abgaben sind, geringer als im Strombereich und beträgt „nur" ca. 47 %. Auch dies ist allerdings ein sehr beachtlicher Teil. Wenn man dann parallel betrachtet, dass für den einzelnen Gaslieferanten der Gaseinkauf allenfalls in kleinem Rahmen steuerbar ist, macht dies deutlich, dass der Versorger nur einen begrenzten Einfluss auf das Gasentgelt hat, welches der Kunde zu zahlen hat.

---

10 *BNetzA/BKartA*, Monitoringbericht 2013, S. 158, Abb. 81.

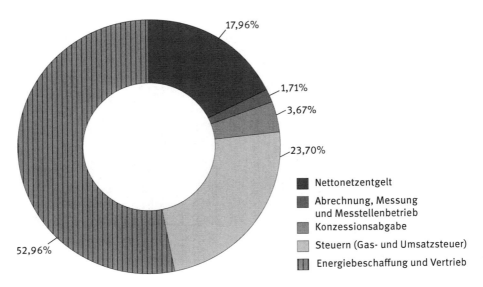

Abb. 6: Zusammensetzung des mengengewichteten Einzelhandelspreisniveaus Gas für Haushaltskunden bei der Belieferung in der Grundversorgung[11]

2. Entwicklungen des Gaspreises

17 Auch im Hinblick auf den Gaspreis hat sich die feste Vorstellung verankert, dass dieser immer mehr steigt. Hierbei haben viele Verbraucher erhebliche Steigerungen im Kopf. Den Tatsachen entspricht dies allerdings nur partiell, wie die Abbildung 7 zeigt.

18 Tatsächlich nahm der Gaspreis in den vergangenen Jahren eine Seitwärtsbewegung, nach einem kurzfristigen Anstieg sind die Gaspreise im Jahr 2010 deutlich gefallen und steigen seitdem wieder moderat an.

---

11 *BNetzA/BKartA*, Monitoringbericht 2013, S. 247, Abb. 143.

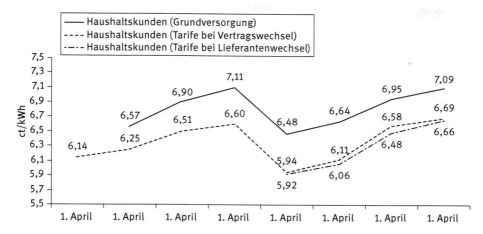

Abb. 7: Entwicklung der mengengewichteten Gaspreise für Haushaltskunden 2006 bis 2013[12]

Interessant in dieser Darstellung ist auch die **Preisentwicklung** zwischen der **Grundversorgung** und der **Versorgung im Sondervertrag**. Die Preisentwicklung läuft parallel und es wird immer fast der gleiche Preisabstand zwischen den Tarifen eingehalten. Der Abstand zwischen den beiden Preisarten dürfte auf die unterschiedliche Höhe der **Konzessionsabgabe** nach der Konzessionsabgabenverordnung[13] (KAV) zurückzuführen sein.[14]

B. Reaktionsmöglichkeiten des Kunden

Kunden, die mit einer Preisänderung des Versorgers nicht einverstanden sind, sind dieser – entgegen weitverbreiteter Meinung unter Energiekunden – nicht schutzlos ausgeliefert. Sie können nicht nur die durchgeführten Preisanpassungen **(gerichtlich) überprüfen** lassen, sie können auch ohne Weiteres den **Versorger wechseln**, denn die Preisanpassung durch den Versorger führt zu dem Recht der **einseitigen Vertragskündigung**.

---

[12] *BNetzA/BKartA*, Monitoringbericht 2013, S. 253, Abb. 146.
[13] Verordnung über Konzessionsabgaben für Strom und Gas (Konzessionsabgabenverordnung – KAV) v. 9.1.1992 (BGBl. I S. 12, 407), zuletzt geändert durch Verordnung v. 1.11.2006 (BGBl. I S. 2477).
[14] Vgl. § 2 Abs. 3 Nr. 2b und Abs. 3 Nr. 2 KAV.

I. Überprüfung der Preisanpassung des Versorgers

21 Ein Kunde hat die Möglichkeit der Preisanpassung eines Versorgers – untechnisch gesprochen – zu widersprechen. Welchen Umfang und welche Wirkung dies hat, richtet sich nach der Art der **Preisanpassungsklausel**.

22 Handelt es sich um eine automatisch wirkende Preisanpassungsklausel so kann der Kunde überprüfen, ob der Versorger richtig gerechnet hat, also die vertraglich vereinbarten Preismechanismen richtig zur Anwendung gebracht hat. Etwaige Zweifel an der Preisklausel,[15] welche der Versorger nicht ausräumen kann, kann er gerichtlich überprüfen lassen.

23 Hat der Versorger eine Preisanpassungsmöglichkeit nach „billigem Ermessen" mit dem Kunden vereinbart oder handelt es sich um eine Preisanpassung eines Grundversorgers, ist die Wirksamkeit einer Preisanpassung nicht schnell und einfach zu entscheiden. Zunächst wird man hier feststellen müssen, dass es kein „Richtig" oder „Falsch" einer Preisbestimmung gibt. Eine Preisbestimmung nach billigem Ermessen setzt einen Ermessensgebrauch des Versorgers voraus, der nicht zu *dem* billigen Entgelt führt, sondern zu *einem* (von mehreren möglichen) billigen Entgelt. Hierbei ist dem Versorger ein gewisser Spielraum einzuräumen, da ja eine in die Zukunft gerichtete Kalkulation denklogisch mit gewissen Unsicherheiten auskommen muss. Die Ermessensentscheidung des Versorgers kann der Strom- und Gaskunde gerichtlich überprüfen lassen.[16]

24 Allerdings bringt dies auch für den Kunden ein nicht unerhebliches Risiko. Da Preisanpassungen oftmals eine jährliche Anpassung von unter 100 € zur Folge haben, machen die Kosten für die gerichtliche Überprüfung schnell einen erheblichen Teil dieser Mehrbelastung aus. Wenn dann das Gericht noch einen Gerichtsgutachter bestellt, können schnell die Energiekosten für mehrere Jahre als Risiko für den Strom- und Gaskunden bestehen. Insbesondere, da er nicht einschätzen kann, ob die Kalkulation richtig war oder nicht.

! Tipp
Außergerichtlich muss der Versorger dem Kunden auch keine Auskunft über die betriebswirtschaftlichen Grundlagen der Preisveränderung geben. Erst im Gerichtsverfahren wird der Versorger, so das Gericht dies überhaupt für notwendig hält, zur Preiskalkulation vortragen müssen.

---

15 Vgl. zur Überprüfung von Preisanpassungsklauseln Kap. 5.
16 Zum Prüfungsmaßstab vgl. Kap. 6.

II. Wechsel des Anbieters oder des Tarifs

Will sich der Strom- und Gaskunde allerdings nicht auf einen längerfristigen Rechtsstreit mit ungewissem Ausgang einlassen, so kann er den Markt sondieren und sich ggf. für einen anderen Versorger entscheiden. Durchschnittlich standen dem Stromkunden im Jahr 2012 88 Lieferanten[17] und in mehr als 86 % der Gasnetze mehr als 31 Lieferanten[18] zur Verfügung. Jährlich nimmt diese Zahl zu.

Die Auswahl und das Auffinden von potentiellen Energieversorgern werden den Kunden erleichtert durch die im Internet auf mehreren Seiten angebotenen Vergleichsportale. Hier kann der Kunde einen Anbieter nach seinen persönlichen Präferenzen auswählen. Nicht nur das, auch zwischen mehreren Tarifen bei einem Anbieter kann der Kunde wählen. Ob es der Preis oder das Preismodell ist, die Art der verkauften Energie oder aber die räumliche Nähe des Kundenzentrums.

Oftmals allerdings muss ein Kunde seinen Versorger aber gar nicht wechseln, wenn er einen günstigeren Preis haben möchte: Es genügt sehr oft schon, allein von der Grundversorgung in einen anderen Tarif zu wechseln. Hier bieten zwischenzeitlich nahezu alle Versorger eine Vielzahl von Produkten an, die sich etwa durch die Verwendung bestimmter Arten von Energien (z. B. ausschließlich regenerativ erzeugter Strom) oder aber auch Verträge mit festen Laufzeiten (mit und ohne Preisanpassungen) unterscheiden. Die Sparpotentiale sind hierbei sofort errechenbar und hängen nicht von dem Ausgang eines Rechtsstreites ab.

C. Regelungsvielfalt in der Energiewirtschaft

Wie in den folgenden Kapiteln dieses Buches noch ausführlich beschrieben werden wird, ist das Energierecht zwischenzeitlich in einem sehr umfassenden Regelungskanon mit derzeit ca. 11.166 Normen in einer Vielzahl von Gesetzen und Verordnungen angewachsen.

---

17 *BNetzA/BKartA*, Monitoringbericht 2013, S. 124
18 *BNetzA/BKartA*, Monitoringbericht 2013, S. 232

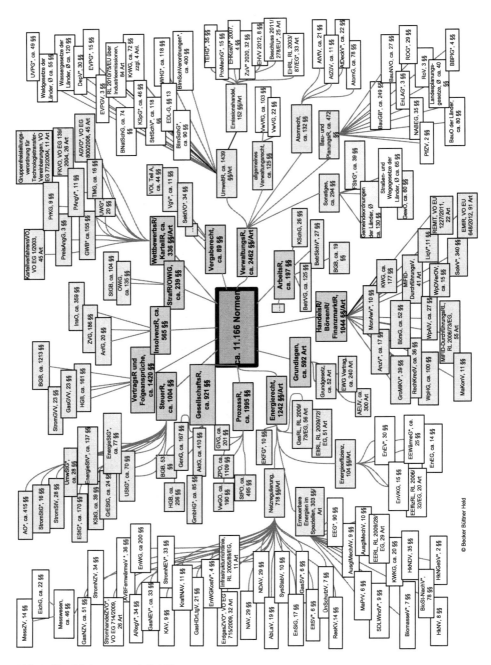

Abb. 8: Überblick Normenvielfalt[19]

---

[19] Copyright Becker Büttner Held – Rechtsanwälte Steuerberater Wirtschaftsprüfer.

Diese Normen beziehen sich nicht alle ausschließlich auf die Energiewirtschaft; es sind auch Normen aus anderen Rechtsgebieten, z. B. dem Gesellschaftsrecht oder dem Allgemeinen Zivilrecht, enthalten.

Aber auch die speziellen Normen haben erheblich zugenommen. Während man vor der Liberalisierung[20] noch mit einem EnWG mit weniger als 20 Normen auskam, umfasst allein das EnWG jetzt an die 200 Normen. Aber mit dem EnWG ist dies nicht getan. Immer neue Gesetze, Verordnungen und Beschlüsse/Festlegungen der Regulierungsbehörden wurden und werden erlassen. Für die Preiszusammensetzung besonders namhaft sind:

- Erneuerbare-Energien-Gesetz (EEG);[21]
- Kraft-Wärme-Kopplungsgesetz (KWKG);[22]
- Grundversorgungsverordnungen Strom (StromGVV)[23] und Gas (GasGVV);[24]
- Netzentgeltverordnungen Strom (StromNEV)[25] und Gas (GasNEV);[26]
- Anreizregulierungsverordnung (ARegV);[27]
- Konzessionsabgabenverordnung (KAV);
- Energiesteuergesetz (EnergieStG)[28] und Stromsteuergesetz (StromStG).[29]

---

20 Zur historischen Entwicklung vgl. Zenke/Wollschläger/*Danner*, § 315 BGB, 2. Aufl., S. 7 ff.
21 Gesetz für den Ausbau erneuerbarer Energien (Erneuerbare-Energien-Gesetz – EEG 2014) v. 21.7.2014 (BGBl. I S. 1066), zuletzt geändert durch Gesetz v. 22.7.2014 (BGBl. I S. 1218).
22 Gesetz für die Erhaltung, die Modernisierung und den Ausbau der Kraft-Wärme-Kopplung (Kraft-Wärme-Kopplungsgesetz) v. 19.3.2002 (BGBl. I S. 1092), zuletzt geändert durch Gesetz v. 21.7.2014 (BGBl. I S. 1066).
23 Verordnung über Allgemeine Bedingungen für die Grundversorgung von Haushaltskunden und die Ersatzversorgung mit Elektrizität aus dem Niederspannungsnetz (Stromgrundversorgungsverordnung – StromGVV) v. 26.10.2006 (BGBl. I S. 2391), zuletzt geändert durch Gesetz v. 25.7.2013 (BGBl. I S. 2722).
24 Verordnung über Allgemeine Bedingungen für die Grundversorgung von Haushaltskunden und die Ersatzversorgung mit Gas aus dem Niederdrucknetz (Gasgrundversorgungsverordnung – GasGVV) v. 26.10.2006 (BGBl. I S. 2391, 2396), zuletzt geändert durch Gesetz v. 25.7.2013 (BGBl. I S. 2722).
25 Verordnung über die Entgelte für den Zugang zu Elektrizitätsversorgungsnetzen (Stromnetzentgeltverordnung – StromNEV) v. 25.7.2005 (BGBl. I S. 2225), zuletzt geändert durch Gesetz v. 21.7.2014 (BGBl. I S. 1066).
26 Verordnung über die Entgelte für den Zugang zu Gasversorgungsnetzen (Gasnetzentgeltverordnung – GasNEV) v. 25.7.2005 (BGBl. I S. 2197), zuletzt geändert durch Verordnung v. 14.8.2013 (BGBl. I S. 3250).
27 Verordnung über die Anreizregulierung der Energieversorgungsnetze (Anreizregulierungsverordnung – ARegV) v. 29.10.2007 (BGBl. I S. 2529), zuletzt geändert durch Gesetz v. 21.7.2014 (BGBl. I S. 1066).
28 Energiesteuergesetz (EnergieStG) v. 15.7.2006 (BGBl. I S. 1534; 2008 I S. 660, 1007), zuletzt geändert durch Gesetz v. 18.7.2014 (BGBl. I S. 1042).
29 Stromsteuergesetz (StromStG) v. 24.3.1999 (BGBl. I S. 378; 2000 I S. 147), zuletzt geändert durch Gesetz v. 5.12.2012 (BGBl. I S. 2436, 2725).

31 Diese Regelungen, die sich immer wieder ändern, stellen an die Unternehmen der Energiewirtschaft erhebliche Anforderungen, die nicht immer einfach zu durchdringen sind. Aber auch für Verbraucher, zu deren Gunsten eine Vielzahl von Regelungen eingeführt wurde, ist nicht immer auf Anhieb Sinn und Umfang von bestimmten Regelungen verständlich.[30]

32 In diesem Buch widmen sich die Autoren umfassend den rechtlichen und betriebswirtschaftlichen Grundlagen der verschiedenen Wertschöpfungsstufen, die Grundlage der Preiskalkulation sind.[31]

33 Der Strom wird im Kraftwerk erzeugt; unter Umständen wird Gas dafür eingesetzt und bei der Verbrennung fossiler Stoffe wird CO_2 emittiert. Die deutsche Erzeugerlandschaft bestimmt einen Teil der Kosten. Deswegen ist ihr ein eigenes Kapitel[32] gewidmet. Der nächste Schritt in der Wertschöpfungskette – der Ein- und Verkauf von Gas, Strom, Fernwärme und CO_2 – bestimmt, wer und wie er am Markt besteht. Daher soll auch ein ausführlicher Blick[33] auf den Strom- und Gasgroßhandel und die strukturierte Energiebeschaffung erfolgen. Nach einem Blick auf die Sonderverträge in Strom und Gas[34] und auf die Grundversorgung (die Versorgungspflicht und die Preisgestaltung)[35] beschäftigen wir uns mit den Bereichen Fernwärmeversorgung[36] und Wasserversorgung.[37] Die Strom- und Gaserzeugung, die Fernwärme- und die Wasserversorgung unterliegen verschiedenen Regeln, die wir darstellen. Bis ins Detail geregelt aber, inklusive der Verzinsung des eigenen Eigentums, sind die Netzentgelte für Strom und Gas, was in einem weiteren Kapitel dargestellt wird.[38] Auch das individuelle Netznutzungsentgelt, das ein bestimmter Kreis im Vergleich zur Allgemeinheit zahlt, wird hier erstmals angesprochen. Dieses passt dann auch zum darauf folgenden Kapitel, das sich mit den Umlagen, Steuern, Förderungen und letztlich den Optimierungsmöglichkeiten auseinandersetzt.[39]

34 Dieses Buch schließt mit einem Resümee und Ausblick.[40] Eine Rechtsprechungsübersicht erleichtert hoffentlich den Umgang mit der Materie.

---

30 Z. B. hat die Ausgestaltung der Rechnung, die in § 41 EnWG geregelt ist, einen Umfang angenommen, das für den Strom- und Gaskunden die eigentliche Information, nämlich der konkrete Rechnungsbetrag, kaum noch zu finden ist neben den ganzen weiteren Informationen und grafischen Darstellungen.
31 Siehe Kap. 2.
32 Siehe Kap. 3.
33 Siehe Kap. 4.
34 Siehe Kap. 5.
35 Siehe Kap. 6.
36 Siehe Kap. 7.
37 Siehe Kap. 8.
38 Siehe Kap. 9.
39 Siehe Kap. 10.
40 Siehe Kap. 11.

Kapitel 2
Preiskalkulation

In diesem Kapitel erklären wir die **Entstehung** von **Energiepreisen**. Einleitend sollen dafür die mikroökonomischen Grundlagen, die das Preissetzungsverhalten in Abhängigkeit der bestehenden Marktform beeinflussen, erläuternd dargestellt werden.[1] Die daraus gewonnenen Erkenntnisse werden Grundlage für die folgende Erklärung von **Marktgleichgewichtspreisen** zwischen Angebot und Nachfrage sein.[2]

Die weitere Analyse kann nicht ohne gewisse theoretische Grundlagen aus der Mathematik, Statistik und Ökonometrie geschehen[3] – damit der geneigte Leser jedoch nicht jetzt schon zum nächsten Kapitel blättert, sei versprochen, dass der Praxisbezug stets gewahrt bleiben soll.

In Anlehnung an *Borchert* et al.[4] wird weiterhin die Entwicklung und Ausgestaltung des Energiemarktes am Beispiel des Strommarktes in Deutschland nach der Marktliberalisierung in einer anschaulichen Art und Weise beschrieben werden.[5] Daraus soll hervorgehen, dass Intransparenz und Marktmacht sehr wichtige **Einflussfaktoren** für die **Preisbildung** sind. Die mit der Liberalisierung verbundenen Ziele sollen zudem während dieser Darstellung nochmals hervorgehoben werden, bevor auf die Preisbildung genauer einzugehen ist.

Aber ohne die Gründe für den bestehenden Wandel von einer monopolistischen Anbieterstrukturen hin zur Marktliberalisierung mit allen Chancen und Risiken der freien Preisbildung für die unterschiedlichen Marktakteure zu nennen, sollte das Kapitel nicht begonnen werden.

A. Der Preis im Marktumfeld

Die leistungsgebundene Energiewirtschaft war lange Zeit eine vom Wettbewerb ausgenommene Branche, in der ein kompetitiver Ausnahmezustand bestand. Ein **Marktmechanismus** und damit verbundener echter **Preiswettbewerb** fanden nicht statt. Den Energieversorger „wählte" man über die Verlagerung des eigenen Wohnsitz in das entsprechende Versorgungsgebiet. Die Bundesrepublik war in **Gebietsmonopole** aufgeteilt und damit die Energieversorgungsunternehmen (EVU) ihre Marktmacht nicht missbrauchten, wurden die Preise staatlich reguliert. Ein Handel zwischen den

---

[1] Vgl. Rn 5 ff.
[2] Vgl. Rn 10 ff.
[3] Vgl. Rn 27 ff.
[4] Vgl. für die folgende Darstellung dazu *Borchert/Schemm/Korth*, Stromhandel, S. 3 ff.
[5] Vgl. Rn 32 ff.

EVU gab es zwar bereits vor 1998, aber dieser fand jedoch nur bilateral und in einem begrenzten Umfang statt.

6   In Zeiten regulierter Strommärkte überließ die Stromerzeugung ihre Produktion zumeist an ihren Stromvertrieb zu **Durchschnittskosten**.[6] Bis dato wurden Energielieferverträge zumeist über einen längeren Zeitraum, zu mehr oder minder festen Preisen und hochgradig individualisiert abgeschlossen.[7] Die einzigen Vertragsanpassungen konnten in solchen Vollversorgungsverträgen, wenn nötig nur über im Vorfeld definierte **Preisgleitklauseln** vorgenommen werden.

7   Nachdem in den 1970er Jahren u. a. in Folge von Ölpreisschocks gleichzeitig Arbeitslosigkeit und Inflation auftraten, setzten sich in der folgenden Dekade in der internationalen wirtschaftspolitischen Debatte die Ideen des **Monetarismus**[8] durch.[9] Damit verbundene Vorstellungen waren positive Auswirkungen auf die Verteilungseffizienz und das allgemeine Preisniveau durch Wettbewerb auf der Erzeuger- und Vertriebsebene. Bezogen auf **Energiemärkte** bedeutet diese Überlegung etwa, dass Abnehmer ihren Lieferanten selbst wählen und gleichzeitig Erzeuger ihr Produkt an jeden potentiellen Kunden veräußern können sollten. Das Entstehen von Großhandelsmärkten, das Eintreten von Brokern und Arbitrageuren in den Energiehandel ließe Preisdifferenzen innerhalb des Marktes verschwinden, senke die Preisvolatilität, führe darüber hinaus zu einer steigenden Markttransparenz und zu einer Erhöhung der Liquidität – so die mit der Marktöffnung verbunden Hoffnungen.

8   Als das zentrale Element für einen funktionierenden Wettbewerb auf den Energiemärkten ist die **Trennung** von **Netzbetrieb** und **Stromlieferung** bzw. die Trennung von **Erzeugung** und **Stromvertrieb** identifiziert worden.[10] Die Bedingungen für den Netzzugang müssen für alle Akteure des Marktes gleich sein, um Ineffizienzen im Markt nivellieren zu können. Energieerzeugern und reinen Vertriebsunternehmen wird durch einen diskriminierungsfreien Zugang die Notwendigkeit genommen eine eigene Infrastruktur aufbauen zu müssen. Die immensen Kosten für den Aufbau und den Parallelbetrieb mehrerer Energienetze rechtfertigen allerdings mit Blick auf die Übertragung von Energie die Existenz sogenannter natürlicher Monopole, die auf der Netzebene auch heute weiterhin bestehen.[11] Die Erzeugerlandschaft sowie die involvierten Marktakteure in Stromvertrieb und -handel sahen sich währenddessen einer massiven Strukturveränderung in Form einer Entflechtung der einzelnen Wertschöpfungsstufen durch das Unbundling von Netz- und Vertriebsgesellschaften von EVU

---

6 Vgl. Schwintowski/*Spicker*, Energiehandel, S. 82.
7 Vgl. *Becker,* Aufstieg und Krise der deutschen Stromkonzerne, S. 85 ff.
8 Angebotsorientierte Wirtschaftspolitik und ein möglichst geringer regulatorischer Einfluss mit der Geldmenge als wichtigsten Einflussfaktor zur Steuerung der Wirtschaftsentwicklung.
9 *Samuelson/Nordhaus,* Volkswirtschaftslehre, S. 544.
10 Vgl. u. a. Zander/Riedel/*Zander*, Praxishandbuch Energiebeschaffung, II. Strombeschaffung – 1.1.2 Netzzugang, S. 23.
11 Vgl. Kap. 9 Rn 2.

ausgesetzt. Seit der Liberalisierung haben die Energiemärkte einen fast schon revolutionären Wandel durchlebt.

Bevor aber weiter auf die Preisbildungsmechanismen auf Energiemärkten eingegangen werden soll, betrachten wir zunächst ganz allgemein das Zusammenspiel von Angebot und Nachfrage.

I. Angebot und Nachfrage

In unserer heutigen Gesellschaft erfüllen Märkte eine ganz wesentliche Aufgabe, in dem sie die Allokation von Waren und Dienstleistungen koordinieren. Was für eine überwältigende Aufgabe das ist, wird deutlich, wenn man sich allein für die Europäische Union die unglaubliche Summe von ca. 13 Bill. € vor Augen führt, die 2013 an Wirtschaftsleistung umgesetzt wurde.[12] Das zentrale Element dieser aus unendlich vielen Einzelbestandteilen bestehenden Produktions- und Handelsketten ist der **Preis**. Von Preisen gehen entscheidende Signale über Möglichkeiten und Bedürfnisse aus. Hohe Preise dämpfen zumeist die Nachfrage, während niedrige Preise das genaue Gegenteil bewirken. Produzenten und Konsumenten erhalten so die entscheidenden Signale, um ihr Anbieter- bzw. Nachfragerverhalten an die vorherrschenden Bedingungen anzupassen. Durch das Spiel von Angebot und Nachfrage ermitteln Käufer und Verkäufer den Preis und die Menge von handelbaren Waren und Dienstleistungen. Deren Entstehen kommt in dieser Hinsicht eine enorme Bedeutung zu. Die Interaktion zwischen Angebot und Nachfrage ist das ausgleichende Moment im **Marktmechanismus**.[13]

Wirtschaftswissenschaftler beantworten dadurch Fragen danach WAS, WANN für WEN produziert werden soll. Das Kalkül der Unternehmerseite sich in dem gegenseitigen Wettbewerb durchzusetzen, ist es dabei, den eigenen Gewinn zu maximieren. Steigt also der Preis für eine bestimmte Ware, etwa aufgrund einer **Nachfragesteigerung**, werden alle am Produktionsprozess beteiligten Unternehmen dieses Gut verstärkt anbieten. Die Differenz aus den erzielten Erlösen und den Produktionskosten bildet dabei den Unternehmensgewinn. Auf Käuferseite hingegen möchte man die Differenz aus vorhandener Kaufkraft und den bei Konsum anfallenden Kosten maximieren.

Ökonomen gehen davon aus, dass sich beim ständigen Interagieren von Käufern und Verkäufern auf diversen Märkten ein **Gleichgewicht** auf den entsprechenden Märkten einstellt. Der **Markt** ermittelt so die Gleichgewichtsmenge (q*) als auch den Gleichgewichtspreis (p*). Beim Austarieren dieser beiden Faktoren werden sowohl

---

[12] Vgl. Europa in Zahlen – Eurostat-Jahrbuch, online unter: http://epp.eurostat.ec.europa.eu/statistics_explained/index.php/Europe_in_figures_-_Eurostat_yearbook/de.
[13] *Samuelson/Nordhaus*, Volkswirtschaftslehre, S. 51.

die Interessen der Verkäufer als auch der Käufer berücksichtigt. *Adam Smith* war derjenige, der in den einzelnen, dezentral getroffenen Entscheidungen der Produzenten und Käufer die Stärke eines solchen Marktsystems erkannte. Der Egoismus Einzelner sei der treibende Faktor hinter den Kräften des Marktes, die durch keine Planung je zu einer vergleichsweise annähernd guten Allokation von Waren und Dienstleistungen führen würde.[14] Im Spiel von Angebot und Nachfrage ist es die oft zitierte „unsichtbare Hand", die demnach eine Harmonie der verschiedenen Interessen der Marktakteure bewirkt. Gänzlich ohne zentrale Planung und Koordination.

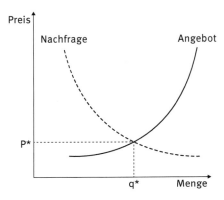

Abb. 1: Verlauf der Nachfrage- und Angebotskurve[15]

13 Werden alle Güter und Dienstleistungen auf einem Markt gehandelt und kann man ihnen dadurch in der Konsequenz auch einen Preis zuordnen, spricht man von einem vollständigen Wettbewerb. **Vollständiger Wettbewerb** bedeutet auch, dass kein Marktakteur, ob Produzent oder Konsument, Einfluss auf den Preis nehmen kann.

14 Die nachgefragte Menge eines Gutes hängt zum größten Teil von dessen Preis ab. Je teurer das Produkt, desto weniger werden (potentielle) Konsumenten bereit sein, dieses zu kaufen. Je niedriger der Preis, desto mehr wird ceteris paribus[16] gekauft werden. Der Zusammenhang zwischen dem Marktpreis und der nachgefragten Menge ist demnach genau definiert und als **Nachfragefunktion** bezeichnet. Die grafische Darstellung der Nachfragefunktion wird als Nachfragekurve bezeichnet. Aus Anbietersicht gilt genau das umgekehrte Kalkül: Je höher der Preis eines Gutes, desto mehr Mengen werden Produzenten von diesem Produkt auf dem Markt anbieten. Der positive Zusammenhang zwischen Preis und Angebot wird als **Angebotsfunktion** bezeichnet.

---

14 Vgl. *Brösse*, Mikroökonomie, S. 349.
15 Eigene Darstellung nach *Samuelson*, S. 76.
16 Ceteris paribus ≙ unter sonst gleichen Bedingungen.

Äquivalent zur Nachfragerseite wird der grafische Zusammenhang zwischen Preis und Angebot als Angebotskurve bezeichnet. Bisher haben wir die Angebots- und Nachfragekurve unabhängig voneinander betrachtet. An der Schnittstelle von Angebots- und Nachfragekurve ergibt sich das **Marktgleichgewicht** und der resultierende Preis wird als Gleichgewichtspreis bezeichnet. Eine andere Bezeichnung für diesen ist Markträumungspreis bzw. „Market Clearing Price (MCP)", wodurch ausgedrückt werden soll, dass alle Angebots- und Nachfragevorstellungen zu diesem Schnittpunkt der jeweiligen Kurven befriedigt werden. Der Verlauf der Nachfrage- und Angebotskurve wird in Abbildung 1 veranschaulicht.

Angebots- und Nachfragekurven ändern sich nicht allein dadurch, dass sich Preise der entsprechenden Güter ändern. Weitere **Einflussfaktoren** sind u. a. politische Rahmenbedingungen, Produktinnovationen oder etwa für Energiemärkte äußerst relevant, das Wetter. Der Einfluss auf die Nachfrage- und Angebotskurve ist bei Änderung eines der eben genannten Faktoren dann eine Verschiebung der Kurve. Stellen wir uns eine Angebotskurve für Strom aus Erneuerbaren Energien vor: So senkt etwa eine anhaltende Schlechtwetterfront das Angebot von eingespeistem Photovoltaik-Strom zur Tagesmitte und sorgt für eine erhöhte Residuallast. In der Folge wird sich der Preis für Strom erhöhen, je mehr Kraftwerke für die Strombereitstellung zu sukzessive höheren Grenzkosten dann noch zusätzlich benötigt werden. Im umgekehrten Fall sorgen etwa (staatlich) verordnete Energieeffizienzmaßnahmen, unter sonst gleichen Bedingungen, für eine Verschiebung der Nachfragekurve „nach links". Eine Reduktion der Stromnachfrage ist die Folge, weil z. B. durch angepasste Bestimmungen zur Effizienz von Netzgeräten weniger Energie nachgefragt wird um Laptops mit Strom zu versorgen oder aber Kühlschränke und Waschmaschinen dieselbe Funktion mit geringerem Energieeinsatz vollbringen.[17]

Dass der **Marktmechanismus** nicht immer so einfach und reibungslos funktioniert, ist jedoch heute den meisten Menschen bewusst und wird auch innerhalb der Ökonomie heftig diskutiert.[18] Das Spiel der freien Kräfte allein reicht jedoch nicht aus, damit ein Marktmechanismus reibungslos funktionieren kann. Der Staat muss seiner ordnungspolitischen Rolle in vielerlei Hinsicht gerecht werden. Die Garantie von Eigentumsrechten fällt ebenso darunter wie ein verlässliches Rechtssystem und die Schaffung von Wettbewerbsmärkten, wo sich Monopole bilden, welche in Ineffizienzen münden.

---

[17] Die Ceteris-paribus-Klausel ist in diesem Falle nicht ganz unkritisch zu betrachten. Man denke etwa an den sog. Rebound Effect. Eine Diskussion dieser Problematik würde aber den Rahmen des Kapitels überschreiten. Details zu diesem Thema finden Sie bspw. unter *Santarius* Der Rebound-Effekt. Über die unerwünschten Folgen der erwünschten Energieeffizienz, abrufbar unter http://www.santarius.de/wp-content/uploads/2012/03/Der-Rebound-Effekt-2012.pdf.

[18] Darauf kann an dieser Stelle nur hingewiesen werden; mehr dazu zu erfahren bei *Stiglitz*, World's Most Prosperous Decade, S. 13 in Anlehnung an *Smiths* unsichtbare Hand: „the reason that the invisible hand often seems invisible is that it is often not there."

II. Das Monopol

18 Nachdem die **Deregulierung 1998** in deutsches Recht umgesetzt wurde,[19] war die Grundlage für einen entstehenden **Energiegroßhandel** gelegt. Bis dato lagen Erzeugung, Übertragung und Vertrieb in den Händen einzelner Unternehmen. Diese versorgten klar abgegrenzte Gebiete. Die Belieferungen von Dritten an die Bewohner des entsprechenden Gebietes wurden dadurch unmöglich gemacht. Wollte man den Anbieter wechseln, musste man den eigenen Wohnsitz in dessen Gebiet verlegen.

19 Anders als im vollkommenen Markt unter Wettbewerbsbedingungen hat der Monopolist Preissetzungsmacht und die Möglichkeit diese entsprechend zur Steigerung des eigenen wirtschaftlichen Vorteils gewinnbringend einzusetzen. Eine **monopolistische Marktstruktur** zeichnet sich dadurch aus, dass viele Nachfrager nur einen Anbieter für ein bestimmtes Gut vorfinden. Insofern kann man die wettbewerbliche Situation vor der Marktliberalisierung des deutschen Energiemarktes als monopolistisch verstehen. Mit der Trennung des Netzbetriebs von der Erzeugung und dem Vertrieb sind bis auf die Netzebene (aus den genannten Gründen) die Bedingungen für einen marktwirtschaftlichen Wettbewerb geschaffen worden.

20 Der **Monopolpreis** ergibt sich durch das Gewinnmaximierungskalkül an jener Stelle, an der die Grenzkosten genau den Grenzerlösen der Produktion entsprechen. Eine Produktionsausweitung über diesen Punkt hinaus hätte für den Monopolisten zwar einen steigenden Umsatz, aber auch einen sinkenden Gewinn zur Folge.[20] Aus wohlfahrtsökonomischer Sicht ist der Preis dadurch ineffizient hoch, weil Marktteilnehmer mit einer positiven Zahlungsbereitschaft vom Konsum ausgeschlossen werden, der zu einem Wettbewerbspreis stattgefunden hätte.

21 Warum sollte man sich mit der **Preisbildung** auf einem **Monopolmarkt** befassen, wo doch Dank der Marktöffnung Wettbewerb geschaffen worden ist? Der Grund liegt in der regelmäßigen Kritik, welche die Preisbildung an der Strombörse betrifft und 2007 sogar eine öffentliche Debatte auslöste.[21] Die Frage, ob Monopolpreise von den Nachfragern verlangt werden, ist zudem seit Jahren Gegenstand wissenschaftlicher Publikationen und Gutachten.[22] Ein Großteil der Erzeugerleistung Deutschlands liegt in den Händen von vier großen Anbietern. Die Vorstellung allerdings, dass allein die hohe Konzentration der Erzeugungsleistung in Deutschland gleichbedeutend ist mit einer wettbewerbsschädlichen Marktsituation, wäre jedoch zu kurz gegriffen. Da Erzeuger ihre Leistung sowohl über den Terminmarkt – weit im Vorfeld der Erzeugung vermarkten können – als auch über den Spotmarkt bei Lieferung veräußern, ist die Frage danach, ob und wie viel Kapazität zu einem bestimmten Zeitpunkt am Spot-

---

19 Vgl. *Becker*, Aufstieg und Krise der deutschen Stromkonzerne, S. 78 ff.
20 Vgl. dazu *Bröss*, Mikroökonomie, S. 265 ff.
21 Vgl. *Brunke*, Die Strafbarkeit marktmissbräuchlichen Verhaltens, S. 22.
22 Monopolkommission, Sondergutachten 65, Energie, S. 60 ff.

markt angeboten werden kann, viel bedeutender.[23] Hat ein Unternehmen bereits all seine Leistung am Terminmarkt verkauft, hat es keinen Anreiz die Börsenpreise am Spotmarkt zu beeinflussen. Ein Blick „nur" auf die absoluten Erzeugungspotentiale greift hierbei deshalb zu kurz.

Der **Wettbewerb** auf **Erzeugerebene** mit den „Großen Vier" entspricht aus dem Blickwinkel volkswirtschaftlicher Theorie einem Oligopol. In welchem Zusammenhang das Preissetzungskalkül in einem Monopol- mit dem eines Oligopolmarktes steht, wird im folgenden Abschnitt gezeigt werden. 22

III. Das Oligopol

In der **Marktform** des **Oligopols** stehen viele Nachfrager wenigen Anbietern gegenüber. Die Besonderheit der Preisbildung im Oligopol basiert auf der Interdependenz auf Anbieterseite. Diese ermöglicht **konzertierte Aktivitäten** bei der **Preis- und Mengensetzung**. Allerdings nur insofern die geringe Zahl der Anbieter gemeinsame Absprachen auch zulässt. Demzufolge ist ein weiterer, die Energiepreise beeinflussender Faktor im strategischen Verhalten der wenigen großen Anbieter zu sehen. Dominante Marktakteure haben die Möglichkeit ihren Deckungsbeitrag zu erhöhen, indem sie Kapazitäten zu Preisen oberhalb der variablen Erzeugungskosten anbieten. Gleiches könnte erreicht werden, indem verfügbare Kapazitäten gänzlich aus dem Markt gehalten, also Angebotsmengen künstlich verknappt würden. Diese Strategie zu fahren lohnt sich, solange der Anstieg der Marktpreise die Verluste an Marktanteilen kompensiert. Ähnlich wie im Monopolfall beschrieben, führten Absprachen zu überhöhten Preisen bzw. zu verringerten Mengenvolumina – in der Summe also zu Markineffizienzen. 23

Das **Gewinnmaximierungskalkül** der (gemeinsam auftretenden) Oligopolisten wäre es analog zum Monopolverhalten, den Preis am Schnittpunkt von Grenzkosten und Grenzerlösen der (gemeinsamen) Produktionsfunktion festzulegen. Das wohl bekannteste Beispiel von Marktmanipulation auf Energiemärkten ist der Skandal um Enron.[24] 24

Oligopolistische Marktsituationen als solche müssen allerdings nicht zwangsläufig für Ineffizienzen sorgen, da die Anbieter im Markt nichtsdestotrotz im gegenseitigen Wettbewerb zu einander stehen. Natürlich aber nur insofern hierbei im Hintergrund eben keinerlei Absprachen geführt worden sind oder aber sich im Markt durch die geringe Anzahl von potentiellen Anbietern eine kollektive Gebotsstrategie auch ohne Absprachen der einzelnen Marktanbieter einstellt und dadurch strategische Interdependenzen genutzt werden. 25

---

23 Vgl. *Ockenfels*, Strombörse und Marktmacht, S. 14.
24 Vgl. etwa *Fusaro/Miller*, What went wrong at Enron.

26 Die Natur eines Kartells ist nichtsdestotrotz eine unsichere. Denn um Absprachen auf die Spur zu kommen, haben Kartellbehörden die Möglichkeit, von der Kronzeugenregelung Gebrauch zu machen. Auf diese Weise bekommen die Unternehmen, die aus einem **Kartell** aussteigen wollen, die Möglichkeit die Geldbuße bzw. ein Teil dieser erlassen zu bekommen. Im Gegenzug verpflichtet sich das Unternehmen, mit der Kartellbehörde zusammenzuarbeiten und alle Fragen der Kartellbehörde in Zusammenhang mit der vollständigen Aufdeckung des Kartells fristgemäß zu beantworten.[25]

B. Wie ein Preis entsteht

27 Dem Modell des vollständigen Wettbewerbs nach treffen auf einem Markt eine Vielzahl von Anbietern auf eine große Anzahl von Nachfragern, wobei jeder der Marktakteure seinen eigenen Vorteil sucht.

28 Generell gilt: **Perfekter Wettbewerb** ist ein Referenzpunkt, der unterstellt, dass kein Anbieter Preise beeinflussen kann.[26] Das freie Spiel der Marktkräfte verursacht die Herausbildung eines Marktpreises, dessen Beeinflussung über den Möglichkeiten eines jeden einzelnen Marktteilnehmers liegt.[27] Das Ausnutzen von Marktmacht ist (der Theorie nach) nicht möglich. Der sich auf einem Markt der vollständigen Konkurrenz einstellende Preis ist markträumend und entspricht den geringsten Grenzkosten.[28] Dementsprechend bestimmt sich der Wert eines Gutes durch die letzte am Markt gehandelte Einheit. Der Preissetzungsspielraum der Anbieter wird durch Reaktionen der Nachfrage auf Preiserhöhungen diszipliniert. Ein markträumender Preis verhindert die Produktion von Angebots- und Nachfrageüberschüssen. Die dem Modell des vollkommenen Wettbewerbs zugrunde liegenden Annahmen lassen das Modell lediglich als Referenzpunkt erscheinen. So wird etwa angenommen, dass vollständige Markttransparenz herrsche und Marktteilnehmer auf Änderungen unendlich schnell reagieren können.[29] Auch wenn sich mit der Etablierung von Börsenplätzen die Preisfindung wesentlich transparenter gestaltet, scheinen diese Annahmen fragwürdig.[30]

29 Die **marktwirtschaftliche Organisation** gewisser Teile der Wertschöpfungskette im **Energiebereich** fand in der EltRL 1996[31] und 1998 in der Neufassung des

---

25 Vgl. Kap 9.
26 Vgl. *Samuelson/Nordhaus*, Volkswirtschaftslehre, S. 167–183.
27 Vgl. *Frank*, Microeconomics and Behavior, S. 18.
28 Vgl. *Brösse*, Mikroökonomie, S. 355.
29 Vgl. *Fama/Fisher/Jensen/Roll*, International Economic Review 10 (1), S. 1.
30 Vgl. die Diskussion über die Konsequenzen für die Strompreisbildung, Rn 48 f.
31 Richtlinie 96/92/EG (EltRL 1996) v. 19.12.1996 (ABl EU Nr. L 27, S. 20).

deutschen EnWG[32] ihren Niederschlag. Da Strom stets eine einheitliche Qualität aufweist, ist die Grundvoraussetzung für einen standardisierten und wettbewerblich organisierten Großhandel entsprechend erfüllt.

Nach 1998 kam es zu einer Verdrängung der langfristigen Stromlieferverträge durch kurzfristigere, einfache Austauschbeziehungen in dessen Folge Märkte, ob börslich oder bilateral (OTC), entstehen konnten.[33] So konnten sich Handelsplätze wie die European Energy Exchange AG (EEX) mit Sitz in Leipzig bzw. der Spotmarkt im Rahmen der EPEX Spot mit Sitz in Paris etablieren. In einem Markt der vollständigen Konkurrenz besitzt kein Marktakteur, die Möglichkeit den Preis entscheidend zu beeinflussen. Besitzen ein oder mehrere Marktteilnehmer aber dennoch die Fähigkeit, den Preis gewinnbringend auf ein Preisniveau zu heben, das über dem Preisniveau bei vollständigem Wettbewerb liegt, spricht man von Marktmacht.[34] Mögliche Auswirkungen durch strategische Manöver der Anbieter auf den Preis und die angebotene Menge wurden bereits erläutert.[35] Um diesen wettbewerblichen Problemen zu begegnen, trat Ende 2012 das **Gesetz zur Einrichtung einer Markttransparenzstelle** für den Großhandel mit Strom und Gas in Kraft.[36] Seitdem haben die BNetzA und das BKartA die Aufgabe, **Insiderhandel** und **Marktmanipulation** auf Energiegroßhandelsmärkten zu unterbinden. Sei es etwa im Handelsbereich oder aufgrund des Missbrauchs von Marktmacht. Die Meldepflicht der ÜNB ist eine Konsequenz aus den sich zu Beginn des Energiegroßhandels ergebenen Marktintransparenzen.[37] Seit 2009 können bzw. müssen Akteure im Großhandel mit Energie marktrelevante Erzeugungs- und Verbrauchsdaten veröffentlichen, um die Transparenz auf dem Großhandelsmarkt zu erhöhen, was in der Regel auf der eigens hierfür geschaffenen Internetseite transparency.eex.com stattfindet und für jedermann einsehbar ist.

Mit der **Entstehung von Großhandelsmärkten** sowie dem sukzessive umgesetzten diskriminierungsfreien Zugang zum Energievertrieb an Letztverbraucher im Rahmen von Drittbelieferungen gibt es nunmehr verschiedene Möglichkeiten Energie zu vermarkten, zu handeln und zu beschaffen. Eine Teilnahme auf den Energiemärkten ermöglicht es den Unternehmen sodann freie Kapazitäten gewinnmaximierend abzusetzen bzw. Beschaffungsmengen zu den geringstmöglichen Kosten zu besorgen. Damit gehen allerdings auch alle Chancen und Risiken einer freien Kalkulation von Preisen einher, die sich an Märkten bilden.

---

[32] Gesetz über die Elektrizitäts- und Gasversorgung v. 24.4.1998 (BGBl. I S. 730), zuletzt geändert durch Gesetz v. 21.7.2014 (BGBl. I S. 1066).
[33] Vgl. *Borchert/Schemm/Korth,* Stromhandel, S. 4.
[34] Vgl. *Ockenfels*, Strombörse und Marktmacht S. 5.
[35] Vgl. Rn 15.
[36] Gesetz v. 5.12.2012 (BGBl. I S. 2403).
[37] Siehe *Brunke,* Strafbarkeit marktmissbräuchlichen Verhaltens, S. 21 ff.

32 Am Beispiel von **Strom** soll in den folgenden Abschnitten die **Preisbildung** zwischen Angebot und Nachfrage zunächst aus theoretischer Sicht erfolgen.[38] Um danach auf entscheidende Rahmenparameter einzugehen, die im Strommarkt die Höhe des verfügbaren Angebots bzw. der Nachfragemengen beeinflussen. Inwiefern sich Preise vorhersagen und planen lassen, welche Risiken damit einhergehen, wird ebenfalls Gegenstand der folgenden Seiten sein.

I. Preisbildung zwischen Angebot und Nachfrage in der praktischen Umsetzung am Beispiel Strom

33 Strom kann mit unterschiedlichen Zeithorizonten der Lieferung gehandelt werden – im Vorfeld der Lieferung als sog. **Termingeschäft** als auch am **Spotmarkt** mit zeitnaher Lieferung der entsprechend kontrahierten Mengen. Das an der Börse zur Verfügung stehende Angebot an Elektrizität hat – aus der physikalischen Notwendigkeit heraus – die Funktion, die zu bedienende Nachfrage an Strom zu jedem Zeitpunkt komplett decken zu müssen.

34 Am **Terminmarkt** der EEX werden langfristige Kontrakte mit einer Laufzeit von einer Woche bis zu mehreren Jahren getätigt. Die Absicherung gegen Preisschwankungen soll für die Teilnehmer eine möglichst risikofreie Grundversorgung über einen längeren Zeitraum hinweg gewährleisten. Darüber hinaus ist der Terminmarkt der Ort für Spekulanten und reine Händler. Auf Termin werden zum großen Teil Grundlast- und Spitzenlast-Bandlieferungen gehandelt. Die Handelsteilnehmer haben die Möglichkeit, die physische Lieferung von Strom durchführen zu lassen, müssen hiervon aber keinen Gebrauch machen.

35 **Spotgeschäfte** stehen hingegen für den Handel mit kurzfristigen Kontrakten einer konstanten Lieferung Strom für eine Stunde des folgenden Tages (Day-ahead-Markt). Darüber hinaus können aber auch Stunden- und 1/4-h-Kontrakte mit Lieferung noch am selben Tag bis zu 45 min vor Fälligkeit gehandelt werden (Intraday-Markt). An der EPEX Spot sind mehrere europäische Marktgebiete über den Marktkopplungsmechanismus miteinander verbunden, um einen grenzüberschreitenden Handel zu ermöglichen.[39]

36 Mit Blick auf die **Preisbildung** der **Handelsware Strom** im Spiel zwischen Angebot und Nachfrage ist es zielführend zu betrachten, wie der Marktpreis für Strom für einzelne Stunden zustande kommt. Die Preisfindung an der EPEX Spot findet über ein zweiseitiges Auktionsverfahren im Rahmen von sog. **Day-ahead-Auktionen** statt.

---

38 Vgl. Rn 33 ff.
39 Für detaillierte Ausführungen zur Unterscheidung der einzelnen Handelsplätze und Märkte, der Unterscheidung von börslichem und außerbörslichem Handel sowie zum Grad der Standardisierung der einzelnen Handelsprodukte sind die Ausführungen in Kap. 4 zu empfehlen.

Die Auktionen sind dabei als Einheitspreisauktionen organisiert. Alle gehandelten Einheiten werden zum daraus resultierenden Markträumungspreis ge- oder verkauft. In der Einheitspreisauktion liegt der Fokus auf der Gebotserstellung, basierend auf den eigenen Grenzkosten. An der Strombörse muss jeder Anbieter für jede Stunde oder Stundenblöcke des folgenden Tages individuelle Angebotsfunktionen abgeben. Die Strombörse sortiert daraufhin alle Angebotseingänge ihrer Höhe nach und im Ergebnis entsteht eine aggregierte Angebotsfunktion.

Analog geht die **Strombörse** für die Nachfragefunktion vor und erstellt so die aggregierte Nachfrage auf Basis der einzelnen Gebote aller Börsenteilnehmer. Ist die Stromnachfrage groß, so müssen vermehrt Anlagen genutzt werden, deren variable Kosten sich auf sukzessiv steigendem Niveau befinden. So hängen die Kosten der Angebotsseite zum einen maßgeblich von der Verfügbarkeit von Kraftwerkskapazitäten (Revisionen) und zum anderen von den Marktpreisen für Primärenergieträger, wie z. B. Steinkohle und Braunkohle und auch Erdgas, ab, welche im Rahmen der Erzeugung – je nach Typ der eingesetzten Kraftwerksanlage – eingesetzt werden. Des Weiteren spielt auch der Preis für Emissionszertifikate bei der Berechnung der Erzeugungskosten eine Rolle.

Nach dem Eingang aller Angebote und Nachfragen berechnet sich der Marktpreis analog zu dem zuvor beschriebenen Kalkül, an der Schnittstelle von Angebots- und Nachfragekurve. Alle Anbieter, die Preisforderungen kleiner oder gleich dem Markträumungspreis geboten haben, vermarkten Strom zu eben diesem Preis. Dieses Verfahren wird als *Merit-Order* bezeichnet.[40] *Swider* et al. kamen 2007 zu dem Schluss, dass die Preisbildung am Spotmarkt durch das **Merit-Order-Verfahren** gut erklärt kann.[41]

Weil es die Grenzkosten des zur Bedarfsdeckung gerade noch gebrauchten Kraftwerks sind, welche über den Strompreis entscheiden, wird das entsprechende Kraftwerk auch als **Grenzkraftwerk** bezeichnet.[42]

Folgender Gedanke zur Preisbildung darf allerdings nicht außer Acht gelassen werden: Um Kraftwerke überhaupt wirtschaftlich betreiben zu können, müssen sie über die Grenzkosten hinaus Deckungsbeiträge zur Finanzierung der kapitalgebundenen Kosten erwirtschaften. Die zum Teil heftigen Preisspitzen am Spotmarkt leisten zur Deckungsbeitragsrechnung einen wesentlichen Beitrag.

---

40 Vgl. dazu etwa *Graeber*, Handel mit Strom aus erneuerbaren Energien, S. 16.
41 Vgl. *Swider/Ellersdorfer/Hundt/Voß*, Preisbildung am deutschen Spotmarkt.
42 Näheres zur Erzeugungslandschaft Deutschlands unter kritischer Würdigung der Kosten und Strukturen der einzelnen Kraftwerksanlagen siehe Kap. 3, Rn 3 ff.

II. Einflussfaktoren auf die Strompreise

41 Aus fundamentaler Sicht ergeben sich die Preise an den Strommärkten, analog zu den beschriebenen Mechanismen auf anderen Märkten durch das Zusammenspiel von Angebot und Nachfrage. Ein grundlegender Unterschied im Vergleich zu anderen Handelswaren und -gütern ist die Eigenschaft, dass Strom nicht oder nur mit hohem finanziellen Aufwand gespeichert werden kann.[43] Zudem kann Strom kurzfristig lediglich bedingt substituiert werden. Auf den Energiemärkten werden in der Folge äußerst **unelastische Nachfrage- und Angebotsfunktionen**[44] beobachtet,[45] so dass Änderungen im Angebot bzw. von unerwarteten Nachfragespitzen entsprechend hohe Preisänderungen des Markträumungspreises nach sich ziehen.

42 Eine weitere die Strompreisbildung wesentlich beeinflussende Produkteigenschaft liegt in der physikalischen Notwendigkeit, dass sich **Stromangebot und -nachfrage** zu jedem Zeitpunkt in einem Gleichgewicht befinden muss. Dadurch ist die Nachfrage nach Strom im Zeitverlauf starken Schwankungen ausgesetzt, welche durch die fortwährend bestehenden Angebote an (Reserve-)leistung abgedeckt werden muss, um die Netzstabilität zu gewährleisten.

43 Weitere entscheidende **Einflussfaktoren** für die Preisbildung am **Spotmarkt** für **Strompreise** sind Kraftwerksverfügbarkeit, die aktuelle Last, Temperatur, Windstärke, Sonneneinstrahlung, verfügbare Speicherkapazitäten – also alles fundamentale Größen. Zudem sind Strompreise im Wesentlichen determiniert von verschiedenen Zeitfenstern, welche die empirisch zu beobachtende Zyklizität der Preise prägen. Eine Saisonalität des Strompreisverlaufs lässt sich deutlich über Tages-, Wochen- und Jahresmuster feststellen, welche auf veränderten Nachfragesituationen zu unterschiedlichen Zeitpunkten basieren.

44 Das Tagesmuster des **Strompreisverlaufs** ist deutlich gekennzeichnet vom Arbeitszyklus und seinem Einfluss auf den Stromverbrauch in Gewerbe- und Industriebetrieben. Die Stromnachfrage durch Haushalte und Gewerbebetriebe ist in der Regel in der Nacht gering. Industriebetriebe weisen hierbei unter Umständen abweichende Nachfragestrukturen auf, welche z. B. auf Basis eines Dreischichtbetriebs auch durch erhöhte Stromnachfrage in Nachtstunden gekennzeichnet sein können und somit nicht einem typischen Tagesprofil entsprechen. Der Arbeitszyklus schlägt sich wiederum ebenfalls in der Wochencharakteristik nieder – die Stromnachfrage an Sonntagen und Feiertagen fällt wesentlich gedämpfter aus als an Werktagen. Wobei der Samstag hierbei eine Zwischenstellung einnimmt. Die Stromnachfrage am durchschnittlichen Samstag ist allgemein höher als an einem durchschnittlichen Sonntag, aber wiederum geringer als an Wochentagen von Montag bis Freitag.

---

43 Vgl. *Borchert/Schemm/Korth,* Stromhandel, S. 51 ff.
44 Vgl. *Burger* et. al., Managing Energy Risk, S. 187.
45 Vgl. *Ockenfels,* Strombörse und Marktmacht S. 3 ff.

Mitunter entstehende **Angebotsverknappungen** auf dem **Strommarkt** äußern sich in starken Preissprüngen. Preisveränderungen können zudem, wie bereits in den theoretischen Ausführungen zu Angebot und Nachfrage skizziert, in der Lageveränderung in der Nachfragekurve begründet sein.

Wie beschrieben sind in aller Regel die **Nachfragereaktionen** auf Preisänderungen äußerst gering ausgeprägt, was zu den bereits erwähnten heftigen Preissprüngen führen kann.[46] Ein Grund dafür ist, dass der überwältigende Teil der Nachfrage keine Preissignale von der Strombörse erhält, sondern einen Durchschnittspreis bezahlt, der über einen längeren Zeitraum berechnet wurde.[47] Nachfrager, die den Preis nicht beobachten, können überhöhten Preisforderungen nicht ausweichen und damit Anbieter nicht disziplinieren. Die Inelastizität der (Preis-)Nachfrage wird durch eine hohe Volatilität überlagert, die Ausdruck der Nichtspeicherbarkeit und geringer kurzfristiger Substituierbarkeit von Strom ist. Diese Schwankungen übertreffen die vieler anderer Produkte, was sich in der Berechnung von Risikoaufschlägen und dadurch auf die Preise der Terminprodukte niederschlägt. Das vielleicht wichtigste Phänomen von liberalisierten Strommärkten ist vor diesem Hintergrund wenig überraschend, die hohe Preisvolatilität und die Möglichkeit negativer Preise wie die Abbildung 2 verdeutlicht.

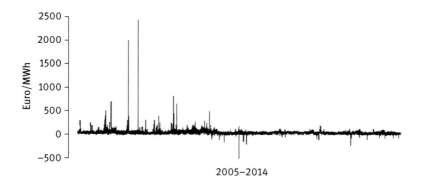

Abb. 2: Strompreise am Spotmarkt EPEX Spot und Vorläufer von 2005–2014 (in €/MWh)[48]

Die sich in Zeiten regulierter Energiemärkte aufgebauten Überkapazitäten bei der Stromproduktion wirken dabei sogar noch dämpfend auf die **Preisschwankungen** der Märkte. Der durch den Wettbewerb stattfindende Abbau dieser Überkapazitäten wird außerordentliche Preissprünge sogar noch wahrscheinlicher machen; etwa in Zeiten von Kraftwerksausfällen oder extremer Wettersituationen.

---

46 Vgl. *Weron*, Electricity loads and prices, S. 29 f.
47 Vgl. *Ockenfels*, Strombörse und Marktmacht, S. 12.
48 Vgl. European Energy Exchange.

48 Aus wettbewerblicher Sicht kann eine Produktion nahe an den Kapazitätsgrenzen dazu führen, dass Marktmacht missbraucht wird. Die Rolle einzelner Anbieter kann dadurch insbesondere in Zeiten eines knappen Angebots eine signifikante Rolle für die Preisbildung spielen.[49] Die Annahme des Modells der vollständigen Konkurrenz hätte an dieser Stelle nur eine bedingte Aussagekraft, obwohl die Märkte geöffnet sind. Was nicht heißen soll, dass das Modell für die Analyse der Energiemärkte gänzlich unbrauchbar ist.[50] Der Einfluss von **Marktmissbrauchspotential** auf die Preisbildung auf Energiemärkten, resultierend u. a. aus der Kombination von mitunter auftretenden Kapazitätsengpässen einerseits und unelastischen Angebots- und Nachfragefunktionen andererseits, ist dadurch nicht zu verachten. Perfekter Wettbewerb als grundlegende Annahme erscheint im Kontext Stromhandel diskutabel und wird im weiteren Verlauf mit den sich dadurch ergebenden Konsequenzen für die Preisbildung besprochen werden müssen.[51]

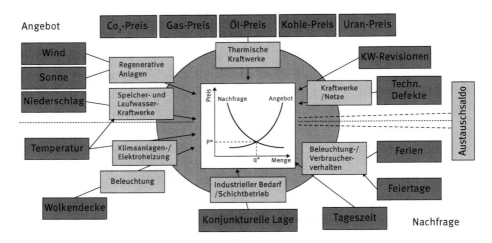

Abb. 3: Determinanten von Strompreisen und ihr Einfluss auf Angebot und Nachfrage[52]

49 Eine genaue Kenntnis über die möglichen Verfahren zur **Preisprognose**, das Wissen um deren Stärken und Schwächen hilft bei der Einschätzung sich ergebender Risiken und Chancen bei dieser Fülle an Einflussgrößen. Etwa in der Anforderung, die zukünftige Höhe der Strompreise auf stundenscharfer Ebene so genau wie möglich

---

49 Vgl. *Brunke*, Die Strafbarkeit marktmissbräuchlichen Verhaltens, S. 32–38.
50 So kam die BNetzA 2011 in ihrem Monitoringbericht, S. 43, immerhin zu dem Schluss, dass die hohe Anzahl an Wettbewerbern auf den verschiedenen Stufen der energiewirtschaftlichen Wertschöpfungskette zeigt, dass die notwendigen Rahmenbedingungen für einen wirksamen und unverfälschten Wettbewerb auf Haushaltsebene vorliegen.
51 Vgl. *Becker*, Aufstieg und Krise der deutschen Stromkonzerne, S. 143 ff.
52 Eigene Darstellung.

zu bestimmen, liegt eine wesentliche Herausforderung für die EVU. Denn Lieferangebote an Endkunden, zum Teil über mehrere Jahre hinweg, müssen auf Basis dieser Prognosen entsprechend kalkuliert und auf Risikofaktoren hin bewertet werden. Nur so kann die Wirtschaftlichkeit der Stromlieferung gewährleistet werden.

III. Quantitative vs. qualitative Methoden der Preisprognose

Das **Spektrum möglicher Methoden** zur Vorhersage von zukünftigen Preisen ist groß und je nach Anforderung und zu betrachtendem Zeithorizont bieten sich unterschiedliche Verfahren mit unterschiedlicher Genauigkeit als zielführend an. Idealerweise ist eine Kombination der verschiedenen möglichen Ansätze bzw. das parallele Durchführen mehrerer, verschiedener Methoden mit kritischem Vergleich der resultierenden Ergebnisse geeignet. Dadurch lässt sich eine Szenario-Abschätzung bestmöglich einordnen.

Aus den vorangegangenen Erläuterungen sollte mitgenommen werden, dass durch eine Abschätzung von Stromangebot und -nachfrage der Preis und die Menge bestimmbar scheint. So ist ein erster **Ansatz zur Preisprognose** darin zu sehen, über eine näherungsweise Anordnung der Grenzkosten unter zugrunde liegenden Annahmen der verfügbaren Erzeugungsanlagen und ihrer Wirkungsgrade eine simple Bestimmung der Angebotskurve herzuleiten. Hiermit wird in der Regel grob ein zu erwartender Spotmarktpreis indikativ hochgerechnet. Mit Blick auf eine sukzessive Veränderung der Erzeugungslandschaft durch die immer stärker ausfallende Einspeisung erneuerbarer, volatiler Energien ist das Hochrechnen von Spotmarktpreisen über sog. Grenzkostenmodelle und über Erzeugungsspreads jedoch eher wenig präzise. So werden in einem solchen Ansatz etwaige Veränderungen der Kraftwerkslandschaft oftmals nicht adäquat im Rahmen der Kalkulation reflektiert.

Eine Preismodellierung unter Berücksichtigung der Veränderungen fundamentaler Einflussfaktoren mit Fokus auf mittel- bis langfristige Zeitfenster kann wiederum durch sog. **Merit-Order-Modelle** vorgenommen werden. Diese tragen Annahmen über die zukünftige Entwicklung von Angebot und Nachfrage Rechnung und können zudem durch weitere diverse Einflussgrößen auf die Strompreisbildung beliebig verkompliziert werden.

Je kurzfristiger der Prognosehorizont, desto mehr wird das Spektrum der einbezogenen **Parameter** zur **Preisprognose** um fundamentale Einflussgrößen erweitert. Hierbei kommen insbesondere Kraftwerksverfügbarkeiten, basierend auf Revisionsplanungen sowie den Meldungen von außerplanmäßigen Kraftwerksausfällen, aber auch die Verfügbarkeit von Wetterdaten eine exponierte Rolle als Prognoseparameter zu.

Qualitative Bewertungen auf Basis fundamentaler Daten haben entsprechend auch als Grundlage der Plausibilisierung stochastisch-mathematischer Verfahren zur Preisprognose ihre Berechtigung und sollten entsprechend nicht isoliert im Rahmen

55 **Langfristige Prognosen** mittels Fundamentalmodellen sollten sukzessive einem Abgleich mit den empirisch beobachtbaren Spotmarktpreisen unterzogen werden. Dadurch kann eine fortlaufende Überprüfung und Kalibrierung der einzelnen Parameter umgesetzt werden, wodurch die Modelle in ihrer Prognosegüte schrittweise verbessert werden. Eine Erneuerung der Prognosen findet hierbei in der Regel eher vergleichsweise selten etwa auf Quartalsebene oder halbjährlicher Basis statt. Einzelne Prognosen werden dabei oftmals an verschiedene Szenarien und Rahmenparameter geknüpft und parallel entwickelt, so dass eine Einschätzung der Modell-Sensitivitäten gewonnen werden kann. Dadurch können in regelmäßigen Abstand Rückschlüsse auf das Modell bzw. die zugrunde liegende Struktur gewonnen werden.

56 Außerhalb der Modellierung von Preisen auf Prognosebasis der fundamentalen Einflussfaktoren lassen sich Preise auch durch quantitative, stochastische Verfahren mit statistisch-mathematischen Methoden extrapolieren. Wobei zu beachten ist, dass **mathematische Verfahren der Finanzmarkttheorie** zur Erklärung des Verhaltens von Strompreisen auf Basis von Strompreiszeitreihen mit einer gewissen Vorsicht begegnet werden muss. An dieser Stelle soll nochmals auf die beschriebene Charakteristik einer sehr unelastischen Stromnachfragefunktion und die Stromeigenschaft der Nichtspeicherbarkeit mit all den genannten Auswirkungen auf Preissprünge etc. hingewiesen werden. Nichtsdestoweniger können auch finanzwirtschaftliche Modelle dazu dienen, näherungsweise Preise zu bestimmen bzw. bestimmte Momente einer zukünftigen Preisverteilung unter verschiedenen Rahmenbedingungen entsprechend zu schätzen. In der Regel werden hierzu sog. Mean-Reversion-Modelle genutzt. Wobei die hohe Volatilität von Strompreisen über Erweiterungen z. B. in Form von Sprungkomponenten oder Regime Shifts erfolgt, welche die zum Teil exorbitant hohen Ausreißer in den Stundenpreisen (sog. Spikes) nachzubilden helfen sollen.[53] Vorteil bei der Anwendung stochastischer Modelle gegenüber einer Preisvorhersage per Fundamentalmodell ist die Möglichkeit auch auf Basis weniger Einflussgrößen und Rahmenparameter bereits eine Vorhersage erhalten zu können, ohne hierfür etwa komplexere Datenbanken pflegen zu müssen.

57 Nicht vermeidbare **Unschärfen** in der **Bestimmung zeitlicher Ausprägungen** sowohl die Angebots- als auch Nachfragefunktion beeinflussender Faktoren müssen wiederum über eine adäquate Einpreisung erfolgen. Den sich am Markt ergebenden Risiken müssen Unternehmen entsprechend begegnen, um einen drohenden wirtschaftlichen Schaden abzuwenden. Dieser ergibt sich aus der Differenz zwischen Strompreisprognose und tatsächlichem Strombezugspreis zum Zeitpunkt der Lieferung, wobei jedem klar sein sollte, dass ein Restrisiko auch bei paralleler Anwendung aller der oben beschriebenen Verfahren bestehen bliebe.

---

53 Vgl. *Seifert*, Preismodellierung und Derivatebewertung, S. 29 f.

IV. Mengen- und Preisrisiken und ihre Bedeutung für den wirtschaftlichen Vertriebserfolg

Aktiv am Energiemarkt teilnehmende Unternehmen sehen sich einer erheblichen Anzahl von Risiken ausgesetzt. **Preis-** als auch **Mengenrisiken** im Rahmen eines Wettbewerbsmarktes stellen wesentliche Einflussfaktoren auf den wirtschaftlichen Erfolg von EVU dar und sollten im Rahmen der Preiskalkulation bewusst berücksichtigt werden. Ein Risiko ist im Allgemeinen die in einem unzureichend begründeten Informationsstand liegende Gefahr einer negativen Abweichung vom erwarteten Ergebniswertes.

Das **Marktpreisrisiko** beschreibt die Gefahr finanzieller Verluste aufgrund unerwarteter bzw. nicht adäquat berücksichtigter Energiepreisentwicklungen im Rahmen der Beschaffung und Lieferpreisbildung. Diesem Risiko kann der Einkauf mit einer geeigneten Beschaffungsstrategie begegnen. Es empfiehlt sich hierbei eine fortlaufende Beobachtung der jeweiligen Marktpreise um frühzeitig auf Preisentwicklungen reagieren zu können. Marktpreisrisiken entstehen für Unternehmen immer dann, wenn das eigene Portfolio von den Bewegungen an den Großhandelsmärkten abhängig ist. Falls diese Abhängigkeit von schwankenden Spotmarktpreisen komplett ausgeschlossen werden soll, kann z. B. durch Abschluss eines stichtagsbezogenen Vollversorgungsvertrages dieses Preisrisiko umgangen werden. Die Energiekosten werden sodann bei Vertragsabschluss zu einem festen Preis fixiert. Die Aufgabe eines Portfoliomanagers besteht hierbei darin, den richtigen Zeitpunkt für die Energiebeschaffung zu bestimmen. Solche Vollversorgungsverträge mit fester Preisfixierung auf Basis eines bei Abschluss definierten Zeitpunktes waren typisch für die Zeit vor der Deregulierung. Sie werden vereinzelt aber auch heute noch ausgehandelt.

Der Nachteil einer solchen Strategie besteht allerdings darin, dass der Kunde auch keinen Nutzen aus eventuellen sinkenden Spotmarktpreisen ziehen kann. Ebenso können EVU dadurch als Wettbewerber mit einer näher am Marktpreis liegenden Beschaffung (z. B. eine Spotmarktbeschaffung in Zeiten fallender Marktpreise), aufgrund ihrer verminderten Bezugskosten im Rahmen des Wettbewerbs zur Belieferung von Endkunden, keine kompetitiveren Preise anbieten. Die preislich vollumfänglich fixierten Mengen, welche zur Endkundenbelieferung abgesetzt werden sollen, sind somit nur schwer verkäuflich, was auf die enge Verknüpfung von Preis- und Mengenrisiken i. S. d. Marktrisiken hinweist.

Eine **Absicherung gegen Marktpreisrisiken** erfolgt durch das gezielte zeitliche Streuen von Beschaffungstransaktionen. Dadurch ist es möglich, im Rahmen einer strategisch aufgebauten, vorfristigen Eindeckung einzelner Positionen, das Risiko über die Zeit zu streuen. Der Einfluss des Marktpreisrisikos wird dadurch von einem auf mehrere Zeitpunkte verteilt und damit gesenkt. Der Aufbau eines gestaffelten Plans zur Eindeckung von Strommengen, unter Vorgabe der zeitlichen Streuung der einzelnen Transaktionen sowie zu erfüllende Mindestpreisfixierungsquoten, über den Zeitablauf vor Lieferung ist hierbei relevante übliche Maßnahmen im Markt zur Senkung von Preisrisiken.

62 Bei der **Verteilung** einzelner **Preis- bzw. Mengenfixierungen** ist eine möglichst gleichmäßig verteilte Positionsgröße zu beachten. Der Fokus liegt deshalb auf der Planbarkeit und Absicherung des Ergebnisses unter Berücksichtigung sämtlicher mit den Beschaffungstransaktionen verbundener interner und externer Risiken.

63 Im Gegensatz zum Preisrisiko entstehen **Mengenrisiken** wie weiter oben schon angedeutet dann, wenn die prognostizierte und beschaffte Energiemenge vom tatsächlich verbrauchten Strombezug abweicht. Dies kann zu erheblichen Kostensteigerungen bei der Beschaffung von Strommengen bzw. Wertverlusten bei einer zu hohen Mengeneindeckung führen, da die Differenz der Beschaffungsmenge zum tatsächlichen Verbrauch vom Lieferanten entweder kurzfristig veräußert oder aber nachbeschafft werden muss und dadurch ggf. Zusatzkosten entstehen, die mit den im Vorfeld vereinbarten Lieferpreisen nicht gedeckt werden können.

64 Im Rahmen stark schwankender Marktpreise bieten sich durch ein effektives **Risikomanagement** allerdings demgegenüber auch Chancen, die Kosten für Handelsgeschäfte bzw. den Energiebezug des Absatzportfolios zu minimieren. Dafür notwendig ist zunächst das Erkennen potentieller Risiken und sich im gleichen Atemzug über Möglichkeiten bewusst zu sein, auf diese entsprechend reagieren zu können. Gleiches gilt natürlich für die sich bietenden Chancen: Mit Blick auf die verschiedenen Zeitfenster bei der Strom- und Erdgasbeschaffung bieten sich hier durch die Preisvolatilität am Markt durchaus Optimierungsmöglichkeiten.[54]

V. Bewertung von Marktpreisrisiken

65 Ein Energieversorger hat üblicherweise eine Reihe von Absatzpositionen gegenüber Endkunden und Vertriebspositionen aus dem Großhandel etwa gegenüber Industriekunden. Demgegenüber existieren Beschaffungsportfolios, die aus Kraftwerkspositionen und Lieferverträgen bestehen können. Sind die Portfoliowerte abhängig von Spotmarktpreisen, entstehen dem Unternehmen wie beschrieben Marktpreisrisiken. Das Unternehmen gegen diese abzusichern, ist **Aufgabe des Portfoliomanagers**. Aggregiert man nun alle Beschaffungs- und Vertriebsportfolios ergibt sich dadurch (viertel-)stundengenau die Nettoposition des Unternehmens. Liegen alle Nettopositionen als Standardprodukte am Termin- bzw. Spotmarkt vor, werden aktuelle Marktpreise für die Wertbestimmung der aktuellen Nettoposition herangezogen. Das Volumen an offenen Positionen sowie die Volatilität der Portfoliowertschwankungen bestimmen hierbei das Risiko.

---

54 Vgl. Kap. 4.

Die **Volatilität** dient im Rahmen der Risikobewertung als standardisiertes Risikomaß.[55] So findet dieses Maß etwa Eingang in das Modell zur Messung von Marktpreisrisiken im Sinne einer Schätzung zukünftiger Schwankungsbreiten. Hierbei handelt es sich um historische Volatilität. Als historische Volatilität bezeichnet man Volatilitätskennzahlen, die man rechnerisch aus Zeitreihen beobachteter Wertänderungen ermittelt.

Ein möglicher Ansatz das Risiko der Höhe einer Marktpreisschwankung in einem gegebenen Zeitfenster zu beziffern, bietet der **Value-at-Risk**-Ansatz,[56] der in der Praxis wohl das am häufigsten zum Einsatz kommende Risikomaß ist. Der Value-at-Risk eines Portfolios beziffert den bei einer Markt-zu-Markt-Bewertung maximal möglichen Verlust, der in einem gegebenen Zeithorizont mit einem vorgeben Konfidenzniveau nach gesetzten Rahmenparametern der Modellierung nicht überschritten wird. Das Value-at-Risk-Konzept basiert auf der Vorgehensweise, das Risiko (also die negative Abweichung des tatsächlichen Ergebniswertes vom erwarteten Ergebniswert) über eine statistische Fortschreibung von Vergangenheitswerten zu quantifizieren und mit einer Wahrscheinlichkeitsaussage zukünftiger Eintrittsmöglichkeiten zu verknüpfen. Für die Berechnung des Value-at-Risk muss dafür eine Wahrscheinlichkeitsverteilung für zukünftige, relative Portfoliowertänderungen existieren.[57] Angenommen wird zumeist, dass diese Änderungen einer t-Verteilung oder log-Normalverteilung folgen. Die statistischen Informationen der Risikofaktoren werden in Form einer Varianz-Kovarianz-Matrix berücksichtigt. Über ein Simulationsverfahren wird die Berechnung des Value-at-Risk durchgeführt. Das Vorgehen ist dabei (grob) folgendes:

Zunächst werden aus historischen Daten die relativen Preisänderungen des Risikofaktors innerhalb des Portfolios kalkuliert, woraus sich Mittelwert und Standardabweichung berechnen lassen. Mit der Annahme über den stochastischen Verlauf des Risikofaktors steht und fällt dieser Ansatz. Für die Preise am Spotmarkt hat sich in der langen Frist etwa gezeigt, dass diese trotz der zum Teil kurzfristig extrem hohen Volatilität um einen bestimmten Wert schwanken werden.[58] Die Bewegungen um dieses langfristige Niveau werden etwa durch einen **Mean-Reverting**-, z. B. den **Ornstein-Uhlenbeck-Prozess** abgebildet:

$$dX_t = \theta(\mu - Xt)dt + \sigma dW_t, X_0 = \alpha$$

Wobei W_t einen **Wiener-Prozess** und a den Anfangswert des Prozesses beschreibt. Für die Simulation müssen aus den historischen Daten die drei Parameter μ (Gleich-

---

[55] Vgl. *Borchert/Schemm/Korth*, Stromhandel, S. 72 f.
[56] Vgl. *Marrison*, Risk Measurement, S. 136 f.
[57] Vgl. *Dowd*, Value at Risk, S. 38 f.
[58] Vgl. *Borchert/Schemm/Korth*, Stromhandel, S. 54 f.

gewichtsniveau), θ (Steifigkeit) und σ (Streuung) geschätzt werden. Mithilfe einer stochastischen Simulation werden diese Änderungen dann wieder mit einem Modell n-mal erzeugt. Multipliziert man alle Renditen mit den aktuellen Preisen entstehen absolute Preisdifferenzen. Dadurch können absolute Portfoliopreisänderungen berechnet werden. Geordnet nach der Größe lässt sich eine theoretische Verteilungsfunktion aller simulierter Portfoliowerte erstellen. Je nach Risikoneigung kann der potentielle Verlust am entsprechenden Quantil (üblich ist das 5 %-Quantil) abgelesen werden. Kritisch an diesem Ansatz ist die historische Simulation. Dadurch können unerwartete, bisher noch nicht aufgetretene Änderungen nicht abgebildet werden. Positiv an dem Ansatz ist hingegen, dass die historische Simulation ohne Annahmen über Volatilität und Korrelation der Portfoliobestandteile auskommt.

VI. Preiskalkulation unter Unsicherheit

70 Im Falle von nicht vollumfänglich im Vorfeld der Lieferung bestimmbaren Energiebezugskosten (welches die Regel im Strom- und Erdgasvertrieb an Letztverbraucher darstellt) kommt hierbei für EVU die Frage nach der adäquaten Berücksichtigung von Risiken im Rahmen der Vertriebspreisbildung auf. Von zentraler Bedeutung für ein EVU ist also die möglichst genaue Prognose über geplante Absatzmengen und über die Verfügbarkeit von Erzeugungsmengen zur Deckung dieser Bedarfe. Auf Basis der aktuellen Terminmarktpreise sowie zugrunde liegender Annahmen über die Struktur zwischen Angebot und Nachfrage zu unterschiedlichen Zeitpunkten auf Basis historischer Daten werden Prognosen über zukünftige Spotmarktpreise auf stundenscharfer Ebene im Rahmen sog. Shapes über **Hourly Price Forward Curves** (HPFC) gebildet.[59] Eine stündlich differenzierte Forward-Curve wird für die Bewertung der einzelnen Handelsgeschäfte im Spothandel sowie für die Kalkulation bzw. Verrechnung von Risikopositionen verwendet, um Lieferungen zu bepreisen. Die Berechnungsbasis der Forward-Curves liefern historische Preisdaten (wie z. B. historische Spotpreise der EEX) und aktuelle Preise für Standardhandelsprodukte (aktuelle Terminmarktpreise der EEX oder aktuelle OTC-Terminmarktpreise). Ausgehend von den historischen Preisdaten werden Verhältnisse einzelner Stunden bzw. Zeiträume zueinander ermittelt. Auf der Basis aktueller Marktpreise wird hierbei eine arbitragefreie Forward-Curve generiert, welche mit einer gewissen Unschärfe zukünftig zu erwartende Marktpreise zum Zeitpunkt der Lieferung vorhersagt. Hierbei ist allerdings auf eine adäquate Einpreisung der Beschaffungskosten offener Mengen (Risikoaufschlag) im Hinblick auf das Preisrisiko zu achten, um zusätzliche (vermeintlich höhere) Beschaffungskosten entsprechend erlösen zu können.

---

59 Vgl. *Burger* et. al., Managing Energy Risk, S. 239 ff.

VII. Die Herausforderung der Preis- und Mengenprognose

Im Hinblick auf die **Wirtschaftlichkeit von Energielieferungen** spielen schwankende Marktpreise in Kombination mit der in der Regel fehlenden Möglichkeit der exakten Bestimmung der Energiebedarfsmengen von Letztverbrauchern eine wesentliche Rolle.

Der **Preis** für ein **Spotmarktprodukt** bildet sich – wie in den vorstehenden Ausführungen kurz angerissen[60] – erst am Vortag der Lieferung im Rahmen einer auktionsbasierten Preisbildung. Um das Risiko volatiler Preise einzugrenzen, decken sich Nachfrager nicht allein am Spotmarkt zum Zeitpunkt unmittelbar vor Lieferung ein, sondern nutzen dafür ebenso ihre Möglichkeiten, sich im Vorfeld der Lieferung auf dem Termin- und Optionsmarkt abzusichern.

Gleiches gilt äquivalent für Erzeuger, die ihre Kapazitäten ebenso vor dem Risiko starker Preisschwankungen schützend, bereits „auf Termin" veräußern können. Bei einem **Terminkontrakt**[61] werden – wie bereits beschrieben[62] – Mengen und Preise bei Vertragsabschluss festgelegt, während die Lieferung und die Bezahlung erst im Laufe der vereinbarten Lieferperiode stattfinden, was die Frage nach einem fairen Preis für eine Risikoprämie unmittelbar auf der Hand liegen lässt.

Als sog. **Forward-Prämie** $FP_t(T)$ bezeichnet man die Differenz zwischen dem aktuellen Forward-Preis $p_{F,t}(T)$ für die Lieferperiode T sowie dem für diese Lieferperiode erwartenden Spotmarktpreis $E_t[p_t]$:

$$FP_t(T) = p_{F,t}(T) - E_t[p_t]$$

Die Differenz kann sowohl positiv (Contango) als auch negativ (Backwardation) sein.[63] **Backwardation** bedeutet also, dass erwartete zukünftige Marktpreise niedriger sind, als die heute handelbaren Terminprodukte für die entsprechende Lieferperiode. Mit anderen Worten, es ist die aktuelle Nachfrage im physischen Markt größer als die Nachfrage in der Zukunft – man benötigt den Rohstoff sofort und nicht erst in der Zukunft. Weil auf spekulativen Märkten aber Produzenten eher als die Kunden zum Absichern von Preisrisiken neigen, ist Backwardation eher als Normalfall anzunehmen.[64]

---

60 Vgl. Rn 33 ff.
61 Im Falle an der Börse gehandelter Terminkontrakte spricht man von Future, während das entsprechende außerbörslich gehandelte Produkt als Forward bezeichnet wird.
62 Vgl. Rn 34.
63 Vgl. *Erdmann/Zweifel*, Energieökonomik, S. 313.
64 Vgl. *Erdmann/Zweifel*, Energieökonomik, S. 313.

76 Allerdings lässt sich im Hinblick auf die **Terminmarktpreisniveaus** im Verhältnis zum Spotmarktpreis zum Zeitpunkt der Lieferung **keine** explizite **Regelmäßigkeit** ableiten.

77 Abbildung 4 veranschaulicht, dass in der jüngeren Vergangenheit der arithmetisch gemittelte Spotmarktpreis des Jahres (grüne Linie) unter dem durchschnittlichen Terminmarktpreis für ein Jahresband Baseload (rote Linie) notierte.

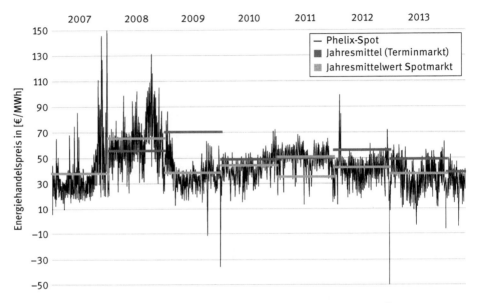

Abb. 4: Spotmarkt- zu Terminmarktniveau auf Basis einer Frontjahresbeschaffung[65]

78 Allerdings bilden die Jahre 2009 und 2011 die beeindruckenden Ausnahmen von dieser Verhältnismäßigkeit und verdeutlichen die Notwendigkeit eines fundierten **Risikomanagements zur Begrenzung von Marktpreisrisiken**. Das Beispiel verdeutlicht, dass weder eine rein kurzfristige noch eine rein langfristige Strategie der Strombeschaffung optimal ist und eine Beschaffungsstrategie mit einseitiger Ausrichtung auf Spotmarktbezug von Strom, bei gleichzeitig im Vorfeld auf mittelfristiger Ebene fixierten Stromabsatzpreisen, ein nicht zu unterschätzendes Risikopotenzial birgt.

79 Bei den vorangegangen Ausführungen[66] darf nicht vergessen werden, dass Spotmarktpreise, die Bildung von Preisprognosen sowie Kalkulation von Risikoaufschlägen in der Summe einen eher geringen **Einfluss** auf den **Letztverbraucherpreis**

---

65 Vgl. European Energy Exchange.
66 Vgl. Rn 33 ff.

für Strom, gleichzeitig aber einen hohen Einfluss auf die Profitabilität etwa eines Stadtwerks – im Hinblick auf Vertriebsmargen – haben. In diesem Sinne sind die beschriebenen Verfahren eine unumgängliche Notwendigkeit, will man im Marktumfeld bestehen. Durch Verordnungen und durch Gesetze bestimmte Preisbestandteile bilden den größten Teil des Endkundenpreises, deren Beeinflussung allerdings nur bedingt bzw. überhaupt nicht von Unternehmerseite vorgenommen werden kann. Welche Kalkulationsmöglichkeiten sich bieten, die eigene Marge so zu bestimmen, dass man im Marktumfeld konkurrenzfähig ist und bleibt, soll Gegenstand des nächsten Kapitels sein.

C. Die Notwendigkeit der Anpassung von Tarifpreisen

Der Verkauf von Strom und Erdgas ist immer noch das zentrale Vertriebsprodukt der meisten Energieversorgungsunternehmen in Deutschland.

Aufgrund der im Rahmen der Marktliberalisierung entfachten Transparenz von Haushaltskundenpreisen[67] und dem Eintritt neuer Marktteilnehmer im Retail-Geschäft gibt es in Deutschland seit der Marktöffnung einen sich sukzessive aufbauenden starken **Nachfragermarkt** im **Endkundenbereich** mit kontinuierlich zunehmendem Margendruck. Dies könnte ein Indiz für einen funktionierenden Wettbewerb darstellen und es scheint den gewünschten Effekt der Marktliberalisierung auf den ersten Blick zu bestätigen.

Diese Tendenz zu verstärktem Verdrängungswettbewerb zeigte sich in den letzten Jahren insbesondere im Stromvertrieb, findet aber nach und nach ebenso im Wettbewerb um Erdgasabsatz an Letztverbraucher statt.[68] Am Beispiel der **Strompreiskalkulation** möchten wir nachfolgend überblicksartig Überlegungen und Vorgehensweisen zur **Bestimmung von Tarifpreisen** und der **Höhe von Margen und Aufschlägen** skizzieren. Aufgrund des hohen Preisdrucks durch alternative Anbieter in Wettbewerbsgebieten bleibt den Versorgern neben der Veredlung von Stromtarifen – z. B. durch zusätzliche Produkt-Add-Ons oder aber durch Vertrieb von Grünstromtarifen mit entsprechenden Distinktionen zu Wettbewerbern mit angebotenen Graustromlieferungen – zunehmend nur die Möglichkeit, Kosten zu senken, um ein positives Ergebnis zu sichern.

Herausforderung hierbei ist es, im **Wettbewerbsumfeld** bestehen zu können, aber im gleichen Zuge durch die mindestens kostendeckende Kalkulation der Lieferangebote in Verbindung mit einer Ausgestaltung von Mindestmargen die Profitabili-

---

67 U. a. durch den Erfolg von Vergleichsportalen wie verivox.de und alternativer Anbieter von Preisvergleichen.
68 Vgl. BNetzA, Monitoringbericht 2013, S. 22 f., abrufbar unter: http://www.bundeskartellamt.de/SharedDocs/Publikation/DE/Berichte/Energie-Monitoring-2013.pdf.

tät der Energielieferungen nachhaltig zu sichern. Dies bedeutet, die einzelnen Tarife sukzessive in ihrer Profitabilität auf den Prüfstand zu stellen und unwirtschaftliche Tarifangebote auslaufen zu lassen, um diese kontinuierlich durch wirtschaftliche Lieferangebote zu ersetzen.

I. Preiskomponenten in den Letztverbraucherpreisen und die Möglichkeit der Beeinflussbarkeit

84 Wie erwähnt, können EVU nicht auf alle der einzelnen Preisbestandteile eines Stromtarifs Einfluss nehmen. Am Beispiel der diversen Komponenten des Strompreises in Berlin für einen Haushaltskunden mit beispielhaften 2.100 kWh Verbrauch im Jahr, welche in der untenstehenden Abbildung in ihrer prozentualen Höhe aufgeführt worden sind (vgl. Abbildung 5), lassen sich die einzelnen **Preisbestandteile** nach ihrer Herkunft und Höhe ablesen. Die beiden für die Preisgestaltung wesentlichen Faktoren bilden Aufschläge zur Deckung von Vertriebs-(gemein-)kosten, die Kosten der Belieferungsprozesse und Abwicklung/Abrechnung der Belieferung und Marge (16,01 %) und der Anteil der Beschaffungskosten (12,56 %). Nur auf diese zwei grundlegende Preiskomponenten hat das EVU einen gestaltenden Einfluss.

Strompreisbestandteile (Entgeltsituation 2014, Beispieldarstellung: Berlin)

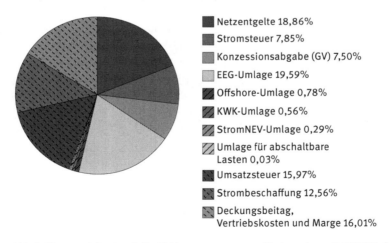

Abb. 5: Strompreisbestandteile 2014 – angenommener Verbrauch von 2.100 kWh/a[69]

85 Nicht alle der **Preisbestandteile** sind hierbei spezifische Größen – als Bestandteile in der Ausgestaltung von **Letztverbraucherpreisen** sind sowohl absolute Entgelte (u. a.

---

69 Eigene Darstellung.

für Messung und Abrechnung im Netz) als auch variable Preisbestandteile (staatliche Abgaben und Umlagen) im Preis enthalten. Mit Blick auf die sukzessive Veränderung von Letztverbraucherpreisen über die letzten acht Jahre haben sich diverse Preiskomponenten stark in ihrer Höhe verändert[70] und eine stetige Anpassung der eigenen Preisgestaltung in der Belieferung von Kunden scheint für EVU unausweichlich.

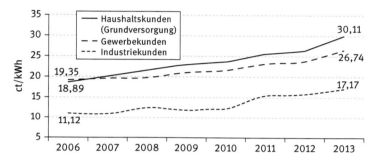

Abb. 6: Die Entwicklung der Industie- und Gewerbekundenpreise in Deutschland in ct/kWh[71]

Die Möglichkeit der Vertriebspreisbildung und die Anpassung bestehender Tarifpreise ist in verschiedenen Verfahren möglich. Neben der hier aufgeführten rein energiewirtschaftlichen Betrachtung der **Preiskalkulation von Tarifen** liegen auch energierechtlich explizite Rahmenbedingungen als Restriktionen vor, die bei der Kalkulation beachtet werden müssen. Die rechtliche Sicht erfährt an anderer Stelle in der vorliegenden Publikation eine kritische Würdigung.[72]

II. Bottom-Up- vs. Top-Down-Kalkulationen

Zur Kalkulation von Vertriebspreisen können verschiedene Verfahren angewendet werden. Gängig sind sowohl die Bottom-Up- als auch die Top-Down-Methode von Vertriebspreisen. **Bottom Up** meint in diesem Zusammenhang das Aufsummieren sämtlicher einzelner Kostenbestandteile, versehen mit entsprechenden Risikoaufschlägen und einer finalen Definition einer Vertriebsmarge „on top". Bei dieser Art

---

70 Vgl. Kap. 1 bzgl. den einzelnen Preiskomponenten und der Höhe der einzelnen Preisbestandteile.
71 Vgl. BNetzA, Monitoringbericht 2013, S. 144, abrufbar unter http://www.bundesnetzagentur.de/SharedDocs/Downloads/DE/Allgemeines/Bundesnetzagentur/Publikationen/Berichte/2013/131217_Monitoringbericht2013.pdf?__blob=publicationFile&v=15.
72 Vgl. insbesondere Kap 6.

der Kostenkalkulation werden spezifische unternehmensinterne Transferpreise und Vertriebs- und Verwaltungskostenkalkulationen zum Einsatz gebracht, um einen finalen Vertriebspreis für den Absatz an Letztverbraucher zu errechnen.

88 Verglichen mit der Bottom-Up-Methode geht die **Top-Down-Kalkulation** von Wettbewerberpreisen bzw. einem allgemeinen Preisniveau der Belieferung des entsprechenden Kundensegments als Referenz aus und passt bei einer angestrebten Marge die Kosten mit Blick auf die einzelnen Preisbestandteile entsprechend an.

89 Hierbei werden die Preisbestandteile soweit zurückgerechnet, bis lediglich die Marge des durchschnittlichen Wettbewerbers als „Rest abzüglich aller Kosten" verbleibt. Das Verfahren der Rückrechnung bestehender Wettbewerberpreise durch sukzessive Subtraktion sämtlicher Preiskomponenten[73] ist auch als **retrograde Deckungsbeitragsrechnung** am Markt bekannt, da hiermit die zu erzielenden Deckungsbeiträge im Abgleich mit Wettbewerbspreisgestaltungen in ihrer Höhe indikativ bestimmt werden können. Diese Marktanalysen empfehlen sich sowohl für die Einschätzung der Wettbewerbssituation im angestammten Netzgebiet als auch in einem erweiterten Liefergebiet im sog. Out-of-area-Geschäft.

90 Der aus der Analyse hervorgehende **Preissetzungskorridor im Wettbewerb** zeichnet ein genaues Bild über Margenspielräume und Konkurrenzfähigkeit der aktuellen oder geplanten Tarifpreise (vgl. Abbildung 7).

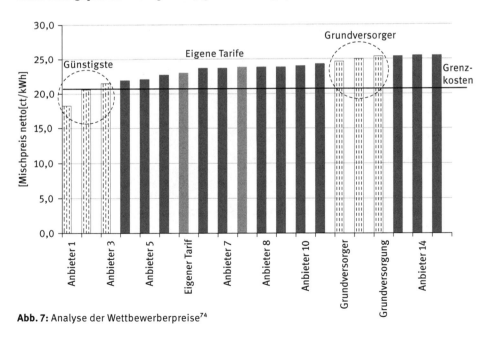

Abb. 7: Analyse der Wettbewerberpreise[74]

---

73 Sofern Informationen über die Komponenten verfügbar sind.
74 Eigene Darstellung.

Eine **Verknüpfung beider Verfahren** zur sukzessiven Summierung der einzelnen Preisbestandteile Bottom-Up-Verfahren bei gleichzeitiger Rückrechnung der Wettbewerberpreise zur Bestimmung möglicher Deckungsbeiträge am Markt, ist hierbei zu empfehlen. Die nachfolgende grafische Darstellung des Vorgehens zur Kalkulation von Preisen in der Verknüpfung zwischen Bottom-Up-Kalkulation und Top-Down-Preisanpassung, im Kontext der Wettbewerberpreise, verdeutlicht den Mehrwert der Kombination beider Verfahren:

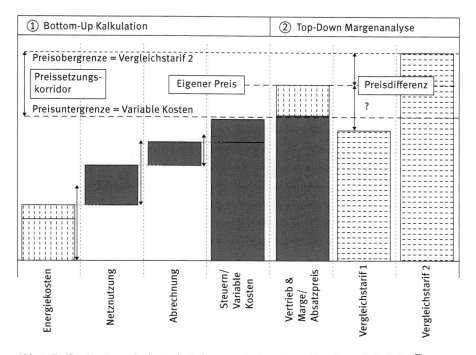

Abb. 8: Tarifpreissetzung in der Verknüpfung von Bottom-Up und Top-Down Kalkulation[75]

Im **Preissetzungskorridor** können die Tarifpreise für neue Vertriebsprodukte in Kenntnis der zu erwartenden Über- oder auch Unterdeckung damit gezielt entwickelt und verabschiedet werden. Eine spezifische Tarifkostenentwicklung nach obiger Vorgehensweise kann schließlich Grundlage zur Weiterentwicklung der kundensegment- und liefergebietsspezifischen Margenentwicklung werden. Bei der Absatzpreisentwicklung individuell auf einzelne Zielgruppen und Vertriebsregionen zugeschnittener Tarife werden dabei die Zielmargen und weitere Vorgaben der Vertriebsleitung mit aktuellen Informationen zu Intensität und Preisspektrum der Anbieter konfrontiert.

---

75 Eigene Darstellung.

III. Segmentspezifische Tarifpreiskalkulation

93　Modernes **Absatzportfolio-Management** im Energievertrieb muss ganzheitlich strukturiert werden – so kann der aktuelle Tenor der Lieferanten am Markt zusammengefasst werden. Die Tage opulenter Tarifvielfalt, unstrukturierter, interner Tarifsubvention und -preisentwicklung auf der „grünen Wiese" sind angesichts des Wettbewerbsdrucks und der Kundenerwartungen wohl endgültig gezählt.

94　So wird die Herausforderung eines „Großeinsatzes" zur Preisanpassung sämtlicher Tarife zum Jahresende auf Basis des veränderten Niveaus der Abgaben- und Umlagensituation mehr und mehr durch **fortlaufendes Management des Absatzportfolios** abgelöst, das das Risiko- und Stresslevel der erforderlich werdenden Maßnahmen minimiert und erfolgreiche Produktentwicklung möglich macht.

95　Die zunehmende Dynamisierung und Flexibilisierung der Beschaffungsmodelle der EVU ermöglichen inzwischen eine spezifische **Beschaffungskostenkalkulation** je Tarifsegment und hiermit die zunehmende Individualisierung von Tarifen. Durch definierte Aufschlagsbildung anhand der Vorgaben des Risikomanagements werden so segmentspezifische Beschaffungskosten entwickelt. Durch eine solche Transferpreisstruktur wird der Lieferant zur Bildung sowohl von risiko- als auch kostenminimalen, das heißt wettbewerbsfähigen Tarifpreisen befähigt.

96　Am anderen Ende des Kalkulationsprozesses stellt sich die sachgemäße Umlage der Vertriebs- und Verwaltungskosten auf die Tarife als Herausforderung dar. Eine möglichst verursachungsgerechte Allokation interner Verwaltungs- und Vertriebskosten auf die einzelnen Tarife, im Vorfeld der Berechnung eines neu am Markt zu etablierenden Produkts, ist allerdings nur schwer umsetzbar. An dieser Stelle kommen jedoch idealerweise die Erkenntnisse einer fundierten **Prozess- und Vertriebskostenanalyse** zum Einsatz. Die dabei zu Tage geförderten Kostenstrukturen geben Aufschluss über die betriebliche Effektivität und Effizienz in der Kundenbelieferung.

97　Dabei ermittelte Belastungen durch Vertriebs- und Verwaltungskosten werfen in der Regel Fragen nach der Kostenplausibilität und passenden Kostenverteilungsmodellen auf. Die angestrebte Kostenzuteilung auf einzelne Tarifsegmente sollte in einem spezifischen Allokationsmodell der Vertriebs- und Gemeinkosten umgesetzt werden, das nach Tarifen, Kundensegmenten, Liefergebieten und nach Wettbewerbsniveau unterscheidende Kostenzuweisung erlaubt. Die althergebrachte, Verallgemeinerung von **Beschaffungs- und Vertriebskosten** über das gesamte Absatzportfolio ist im Rahmen moderner Tarifentwicklung generell nicht mehr als zeitgemäß anzusehen. Dieser mangelnde Fokus auf die verschiedenen Kundengruppen ist allerdings weiterhin im Markt als weit verbreitet einzustufen.

Kapitel 3
Erzeugung

Über Strompreise zu sprechen, heißt über Stromerzeugung zu sprechen. Denn anders als bei anderen Produkten ist die Preisbildung für Strom als homogenes Produkt nicht durch Qualitätsunterschiede, Innovationen oder Marketing zu erklären.

Die Preisbildung für Strom beruht im Wesentlichen auf der Erzeugungsstruktur[1] und den Kosten, die sich aus dieser Struktur ergeben,[2] denn die je nach Erzeugungsart differenzierten Kosten ziehen eine ökonomisch logische Einsatzplanung nach sich, auf der der Strompreis fußt.[3] Aus dem Verständnis dieses Modells ergibt sich, warum sich der Strompreis in den letzten Jahren stetig nach unten entwickelt hat und welche Effekte erforderlich sind, um diese gesamtwirtschaftlich problematische Entwicklung umzukehren.[4]

A. Die Erzeugerlandschaft in der Bundesrepublik Deutschland

Anders als manche andere Mitgliedstaaten der EU ist die Erzeugerlandschaft in der Bundesrepublik von einem Nebeneinander unterschiedlicher Erzeugungstechnologien geprägt.[5] Ein relevanter Unterschied besteht insbesondere in der unterschiedlichen Steuerungsfähigkeit und – sofern diese besteht – in der Schnelligkeit, mit der gesteuert werden kann.[6] Zudem verteilen sich die Anlagentypen nicht gleichmäßig über das Bundesgebiet, sondern sind – teils aus historischen, teils aus natürlichen – Gründen regional unterschiedlich vertreten.[7] Im Ergebnis existiert ein breit aufgefächertes Anlagenportfolio, das sich teilweise bei der Angebotsbefriedigung ergänzt, teilweise aber auch im selben Funktionssegment konkurriert.[8]

---

1 Vgl. Rn 3 ff.
2 Vgl. Rn 31 ff.
3 Vgl. Rn 46 ff.
4 Vgl. Rn 65 ff.
5 Vgl. Rn 4 ff.
6 Vgl. Rn 18 ff.
7 Vgl. Rn 25 ff.
8 Vgl. Rn 29 ff.

I. Verwandte Brennstoffträger

1. Nach wie vor die Nummer 1: Braunkohle

4 Zunächst ein paar Zahlen: Von den 629 TWh, die 2013 in der Bundesrepublik erzeugt wurden,[9] stammt der größte Teil (162 TWh, 25,8 %) aus der Verbrennung von Braunkohle. Diese ist zwar in der öffentlichen Diskussion nicht so präsent wie andere Brennstoffträger. Als einziger (fossiler) heimischer Brennstoff hat sie aber trotz aller – vor allem klimaschutzmotivierter – Skeptiker nach wie vor ihren festen Platz im Portfolio. Da Braunkohle als günstiger Brennstoff gilt, stammt bis heute ein relevanter Teil der Grundlast aus der Braunkohle, die v. a. in Nordrhein-Westfalen, Brandenburg, Sachsen-Anhalt und Sachsen abgebaut wird.

5 Zwar wurde das Ende der Braunkohle schon oft beschworen. Insbesondere das politische Ziel, Treibhausgasemissionen zu verringern,[10] legte spätestens seit 2003 eine drastische Verteuerung nahe, die zu höheren Gesamtkosten für die Braunkohlestromerzeugung und damit zu einem Rückgang beim Einsatz dieses Brennstoffträgers führen würde. Denn Braunkohle ist deutlich emissionsintensiver als Steinkohle und Erdgas. Mit 1.161 g CO_2/kWh bezogen auf den Stromverbrauch[11] überstiegen die durchschnittlichen **Emissionen** 2010 erheblich die Durchschnittsemissionen in der Bundesrepublik insgesamt, der bei 563 g CO_2/kWh lag.[12] Hieraus resultiert: Die starke Stellung der Braunkohle beruht zumindest in den letzten Jahren auch auf dem niedrigen **CO_2-Preis**.[13] Denn anders als im Vorfeld der bisher drei Handelsperioden des Emissionshandels erwartet, liegt der Preis für die Emission 1 t CO_2 nicht bei bis zu 30 €, sondern verhältnismäßig stabil zwischen 5 und 7 €.[14]

---

[9] BMWi, Energiedaten: Gesamtausgabe, abrufbar unter http://www.bmwi.de/BMWi/Redaktion/PDF/E/energiestatistiken-grafiken.
[10] Seit Einführung des EU-Emissionshandels zum 1.1.2005 (RL 2003/87/EG v. 13.10.2003, ABl EU Nr. L 275, S. 32) gilt für alle fossil befeuerten Energieerzeugungsanlagen mit mehr als 20 MW Feuerungswärmeleistung der Emissionshandel, der auf eine Verringerung der Treibhausgase abzielt.
[11] UBA, Entwicklung der spezifischen Kohlendioxid-Emissionen des deutschen Strommix in den Jahren 1990 bis 2013, abrufbar unter http://www.umweltbundesamt.de/publikationen/entwicklung-der-spezifischen-kohlendioxid-0.
[12] Entwicklung der spezifischen Kohlendioxid-Emissionen des deutschen Strommix in den Jahren 1990 bis 2013, abrufbar unter http://www.umweltbundesamt.de/publikationen/entwicklung-der-spezifischen-kohlendioxid-0.
[13] Zwar sollen unter dem Stichwort „Backloading" 900 Mio. Zertifikate später als geplant in den Markt eingespeist werden, um die Preise zu stützen. Ob und wie hoch der Preiseffekt dieser Maßnahme sein würde, ist aber noch offen.
[14] Siehe http://www.eex.com/de/.

2. Nummer 2: Erneuerbare Energien

Zu den großen Erfolgen der deutschen Klimaschutzbemühungen gehört der rasante Ausbau der Erneuerbaren Energien. Noch 2004 stammten nur 180 TWh der Primärgewinnung aus Erneuerbaren Quellen. 2012 – also nur acht Jahre später – betrug dieser Wert 434 TWh, hatte sich also deutlich mehr als verdoppelt.[15] Gerade für ein Land, dessen natürliche Voraussetzungen hinsichtlich Wind und Sonne nicht so ideal sind wie andernorts, ist dies eine beachtliche gesamtwirtschaftliche und nicht zuletzt technologische Leistung. Mit 147 TWh Strom im Jahr 2013 setzt sich die bisher ambitionierte Ausbautendenz zudem noch weiter fort.

Während die Nutzung fossiler Energieträger stets auf einem Verbrennungsvorgang beruht, verbergen sich hinter der Terminologie der Erneuerbaren Energien unterschiedliche Techniken. Nach der schon erwähnten Windenergie (7,9 % der Bruttostromerzeugung 2013), werden Biomasse (6,8 %), Photovoltaik (4,5 %) und Wasserkraft (3,4 %) genutzt.

Anders als bei der Braunkohle beruht die starke Stellung der Erneuerbaren Energien nicht auf der Preisgünstigkeit dieser Energieträger. Sie sind – bekanntlich – bis heute noch teurer als andere Energiequellen. Jedoch hat der Gesetzgeber ihnen im EEG[16] eine privilegierte Stellung zugewiesen. So ordnet § 8 Abs. 1 EEG an, dass die Netzbetreiber Strom aus Erneuerbaren Energien abnehmen müssen, so dass der gewöhnliche Marktmechanismus für den so erzeugten Strom nicht greift. Zudem regelt Teil 3 des EEG fest garantierte Vergütungssätze über 20jährige Zeiträume, um Anreize zu Investitionen zu setzen. Dies hat – neben einer stetig wachsenden Nachfrage am Markt nach Ökostromprodukten – den schnellen und effizienten Ausbau erst ermöglicht. Einen zusätzlichen Effekt auf die Schnelligkeit des Ausbaus hat aber auch der Umstand, dass diese Technologien für kleine Gewerbetreibende und Private gut realisierbar sind. Dementsprechend befinden sich gut 40 % der installierten Leistung in den Händen Privater und nur 6,5 % in denen der großen Energieversorgungsunternehmen.[17]

3. Nummer 3: Steinkohle

2013 wurden nur noch 124 TWh auf Basis von Steinkohle erzeugt. Damit setzt sich ein langjähriger Trend fort. Während weltweit der Anteil der Steinkohle an den verwandten Energieträgern steigt (v. a. durch ein Plus in den USA und China[18]), sinkt der

---

[15] AG Energiebilanzen, Auswertungstabellen zur Energiebilanz für die Bundesrepublik Deutschland 1990–2013, abrufbar unter http://www.ag-energiebilanzen.de/10-0-Auswertungstabellen.html.
[16] Erneuerbare-Energien-Gesetz (EEG) v. 25.10.2008 (BGBl. I S. 2074), zuletzt geändert durch Gesetz v. 20.12.2012 (BGBl. I S. 2730).
[17] Klaus-Novy-Institut, Marktakteure Erneuerbare-Energien-Anlagen in der Stromerzeugung, August 2011, S. 32 ff.
[18] Siehe http://www.gtai.de/GTAI/Navigation/DE/Trade/maerkte,did=1008718.html.

Steinkohleeinsatz in der Bundesrepublik stetig. Seit den 1990er Jahren wird – trotz einiger großer Bauvorhaben[19] – immer weniger Steinkohle verstromt.[20]

10 Diesem Trend auf Erzeugungsseite korrespondiert der Umstand, dass ab 2018 auch keine Steinkohle in der Bundesrepublik mehr gefördert werden soll.[21] Schon heute wird der größte Teil der Steinkohle importiert. Ab 2018 wird die Importquote für Steinkohle 100 % betragen.

4. Nummer 4: Kernenergie

11 Wie die Steinkohle befindet sich auch die Kernenergie auf dem absteigenden Ast. 2013 wurden nur noch 97 TWh Strom aus Kernenergie gewonnen.[22] Während in vielen anderen Ländern auch aus klimapolitischen Gründen auf Atomenergie gesetzt und sogar neu gebaut wird,[23] beendet die Bundesrepublik Deutschland die Nutzung der 17 deutschen AKWs.[24]

12 Dieser Ausstieg hat eine lange Geschichte. Anders als vielfach angenommen, wurde schon am 14.6.2000 im sog. **Atomkonsens** zwischen Bundesregierung und Betreibern beschlossen, die Nutzung auslaufen zu lassen.[25] Vereinbart wurden **Reststrommengen**, die den einzelnen Anlagen zugestanden wurden.[26] Nach deren Produktion sollte die Kernenergie in der Bundesrepublik der Vergangenheit angehören.

13 Mit dem Regierungswechsel zur schwarz-gelben Koalition 2009 änderte sich zunächst die Grundlage für die Nutzung der Kernenergie. Zwar wollte auch die damalige Bundesregierung keine unbegrenzte Fortsetzung der Nutzung der Atomenergie, und erst recht war es nie in der Diskussion, neue Kraftwerke zu bauen. Doch sollten die 2000 vereinbarten **Restlaufzeiten** der bestehenden Anlagen verlängert werden.[27]

---

19 U. a. das geplante Kraftwerk der E.ON in Datteln und der Block 9 des Großkraftwerks Mannheim sollen Steinkohle verstromen.
20 AG Energiebilanzen, Auswertungstabellen zur Energiebilanz für die Bundesrepublik Deutschland 1990–2013, abrufbar unter http://www.ag-energiebilanzen.de/10-0-Auswertungstabellen.html.
21 Steinkohlefinanzierungsgesetz (SteinkohleFinG) v. 20.12.2007 (BGBl. I S. 3086), zuletzt geändert durch Gesetz v. 11.7.2011 (BGBl. I S. 1344).
22 AG Energiebilanzen, Auswertungstabellen zur Energiebilanz für die Bundesrepublik Deutschland 1990–2013, abrufbar unter http://www.ag-energiebilanzen.de/10-0-Auswertungstabellen.html.
23 Siehe http://www.taz.de/!131534/.
24 Regierungserklärung von Angela Merkel, Der Weg zur Energie der Zukunft v. 9.6.2011, abrufbar unter http://www.bundesregierung.de/ContentArchiv/DE/Archiv17/Regierungserklaerung/2011/2011-06-09-merkel-energie-zukunft.html.
25 Siehe http://www.bmub.bund.de/fileadmin/bmu-import/files/pdfs/allgemein/application/pdf/atomkonsens.pdf.
26 Siehe http://www.bmub.bund.de/fileadmin/bmu-import/files/pdfs/allgemein/application/pdf/atomkonsenskonsens_anlagen.pdf.
27 *Kotulla/Kilic*, NVwZ 2010, 1449.

Erneut – wie schon 2000 – wurde als Grundlage für diese Änderung nicht primär die Gesetzesform, sondern eine vertragliche Vereinbarung gewählt. So vereinbarten Betreiber und Bundesregierung am 5.9.2010 eine **Verlängerung** der **Restlaufzeiten** um durchschnittlich 12 Jahre, was der Bundestag am 28.10.2010 als Gesetz verabschiedete,[28] ohne zuvor den Bundesrat anzurufen. Diese Änderung stieß gesellschaftlich bei Umwelt- wie Wirtschaftsverbänden auf erbitterte Kritik, u. a. wies der VKU darauf hin, dass dieser Bruch der 2000 vereinbarten Pläne die hohen Investitionen der Kommunalwirtschaft entwerte.[29]

In der Folge verlagerte sich die Diskussion schnell auf die verfassungsrechtliche Ebene.[30] Doch die Ereignisse des folgenden Jahres beendeten den einmal eingeschlagenen Kurs der Bundesregierung. Denn als am 11.3.2011 das japanische Kernkraftwerk **Fukushima** wegen eines Erdbebens havarierte und große Mengen Radioaktivität frei wurden, war die ohnehin höchst umstrittene Kernkraft in der Bundesrepublik nicht mehr konsensfähig, so dass die Laufzeitverlängerung ausgesetzt und statt dessen das sog. **Moratorium** verhängt wurde.[31] Acht Reaktoren wurden, gestützt auf § 17 AtomG, sofort abgeschaltet und sodann durch Gesetz endgültig stillgelegt.[32]

5. Nummer 5: Erdgas

Erdgas erlebt v. a. wegen der neuartigen **Fracking**-Technologie in einigen Staaten einen Boom.[33] Doch aufgrund der ungeklärten ökologischen Auswirkungen ist diese Technologie in der Bundesrepublik stark umstritten und entbehrt bis jetzt einer ausreichenden gesetzlichen Grundlage.[34] Erdgas muss deswegen derzeit im Wesentlichen importiert werden, was immer wieder zu Diskussionen über die Abhängigkeit vom als schwierig empfundenen Exporteur Russland führt.[35]

Durch die **Importabhängigkeit** und die Notwendigkeit hoher Investitionen in Neubauten wird Erdgas heute aus wirtschaftlichen Gründen weniger genutzt, als

---

28 Elftes Gesetz zur Änderung des Atomgesetzes v. 8.12.2010 (BGBl. I S. 1814).
29 VKU, Atomausstieg bis zum Jahr 2020: Auswirkungen auf Investitionen und Wettbewerb in der Stromerzeugung, abrufbar unter http://www.vku.de/service-navigation/presse/publikationen/atomausstieg-bis-zum-jahr-2020.html.
30 Gegen die fehlende Beteiligung des Bundesrates klagten 5 Bundesländer. Zudem erhob Greenpeace Verfassungsbeschwerde.
31 *Däuper/Ringwald*, E&M 7/2011, 3.
32 Dreizehntes Gesetz zur Änderung des Atomgesetzes v. 31.7.2011 (BGBl. I S. 1704).
33 Siehe http://www.handelsblatt.com/unternehmen/industrie/riesige-vorkommen-gas-boom-in-den-usa-seite-all/5858166-all.html.
34 SRU, Fracking zur Schiefergasgewinnung – Ein Beitrag zur energie- und umweltpolitischen Bewertung, abrufbar unter http://www.umweltrat.de/SharedDocs/Downloads/DE/04_Stellung nahmen/2012_2016/2013_05_AS_18_Fracking.pdf?__blob=publicationFile.
35 Siehe http://www.faz.net/aktuell/wirtschaft/wirtschaftspolitik/gasabhaengigkeit-deutschland-von-russland-europa-ist-nicht-in-putins-hand-12842419.html.

aus technologischen wie ökologischen Gründen wünschenswert wäre. Denn anders als Braun- oder Steinkohle verursacht die Verbrennung von Erdgas verhältnismäßig niedrige Emissionen.[36]

II. Steuerbarkeit von Stromerzeugungsanlagen

18   Bedingt durch die technischen Unterschiede zwischen den Erzeugungstechnologien bestehen erhebliche Unterschiede hinsichtlich der Steuerbarkeit von Stromerzeugungsanlagen:

19   – **Braunkohlekraftwerke** sind schwerfällig. Sie haben aus einem Stillstandsmodus von mehr als 48 Stunden (sog. Kaltstart) Anfahrzeiten von neun bis 15 Stunden. Daher sind sie nicht geeignet, schnell auf Veränderungen der Netzlast zu reagieren. Zudem ist ihr Output auch im laufenden Betrieb nicht leicht steuerbar. Denn sie können aus technischen Gründen nicht unter eine Leistung von 50 % gedrosselt werden.

20   – Die Steuerungsfähigkeit von **Anlagen**, die **Erneuerbare Energien** einsetzen, unterscheidet sich naturgemäß erheblich danach, welche Technologie eingesetzt wird.[37] Biomassekraftwerke unterscheiden sich nicht relevant von fossilen Kraftwerken. Wasserkraftwerke (Laufwasser- und Pumpspeicherkraftwerke) gelten sogar als besonders gut regelbar. Ganz anders sieht es aber mit Anlagen aus, die Strom aus Wind und Sonne gewinnen. Diese Anlagen produzieren nur dann Strom, wenn die natürlichen Gegebenheiten – also Wind und Sonnenschein – dies ermöglichen. Die Anlagen können deswegen nicht entlang des Strombedarfs gesteuert werden.

21   – **Atomkraftwerke** benötigen ähnlich wie Braunkohlekraftwerke viel Zeit für das An- und Abfahren. Aus dem Kaltbetrieb dauert das Anfahren zehn bis 12 Stunden. Auch im laufenden Betrieb ist ein automatisierter Produktionsverlauf entlang des Strombedarfs (Lastfolgebetrieb) nur sehr eingeschränkt möglich. Zudem bleibt ein Betrieb mit weniger als 50 % Leistung den – derzeit meist verwandten – Druckwasserreaktoren technisch versagt.

22   – Auch **Steinkohlekraftwerke** sind nicht schnell steuerbar. Zwar dauert ein Kaltstart weniger lange als bei einem Braunkohlekraftwerk, jedoch macht die Anfahrdauer von sechs bis acht Stunden ein schnelles Reagieren auf Nachfrageschwankungen unmöglich.

---

[36] UBA, Entwicklung der spezifischen Kohlendioxid-Emissionen des deutschen Strommix in den Jahren 1990 bis 2013, abrufbar unter http://www.umweltbundesamt.de/publikationen/entwicklung-der-spezifischen-kohlendioxid-0.
[37] Vgl. Rn 6 ff.

- **Gaskraftwerke** sind dagegen schnell regelbar. Sie können durch Erhöhung bzw. Unterbrechung der Gaszufuhr unmittelbar zu- und abgeschaltet werden, wenn schnell Energie benötigt wird, um Schwankungen im Netz zu verhindern.[38]

Insgesamt bedeutet das: Die Anlagen, die heute den Löwenanteil des Strombedarfs decken, sind gar nicht oder nur sehr schwerfällig steuerbar.

III. Regionale Verteilung der Stromerzeugung

Die deutschen Erzeugungsanlagen verteilen sich nicht gleichmäßig auf das Bundesgebiet.[39] Dies hat teils historische Gründe, teils beruht es auf natürlichen Gegebenheiten. So wird Windenergie im windreichen Norddeutschland erzeugt. Braunkohle vorwiegend in den alten Braunkohlefördergebieten der Lausitz und des rheinischen Braunkohlereviers verstromt. Und Steinkohle wird bis heute – obwohl der größte Teil der Steinkohle importiert wird – bevorzugt in Nordrhein-Westfalen und dem Saarland als Brennstoff eingesetzt.

Diese ungleichmäßige Verteilung wird zunehmend als problematisch empfunden. Denn die Windenergie aus dem Norden wird nicht dort verbraucht. In Norddeutschland befinden sich kaum größere Verbraucher. Schleswig-Holstein, Mecklenburg-Vorpommern und das nördliche Niedersachsen sind arm an stromintensiver Industrie. Zudem sind diese Flächenstaaten – verglichen mit Nordrhein-Westfalen und Süddeutschland – verhältnismäßig dünn besiedelt.[40]

Der Strom muss also aus dem Norden in den Westen und Süden des Landes transportiert werden, wo sich heute die Herzkammern der deutschen Wirtschaft befinden. Zudem erhöht sich wegen der schlechten Steuerbarkeit von Strom[41] aus natürlichen Ressourcen (v. a. Sonne und Wind) der Bedarf an schnell regelbaren Back-up-Kraftwerken. Aus diesem Grunde hat der Gesetzgeber in den letzten Jahren mehrfach nachgesteuert und erlässt stromintensiven Verbrauchern (z. B. große Industriebetriebe) einen Teil der Netzentgelte, um deren Beitrag zur Systemstabilität zu honorieren.[42]

---

[38] Arrhenius, Institut für Energie- und Klimapolitik, Kurzstudie: Die künftige Rolle von Gaskraftwerken in Deutschland (2011), abrufbar unter http://www.die-klima-allianz.de/wp-content/uploads/2011/10/Klima-Allianz-Studie-Gaskraftwerke-Okt-2011.pdf, S. 3.
[39] BDEW, Erneuerbare Energien und das EEG: Zahlen, Fakten, Grafiken (2013), abrufbar unter http://www.bdew.de/internet.nsf/id/17DF3FA36BF264EBC1257B0A003EE8B8/$file/Foliensatz_Energie-Info-EE-und-das-EEG2013_31.01.2013.pdf.
[40] Siehe http://de.statista.com/statistik/daten/studie/1242/umfrage/bevoelkerungsdichte-in-deutschland-nach-bundeslaendern/.
[41] Vgl. Rn 18 ff.
[42] Dies regelt § 19 StromNEV (Stromnetzentgeltverordnung v. 25.7.2005 (BGBl. I S. 2225), zuletzt geändert durch Verordnung v. 14.8.2013 (BGBl. I S. 3250)).

Dies wird auf die anderen Netznutzer umgelegt. Zudem erbringen diese auch gemeinschaftlich eine Vergütung für die abschaltbaren Lasten, die ebenfalls das Stromnetz entlasten.[43]

28 Die bisher ergriffenen Maßnahmen gelten jedoch als nicht ausreichend.[44] Generell, so die öffentliche Diskussion, bedarf der weitere Ausbau der Wind- und Sonnenenergie eines parallelen Ausbaus schnell steuerbarer Kapazitäten, also v. a. durch Gaskraftwerke.

IV. Im Ergebnis: Breites Portfolio der Erzeugungsanlagen

29 Zusammenfassend ist festzuhalten: Die Stromerzeugung in der Bundesrepublik ist breit gefächert und umfasst nahezu jegliche technisch überhaupt wirtschaftlich mögliche Erzeugungstechnologie. Damit unterscheidet sie sich deutlich von den Nachbarländern. Zum Vergleich: In Polen stammten noch 2012 88,6 % der Stromerzeugung aus der Verbrennung von Stein- und Braunkohle. In Frankreich stammten 2011 78 % des erzeugten Stroms aus der Atomenergie.

30 Mit der Vielfalt der Erzeugungstechnologien in der Bundesrepublik verbunden ist eine große Varianz der realisierten Leistungen, weil die „Idealgröße" unterschiedlicher Kraftwerkstypen sich deutlich unterscheidet. Auch die Wirkungsgrade und Nutzungsstunden sind ebenso different wie Lebensdauer und Investitionskosten. Eine Zusammenfassung dessen findet sich in Tab. 1.

---

43 § 18 AbLaV (Verordnung zu abschaltbaren Lasten vom 28.12.2012 (BGBl. I S. 2998)) honoriert die Abschaltbarkeit dieser Großverbraucher, die vom Netzbetreiber abgeschaltet werden können, wenn dies zur Aufrechterhaltung der Netzstabilität nötig ist, v. a. weil je nach Witterung zu große Strommengen ins Netz drängen.
44 BNetzA, Monitoringbericht 2014, Stand Juni 2014, S. 40, abrufbar unter http://www.bundesnetzagentur.de/SharedDocs/Downloads/DE/Allgemeines/Bundesnetzagentur/Publikationen/Berichte/2013/131217_Monitoringbericht2013.pdf?__blob=publicationFile&v=14.

Tab. 1: Übersicht verschiedener Kraftwerkstypen[45]

typische Größen	Dampf-kraftwerk (DKW)	Dampf-kraftwerk (DKW)	Gastur-bine (GT)	Gas- und Dampf-kraftwerk (GuD)	Windkraft-anlagen (WKA)	Photovol-taik (PV)	Laufwas-serkraft-werk (LW)
einge-setzte Primär-energie	Stein-kohle (SK)	Braun-kohle (BK)	Erdgas (EG)	Erdgas (EG)	Strö-mungs-energie	solare Strah-lungs-energie	Strö-mungs-energie
realisierte Leistungen [MW]	1.000	1.000	300	600	2	0,01–80 (Freiflä-chenan-lagen)	0,5–100
Gesamtwir-kungsgrad [%- Pkte]	40	38	36	60	40	18	79
durch-schnittl. Jahresvoll-laststun-den [h]	6.500	7.000	4.500	1.200	1.500–2.500	800–1.200	5.500
Lebens-dauer	35	35	15	35	20	20	60
geschätzte Investiti-onskosten [€/kW]	1.500	1.600	500	750	1.500	1.200	4.500
steuerbar	ja	ja	ja	ja	nein	nein	teilweise

B. Kostenstrukturen von Stromerzeugungsanlagen

Mit den bereits vorgestellten funktionellen Unterschieden[46] zwischen unterschied- 31
lichen Kraftwerkstypen korrespondieren unterschiedliche Stromerzeugungskosten
und Kostenstruktur. Mit anderen Worten: Manche Anlagentypen produzieren kosten-
günstiger als andere. Dies ist aber kein feststehendes Verhältnis. Denn je nach Auslastung verändert sich das Bild teilweise erheblich.

---

45 Eigene Darstellung, unter Verwendung von Daten aus *Zahoransky*, Energietechnik, S. 17 ff.
46 Vgl. Rn 3 ff.

32 Zur Darstellung der Kostenstruktur hat sich die Aufteilung nach **fixen**[47] und **variablen**[48] **Stromgestehungskosten** etabliert. Zusammenfassend lässt sich festhalten: Rein aus der Kostenstruktur ergibt sich eine klare Kostenhierarchie.[49]

I. Fixe Kosten im Kraftwerksbetrieb

33 Die fixen Kosten sind für eine erste Übersicht unterteilbar nach den Bestandteilen Kapital-, Instandhaltungs-, Personal- und Versicherungskosten.[50] Diese Kosten stellen Aufwände dar, die zur Bereitstellung der Anlage von Nöten sind, unabhängig davon, ob tatsächlich Strom erzeugt wird oder nicht. Hier handelt es sich also um Gelder, die ausgegeben sind, bevor die erste Kilowattstunde ins Netz eingespeist wird.

34 Bestimmend für die Fixkosten sind naturgemäß die Kapitalkosten. Diese beschreiben den Einsatz von Fremd- und Eigenkapital um die Investition in das Kraftwerk zu tätigen. Neben den in Tab. 1 dargestellten Abschätzungen der absoluten Investitionskosten stellt Tab. 2 die relativen Anteile der Kapitalkosten im Vergleich zu weiteren fixen Kosten dar. Die Erneuerbaren Energien weisen hierbei den größten Anteil an Kapitalkosten an den fixen Betriebskosten auf. Erdgasbasierte Kraftwerke stellen wiederum eine mittlere Gruppe dar, während Kohlekraftwerke zwar spezifisch die höchsten Kapitalkosten aufweisen, daneben allerdings auch relativ hohe Anteile für Wartung aufgrund des Verschleißes offenbaren.

Tab. 2: Übersicht zu Kosten im Kraftwerksbetrieb[51]

[%]	DKW-BK	DKW-SK	GuD	GT-KW	WKA	PV	LW
fixe Kosten, Summe	51	40	20	30	95	98	96–99
Kapitalkosten	77	75	79	84	45–70	97	89
Wartung/Instandhaltung	15	15	6	5	20–45	1	5
Personal	4	6	11	7	–	–	4
Versicherungen/Gemeinkosten	4	4	4	5	10–20	2	2

---

47 Vgl. Rn 4 ff.
48 Vgl. Rn 6 ff.
49 Vgl. Rn 9 ff.
50 Vgl. Tab. 2.
51 Abschätzungen aus Referenzprojekten und *Konstantin*, Praxisbuch Energiewirtschaft, passim.

Während der Anteil an Personalkosten, Versicherungen und Gemeinkosten ein unterschiedliches Bild liefert und zum Teil auch sicherlich stark von den Strukturen der betreibenden Unternehmen abhängt, lässt sich deutlich erkennen, dass sich der Anteil an Instandhaltungskosten zu den Gaskraftwerken scheinbar nach hinten reduziert und bei Wind und Photovoltaik die niedrigsten Anteile ausmacht. Dabei ist zu beachten, dass bei den fixen Kosten lediglich terminierte Wartungs- und Instandhaltungsmaßnahmen betrachtet sind. In Folge von Lastwechseln durch An- und Abfahren der Kraftwerke auftretende ungeplante Reparaturen und Wartungsmaßnahmen, werden als Teil der variablen Kosten angesehen. Diese werden auch in Form von An-/Abfahrkosten im Rahmen der Einsatzplanung in modernen Systemen abgebildet.

II. Variable Kosten im Kraftwerksbetrieb

Unter variablen Kosten werden im Kraftwerksbetrieb die Kosten subsumiert, die nur dann anfallen, wenn Strom erzeugt wird. Diese auch als kurzfristige **Gestehungskosten** oder **Grenzkosten** bekannten Kostenpositionen setzen sich aus den zuvor bereits eingeführten Instandhaltungskosten aufgrund von An- und Abfahrvorgängen und verbrauchsgebunden Kosten zusammen. Hierbei ist der Unterschied zwischen dargebotsabhängigen Erneuerbaren Energien und dem Bereich der konventionellen, Brennstoff benötigenden Kraftwerke signifikant: Während für konventionelle Kraftwerke der überwiegenden Anteil der Stromvollkosten durch die Brennstoffbeschaffung und -verwendung anfallen, sind dargebotsabhängige Erzeugungstechnologien naturgemäß ohne Brennstoffkosten zu kalkulieren.

Des Weiteren sind seit 2005 für fossil betriebene Anlagen die Kosten für CO_2-Emissionen im Rahmen des europäischen Emissionshandels durch die Stromerzeuger zu tragen. Vereinfacht gesagt, muss hier pro emittierte Tonne CO_2 ein entsprechendes Zertifikat erworben werden, was je nach Primärenergieträger unterschiedlich schwer ins Gewicht fällt. Bei Wind- und Wasserkraftanlagen sowie Photovoltaik fallen weiterhin Instandhaltungskosten an, die jedoch entsprechend gering sind.

Die in Tab. 3 dargestellten absoluten variablen Kosten dienen nur einer Einschätzung der Größenordnungen und sind – naturgemäß – stark von den jeweiligen Schwankungen der Rohstoffmärkte gesteuert. Je nachdem variieren demzufolge auch die prozentualen Zusammensetzungen der variablen Kosten.

Tab. 3: variable Kosten – kurzfristige Gestehungskosten[52]

[%]	DKW-BK	DKW-SK	GuD	GT-KW	WKA	PV	LW
variable Kosten, Summe	49	60	80,6	71	5	2	1–4
Brennstoff	44	69	88	89	–	–	–
Instandhaltung	–	–	4	4	100	100	100
Hilfs- und Betriebsstoffe/ Reststoffe	6	3	1	–	–	–	–
CO_2-Zertifikate-kosten	50	27	7	7	–	–	–

39 Wie bereits erwähnt, wird in thermischen Kraftwerken der Großteil an variablen Kosten durch die Brennstoff- und CO_2-Zertifikatskosten verursacht. Diese Kostenarten hängen direkt vom Anlagenwirkungsgrad, den Beschaffungspreisen der eingesetzten Brennstoffe und deren CO_2-Emissionsfaktoren [Einheit z. B. t CO_2/MWh$_{Brennstoff}$] ab. Die prozentualen Anteile der Brennstoffkosten im Vergleich zu den CO_2-Zertifikatskosten hängen damit zusammen, dass Erdgas viel geringere Emissionswerte aufweist als entsprechende Mengen an Stein- oder gar Braunkohle.

40 Neben den reinen Großhandelskosten fallen noch staatliche Abgaben in Form der Energiesteuer auf die entsprechenden Brennstoffe an. Hierbei nimmt der Verordnungsgeber eine steuernde Funktion ein, da es gewisse Befreiungstatbestände für – aus Sicht des Gesetzgebers – förderungswürdige Technologien und Verwendungszwecke gibt. Details hierzu sind im EnergieStG[53] und nachgelagerten Verordnungen verankert. Exemplarisch sei hier beispielsweise aber auf die Energiesteuerbefreiung für hocheffiziente KWK-Anlagen hingewiesen.

41 Ein weiterer Faktor für die Brennstoffkosten stellt die Transportfähigkeit von Brennstoffen dar, welche wesentlich von dem Heizwert (Energiegehalt pro Masseneinheit) abhängt. Somit ist Braunkohle – mit dem aufgrund des hohen Wassergehalts geringen Heizwert – nur regional beschränkt zu verwenden, da sonst die spezifischen Transportkosten einem wirtschaftlichen Kraftwerksbetrieb entgegenstehen. Der Transport von Steinkohle ist dahingegen meist über Schifffahrtswege nicht derlei Beschränkungen unterworfen. Neben den rein historischen Gründen tragen auch diese Begrenzungen zu den regionalen Unterschiede bei.[54] Festzuhalten ist hierzu: Mit dem Einsatz von Erdgas als Primärenergie folgt die höchste Flexibilität bei der Standortwahl.

---

52 Abschätzungen aus Referenzprojekten und *Konstantin*, Praxisbuch Energiewirtschaft, passim.
53 Energiesteuergesetz (EnergieStG) v. 15.7.2006 (BGBl. I S. 1534; 2008 I S. 660, 1007), zuletzt geändert durch Gesetz v. 18.7.2014 (BGBl. I S. 1042).
54 Vgl. Rn 25 ff.

III. Kostenhierarchie der Kraftwerkstypen

Im Ergebnis lässt sich festhalten: 42

Anlagen, die Erneuerbare Energien verwenden, haben regelmäßig den höchsten Fixkostenanteil. Im laufenden Betrieb verursachen sie aber weniger Kosten als andere Anlagentypen. 43

Die gegenteilige Situation ergibt sich bei Kohlekraftwerken. Hier sind Kapitalkosten relativ geringer. Allerdings ist die Wartung kostenaufwändig, und naturgemäß ist der Brennstoff der erheblichste Posten im laufenden Betrieb. Bei Anlagen, die Braunkohle verstromen, fallen zusätzlich Belastungen aus CO_2 im relevanten Maße an. 44

Der Blick auf die variablen Kosten verdeutlicht, wieso Erdgas trotz der dargestellten Flexibilitätsvorteile bei der Steuerung nur Platz 5 der Rangliste verwandter Erzeugungstechnologien innehat. Denn die Brennstoffkosten für Erdgas sind so signifikant höher als bei Braun- oder auch noch Steinkohle, dass die geringeren CO_2-Kosten dagegen nicht mehr relevant ins Gewicht fallen. 45

C. Ökonomischer Effekt der Kosten- und Technologiedifferenzen

Aus der Zusammenschau der technischen Möglichkeiten einerseits und der Kostenstrukturen andererseits ergibt sich, dass nicht alle Kraftwerkstypen gleichermaßen zum Einsatz kommen. Vielmehr gilt, dass der Kraftwerksbetreiber nur dann erzeugt, wenn er am Strommarkt (zumindest) die variablen Kosten der Anlage erwirtschaftet.[55] Dies führt derzeit dazu, dass oft nur diejenigen (fossilen) Anlagen wirtschaftlich betrieben werden können, die Kohle einsetzen. Gaskraftwerke liegen wegen des sich daraus ergebenden Einsatzvorrangs der Kohleverstromer aktuell meist außerhalb der Zone der Wirtschaftlichkeit.[56] Dies gilt für alle relevanten Märkte für Strom.[57] 46

I. Anlagenbetrieb bei Deckungsbeitragserwirtschaftung

Die generelle Logik des Kraftwerkseinsatzes richtet sich nach der Möglichkeit des Kraftwerksbetreibers, **Deckungsbeiträge** mit dem Betrieb der Anlage zu erwirtschaften. Dies ist dann der Fall, wenn die zu erzielenden Erlöse am Strommarkt mindestens die **variablen Kosten** aus dem **Kraftwerkseinsatz** decken. Durch Maximierung der kurzfristigen Erlöse werden Deckungsbeiträge zur Amortisation der Investition, Deckung der weiteren fixen Betriebskosten und – im besten Falle – noch zusätzliche 47

---

[55] Vgl. Rn 47 ff.
[56] Vgl. Rn 53 ff.
[57] Vgl. Rn 57 ff.

Erträge erwirtschaftet. Mit anderen Worten: Anlagen fahren dann an, wenn sie mehr als ihre laufenden Kosten einbringen.

48 Die Darstellung der kurzfristigen Erlöse – beziehungsweise der Deckungsbeiträge – für Kraftwerke erfolgt in der Energiewirtschaft häufig über sogenannte **Spreads**.

49 Hierbei wird für die Darstellung der Erlössituation der sog. **Spark Spread** für gasgefeuerte Anlagen beziehungsweise **Dark Spread** für Steinkohle befeuerte Anlagen herangezogen. Exemplarisch ergibt sich der Spark Spread mit den Börsenstrompreisen (P_{EEX}) und den Brennstoffkosten (K_{BS}) zur unten dargestellten Formel. Im Falle einer außerbörslichen Vermarktung würde für P_{EEX} der entsprechende Stromerlös angesetzt:

$$S = P_{EEX} - \frac{1}{\eta_{el}} \cdot K_{BS}$$

50 Hierbei wird der **elektrische Wirkungsgrad** der entsprechenden Anlage und die (erwarteten) **Brennstoffkosten** frei Kraftwerk sowie die **prognostizierten Erlöse aus der Stromvermarktung** in Ansatz gebracht.

51 Nach Einführung des Emissionshandels in 2005 erweitert sich diese Erlösgleichung um die Kosten für **CO_2-Zertifikate** (K_{CO2}) unter Verwendung des **Emissionsfaktors** (EMF). Der so entstehende Ansatz wird als **Clean Spark Spread** (CSS) bezeichnet:

$$CSS_{clean} = P_{EEX} - \frac{1}{\eta_{el}} \cdot (K_{BS} + EMF \cdot K_{co2})$$

52 Eine weitere Besonderheit ergibt sich für **KWK-Anlagen**, da diese neben Strom auch Wärme erzeugen und daraus Erlöse generieren. Somit ist der Spread mit der Stromkennzahl (σ), also dem Verhältnis von Stromproduktion und Wärmeproduktion und den erzielbaren Wärmepreisen ($P_{Wärme}$), zu erweitern:

$$S_{clean,KWK} = S_{clean} + \frac{1}{\sigma} P_{Wärme}$$

II. Einsatzvorrang der Kohleverstromer

53 Aus dem dargestellten Mechanismus[58] ergibt sich, dass derzeit fast nur Kohleverstromer, nicht aber Gaskraftwerke ihre Deckungsbeiträge erwirtschaften können. Dies beruht auf den hohen variablen Kosten beim Erdgaseinsatz.[59] Denn wenn Erdgas wegen dieser Kostendifferenz stets nach Kohle eingesetzt wird, kommen erdgasbetrie-

---

58 Vgl. Rn 47 ff.
59 Vgl. Rn 36 ff.

bene Anlagen nur dann zum Zug, wenn die Stromnachfrage nicht allein aus Erneuerbaren Energien und allen Brennstoffen bedient werden kann, die günstiger sind als Erdgas. Nur in dieser – aktuell seltenen – Situation ist das letzte vom Markt noch nachgefragte und deswegen preisbestimmende Kraftwerk ein Erdgaskraftwerk.

Diesen Mechanismus verdeutlicht die folgende Abbildung:

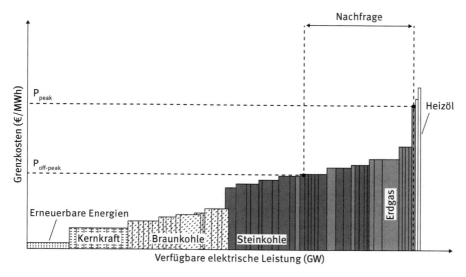

Abb. 1: Kapazitäten und Grenzkosten der verschiedenen Energieträger[60]

In der nachfolgenden Grafik sind exemplarische Clean Spreads für Kohle und Gas gegen den durchschnittlichen Grundlastpreis am deutschen Spotmarkt geplottet. Es zeigt sich auch in dieser Detailbetrachtung, dass speziell gasgefeuerte Kraftwerke zunehmend unter Druck geraten, da sie in nach der oben angeführten Logik immer häufiger nicht betrieben werden können. Bei der hier gewählten Darstellung der Spread-Berechnung gegenüber einem Grundlast-Preis (Base) ist allerdings zu berücksichtigen, dass einzelne Stundenkontrakte auch für Gaskraftwerke weiterhin positive Deckungsbeiträge ermöglichen. Ob diese Erlöse ausreichen, die fixen Betriebskosten umfänglich zu decken, ist bei momentaner Marktlage jedoch stark zu bezweifeln.

---

60 Eigene Darstellung.

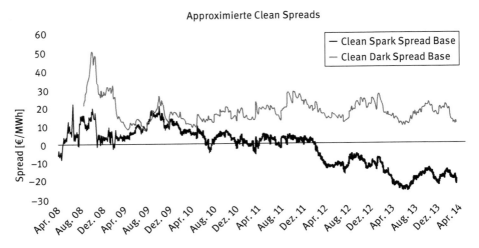

Abb. 2: Clean Spreads für Kohle und Gas[61]

56 Die hier dargestellten Spreads basieren zwangsläufig auf einer vereinfachten Einsatzlogik. Im Rahmen einer realen **Einsatzplanung** können und werden auch komplexere Ansätze gewählt, die sich mit Teillastverhalten der Anlagen, vermiedenen Netzentgelten und sog. Rampen für An- und Abfahrvorgänge befassen. Des Weiteren wird bei einer Teilnahme an Regelenergiemärkten auch rechnerisch überprüft, inwiefern sich Mehrerlöse ergäben, wenn die Anlage anstatt (oder auch) an der **Regelenergiebereitstellung** teilnähme.

III. Allgemeingültigkeit des Kohlevorrangs auf allen relevanten Märkten

57 Der eben dargestellte Mechanismus greift unabhängig von dem Markt, auf dem die Anlage sich bewegt. Da die technischen Anforderungen sich je nach Markt unterscheiden, gibt es aber erhebliche Differenzen bei der Frage, welche Kraftwerke überhaupt als **Grenzkraftwerk** in Frage kommen. Hierbei sind folgende Märkte zu unterscheiden:

58 – Den **Stromverkauf** über **Großhandelsmärkte** bildet die erste Kategorie. Für diese treffen in vollem Umfang die dargestellten Mechanismen[62] zu, die im Ergebnis zu einer geringen Auslastung von Gaskraftwerken führen. Dabei ist zu beachten, dass die Großhandelsmärkte nicht unbedingt nur an der **Börse** zu verorten sind. Auch im **OTC-Handel** greifen die beschriebenen Mechanismen.

---

61 Eigene Daten/Berechnungen.
62 Vgl. Rn 46 ff.

C. Ökonomischer Effekt der Kosten- und Technologiedifferenzen

- Des Weiteren spielt die **(Eigen-)Versorgung** von **Industriestandorten** oder **großen gewerblichen Verbrauchern** eine wesentliche Rolle für den Stromabsatz aus dem deutschen Kraftwerkspark. Diese Situation ist besonders dann anzutreffen, wenn ein Industriebetrieb den Energiefremdbezug substituieren kann. Zum großen Teil auch historisch bedingt, existiert in Deutschland eine Vielzahl von sog. **Industriekraftwerken**, die zum Teil in Industrieprozessen anfallende Reststoffe als Brennstoffe, Haupt- oder Ersatzbrennstoffe einsetzen. Erzeugungsanlagen, die der Industrieversorgung zuzuordnen sind, unterliegen zwar der gleichen Einsatzlogik, setzen jedoch für den erzielbaren Strompreis – neben dem reinen Großhandelspreis – noch weitere Kostenkomponenten einer Fremdbelieferung über das Netz der allgemeinen Versorgung an, da hier noch weitere, zum Teil kompliziertere Befreiungen von Strompreiskomponenten zum Tragen kommen. Der so bestimmte Strompreis wird auch als **anlegbarer Strompreis** einer Strom(eigen)erzeugung bezeichnet. 59

- Als dritte Möglichkeit, Strom zu veräußern, ist das **EEG** zu nennen, welches dem Anlagenbetreiber eine Vergütung zuspricht, die über einen Wälzungsmechanismus durch den Anschlussnetzbetreiber ausgezahlt wird. Mit der Vermarktung von Erzeugungsanlagen über das EEG existieren zwei grundsätzliche **Vermarktungsoptionen**: zum einen über **fixe Vergütungen** und zum anderen über die **Direktvermarktung**. Da die Vermarktung über die Fixvergütung durch den Gesetzgeber zunehmend auf Anlagen mit geringen elektrischen Leistungen beschränkt wird, erlangt die Direktvermarktung wachsende Bedeutung. Der Vermarkter erhält bei der Direktvermarktung Erlöse aus dem Stromverkauf und aus der Marktprämie. Da sich die Höhe der **Marktprämie** an den fixen Vergütungssätzen orientiert, sind die finanziellen Risiken aus der Stromvermarktung verhältnismäßig gering. Insofern höhere Erlöse als an der Strombörse erzielt werden können, sind Zusatzerlöse möglich. 60

- Als letzter und auch kleinster Markt sind die **Ausschreibungen** für **Regelenergie** durch den deutschen Netzregelverbund zu nennen. Hierbei handelt es sich um die Regelenergie, die zur Stabilisierung des deutschen Stromnetzes benötigt wird. 61

- Die Regelenergievermarktung als Teil der Netz-Systemdienstleistung stellt einen Ausschreibungsmarkt für Kraftwerkskapazitäten dar. Diese **Ausschreibungen** haben die Besonderheit, dass sie als einzige Marktform bereits das zur Verfügung stellen von **Kraftwerkskapazität** honoriert. Hierbei stellt ein Regelenergiekraftwerk dem Übertragungsnetzbetreiber (ÜNB) Kraftwerksleistung zur Verfügung, über die dieser im Falle eines Bedarfs an Regelenergie (der Bedarf richtet sich nach der kurzfristigen Leistungsbilanz der ÜNB, die sich aus Angebot und Nachfrage in quasi-Echtzeit ergibt) sehr kurzfristig verfügen kann. **Regelenergieanbieter** erzielen Erlöse aus der Leistungsvorhaltung und im Falle des Abrufs der Leistung eine Vergütung in Form eines Arbeitspreises (Ausnahme Primärenergieleistung). Die Höhe der Preise richtet sich nach dem **Pay-as-bid-Verfahren**, 62

d. h. dem Regelenergieanbieter werden die Preise entrichtet, welche dieser in der Ausschreibung geboten hat. Kraftwerksvermarkter haben die Möglichkeit positive (d. h. Erhöhung der Einspeiseleistung) und negative Regelenergie (Einsenkung der Einspeiseleistung) in drei verschiedenen Regelenergieausschreibungen anzubieten.

63 – Insofern die Kraftwerke an Wärmeverbraucher angeschlossen werden können, steht die Möglichkeit frei, am **Nah- bzw. Fernwärmemarkt** teilzunehmen. Wärme wird häufig als Nebenprodukt angesehen und kann ebenfalls den Wärmebedarf von Industrieunternehmen oder an Wärmenetze angeschlossenen Gewerbebetrieben sowie Haushaltskunden decken. Die Teilnahme an diesen adressierbaren Märkten ist nicht ausschließend, d. h. ein Erzeuger kann zeitgleich an mehreren Märkten bieten und Erlöse erzielen.

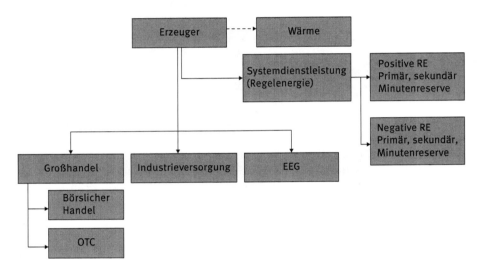

Abb. 3: Darstellung der verschiedenen Märkte und Abnehmer[63]

64 Für **Kraftwerksbetreiber**, die in das **Netz der allgemeinen Versorgung** unterhalb der Höchstspannungsebene einspeisen, sind neben den Erlösen aus Stromverkäufen weiter Zahlungsflüsse aus **vermiedenen Netzentgelten** erzielbar. Diese stehen dem Anlagenbetreiber aufgrund der Logik der Netzentgeltkalkulation i. S. d. Netzentgeltverordnungen[64] zu. Sinngemäß erhält der Anlagenbetreiber von seinem Anschlussnetzbetreiber die Erlöse für die vermiedenen Netzentgelte, die der Netzbetreiber an

---

[63] Eigene Darstellung.
[64] StromNEV und GasNEV: Gasnetzentgeltverordnung v. 25.7.2005 (BGBl. I S. 2197), zuletzt geändert durch Verordnung v. 14.8.2013 (BGBl. I S. 3250).

die nächsthöhere Spannungsebene zwischen Einspeise- und Entnahmestelle einspart. Die Höhe richtet sich dann nach dem jeweiligen Arbeits- und Leistungspreis der nächsthöheren Spannungsebene des Netzbetreibers und der Entlastungswirkung des jeweiligen Kraftwerks.

D. Fazit und Ausblick

Im Ergebnis lässt sich also festhalten: Derzeit wird der größte Teil der Stromerzeugung von schwer steuerbaren Kraftwerken erbracht. Dies beruht erstens auf dem gesetzlichen **Einspeisevorrang** der Erneuerbaren Energien. Zweitens auf den geringeren **Grenzkosten** der Braun- und Steinkohleverstromung gegenüber den Grenzkosten von Erdgas betriebenen Kraftwerken. Da stets das zu den höchsten Kosten produzierende, von der Stromnachfrage noch nachgefragte Kraftwerk den Preis für alle Stromerzeuger festsetzt, bedeutet das heute oft: Erdgaskraftwerke sind nur selten preisbildend. 65

Dies vorausgeschickt, erscheint die **Strompreisentwicklung** der letzten Jahre logisch. Denn wenn meistens die günstig produzierenden Braun- und Steinkohlekraftwerke preisbildend werden, ist der Strompreis günstig. Gleichzeitig treibt dies die **EEG-Umlage** hoch. Denn diese muss ja die Differenz zwischen der Garantievergütung für diese Anlagen und dem (Braunkohle/Steinkohle basierten) Strompreis abdecken. Hieraus wiederum wird deutlich: Anders als manche meinen, wäre für Endverbraucher ohne die Förderung der EE-Anlagen Strom nicht exakt um die EEG-Umlage billiger. Vielmehr existiert eine Wechselwirkung: Das EEG hat einen strompreisdämpfenden Effekt. 66

Doch neben diesem direkten Effekt der Erzeugungsstrukturen auf die Strompreise führen die dargestellten Wechselbeziehungen zu einem weiteren letztlich auch preisrelevanten Punkt. Denn wenn Erdgas betriebene Anlagen sich meist nicht rechnen, bleiben Investitionen aus. Wie oben dargestellt,[65] sind **Erdgaskraftwerke** aber unbedingt erforderlich, um schnell **Schwankungen** in der Stromproduktion auszugleichen, die sich aus der fluktuierenden Einspeisung durch Photovoltaik und Windkraftanlagen ergeben. Hier wirft der Ausbau der Erneuerbaren Energien die Frage auf, wie dieser Bedarf an Erdgas betriebenen Zusatzkapazitäten trotz der dargestellten Marktgegebenheiten befriedigt werden kann. Diskutiert wird der **Aufbau** eines **Kapazitätsmarktes**, der – in Anknüpfung an die bestehenden **Regelenergieausschreibungen** – einen auskömmlichen Kraftwerksbetrieb auch ohne hinreichende Finanzierung aus dem Stromverkauf ermöglicht. Doch sofern, wie es gegenwärtig diskutiert wird, die Bereitstellung dieser Zusatzkraftwerke gerade im Süden 67

---

[65] Vgl. Rn 18 f.

des Landes über einen weiteren Umlagemechanismus finanziert würde, würde der Strompreis wohl nur indirekt beeinflusst.

68 Doch ist eine solche Maßnahme nicht das einzige Instrument, das gegenwärtig diskutiert wird, um Unvollkommenheiten der **Erzeugungsstruktur** auszugleichen. Generell ist absehbar, dass ein Bedarf an neuen Kraftwerken besteht, der künftig voraussichtlich weiter steigen wird. Ursache hierfür ist einerseits der Atomausstieg, andererseits der Umstand, dass zumindest ein Teil der rund 125 Kraftwerke mit mehr als 300 MW Erzeugungsleistung den Anforderungen des 2013 grundlegend novellierten Immissionsschutzrechts vorhersehbar nicht mehr lange entsprechen wird.[66]

69 Erforderlich sind also **Investitionen** in neue **Kraftwerke**, da trotz aller Bemühungen um Erhöhung der Effizienz, der Strombedarf der Bundesrepublik absehbar nicht signifikant sinken wird.[67]

70 Doch die Voraussetzungen für den **Zubau** neuer **Kraftwerke** sind derzeit nicht nur wegen der niedrigen Strompreise ungünstig. Zum einen fehlt es den Kraftwerksbetreibern an langfristiger Sicherheit über die Rahmenbedingungen (wie etwa den Emissionshandel und die künftige Ausgestaltung der Strommärkte), weil weder die oft kommunalen Gremien, noch die finanzierenden Banken die Wirtschaftlichkeitsplanungen so als ausreichend ansehen. Zum anderen scheitern **Kraftwerksprojekte** aber auch an der fehlenden **Akzeptanz** der **Öffentlichkeit**, die fossile Kraftwerke zunehmend skeptisch betrachtet und auch gerichtlich zu Fall zu bringen versucht.[68]

71 Lösungen für dieses Dilemma werden viel diskutiert. Es ist aber derzeit nicht absehbar, ob die diskutierten Modelle – wie direkte Beihilfen – in den nächsten Jahren realisiert werden.

72 Noch unklarer als die Frage, ob und welche Maßnahmen künftig ergriffen werden, ist die Folgefrage, wie sich dies auf die Preise für Strom auswirken wird. Sachlogisch kann jede erfolgreiche Maßnahme eigentlich nur zu einer Stärkung der Preise führen, da ohne einen wirtschaftlichen Anreiz der erhoffte Ausbau ausbleiben muss. Doch die Vielzahl der Unbekannten – von der weiteren Ausgestaltung des EEG bis zur Frage, ob ein Kapazitätsmarkt errichtet wird, der unabhängig vom Stromverkauf Anlagen in die Wirtschaftlichkeit führt – macht zum gegenwärtigen Zeitpunkt jede Prognose über die nächsten zehn Jahre Strompreisentwicklung zur reinen Spekulation.

---

66 Vgl. Verordnung über Großfeuerungs-, Gasturbinen- und Verbrennungsmotoranlagen vom 2.5.2013 (BGBl. I S. 1021, 1023, 3754).
67 AG Energiebilanzen, Auswertungstabellen zur Energiebilanz Deutschland 1990–2013, abrufbar unter http://www.ag-energiebilanzen.de/10-0-Auswertungstabellen.html.
68 Vgl. etwa die Klageverfahren gegen die Neubauten Datteln, OVG Nordrhein-Westfalen, Urt. v. 12.6.2012 – 8 D 38/08.AK – ZNER 2012, 526 ff. und OVG Nordrhein-Westfalen, Urt. 3.9.2009 – 10 D 121/07. NE – ZNER 2009, 284 ff. = DVBl. 2009, 1385 ff., GKM Block 9, VGH Baden-Württemberg, Urt. 20.7.2011 – 10 S 2102/09 – ZUR 2011, 600 ff. und Trianel, Lünen OVG Nordrhein-Westfalen, Urt. 1.12.2011 – 8 D 58/08.AK – GeWA 2012, 175 ff.

Kapitel 4
Ein- und Verkauf

A. Strom- und Gasgroßhandel

I. Überblick

So unterschiedlich die Commodities Strom und Gas sind – Strom wird vorrangig verbrauchsnah in ganz Europa erzeugt, Gas hingegen wird nur in wenigen Ländern (außerhalb Europas, z. B. Norwegen, Russland, Algerien) gefördert und ist speicherbar –, so unterschiedlich sind z. T. auch (noch) die Großhandelsmärkte für Strom und Gas. Beiden gemeinsam ist aber, dass der Handel immer mehr an die Börse verlagert wird und die Preise (jedenfalls) im Großhandel sinken.[1]

Ausgangspunkt der Betrachtung ist die **Liberalisierung** im Jahre 1998: Auf dem Strommarkt hat der Stromhandel als Folge der Liberalisierung stetig an Bedeutung gewonnen. Vor der Liberalisierung herrschte noch keine direkte Konkurrenz zwischen verschiedenen Anbietern[2] mit der Folge, dass der Strompreis nach Maßgabe von Durchschnittskosten gebildet wurde.[3] Mit der Liberalisierung und der Öffnung der Märkte drangen mehr Akteure auf den Markt,[4] die Voraussetzungen für die Bildung eines Handelsmarktes für Strom waren geschaffen.[5] Der Preis wurde nun durch Angebot und Nachfrage bestimmt; die Preise sanken zunächst bis 2002 deutlich, um danach kontinuierlich zu steigen.[6] Grund hierfür ist vor allem die Zusammensetzung der einzelnen Preiskomponenten: Nicht nur die erhöhten Brennstoffeinsatzkosten, steigende staatliche Abgaben und Umlagen, die Einführung von staatlich regulierten Entgelten wie Netznutzungsentgelten, der Atomausstieg, die gestrichene Zuteilung kostenloser Emissionsberechtigungen für die Stromerzeugung beeinflussen den Preis, sondern vor allem auch die Förderung der Erneuerbaren Energien.[7] Hinzu kommt, dass der **Stromhandel** maßgeblich an der **Börse** (sowohl am Spot- als auch am Terminmarkt) stattfindet; hier wird letztlich der Beschaffungspreis für Strom

---

[1] Energieriesen droht der Blackout, Handelsblatt v. 20.6.2014, S. 16.
[2] Folge war, dass die Kunden letztlich nur zwischen der Eigenerzeugung des Stroms und dem Bezug von einem Versorgungsunternehmen wählen konnten.
[3] *Schiffer*, Jahrbuch 2014, S. 389.
[4] In Deutschland gibt es (Stand 2013) ca. 1.150 Stromversorgungsunternehmen, ca. 940 Stromnetzbetreiber, ca. 300 Stromerzeuger und ca. 125 Stromhändler, vgl. http://www.strompreisvergleich.info/unternehmen-am-deutschen-energiemarkt.php.
[5] Zenke/Schäfer/*Ritzau/Schuffelen*, Energiehandel in Europa, S. 81.
[6] BVMW, Marktinformation, abrufbar unter: http://www.bvmw.de/landesverband-niedersachsen-bremen/geschaeftsstellen/lueneburg-uelzen/bvmw-energieforum/marktinformationen.html.
[7] *Gould*, E&M powernews, 6.6.2014.

festgelegt.[8] Gleichzeitig nehmen die nicht-steuerbaren Leistungen zu und damit der Bedarf an flexibel einsetzbaren Regel- und Reserveleistungen. Dies wird sicherlich auch Auswirkungen auf den Stromgroßhandel und die Großhandelspreise haben: Der Handel wird sich immer mehr auf den kurzfristigen Handel konzentrieren – **Day-ahead-** und insbesondere **Intraday-Handel**[9] –, um kurzfristig Schwankungen auszugleichen und damit Ausgleichsenergiekosten zu reduzieren.

3 Gleiches dürfte für den **Gasmarkt** gelten: Die Liberalisierung des europäischen Energiemarktes hatte zunächst keine spürbaren Auswirkungen auf den Gasmarkt. Anders als im Strombereich gab es kaum neue Wettbewerber, keine Preisdifferenz, nur geringe Handelsaktivitäten; noch immer kamen langfristige Lieferverträge zum Einsatz.[10] Erst ab etwa 2006 zeigten sich Änderungen: So wurden im Jahre 2006 vom BKartA alle **langfristigen Lieferverträge** zur Endkundenversorgung für rechtswidrig erklärt,[11] in dessen Folge die Lieferverträge neu verhandelt werden mussten. Die Einführung des Entry-Exit-Modells,[12] also die Einspeisung des Erdgases über sog. Entry-Punkte (an den Staatsgrenzen oder im Inland in Form von Erdgasspeichern) in den virtuellen Handelspunkt (VHP) und Entnahme des benötigten und gebuchten Gases an den sog. Exit-Punkten, vereinfachte den Gastransport (zumindest) innerhalb eines Marktgebietes und verstärkte den Wettbewerb. Die Anzahl der Marktgebiete[13] in Deutschland verringerte sich kontinuierlich bis heute auf zwei und damit gibt es weniger kostenpflichtige Überschreitungen von Marktgebietsgrenzen. Seit 2007 kann Gas – neben Strom – an der European Energy Exchange (EEX) in Leipzig (am Spot- und Terminmarkt) gehandelt werden. Daneben wird Gas weiterhin außerbörslich im OTC-Geschäft an den virtuellen Handelspunkten der Marktgebiete gehandelt; auch dies wird für die Ermittlung der Marktpreise herangezogen.[14] Der Gashandel an der

---

8 FAZ, Nr. 116 v. 22.5.2013, S. 12.
9 Vgl. hierzu ausführlich *Croonen* im Interview mit *Krägenow*, E&M powernews, 8.1.2014; *Krägenow*, E&M powernews, 16.1.2014.
10 Zenke/Schäfer/*Lintzel/Diem*, Energiehandel, S. 325.
11 BKartA, Beschl. v. 13.1.2008 – B 8 – 113/03-1 – abrufbar unter: http://www.bundeskartellamt.de/SharedDocs/Entscheidung/DE/Entscheidungen/Kartellverbot/2006/B8-113-03-1.html.
12 Das Entry-Exit-Modell, auch Zweivertragsmodell, ist ein Abrechnungssystem zur Vergütung von Transportkapazitäten. Anders als bisher entfällt dabei die Buchung von Leitungskapazitäten entlang eines fiktiven physischen Transportpfades; vielmehr genügt die Buchung ausreichender Kapazität am jeweiligen Einspeise- und Ausspeisepunkt.
13 Im Jahr 2006 waren es noch über 40 Marktgebiete (26 für H-Gas und 15 für L-Gas), vgl. Monopolkommission, Sondergutachten 59, S. 104.
14 *Schiffer*, Jahrbuch, S. 380.

Börse wächst seitdem stetig[15], immer mehr Akteure drängen auf den Gasmarkt.[16] Gleichzeitig ist die Erdgasförderung in Deutschland rückläufig[17] und die Förderung aus unkonventionellen Erdgasquellen, z. B. Erdgasförderung aus Ton- und Schieferformation, sog. Fracking, gewinnt zumindest (bislang) außerhalb Deutschlands zunehmend an Bedeutung. All dies hat dazu geführt, dass der Gasmarkt deutlich liquider, transparenter und wettbewerbsorientierter geworden ist. Dies spiegelt sich letztlich auch (künftig) verstärkt im Preis wider.

II. Darstellung der Märkte

1. Überblick

Die Geschäfte an den Energiemärkten lassen sich unterschiedlich kategorisieren. Kriterien können der Handelsort, der Markt, die Erfüllung oder der Erfüllungsort sein. Das Handelsgut ist ein weiteres Differenzierungsmerkmal, also ob nun Strom, Gas, Öl, Verschmutzungsrechte, Fisch, Schweinehälften, Soja, Korn, Kohle, Frachtraten oder Wetterderivate gehandelt werden sollen. Bei physisch erfüllten Produkten wird überdies hinsichtlich des Erfüllungsortes unterschieden, wo also Strom geliefert oder wo die Kohle angelandet werden soll.

4

Der **Großhandelsmarkt** für Strom bzw. Gas findet sowohl direkt an der Börse als auch im außerbörslichen OTC-Markt statt. Hierbei lassen sich die Produkte in Produkte mit physischer Erfüllung (tatsächliche Energielieferung) und in rein finanziell zu erfüllende Produkte (sog. Derivate) einteilen. Als Unterscheidungskriterium wird der Markt genannt.[18] Die Produkte können am Terminmarkt (d. h. die Erfüllung eines Geschäfts zu einem späteren Zeitpunkt, z. B. Wochen-, Monats-, Quartals- und Jahresprodukte) und kurzfristig – zumeist zur Optimierung des Portfolios – am Spotmarkt bzw. Kassamarkt (d. h. Lieferung, Abnahme und Bezahlung innerhalb eines kurzen Zeitraums, in der Regel zwei Tage) erworben werden. Vereinfacht dargestellt ergibt sich folgendes Bild:

5

---

15 Vgl. hierzu EEX, Unternehmensbroschüre, S. 24, abrufbar unter: http://www.eex.com/blob/68252/6b8bc5d9bf880fdf24579696335946fe/d-eex-unternehmen-februar-2014-pdf-data.pdf.
16 In Deutschland gibt es (Stand 2013) ca. 880 Lieferanten, 6 Erdgasfördergesellschaften, ca. 730 Gasnetzbetreiber, 24 Gasspeichergesellschaften und ca. 65 Gashändler, vgl. http://www.strompreisvergleich.info/unternehmen-am-deutschen-energiemarkt.php.
17 LBEG, Erdöl und Erdgas, S. 36 ff.
18 Vgl. Horstmann/Cislarczyk/*Niedrig*, Energiehandel, Rn 57.

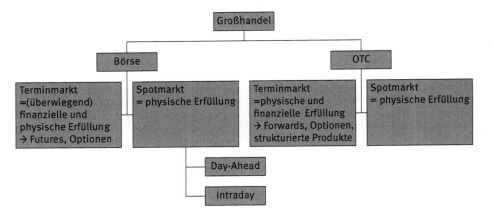

Abb. 1: Überblick der Produkte

6 Der **Spotmarkt** an der EEX bzw. an der EPEX Spot SE wird nochmals hinsichtlich der Preisfeststellung unterteilt. So spricht man von einem Auktionsmarkt, wenn der Preis bzw. die Preise im Wege einer (einmaligen) Auktion ermittelt wird bzw. werden. Kontinuierlicher Handel liegt hingegen vor, wenn es während der Handelszeit immer dann zu einer Preisfeststellung kommt, wenn zwei Aufträge ausführungsfähig gegenüberstehen. Der Day-ahead-Markt für Strom der EPEX Spot SE ist ein Auktionsmarkt, wohingegen beispielsweise der Intraday-Markt im Wege des fortlaufenden Handels betrieben wird.[19]

2. Physische und finanzielle Erfüllung

7 Bei der **Energiebeschaffung** steht für Unternehmen der Energiewirtschaft sowie für eine Vielzahl von Industrieunternehmen (derzeit noch) die physische Bedarfsdeckung mit Strom und Gas im Vordergrund.

8 Hierzu wird Strom an zugeordneten Einspeisestellen (Beschaffung) bzw. zugeordneten Entnahmestellen (Abgabe) in einem Bilanzkreis auf der Grundlage von Fahrplänen und Gas am jeweiligen Einspeise- bzw. Ausspeisepunkt auf Basis von Nominierungen geliefert.

9 Zusätzlich existieren für den Gashandel physische und **virtuelle Handelspunkte** (sog. Hubs); dies sind Knotenpunkte, an dem mehrere Pipelines miteinander verbunden sind. Während die physischen Handelspunkte den Gashandel ortsgebunden auf der Ferngasebene und damit entkoppelt vom Gasabsatzmarkt der angrenzenden Marktgebiete ermöglichen, decken die virtuellen Handelspunkte zusätzlich

---

[19] Vgl. EPEX Spot SE, Handelsbedingungen, Article 1.5.1., 5/11/2012, abrufbar unter http://www.epex-spot.com/en/extras/download-center.

das gesamte Marktgebiet sowohl horizontal (von Marktgebietsgrenze bis zur Marktgebietsgrenze) als auch vertikal (vom Importeur bis zum Endkunden) ab und gewährleisten damit eine freie Zuordnung von Ein- und Ausspeisekapazitäten innerhalb eines Marktgebietes.[20]

Wird keine physische Erfüllung verlangt, erfolgt eine finanzielle Erfüllung. In einem solchen Fall wird die Energielieferung durch Barausgleich (Ausgleichszahlung) ersetzt; dieser richtet sich nach dem jeweiligen **Referenzpreis** am Spotmarkt, d. h. wenn der Referenzpreis höher als der im Termingeschäft ausgehandelte ist, erhält der Käufer einen Ausgleich; ist er niedriger, muss er einen Ausgleich leisten. Im Regelfall ist der Terminhandel an der Börse auf eine finanzielle Erfüllung gerichtet; hingegen wird im Spothandel ausnahmslos physisch erfüllt.

10

Hinweis
Nach dem Kreditwesengesetz (KWG) sind **Warenderivate** aufsichtspflichtige Finanzinstrumente. Warenderivate in diesem Sinne sind Termingeschäfte auf Energie (z. B. Strom, Gas, Öl, Kohle), die nicht nur eine in die Zukunft hinausgeschobene Erfüllung haben, sondern zusätzlich finanziell erfüllbar sind, d. h. das abgeschlossene Geschäft sieht bereits vor, dass eine der beiden Parteien nach freier Wahl die Lieferung durch eine finanzielle Differenzzahlung ersetzen, oder über eine Börse oder eine Multilaterale Handelsplattform (MTF) gehandelt werden kann. Mit Inkrafttreten der überarbeiteten Markets in Financial Instruments Directive (**MiFID II**) gilt ein Termingeschäft auf Waren auch dann als Finanzinstrument, wenn es über eine sog. Organisierte Handelsplattform (OTF) geschlossen wird. Von den Derivaten werden dann nur noch solche Geschäfte nicht erfasst, die als Strom- bzw. Gasgeschäfte im Sinne der Regulation on wholesale Energy Market Integrity and Transparency (**REMIT**) gelten, über ein OTF gehandelt werden und physisch erfüllt werden müssen.

3. Der Spotmarkt

Der Spotmarkt dient der kurzfristigen **Optimierung der Portfolien**, um z. B. kurzfristig auf abweichende Verbrauchsverhalten, Wetterbedingungen usw. zu reagieren, um Lieferengpässe oder ein Überangebot zu vermeiden oder Abweichungen von Verbrauchsprognosen und zu erfüllenden Vertragsvolumina aus Termingeschäften auszugleichen, also letztlich dem **Glattstellen** des **Beschaffungs- und Absatzportfolios**. Die Spotprodukte werden fast ausschließlich physisch erfüllt und der überwiegende Anteil wird börslich gehandelt.[21] Am **Day-ahead-Markt** werden Produkte mit physischer Erfüllung am Folgetag gehandelt. Hier sind Einzelstunden als Handelseinheit bekannt, wobei Einzelstunden überwiegend an Börsen gehandelt werden.[22] Am

11

---

20 Vgl. hierzu ausführlich Zenke/Schäfer/*Däuper/Beidatsch*, Energiehandel, S. 50 f.
21 Vgl. *Wilcox/Binns*, World Power Report, S. 22, 24.
22 Vgl. Arthur Andersen, Energiehandel, S. 12.

Intraday-Markt werden Einzelstunden bis zu 45 Minuten vor physischer Erfüllung gehandelt. Neu sind 15-Minuten-Kontrakte eingeführt worden.[23]

12 Der Spotmarkt fungiert zudem als Referenzmarkt zur physischen Erfüllung zunächst nur finanziell abgeschlossener Geschäfte.

a) Der Spotmarkt für Strom der EPEX Spot SE

13 Der Spotmarkt für Strom weist eine der höchsten Volatilitäten auf. Dies liegt vor allem daran, dass Strom – anders als beispielsweise Gas – nicht speicherbar ist und sich daher jede Veränderung der Abnahme oder Produktionssituation unmittelbar im Marktpreis widerspiegelt.

14 Der Spotmarkt für Strom für Deutschland wird – gemeinsam für die Spotmärkte in Österreich, Frankreich und Schweiz – von der EPEX SPOT SE betrieben, eine Kooperation zwischen der EEX und der französischen Powernext SA. Bei Stromprodukten werden die Produkte mit Ausnahme der Einzelstunden und 15-Minuten-Kontrakten jeweils nochmals hinsichtlich ihres Lasttyps unterschieden. Die Unterscheidung hinsichtlich des **Lasttyps** ist in erster Linie Ergebnis des Stromverbrauchs und der bestehenden Kraftwerkslandschaft.[24] Verbrauchsbedingt ist die Unterscheidung in **Grund- und Spitzenlast**, weil am Tag innerhalb der Woche mehr verbraucht wird als während der Nachtstunden. Ebenso trägt diese Unterteilung dem technischen Umstand Rechnung, dass Kraftwerke, insbesondere größere, wirtschaftlich nur unterbrechungsfrei für mehrere Stunden auf einer Leistungsstufe betrieben werden können.[25] Da die verbrauchsorientierte Lastkurve aber auf Einzelstundenebene teilweise von den Standardprodukten erheblich abweicht, erfolgt die Anpassung über Einzelstunden als kleinste Handelseinheit:

- Im **Day-ahead-Markt**[26] werden Stundenauktionen – das ganze Jahr an 365 Tagen – durchgeführt, in denen die 24 Stunden des folgenden Tages handelbar sind. Das Mindestvolumen der Kontrakte beträgt dabei 0,1 MW.
- Der **Intraday-Markt**[27] umfasst Stromgeschäfte, die noch am laufenden Tag erfüllt werden. Der Handel ist jeden Tag und rund um die Uhr möglich. Das Geschäft muss spätestens 45 Minuten vor Lieferbeginn abgeschlossen sein. Gehandelt wird mit Blöcken zu ganzen oder Viertelstunden.

---

23 Vgl. EPEX Spot SE; Handelsbedingungen, abrufbar unter http://www.epexspot.com/en/extras/download-center.
24 Vgl. Haubrich/*Krasenbrink*, Energieversorgung, S. 94, 95.
25 Vgl. VDEW, Versorgungswirtschaft, S. 50.
26 Vgl. hierzu http://www.epexspot.com/de/produkte/auktionshandel/deutschland-oesterreich.
27 Vgl. hierzu http://www.epexspot.com/de/produkte/intraday-handel/deutschland.

Hinweis
Der **Intraday-Markt**, der das Kaufen und Verkaufen von Strom kurz vor dem Liefertermin ermöglicht, gewinnt mehr und mehr an Bedeutung. Denn oftmals kann erst kurz vor Lieferbeginn aufgrund aktueller Informationen über den tatsächlichen Verbrauch, Wetterbedingungen, ggf. ungeplanter Kraftwerksausfälle adäquat reagiert werden, um Positionen zu optimieren, um z.B. Bilanzabweichungen im Bilanzkreis so gering wie möglich zu halten.

Hingegen wird z.B. die Regelenergie auf Viertelstunden-Ebene abgerechnet, so dass aufgrund des Handelsproduktes Einzelstunden eine Restgröße verbleibt, die nicht im freien Markt ge- oder verkauft werden kann. Diese Lücke wird durch die **15-Minuten-Kontrakte** geschlossen und dieses Produkt steht im Wettbewerb zu Viertelstunden-Liefermengen als Fahrplangeschäft im OTC-Markt. Diese dienen der weiteren Verringerung des Regelenergiebedarfs. Bezogen auf das Handelsvolumen kommt den Viertelstunden-Produkten bisher aber nur eine untergeordnete Bedeutung zu.[28] Der Standard-Bilanzkreisvertrag gemäß Beschluss vom 29.6.2011 der BNetzA verlangt aber eine viertelstundenscharfe, ausgeglichene Bilanz, die ohne einen entsprechenden Handel nicht erreicht werden kann.[29] Insofern ist die Teilnahme am Viertelstunden-Handel zur Sicherstellung der Prognosepflicht nahezu zwingend erforderlich.

Tipp
Jeder Marktakteur sollte daher prüfen, wie er selbst oder über einen Dienstleister an diesem arbeitsintensiven Markt aktiv werden kann.

aa) Einbettung des physischen Handels in die Netztopographie
Um die Funktionsweise der **Spotbörse** besser zu verstehen, ist es hilfreich, die Börse zunächst in das gesamte Abwicklungsprocedere einzuordnen. Hierzu soll der Zusammenhang zwischen Handelsebene und Netzbetrieb an nachfolgendem Bild erläutert werden:[30]

---

[28] Vgl. BNetzA, Beschl. v. 25.10.2012 – BK6-12-024 – abrufbar unter http://www.bundesnetzagentur.de/cln_1432/DE/Service-Funktionen/Beschlusskammern/1BK-Geschaeftszeichen-Datenbank/BK6-GZ/2012/BK6-12-001bis100/BK6-12-024/BK6-12-024_Beschluss_2012_10_25_BF.html.
[29] Vgl. BNetzA, Beschl. v. 29.6.2011 – BK6-06-013, abrufbar unter http://www.transnetbw.de/downloads/strommarkt/bilanzkreismanagement/bk6-06-013-beschluss-2011-06-29.pdf.
[30] Vgl. hierzu auch Schwintowski/*Pilgram*, Energiehandel, S. 351, 378 ff.

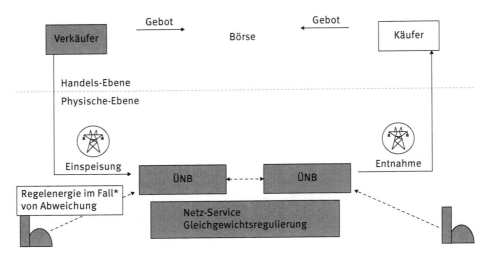

Abb. 2: Handelsbeziehung und physikalischer Ausgleich

17 Käufer und Verkäufer platzieren jeweils ihre Gebote an der Börse, die wiederum die Preise für die jeweiligen Einzelstunden ermittelt und jedem Handelsteilnehmer einzeln das jeweilige Geschäft bestätigt. Dabei kommt jeweils ein getrennter Vertrag zwischen Käufer und dem Börsenträger einerseits und Verkäufer und Börsenträger andererseits zustande. Da die Börse nicht nur die Preisfeststellung, sondern auch die finanzielle Abwicklung übernimmt, transferiert die Börse das Geld vom Käufer zum Verkäufer auf der Grundlage der getätigten Geschäfte, unabhängig von der tatsächlichen Lieferung. Damit ist das Handelsgeschäft abgeschlossen. Aus diesem resultiert die Pflicht des Verkäufers, zu einem bestimmten Zeitpunkt die veräußerte Menge Strom in das Netz einzuspeisen, in das er angeschlossen ist, und die korrespondierende Pflicht des Käufers, den Strom aus dem Netz zu nehmen, aus dem er angeschlossen ist. Man erkennt die einem normalen Kaufvertrag innewohnenden Abnahme- und Lieferverpflichtungen, wobei die Lieferung und Abnahme nicht unmittelbar, sondern über Mittler, die Netzbetreiber, erfolgt. Die Geschäfte gelten als erfüllt, wenn die dem Handel folgenden Fahrpläne jeweils mit den entsprechenden Mengenangaben rechtzeitig beim Übertragungsnetzbetreiber eingegangen sind. Die Rechtzeitigkeit ergibt sich dabei aus der Anforderung des Übertragungsnetzbetreibers, der die Fahrpläne für den Folgetag in der Regel bis 14.30 Uhr haben will.

18 Kommt es beispielsweise zu einer Leistungsstörung auf der Verkäuferseite, weil dieser nicht in der Lage ist, den Strom, den er an der Börse verkauft hat, auch einzuspeisen, registriert der entsprechende Netzbetreiber dieses Defizit und gleicht die Differenzmenge durch Ausgleichsenergie aus. Die Verantwortung für die Übernahme der Ausgleichsenergie wird durch den Bilanzkreisvertrag festgelegt, der die Nutzung

von Bilanzkreisen bzw. Unterbilanzkreisen regelt.[31] Da der Handel letztlich nur auf Bilanzkreisebene erfolgt, sind Netzanschluss- und Netznutzungsverträge entbehrlich, wodurch auch reine Stromhändler an dem physischen Handel teilnehmen können.

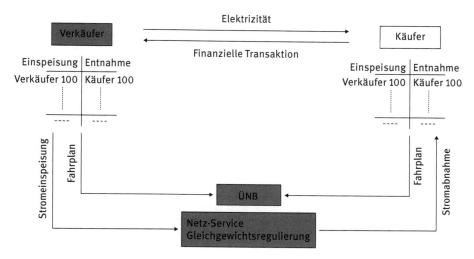

Abb. 3: Fahrplanbeziehungen

Das informative Bindeglied zwischen der Handelsebene und der physikalischen Ebene sind die **Fahrpläne**. Mit den Fahrplänen werden in einem standardisierten Verfahren die Informationen über die Austauschbeziehungen zwischen den einzelnen Bilanzkreisen dem jeweiligen Übertragungsnetzbetreiber mitgeteilt, d. h. welche Menge in einer bestimmten Viertelstunde eingespeist und an welchen Bilanzkreis diese Menge geliefert werden soll. Ein **korrespondierender Fahrplan** kommt vom Beziehenden. Beide Fahrpläne werden vom Übertragungsnetzbetreiber abgeglichen und stellen die Grundlage für die Abrechnung der Ausgleichsenergie dar. Der Börsenträger tritt also als normaler Bilanzkreisverantwortlicher auf, mit der Ausnahme, dass bei abweichenden Fahrplänen dem Börsenfahrplan der Vorzug gegeben wird, da der Träger der Börse per Definition und in Folge des Preissetzungsmechanismus auf der Einspeise- und Entnahmeseite identische Mengen hat.

bb) Die Preisermittlung

Die **Preisermittlung** am **Spotmarkt** erfolgt auf der Basis der eingehenden Gebote der Marktakteure und erfolgt im Wege einer zweiseitigen Auktion. Die Börse erhält von den Börsenteilnehmern und den anerkannten Brokern Excel-ähnliche Tabellen,

---

[31] Vgl. VDE/*Albers/Hoffmann/Roeßgen*, Fachtagungsbericht, S. 309, 311.

bei denen in der ersten Spalte die Stunden aufgeführt sind. In der ersten Zeile sind die Preisschritte mit den Preisgrenzen -1000 und +3000 abgetragen. Diese technischen Preisgrenzen werden von der Börse vorgegeben und jeder Teilnehmer, der an der Auktion teilnehmen möchte, muss eine Information darüber abgeben, welche Mengen bei diesen Preisen von ihm ge- oder verkauft werden sollen.[32] Es sind somit auch negative Preise möglich, jedoch ist zur Vereinfachung im nachfolgenden Beispiel darauf verzichtet worden. In der beigefügten Abbildung 4 sind beispielsweise die Stunden 1 bis 4 abgetragen:

Preis in €/MWh

Stunde	0	6,9	7	16,9	17	17,1	17,2	149,9	150	3000
1	200,0	200,0	100,0	100,0	0,0	-75,0	-75,0	-75,0	-275,0	-275,0
2	154,9	154,9	42,6	42,6	6,3	6,3	0,0	0,0	-20,0	-20,0
3	-57,0	-57,0	-100,0	-100,0	-100,0	-175,0	-175,0	-175,0	-325,0	-325,0
4	200,0									200,0

Lieferstunde / Volumina in MWh

Abb. 4: Beispiel eines Gebots

21 In dieser Tabelle möchte der Teilnehmer für die 1. Stunde bei einem Preis von 0,00 € 200 MWh Strom kaufen. Bei einem Börsenpreis von 6,90 € möchte er auch 200 MWh kaufen und bei einem Börsenpreis von 7,00 € möchte er nur noch 100 MWh kaufen, wobei negative Vorzeichen Verkaufspositionen bezeichnen. Hinter dieser Preis-Volumensänderung kann folgende Überlegung stecken: Der Teilnehmer hat einen Gesamtbedarf in dieser Stunde von 200 MWh und verfügt über eine Bezugsalternative in Höhe von 100 MWh zu einem Grenzkostensatz von 7,00 €, beispielsweise durch ein eigenes Kraftwerk. Steigt der Börsenpreis auf ein Niveau oberhalb von 7,00 €, ist es für den Teilnehmer wirtschaftlicher, zunächst sein eigenes Kraftwerk in dieser Stunde zur Lastabdeckung zu nutzen und lediglich die Restmenge über die Börse zu beziehen.[33] In der Stunde 4 bestimmt der Teilnehmer, dass er immer den Bedarf von 200 MWh über die Börse beziehen möchte, weil er über keine anderen Bezugsalternativen verfügt. Man erkennt bereits aus diesem Gebotstypus, dass es sich hier nicht um Handel im klassischen Sinne, also um das Ausnutzen von Preisbewegung und Zeitverlauf handelt, sondern dass hier die Beschaffungsoptimierung im Vordergrund steht. Es werden lediglich die unterschiedlichen Beschaffungsalternativen in der Reihenfolge ihrer Bezugskosten genutzt, wobei die Börse eine Alternative darstellt.

---

32 Vgl. EEX, Börsenhandel, Release 01C, S. 17.
33 Vgl. auch *Kremp/Rosen*, Kommunalwirtschaft 01/2002, 21, 22.

22 Ab einem bestimmten Zeitpunkt nimmt die Börse keine neuen oder Änderungen bestehender Gebote mehr an. Derzeit ist dieser Zeitpunkt auf 12.00 Uhr festgelegt.[34] Nach Zugang der Gebote interpretiert die Börse diese Tabellen. Aus der diskreten Preis-Mengenkombination werden nun im Wege der linearen Interpolation stetige Kurven gebildet. Möchte der Teilnehmer bei einem Wert von 0,00 € und von 6,90 € 200 MWh beziehen, so erkennt die Börse daraus, dass der Teilnehmer auch 200 MWh bei allen Preisen zwischen 0,00 € und 6,90 € beziehen will. Als Ergebnis erhält man graphisch gesehen eine individuelle **Nachfrage-** und eine individuelle **Angebotskurve**. Da die Börse von allen Teilnehmern unterschiedliche Gebote für eine Stunde erhält, summiert die Börse die einzelnen individuellen Gebotskurven je Stunde, um im nächsten Schritt zu einer aggregierten Nachfrage und aggregierten Angebotskurve zu gelangen. Diese aggregierte Nachfragekurve zeichnet sich dadurch aus, dass mit Zunahme des Preises die Nachfrage abnimmt. Die Angebotskurve verläuft umgekehrt. Der Schnittpunkt der aggregierten Nachfragekurve mit der aggregierten Angebotskurve bestimmt den markträumenden **Gleichgewichtspreis**, den sog. **Market-Clearing-Price**.[35] Bei diesem Preis sind alle Anbieter bereit, die ermittelte Menge anzubieten und alle Nachfrager sind bereit, diese Menge nachzufragen, d. h. der Börsenmarkt ist in dieser Stunde geräumt.[36]

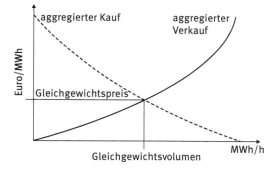

Abb. 5: Preisermittlung im Auktionsmarkt

23 Das Ergebnis ist der **Gleichgewichtspreis** für diese Stunde. Dieser ermittelte Gleichgewichtspreis wird nun in die individuellen Gebote eingesetzt und es wird so ermittelt, welche Menge der Teilnehmer gehandelt hat. Dieses Prozedere findet für alle 24 Stunden des Folgetages einzeln statt. Da innerhalb der Auktion auch Blöcke, also die Zusammenfassung mehrerer Stunden, gehandelt werden, werden auch **Blockpreise**

---

34 Vgl. EEX, Börsenhandel, Release 01C, S. 17.
35 Vgl. EEX, Börsenhandel, Release 01C, S. 26.
36 Vgl. Bartsch/Röhling/Salje/Scholz/*Machate*, Stromwirtschaft, S. 447, 451.

ermittelt, wobei der jeweilige Blockpreis das arithmetische Mittel der Einzelstundenpreise ist.

24   Die EPEX Spot SE ermittelt aus den Einzelpreisen tägliche Indizes als Referenzwerte. Diese Indizes heißen Physical Electricity Index, kurz Phelix. Die EPEX Spot SE berechnet den Phelix Base und den Phelix Peak. Der Phelix Base bzw. der Index für die Grundlast ist das arithmetische Mittel aller 24 Preise und beschreibt damit den Tagesdurchschnittspreis. Der Phelix Peak ist das arithmetische Mittel aller 12 Tagesstunden; der Stunden 9 bis 20 und gibt damit einen Durchschnittspreis für den Tagesstrom wieder. Diese Indizes sind auch die Grundlage für den EEX-Terminmarkt.

b) Spotmarkt für Gas

25   Für Gas existiert ein eigener Spotmarkt, auf dem seit 2011 rund um die Uhr gehandelt werden kann. Der Handel erfolgt für den laufenden Tag, die kommenden beiden Tage und das kommende Wochenende. Mit dem Spotmarkt Gas wird neben den beiden deutschen Marktgebieten GASPOOL und NCG auch das Marktgebiet der Niederlande TTF (Title Transfer Facility) abgedeckt.[37]

26   Am Spotmarkt für Gas werden Blockkontrakte für Tagesgrundlast und Wochenendgrundlast gehandelt; diese können jeweils zwei Tage gehandelt werden, also day ahead und einen Tag zuvor.

27   Zusätzlich gibt es den Within-day-Handel, der dem Intraday-Handel im Strom entspricht und Kontrakte über die verbleibenden Lieferstunden des aktuellen Handelstages mit einer Vorlaufzeit von drei Stunden zur kurzfristigen Optimierung des Handelsportfolios ermöglicht. Der Handel erfolgt im Wege des fortlaufenden Handels analog zum Handel mit EU-Allowances.[38]

c) Außerbörsliche Spotmarktprodukte

28   Anders als der börsliche Handel ermöglicht der außerbörsliche Handel, also der **OTC-Handel** („over the counter", eng. für „über den Tresen"), das individuelle Aushandeln der Produkte zwischen Käufer und Verkäufer, u. a. zu Lieferzeitpunkt, Lieferort, Lieferzeitraum, Menge, Preis. Der Handel erfolgt also rein bilateral auf Basis von entsprechenden Rahmenverträgen, in der Regel im „Telefonhandel" bzw. rein elektronisch, zum Teil auch anonymisiert über Brokerplattformen (z. B. ICAP).

29   Der Spotmarkt im OTC-Handel ist ebenso auf Transaktionen zur kurzfristigen Erfüllung gerichtet, wobei sich die Käufer und Verkäufer bilateral auf den Preis sowie die sonstigen Vertragsbedingungen einigen.

---

37 Vgl. hierzu EEX, Unternehmensbroschüre, S. 25 ff., abrufbar unter: http://www.eex.com/blob/68252/6b8bc5d9bf880fdf24579696335946fe/d-eex-unternehmen-februar-2014-pdf-data.pdf.
38 Vgl. EEX, Produktbroschüre Erdgas, Release 001d, S. 17.

4. Der Terminmarkt

Der Terminmarkt ist dadurch gekennzeichnet, dass Produkte für die nächsten Wochen, Monate, Quartale und Jahre gehandelt werden, d. h. hier werden langfristige Geschäfte geschlossen, bei denen bereits die Bedingungen der Lieferung vereinbart werden (u. a. Menge, Preis), die eigentliche Erfüllung (physisch oder finanziell) aber zu einem späteren Zeitpunkt – auf „Termin" – erfolgt. Der Terminmarkthandel dient nicht nur der Absicherung gegen fallende oder steigende Preise, sondern wird vielfach auch zur Ausnutzung von Arbitrage-Effekten sowie zur Spekulation genutzt.

> **Begriff „Arbitrage"**
> Als Arbitrage wird das risikolose Ausnutzen von Preisunterschieden von gleichen Waren an unterschiedlichen Märkten bezeichnet.

Durch die finanzielle Erfüllung der Kontrakte wird die Abnahme- und Lieferverpflichtung durch die Verpflichtung ersetzt, einen entsprechenden Ausgleich in Geld zu leisten bzw. zu empfangen (Barausgleich). Beim Kauf eines Futures oder auch beim Verkauf eines Futures ist allerdings nicht sofort der gesamte Kontraktwert fällig, sondern der Börsenteilnehmer hat zunächst eine Grundsicherheit zu hinterlegen, die sog. **Initial Margin**. Anschließend wird an jedem Handelstag die Differenz zwischen Ausgabekurs und dem täglichen Kurs des Futures finanziell ausgeglichen, sog. **Variation Margin**.

> **Begriff „Futures-Kontrakt"**
> Der **Future** ist ein standardisiertes, in der Regel börslich gehandeltes Termingeschäft, bei dem in der Regel ein finanzieller Ausgleich (Cash Settlement) geleistet wird, dessen Höhe die Differenz zum Preis des Underlyings während der Lieferperiode ist. Ein Futures-Kontrakt bezeichnet die vertragliche Verpflichtung, eine festgelegte Menge Strom zu einem zuvor fest definierten Preis in einer fest definierten zukünftigen Lieferperiode zu beziehen bzw. zu liefern.

> **Tipp**
> Da die Phelix-Futures ausschließlich finanziell erfüllt werden, ist zusätzlich für eine physische Absicherung ein Engagement am Auktionsmarkt erforderlich, ein/e entsprechende/r Bezug/Lieferung über die tägliche Spotbörse.

a) Der Terminmarkt für Strom an der EEX

Am Stromterminmarkt der EEX werden derzeitig finanzielle Futures mit dem Phelix als Underlying, finanzielle Futures mit der Preisnotierung der EPEX Spot SE für das

Marktgebiet Frankreich als Underlying, physische Futures[39] für die Grundlastlieferung Strom für Belgien und die Grund- und Spitzenlastlieferung für die Niederlande sowie finanzielle Optionen mit dem Phelix Futures als Underlying gehandelt,[40] wobei die EEX Phelix Futures das volumenstärkste Produkt darstellen.

33   Die Börse bietet Futures-Kontrakte sowohl für Grund- als auch für Spitzenlast an. Jeweils handelbar sind die nächsten vier Wochen, der laufende Monat, die nächsten neun Monate, die nächsten elf Quartale und die nächsten sechs Jahre. Damit sind Strompreisabsicherungen mit einem zeitlichen Vorlauf von maximal sechs Jahren möglich, wobei die nächsten drei Jahre zu den gängigen Absicherungszeiträumen gehören.[41]

34   Die EEX-Phelix-Futures-Kontrakte[42] umfassen ein fest definiertes Liefervolumen, das sich aus dem Produkt aus der Lieferrate (1 MW), dem Lasttypus und der Anzahl der jeweiligen Liefertage ergibt. So hat ein Monatskontrakt Baseload mit 30 Liefertagen ein Kontraktvolumen von 720 MWh und kann zur Preisabsicherung einer Stromlieferung von 1 MW konstanter Leistung im gesamten Monat genutzt werden.[43]

35   Seit November 2004 bietet die EEX daneben europäische Optionen auf den Phelix Futures an, mit denen sich Käufer und Verkäufer gegen steigende oder fallende Preise absichern können. Hierbei bietet die EEX Kaufoptionen (**Calls**) und Verkaufsoptionen (**Puts**) für die nächsten fünf Liefermonate, sechs Lieferquartale sowie die jeweils nächsten 3 oder 4 Lieferjahre des Basiswertes an. Für jedes Lieferjahr des Basiswertes sind bis zu vier Kontrakte mit unterschiedlichen Verfallterminen verfügbar, die jeweils am Ende eines Quartals im vorangehenden Jahr liegen.

Begriff „Option"
Optionen sind Kaufoptionen (**Calls**) oder Verkaufsoptionen (**Puts**), bei denen dem Käufer das Recht, nicht aber die Pflicht, eingeräumt wird, zu einem bestimmten Ausübungszeitpunkt eine bestimmte Menge eines Gutes (Basiswert, Underlying) zu einem zuvor festgelegten Ausübungspreis zu kaufen oder zu verkaufen. Der Verkäufer der Option als sog. Stillhalter erhält den Kaufpreis der Option als Optionsprämie und ist im Falle der Ausübung der Option verpflichtet, den Basiswert zum Ausübungspreis zu kaufen bzw. zu verkaufen.

---

39 Die EEX hatte 2005 neben den finanziellen Futures auch physische Strom-Futures (German Physical Futures) eingesetzt, diese aber mangels Liquidität im Sommer 2012 wieder eingestellt.
40 Vgl. zu den an der EEX gehandelten Produkten: EEX, Kontraktspezifikation, Version 0039a, abrufbar unter http://www.eex.com/blob/70312/a6db9012f43c265c05275c1bdaf9504b/20140501-eex-kontraktspezifikationen-0039a-d-final-pdf-data.pdf.
41 Zum Handel angebotene Fälligkeiten umfassen Day-, Weekend-, Week-, Month-, Quarter- und Year-Futures.
42 Vgl. hierzu sowie zu Beispielen Schwintowski/*Pilgram*, Energiehandel, S. 351, 378 ff.
43 Vgl. EEX, Produktbroschüre Strom, Release 03A, S. 6, abrubar unter http://cdn.eex.com/document/113163/Konzept%20Strom%20Release%2003A_deutsch.pdf.

Optionen sind Handelsinstrumente, bei denen der Käufer einer Option ein Recht zugestanden bekommt, wohingegen der Verkäufer von dem Wahlrecht des Käufers abhängig ist und deshalb auch als Stillhalter bezeichnet wird. Für die Überlassung des Ausübungsrechts bezahlt der Käufer den Preis der Option, die sog. **Optionsprämie**. 36

Die Ausübung bei Optionen auf Jahres-Futures ist auf den zweiten Donnerstag im Dezember festgelegt worden. Damit erwirbt der Optionskäufer das Recht, am Ausübungstag die Zuteilung des Underlyings zum festgelegten Ausübungspreis, dem **Strike Price**, verlangen zu können. Der Stillhalter ist vom Wahlrecht des Käufers abhängig und erhält hierfür die Optionsprämie. 37

Liegt bei einem Call der Marktpreis des Underlyings über dem Ausübungspreis, ist es für den Käufer – ungeachtet seiner physischen Positionen – wirtschaftlich sinnvoll, die Option auszuüben. Ihm wird dann das Underlying zum Ausübungspreis zugeteilt und er kann es sofort zum höheren Marktpreis veräußern und erzielt die Differenz zwischen Strike-Preis und Marktpreis des Underlyings als Erlös. Dabei erzielt der Teilnehmer erst einen Gewinn, wenn der Marktpreis des Underlying soweit über dem Ausübungspreis liegt, dass auch die bezahlte Optionsprämie abgedeckt ist und das Geschäft einen Totalgewinn erwirtschaftet. 38

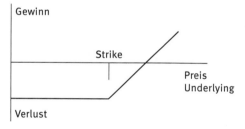

Abb. 6: Vorteilhaftigkeit beim Kauf eines Calls

Die French Financial Futures der EEX sind analog der Phelix Futures aufgesetzt, weisen nur eine deutlich geringere Liquidität auf. 39

Die EEX hatte mit der Ankündigung von physischen Futures mit Erfüllung in Frankreich auch die Erfüllung von Futures in den holländischen Markt angekündigt, dies aber wohl aufgrund der Übernahme des Clearings für Endex-Kontrakte nicht umgesetzt. 40

b) Der Terminhandel für Gas an der EEX

41 Der Gashandel an der EEX ist in den letzten Jahren deutlich gestiegen, so wurden im Jahr 2013 insgesamt mehr als 110 TWh an den EEX-Gasmärkten gehandelt.[44] Zur Weiterentwicklung der Gasmärkte ist die EEX im Jahr 2013 eine Kooperation mit der französischen Börse Powernext SA eingegangen, die seit dem 1.10.2013 als PEGAS eine Plattform (dem Trayport® Exchange Trading System^{SM} – ETS) zum Börsenhandel von Spread-Produkten zwischen niederländischen, französischen und deutschen Gasmärkten bieten.[45]

> **Begriff „Spread"**
> Ein **Spread** ist die Differenz zwischen zwei Kursen. Der Bid-ask-Spread ist dabei die Differenz zwischen dem besten Kauf- und Verkaufspreis einer Ware zu einem bestimmten Zeitpunkt.

> **Tipp**
> Soweit ein Spread zwischen verschiedenen Handelsplätzen besteht, hat ein Händler die Möglichkeit, durch den gleichzeitigen Kauf und Verkauf von Kontrakten für ein gleichzeitiges Underlying an den verschiedenen Märkten Arbitragegewinne zu erzielen.

42 Am Terminmarkt der EEX werden physische Future-Kontrakte für den Handel an den Virtuellen Handelspunkten in den Marktgebieten GASPOOL und NetConnect Germany (NCG) angeboten.

43 Beim börslichen Gashandel erfolgt daher – anders als im Stromhandel – regelmäßig eine tatsächliche Lieferung von Gas, d. h. der Verkäufer ist verpflichtet, das Gas im jeweiligen Marktgebiet zur Verfügung zu stellen, und der Käufer ist verpflichtet, das Gas abzunehmen.

> **Begriff „Physischer Future"**
> Bei einem **physischen Future** erfolgt die Erfüllung der Geschäfte durch physische Gaslieferung im jeweiligen Marktgebiet. Physische Futures unterscheiden sich während der Handelsperiode, also dem Zeitraum vor Eintritt der Lieferung, nicht von finanziellen Futures; bei beiden erfolgt ein tägliches mark to market zur täglichen Realisierung von Gewinnen und Verlusten. Bei physischen Futures wird zwei Tage vor Eintritt in die Lieferperiode der Schlussabrechnungspreis ermittelt.

---

44 EEX, Unternehmensbroschüre, S. 24, abrufbar unter http://www.eex.com/blob/68252/6b8bc5d9b-f880fdf24579696335946fe/d-eex-unternehmen-februar-2014-pdf-data.pdf.
45 Vgl. http://www.eex.com/de/about/newsroom/news-detail/pegas--qualitaetsspezifische-gasprodukte-erfolgreich-gestartet/61088.

c) Außerbörsliche Terminmarktprodukte

Außerbörslich werden überwiegend Forward-Kontrakte mit physischer Erfüllung in der Lieferperiode gehandelt. Grundlage für diese Geschäfte sind EFET-Verträge.⁴⁶

Begriff „Forward-Kontrakt"
Der **Forward** ist ein individuell ausgestaltetes, nicht börslich gehandeltes Termingeschäft, bei dem Käufer und Verkäufer u. a. den Preis des Handelsproduktes, die Liefermenge sowie den Fälligkeitszeitraum bzw. Lieferzeitraum miteinander vereinbaren und bei dem physische Erfüllung erfolgt.

B. Bedeutung von Erneuerbaren Energien

I. Vermarktung von EEG-Strom vor Einführung der Marktprämie

Mittlerweile stammt rund 25 % des in Deutschland produzierten Stroms aus Erneuerbaren Energien. Erneuerbaren Energien werden im Rahmen des Erneuerbare-Energien-Gesetz (EEG)⁴⁷ mittels fester Einspeisevergütung gefördert. Die Einspeisevergütungen liegen zum Teil deutlich über den aktuellen Marktpreisen und decken die gesamten Erzeugungskosten einschließlich einer Marge für den Investor ab.⁴⁸

Bei der klassischen Vermarktung im Rahmen des EEG nehmen die Verteilernetzbetreiber (VNB) den Strom auf und leiten ihn an die Übertragungsnetzbetreiber (ÜNB) weiter. Diese veräußern den gesamten so aufgenommenen Strom am Spot- und Intraday-Markt und erzielen dabei den Spotmarktwert. Die Differenz zwischen dem erzielten Spotmarktwert und den Auszahlungen für die festen Einspeisevergütungen erheben die Übertragungsnetzbetreiber im Wege der **EEG-Umlage** von den nicht privilegierten Endverbrauchern.

1. Physische Wälzung

Vor Einführung der Ausgleichsmechanismusverordnung (AusglMechV)⁴⁹ gab es die sog. physische Wälzung.⁵⁰ Die Verteilernetzbetreiber haben die unstrukturierten Mengen mengen- und strukturgleich an die ÜNB übergeben. Diese haben hieraus Monats-Base-Bänder geformt, indem sie Mindermengen beschafft und Mehrmengen veräußert haben. Diese Differenzmengen sind direkt oder indirekt über die Day-

---

46 Vgl. Bartsch/Röhling/Salje/Scholz/*Stuhlmacher/Stappert*, Stromwirtschaft, S. 1319, 1322.
47 Gesetz für den Ausbau erneuerbarer Energien (Erneuerbare-Energien-Gesetz – EEG 2014), v. 21.7.2014 (BGBl. I S. 1066), zuletzt geändert durch Gesetz v. 22.7.2014 (BGBl. I S. 1218).
48 Vgl. § 37 Abs. 2 EEG.
49 Vgl. Ausgleichsmechanismusverordnung (AusglMechV) v. 17.7.2009 (BGBl. I S. 2101), zuletzt geändert durch Gesetz v. 21.7.2014 (BGBl. I S. 1066).
50 Vgl. *Buchmüller/Schnutenhausen*, ET 11/2009, 75.

ahead-Märkte und Intraday-Märkte gehandelt worden, so dass die Volumina bereits preisstrukturbestimmend waren.

2. Vermarktung aufgrund der AusglMechV

48 Mit Abschaffung der physischen Wälzung, also der Weitergabe der EEG-Mengen im Wege eines Base-Bandes an die endkundenbeliefernden Bilanzkreise, erhöhte sich das durch die ÜNB gehandelte Volumen, da nicht nur Differenzen auf dem Markt gehandelt wurden, sondern die Gesamtmenge. Dies führte zu einem deutlichen Anstieg der Handelsmengen im Day-ahead-Markt der EPEX SPOT SE, jedoch nicht zur Erhöhung der Handelsvolumina an der im gleichen Marktgebiet handelnden EXAA. Aufgrund der AusglMechV sind die Übertragungsnetzbetreiber angehalten, den Strom im Wege einer Market Order am Day-ahead-Markt der EPEX SPOT SE im Marktgebiet Deutschland/Österreich zu veräußern. Damit sind die ÜNB quasi über Nacht zu den größten Akteuren am Spotmarkt geworden. Damit ist die ihnen zugedachte Rolle, der Betrieb der Übertragungsnetze und die Sicherstellung der Versorgungssicherheit, um die ihnen nicht zugedachte Rolle des Händlers erweitert worden.

3. Vermarktung von EEG-Strom im Wege der Marktprämie

49 Die Bedeutung der Vermarktung durch die Übertragungsnetzbetreiber hat mit der **optionalen Marktprämie** abgenommen und wird mit der Einführung der verpflichtenden Marktprämie noch weiter abnehmen. Mittlerweile sind mit Sommer 2014 nahezu die gesamte Windkraft, 50 % der Bioenergie sowie 30 % der Photovoltaik-Anlagen unter Ausnutzung der **Managementprämie** in der **Direktvermarktung**.[51] Damit wird lediglich der Rest durch die ÜNB vermarktet. Von der Einführung der optionalen Marktprämie versprachen sich die Initiatoren eine Integration der Erneuerbaren Energien in die wettbewerblichen Märkte. Zu prüfen ist, ob diese Zielsetzung erreicht wird.

50 Im Rahmen der Marktprämie erhält der Anlagenbetreiber den Marktwert gemäß Anlage 4 zum EEG 2012. Die Differenz zwischen technologiespezifischen Marktwert und individueller Einspeisevergütung erhält er weiterhin vom Verteilernetzbetreiber, so dass beide Zahlungen zusammengenommen genau der Einspeisevergütung entsprechen. Um den Anlagebetreiber zu dieser Vermarktungsform zu inzentivieren, führte der Gesetzgeber die **Managementprämie** ein, die 2015 bei 4,00 €/MWh liegt. Sind die Anlagen durch den Direktvermarkter fernsteuerbar, erhöht sich die Managementprämie um 1,50 € pro MWh. Für die ab 2015 voraussichtlich eingeführte verpflichtende **Direktvermarktung** gibt es keine Managementprämie und die **Fern-**

---

51 Vgl. http://www.netztransparenz.de/de/file/20140520_PGHoBA_EEG-Prognose_Juni_2014_Anlage5.pdf.

steuerbarkeit wird zur Voraussetzung für die Marktprämie gemacht. Ökonomisch bedeutet mithin die verpflichtende Direktvermarktung eine implizierte Kürzung der Einspeisevergütung um den Betrag, den der Direktvermarkter für seine Dienstleistung der Direktvermarktung erhält. Im Geschäft der Direktvermarkter ist es überwiegend so, dass der Direktvermarkter ein festes Dienstleistungsentgelt bekommt und den Marktwert garantiert. Zusätzlich stellt er eine Bankbürgschaft für drei Monate, denn dies ist der risikobehaftete Zeitraum, falls der Direktvermarkter nicht seinen finanziellen Verpflichtungen nachkommt. Dieser Zeitraum ist durch die unsinnige gesetzliche Reglung bestimmt, dass EEG-Anlagen immer nur für vier Wochen mit vierwöchigem Vorlauf in und aus der Direktvermarktung wechseln können. Völlig unverständlich in der Branche ist, warum bei der Einspeisung nicht die gesetzlichen Wechselfristen wie bei Abnahmestellen, nämlich zehn Werktage, gelten.

Der Marktwert ergibt sich aus der Anlage 4 zum Marktwert 2012 und ist beispielsweise bei stetigen Erneuerbarer Energien der Phelix Base der EPEX SPOT SE für das Marktgebiet Deutschland/Österreich. Zum einen wird hier per Gesetz ein Referenzwert festgelegt, der ökonomisch zur Folge hat, dass alle Mengen im Wege der Marktprämie nur am Referenzmarkt gehandelt werden, denn jede Abweichung hiervon bedeutet eine Spekulation, für die man die Direktvermarktung nicht benötigen würde. Die gesetzgeberische Fokussierung auf den Day-ahead-Markt der EPEX SPOT SE ist in zweifacher Hinsicht kritisch zu sehen. Zum einen wird hiermit per Gesetz eine Vermarktung der EEG-Mengen, die im Wege der Direktvermarktung vermarktet werden, faktisch auf den Day-ahead-Markt der EPEX SPOT SE begrenzt.[52] Beihilferechtlich stellt diese eine Verschärfung der Unterstützung der EPEX SPOT SE dar, denn durch die klare Referenzierung ist es keinem Marktteilnehmer ökonomisch zuzumuten, an einem anderen Markt der EPEX SPOT SE zu handeln. Systematisch werden damit alle anderen Marktplätze benachteiligt. Den benachteiligten Marktplätzen stünde es gut zu Gesicht, im Interesse des Wettbewerbs diesen Sachverhalt zu prüfen.

51

a) Day-ahead-Markt als Preisreferenz

Andererseits ist die Fokussierung auf den Day-ahead-Markt insbesondere für fluktuierende Einspeiser wenig zielführend. Es ist mittlerweile eine Binsenweisheit, dass die Prognose umso besser wird, je kürzer die Zeitspanne zwischen Prognose und zu prognostizierendem Zeitraum liegt. Insofern ist es fraglich, was den Gesetzgeber veranlasst haben mag, den **Day-ahead-Preis** als Referenzpreis zu wählen. Der Begründung ist zu entnehmen, dass man den Day-ahead-Preis gewählt habe, weil es beim Day-ahead-Markt einen eindeutigen Referenzpreis aufgrund des Auktionsmodells gebe.[53] Dieses Argument ist einschlägig. Andererseits sei der Auktionsmarkt gewählt

52

---

52 Vgl. *Hölder*, Energy 2.0 I/2013, 2.
53 Vgl. BT-Drucks. 16/8148 sowie BT-Drucks. 16/9477.

worden, weil er deutlich mehr Liquidität aufweise als der Intraday-Markt. Dieses Argument verkennt die Tatsache, dass die Entscheidung des Gesetzgebers signifikant die Liquidität der Märkte beeinflusst. Die Entscheidung, den Intraday-Markt als Referenzpreis zu nehmen, hätte die Liquidität dieses Marktes so nachhaltig gestärkt, als dass dieses Argument von selbst entkräftet worden wäre. Die Verringerung der Prognoseabweichung aufgrund des kürzeren Prognosezeitraumes hätte hingegen die Transaktionskosten der Direktvermarktung deutlich reduziert, so dass die im Gesetz genannten Gründe nicht Platz greifen.[54] Als Ergebnis ist festzuhalten, dass mittels der Direktvermarktung die gleichen Mengen und die gleiche Struktur am Day-ahead- und Intraday-Markt gehandelt werden, wie vor Einführung der Marktprämie. Lediglich die Akteursvielfalt hat bei der Vermarktung zugenommen. Diese, aus wettbewerblicher Sicht erfreuliche Entwicklung, steht andererseits das Auflösen des Vermarktungsportfolios als Nachteil gegenüber und es stellt sich die Frage, ob die Vorteile der Marktprämie überwiegen.

b) Auflösen des Vermarktungsportfolios

53 Wurde in der Vergangenheit das gesamte EEG-Portfolio durch die ÜNB vermarktet, verteilt es sich heute über die Vielzahl an Direktvermarkter und die ÜNB. Dabei ist die Verteilung keineswegs gleichmäßig, sondern wie auch aus den Direktvermarktungszahlen erkennbar, wird Wind fast ausschließlich und Photovoltaik lediglich zu 30 % von den Direktvermarktern vermarktet. Erneuerbare Energien werden je hälftig von den Direktvermarktern und ÜNB vermarktet, jedoch mit Zunahme zugunsten der Direktvermarkter und in Ermangelung eines wesentlichen Zubaus und damit zu Lasten der ÜNB.

54 Durch die Auflösung des Vermarktungsportfolios sinkt die **Prognosegüte** bei den ÜNB und die Strukturierungskosten, also die Differenz zwischen Marktwert und den tatsächlichen Erlösen, steigen bei den ÜNB gegenüber der Vermarktung aller EEG-Anlagen in der Vergangenheit. Grund hierfür ist, dass sich Abweichungen unterschiedlicher Technologien gegenseitig aufheben, so dass die Gesamtabweichung kleiner ist als die Summe der Einzelabweichung. Praktisch gesprochen führt eine positive Prognoseabweichung (es wird mehr produziert als prognostiziert) und eine negative Prognoseabweichung (es wird weniger produziert als prognostiziert) idealiter zu einem vollständigen Ausgleich, so dass es zu keiner Ausgleichsenergie-Inanspruchnahme, weder positiv noch negativ, kommt. Dieser Gedanke ist bereits aus der Portfoliotheorie von *Markowitz* bekannt. Das Gesamtrisiko zweier nicht oder negativer korrelierter Risiken ist geringer als die Summe der Einzelrisiken. Gleichsam verhält es sich mit den stetigen EEG-Erzeugern, denn deren Abweichungen sind völlig unabhängig von Wettereinflüssen, die einen Einfluss auf die Abweichungen weder bei Wind noch bei

---

54 Vgl. *Jäger*, Windprognosen.

Photovoltaik haben. Wird jetzt das gesamte EEG-Portfolio – wie oben dargestellt – zerrissen, wird der Ausgleichseffekt innerhalb eines Portfolios aufgehoben. Dieser Verlust des Portfolioeffektes könnte durch eine Verbesserung der Prognosegüte aufgefangen werden, denn es ist anzunehmen, dass privatwirtschaftlich und auf Gewinn orientierte Direktvermarkter alles unternehmen werden, die Prognosegüte zu ihrem Vorteil zu verbessern. Volkswirtschaftlich ist diese Entwicklung begrüßenswert, wenn die Verbesserung bei den Direktvermarktern nicht im gleichen Maße zu einer Verschlechterung bei den ÜNB führt. Langfristig dürfte dies zutreffen.

Geht man aber davon aus, dass sich Windkraftanlagen besser prognostizieren lassen als Photovoltaik-Anlagen und verbleiben bei den ÜNB die schlechter zu prognostizierenden Photovoltaik-Anlagen, ist in Bezug auf die Verteilungsfrage von den gesamten Vorteilen zu berücksichtigen, dass die Vorteile aus Prognoseverbesserung bei den privaten Direktvermarktern verbleiben, die Nachteile aus der Auslösung des Vermarktungsportfolios aber bei den ÜNB. Diese Entwicklung wird durch die verpflichtende **Direktvermarktung** weiter verstärkt, weil kleinere Photovoltaik-Anlagen unter 100 kW von der Direktvermarktung ganz ausgeschlossen sind. Bereits heute sind von 32.000 MW rund 15.000 MW Kleinanlagen kleiner 100 kW. Die ÜNB bleiben also „Resterampe" für Photovoltaik-Direktvermarktung und werden in Folge dessen die höchsten Strukturierungskosten aufweisen. Die in total zu erwartende Prognoseverbesserungen werden aber mit der Managementprämie erkauft. Die **Managementprämie** allein für Wind-Onshore dürfte sich 2015 auf mindestens 240 Mio. € belaufen. Zusammenfassend kann man sagen, dass mit Einführung der Marktprämie voraussichtlich die Prognosegüte, insbesondere von Windkraftanlagen steigen wird; gleichwohl andererseits Portfolioeffekte aufgrund der ungleichen Aufteilung der EEG-Menge verloren gehen. Hier kann erwartet werden, dass die Prognoseverbesserungen die Verluste auf fehlende Portfolioeffekte überwiegen dürften. Zu beachten ist aber, dass die EEG-umlagepflichtigen Endverbraucher die höheren Strukturierungskosten zu tragen haben, wohingegen die Vorteile der Prognoseverbesserung bei den Direktvermarktern verbleiben. Insgesamt ist die zu begrüßende Prognoseverbesserung mit der Managementprämie teuer erkauft worden. In Bezug auf den Anspruch einer besseren Integration der EEG-Anlagen in den Markt zu erwirken, versagt das **Marktprämienmodell** vollständig. Sowohl im alten Regime vor Einführung der Marktprämie wurde der gesamte Strom am Markt der EPEX Spot SE verkauft. Dies erfolgt auch weiterhin aufgrund der Referenzierung auf den Day-ahead-Preis. Eine Integration in Retailmärkte oder Terminmärkte erfolgt weiterhin nicht. Hier werden verschiedene „echte" Integrationsmodelle diskutiert, die sich ggf. besser in den Großhandelsmarkt und die Preisfindung einbetten lassen.[55]

---

[55] Vgl. hierzu ausführlich Clean Energy Sourcing AG, Kundenmarktmodell, abrubar unter http://www.clens.eu/newsroom/veroeffentlichungen/veroeffentlichungendetails/article/kundenmarktmodell-von-clean-energy-sourcing.

II. Negative Preise

1. Bedeutung der Fernsteuerbarkeit

56 Mit dem 1.1.2013 ist ein zusätzlicher **Fernsteuerungsbonus** eingeführt worden, der gerade im Wind-Bereich stark genutzt wurde. Der Anlagenbetreiber hat gemäß Managementprämienverordnung (MaPrV)[56] ein zusätzliches Entgelt in Höhe von 1,50 €/MWh bekommen, wenn er seine Anlage mit einer Technik ausgestattet hat, die die Anlage durch den Direktvermarkter fernsteuerbar macht. Mit der derzeit geplanten Novelle des EEG ist vorgesehen, die Fernsteuerbarkeit als Voraussetzung der **Direktvermarktung** zu machen, was letztendlich nur eine Reduktion der Einspeisevergütung bei der verpflichtenden Direktvermarktung in Höhe der Installationskosten bedeutet und bei der optionalen Marktprämie eine Reduktion der Managementprämie zur Folge hat, soweit die Anlagen nicht noch in 2014 nachgerüstet wurden.

57 Die Fernsteuerbarkeit ist aber aufgrund von zwei Aspekten kritisch zu sehen: Zum einen steht die Fernsteuerbarkeit durch den Direktvermarkter im Wettbewerb zur Abschaltung der Anlagen durch den Verteilernetzbetreiber. Die Anlagen der Direktvermarktung werden dann durch den Direktvermarkter abgeschaltet, wenn der Börsenpreis unter den Wert von – 70 €/MWh fällt. Negative Preise sind aber immer dann zu erwarten, wenn ein hohes Windaufkommen ist, was positiv korreliert mit der Häufigkeit der Abschaltung seitens der Verteilernetzbetreiber. Ökonomisch hat aber der Direktvermarkter ein Interesse, dass der VNB und nicht der Direktvermarkter die Anlage abregelt, weil die Abschaltung durch den VNB nahezu vollständig finanziell kompensiert wird. Für den Netzbetreiber kann es aber schwierig sein, zu beurteilen, welche Anlagen bereits abgeschaltet sind, so dass schalttechnisch eingerichtet wird, dass die Schaltung des VNB prioritär gegenüber der des Direktvermarkters ist. Teilweise erfolgt aus diesem Grund die **Fernsteuerbarkeit** gleich direkt über die **Schalteinrichtung** des Verteilernetzbetreibers. Die Abschaltung durch den Direktvermarkter bei – 70 €/MWh erfolgt, weil der Direktvermarkter durch die Abschaltung einen ökonomischen Vorteil zu erreichen versucht. Er schaltet ab, obwohl er die nicht produzierte Menge mit dem durchschnittlichen Marktwert vergüten muss. Er hofft also, dass sein individueller Marktwert mit Abschaltung höher ausfällt und der so erzielte Mehrerlös die Kompensationskosten an den Anlagenbetreiber überlagert. Da dieser Wert a priori nicht bekannt ist, wird er näherungsweise mit dem Wert der Marktprämie angesetzt.

58 Der Gesetzgeber hat sich von der Fernsteuerung eine Entlastung des EEG-Kontos versprochen, die größer ist als die Kosten für den Fernsteuerungsbonus. Man argumentiert, dass das EEG-Konto bei negativen Preisen besonders belastet wird, weil

---

[56] Vgl. Managementprämienverordnung (MaPrV) v. 2.11.2012 (BGBl. I S. 2278).

kein positiver Beitrag durch Erlöse vom Spotmarkt käme.[57] Die Abschaltung wird von den Direktvermarktern durchgeführt, wenn ihr individueller Marktwert gegenüber dem bundesweiten Marktwert verbessert wird. Die Direktvermarkter erzielen also zunächst einen individuellen Vorteil auf Kosten der Allgemeinheit, da die Marktprämie auf der Grundlage des bundesweiten Marktwertes bezahlt wird. Die individuelle Abschaltung hat aber auch einen Preiseffekt. Dadurch, dass die abgeschalteten Mengen nicht mehr am Day-ahead-Markt angeboten werden, wird das Stromangebot verringert und der Preisdruck nimmt ab. In Abhängigkeit von der Steigung der Nachfragekurve verändert sich ceteris paribus der Preis. Je steiler die Nachfragekurve ist, umso stärker steigt der Preis. Die Fernsteuerprämie ist dann sinnvoll, wenn die Gesamtkosten für die Fernsteuerbarkeit kleiner sind als die Marktwerterhöhung, es also insgesamt zu einem höheren Marktwert kommt als ohne Abschaltung.

Insgesamt ist aber zu beachten, dass die negativen Preise seltener werden und geringer im Ausschlag sind, was letztendlich sicherlich auch auf die Fernsteuerbarkeit zurückzuführen ist. 59

2. Bedeutung von Flexibilitäten

Wenn also die **Fernsteuerung** die Ausschläge der **negativen Preise** begrenzt und teilweise sogar die negativen Preise ganz verhindert, steht diese in Spannungsverhältnis zur Überlegung, Flexibilitäten werthaltiger zu machen. 60

Flexibilitäten in der Stromproduktion werden mit Zunahme der fluktuierenden Einspeiser Wind und Photovoltaik immer wichtiger, um auf Produktionsschwankungen, genauer gesagt, bei Rückgang der Produktion zur Aufrechterhaltung der Versorgungssicherheit reagieren zu können. Ganz häufig werden in diesem Zusammenhang Gaskraftwerke als flexible Lieferanten genannt, aber derzeit würde die Wertigkeit der Flexibilität nicht hinreichend entlohnt. In diesem Zusammenhang wird die Einführung der dynamischen EEG-Umlage vorgeschlagen.[58] Diese besagt, dass in Zeiten hoher Spotpreise eine hohe EEG-Umlage bezahlt wird; in Zeiten niedriger Preise erfolgt nur eine geringe und gar keine Umlagen-Zahlung. Mit diesem Instrument wird die Schwankungsbreite der Spotpreise mittels eines Hebels weiter verstärkt und soll eine Dynamisierung der Nachfrage in Abhängigkeit der Spotpreise bewirken. Man will damit das Potenzial der Nachfrageverschiebung mobilisieren und einen Anreiz schaffen, die Nachfrage stärker am Spotpreis auszurichten. Dieses Modell stößt auf vier wesentliche Kritikpunkte: 61

---

57 Vgl. Agora, Negative Strompreise, abrufbar unter http://www.agora-energiewende.de/themen/strommarkt-versorgungssicherheit/detailansicht/article/negative-strompreise-werden-haeufiger/.
58 Vgl. Agora, Der Spotmarktpreis als Index für eine dynamische EEG-Umlage, http://www.agora-energiewende.de/fileadmin/downloads/publikationen/Studien/Dynamische-EEG_Umlage/Agora_RAP_Spotmarktpreis_als_Index_fuer_dyn_EEG-Umlage_web.pdf.

a) Abrechnung und Nachholeffekte

62 Es ist für die EEG-Umlagen berechnenden ÜNB eine sehr aufwendige Abrechnung, die EEG-Umlage in Abhängigkeit von Strom-Spotpreisen zu berechnen. Gleichwohl erscheint die Abrechnungsform darstellbar.

63 Die umzulegenden EEG-Kosten werden a priori geschätzt und dann mittels Zuschlagsfaktoren auf die Stundenpreise am Spotmarkt verteilt. Wenn das Steuerungsinstrument greift, ist der Stromverbrauch in Stunden mit niedrigem Preis höher (von den Preiseffekten der erhöhten Nachfrage wird an dieser Stelle abstrahiert) als in der Ursprungsverteilungsfunktion. Infolge dessen ist am Ende des Jahres das Mittelaufkommen geringer als angenommen, weil mehr Stromverbräuche bei niedrigen Preisen mit niedriger EEG-Umlage zu verzeichnen waren als vorher. Dieses auflaufende Defizit muss dann wieder in das neue Jahr fortgeschrieben werden. Zusätzlich ist anzumerken, dass dieses Steuerungsinstrument nur auf EEG-umlagepflichtige Endverbraucher, mithin nicht auf stromintensive Unternehmen wirkt.

b) Mangelnde Sensibilität der Nachfrage

64 Die dynamische EEG-Umlage führt zu einer Verstärkung der Wirkung von Preisunterschieden einzelner Stundenpreise. Sie soll Anreize schaffen, die Nachfrage zu dynamisieren und in Zeiten hoher Stromproduktion aus Wind und Photovoltaik und damit in Zeiten niedriger Strompreise zu verlagern. Bereits in der Vergangenheit gab es bei Kunden mit registrierender Leistungsmessung, also bei jenen Kunden, wo ermittelt wird, wann sie ihren Strom verbrauchen, Tarife, die unterschiedliche Preise für preisintensivere Stunden (Hochtarif) und Preise für Verbräuche in Niedrigpreisphasen kannten. Diese Tarife spiegeln die Preisstrukturen der Großhandelsmärkte mit Base- und Peak-Preisen wider. Die Verteilung innerhalb der Preiszonen war dagegen unerheblich. Bereits diese Grobeinteilung hat nicht zu einer Umverteilung der Stromnachfrage geführt. Man könnte nunmehr argumentieren, die Anreize hätten nicht ausgereicht, um Umverlagerungen zu erreichen. Es ist aber bei der Belieferung von RLM-Kunden überwiegend so, dass die Vertragspreise auf der Grundlage historischer Verbrauchsverhaltens kalkuliert und dann vertraglich ganz überwiegend ohne Unterscheidung in Hoch- und Niedrigpreis für die Vertragslaufzeit fixiert werden. Soweit Tranchenmodelle zum Einsatz kommen, spielen Terminpreise eine preisbestimmende Rolle, jedoch nur in Ausnahmefällen Spotpreise oder Spotpreisstrukturen. Dies hat zur Folge, dass die gesamte Spotpreisverteilung für das Verbrauchsverhalten der Industriekunden unerheblich ist. Selbst der Versorger ist von der Spotpreisverteilung nur geringfügig betroffen, weil er über den Spotmarkt nur seine offenen Restmengen, in der Regel preis- oder volumenneutral gehedgt, beschafft und insofern von der Preisverteilungskurve nur dann betroffen ist, wenn sie sich gegenüber dem Zeitpunkt der Kalkulation verändert.

65 Wird jetzt die EEG-Umlage gegenüber dem Versorger in Abhängigkeit vom Spotpreis erhoben, führt die Abkehr vom Mengenbezug hin zu einem Preisbezug für den

Versorger zu Risiken oder Chancen. Bleibt also der Versorger bei seinem derzeitigen Preismodell und gibt Endkundenpreise unabhängig von der Spotpreisentwicklung vor, trägt er das Risiko bzw. Chance, durch den von ihm gewählten Umlageschlüssel auf den Endkunden von der Differenz zwischen der Preisbestimmung der EEG-Umlage seitens des ÜNB und seiner Berechnung absatzseitig zu profitieren. Er könnte bspw. weiterhin eine mengenbasierte Umlage verlangen, die einen höheren Betrag generiert als die spotpreisbasierte Berechnung. Gleichsam kann hier auch ein Risiko entstehen. Wenngleich die Erhebung der EEG-Umlage kundenseitig auch auf der Basis der Spotpreise risikoneutral ist, dürfte es unwahrscheinlich sein, dass sich diese Erhebungsform durchsetzen dürfte, da der Kunde aus oben genannten Gründen gar keinen Bezug zu Spotpreisen hat und diese Berechnungen für befremdlich und wenig nachvollziehbar hält. Entscheidend ist aber, dass die vermeintliche Steuerungswirkung auch in diesem Fall auf die EEG-Umlage beschränkt bliebe, da der eigentliche Strompreis von der Spotpreisstruktur unabhängig ist bzw. nur mit erheblichem Zeitverzug zur Geltung kommt. Viel wahrscheinlicher ist, dass die Versorger eine von der Spotpreisstruktur unabhängige Erhebungsform gegenüber dem Kunden wählen. Damit wäre die EEG-Umlage Gegenstand wettbewerblicher Preisfindung, weil jeder Versorger sein eigenes Modell wählen könnte. Diese Entwicklung ist aus wettbewerblichen Gesichtspunkten sehr positiv. Festzuhalten bleibt aber, dass die beabsichtigte Steuerungswirkung dabei verpuffen würde.

c) Ausgleichseffekte

Ein weiteres Argument ist die Ausgleichswirkung. Greift das Steuerungsinstrument, wird die Nachfrageverlagerung in billige Stunden einen Preisauftrieb in diesen Stunden und gleichzeitig eine Preisreduktion in den teuren Stunden hervorrufen, so dass am Ende alle Stundenpreise identisch wären. Diese modelltheoretische Betrachtung zeigt aber, dass dieses Modell langfristig dazu führen würde, die Preise auszugleichen, womit die Werthaltigkeit von Flexibilitäten aber sinken würde. Gleichwohl haben alle Instrumente, die auf Preisstrukturen aufbauen, das Problem, dass sie zum Abbau von Preisdifferenzen beitragen und modelltheoretisch zur Beseitigung der Preisdifferenzen führen, weshalb ihre Funktionsweise endlich ist.

Dieses Schicksal erleiden aber alle Anreizsysteme, die Preisdifferenzen ausnutzen. Auch Pumpspeicherkraftwerke oder Photovoltaik-Anlagen mit Ost-West Ausrichtung nutzen die systematischen Preisunterschiede aus und profitieren solange davon, wie diese Preisunterschiede existieren. Je mehr diese Anreize ausnutzen, umso geringer fallen die Preisunterschiede aus. Ein typisches Windhund-Phänomen.

Die Fernsteuerung kennt dieses Phänomen nicht, da es auch nicht die Ausnutzung von Preisunterschieden fördert. Gleichwohl kommt der **Fernsteuerbarkeit** eine zentrale Rolle zu, denn es verhindert allgemein formuliert **negative Preise**. Die negativen Preise entstehen, weil offensichtlich Erzeugungsanlagen im Markt sind, die nicht bei 0,00 € abschalten. Gäbe es nur fluktuierende Einspeiser, würden diese genauso viel produzieren wie nachgefragt würde. Die zuletzt angebotene Kilowattstunde hätte den Preis von 0, aber niemals negativ, weil keine zusätzliche Nachfrage besteht und der Anlagenbetreiber keine Veranlassung hätte, seine Ware „mit Mitgift" abzugeben. Für ihn ist also die Abschaltung bei 0,00 € wirtschaftlich. Existieren also negative Preise, muss es Marktakteure geben, für die die Abschaltung teurer ist als die Zuzahlung. Diese Anbieter haben folglich nicht die technische Flexibilität, den Preisen vollständig zu folgen, sondern müssen über längere Zeiträume unterbrechungsfrei produzieren. Das Abschalten, wenn technisch möglich, ist also deutlich teurer als die Zuzahlung. Die negativen Preise sind also Inflexibilitätsprämien, die die Kraftwerksbetreiber mit inflexiblen Erzeugungsformen bezahlen müssen. Die Vermeidung von negativen Preisen kommt also insbesondere Kraftwerken zugute, die inflexible Kapazitäten haben, dies dürften ganz überwiegend große Braun-, Steinkohle- und Atomkraftwerke sein. Aber auch wärmegeführte KWK-Anlagen gehören dazu.

69   Die Verringerungen von negativen Preisen führen aber auch zu einer Begrenzung des Preisverfalls. Dadurch, dass weniger negative Preise in den Durchschnittpreis einfließen, sinkt der Börsenpreis langsamer. Dies geht zu Lasten der stromintensiven Industrie, weil deren Strompreis ohne EEG-Umlage nur vom Großhandelspreis abhängig ist. Es verringert aber insgesamt den Druck auf konventionelle Kraftwerksbetreiber, weil die Wirtschaftlichkeit von Durchschnittspreisen abhängt. Dies trifft umso mehr zu, je inflexibler die Kraftwerke sind und damit je weniger sie sich auf lukrative Stunden beschränken können. Dies trifft wiederum auf die oben genannten Kraftwerkstypen zu.

C. Strukturierte Energiebeschaffung

I. Hintergrund

70 In der Vergangenheit nutzten Unternehmen der Energiewirtschaft sowie Industrieunternehmen vorrangig klassische **Vollversorgung**sverträge, mit denen der gesamte Energiebedarf in der Regel über einen (regionalen) Versorger zum Festpreis[59] sichergestellt wird. Der Grund dafür ist recht simpel: Vollversorgungsverträge geben ein gewisses Maß an Planungssicherheit hinsichtlich Bezug und Preis; etwaige Risiken wie z. B. Mengen- oder Preisänderungsrisiken trägt der Lieferant. Allerdings stehen den Vorteilen der Vollversorgungsverträge auch Nachteile gegenüber: So besteht eine Abhängigkeit vom Lieferanten während der Laufzeit, ein hohes Preisrisiko aufgrund des beim Abschluss des Vertrages fest vereinbarten Preises und schließlich eine

---

[59] Der Preis beinhaltet alle Strombeschaffungspreise (einschließlich der eingepreisten Risikoprämien) und zudem i. d. R. auch die Netznutzungsentgelte.

geringe Flexibilität, z. B. auf etwaige fallende oder steigende Preise zu reagieren bzw. kurzfristig Änderungen des Bedarfs auszugleichen.

Um Beschaffungskosten und Risiken optimal steuern zu können, gehen immer mehr Unternehmen dazu über, ihren Energiebedarf im Rahmen der strukturierten Beschaffung zu decken. Bei der strukturierten Beschaffung wird der jeweilige Energiebedarf in einzelne, standardisierte und an der Börse handelbare Produkte zerlegt und diese zu unterschiedlichen Zeitpunkten eingekauft. Der Restbedarf wird gleichzeitig am Spotmarkt beschafft. 71

Hierfür ist es erforderlich, entsprechend des prognostizierten Bedarfs, die „richtigen" Produkte zu wählen sowie günstige Beschaffungszeiträume zu identifizieren. 72

Hinweis
Bei der strukturierten Beschaffung sind – je nach dem konkreten Bedarf sowie der Risikogeneigtheit – verschiedene Modelle denkbar. Dies sind häufig die indexorientierte Beschaffung, die Tranchenbeschaffung sowie das Portfoliomanagement.
Bei der **indexorientierten Beschaffung** wird der jeweilige Energiebedarf in Teilmengen aufgeteilt, die zu festgelegten Zeitpunkten an der Börse zu den jeweils gültigen Durchschnitts- bzw. Schlusskursen (Base, Peak) automatisch eingekauft werden.
Tranchenverträge sind Vollversorgungsverträge mit Preisfixierung. Auch hierbei wird der Energiebedarf in Teilmengen aufgeteilt, allerdings erfolgt die Beschaffung und damit die Preisfixierung nicht automatisch, sondern – je nach Marktlage – auf Wunsch des Einkäufers, so dass letztlich flexible und individuelle Tranchen beschafft werden.
Auch beim **Portfoliomanagement** – der anspruchsvollsten Beschaffungsform – werden Tranchen zu unterschiedlichen Zeitpunkten beschafft, allerdings primär im Großhandelsmarkt. Hierbei wird der Energiebedarf so weit wie möglich in standardisierte Produkte zerlegt, die einzeln – je nach Nachfrage- bzw. Bedarfsänderung – gehandelt werden. Dieses Modell eignet sich vor allem für Unternehmen mit einem hohen Bedarf und gleichmäßigem Lastprofil, in der Regel für Unternehmen mit einem Bedarf von mehr als 100 GWh/a.

Der Einstieg in die strukturierte Beschaffung bietet die Chance, durch den Einsatz mittel- und kurzfristiger Produkte den Energieeinkauf zu teuren Preisen zu vermeiden sowie Risikoaufschläge langfristiger Verträge zu reduzieren. Gleichzeitig sind hiermit aber auch Herausforderungen (z. B. die kontinuierliche Marktbeobachtung und Preiscontrolling) und Risiken (z. B. Marktpreis- und Liquiditätsrisiko, Mengenrisiko, Versorgungsrisiko, Kontrahentenausfallrisiko, operative Risiken) verbunden, die es einzudämmen gilt. 73

II. Anforderungen an die Organisation für eine strukturierte Energiebeschaffung

Um einerseits die Chancen einer strukturierten Beschaffung optimal zu nutzen und andererseits die hiermit verbundenen Risiken wirksam und nachhaltig zu minimieren, ist ein geeignetes und effizientes Risikomanagement eine zentrale Aufgabe und 74 unerlässliches Element der Energiebeschaffung. Dies muss entsprechend in der Aufbauorganisation des Unternehmens abgebildet werden.

1. Risikomanagement

75 Für die Etablierung eines geeigneten unternehmensspezifischen Risikomanagements müssen (zuvor) der individuelle Beschaffungsbedarf und die Risikogeneigtheit des Unternehmens sowie die mit diesen verbundenen relevanten Risiken bestimmt und bewertet werden. Auf dieser Basis können Beschaffungsalternativen identifiziert und letztlich die individuelle Beschaffungsstrategie festgelegt werden. Zudem müssen sich diese Aspekte in einem umfassenden Vertragsmanagement, einem adäquaten Controlling und letztlich auch einer geeigneten IT-Struktur widerspiegeln.

a) Festlegung und Bewertung relevanter Risiken

76 Zunächst gilt es, die mit der Energiebeschaffung einhergehenden Risiken zu identifizieren und zu bewerten, insbesondere auch dahingehend, inwieweit etwaige Risiken eingegangen werden können, welche Grenzen gelten sollen und schließlich Vorkehrungen zur Risikominimierung. Die bestehenden Risiken überschneiden sich zum Teil, lassen sich aber im Wesentlichen in die Kategorien **Marktrisiken**, **Kreditrisiken** und **operationelle Risiken** einteilen.[60] Die für den Energiehandel relevanten Risiken zeigt die nachfolgende Abbildung:

Abb. 7: Überblick der Risiken

---

60 Vgl. hierzu ausführlich Zenke/Schäfer/*Lintzel/Borchert*, Energiehandel, S. 303 ff.

Das größte Risiko in der Energiebeschaffung ist das Preisrisiko, auch Marktpreisrisiko, das das gesamte Handelsportfolio eines Unternehmens betrifft, d. h. sowohl physische als auch derivative Energiehandelsprodukte.[61] Das Preisrisiko resultiert aus der Volatilität der Preise am Beschaffungsmarkt (und zwar am Termin- und Spotmarkt sowie OTC-Markt) und meint das Risiko finanzieller Verluste aufgrund unerwarteter Preisentwicklungen.

Tipp
Um das Marktpreisrisiko zu minimieren, ist es erforderlich, die jeweiligen Positionen – in Abhängigkeit von der Handelsaktivität – mindestens handelstäglich zu aktuellen Marktpreises zu bewerten (Mark to Market), insbesondere unter Heranziehung von sog. Risikokennziffern (z. B. Sensitivitäten, singuläre Kennziffern (u. a. Value-at-Risk – VaR oder Profit at Risk – PaR) sowie Stress-Tests)[62] und Hedgingprodukte zur Risikosteuerung sowie ein Handlungsrahmen (Limits) zu definieren.

Das **Liquiditätsrisiko** kann zum einen den Markt betreffen, also wenn z. B. am Markt für ein bestimmtes Produkt eine zu geringe Nachfrage oder ein zu geringes Angebot herrscht und deshalb offene Handelspositionen nicht geschlossen und damit ein bestehender Bedarf nicht gedeckt werden kann. Zum anderen ist davon das Risiko umfasst, für die Beschaffung einer benötigten Energiemenge zu einem bestimmten Zeitpunkt nicht über die hierfür erforderliche Liquidität zu verfügen.

Tipp
Dem Liquiditätsrisiko kann begegnet werden, indem in der Beschaffungsstrategie der Einsatz von Hedgingprodukten, die regelmäßige Beobachtung des Marktes bzw. Zahlungsmodalitäten festgelegt werden.

Das **Mengenrisiko** besteht darin, dass es Abweichungen zwischen Kurzfrist- und Langfristprognosen bzw. zwischen der prognostizierten/beschafften Energiemenge und der tatsächlich verbrauchten Menge gibt mit der Folge, dass die Differenzmenge kurzfristig beschafft (ggf. zu einem höheren Preis) bzw. veräußert (ggf. nicht mehr mit Gewinn) werden muss.

Tipp
Um das Mengenrisiko zu begrenzen, bietet es sich an, in der Beschaffungsstrategie den Einsatz von Optionen vorzusehen sowie die Prognosegenauigkeit durch den Einsatz spezieller Energiedatenmanagementsysteme zu verbessern.

---

61 Vgl. auch Schwintowski/*Scholz/Schuler*, Energiehandel, S. 473, Rn 1159.
62 Hierzu ausführlich Zenke/Schäfer/*Lintzel/Borchert*, Energiehandel, S. 304 f.

80 Unter **Kontrahentenausfallrisiko** wird der Ausfall eines Vertragspartners verstanden, der seinen Vertragspflichten nicht oder nicht rechtzeitig nachkommen kann. Auch dies kann dazu führen, dass Fehlmengen kurzfristig am Markt beschafft bzw. veräußert werden müssen.

> **Tipp**
> Zur Minimierung des Kontrahentenausfallrisikos sollten die Vertragspartner – sowohl vor Aufnahme der Vertragsbeziehung als auch währenddessen – laufend einer sorgfältigen Bonitätsprüfung unterzogen werden, z. B. aufgrund externer oder interner Ratings, der Gesellschaftsstruktur, Kennzahlen aus dem Jahresabschluss. Zudem ist es erforderlich, Vereinbarungen über finanzielle Absicherungen (z. B. Bürgschaft, Garantie, Vorauszahlung) in Abhängigkeit von der wirtschaftlichen Situation des Vertragspartners zu treffen bzw. von vornherein Sicherheiten, ggf. auch des Mutterunternehmens (z. B. Patronatserklärung) zu fordern.

81 Ein weiteres Risiko kann daraus resultieren, dass neue Produkte eingeführt werden bzw. sich aufgrund ändernder Rahmenbedingungen oder Regulierungsvorhaben die Klassifikation von Produkten ändert[63] und deshalb die Nachfrage für etablierte Produkte sinkt bzw. diese nicht mehr in der bisherigen Form eingesetzt werden können.

82 Schließlich sieht sich die Energiebeschaffung mit operationellen Risiken konfrontiert. Diese umfassen insbesondere unternehmensinterne Risiken, die aus individuellen oder organisatorischen Fehlern bei der Abwicklung der strukturierten Beschaffung resultieren. Erfasst sind hiervon u. a. der Ausfall von IT-Systemen, Fehlverhalten von Mitarbeitern, ablauforganisatorische bzw. Managementfehler sowie unvollständige oder fehlerhafte Verträge.

b) Festlegung von Handlungs- und Risikorichtlinien

83 Allein das Identifizieren und Bewerten von Risiken genügt nicht; zusätzlich ist es erforderlich, dies in einem unternehmensinternen Handbuch – in der Regel **Risikohandbuch** oder **Organisationshandbuch** – festzuschreiben. Dabei sollte das Handbuch sowohl die Risiken, als auch die Beschaffungsstrategie einschließlich freigegebener Produkte bzw. Produktaufbau, Beschaffungsvorgaben, insbesondere Beschaffungszeiträume sowie die Limits enthalten.

84 Zusätzlich sind im Handbuch die Prozesse und Abläufe, z. B. der Beschaffung, der Marktbeobachtung, der Risikobewertung sowie eines regelmäßigen (transparenten) Reportings über beschaffte Mengen, offene Positionen sowie den realisierten Preisen und aktuellen Marktpreisen zu beschreiben. Es sind etwaige Schnittstellen (z. B. zwischen Handel und Vertrieb) klar abzubilden und die jeweiligen Aufgaben zuzuordnen.

---

63 Vgl. Rn 100.

Schließlich sind die jeweiligen Verantwortlichkeiten sowie Prozessverantwortlichen zu benennen, interne Anweisungen zu erteilen, Vertretungsregeln festzulegen usw. Auch dies muss im Handbuch enthalten sein.

c) Überwachung und Reporting

Überdies gilt es, regelmäßig zu überprüfen, ob hinsichtlich der im Handbuch niedergelegten Erkenntnisse und Festlegungen Anpassungsbedarf besteht. Zudem ist kontinuierlich zu prüfen, ob die im Handbuch festgeschriebenen Abläufe eingehalten werden bzw. ob auch insoweit Anpassungen erforderlich sind. Auch insoweit sind entsprechende Verantwortlichkeiten zu benennen.

2. Aufbauorganisation

Die (Neu-)Ausrichtung von z. B. der Vollstromversorgung auf eine strukturierte Beschaffung wirkt sich nicht nur auf ein zu erweiterndes Risikomanagement aus, sondern auch auf den organisatorischen Aufbau innerhalb des Unternehmens. Hierbei können sich Unternehmen z. B. an den auf deutscher Ebene von der Bundesanstalt für Finanzdienstleistungen (BaFin) herausgegebenen Mindestanforderungen an das Risikomanagement[64] (MaRisk) sowie den Mindestanforderungen an die Compliance-Funktion und die weiteren Verhaltens-, Organisations- und Transparenzpflichten nach §§ 31 ff. WpHG für Wertpapierdienstleistungsunternehmen[65] (MaComp) orientieren. Diese gelten zwar originär nur für den Finanzmarkt; ihnen kommt aber eine – nicht verbindliche – Leitbildfunktion auch für Unternehmen anderer Wirtschaftsbereiche zu.

Danach ist insbesondere eine funktionale (und räumliche) Trennung zwischen den verschiedenen Bereichen, vorrangig zwischen Beschaffung, Abwicklung und Controlling, aber auch zur Geschäftsleitung erforderlich.

So hat der Handel sämtliche Aktivitäten – d. h. der Abschluss von Handelsgeschäften nebst Konditionen und ggf. Nebenabreden, etwaig genutzte Abweichungen, die zudem an der Geschäftsleitung zu berichten sind – transparent zu dokumentieren. Das Risikocontrolling überwacht die Handelsgeschäfte, bewertet die hiermit verbundenen Risiken und erstellt hierüber Berichte. Zusätzlich ist eine unabhängige interne Revision einzurichten, die alle Aktivitäten und Prozesse des Unternehmens selbstän-

---

[64] Rundschreiben 10/2012 (BA) – Mindestanforderungen an das Risikomanagement (MaRisk) v. 14.12.2012, abrufbar unter http://www.bafin.de/SharedDocs/Veroeffentlichungen/DE/Rundschreiben/rs_1210_marisk_ba.html
[65] Rundschreiben 4/2010 (WA) – Mindestanforderungen an die Compliance-Funktion und die weiteren Verhaltens-, Organisations- und Transparenzpflichten nach §§ 31 ff. WpHG für Wertpapierdienstleistungsunternehmen(MaComp) v. 7.6.2010, zuletzt geändert am 7.8.2014, abrufbar unter http://www.bafin.de/SharedDocs/Veroeffentlichungen/DE/Rundschreiben/rs_1004_wa_macomp.html

dig und unabhängig prüft. Etwaig festgestellte Mängel sind dabei der Geschäftsleitung zu melden.

90   Im Übrigen gilt auch hier, dass feste Prozesse hinsichtlich Ablauf und Zuständigkeit definiert, im internen Handbuch dokumentiert und schließlich auch umgesetzt werden.

3. Auswirkung des EEG auf die Preiskalkulation in der strukturierten Beschaffung

91   Die gesamte Preisstrukturkurve, also die Verteilung der Einzelpreise über den Tag, hat sich bereits verändert und wird sich noch weiter verändern. Der Photovoltaik ist es zuzurechnen, dass der Base Peak Spread deutlich zurückgegangen ist. Mittlerweile gibt es ganze Tage, an denen der Peak-Preis unterhalb des Base-Preises liegt. Obgleich die mittels Photovoltaik-Anlagen produzierte Strommenge geringer ist als die von Windkraftanlagen, ist ihre Preiswirkung solange stärker wie der Peak-Preis oberhalb der Base-Preise liegt. Insbesondere in den sonnenintensiven Mittagsstunden bekommt die Preiskurve eine „Delle", das heißt die Mittagspreise liegen unter den Preisen der Morgen und Nachmittagspreisen. Insbesondere die Morgen- und Abendstunden erzielen neue Preishochstände, weil zu diesen Zeiten noch nicht oder nicht mehr genügend Photovoltaik-Strom in den Markt gedrückt wird. Neben der Photovoltaik wirkt insbesondere die fluktuierende Windeinspeisung auf die Preisstrukturkurve, so dass Bepreisungsmodelle wie eine Hourly-Price-Forward-Curve (HPFC)[66] keine sinnvollen Ergebnisse mehr liefern können. Mit dieser Methode werden komplexe Lieferstrukturen bepreist und insbesondere die Restlast, also jene Menge, die nicht mehr durch Standardprodukte abgedeckt werden kann, bewertet.

92   Diese Modelle funktionieren allerdings nicht für Fälle, in denen die strukturbestimmenden Faktoren fluktuierend sind. So gibt es z. B. windreiche und weniger windige Januare und noch stärker unterscheiden sich die Windeinspeisungen unterschiedlicher Tage und Stunden, so dass zur Bewertung von Lastkurven herangezogene HPFC immer geringere Aussagekraft erhält. Hedging-Strategien, die eine vollständige Absicherung der Absatzlast vorschreiben und damit dem Ziel der Margensicherung dienen, sind damit nicht mehr umsetzbar. Dies muss bei der Beschaffungsstrategie berücksichtigt werden, muss aber auch zu höheren Risikoaufschlägen bei der Bepreisung von Kundenlastgängen führen.

---

[66] HPFC gibt die aktuell erwarteten Preise zukünftiger Energiebezüge oder -lieferungen in zeitlicher Auflösung an und wird aus den aktuellen Forward- und Futures-Preisen mit Hilfe von Modellen berechnet.

4. Auswirkungen des EEG auf die Bilanzkreisbewirtschaftung

Teil der strukturierten Beschaffung ist die Bewirtschaftung eines eigenen Bilanzkreises. In der Vergangenheit war die Abwicklungsaufgabe keine besondere Herausforderung, weil man nach dem Day-ahead-Handel seinen Fahrplan mit der Verbrauchsprognose und gegebenenfalls Erzeugungsprognose an den Übertragungsnetzbetreiber gesendet hat. Auch hier haben die fluktuierenden Einspeiser für Veränderung gesorgt. Seitens der Übertragungsnetzbetreiber wird immer eine viertelstundenscharfe Bewirtschaftung eines Bilanzkreises erwartet.[67] Diese Bewirtschaftung erfordert mithin auch den Viertelstunden-Handel, der bisher nur als fortlaufender Handel, beginnend ab 15.00 Uhr des Vortages, stattfand. Nunmehr hat die EPEX SPOT SE auch eine Viertelstunden-Auktion als quasi Eröffnungsauktion des Intraday-Handels eingeführt, so dass man vorschnell zu dem Ergebnis kommen könnte, mit der Teilnahme an dieser Auktion würde man der Verpflichtung zur Ein-Viertelstunden-Bewirtschaftung nachkommen. Vielmehr ist aber davon auszugehen, dass auch weiterhin ein Agieren im fortlaufenden Ein-Viertelstundenhandel erforderlich ist, um kurzfristig auf Preis- und/oder Mengenänderungen reagieren zu können. Hat man fluktuierende Einspeiser in seinem Portfolio oder Verbraucher mit fluktuierenden Eigenerzeugungsanlagen, ist der fortlaufende Ein-Viertelstundenhandel unabdingbar. Gestärkt wird dieses Argument durch die Tatsache, dass zwischen der Eröffnungsauktion und dem fortlaufenden Handel interessante Preisdifferenzen genutzt werden können.

Tipp
Da die Bundesnetzagentur überdies die nachträgliche Fahrplankorrektur abschaffen will (BK 6), ist ein unmittelbarer Versand der Fahrpläne nach dem Handel erforderlich. All dies erfordert einen 24/7 Handelsbereich und erhöht den Druck auf die strukturierte Beschaffung.

III. Rechtliche Anforderungen

Unternehmen haben bei der strukturierten Beschaffung – neben der Einrichtung eines adäquaten Risikomanagements[68] – weitere Herausforderungen zu meistern. So sind die entsprechenden Verträge zu schließen und die regulatorischen Neuerungen zu beobachten und entsprechend umzusetzen:

---

67 Vgl. Bilanzkreisvertrag Nr. 5.1.
68 Vgl. Rn 74.

1. Vertragsmanagement

95 Für den Ein- bzw. Verkauf von Energie im Rahmen der strukturierten Beschaffung ist ein umfassendes Vertragsmanagement unerlässlich, das von den Verträgen mit den Handelspartnern über Bilanzkreisverträge bis hin zu den Verträgen mit den Netzbetreibern geht.

96 Um Energiegroßhandelsgeschäfte tätigen zu können, bedarf es des Abschlusses entsprechender Verträge mit anderen Marktteilnehmern, mit denen die Modalitäten der Abwicklung vereinbart werden, insbesondere zum Zustandekommen der einzelnen Deals (z. B. Abschlussvollmachten, Art und Weise des Zustandekommens – telefonisch, Faxbestätigung), zu den Zahlungsmodalitäten und ggf. Sicherheiten usw. Hierfür bieten sich Rahmenverträge an, sei es dass individuell ausgestaltete Rahmenverträge oder standardisierte Handelsrahmenverträge, z. B. der EFET-Rahmenvertrag[69] verwendet werden. Daneben sind Energielieferverträge mit dem (End-)Kunden abzuschließen, sofern die Beschaffung als Dienstleistung für Kunden erfolgt, ist dies ebenfalls entsprechend im Vertrag abzubilden. Hierbei ist zu berücksichtigen, dass diese so ausgestaltet werden, dass sie sich einerseits im Rahmen der vom Unternehmen vorgegebenen Grenzen sowie freigegebenen Tätigkeiten bewegen und andererseits keine aufsichtspflichtigen Dienstleistungen im Sinne des Kreditwesengesetzes[70] (KWG) ohne Finanzdienstleistungserlaubnis[71] erbracht werden.

97 Zusätzlich sind Bilanzkreisverträge mit den Übertragungsnetzbetreibern bzw. Marktgebietsverantwortlichen zu schließen, in deren Regelzone bzw. Marktgebiet die Handelsgeschäfte und Energielieferungen erfolgen sollen.

98 Schließlich sind Netzanschluss- und Anschlussnutzungsverträge mit den vorgelagerten Netzbetreibern erforderlich.

2. Anpassungsbedarf aufgrund der Energiemarktregulierung?

99 Soweit man im Energiegroßhandel aktiv ist, müssen auch immer die aktuellen Entwicklungen, vor allem im regulatorischen Bereich, kontinuierlich beobachtet und ggf. hierauf reagiert werden, indem z. B. Verträge überarbeitet, die Aufbauorganisation angepasst und (regelmäßig) das interne Handbuch entsprechend aktualisiert werden.

---

[69] Der EFET-Rahmenvertrag ist ein von der European Federation of Energy Traders (EFET) herausgegebenes Standardvertragswerk, das mittlerweile das am weitesten verbreitete Vertragskonstrukt im Energiegroßhandelsmarkt darstellt. Die Vertragstexte für Strom und Gas einschließlich Anlagen sind auf der Homepage der EFET abrufbar unter: http://www.efet.org/; vgl. ausführlich zum EFET-Vertrag: Zenke/Schäfer/*Dessau/Fischer*, Energiehandel S. 548 ff., 554 ff.

[70] Kreditwesengesetz i. d. F. der Bek. v. 9.11.1998 (BGBl. I S. 2776), zuletzt geändert durch Gesetz v. 28.8.2013 (BGBl. I S. 3395).

[71] Vgl. hierzu Zenke/Schäfer/*du Buisson/Zenke/Dessau*, Energiehandel, S. 191 ff.

a) Finanzmarktrichtlinie – MiFID II

Bislang war der Energiehandel von den Regulierungen des Finanzmarktes (weitgehend) ausgenommen. Die aktuelle Finanzmarktrichtlinie (sog. **MiFID I**)[72] und das sie umsetzende KWG[73] stellt Unternehmen unter Aufsicht, die in Bezug auf Finanzinstrumente bestimmte Finanzdienstleistungen erbringen und sich nicht auf eine Ausnahme berufen können. Eben solche Ausnahmen konnten Unternehmen der Energiewirtschaft bislang nutzen. 100

Doch mit der Überarbeitung der Finanzmarktrichtlinie, der künftigen sog. **MiFID II**[74] wird alles anders: Die Europäische Union zog Konsequenzen aus der Finanzkrise 2008 und beschloss die Überarbeitung der MiFID, mit der die Finanzmärkte sicherer, effizienter und transparenter gemacht werden sollen. Mit der MiFID II, die voraussichtlich ab 3.1.2017 für jeden Einzelnen verbindlich gilt, werden zum einen der Begriff des „Finanzinstrumentes" erweitert und zum anderen die Ausnahmen eingeschränkt: 101

– Emissionsberechtigungen sind künftig in jedem Fall Finanzinstrumente, unabhängig davon, wo sie erworben werden oder ob es sich um Spot- oder Termingeschäfte handelt.
– Zu den beaufsichtigten Märkten soll neben der Börse und den sog. multilateralen Handelsplattformen (MTF) eine weitere Kategorie kommen: die organisierten Handelsplattformen (OTF), um den außerbörslichen Handel transparenter zu machen. Damit sollen auch kleinere Brokerplattformen (und die auf ihnen geschlossenen Termingeschäfte) der MiFID II unterliegen. Insoweit sieht die MiFID II allerdings vor, dass solche Termingeschäfte auf Gas oder Strom nicht als Derivate eingestuft werden, die an einem OTF gehandelt werden und ausschließlich physisch zu erfüllen sind.
– Die Ausnahmen erfahren insoweit Einschränkungen, als dass die bisherige Haupttätigkeitsausnahme[75] gestrichen wird, die Nebentätigkeitsausnahme[76]

---

[72] Richtlinie 2004/39/EG des Europäischen Parlaments und des Rates vom 21.4.2004 über Märkte für Finanzinstrumente (MiFiD) (ABlEU Nr. L 145 v. 30.4.2004. S. 1 ff.).
[73] Nach § 32 KWG benötigt derjenige eine Erlaubnis, der im Inland gewerbsmäßig Finanzdienstleistungen oder Bankgeschäfte (bestimmte definierte Dienstleistungen, bezogen auf Finanzinstrumente) erbringt und sich nicht auf Ausnahmen berufen kann. Wer ohne Genehmigung handelt, diese aber braucht, macht sich u. a. strafbar. Vgl. hierzu ausführlich Zenke/Schäfer/*du Buisson/Zenke/Dessau*, Energiehandel, S. 191 ff.
[74] Richtlinie 2014/65/EU des Europäischen Parlaments und des Rates vom 15.5.2014 über Märkte für Finanzinstrumente (MiFiD II) (ABlEU Nr. L 173, v. 12.6.2014, S. 349 ff.).
[75] Die bisherige Haupttätigkeitsausnahme sieht vor, dass alle Unternehmen, die vor allem (als Haupttätigkeit) den Handel mit Waren bzw. mit Warenderivaten betrieben haben, von der Aufsicht ausgenommen sind.
[76] Auf die sog. Nebentätigkeitsausnahme kann sich bislang ein Unternehmen berufen, das nicht primär eine Bank ist oder zu einer Bankengruppe gehört, wenn sich Finanzdienstleistungen auf Warenderivate beschränken und gleichzeitig gegenüber Kunden der Haupttätigkeit erbracht werden.

insoweit eingeschränkt wird, dass jedenfalls das Handeln für eigene Rechnung zur Ausführung von Kundenaufträgen („*executing of client orders*") nicht mehr gedeckt ist.

102 Unternehmen, die am Energiegroßhandel aktiv sind und ggf. zugleich die Beschaffung (als Dienstleistung) für andere übernehmen, müssen also genau prüfen, ob sie Finanzinstrumente nutzen und hierauf Finanzdienstleistungen erbringen. Sie sollten also insbesondere eine Produktliste erstellen, die (regelmäßig) mit der Rechtsabteilung bzw. einem Rechtsanwalt abgestimmt wird. Soweit sie sich auf eine Ausnahme berufen können, ist dies gleichwohl mit der zuständigen Aufsichtsbehörde, der BaFin abzustimmen und ggf. ein sog. **Negativtestat** einzuholen. Andernfalls ist ein entsprechender Erlaubnisantrag zu stellen. Die Lizenzierung bedeutet aber auch, dass – zumindest voraussichtlich nach dem 31.12.2017 – die Risiken aus dem Energiehandel mit ausreichend Eigenkapital zu hinterlegen sind.

b) OTC-Derivateverordnung – EMIR

103 Mit der Verordnung über OTC-Derivate, zentrale Gegenparteien und Transaktionsregister (EMIR)[77] – vorrangig für den Finanzmarkt konzipiert – soll die Transparenz und das Risikomanagement auf dem Markt für außerbörslich gehandelte (OTC) Derivate verbessert werden. Hierzu sieht die Verordnung nebst den hierzu erlassenen konkretisierenden Durchführungs- und technischen Regulierungsstandards vor, dass seit dem 12.2.2014 Derivatekontrakte an ein **Transaktionsregister** zu melden sind und seit dem 15.3./15.9.2013 bestimmte Risikominderungstechniken zu etablieren sind.[78]

104 Soweit also im Rahmen der strukturierten Beschaffung Derivate eingesetzt werden, muss das Unternehmen die jeweiligen Geschäfte melden (und zwar sämtliche Informationen zum „life cycle") und „formalisierte" Prozesse für die rechtzeitige Bestätigung der Derivatekontrakte, die Abstimmung zum Portfolio, zur Beherrschung der mit der Verwendung von Derivaten verbundenen Risiken, zur frühzeitigen Erkennung und Ausräumung von Meinungsverschiedenheiten sowie zur Beobachtung des Wertes ausstehender Kontrakte einführen. Hier bietet sich z. B. der Abschluss des von der EFET herausgegebenen EMIR-Agreements an.

105 Dies bedeutet zugleich, dass die vorhandenen Geschäfts- und IT-Prozesse angepasst bzw. erweitert und im internen Handbuch abgebildet sowie die Verantwortlichkeiten festgelegt werden.

---

[77] Verordnung (EU) Nr. 648/2012 des Europäischen Parlaments und des Rates v. 4.7.2012 über OTC-Derivate, zentrale Gegenparteien und Transaktionsregister (European Market Infrastructure Regulation – EMIR) (ABlEU Nr. L 201 v. 27.7.2012, S. 1 ff.).
[78] Vgl. hierzu ausführlich *Zenke/Fischer*, EnWZ 2013, S. 211 ff.; *Zenke/Fischer*, ZRFC 2013, S. 112 ff.

c) Transparenzverordnung – REMIT/MTSG

Schließlich sind die – speziell für den Energiemarkt geltenden – Vorgaben der Verordnung über die Integrität und Transparenz des Energiegroßhandelsmarktes (**REMIT**)[79] zu beachten. Zum Schutz der Marktintegrität und zur Verbesserung der Transparenz im Energiesektor enthält die REMIT Verbote zum Insiderhandel und zur Marktmanipulation sowie umfangreiche Meldepflichten.[80]

106

Die Verbote zum Insiderhandel und zur Marktmanipulation gelten seit dem Inkrafttreten der REMIT (28.12.2011), so dass Unternehmen Insiderhandel und Marktmanipulationen unterlassen müssen. Hierzu müssen entsprechende interne Vorkehrungen getroffen werden, um ein integres Marktverhalten sicherzustellen, insbesondere sind die potentiell betroffenen Mitarbeiter – z. B. in Schulungen – zu sensibilisieren und die Vorgaben und Prozesse zum Umgang mit Insiderinformationen[81] einschließlich der Verbote sowie Überwachungsprozesse einzurichten und im internen Handbuch festzulegen.

107

Daneben sieht die REMIT umfangreiche Meldepflichten sowohl für Fundamentaldaten[82] als auch für Transaktionsdaten vor. Die Konkretisierung sowie der Einzelheiten der Meldung von Transaktionsdaten, also z. B. über erworbene und veräußerte Produkte, Parteien der Transaktionen, die vereinbarten Mengen und Preise, die Tage und Uhrzeiten der Ausführung) erfolgen in sog. Durchführungsrechtsakten, den Implementing Acts, die voraussichtlich im November/Dezember 2014 in Kraft treten soll. Drei Monate nach Inkrafttreten (voraussichtlich Frühjar 2015) beginnt die Registrierungspflicht für alle Unternehmen, die der REMIT unterfallen, und weitere drei Monate später (voraussichtlich Frühjahr/Sommer 2015) sind zunächst die standardisierten Strom- und Gaslieferkontrakte und voraussichtlich ab Herbst/Winter 2015 (und damit weitere sechs Monate später) die nicht-standardisierten Strom- und Gaslieferkontrakte zu melden.

108

---

[79] Die Verordnung (EU) Nr. 1227/2011 des Europäischen Parlaments und des Rates v. 25.10.2014 über die Integrität und Transparenz des Energiegroßhandelsmarkts (REMIT – Regulation on wholesale Energy Market Integrity and Transparency) (ABlEU Nr. L 326 v. 8.11.2011, S. 1 ff).
[80] Vgl. hierzu ausführlich *Zenke/Fischer*, EnWZ 2013, 211 ff.; *Zenke/Fischer*, ZRFC 2013, 112 ff.
[81] Als Insider-Information gelten alle im Unternehmen bekannten Umstände, die zu einer erheblichen Beeinflussung der Strom- oder Gaspreise führen können. Hierzu gehören etwa Kenntnisse über installierte Erzeugungskapazitäten, Produktionsplanungen, Fahrplanänderungen oder Speicheranlagen. Dies ist in Deutschland z. B. regelmäßig nur relevant, wenn eine Erzeugungsanlage mit mehr als 100 MW elektrischer Brutto-Leistung betrieben wird.
[82] Umfasst sind hiervon alle physischen Daten, d. h. zur Kapazität, Nutzung und Verfügbarkeit von Anlagen zur Produktion, zum Verbrauch, zur Speicherung und zum Transport von Strom und Erdgas (auch als LNG).

109 Daneben sieht auch das Markttransparenzstellengesetz (**MTSG**)[83] – umgesetzt im Energiewirtschaftsgesetz[84] (EnWG) bzw. im Gesetz gegen Wettbewerbsbeschränkungen[85] (GWB) – eigene Meldepflichten in Bezug auf Handels-, Transport-, Kapazitäts-, Erzeugungs- und Verbrauchsdaten vor. Einzelheiten hierzu stehen allerdings noch aus.

110 Unternehmen, die im Strom- und Gasgroßhandel aktiv sind, müssen also in Vorbereitung auf die Erfüllung der REMIT- und MTSG-Anforderungen ihre Geschäfts- und Zusammenarbeitsprozesse anpassen und ggf. erweitern, ein Meldewesen aufbauen und hierfür die notwendige IT-Struktur bereitstellen sowie sich bei der Bundesnetzagentur registrieren. Auch hier gilt wieder, dass die jeweiligen Verantwortlichkeiten festzulegen und die Prozesse und Zuständigkeiten einschließlich der Kontrollmechanismen im internen Organisationsbuch enthalten sein müssen.

---

[83] Gesetz zur Einrichtung einer Markttransparenzstelle für den Großhandel mit Strom und Gas (MTSG) v. 5.12.2012 (BGBl. I S. 2403).
[84] Gesetz über die Elektrizitäts- und Gasversorgung (Energiewirtschaftsgesetz – EnWG) v. 7.7.2005 (BGBl. I S. 1970, 3621), zuletzt geändert durch Gesetz v. 21.7.2014 (BGBl. I S. 1066).
[85] Gesetz gegen Wettbewerbsbeschränkungen (GWB) i. d. F. der Bekanntm. V. 26.6. 2013 (BGBl. I S. 1750, 3245), zuletzt geändert durch Gesetz v. 21.7.2014 (BGBl. I S. 1066).

Kapitel 5
Preisanpassungsregelungen in Sonderkundenverträgen

A. Einführung

Zu den – zumindest wirtschaftlich – **bedeutsamsten Klauseln energiewirtschaftlicher Verträge** gehören neben den eigentlichen **Entgeltregelungen** die diese begleitenden sog. **Preisanpassungsklauseln**. Aufgrund der bestehenden Gefahr erheblicher Rückforderungen seitens der Vertragspartner (Kunden, Netznutzer) im Falle der Unwirksamkeit von Preisanpassungsklauseln, ist besonderer Wert auf ihre **rechtssichere Formulierung** zu legen. Dem jeweiligen **Versorgungsunternehmen** bereitet es grundsätzlich wenig Mühe, den Ausgangs- oder einen Festpreis für die Versorgungsleistung bei Vertragsschluss festzulegen, da diese i. d. R. aus der eigenen Bezugs- und Versorgungskalkulation hergeleitet werden können bzw. im Falle der Netzzugangsentgelte im Rahmen der Vorgaben der Anreizregulierung gebildet werden. Da **Versorgungsverträge** häufig für eine **längere Laufzeit** (oder sogar auf unbestimmte Dauer) abgeschlossen werden, besteht aber die Notwendigkeit, Preise und Entgelte auch während dieser Laufzeit anzupassen. **Gründe** hierfür sind typischerweise
- die allgemeine Marktentwicklung,
- die eigene Beschaffung des Versorgungsunternehmens (Vorversorgerpreise) oder etwa
- die Veränderung bei Steuern, Abgaben oder sonstiger hoheitlicher Belastungen.

Zentrale Bedeutung für die vertragliche Regelung von Versorgungspreisen kommt daher den **Preisanpassungsklauseln** zu, welche für den Verwender die Möglichkeit vorsehen, während der Vertragslaufzeit eine Anpassung des ursprünglich vereinbarten Versorgungsentgelts zu verlangen und durchzusetzen.

B. Preisanpassungsregelungen in der Energiewirtschaft – ein Überblick

I. Einführung

Preisanpassungsklauseln finden sich in versorgungswirtschaftlichen Verträgen, insbesondere in den Bereichen **Strom** und **Gas**, im Wesentlichen in zwei unterschiedlichen **Ausprägungen**. Man **unterscheidet**
- zwischen den Verträgen zur Abwicklung des Netzzugangs einerseits und
- den Lieferverträgen andererseits.

4   Der Grund für diese **Differenzierung** liegt auch in der durch das **EnWG**[1] vorgeschriebenen **Entflechtung von Netzbereich und Vertrieb**. Die Trennung und Neugestaltung der Vertrags- und Kundenverhältnisse im **Dreieck**
  – Netzbetreiber,
  – Netznutzer und
  – Lieferkunden
hat das Thema einer **transparenten Vertragsgestaltung** auch bei Entgeltklauseln weiter in den Vordergrund gerückt.

II. Netzwirtschaftliche Verträge (Netzanschluss- und Netznutzungsverträge)

5   Die **Verträge zur Abwicklung des Netzzugangs untergliedern** sich typischerweise in
  – den Netzanschluss-,
  – den Anschlussnutzungsvertrag und
  – die Netznutzungsverträge.

6   Letztere sind – abhängig davon, wer Netznutzer ist – in
  – **Lieferantenrahmenverträge** (Lieferant ist Netznutzer, sog. „All-inclusive"-Belieferung) und
  – **separate Netznutzungsverträge** (Letztverbraucher regelt Netznutzung eigenverantwortlich direkt mit dem Netzbetreiber, Belieferung über einen sog. **reinen Liefervertrag**)
unterteilt.[2]

7   Während für Netzanschluss- und Anschlussnutzungsverträge **Preisanpassungsklauseln** regelmäßig nicht von Relevanz sind (da sie nur die Errichtung bzw. Nutzung des Anschlusses zur Entnahme von Elektrizität und damit keine regelmäßig entgeltpflichtigen Leistungen betreffen), sind sie für **Netznutzungsverträge** von **entscheidender Bedeutung**. Preisanpassungsklauseln finden sich in diesen Netznutzungsverträgen in unterschiedlicher Ausprägung. Differenziert werden im Wesentlichen drei **Anwendungsfälle:**

---

[1] Gesetz über die Elektrizitäts- und Gasversorgung (Energiewirtschaftsgesetz – EnWG) v. 7.7.2005 (BGBl. I S. 1970, 3621), zuletzt geändert durch Gesetz v. 21.7.2014 (BGBl. I S. 1066).
[2] Näheres dazu *Theobald/de Wyl/Eder*, Wechsel des Stromlieferanten, S. 74 ff.; Held/Theobald/*Eder*, Kommunale Wirtschaft im 21. Jahrhundert, S. 333 ff.

- Anpassung der Netznutzungsentgelte,
- Entgeltanpassung aufgrund veränderter oder neu erhobener Steuern, Abgaben oder sonstiger hoheitlicher Belastungen,
- Anpassungen sonstiger Entgelte.

III. Sonderkundenverträge (Strom- und Gaslieferverträge)

Höchste **Relevanz** haben Preisanpassungsklauseln insbesondere aufgrund bestehender Notwendigkeit stetig schwankender Energiebezugspreise, die Lieferentgelte in Versorgungsverträgen in regelmäßigen Abständen anpassen zu müssen. Da hierdurch stets das Verhältnis von Versorgungsleistung und Gegenleistung (Entgelt) betroffen ist, sind an die **Ausgestaltung von Regelungen zur Entgeltanpassung**, gerade in **Versorgungsverträgen, hohe Anforderungen** gestellt. Nicht zuletzt beeinflusst eine Entgeltanpassung für das Versorgungsunternehmen immer auch die Beziehung zu den Kunden, die Außendarstellung und die Marktchancen insgesamt. 8

In der traditionell monopolistisch geprägten Versorgungswirtschaft war es dabei häufig – grundsätzlich fälschlicherweise – nicht einmal üblich, einen **ausdrücklichen Preisänderungsvorbehalt** zu formulieren. 9

Dabei ist die **Vereinbarung** eines **Preisänderungsvorbehaltes** zwar im Rahmen der Grundversorgung nach § 36 EnWG wegen der Vorschrift des § 5 Abs. 2 und 3 StromGVV[3] bzw. GasGVV[4] nicht notwendig.[5] Vergleichbare Regelungen finden sich in § 4 Abs. 1 und 2 AVBWasserV[6] und § 4 Abs. 2 AVBFernwärmeV.[7] Die **rechtssichere Weitergabe von Entgeltanpassungen** erlangt aber besondere Wichtigkeit im Bereich der sog. **Sonderkundenverträge**.[8] 10

---

[3] Verordnung über Allgemeine Bedingungen für die Grundversorgung von Haushaltskunden und die Ersatzversorgung mit Elektrizität aus dem Niederspannungsnetz (Stromgrundversorgungsverordnung – StromGVV) v. 26.10.2006 (BGBl. I S. 2391), zuletzt geändert durch Gesetz v. 25.7.2013 (BGBl. I S. 2722). Die StromGVV ist seit dem 8.11.2006 in Kraft.
[4] Verordnung über Allgemeine Bedingungen für die Grundversorgung von Haushaltskunden und die Ersatzversorgung mit Gas aus dem Niederdrucknetz (Gasgrundversorgungsverordnung – GasGVV) v. 26.10.2006 (BGBl. I S. 2391, 2396), zuletzt geändert durch Gesetz v. 25.7.2013 (BGBl. I S. 2722). Die GasGVV ist seit dem 8.11.2006 in Kraft.
[5] Zu Preisanpassungen im Rahmen der Grundversorgung nach § 5 StromGVV/GasGVV *vom Wege/Finke*, ZNER 2007, 118 f.
[6] Verordnung über Allgemeine Bedingungen für die Versorgung mit Wasser (AVBWasserV) v. 20.6.1980 (BGBl. I S. 750, 1067), zuletzt geändert durch Gesetz v. 21.1.2013 (BGBl. I S. 91).
[7] Verordnung über Allgemeine Bedingungen für die Versorgung mit Fernwärme (AVBFernwärmeV) v. 20.6.1980 (BGBl. I S. 742), zuletzt geändert durch Gesetz v. 25.7.2013 (BGBl. I S. 2722).
[8] Siehe dazu Kap. 5 Rn 51 ff.

C. Der Rechtsrahmen für Preisanpassungen

I. Grundlagen

11 Die Frage, ob Preisanpassungsregelungen einer rechtlichen, im Streitfall einer **gerichtlichen Überprüfung standhalten**, beurteilt sich nicht nur nach dem gesetzlichen und untergesetzlichen Rahmen, sondern auch anhand der zahlreichen und hinsichtlich der zu beachtenden Vorgaben in zunehmenden Maße strenger werdenden **Rechtsprechungspraxis**.[9] Dabei legen die Gerichte bei ihrer Beurteilung zwar die im Folgenden näher dargestellten **rechtlichen Vorgaben** an, legen diese aber zunehmend **extensiver** (und unterschiedlicher) aus.[10] **Preisanpassungsvorbehalte** sind damit der Notwendigkeit einer regelmäßigen Überprüfung hinsichtlich ihrer Aktualität, d. h. danach zu kontrollieren, ob sie den jeweils **aktuellen Anforderungen** entsprechen.

12 **Vertragliche Preisanpassungsvorbehalte**, die eine Preisanpassung wegen und auf Grundlage sich verändernder Kosten vorsehen, sind dabei im Grundsatz – dies wird in der **höchstrichterlichen Rechtsprechung** bestätigt – nicht zu beanstanden.[11] Sie stellen ein geeignetes und anerkanntes Mittel zur Bewahrung des Gleichgewichts von Preis und Versorgungsleistung bei länger laufenden Verträgen dar. Die zu beachtende **Grenze** ist jedoch dann überschritten, wenn die Regelung überwiegend oder gar ausschließlich im **Interesse des Verwenders** ausgestaltet ist.

13 Der **Maßstab**, an dem sich Preisanpassungsklauseln in dieser Hinsicht messen lassen müssen, ergibt sich hauptsächlich aus den folgenden Normen und Regelungen.

II. Vertragsrechtliche Vorgaben zur Preisanpassung

1. Das Recht der AGB

14 Die wichtigsten zu beachtenden **Vorschriften** stellen die des Rechts der **AGB** dar (§§ 305 ff. BGB[12]). AGB sind für eine Vielzahl von Verträgen vorformulierte Vertragsbedingungen, die eine Vertragspartei (Verwender) der anderen Vertragspartei bei Abschluss eines Vertrages stellt und die nicht individuell ausgehandelt sind.

---

9 Dazu beispielhaft die aufgeführten aktuellen Gerichtsentscheidungen unten Rn 79 ff.
10 Hierzu auch *Finke*, IR 2007, 125 ff.
11 BGH, Urt. v. 31.7.2013 – VIII ZR 162/09 – BGHZ 198, 111 = NJW 2013, 3647 ff.; BGH, Urt. v. 24.3.2010 – VIII ZR 178/08 – BGHZ 185, 96 = NJW 2010, 2789 ff.; BGH, Urt. v. 21.9.2005 – VIII ZR 38/05 – RdE 2006, 52 ff. = ZNER 2005, 323 f. – FLÜSSIGGAS.
12 Bürgerliches Gesetzbuch (BGB) i. d. F. der Bek. v. 2.1.2002 (BGBl. I S. 42, 2909; 2003 I S. 738), zuletzt geändert durch Gesetz v. 22.7.2014 (BGBl. I S. 1218).

Damit handelt es sich nicht nur bei den als solche betitelten „Allgemeinen Geschäftsbedingungen" (also beim „Kleingedruckten"), sondern auch bei den Vertragstexten von Sonderkundenlieferverträgen selbst in aller Regel um AGB im Rechtssinn. Folglich unterliegen **Lieferverträge** der **Inhaltskontrolle des AGB-Rechts**. **Zentrale Normen** sind die §§ 307 bis 309 BGB. Ein Verstoß gegen diese führt zur Unwirksamkeit von entsprechenden Vertragsklauseln, ohne dass die Möglichkeit besteht, sie auf das gesetzlich zulässige Maß zu reduzieren (sog. **Verbot der geltungserhaltenden Reduktion**). Diese **strenge Rechtsfolge** einer AGB-rechtlichen Unwirksamkeit führt in der Konsequenz dazu, dass auf eine unwirksame Preisanpassungsklausel gestützte Preisanpassungen unwirksam sind und vom Kunden die zu viel gezahlten Beträge zurückgefordert werden können. Dies gilt jedenfalls innerhalb der regelmäßigen **Verjährungsfrist** von drei Jahren nach § 195 BGB. Damit ergibt sich für das jeweilige Versorgungsunternehmen bei unwirksamen Preisanpassungsklauseln ein erhebliches, vor allem wirtschaftliches **Risiko**, da sämtliche Preisanpassungen der letzten drei Jahre rückgängig gemacht werden könnten.

2. Schutzzweck

Der **Schutzzweck** dieser gesetzlichen Vorgaben besteht darin, zu verhindern, dass der Verwender von AGB, der diese einseitig vorgibt, den Vertragspartner, der sich gegen solche Vorgaben grundsätzlich nicht zur Wehr setzen kann, gem. § 307 Abs. 1 BGB unangemessen benachteiligt.[13] Wie im Folgenden aufgezeigt, wird als **zentraler Aspekt** die **Vermeidung einer unangemessenen Benachteiligung** des **Vertragspartners** im Zentrum der Beurteilung stehen, ob **Preisanpassungsvorbehalte in Versorgungsverträgen wirksam vereinbart** worden sind. Nicht zu vernachlässigen ist zudem der Gedanke des **Verbraucherschutzes**.[14]

3. Anwendungsbereich des AGB-Rechts

Die **Anwendung** der §§ 305 ff. BGB setzt zunächst voraus, dass Preisanpassungsvorbehalte überhaupt der **Kontrolle des AGB-Rechts unterliegen.** Dies gilt im Grundsatz für jegliche Preisanpassungsklausel, die eine einseitige nachträgliche Erhöhung des Entgelts ermöglicht. **Grenzen** setzt allerdings die für Versorgungsverträge stets zu beachtende **Ausnahme** des § 310 Abs. 2 BGB, der die Inhaltskontrolle für Sonderkundenverträge, die sich an die StromGVV/GasGVV[15] anlehnen, einschränkt. Eine

---
13 BGH, Urt. v. 8.2.1978 – VIII ZR 240/76 – BGHZ 70, 304, 310 ff.; BGH, Urt. v. 30.6.1994 – VII ZR 116/93 – BGHZ 126, 326, 332 ff.; Palandt/*Heinrichs*, Überblick vor § 305 BGB Rn 8.
14 Palandt/*Heinrichs*, Überblick vor § 305 BGB Rn 9.
15 Der Wortlaut von § 310 Abs. 2 BGB nimmt auch nach dem Inkrafttreten ihrer für die Belieferung relevante Nachfolgeregelung – die StromGVV – die AVBEltV/AVBGasV in Bezug. Nach Sinn und Zweck

Inhaltskontrolle nach den §§ 308 und 309 BGB ist danach für **Sonderkundenlieferverträge von Versorgungsunternehmen ausgeschlossen**, soweit ihre Versorgungsbedingungen nicht zum Nachteil der Abnehmer von den StromGVV/GasGVV abweichen. Über § 310 Abs. 2 BGB werden die AGB von Lieferanten gegenüber Sondervertragskunden insoweit von den Verboten der §§ 308 und 309 BGB **freigestellt**.[16] Umgekehrt gilt jedoch auch, dass AGB einer uneingeschränkten Inhaltskontrolle insbesondere nach den §§ 308 und 309 BGB unterliegen, wenn und sofern sie zum Nachteil der Kunden von den StromGVV/GasGVV abweichen. Als Extrakt lässt sich § 310 Abs. 2 BGB mithin auf folgende **Formel** reduzieren:

Sondervertragskunden, auch wenn sie Verbraucher sind, **bedürfen keines stärkeren Schutzes als grundversorgte Kunden** (ehemals Tarifkunden).

18 Es steht den **Lieferunternehmen** daher frei, ihre **AGB für Sondervertragskunden** entsprechend den StromGVV/GasGVV auszugestalten, ohne die Grenzen der §§ 308 und 309 BGB beachten zu müssen.[17]

19 Anwendbar bleibt allerdings das grundsätzliche **Verbot von unangemessenen Benachteiligungen** gem. § 307 Abs. 1 BGB, so dass auch bei der Einhaltung der Regelungen der StromGVV/GasGVV eine abschließende Kontrolle nach dem Verbot der unangemessenen Benachteiligungen und dem AGB-Recht nicht ausgeschlossen ist.[18]

4. Anwendbarkeit des AGB-Rechts gegenüber Unternehmen und juristischen Personen

20 Gegenüber **Unternehmen** oder **juristischen Personen** des öffentlichen Rechts findet die Anwendung des AGB-Rechts über § 310 Abs. 1 BGB eine weitere **Beschränkung**. Bei **Sonderverträgen** gegenüber diesen Kundengruppen finden § 305 Abs. 2 und 3 BGB sowie die §§ 308 und 309 BGB keine Anwendung.

5. Klauselkontrolle nach § 309 Nr. 1 BGB

21 Obwohl § 309 Nr. 1 BGB nach seinem Wortlaut vorformulierte Preiserhöhungsklauseln in Verträgen, welche dem Verwender das Recht einräumen, einseitig nach Vertragsschluss das Entgelt zu erhöhen, wenn Waren oder Leistungen innerhalb von vier Monaten geliefert oder erbracht werden sollen, unwirksam sind, als einschlägig erachtet werden könnte, findet dieses **Verbot** auf **Dauerschuldverhältnisse keine**

---

ist § 310 Abs. 2 BGB dahingehend korrigierend auszulegen, dass nunmehr die StromGVV/GasGVV dieser Regelung unterfallen.
16 BGH, Urt. v. 25.2.1998 – VIII ZR 276/96 – RdE 1998, 194 ff.; MüKo/*Basedow*, § 310 BGB Rn 14.
17 Begründung des Gesetzentwurfs der Bundesregierung, BT-Drucks. 14/6040, S. 160.
18 Zum Prüfungsmaßstab des § 307 BGB siehe unten Rn 23.

Anwendung.[19] Bei **Versorgungsverträgen** (Sukzessivlieferverträgen) handelt es sich jedoch um solche Dauerschuldverhältnisse. § 309 Nr. 1 BGB ist für die Beurteilung der Rechtmäßigkeit von Preisanpassungsvorbehalten in der Versorgungswirtschaft demzufolge vernachlässigbar.[20]

6. Klauselkontrolle nach § 307 BGB

Soweit Sonderlieferverträgen AGB zugrunde liegen, ist im Ergebnis für die Frage, ob diese den Kunden unangemessen benachteiligen, **zentrale Vorschrift** die **Generalklausel** des § 307 BGB. Dies gilt unabhängig davon, ob AGB verwendet werden und deren Regelungen mit der StromGVV/GasGVV übereinstimmen.[21]

Damit gibt § 307 BGB den anzulegenden **Prüfungsmaßstab** vor. Nach § 307 Abs. 1 BGB sind Bestimmungen in AGB unwirksam, wenn sie den Vertragspartner des Verwenders entgegen den Geboten von Treu und Glauben unangemessen benachteiligen. Eine **unangemessene Benachteiligung** liegt dabei vor, wenn der Verwender durch einseitige Vertragsgestaltung missbräuchlich eigene Interessen auf Kosten seines Vertragspartners durchzusetzen versucht, ohne auch dessen Belange hinreichend zu berücksichtigen und ihm einen angemessenen Ausgleich zuzugestehen.[22] Im Bereich der **Preisanpassungsvorbehalte** besteht dieser angemessene Ausgleich insbesondere in der Möglichkeit, sich vom Vertrag lösen zu können. Dies erfolgt regelmäßig über die Einräumung eines **Sonderkündigungsrechts**.

Eine **Konkretisierung** erfährt die **Generalklausel** des § 307 Abs. 1 BGB durch Abs. 2, so dass die Wirksamkeit einer Klausel zunächst hiernach zu beurteilen ist.[23] Dabei ist der § 307 Abs. 2 Nr. 1 BGB vorrangig, wonach Klauseln in AGB unwirksam sind, wenn ihre Bestimmungen mit wesentlichen Grundgedanken der gesetzlichen Regelung, von der abgewichen wird, nicht zu vereinbaren ist. Damit knüpft § 307 Abs. 2 Nr. 1 BGB an den **vom BGH entwickelten Grundsatz** an, dass den Vorschriften des dispositiven Rechts bei der Inhaltskontrolle von AGB eine Leitbildfunktion zukommt.[24]

Die in Bezug genommenen gesetzlichen Regelungen umfassen nicht nur die **geschriebenen Gesetzesbestimmungen**, sondern auch alle
- ungeschriebenen Rechtsgrundsätze,

---

[19] Palandt/*Heinrichs*, § 309 BGB Rn 6.
[20] Zur Nichtanwendbarkeit von § 309 Nr. 1 BGB auf Sukzessivlieferverträge vgl. BGH, Urt. v. 29.10.1985 – X ZR 12/85 – NJW-RR 1986, 211, 212.
[21] MüKo/*Basedow*, § 307 BGB Rn 23.
[22] BGH, Urt. v. 8.3.1984 – IX ZR 144/83 – BGHZ 90, 280, 284 = NJW 1984, 1531 ff.; BGH, Urt. v. 3.11.1999 – VIII ZR 269/98 – NJW 2000, 1110; BGH, Urt. v. 1.2.2005 – X ZR 10/04 – NJW 2005, 1174, 1775.
[23] MüKo/*Basedow* § 307 BGB Rn 23.
[24] BGH, Urt. v. 17.2.1964 – II ZR 98/62 – BGHZ 41, 151, 154 = NJW 1964, 1123 ff.; BGH, Urt. v. 4.6.1970 – VII ZR 187/68 – BGHZ 54, 106, 110; BGH, Urt. v. 21.12.1983 – VIII ZR 195/82 – BGHZ 89, 206, 211.

- die Regeln des Richterrechts oder
- die aufgrund ergänzender Auslegung nach §§ 147, 242 BGB und aus der Natur des jeweiligen Schuldverhältnisses zu entnehmenden Rechte und Pflichten.[25]

26 Im Rahmen der Inhaltskontrolle von AGB kommt insbesondere der Entwicklung in der **Rechtsprechung** besondere Bedeutung zu.

27 Auch die Frage, inwieweit den StromGVV/GasGVV für Sonderkundenverträge ein **gesetzliches Leitbild** zuzuschreiben ist, ist vom **BGH** entschieden worden.[26] Der BGH erkennt den StromGVV/GasGVV zwar keine abschließende Rechtmäßigkeit im Sonderkundenbereich zu. Dies ergibt sich bereits aus der **strikten Trennung** zwischen
- **grundversorgten Kunden** (ehemals Tarifkunden) und
- **Sonderkunden**.[27]

28 Dennoch haben sie **Indizwirkung** für die **Angemessenheit** einer gleichlautenden Bestimmung in Sonderkundenlieferverträgen. Der **BGH** spricht ausdrücklich davon, die StromGVV/GasGVV enthielten eine „**Leitbildfunktion im weiteren Sinne**", insbesondere verkörpere sie eine **Wertentscheidung**, die der Verordnungsgeber im Tarifkundenbereich unter Abwägung der gegenläufigen Interessen von Stromkunden und EVU getroffen habe, so dass ihnen ein „**gewichtiger Hinweis**" auf das entnommen werden könne, was auch im Vertragsverhältnis mit Sonderabnehmern **als angemessen** zu betrachten ist.[28] Dies wirkt sich für die **Spruchpraxis der Gerichte** dahingehend aus, dass § 307 BGB im Rahmen der Überprüfung von Bestimmungen in Sonderkundenlieferverträgen, die Regelungen der StromGVV/GasGVV nachgebildet sind, unter Berücksichtigung der sachlichen Unterschiede zur Grundversorgung angewendet wird.

29 In seiner Entscheidung vom 31.7.2013[29] hat der BGH jedoch eine **Einschränkung der Leitbildfunktion** der StromGVV/GasGVV vorgenommen und eine § 4 Abs. 2 AVBGasV nachgebildete Preisanpassungsklausel für unwirksam erklärt. Die Unwirksamkeit einer solchen Klausel folge aus § 307 Abs. 1 BGB, der entgegen dem früheren Verständnis nicht durch § 310 Abs. 2 BGB eingeschränkt werde. Den Vorgaben zur Preisanpassung gegenüber Tarifkunden komme insoweit keine Leitbildfunktion zu, so dass sondervertragliche Preisanpassungsklauseln auch bei Übernahme dieser

---

[25] BGH, Urt. v. 25.2.1998 – VIII ZR 276/96 – NJW 1998, 1640, 1642; BGH, Urt. v. 21.12.1983 – VIII ZR 195/82 – BGHZ 89, 206, 211; BGH, Urt. v. 12.3.1987 – VII ZR 37/86 – BGHZ 100, 157, 163; BGH, Urt. v. 10.12.1992 – I ZR 186/90 – BGHZ 121, 13, 18.
[26] Noch für die Vorgängerregelungen der AVBEltV/AVBGasV: BGH, Urt. v. 25.2.1998 – VIII ZR 276/96 – NJW 1998, 1640.
[27] Dazu Schneider/Theobald/*de Wyl/Essig/Holtmeier*, HBENWR, § 10 Rn 15 ff.
[28] BGH, Urt. v. 25.2.1998 – VIII ZR 276/96 – NJW 1998, 1640, 1642.
[29] BGH, Urt. v. 31.7.2013 – VIII ZR 162/09 – BGHZ 198, 111.

Regelungen der uneingeschränkten Kontrolle im Hinblick auf Transparenz und Angemessenheit unterliegen. Die Unwirksamkeit der genannten Preisanpassungsklauseln ergibt sich nach dem Urteil daraus, dass diese Anlass und Modus der Entgeltänderung nicht hinreichend transparent abbilden.

Neben der **Inhaltskontrolle** beinhaltet § 307 BGB auch den zweiten **entscheidenden Maßstab**, an dem sich Vertragsklauseln messen lassen müssen.

Praxishinweis
§ 307 Abs. 1 Satz 2 BGB enthält auch das sog. **Transparenzgebot**.

Eine unangemessene Benachteiligung mit der Rechtsfolge der Unwirksamkeit der AGB kann sich danach auch bei **unklaren** oder **unverständlichen Bedingungen** ergeben. Das **Transparenzgebot** schreibt Verwendern von AGB verpflichtend vor,
- den Klauselinhalt möglichst weitgehend zu konkretisieren,
- eindeutig und
- verständlich zu formulieren.

Der **Vertragspartner** soll in die Lage versetzt werden, über eine genaue Beschreibung des Tatbestandes und der hieran anknüpfenden Rechtsfolge den Beurteilungsspielraum des Verwenders von AGB zu erkennen, den der Lieferant für seine einseitige Preisanpassung ausnutzen kann.[30]

Für die **Beurteilung**, ob Klauseln diese Voraussetzung erfüllen, kommt es in erster Linie auf eine sorgfältige und alle **Umstände des Einzelfalls in Betracht ziehende Ermittlung der Interessen** an.[31] Die Anschauung der Personen, die regelmäßig am Abschluss von Versorgungsverträgen beteiligt sind, ist dabei insbesondere zu berücksichtigen (**Empfängerhorizont**).[32] Die Rechtsprechung differenziert im Rahmen dieser Beurteilung zwischen
- Verträgen mit Verbrauchern und
- Verträgen zwischen Unternehmern.

Im ersten Fall ist der bereits erwähnte **Aspekt des Verbraucherschutzes** von besonderer Relevanz.

Der **BGH** stellt in **Verträgen mit Verbrauchern strenge Anforderungen** an die **Klarheit** und **Bestimmtheit** und damit an die **Transparenz von Formulierungen für Preisanpassungsvorbehalte**. Er nimmt stets dann eine **unangemessene Benachteiligung** i.S.d. § 307 BGB an, soweit eine **Preisanpassungsklausel** eine

---

30 OLG Stuttgart, Urt. v. 13.1.2005 – 2 U 134/04 – ZNER 2005, 163, 164.
31 BGH, Urt. v. 12.3.1987 – VII ZR 37/86 – WM 1987, 652, 655.
32 MüKo/*Kieninger*, § 307 BGB Rn 36.

beliebige **Erhöhung des Vertragspreises** zulassen würde.[33] Für die Zulässigkeit eines einseitigen Preisänderungsrechts ist es nach der Rechtsprechung des BGH von wesentlicher Bedeutung, ob der Vertrag den Anlass und den Modus der Änderung der Entgelte für die zu erbringende Leistung so transparent darstellt, dass der Verbraucher die etwaigen Änderungen dieser Entgelte anhand klarer und verständlicher Kriterien vorhersehen kann.[34] Der Vertragspartner des Verwenders soll bereits bei Vertragsschluss erkennen können, in welchem Umfang ihn Preiserhöhungen tangieren können. Das erfordert eine klare und verständliche Information über die grundlegenden Voraussetzungen der Ausübung eines solchen Änderungsrechts.[35] Eine unangemessene Benachteiligung liegt jedenfalls dann vor, wenn es eine Preisanpassungsklausel dem Lieferanten ermöglicht, über die Abwälzung konkreter Kostensteigerungen hinaus das zunächst vereinbarte Entgelt ohne jede Begrenzung anzuheben, bspw. um künftig zu erwartende oder schon bekannte Kostensteigerungen (z. B. Bezugskostensteigerung) im Vorhinein aufzufangen[36] oder sich aufgrund einer besonderen Nachfrage einen weiteren Gewinn zuzuschreiben.[37]

36 Eine **Unangemessenheit von Preisanpassungsklauseln** aus Gründen ihrer **mangelnden Konkretisierung** ist nach der **Spruchpraxis des BGH** aber nicht schon dann gegeben, wenn der Verwender die Preissteigerungsfaktoren in Preisanpassungsklauseln nicht in einer Form angegeben hat, die es dem Vertragspartner bereits bei Abschluss des Vertrages ermöglichen, das Ausmaß der zu erwartenden Erhöhung zu erkennen.[38] Dem Wesen allgemeingültiger Bestimmungen würde es widersprechen, wenn sie für jeden Einzelfall von vornherein so konkret sind, dass Zweifelsfragen nicht aufkommen können. Dies widerspräche der **notwendigen Flexibilität**, die **generalisierende Regelungen** aufweisen müssen.[39] Der Verwender von Preisanpassungsklauseln in AGB will gerade **künftige Entwicklungen** einbeziehen, die bei Abschluss des Vertrages von niemandem abzusehen oder zu berechnen sind.

37 Der **BGH** hat zudem das **Spannungsverhältnis** zwischen der **Transparenz der Klausel** i. S. d. Vorhersehbarkeit des Umfangs der späteren Preiserhöhung und der **Vielzahl von Einflussgrößen**, die eine Preisanpassung notwendig machen können, erkannt und versucht dieses i. S. eines **gerechten Interessenausgleichs** aufzulösen. Anerkanntermaßen hat auch der Verwender solcher Preisanpassungsklauseln in AGB das Bedürfnis, bei notwendig werdenden Preiserhöhungen nur geringen Umfangs

---

[33] BGH, Urt. v. 11.6.1980 – VIII ZR 174/79 – NJW 1980, 2518, 2519; BGH, Urt. v. 18.5.1983 – VIII ZR 20/82 – NJW 1983, 1603, 1604; BGH, Urt. v. 7.10.1981 – VIII ZR 229/80 – BGHZ 82, 21, 24.
[34] BGH, Urt. v. 31.7.2013 – VIII ZR 162/09 – BGHZ 198, 111.
[35] BGH, Urt. v. 31.7.2013 – VIII ZR 162/09 – BGHZ 198, 111.
[36] BGH, Urt. v. 19.11.2002 – X ZR 243/01 – NJW 2003, 501, 509; BGH, Urt. v. 19.11.2002 – X ZR 253/01 – NJW 2003, 746, 747 f.
[37] BGH, Urt. v. 21.9.2005 – VIII ZR 38/05 – RdE 2006, 52 ff. – Flüssiggas.
[38] BGH, Urt. v. 6.3.1986 – III ZR 195/84 – NJW 1986, 1803, 1804.
[39] BGH, Urt. v. 1.12.1981 – KZR 37/80 – BGHZ 82, 238, 243.

nicht stets befürchten zu müssen, eine erhebliche Anzahl seiner Kunden zu verlieren. Andernfalls wäre der Lieferant bereits zu Vertragsbeginn gezwungen, einen Sicherheitsfaktor in die Preiskalkulation einzubeziehen, um unerwartete zusätzliche Kostenbelastungen nicht selbst tragen zu müssen.[40] Seine Stellung im Wettbewerb wäre damit erheblich geschwächt. In der **Rechtsprechung** ist daher anerkannt, dass auch der **Verwender** ein **berechtigtes Interesse** daran hat, zwischenzeitlich notwendig werdende Preiserhöhungen auf den Vertragspartner abzuwälzen, ohne dass sich dieser sofort vom Vertrag lösen kann. In der **Praxis** wird dies häufig dadurch umgesetzt, dass dem **Vertragspartner** erst dann ein **Sonderkündigungsrecht** zusteht, falls die **notwendige Preiserhöhung** einen **bestimmten Prozentsatz** übersteigt.[41]

Einen **großzügigeren Maßstab** legt der **BGH** bei der Beurteilung von AGB an, die gegenüber **Unternehmern** Verwendung finden. Handelt es sich bei beiden Vertragsparteien um Unternehmer, sind diese aufgrund ihrer Marktkenntnis eher in der Lage, die für ihre Branche bestimmenden Preisfaktoren und damit auch entsprechende Vertragsklauseln in ihrer Wirkung und ihrem Umfang einzuschätzen.[42] Aus diesem Grund sind nach der Rechtsprechung des BGH Preisanpassungsklauseln, die den Gaspreis an die Entwicklung des Preises für leichtes Heizöl koppeln (sog. HEL-Klauseln)[43] in Gaslieferverträgen mit Gewerbekunden angemessen im Sinne des § 307 Abs. 1 BGB.[44] Ein Gewerbekunde vermag die Chancen und Risiken einer solchen Preiskoppelung einzuschätzen. Für ihn ist ersichtlich, dass mit der Anknüpfung an den Marktpreis von Heizöl als einzige Variable kein Bezug auf sonstige künftige Kostensteigerungen und Kostensenkungen beim Gaslieferanten selbst genommen wird bzw. dass diese Kostenentwicklungen für den in Zukunft zu zahlenden Arbeitspreis ohne Bedeutung ist. HEL-Klauseln in Gaslieferverträgen mit Verbrauchern hält der BGH hingegen wegen einer unangemessenen Benachteiligung der Kunden im Sinne des § 307 Abs. 1 BGB für unwirksam.[45]

38

Praxishinweis
Preisanpassungsklauseln sind daher im **kaufmännischen Rechtsverkehr** auch dann zulässig, wenn dem Kunden für den Fall einer erheblichen Preissteigerung kein Sonderkündigungsrecht eingeräumt wird, falls und sofern seine Interessen auf eine andere Weise hinreichend gewahrt werden.[46]

---

40 BGH, Urt. v. 21.9.2005 – VIII ZR 38/05 – RdE 2006, 52 ff. – Flüssiggas.
41 BGH, Urt. v. 7.10.1981 – VIII ZR 229/80 – BGHZ 82, 21, 26 ff.; BGH, Urt. v. 18.5.1983 – VIII ZR 20/82 – BB 1983, 921, 923; BGH, Urt. v. 1.2.1984 – VIII ZR 54/83 – BGHZ 90, 69; BGH, Urt. v. 1.2.1984 – VIII ZR 106/83 – NJW 1984, 1180, 1181.
42 MüKo/*Basedow*, § 309 BGB Rn 25.
43 Siehe dazu auch Kap. 7 Rn 52.
44 BGH, Urt. v. 14.5.2014 – VIII ZR 114/13 – n. v. BGH, Urt. v. 14.5.2014 – VIII ZR 116/13 – n. v.
45 BGH, Urt. v. 24.3.2010 – VIII ZR 178/08 – BGHZ 185, 96; BGH, Urt. v. 24.3.2010 – VIII ZR 304/08 – RdE 2010, 215 ff.
46 BGH, Urt. v. 27.9.1984 – X ZR 12/84 – BGHZ 92, 200, 203; BGH, Urt. v. 16.1.1985 – VIII ZR 153/83 – BGHZ 93, 252, 256.

39 Einen **angemessenen Interessenausgleich** hat der **BGH** daher auch für den Fall bestätigt, dass ein Verwender von AGB auch ein nicht näher konkretisiertes Preiserhöhungsrecht formulieren kann, soweit die Vertragsdauer zwingend das Bedürfnis nach einer Preisanpassung mit sich bringt und die **Konkretisierung der Preiserhöhungsfaktoren** auf besondere Schwierigkeiten stößt.[47]

III. Inhalt der Entgeltanpassung: § 315 BGB

40 Hinsichtlich der Vertragsgestaltung von **Sonderkundenlieferverträgen** stellt sich neben dem Recht der AGB stets die Frage, inwieweit § 315 BGB auch auf in diesen enthaltene **Preisanpassungsklauseln Anwendung findet.** Nach § 315 BGB unterliegen solche **einseitigen Bestimmungen von Leistungen** grundsätzlich der **Billigkeitskontrolle. Funktion** des § 315 BGB ist, das schuldrechtliche Bestimmtheitserfordernis, nach dem nur eine bestimmte oder bestimmbare Leistung Gegenstand insbesondere einer vertraglichen Verpflichtung sein kann, für die Fälle zu **modifizieren**, in denen einem Vertragspartner das Recht zur Bestimmung der Leistung eingeräumt ist. Damit soll die andernfalls aus der Unbestimmtheit resultierende Rechtsfolge der Unwirksamkeit von entsprechenden Vertragsklauseln überwunden werden.[48]

41 Der **BGH** hat im Jahre 2007 zwei **wegweisende Leitentscheidungen zur Anwendbarkeit** und dem Umgang **mit § 315 BGB** im Rahmen von Widersprüchen gegen die Entgelte von Versorgungsunternehmen im Bereich Strom und Gas getroffen.[49] Nach diesen Entscheidungen ist § 315 BGB nur dann anwendbar, wenn die Vertragsparteien ein **einseitiges Leistungsbestimmungsrecht** vereinbart haben. Ob eine solche Vereinbarung vorliegt, ist in Bezug auf den Preis bei Vertragsschluss (Ausgangspreis) und den Preis, der während der Vertragslaufzeit aus einer Preisanpassung resultiert, differenziert zu betrachten.

42 Die **Kenntnis** (bzw. das Kennenmüssen) **des Kunden von den geltenden Tarifbedingungen** im Zeitpunkt des Vertragsschlusses (regelmäßig des dem Vertrag beigefügten Preisblatts) schließt nach dem **BGH** ein solches einseitiges Bestimmungsrecht jedoch bereits aus; vielmehr liegt dann ein vereinbarter Preis vor. § 315 BGB ist also gerade nicht anwendbar.

43 Der BGH lehnt in diesem Fall auch eine analoge Anwendbarkeit von § 315 BGB ab. Diese kommt allenfalls dann in Betracht, wenn der Kunde auf die Inanspruchnahme der Tarife im Rahmen der Daseinsvorsorge zwingend angewiesen ist. Durch die **Möglichkeit** des Kunden, seinen **Energielieferanten frei zu wählen**, ist dies jedoch

---

47 BGH, Urt. v. 5.2.1957 – V BLw 37/56 – BGHZ 23, 252, 260.
48 Staudinger/*Mader*, § 315 BGB Rn 1.
49 Strom: BGH, Urt. v. 28.3.2007 – VIII ZR 144/06 – NJW 2007, 1672 ff.; Gas: BGH, Urt. v. 13.6.2007 – VIII ZR 36/06 – NJW 2007, 2540 ff.

zu verneinen; es fehlt an der Monopolstellung des Lieferanten. Im Ergebnis gelten diese **Leitlinien** gleichermaßen **für die Bereiche Strom und Gas**. Im **Gas** besteht eine beachtenswerte **Besonderheit:** Der **BGH** lehnt – entgegen der Rechtsprechung vieler unterinstanzlicher Gerichte – die Monopolstellung des Gasversorgers bei der Belieferung mit Heizgas auch für vergangene Zeiträume ab, in denen ein Wechsel des Gasversorgers faktisch kaum möglich war, da der Energieträger Gas im Wettbewerb zu anderen Energieträgern wie etwa Öl und Pellets steht (sog. Substitutionswettbewerb). Mittlerweile besteht mit dem Markteintritt neuer Anbieter Wettbewerb auch innerhalb des Gasmarktes, so dass auch ohne Berücksichtigung des Substitutionswettbewerbs kein Monopol des etablierten Gasversorgers besteht.

Auf **Entgelte**, die **aus einer Preisanpassungsmaßnahme** in einem bestehenden Lieferverhältnis resultieren, ist **§ 315 BGB** nach dem **BGH** hingegen im Regelfall **anwendbar**. 44

> **Praxishinweis** ❗
> Ein vertraglich vereinbartes einseitiges Preisanpassungsrecht ist als Leistungsbestimmungsrecht i. S. d. § 315 BGB zu qualifizieren.

Die getroffene Bestimmung ist gegenüber dem Kunden nur wirksam, wenn sie der Billigkeit entspricht.[50] Überprüfungsgegenstand ist daher insoweit auch nur der Erhöhungsbetrag, nicht der Ausgangspreis. 45

Die **Anwendbarkeit des § 315 BGB** kann nachträglich wieder entfallen, wenn der angepasste Preis selbst zum „vereinbarten Preis" wird. Der Kunde akzeptiert bei fortgesetzter Energieentnahme eine einseitig vorgenommene Preisanpassung, wenn er die nächste – auf Grundlage dieser Preisanpassung – vorgenommene Abrechnung vorbehaltlos begleicht, ohne die Preiserhöhung in angemessener Zeit zu beanstanden (bei vereinbarten Abschlagszahlungen ist dies die nächste Jahresabrechnung). Der zum Zeitpunkt der Abrechnung geltende Tarif wird zu dem zwischen den Parteien vereinbarten Preis und ist damit zukünftig einer weiteren Überprüfung nach § 315 BGB entzogen.[51] 46

Eine **Differenzierung zwischen Sonder- und Grundversorgungsverträgen** ist hier grundsätzlich nicht mehr erforderlich.[52] Die vorstehenden Grundsätze gelten für beide Lieferverhältnisse gleichermaßen; das Angebot des Grundversorgers steht zu 47

---

50 Preiserhöhungen sind z. B. dann berechtigt, wenn mit der Erhöhung lediglich gestiegene Bezugskosten weitergegeben und diese nicht durch rückläufige Kosten in anderen Bereichen (teilweise) ausgeglichen werden. Ein entsprechender Nachweis ließe sich für das Energieversorgungsunternehmen bspw. über ein Wirtschaftsprüfertestat erbringen.
51 Siehe schon Rn 41.
52 Ein Leistungsbestimmungsrecht i. S. v. § 315 Abs. 1 BGB kann einer Vertragspartei nicht nur durch vertragliche Vereinbarung, sondern auch durch Gesetz (z. B. § 5 Abs. 2, 3 StromGVV/GasGVV) eingeräumt sein, vgl. dazu Rn 41.

den von dritten Lieferanten angebotenen Sondervertragsprodukten in unmittelbarem Wettbewerb.[53]

48 In allen **Wettbewerbsbereichen** ist § 315 BGB damit nur noch insofern **relevant**, als **einzelne Vertragsgestaltungen** eine **Preis- oder Entgeltanpassung** einseitig, nach billigem Ermessen vorsehen. Solche **Klauseln** müssen sich wiederum an
- § 307 BGB und
- dem **Verbot einer unangemessenen Benachteiligung** sowie
- dem **AGB-rechtlichen Bestimmtheitsgebot**

messen lassen. Eine **hinreichende Konkretisierung** ist anzunehmen, wenn die Klausel hinsichtlich des Bestimmungsmaßstabes so fest umrissen ist, dass eine gerichtliche Überprüfung der Gestaltungserklärung auf offenbare Unbilligkeit oder Unrichtigkeit möglich ist.[54]

49 § 315 BGB und der darin enthaltene Verweis auf Leistungsbestimmungen nach billigem Ermessen stellt eine zutreffende Wertung des Gesetzgebers für die **rechtliche Wirksamkeit von einseitigen Leistungsbestimmungsrechten** dar. Aufgrund der nach dieser Vorschrift möglichen Flexibilität, und auch unter dem Gesichtspunkt der Transparenz, bietet sich die Inbezugnahme dieses **gesetzgeberischen Leitbildes** als **Grenze** in Preis- und Entgeltanpassungsklauseln zur Sicherstellung auch einer AGB-rechtlichen Wirksamkeit an. Gerade nach der **Entscheidung des BGH zu GVV-Klauseln**[55] **in Sonderkundenverträgen** bietet § 315 BGB dem Verwender von Preisanpassungsklauseln mehr Rechtssicherheit hinsichtlich ihrer Wirksamkeit als solche Klauseln, die sich damit begnügen, konkrete Situationen und Umstände zu beschreiben, die zu einer Preisanpassung führen können. Bei letzteren besteht wegen eines möglichen Verstoßes gegen das **Transparenzgebot** die Gefahr, dass sie als höhere unwirksam beurteilt werden.

IV. Kartellrecht

50 Verwenden **marktbeherrschende Unternehmen Preisanpassungsvorbehalte**, so unterliegen solche Klauseln der Überprüfung auch unter **kartellrechtlichen Gesichtspunkten**, insbesondere den Grenzen des speziell für Energieversorgungsverhältnisse **neu geschaffenen § 29 GWB**.[56] Preisvereinbarungen in Energielieferverträgen, die gegen § 29 GWB verstoßen, sind nach § 134 BGB nichtig. Der **BGH** hat zum

---

53 Bspw. nimmt das Angebot des Lieferanten E-Wie-Einfach unmittelbaren Bezug auf das Grundversorgungsprodukt, wenn ein Tarif angeboten wird, der stets 1 ct (Strom) bzw. 2 ct (Gas) günstiger sein soll, als der Allgemeine Preis des Grundversorgers.
54 BGH, Urt. v. 27.1.1971 – VIII ZR 151/69 – BGHZ 55, 248.
55 BGH, Urt. v. 31.7.2013 – VIII ZR 162/09 – BGHZ 198, 111.
56 Gesetz gegen Wettbewerbsbeschränkungen (GWB) i. d. F. der Bek. v. 26.6.2013 (BGBl. I S. 1750, 3245), zuletzt geändert durch Gesetz v. 7.8.2013 (BGBl. I S. 3154).

Verhältnis des Kartellrechts zu § 315 BGB entschieden, dass das **Kartellrecht keine spezialgesetzlichen Regelungen** enthält, die § 315 BGB **verdrängen**.[57] Allerdings ist der kartellrechtliche Missbrauchstatbestand auf den Bereich der Monopolaufsicht zugeschnitten. Kartellrecht und § 315 BGB sind daher nebeneinander anwendbar, dürften i. d. R. jedoch zum selben Ergebnis der Überprüfung führen. Insbesondere dürfte jede **kartellrechtswidrige Preisforderung unbillig** i. S. d. § 315 BGB sein.

D. Preise, Preisbestandteile und Preisanpassungsregelungen in Sonderkundenverträgen

I. Ausprägungen

In **Sonderkundenverträgen** finden sich Preisanpassungsklauseln im Wesentlichen in zwei unterschiedlichen Ausprägungen. Es ist zwischen **Klauseln zu unterscheiden**, 51
- die eine Kompensation von nicht vorhersehbaren hoheitlich auferlegten Maßnahmen wie Steuern, Abgaben und sonstigen hoheitlichen Belastungen ermöglichen, und solchen,
- über die ökonomische Marktentwicklungen ausgeglichen werden können.

II. Steuern, Abgaben und sonstige hoheitliche Belastungen

Die **Versorgungswirtschaft** ist aufgrund ihrer starken Inanspruchnahme von 52
Umweltressourcen traditionell Gegenstand starker **regulatorischer und gesetzgeberischer Aktivitäten**. Typischerweise ist mit solchen **gesetzgeberischen Vorgaben** stets eine **Erhöhung des Preisniveaus** verbunden. Um Belastungen aus Steuern und Abgaben an den Verbraucher bzw. an den Kunden – zumindest anteilig – durchreichen zu können, ist die **Vereinbarung sog. Steuern- und Abgabenklauseln** ratsam. Daher finden sie seit jeher Eingang in versorgungswirtschaftliche Liefer- und Netznutzungsverträge.

Im **Unterschied zu klassischen Preisanpassungsklauseln**, über die auf eine 53
Veränderung im wirtschaftlichen Marktumfeld reagiert werden kann, behält sich der

---

[57] Der Kartellsenat des BGH hat in seinem Stromnetzentgelt-Urteil (BGH, Urt. v. 18.10.2005 – KZR 36/04 – RdE 2006, 81 ff.) abschließend beurteilt und in seiner Entscheidung vom 28.3.2007 (BGH, Urt. v. 28.3.2007 – VIII ZR 144/06 – NJW 2007, 1672 ff.; Gas: BGH, Urt. v. 13.6.2007 – VIII ZR 36/06 – NJW 2007, 2540 ff.) nochmals bestätigt, dass das Berufungsgericht außer § 315 BGB auch § 19 GWB zu beachten hat. Bereits 2001 hat er entschieden, dass der Schuldner einseitig bestimmter Entgelte, diese sowohl kartellrechtlich als auch entsprechend § 315 BGB überprüfen lassen könne, BGH, Urt. v. 6.3.2001 – KZR 37/99 – NJW 2001, 2541 ff.

Verwender von Steuern- und Abgabenklauseln vor, Preisanpassungen vornehmen zu können, die auf eine **hoheitliche Ursache** zurückzuführen und daher nicht von ihm verursacht worden sind oder für ihn unvorhersehbar waren.

54 **Steuern- und Abgabenklauseln** sind ebenfalls als **AGB** zu qualifizieren und unterliegen somit der **Inhaltskontrolle** nach §§ 305 ff. BGB. Eine solche Regelung umfasst typischerweise **sämtliche Rechtsänderungen**, die Einfluss auf den Preis oder das Netznutzungsentgelt haben können. Allerdings sind für den Verwender einer solchen Klausel normalerweise die Einführung und Ausgestaltung von Steuern und hoheitlichen Abgaben oder Belastungen weder dem Inhalt, der Art noch der Höhe nach vorab oder vorhersehbar bekannt. Aus diesem Grund besteht das AGB-rechtliche Problem einer zutreffenden Ausgestaltung der Klausel zur Weitergabe dieser Belastungen nach den bereits oben beschriebenen strengen Grundsätzen des AGB-Rechts.[58]

> **Beispiel**
> So hat das **Brandenburgische OLG** bspw. eine Steuern- und Abgabenklausel für unwirksam erklärt, weil sie keine nähere Bestimmung der Steuersätze und öffentlich-rechtlichen Abgaben enthielt, die geeignet sein sollten, Preisänderungen auszulösen, und die Klausel auch keinen Aufschluss darüber gab, in welchem zahlenmäßigen oder anteiligen Umfang Preisänderungen zulasten des Kunden möglich sein sollten.[59]

55 Allerdings ist anzuerkennen, dass auch der Verwender bei Vertragsschluss nicht antizipieren kann, welche zukünftigen Belastungen in welchem Maße Einfluss auf die zunächst vereinbarte Gegenleistung haben können. Eine Weitergabe solcher staatlichen Lenkungseingriffe ist ihm daher grundsätzlich nicht verwehrt. Zu beachten ist jedoch, dass **nicht jede hoheitliche Maßnahme weitergabefähig** ist. Voraussetzung muss stets sein, dass sie unmittelbaren Einfluss gerade auf die vertraglich geschuldete Leistung hat. Allgemeine, die auszutauschenden Leistungen nur **mittelbar** berührende hoheitliche Belastungen betreffen das Verhältnis der Vertragsparteien zueinander nur indirekt. Entsprechend formulierte Steuern- und Abgabenklauseln dürften nicht mehr den Anforderungen an die hinreichende Bestimmtheit nach § 307 BGB entsprechen und sind folglich i. d. R. **unwirksam**.

56 Wenn und soweit diese Voraussetzungen aber als erfüllt angesehen werden können, sind Steuern- und Abgabenklauseln grundsätzlich als rechtswirksam vereinbart anzusehen. Im Gegensatz zu klassischen Preisanpassungsklauseln bedarf es aufgrund der hoheitlichen Ursache **keiner Kompensationsmöglichkeit** (z. B. eines Sonderkündigungsrechts) für den Vertragspartner. Das bei Vertragsschluss angenommene Gleichgewicht ist nicht zum Vorteil des Verwenders gestört.

---

58 Siehe bereits Rn 14 ff.
59 Brandenburgisches OLG, Urt. v. 3.4.2002 – 7 U 185/01 – RdE 2002, 314, 315.

Eine Besonderheit gilt für **hoheitliche Belastungen (Umlagen)** aus dem 57
- EEG[60] und
- KWKG[61]
- sowie die mittlerweile zahlreichen weiteren Umlagen (etwa die §19-StromNEV-Umlage, die Offshore-Haftungsumlage und die AbLaV-Umlage).[62]

Diese können 58
- weder als Steuern
- noch als Abgaben oder
- Sonderabgaben definiert werden.[63]

Herkömmlicherweise nehmen **Steuern- und Abgabenklauseln** tatsächlich nur 59
Steuern und Abgaben in Bezug, vernachlässigen jedoch die vorgenannten **weiteren hoheitlichen Belastungen (Umlagen)**, die keine direkten Zahlungen an den Fiskus, sondern lediglich Umwälzungs- und Ausgleichsmechanismen im Markt vorsehen. Der **BGH** hat in den genannten Entscheidungen – dort ging es um die Weitergabe von EEG- bzw. KWKG-Belastungen – eine Aussage lediglich dahingehend getroffen, dass dann, wenn solche zusätzlichen Belastungen bei Vertragsschluss noch nicht absehbar waren, eine **Schließung der vertraglich entstandenen Lücke erforderlich ist**. Damit scheidet eine Weitergabe solcher Belastungen in allen Verträgen aus, die dies nicht ausdrücklich vorsehen, wenn die entsprechende gesetzliche oder hoheitliche Bestimmung zum Zeitpunkt des Vertragsschlusses bereits bekannt war und eine Berücksichtigung sonstiger hoheitlicher Belastungen im Vertragstext nicht getroffen wurde. Obwohl der **BGH** damit in zwei gleichgelagerten Fällen entschieden hat, dass Verträge, die keine über Steuern und Abgaben hinausgehenden Belastungen erfassen, lückenhaft und im Wege der **ergänzenden Vertragsauslegung** auszufüllen sind, sollte nicht darauf verzichtet werden, ebenfalls „**andere hoheitliche Belastungen**"[64] in Formulierungen entsprechender Klauseln zu berücksichtigen, da anderenfalls nur zukünftige, neue Belastungen weitergegeben werden könnten. Dies gilt insbesondere auf Grund der Vielzahl neuer Umlagen, die der Gesetzgeber in den letzten Jahren geschaffen hat.

---

60 Erneuerbare-Energien-Gesetz (EEG) v. 21.7.2014 (BGBl. I S. 1066), zuletzt geändert durch Gesetz v. 22.7.2014 (BGBl. I S. 1218).
61 Kraft-Wärme-Kopplungsgesetz (KWKG) v. 19.3.2002 (BGBl. I S. 1092), zuletzt geändert durch Gesetz v. 21.7.2014 (BGBl. I S. 1066) .
62 Siehe zu den Umlagen Kap. 10.
63 BGH, Urt. v. 22.12.2003 – VIII ZR 90/02 – RdE 2004, 105; BGH, Urt. v. 30.10.2003 – III ZR 380/02 – IR 2004, 11.
64 Zu den Anforderungen an die konkrete Formulierung LG Itzehoe, Urt. v. 21.12.2006 – 3 O 52/06 – IR 2007, 39.

III. Der Energiepreis im engeren Sinn

1. Separierte Preissysteme, Pauschalpreise und Konsequenzen für die Preisanpassung

60 Die **Formulierung von Preisanpassungsklauseln** bzw. die **Wirksamkeit von Preisanpassungen** ist vor allem davon abhängig, welches **Modell der Preisgestaltung** lieferantenseitig angeboten wird. Dies wird wiederum unter dem Gesichtspunkt der Transparenz und Bestimmtheit von Preisanpassungsvorbehalten relevant. Zum einen kann sich der **Lieferant** entscheiden, einen **Komplettpreis** anzubieten, d. h. die einzelnen Kostenbestandteile einzupreisen. Alternativ hierzu, wobei unterschiedliche Ausgestaltungen und auch Mischformen möglich sind, können **einzelne Entgeltbestandteile separat** ausgewiesen werden (z. B. über Kostenelementeklauseln). Letzteres hat den **Vorteil** der besseren **Nachvollziehbarkeit** für den Kunden. Er kann einfach erkennen, für welche (Teil-)Leistung ihm welcher Preis in Rechnung gestellt wird. Auch hinsichtlich Preisanpassungen ist von vornherein offen gelegt, in welcher Weise und mit welchem Gewicht Änderungen in den einzelnen Entgeltelementen auf den Gesamtpreis Auswirkung haben.

Praxishinweis
Die **separate Ausweisung von Kostenbestandteilen** ist gerade im Bereich der **Belieferung von größeren (i. d. R. leistungsgemessenen) Kunden** üblich. Demgegenüber wird ein **Komplettpreis** regelmäßig im **Massenkundengeschäft** zu finden sein.

---

2. Pauschalpreissystem

61 Den insbesondere durch die **Rechtsprechung** entwickelten strengen **Anforderungen an die Rechtmäßigkeit** unterliegen **Preisanpassungsvorbehalte**, wenn der **Lieferant** einen **Pauschalpreis** anbietet, d. h. die einzelnen Entgeltbestandteile einpreist.

62 Die **vertraglichen Klauseln** sind dann daran zu messen, aus welchen Gründen das bei **Vertragsbeginn** bestehende **wirtschaftliche Gleichgewicht** zwischen den Vertragspartnern ins **Ungleichgewicht** geraten und eine **Entgeltanpassung notwendig** ist. Beachtenswert ist, dass veränderte **Marktsituationen** zu einer Schieflage der Kalkulation des Lieferanten führen können, sich für dessen Kunden jedoch zunächst als neutral darstellen. Macht der **Lieferant** jedoch wegen seines **anerkannten Interesses**[65] von seinem **Preisanpassungsrecht** Gebrauch, muss auch dem **Kunden** eine **Reaktionsmöglichkeit** zustehen, um seinerseits seine Interessen wahren zu können.

---

65 Siehe dazu bereits Rn 12 ff.

Praxishinweis
Diese **Kompensation** wird in aller Regel (mindestens) über die Einräumung eines **Kündigungsrechts** erzielt.

Dabei muss berücksichtigt werden, dass Preisanpassungen in Sonderkundenverträ- 63
gen grundsätzlich des Einverständnisses des Vertragspartners bedürfen, da es sich
zugleich um eine Vertragsänderung handelt. Das stellt den Lieferanten vor erhebliche
Abwicklungsschwierigkeiten. Prinzipiell müsste jeder seiner Vertragspartner sein
Einverständnis (i. d. R. durch eine Unterschrift) bekunden. Dies ist für die Praxis des
Massenkundengeschäftes untauglich. Zulässigerweise kann jedoch in Verträgen auch
ein vereinfachtes Verfahren vereinbart werden. Wird **vorab im Vertrag** festgelegt,
dass ein Schweigen des Kunden auf den Antrag des Lieferanten auf Preiserhöhung
unter Zugeständnis einer ausreichend langen Reaktionsfrist und einer entsprechenden Information seine Zustimmung dokumentiert, ist dies dem Grunde nach zulässig
und empfiehlt sich gerade für das **Massengeschäft.** Die **rechtlichen Grenzen** zeigt
§ 308 Nr. 5 BGB auf.

3. Keine Möglichkeit der Preisanpassung durch öffentliche Bekanntgabe in Sonderkundenverträgen

Im Zusammenhang mit der **Überprüfung von Preisanpassungsklauseln nach** 64
dem AGB-Recht und der **Ausnahmevorschrift des § 310 Abs. 2 BGB stellte sich**
in der Vergangenheit die Frage, ob – wie bei Grundversorgungsverträgen (§ 5
Abs. 2 StromGVV/GasGVV) – eine Preisanpassung durch öffentliche Bekanntgabe
auch in Sondervertragsverhältnissen wirksam vereinbart werden kann.[66] Dies wurde
nunmehr vom BGH ablehnend entschieden.[67] In dem vom BGH zu entscheidenden
Fall hatte sich der Versorger vorbehalten, die Änderung der Preise – entsprechend § 4
Abs. 2 AVBGasV – öffentlich bekannt zu geben.

Praxishinweis
§ 4 Abs. 2 AVBEltV/AVBGasV lässt wie die Nachfolgeregelung in § 5 Abs. 2 StromGVV/GasGVV eine
Preisänderung gegenüber grundversorgten Kunden **durch öffentliche Bekanntgabe** zu. Eine individuelle Mitteilung über die Preisanpassung sollten die Kunden nicht erhalten.

Der BGH ging in seiner Entscheidung davon aus, dass § 4 Abs. 2 AVBGasV keine Leit- 65
bildfunktion zukommt und Preisanpassungsklauseln in Sonderverträgen auch bei
Übernahme der Regelung der uneingeschränkten Kontrolle nach § 307 BGB unter-

---

[66] So z. B. LG Bonn, Urt. v. 7.9.2006 – 8 S 146/05 – RdE 2007, 84; LG Verden, Urt. v. 5.7.2007 – 5 O 419/06 – IR 2007, 235 f. mit Anm. v. *Finke.*
[67] BGH, Urt. v. 31.7.2013 – VIII ZR 162/09 – BGHZ 198, 111.

liegen. Die Unwirksamkeit einer § 4 Abs. 2 AVBGasV nachgebildeten Regelung – und damit auch der Möglichkeit einer Preisänderung durch öffentliche Bekanntgabe – ergebe sich daraus, dass diese Anlass und Modus einer Preisanpassung nicht hinreichend transparent abbilden.

4. Separierte Preissysteme: Gleitende Weitergabe einzelner Entgeltbestandteile

66 Wählt der Lieferant die Variante der **separaten Ausweisung einzelner Preisbestandteile**, legt er bei Vertragsschluss **einzelne Entgeltelemente** offen. Der Vertragspartner kann insbesondere hinsichtlich
– der Netznutzungsentgelte,[68]
– der Steuern,
– der Abgaben und
– der sonstigen hoheitlichen Belastungen (Umlagen) sowie
– der Konzessionsabgabe
sofort beurteilen, welchen Einfluss diesbezügliche Änderungen auf seine Gegenleistung haben. Dies erhöht die **Transparenz** und **Nachvollziehbarkeit** für den Vertragspartner.

67 In Ergänzung zu den bereits dargestellten rechtlichen Maßstäben, an denen sich Preisanpassungsklauseln messen lassen müssen,[69] sind für sog. **Kostenelementeklauseln** zudem folgende inhaltliche Vorgaben zu beachten:
– Wichtig für die rechtssichere Weitergabe von Änderungen der Höhe nach, die nur einzelne Elemente des Gesamtpreises betreffen, ist die Offenlegung der Höhe der Entgeltbestandteile bei Vertragsbeginn. Nur so ist sichergestellt, dass der Vertragspartner die Entwicklung der Preise überhaupt nachvollziehen kann.
– Des Weiteren formuliert der **BGH** in seiner jüngeren Rechtsprechung[70] (und zwischenzeitlich auch die nachrangigen Gerichte[71]), dass es der Nachvollziehbarkeit für den Kunden bei Kostenelementeklauseln widerspricht, wenn nicht auch die Gewichtung der einzelnen Kostenelemente im Hinblick auf ihre Bedeutung für die Kalkulation des Gesamtpreises ausgewiesen wird.

68 Dieses wird in der **Praxis**, gerade gegenüber Verbrauchern, die **Tauglichkeit von Kostenelementeklauseln** stark einschränken. Soweit möglich, sollte daher **im Mas-**

---

68 Nach § 40 Abs. 1 EnWG sind Stromlieferanten ohnehin verpflichtet, in ihren Rechnungen das Netznutzungsentgelt gesondert auszuweisen.
69 Siehe bereits Rn 22 ff.
70 BGH, Urt. v. 21.9.2005 – VIII ZR 38/05 – RdE 2006, 52 ff. – Flüssiggas.
71 OLG Bremen, Urt. v. 16.11.2007 – 5 U 42/06 – ZNER 2008, 65 ff.; LG Bremen, Urt. v. 24.5.2006 – 8 O 1065/05 – VersW 2006, 178 ff. – Gaspreis; dazu *Eder/Finke*, IR 2006, 182 f.

senkundengeschäft auf Kostenelementeklauseln verzichtet und auf § 315 BGB Bezug genommen werden.

Eine **Klauselgestaltung unter separater Ausweisung einzelner Kostenbestandteile** führt dazu, dass die genannten Entgeltelemente für den Versorger „**ertragsneutral**" sind, da sie in der jeweils gültigen Höhe durchgereicht werden. Da es aber in der **marktorientierten Wirtschaftsordnung** auch in anderen Bereichen nicht üblich ist, die einer Leistung zugrunde liegende **Kalkulation** in jedem Bestandteil offen zu legen, ist es auch in der Versorgungswirtschaft bislang nicht üblich, sämtliche Kostenbestandteile – und damit die gesamte Kalkulation – offen zu legen. Die **Praxistauglichkeit** von **detaillierten Kostenelementeklauseln** besteht daher lediglich eingeschränkt. 69

Eine **Besonderheit** ergibt sich für die **Weitergabe der Netznutzungsentgelte**. 70

Reicht der Lieferant diese an seinen Kunden durch, muss er berücksichtigen, dass diese nicht erst unter Einhaltung einer Vorankündigungsfrist unmittelbar auch gegenüber seinem Kunden wirksam werden sollten. Das sollte vertraglich fixiert werden. Gleiches gilt hinsichtlich nachträglicher Änderungen in den Netznutzungsentgelten, bspw. weil die zugrunde liegende Genehmigung mit Rechtsmitteln angegriffen wurde, somit nachträglich möglicherweise für einen bereits abgerechneten Zeitraum hinsichtlich der Netznutzungsentgelte ein neues Niveau gilt, was eine **Nachberechnung** erforderlich macht. 71

5. Kein Sonderkündigungsrecht bei separierten Preissystemen

Durch das Gesetz zur Neuregelung energiewirtschaftlicher Vorschriften vom 26.7.2011[72] hat das EnWG einige Änderungen erfahren. So ist in § 41 EnWG ein neuer Abs. 3 eingeführt worden, welcher in seinem Satz 2 dem Letztverbraucher ein fristloses Kündigungsrecht einräumt, sofern der Lieferant die Vertragsbedingungen einseitig ändert. 72

Der Wortlaut des § 41 Abs. 3 EnWG lautet: 73

> „Lieferanten haben Letztverbraucher rechtzeitig, in jedem Fall jedoch vor Ablauf der normalen Abrechnungsperiode und auf transparente und verständliche Weise über eine beabsichtigte Änderung der Vertragsbedingungen und über ihre Rücktrittsrechte zu unterrichten. Ändert der Lieferant die Vertragsbedingungen einseitig, kann der Letztverbraucher den Vertrag ohne Einhaltung einer Kündigungsfrist kündigen."

Fraglich ist jedoch, ob ein solches Kündigungsrecht auch bei separierten Preissystemen besteht, die ja gerade eine automatische Weitergabe von Kosten an den Verbraucher (und keine einseitige Änderung) vorsehen. Der Wortlaut der Norm spricht von einer „**einseitigen Vertragsänderung**". Das kann sachgerecht nur dahingehend verstanden werden, dass die Änderung der Vertragsbedingungen auf einem Wil- 74

---

72 BGBl. I S. 1554.

lensentschluss des Lieferanten beruht, dieser sich also bewusst und willentlich für eine Vertragsänderung entschieden haben muss. Einseitigkeit liegt demnach nicht vor, wenn dem Lieferanten nach dem Vertrag gar kein Ermessen bezüglich einer etwaigen Vertragsänderung zusteht.

75 Anderenfalls würde dem Wort „einseitig" in § 41 Abs. 3 Satz 2 EnWG kein eigenständiger Sinngehalt zukommen. Wollte man den Kunden vor jeder Änderung der Konditionen eines Vertrages mit einem Kündigungsrecht schützen, hätte § 41 Abs. 3 Satz 2 EnWG bestimmen müssen, dass ein Kündigungsrecht bei jeglicher Vertragsänderung besteht, gleichgültig worauf diese beruht.

76 Des Weiteren lässt sich anführen, dass schon nach dem Wortlaut eine einseitige Vertragsänderung voraussetzt, dass zumindest eine der beiden beteiligten Parteien, die Vertragsänderung willentlich herbeigeführt hat. Bei starren Kostenelementeklauseln, die die genauen Parameter für die Kostenweitergabe im Vorhinein festlegen, ist die Entwicklung der Preise hingegen ungewiss, und kann nicht von den Parteien beeinflusst werden. Hierin liegt nicht die vertragliche Einräumung eines einseitigen Vertragsanpassungsrechts, sondern lediglich die rechtsgeschäftlich zulässige Vereinbarung von detailliert fixierten Parametern für die zukünftige Preisentwicklung.[73] Es fehlt an einem Entscheidungsspielraum des Lieferanten für die zukünftige Preisentwicklung. Diese ist vom Lieferanten nicht einseitig gestaltbar, sondern von beiden Parteien vorher konsensual abgesprochen.[74] Wenn jedoch schon keine einseitige Vertragsanpassung vorliegt, besteht auch kein Sonderkündigungsrecht nach § 41 Abs. 3 Satz 2 EnWG.

77 Ausweislich der Gesetzesbegründung ging der Gesetzgeber davon aus, durch Einführung der Vorschrift nur die derzeit ohnehin geltende Rechtslage zu kodifizieren.[75] Der Vorschrift sollte also eine klarstellende Funktion zukommen.[76] Zu der Frage wann eine einseitige Vertragsänderung i. S. d. § 41 Abs. 3 Satz 2 EnWG vorliegt, schweigt die Begründung. Insofern spricht auch die historische Auslegung der Klausel dafür, dass dem Letztverbraucher kein Sonderkündigungsrecht zusteht, wenn der Energieversorger kein vertragliches Ermessen bezüglich einer etwaigen Kostenänderung hat.

78 Auch der Sinn und Zweck dieser Regelung spricht dagegen, dem Kunden bei separierten Preissystemen ein Sonderkündigungsrecht einzuräumen. Erkennbar sollte der Kunde – dem Wortlaut entsprechend – vor einseitigen Eingriffen in das vertragliche Synallagma durch ein Lösungsrecht vom Vertrag geschützt werden. Wenn aber die vertragliche Einigung schon in einer variablen (von keinem Vertragspartner beeinflussbaren) Preisgestaltung besteht, ist für diesen Schutzgedanken kein Raum. Ein weitergehender Eingriff in die Vertragsfreiheit ist insofern nicht geboten. Die Wei-

---

73 Vgl. *Büdenbender*, NJW 2007, 2945, 2946.
74 Vgl. *Büdenbender*, NJW 2007, 2945, 2947.
75 BR-Drucks. 343/11, S. 215.
76 BR-Drucks. 343/11, S. 215.

tergabe von bspw. geänderten Umsatzssteuersätzen und vergleichbaren Belastungen ist vollständig marktüblich und wird – auch rechtlich – ohne Kündigungsrecht durchgeführt.

E. Wichtige Gerichtsentscheidungen

I. Flüssiggas-Entscheidung des BGH

Die von einem Unternehmer gegenüber Verbrauchern zum Abschluss von **Flüssiggasbelieferungsverträgen** verwendete Klausel: 79

> „Wenn sich nach Abschluss des Vertrages die Gestehungspreise für Flüssiggas, die Material-, Lohn-, Transport- und Lagerkosten oder die Mineralöl- bzw. Mehrwertsteuersätze ändern, kann S. (= Beklagte) im Umfang der Veränderungen dieser Kostenfaktoren pro Liefereinheit den vorstehend angegebenen derzeitigen Gaspreis ändern.
> Wenn sich die vorgenannten Kosten ermäßigen, kann der Kunde die Neufestsetzung des Preises i. d. R. Veränderung der Kostenfaktoren verlangen."

hält nach Auffassung des **BGH**[77] der **Inhaltskontrolle** nach § 307 Abs. 1 BGB **nicht stand**.

Im Verfahren vor dem **BGH** hatte ein Verbraucherverband den Verwender der Klausel, einen Flüssiggaslieferanten, auf Unterlassung der Verwendung der genannten Klausel verklagt. Der Flüssiggaslieferant hat im Verfahren vorgetragen, die durch die Klausel eröffnete Möglichkeit der Kunden, im Falle von Kostensenkungen eine Neufestsetzung des Preises zu verlangen, stelle gegenüber dem Preisanpassungsrecht ein **ausreichendes Gegengewicht** dar. Der **BGH** hat dies im Ergebnis abgelehnt und eine Unwirksamkeit der Vertragsbestimmung wegen eines Verstoßes gegen § 307 BGB angenommen. 80

Der **BGH** führt aus, dass die **Klausel** weder die **Voraussetzungen** noch den **Umfang** einer Gaspreiserhöhung hinreichend bestimmt regelt. Die Vertragspartner des Versorgers seien auf dieser Grundlage nicht in der Lage, die Berechtigung von Preiserhöhungen verlässlich nachzuvollziehen. Dem Lieferanten werde so die Möglichkeit eröffnet, das in dem ursprünglich vereinbarten Gaspreis zum Ausdruck kommende Gleichgewicht von Leistung und Gegenleistung zu seinen Gunsten zu verändern, ohne dass dem Kunden ein effektiver, kompensierender Ausgleich zur Verfügung steht. 81

Die verwendete Klausel widerspricht den **Anforderungen** an eine **zulässige Kostenelementeklausel,** wenn sie Preisänderungen an die Entwicklung bestimmter betriebsinterner Berechnungsgrößen koppelt. Diese können die Kunden weder 82

---

77 BGH, Urt. v. 21.9.2005 – VIII ZR 38/05 – RdE 2006, 52 ff. – Flüssiggas.

kennen noch zumutbar in Erfahrung bringen. Die Klausel gewährt der Beklagten so einen **praktisch unkontrollierbaren Spielraum** zur Erzielung zusätzlicher Gewinne.

83 Der Klausel fehlt es zudem an einer **Gewichtung der einzelnen Kostenelemente** im Hinblick auf ihre Bedeutung für die Kalkulation des Gaspreises. Für den Kunden sei nicht vorhersehbar, wie sich die Erhöhung einzelner Kostenpositionen auf den vereinbarten Gaspreis auswirkt. Schließlich erlaubt die Klausel eine Preiserhöhung selbst dann, wenn sich zwar ein Kostenelement nach oben verändert hat, dieses jedoch durch ein Absinken eines anderen Kostenfaktors kompensiert ist, die Gesamtkosten daher unverändert sind.

84 Das Recht des Kunden, eine Neufestsetzung des Gaspreises zu verlangen, sei von der Entwicklung derselben Kostenfaktoren abhängig, die für das Recht der Beklagten zur einseitigen Preiserhöhung maßgeblich sind. In diese **betriebsinternen Berechnungsgrößen** habe der Kunde jedoch keinen Einblick und könne daher nicht erkennen, wann und in welchem Umfang er eine Senkung des Gaspreises verlangen kann. Das Recht des Kunden könne die **unangemessene Benachteiligung** durch die Beklagte daher nicht ausgleichen.

II. Entscheidung des BGH zu sog. GVV-Klauseln

85 In einer Entscheidung vom 31.7.2013 hatte sich der BGH[78] mit der Frage auseinanderzusetzen, ob die nachfolgenden Klauseln in Sonderlieferverträgen wirksam vereinbart werden können:

> „Ändern sich die allgemeinen veröffentlichten Tarifpreise (Haushalt und Gewerbe [des Versorgungsunternehmens], so ist [das Versorgungsunternehmen] berechtigt, die Vertragspreise angemessen zu ändern. Die Änderungen werden wirksam mit der Bekanntgabe der geänderten Preise ab dem in der Bekanntgabe angegebenen Zeitpunkt ... "

> „Die Preise des Sonderabkommens HS sind an den Tarif H II, die Preise des Sonderabkommens GS an den Tarif G II der ab 1. Oktober 1981 gültigen allgemeinen Tarife für die Versorgung mit Gas [des Versorgungsunternehmens] gebunden. Ändern sich die Grundpreise dieser Tarife, so ändern sich auch die Grundpreise der Sonderabkommen im gleichen Verhältnis; ändern sich die Arbeitspreise, so ändern sich die Arbeitspreise der Sonderabkommen um den gleichen Betrag."

86 In seiner Entscheidung hat der BGH diese § 4 Abs. 2 AVBGasV bzw. der Nachfolgeregelungen in § 5 Abs. 2 StromGVV/Abs. 3 GasGVV nachgebildeten Preisanpassungsklauseln (sog. GVV-Klauseln) für unwirksam erklärt. Die Unwirksamkeit der Klausel folgt aus § 307 Abs. 1 BGB, der – entgegen dem früheren Verständnis – nicht durch § 310 Abs. 2 BGB eingeschränkt werde. Den Vorgaben zur Preisanpassung gegenüber

---

[78] BGH, Urt. v. 31.7.2013 – VIII ZR 162/09 – BGHZ 198, 111.

Tarifkunden komme insoweit keine „Leitbildfunktion" zu, so dass sondervertragliche Preisanpassungsklauseln auch bei Übernahme dieser Regelungen der uneingeschränkten Kontrolle im Hinblick auf Transparenz und Angemessenheit unterliegen. Die Unwirksamkeit der genannten Preisanpassungsklauseln ergebe sich – dem Gericht zufolge – daraus, dass diese Anlass und Modus der Entgeltänderung nicht hinreichend transparent abbilden.

In diesem Zusammenhang hat der BGH in der Urteilsbegründung auch die von ihm in vergangenen Entscheidungen aufgestellten Anforderungen an Transparenz und Angemessenheit von Preisanpassungsklauseln aufgegriffen und ausdrücklich bestätigt. Ein Vorbehalt des Lieferanten, die Preise einseitig zu ändern, müsse nach dem BGH die Verpflichtung des Versorgers vorsehen, Einsparungen in gleichem Umfang Rechnung zu tragen wie gestiegenen Kosten. Weiterhin müsse die Klausel die Möglichkeit des Kunden, die Preisanpassung auf ihre Billigkeit überprüfen zu lassen, hinreichend deutlich erkennen lassen. An diesen Voraussetzungen fehle es bei einem bloßen Verweis auf § 4 Abs. 2 AVBGasV.

87

Die Folgen der Unwirksamkeit der Preisanpassung seien auch nicht durch Herleitung eines einseitigen Preisanpassungsrechts des Versorgers im Wege einer ergänzenden Auslegung des Liefervertrages zu begrenzen. Allerdings bestätigte der BGH (obwohl die Voraussetzungen im konkreten Fall nicht vorlagen) seine Rechtsprechung, wonach der Kunde sich nicht auf die Unwirksamkeit derjenigen Preiserhöhung berufen kann, wenn er nicht innerhalb eines Zeitraums von drei Jahren nach Zugang der Jahresabrechnung, der der erhöhte Vertragspreis erstmals zugrunde lag, widersprochen hat.

88

III. BGH zur Wirksamkeit von HEL-Klauseln gegenüber Verbrauchern

Der BGH hat in zwei Urteilen 24.3.2010 – VIII ZR 178/08[79] und VIII ZR 304/08[80] – Klauseln in Erdgas-Sonderkundenverträgen, die den Arbeitspreis für Erdgas allein an die Entwicklung des Preises für extra leichtes Heizöl (sog. HEL-Klauseln) binden, wegen einer unangemessenen Benachteiligung der Kunden im Sinne des § 307 Abs. 1 BGB für unwirksam erklärt hat.

89

Das Gericht sieht in den **HEL-Klauseln** jeweils dem AGB-Recht unterfallende Preisanpassungsklauseln. Dadurch dass Grund- und Arbeitspreis – auf letzteren bezogen sich die HEL-Klauseln – in der Vertragsurkunde fest beziffert waren, habe es aus der maßgeblichen Sicht des Kunden von Anfang an einen festen und keinen variablen Preis gegeben. Die HEL-Klausel sei so zu verstehen, dass sie die feste Preisabrede lediglich ergänzte. Die HEL-Klausel sei daher eine Preisanpassungsklausel

90

---

[79] BGH, Urt. v. 24.3.2010 – VIII ZR 178/08 – BGHZ 185, 96.
[80] BGH, Urt. v. 24.3.2010 – VIII ZR 304/08 – RdE 2010, 215.

(Preisnebenabrede) und keine Preisabrede, die – aus Gründen privatautonomer Vertragsgestaltung – dem AGB-Recht nicht unterliege. Als Preisanpassungsklausel begründe die HEL-Klausel aber nach Ansicht des BGH eine unangemessene Benachteiligung der Sondervertragskunden im Sinne des § 307 Abs. 1 S. 1 BGB, da es kein schutzwürdiges Interesse an ihrer Verwendung gebe. Laut BGH spricht vieles dafür, dass die HEL-Klauseln der Erhaltung einer bestimmten Werterelation zwischen Erdgaslieferung und Geldzahlung bezwecken. Die Angemessenheit setze aber eine Prognose voraus, dass sich der Marktpreis für die Erdgaslieferung typischerweise ähnlich wie der Marktpreis für HEL entwickelt. Eine solche Prognose scheitere aber bereits daran, dass es nach Auffassung im Bereich der Belieferung von leitungsgebundenem Gas an Endverbraucher mangels wirksamen Wettbewerbs nach wie vor keinen Marktpreis gibt. Die Tatsache, dass der Gaspreis vielfach parallel zum Preis für leichtes Heizöl fixiert wird, beruhe lediglich auf einer gefestigten Praxis und nicht auf Markteinflüssen.

91 Ein berechtigtes Interesse an der Verwendung von HEL-Klauseln gegenüber Verbrauchern ergibt sich nach Ansicht des BGH auch nicht daraus, dass Gaslieferanten ein – vom BGH anerkanntes – Interesse haben, Kostensteigerungen während der Vertragslaufzeit an Sondervertragskunden weiterzugeben. HEL-Klauseln seien nicht in der Lage, die tatsächlichen Kostenentwicklungen der Lieferanten weiterzugeben. Zum einen gewährleisteten sie aufgrund ihrer vielfältigen Ausgestaltungen regelmäßig keine Korrelation der Bezugskosten des Lieferanten zu den für den Endkunden berechneten Arbeitspreisen. Zum anderen berücksichtigten sie nicht, dass ein Anstieg der Bezugskosten durch Kostensenkungen in anderen Bereichen (z. B. Absenkungen der Netzentgelte) ausgeglichen werden könne.

IV. BGH zur Wirksamkeit von HEL-Klauseln gegenüber Gewerbekunden

92 In zwei Entscheidungen vom 14.5.2014 hat sich der BGH[81] erneut mit der Wirksamkeit von HEL-Klauseln auseinandergesetzt. Anders als bei den Gaslieferverträgen in den Entscheidungen vom 24.3.2010 handelte es sich jedoch um **Gaslieferverträge mit Gewerbekunden**. Den beiden Entscheidungen lagen leicht unterschiedliche Preisanpassungsklauseln zugrunde. So fand sich in dem den einen Rechtsstreit[82] zugrundeliegenden Gasliefervertrag mit einer Wohnungsbaugenossenschaft eine ausdrücklich als variabler Arbeitspreis vereinbarte HEL-Formel, auf die dann in einer weiteren Anlage zum Vertrag für spätere Änderungen des Preises (zu jedem Quartal) Bezug genommen wurde. In dem anderen Rechtsstreit[83] enthielt der Gasliefervertrag mit

---

81 BGH, Urt. v. 14.5.2014 – VIII ZR 114/13 – n. v. sowie Urt. v. 14.5.2014 – VIII ZR 116/13 – n. v.
82 Urt. v. 14.5.2014 – VIII ZR 116/13 – n. v.
83 BGH, Urt. v. 14.5.2014 – VIII ZR 114/13 – n. v.

einer Porzellanfabrik hingegen die ausdrückliche Bezifferung des Arbeitspreises in Währung/kWh, der dann in einer weiteren Ziffer im Vertrag durch die dort benannte Berechnungsmethode (HEL-Formel) als veränderlich vereinbart war.

Der BGH hat entschieden, dass eine in den AGB eines Gaslieferungsvertrages 93 mit Gewerbekunden enthaltene Preisregelung, die sowohl der Berechnung des bei Vertragsbeginn geltenden Arbeitspreises als auch der Berechnung späterer Preisänderungen dient, zwar eine der Inhaltskontrolle nach § 307 BGB unterliegende Preisnebenabrede darstelle; die HEL-Klausel als Preisnebenabrede jedoch der inhaltlichen Kontrolle standhalte und demzufolge wirksam sei. Angemessen im Sinne des § 307 Abs. 1 BGB seien HEL-Klauseln in Gaslieferverträgen mit Gewerbekunden deshalb, weil die maßgebliche Frage, ob die Koppelung des Gaspreises an den Preis für leichtes Heizöl für einen Gewerbekunden sachgerecht und akzeptabel sei, der kaufmännischen Entscheidung und Beurteilung des als Unternehmer handelnden Gaskunden unterliege. Dieser habe die Chancen und Risiken einer Preiskoppelung einzuschätzen. Für den Gewerbekunden sei ersichtlich, dass mit der Anknüpfung an den Marktpreis von Heizöl als einzige Variable kein Bezug auf sonstige künftige Kostensteigerungen und Kostensenkungen beim Gaslieferanten selbst genommen werde bzw. dass diese Kostenentwicklungen für den in Zukunft zu zahlenden Arbeitspreis ohne Bedeutung ist.

F. Ausblick

Bereits diese beispielhaften Entscheidungen zeigen, dass die **Rechtsprechung** 94 **äußerst strenge Anforderungen an die Ausgestaltung von Preisanpassungsklauseln** vorsieht.

In der **Gesamtbetrachtung** muss auch bei der Anwendung der strengen Vorga- 95 ben des AGB-Rechts darauf geachtet werden, dass eine **Klausel**, die einen **sachgerechten und nachvollziehbaren Ausgleich der Interessen beider Vertragspartner** vorsieht, keine unangemessene Benachteiligung i. S. v. § 307 BGB darstellen kann. Dabei ist dem Interesse des jeweiligen Versorgungskunden an Preissicherheit und einer Transparenz hinsichtlich möglicher Preissteigerungen letztlich nur durch ein **Kündigungsrecht** wirksam Rechnung zu tragen.

Kapitel 6
Grundversorgung

A. Grundlagen der Grundversorgung

Die Grundversorgung ist eigentlich ein Relikt aus alten Monopolzeiten, als der Verbraucher keine Wahl zwischen verschiedenen Versorgern hatte. Regelmäßig gab es nur einen einzigen Versorger, der in der Lage war an der Anschlussstelle des Verbrauchers mit Strom und/oder Gas zu versorgen. Aus diesem Grund war es im Rahmen der staatlichen Daseinsvorsorge erforderlich, einem Unternehmen die Versorgungspflicht für jedermann aufzuerlegen. Die Situation hat sich zwischenzeitlich geändert. Sowohl bei der Strom- als auch bei der Gasversorgung gibt es jetzt eine Vielzahl von Versorgern und Tarifen zur Auswahl.[1]

I. Regelung im Energiewirtschaftsgesetz

Auch wenn die Wechselmöglichkeit zu anderen Versorgern besteht, hat der Gesetzgeber im § 36 EnWG[2] eine **Grundversorgungspflicht** geregelt. Grundsätzlich ist die Strom- und Gasversorgung auch im liberalisierten Markt Aufgabe der **Daseinsvorsorge**. Der Staat hat mit der Grundversorgung sichergestellt, dass eine Versorgung der Kunden durch mindestens ein Versorgungsunternehmen, dem Grundversorger, sichergestellt ist.

1. Grundversorgungspflichtiges Unternehmen

Zur Grundversorgung ist das Unternehmen verpflichtet, dass die meisten Haushaltskunden in dem **Netz der allgemeinen Versorgung** beliefert. Die Bestimmung des Grundversorgers erfolgt durch den Netzbetreiber, da diesem sämtliche Informationen zu der Anzahl der versorgten Kunden vorliegen.

Die **Eigenschaft** als **Grundversorger** ist allerdings nicht statisch. Der Netzbetreiber hat in einem dreijährigen Rhythmus zu überprüfen, welches Versorgungsunternehmen die **meisten Haushaltskunden** versorgt. Hierfür sieht § 36 Abs. 2 S. 2 EnWG den 1.7. als Stichtag für die Ermittlung vor. Bis zum 30.9. des gleichen Jahres hat der

---

[1] Im Internet sind eine Vielzahl von Vergleichsportalen vorhanden, in denen sich ein Verbraucher den für ihn passenden Versorger und Tarif aussuchen kann. Regelmäßig hat er hier die Wahl aus mehr als 100 verschiedenen Tarifen von unterschiedlichen Versorgungsunternehmen.
[2] Energiewirtschaftsgesetz (EnWG) v. 7.7.2005 (BGBl. I S. 1970, 3621), zuletzt geändert durch Gesetz v. 21.7.2014 (BGBl. I S. 1066).

Netzbetreiber die Eigenschaft des Grundversorgers auf seiner Homepage zu veröffentlichen. Lieferanten haben dann bis zum 31.10. Zeit, bei der jeweils zuständigen Landesbehörde Einwände gegen die vom Netzbetreiber getroffenen Feststellungen zu erheben.

2. Grundversorgungsberechtigte Energiekunden

5   Wer aus der Grundversorgung berechtigt ist, wird in § 36 Abs. 1 EnWG geregelt, dies sind Haushaltskunden.

6   Der Begriff des Haushaltskunden wiederum wird in § 3 Nr. 22 EnWG wie folgt definiert:

> „Letztverbraucher, die Energie überwiegend für den Eigenverbrauch im Haushalt oder für den einen Jahresverbrauch von 10.000 Kilowattstunden nicht übersteigenden Eigenverbrauch für berufliche, landwirtschaftliche oder gewerbliche Zwecke kaufen."

7   Diese Definition bringt einige Unschärfen mit sich.

8   Unzweifelhaft in die Grundversorgung fallen Kunden, welche die Energie ausschließlich im privaten Haushalt verbrauchen. Soweit diese Ausschließlichkeit nicht mehr gegeben ist, kann es problematisch werden. Ein Großteil des Problems kommt daher, dass die in der Norm angegebene Grenze von 10.000 kWh wohl willkürlich gegriffen ist. In der Stromversorgung mag diese noch sinnvoll sein, bei der Gasversorgung ist der Verbrauch schon für einen normalen Haushalt, der Gas zu Heizzwecken verwendet, deutlich zu gering. Offenbar hat man versucht, einen Gleichklang zwischen den Medien herbeizuführen, der an dieser Stelle aber fehl geht. Regelmäßig dürfte der Verbrauch in einem durchschnittlichen Haushalt jenseits von 10.000 kWh liegen, so dass allenfalls eine Relevanz für Kochgaskunden besteht.

9   Es wird insbesondere bei gemischt genutzten Immobilien, etwa bei dem Betreiben eines Geschäftes oder einer Rechtsanwaltskanzlei in einem Haus, dass gleichzeitig auch zu eigenen Wohnzwecken verwandt wird, darauf ankommen, welchem Nutzungsbereich der überwiegende Teil des Strom- und/oder Gasverbrauchs zuzuordnen ist. Je nach Einordnung gibt es deutlich unterschiedliche Rechtsfolgen.[3] Der Grundversorger wird diese Abgrenzung nicht selbst vornehmen können, insbesondere dann nicht, wenn er dem Eigentümer lediglich eine einheitliche Rechnung stellt. Daher obliegt es dem Eigentümer dem Grundversorger durch Vorlage geeigneter Unterlagen nachzuweisen, dass er Haushaltskunde i. S. d. § 3 Nr. 22 EnWG ist und daher einen Anspruch auf die Grundversorgung hat.

---

3   Vgl. sogleich Rn 10 ff.

3. Wirkung der Grundversorgung

Ein Haushaltskunde i. S. d. § 3 Nr. 22 EnWG hat gegenüber dem Grundversorger einen Anspruch auf eine Versorgung zu den Allgemeinen Bedingungen und Allgemeinen Preisen. Eine nähere Ausgestaltung hat der Gesetzgeber in der StromGVV[4] und der GasGVV[5] vorgenommen.

Auch Haushaltskunden, die keinen Versorger gewählt haben und gleichwohl Strom/Gas aus dem Versorgungsnetz entnehmen, werden dem Grundversorger zugeordnet und begründen mit diesem einen Versorgungsvertrag in der Grundversorgung. Letztlich bedeutet dies, dass ein Haushaltskunde immer einen Versorger hat, der ihn mit Strom und Gas versorgt. Auf den ersten Blick klingt diese Regelung auch für den Versorger sehr positiv. Ihm werden die Kunden quasi ohne eigenes Zutun zugeführt und er vergrößert seinen Kundenstamm, was nicht nur einen weiteren Vorteil bei der nächsten Bestimmung des Grundversorgers bringt, sondern darüber hinaus auch zu einer Steigerung des Umsatzes beiträgt.

Grundsätzlich wird man einer solch positive Bewertung durchaus zustimmen und in den überwiegenden Fällen ist dies sicherlich auch positiv. Auf der anderen Seite allerdings, hat der Grundversorger keine Wahl, wen er als Kunden nimmt oder nicht. Er muss jeden Haushaltskunden bis zur Grenze der wirtschaftlichen Unzumutbarkeit versorgen. Diese Grenze dürfte indes nur schwer zu erreichen sein. Es stellt sich schon die Frage, ob er für die Versorgung eines Einzelnen überhaupt eine **wirtschaftliche Unzumutbarkeit** begründen muss oder ob, wie in der Rechtsprechung teilweise angenommen wird, es nicht vielmehr auf eine Unzumutbarkeit für das Unternehmen des Grundversorgers ankommt.[6]

Im Übrigen wird dem Grundversorger mit der StromGVV und der GasGVV die **Ausgestaltung** des **Vertragsverhältnisses** vorgegeben, von denen die Versorger nur sehr begrenzt abweichen können. Gerade die Frage des Rechts zur **Preisanpassung** macht dies deutlich.[7] Immer wieder haben Kunden bemängelt, dass eine solche Preisanpassungsmöglichkeit nicht existieren würde, da es hieran in der GVV fehlt bzw. die dort enthaltene Regelung nicht wirksam ist. Diese Rechtsauffassung einmal als richtig unterstellt, bedeutet dies, dass der Versorger zwar die vertragliche Verpflichtung zur Versorgung eingehen muss, im Gegenzug allerdings kein Recht zur Preisanpassung haben würde. Dass Preisanpassungen notwendig sind, wird man hierbei nicht in Frage stellen können, so dass es zu einer wirtschaftlich kaum hinnehmbaren Situation kommt.

---

[4] Stromgrundversorgungsverordnung (StromGVV) v. 26.10.2006 (BGBl. I S. 2391), zuletzt geändert durch Gesetz v. 25.7.2013 (BGBl. I S. 2722).
[5] Gasgrundversorgungsverordnung (GasGVV) v. 26.10.2006 (BGBl. I S. 2391, 2396), zuletzt geändert durch Gesetz v. 25.7.2013 (BGBl. I S. 2722).
[6] OLG Dresden, Urt. v. 17.11.2009 – 9 U 1467/09 – RdE 2010, 186 ff. = ZfK 2010, 6.
[7] Vgl. sogleich Rn 15 ff. sowie Kap. 1 und 5.

14   Der Grundversorger wird vielmehr oftmals auf seine Rechte aus der StromGVV/GasGVV verwiesen. Dies meint oftmals das Recht zur **Versorgungsunterbrechung** gemäß § 19 StromGVV/GasGVV. Hierbei ist allerdings festzuhalten, dass Gerichte ein solches **Sperrrecht** vielfach dann verneinen, wenn der Kunde zuvor die Unbilligkeit der Preise gerügt hat und auch nur den Erhöhungsbetrag einbehält.

B. Preisanpassungsrecht

15   Zwischen allen Marktteilnehmern, sei es Versorger, Verbraucher, Gerichte oder auch Kartellbehörden wird nicht ernsthaft in Zweifel gezogen, dass ein Versorger in der Lage sein muss, die Preise für die Versorgung mit Strom und Gas zu verändern.

16   Alles nach dieser grundlegenden Festlegung ist aber zwischen Versorgern und Kunden umstritten. Oftmals wird schon ganz grundlegend in Zweifel gezogen, ob ein Grundversorger überhaupt das Recht hat, Preisanpassungen vorzunehmen.

I. Einordnung in die Grundversorgung

17   Bevor der Frage nachgegangen werden kann, ob und wenn ja inwieweit sich eine Preisanpassung in der Grundversorgung möglich ist, ist jeweils zu klären, ob es sich bei dem Versorgungsverhältnis um eines in der Grundversorgung oder im Sonderkundenbereich handelt.

1. Relevanz der Abgrenzung

18   Die Frage ob eine **Grundversorgung** oder ein **Sonderkundenverhältnis** vorliegt, ist von entscheidender Bedeutung für die Frage, welcher **Prüfungsmaßstab** anzuwenden ist und wo die Schwerpunkte einer Prüfung sind.

19   In **Sonderkundenverträgen**[8] liegt der Schwerpunkt von Auseinandersetzungen bei der Frage des Ob der Preisanpassung. Insbesondere kommt es in diesen Fällen darauf an, ob die Preisanpassungsklausel den Anforderungen, welche das Recht der **Allgemeinen Geschäftsbedingungen** (AGB) stellt, genügt. Die Anforderungen des BGH sind derartig komplex, dass bisher keine der geprüften **Preisanpassungsklauseln** vom BGH bestätigt wurden. Im Gegenteil: Die ursprünglich als mit dem AGB-Recht vereinbare spiegelbildliche Abbildung der Preisanpassungsmöglichkeit aus § 4

---

8 Vgl. Kap. 5.

Abs. 2 AVBEltV[9]/AVBGasV[10] in Sonderverträgen,[11] wurde nach einer Entscheidung des EuGH[12] vom BGH ausdrücklich wieder aufgegeben.[13]

Ist diese Hürde genommen, dürfte eine Prüfung der Einhaltung der vertraglichen vereinbarten Voraussetzungen unproblematischer sein.

In der **Grundversorgung** verhält es sich oftmals anders. **Preisanpassungen**, welche ihre Berechtigungen direkt aus der StromGVV/GasGVV finden, unterliegen keiner Prüfung nach dem AGB-Recht, § 307 Abs. 3 BGB. Hier liegt, wie auch die Rechtsprechung zeigt, der Schwerpunkt bei dem Umfang einer möglichen Preisanpassung.

2. Abgrenzung

Wie die **Grundversorgung** vom **Sondervertrag** abzugrenzen war, hat die Rechtsprechung eine gewisse Zeit beschäftigt, bis sich der BGH mit dieser Frage auseinandergesetzt hat:

In seiner Entscheidung vom 15.7.2009[14] stellt der BGH darauf ab, ob das Versorgungsunternehmen die Versorgung zu öffentlich bekannt gemachten Bedingungen im Rahmen seiner Versorgungspflicht oder im Rahmen der Vertragsfreiheit anbietet. Maßgeblich kommt es hierbei auf die Sicht des durchschnittlichen Kunden an. Hierbei stellt das Gericht auch auf die Bezeichnung des Tarifs ab.[15]

Tipp
Zur Vermeidung von Verwirrungen sollte in der Grundversorgung darauf verzichtet werden, Tarifbezeichnungen zu verwenden, die eine Sondervertragseigenschaft nahe legen könnten. Dies dürfte insbesondere Begriffe wie „Sonder", „Spezial" etc. betreffen.

Mithin wird man das Vertragsverhältnis analysieren und auslegen müssen. Kommt beispielsweise ein Kunde ohne ausdrücklichen Vertragsschluss auch in den Genuss des Vertrages, spricht viel für eine Versorgung in der Grundversorgung. Werden demgegenüber von der GVV abweichende Bedingungen angeboten, etwa eine feste Laufzeit oder eine Preisgleitklausel, wird wohl von einem Sondervertrag ausgegangen werden müssen.

---

[9] Verordnung über Allgemeine Bedingungen für die Elektrizitätsversorgung von Tarifkunden (AVBEltV) v. 21.6.1979 (BGBl. I S. 684) – zum 7.11.2006 außer Kraft getreten.
[10] Verordnung über Allgemeine Bedingungen für die Gasversorgung von Tarifkunden (AVBGasV) v. 21.6.1979 (BGBl. I S. 676) – zum 7.11.2006 außer Kraft getreten.
[11] BGH, Urt. v. 15.7.2009 – VIII ZR 225/07 – BGHZ 182, 59.
[12] EuGH, Urt. v. 21.3.21013 – C-92/11 – NJW 21013, 2253.
[13] BGH, Urt. v. 31.7.2013 – VIII ZR 162/09 – NJW 2013, 3647.
[14] BGH, Urt. v. 15.7.2009 – VIII ZR 225/07 – BGHZ 182, 59.
[15] BGH, Urt. v. 11.5.2011 – VIII ZR 42/10, Rn. 34 – BGHZ 189, 356.

3. Best-Preis-Abrechnung

25 Besondere Abgrenzungsschwierigkeiten ergaben sich oftmals dann, wenn eine Versorgung im Rahmen einer Best-Preis-Abrechnung erfolgt. Best-Preis-Abrechnung bedeutet, dass der Kunde je nach seinem Verbrauchsverhalten automatisch in eine bestimmte Preiszone eines Tarifs eingestuft wird.

26 Grundsätzlich kann ein Versorgungsunternehmen auch mehrere Grundversorgungstarife anbieten.[16] Auch insoweit kommt es dann jeweils auf die konkrete Ausgestaltung des Tarifes an. Verbleibt es auch bei einer Best-Preis-Abrechnung allein bei den Bedingungen der GVV, so ist auch in diesem Fall von einer Grundversorgung auszugehen.[17]

II. Rechtsprechung in Deutschland

27 Mitte des Jahres 2004 sorgte in der Frage nach der Berechtigung der Preisanpassung ein Urteil des AG Heilbronn[18] für Furore. Auch wenn in diesem Verfahren der Verbraucher, ein ehemaliger Richter des AG Heilbronn, letztlich vor dem BGH unterlegen war,[19] begann damit eine Welle von Widersprüchen von Verbrauchern und daraus ergebend eine hohe Anzahl von Gerichtsverfahren gegen Versorgungsunternehmen.

28 Die erste Frage, ob den Unternehmen überhaupt ein **einseitiges Preisbestimmungsrecht** zukam, hat der BGH im Jahr 2007 geklärt. Im **Strompreisurteil** vom 28.3.2007[20] wurde diese Frage noch offengelassen, da es hier nicht entscheidend darauf ankam. In seinem **Gaspreisurteil** vom 13.6.2007[21] wurde dann klargestellt: Einseitige Tariferhöhungen eines Gasversorgers gem. § 4 Abs. 1 und 2 der AVBGasV (und damit auch nach seiner Nachfolgeregelung des § 5 Abs. 2 GasGVV) unterliegen der **gerichtlichen Billigkeitskontrolle** nach § 315 Abs. 3 BGB. Dem legt das Gericht folgende Erwägungen zugrunde:

> „Ein materielles Leistungsbestimmungsrecht i. S. v. § 315 Abs. 1 BGB kann einer Vertragspartei nicht nur durch vertragliche Vereinbarung, sondern auch durch Gesetz eingeräumt werden."[22]

---

[16] BGH, Urt. v. 14.7.2010 – VIII ZR 246/08, Rn 27 – NJW 2011, 50, 51; BGH, Urt. v. 11.5.2011 – VIII ZR 42/10, Rn 32 – BGHZ 189, 356, 365; BGH, Urt. v. 31.7.2013 – VIII ZR 162/09, Rn 34 – NJW 2013, 3647, 3649.
[17] OLG Koblenz, Urt. v. 17.6.2010 – U 1092/09.Kart. – IR 2011, 36.
[18] AG Heilbronn, Urt. v. 15.4.2005 – 15a C 4394/04 – RdE 2005, 176 ff. = ZNER 2005, 177 ff.
[19] BGH, Urt. v. 13.6.2007 – VIII ZR 36/06 – BGHZ 172, 315.
[20] BGH, Urt. v. 28.3.2007 – VIII ZR 144/06 – N&R 2007, 116 ff. mit Anm. v. *Wollschläger*.
[21] BGH, Urt. v. 13.6.2007 – VIII ZR 36/06 – NJW 2007, 2540 ff.
[22] Hier unter Rückgriff auf BGH, Urt. v. 17.5.1994 – X ZR 82/92 – BGHZ 126, 109, 120 zu § 12 Abs. 3 Gesetz über Arbeitnehmererfindungen; Palandt/*Grüneberg*, § 315 BGB Rn 4; Soergel/*Wolf*, § 315 BGB Rn 29; Bamberger/Roth/*Gehrlen*, § 315 BGB Rn 3; Staudinger, § 315 BGB Rn 255; Erman/*Hager*, § 315 BGB Rn 10.

III. Einflüsse des europäischen Rechts auf deutsche Versorgerpreise

Nachdem der BGH mit seiner Entscheidung vom 29.4.2008 das erste Mal im Sonderkundenvertrag zu erkennen gegeben hat, welche Anforderungen er an die Wirksamkeit von Preisanpassungsklauseln hat,[23] kamen dem OLG Oldenburg[24] Zweifel an der Vereinbarkeit mit der EltRL,[25] was nach einem Urteil des EuGH[26] dazu führte, dass auch der BGH[27] den Verstoß mit der EltRL feststellte.

Auch wenn diese Vorgänge zunächst nur für den Sonderkundenvertragsbereich Relevanz hatten, sind Auswirkungen auch auf die Grundversorgung nicht von der Hand zu weisen. Schließlich ging es bei der vorbezeichneten Klausel um die Bezugnahme auf § 4 AVBGasV.

Tatsächlich hat der BGH mit seinem Vorlagebeschluss vom 29.6.2011[28] dem EuGH die Frage zur Entscheidung vorgelegt, ob die Preisanpassungsregelung, wie sie der deutsche Verordnungsgeber in den Versorgungsbedingungen bzw. den GVV vorgesehen hat, mit der EltRL im Einklang steht.

In seinen Schlussanträgen kommt der Generalanwalt[29] zu dem Ergebnis, dass die deutsche Regelung in den Allgemeinen Versorgungsbedingungen bzw. den Grundversorgungsverordnungen nicht mit den Anforderungen, welche der Elektrizitätsbinnenmarkt stellt, im Einklang stehen, da die Transparenz für den Verbraucher nicht gewährleistet wäre. Insbesondere würde für den Kunden Anlass, Voraussetzungen und Umfang einer Preisänderung nicht erkennbar sein.

Der EuGH ist in seinem Urteil vom 23.10.2014[30] zu der Feststellung gelangt, dass die in der StromGVV und GasGVV vorhandenen Preisanpassungsregelungen nicht mit dem europäischen Recht in Einklang stehen und somit kein Preisanpassungsrecht begründen können. Insoweit ist der EuGH den Anträgen des Generalanwaltes gefolgt. Der Generalanwalt hatte sich allerdings dafür ausgesprochen, die Wirkung der Entscheidung erst ab dem Tag der Urteilsverkündigung eintreten zu lassen. Dem ist das Gericht nicht gefolgt und hat das Urteil keiner zeitlichen Beschränkung unterworfen.

Der EuGH begründet die Wirkung der Entscheidung auch für die Zukunft damit, dass in dem Verfahren nicht hinreichend dargetan worden sei, welche Auswirkun-

---

23 BGH, Urt. v. 29.4.2008 – KZR 2/07 – RdE 2008, 204.
24 OLG Oldenburg, Vorlagebeschluss v. 14.12.2010, 12 U 49/07 – ZNER 2011, 76 ff.
25 Richtline 2009/72/EG v. 13.7.2009, ABl EU Nr. L 211, S. 55.
26 EuGH, Urt. v. 21.3.2013 – C-92/11 – ZNER 2013, 147.
27 BGH, Urt. v. 31.7.2013 – VIII ZR 162/09 – NJW 2013, 3647.
28 BGH, Beschl. v. 29.6.2011 – VIII ZR 211/10 – NJW 2011, 3096.
29 Schlussanträge des Generalanwalts Nils Wahl vom 8.5.2014 in den verbundenen Rechtssachen C-359/11 und C-400/11, abrufbar unter http://curia.europa.eu/juris/document/document.jsf?text=&docid=151971&pageIndex=0&doclang=DE&mode=req&dir=&occ=first&part=1&cid=454302.
30 EuGH, Urteil v. 23.10.2014, C-359/11 und C-400/11 – n. V.

gen sich ergeben würden. Diese Wirkung liegt allerdings auf der Hand: In sämtlichen Grundversorgungsverträgen Strom und Gas sind die Preisanpassungen bisher ohne Rechtsgrund vorgenommen worden. In einem solchen Fall steht dem Kunden für den nichtverjährten Zeitraum ein Rückforderungsanspruch zu. Dies kann für die Versorger ein erhebliches finanzielles Risiko begründen. Dies ist insbesondere aus dem Grund schwierig, da den Versorgern die StromGVV/GasGVV als Grundlage für die Vertragsbeziehung vorgegeben wurde und ein Abweichen hiervon rechtlich unzulässig ist. Insoweit haften die Versorger für die Versäumnisse des Verordnungsgebers bei der Umsetzung europäischen Rechts.

35   Grundsätzlich ist der BGH, der nun abschließend über die Ansprüche der klagenden Kunden entscheiden muss, an die Entscheidung des EuGH in der Vorlagefrage gebunden. Gleichwohl besteht die Möglichkeit ein Preisanpassungsrecht im Wege der Auslegung herbeizuführen. Hierzu hat er allen Grund. In der Vergangenheit hat er eine solche ergänzende Vertragsauslegung in Sonderverträgen mit der Begründung abgelehnt, dass die AGB-Verwender die Formulierung in eigener Hand haben. Dies ist bei der Grundversorgung nicht der Fall. Auch ist es anerkannt, dass in Energielieferverträgen eine Anpassung des Preises an die jeweilgen Marktentwicklungen vorgenommen werden muss. Insoweit wird mit Spannung abzuwarten sein, ob der BGH den Versorgern ein Preisanpassungsrecht im Wege der ergänzenden Vertragsauslegung einräumt und somit die durch die vom Verordnungsgeber vorgenommene fehlerhafte Umsetzung des europäischen Rechts jedenfalls in der Wirkung kompensiert.

36   Für künftige Preisanpassungen dürfte die Entscheidung aber kaum noch Relevanz haben. Der Verordnungsgeber hat zwischenzeitlich die StromGVV und GasGVV geändert[31] und die Intransparenz der Preisregelung beseitigt. Der Grundversorger wird künftig einzelne Preisbestandteile, die in dem Grundversorgungspreis enthalten sind, in der Veröffentlichung benennen müssen. Dies sind die staatlichen Umlagen und die Steuern sowie die der Regulierung unterliegenden Netzentgelte und Entgelte für den Messstellenbetrieb.

37   Bei Preisanpassungen hat der Grundversorger künftig Umfang, Anlass und Voraussetzung für die Preisanpassung anzugeben und die Kunden auf das Kündigungsrecht hinzuweisen. Ändern sich die eingepreisten staatlichen Belastungen ist der Grundversorger jederzeit berechtigt, die Preise neu zu kalkulieren und anzupassen. Führt das Saldo zu einer Senkung, so besteht eine Verpflichtung zur Preisanpassung.

38   Unklar ist derzeit noch, welchen Detaillierungsgrad die Mitteilung der Preisanpassung an den Kunden haben muss und welche Rechtsfolge sich an einem Ausbleiben einer (hinreichenden) Mitteilung knüpfen. Der Umfang der Preisanpassung, letztlich also die Mitteilung des Preises, entsprach schon immer der Rechtslage. Nunmehr muss auch noch zum Anlass und zu den Voraussetzungen Aussagen getä-

---

[31] Verordnung zur transparenten Ausweisung staatlich gesetzter oder regulierter Preisbestandteile in der Strom- und Gasgrundversorgung (BGBl. I S. 1631).

tigt werden. Hierdurch soll der Verbraucher in die Lage versetzt werden, die Preisänderungen nachzuvollziehen und möglichst zu verstehen. Nicht erwartet werden wird von dem Grundversorger eine mehrseitige detaillierte Darstellung mit der Vorlage von Kalkulationen und Ausweis der Marge. Aber auch zu knapp wird die Darstellung nicht ausfallen dürfen, da eine Nachvollziehbarkeit der Gründe für die Preisanpassung notwendig sein dürfte. Auch den geänderten Umfang der nach § 2 Abs. 3 S. 1 StromGVV zu veröffentlichen Preisbestandteile, sind darzustellen. Im Umkehrschluss hieraus, dürfte die weitere Aufgliederung des Preises oder einzelner Preisbestandteile nicht erforderlich sein.

Lehnt auch der BGH rückwirkend eine Preisanpassungsmöglichkeit ab, würden sich die Streitigkeiten wohl auf eine andere Ebene verlagern. Für Versorger, die von ihren Kunden auf Rückzahlung von gezahlten Entgelten in Anspruch genommen werden, dürfte dann einen Amtshaftungsanspruch gegen die Bundesrepublik Deutschland ernsthaft in Betracht kommen. 39

C. Umfang der gerichtlichen Preisprüfung

Da viele Verfahren wegen des Vorlagebeschlusses zum EuGH[32] zum Ruhen gekommen sind, hat sich die rasante Entwicklung der Rechtsprechung und auch die Zahl der Urteile in den letzten Jahren etwas verringert. Wenn aber der EuGH und hiernach auch der BGH entschieden hat, werden bundesweit zahlreiche Verfahren fortgeführt oder auch neu begonnen werden. Räumt der BGH ein Vertragsanpassungsrecht im Wege der ergänzenden Vertragsauslegung ein, würde es bei den bisher in der Rechtsprechung entwickelten Grundsätzen bleiben. 40

I. Gerichtliche Zuständigkeit

Die erste Fragestellung bei einer gerichtlichen Streitigkeit ist immer die Frage, welches Gericht zuständig war. Im Zivilprozess ist dies eigentlich leicht zu beantworten, da die erstinstanzliche Zuständigkeit sich nach dem Streitwert richtet. Nach §§ 23, 71 GVG[33] sind die Amtsgerichte für Streitigkeit bis zu einem Streitwert von bis zu 5.000,00 € zuständig. 41

Hintergrund, warum es dann doch nicht so einfach ist, ist § 102 EnWG. Nach dieser Norm sind – streitwertunabhängig – alle sich aus dem EnWG ergebenden Streitigkeiten den **Landgerichten**, und hier den **Kammern für Handelssachen**, zugeord- 42

---
[32] BGH, Beschl. v. 29.6.2011 – VIII ZR 211/10 – NJW 2011, 3096.
[33] Gerichtsverfassungsgesetz i. d. F. der Bek. v. 9.5.1975 (BGBl. I S. 1077), zuletzt geändert durch Gesetz v. 23.4.2014 (BGBl. I S. 410).

net. Einige Amtsgerichte haben dieses zum Anlass genommen, sich selbst für unzuständig zu erklären und den Rechtsstreit an das jeweilige Landgericht zu verweisen.[34] Aber auch Landgerichte, welche wiederum die Amtsgerichte für zuständig hielten, haben sich für unzuständig erklärt.[35]

43 Für eine Anwendbarkeit des § 315 BGB wurden sachliche Argumente ins Feld geführt: nämliche, dass es sich um Streitigkeiten handele, die teilweise auch Bezug auf das EnWG nehmen, da bei der Frage der Billigkeit auch der § 1 Abs. 1 EnWG zu beachten ist[36] und teilweise praktische Argumente, nämliche die bessere personelle und fachliche Ausstattung der Landgerichte.[37]

44 Überzeugen kann keines dieser Argumente. Bei der Frage der Billigkeit geht es um die Frage einer **Billigkeitsprüfung** nach dem Zivilrecht, mithin um die Anwendung des § 315 BGB. Das EnWG spielt hierbei keine Rolle und auch die Tatsache, dass es sich um einen Energielieferungsvertrag handelt, macht die Streitigkeit nicht zu einer solchen nach dem EnWG.[38]

45 Der letzteren Auffassung haben sich zahlreiche Oberlandesgerichte[39] angeschlossen, so dass die Frage der Zuständigkeit nunmehr als geklärt angesehen werden kann.

46 Hierneben wurde auch diskutiert, ob eine Zuständigkeit der Kartellgerichte gem. § 87 GWB[40] gegeben ist. Eine solche ist aber fernliegend und wird auch von den Gerichten nicht angenommen. Um eine solche Zuständigkeit begründen zu können, müsste der sich hierauf berufende Kunde substantiiert vortragen, dass der Versorger eine marktbeherrschende Stellung innehat und diese missbraucht.[41] Soweit ersichtlich, ist dieser Vortrag bisher noch keinem Kunden gelungen. Es fehlt schon an einer marktbeherrschenden Stellungen eines Versorgers auf dem liberalisierten Strom- und Gasmarkt, bei dem bundesweit zahlreiche Anbieter zur Verfügung stehen.

---

34 AG Nordhorn, Beschl. v. 11.6.2009 – 3 C 1426/08 – n. v.; AG Erfurt, Beschl. v. 30.1.2008- 5 C 1938/07 – n. v.
35 Z. B.OLG Köln, Beschl. v. 3.4.2008 – 8 W 19/08 – NJW-RR 2009, 987.
36 OLG Koblenz, Beschl. v. 9.2.2007 – W 50/07 – n. v.
37 *Holling/Peters*, ZNER, 2007, 161.
38 *Wollschläger/Beermann*, IR 2010, 2 m. w. N.
39 OLG Oldenburg, Beschl. v. 3.1.2011 – 5 AR 35/10 – n. v.; OLG Frankfurt a. M., Beschl. v. 16.12.2010 – 11 AR 3/10 – WuW 2011, 415; OLG München, Beschl. v. 15.5.2009 – AR (K) 7/09 – ZNER 2009, 399; OLG Düsseldorf, Beschl. v. 13.12.2010 – VI-W (Kart) 8/10 – IR 2011, 85; OLG Celle, Beschl. v. 1.10.2010 – 13 AR 5/10 (Kart) – WuW 2011, 82.
40 Gesetz gegen Wettbewerbsbeschränkungen i. d. F. der Bek. v. 26.6.2013 (BGBl. I S. 1750, 3245), zuletzt geändert durch Gesetz v. 21.7.2014 (BGBl. I S. 1066).
41 OLG Celle, Beschl. v. 1.10.2010 – 13 AR 5/10 (Kart) – WuW 2011, 82.; OLG Düsseldorf, Beschl. v. 13.12.2010 – VI-W (Kart) 8/10 – IR 2011, 85; OLG Frankfurt am Main, Beschl. v. 16.12.2010 – 11 AR 3/10 – WuW 2011, 415.

II. Anwendbarkeit des § 315 BGB in Zeiten des Wettbewerbs

Eine Frage, welche der BGH in Gasfragen noch nicht zu klären hatte, ist die Frage, ob § 315 BGB in Zeiten des Wettbewerbs überhaupt zur Anwendung kommen kann. Die Gaspreisverfahren in der Grundversorgung, die dem BGH zur Entscheidung vorlagen, betreffen immer Zeiten, in denen ein Wechsel des Energieversorgers nicht möglich war.

Im Strombereich allerdings hat sich der BGH bereits 2007 gegen eine Preisprüfung nach § 315 BGB ausgesprochen. In dem Strompreisurteil vom 28.3.2007[42] heißt es:

> „Nach den rechtsfehlerfreien Feststellungen des Berufungsgerichts war der Beklagte auf die Belieferung durch die Klägerin auch nicht angewiesen, sondern hatte die Möglichkeit, Strom von einem anderen Anbieter seiner Wahl zu beziehen. Damit fehlt es ... an einer Monopolstellung der Klägerin als Grundlage einer entsprechenden Anwendung des § 315 BGB."

Nach den Entscheidungen im Gasbereich durch den BGH ist auch dort die Liberalisierung vorangeschritten. Auch hier kann jeder Verbraucher zwischenzeitlich zwischen zahlreichen Versorgern wählen. Ist er mit seinem Versorger unzufrieden, sei es wegen des Preises oder sei es wegen einer fehlenden persönlichen Erreichbarkeit, kann er jederzeit wechseln.[43]

Zahlreiche unterinstanzliche Gerichte haben zwischenzeitlich diesen Weg eingeschlagen und eine Billigkeitsprüfung von Grundversorgungstarifen nicht durchgeführt.[44] Auch wenn hiergegen teilweise dogmatische Argumente ins Feld geführt werden, insbesondere dass die Anwendung von § 315 BGB keine Monopolstellung voraussetzt, sondern vielmehr allein die Kompensation eines einseitigen Leistungsbestimmungsrechts ist, überzeugt dieser Ansatz nicht.

Die Versagung einer gerichtlichen Überprüfung ist gerade in der Situation der Grundversorgung richtig. Anders als der Versorger kann sich ein Verbraucher jederzeit der Grundversorgung entziehen und mit einem beliebigen Versorger einen Strom- oder Gaslieferungsvertrag abschließen. Er bedarf nicht des Schutzes des § 315 BGB. Vielmehr kommt ein Verstoß gegen Treu und Glauben in Betracht, wenn ein Kunde,

---

[42] BGH, Urt. v. 28.3.2007 – VIII ZR 144/06 – N&R 2007, 114 mit Anm. v. *Wollschläger*.
[43] Zahlreiche Vergleichsportale im Internet zeigen den Verbrauchern eine Vielzahl von unterschiedlichen Anbietern mit unterschiedlichen Tarifen auf.
[44] LG Mühlhausen, Urt. v. 4.3.2008 – 3 O 1132/06 – RdE 2008, 215; LG Köln, Urt. v. 4.2.2009 – 90 O 35/08 – n. v.; AG Halle, Urt. v. 9.6.2009 – 2 C 272/09 – n. v.; AG Ahaus, Urt. v. 24.6.2009 – 16 C 646/08 – n. v.; AG Bad Oldesloe, Urt. v. 21.7.2009 – 2 C 471/08 – n. v.; LG Frankenthal, Urt. v. 10.9.2009 – 2 HK O 90/09 – RdE 2010, 73; AG Neustadt a. Rbge., Urt. v. 6.10.2010 – 41 C 11/10 – IR 2011, 40; LG Mönchengladbach, Urt. v. 15.9.2011 – 6 O 61/11 – IR 2011, 346; AG Viersen, Urt. v. 27.9.2011 – 32 C 54/10 – n. v.

der jederzeit den Versorger wechseln kann, den Versorger in einen kostspieligen Gerichtsprozess zwingt.

52 Das LG Münster[45] hat dies auf den Punkt gebracht.

„Die Möglichkeit einer gerichtlichen Billigkeitskontrolle soll eine Vertragspartei vor dem Missbrauch privatautonomer Gestaltungsmacht der anderen Partei schützen. [...] Es ist nicht sachgerecht und dem Zweck des § 315 BGB nicht entsprechend, wenn ein Energiekunde den Versorger gerichtlich zur Offenlegung betriebswirtschaftlicher Interna wie den Bezugspreisen und der Kostenentwicklung in den anderen Bereichen der Energieversorgung zwingen kann, obwohl er sich jederzeit ohne nennenswerten Aufwand vom Vertrag lösen und mit einem anderen Anbieter kontrahieren kann."

53 Dieser Trend in der Rechtsprechung scheint sich weiter fortzusetzen.[46]

III. Gegenstand der Prüfung

54 Bei der Frage, welchen Umfang die gerichtliche Prüfung hat, sind grundsätzlich zwei Prüfungsvarianten denkbar. Zum einen die Prüfung des gesamten Preises, zum anderen nur die Prüfung von Preisänderungen.

1. Keine Prüfung des Ausgangspreises

55 Von jeher forderten Verbraucher immer eine vollständige Prüfung des Preises der Versorger. Dass dies nicht zu erfolgen hat, hat der BGH bereits früh für Gaslieferverträge festgestellt.[47] Vorher hatte der BGH dies für Stromlieferungsverträge in der Grundversorgung geklärt.[48] Diese Rechtsauffassung wird auch in den Instanzengerichten umgesetzt.

56 Der Anfangspreis ist auch nicht in entsprechender Anwendung von § 315 BGB auf seine Billigkeit hin zu überprüfen, wie dies früher teilweise vertreten wurde. Eine entsprechende Anwendung des § 315 BGB auf vereinbarte Preise liefe der Intention des Gesetzgebers zuwider, der eine staatliche Prüfung und Genehmigung der Gastarife gerade abgelehnt hat.

57 Bei der Gasversorgung begründet der BGH diese Entscheidung damit, dass der Verordnungsgeber es seinerzeit die Bundestarifordnung Gas (BTOGas), nach der in der Vergangenheit die Allgemeinen Tarife von Gasversorgungsunternehmen geprüft

---

45 LG Münster, Urt. v. 13.7.2010 – 06 S 70/09 – ZNER 2010, 609.
46 LG Ellwangen, Urt. v. 17.08.2012 – 2 O 366/10 – IR 2012, 356; LG Schweinfurt, Urt. v. 21.09.2012 – 32 S 20/10 – n. v.
47 BGH, Urt. v. 13.6.2007 – VIII ZR 36/06 – n. v.; BGH, Urt. v. 19.11.2008 – VIII ZR 295/07 – n. v.
48 BGH, Urt. v. 28.3.2007 – VIII ZR 144/06 – N&R 2007, 114 mit Anm. v. *Wollschläger*.

wurden, abgeschafft wurde und gerade keine Genehmigung der Tarife vorgesehen war. Eine solche war auch nicht notwendig, da der Kunde jederzeit einen anderen Wärmeträger wählen konnte.

Im Strombereich wurde die Notwendigkeit der fehlenden Prüfung der Billigkeit damit begründet, dass dem Stromkunden eine Vielzahl von Tarifen zur Verfügung stand, so dass für eine gerichtliche Überprüfung keine Notwendigkeit besteht. Diese Argumentation dürfte im Übrigen jetzt auch für die Gasversorgung gelten. 58

Auch wenn von Verbraucherseite immer wieder heftige Kritik an der Entscheidung geäußert und eine vollständige Überprüfung des Preises gefordert wird,[49] überzeugt die Entscheidung. § 315 BGB setzt voraus, dass einer Vertragspartei ein (vertragliches) Bestimmungsrecht eingeräumt wird und eine Bestimmung getroffen wird. Hieran fehlt es allerdings. Das Entgelt wird von dem Versorgungsunternehmen dem Kunden angeboten, dieser nimmt es an. Mithin haben sich die Vertragsparteien auf ein bestimmtes Entgelt vereinbart. Eine einseitige Bestimmung erfolgt hier nicht. 59

2. Überprüfung der Preisveränderungen

Einer gerichtlichen Überprüfung unterliegen damit nur noch Preisveränderungen, ausgehend von einem Preissockel. 60

a) Preissockel als Überprüfungsgrundlage

Dieser Preissockel kann der bei Vertragsschluss geltende Ausgangspreis sein, muss es allerdings nicht. Insbesondere dann, wenn der Grundversorgungsvertrag schon über viele Jahre läuft, wäre der Preis zu Vertragsbeginn auch kaum eine angemessene Basis für die Vertragspreisgestaltung zwischen den Vertragsparteien. 61

Der Preissockel wird im laufenden Vertragsverhältnis immer wieder neu bestimmt und hängt davon ab, ob der Kunde den Grundversorgungspreisen widersprochen hat oder nicht. Hat der Kunde dies nicht getan, gibt es einen neuen Ausgangspreis, von dem aus die weiteren Prüfungen durchgeführt werden. 62

Gegen diese Rechtsprechung wird eingewandt, dass es hierbei dann zu Preisüberprüfungen und im Zweifelsfall auch zu unterschiedlichen (billigen) Entgelten kommen kann. Tatsächlich ist dieser Befund richtig, rechtlich aber nicht zu beanstanden. Bei § 315 BGB handelt es sich um die zivilrechtliche Möglichkeit der Überprüfung einer Entscheidung des Vertragspartners zur Preisanpassungen. Dem zivil(prozess)rechtlichen Grundsatz folgend, wirkt eine solche Entscheidung aber ohnehin immer nur zwischen den Parteien des Vertrages oder zu einem späteren Zeitpunkt des Prozesses. Mithin kann das Entgelt, welchen für den einen Kunden billig ist, für einen anderen Kunden auch unbillig sein. 63

---

[49] *Fricke*, ZNER 2011, 130.

64   Dass ein solches Auseinanderfallen möglich ist, hat der BGH in seiner Stornierungsentgeltentscheidung[50] für auf § 315 BGB gestützte Klagen im Eisenbahninfrastrukturbereich festgestellt.[51]

b) Prüfungsumfang

65   Einige rechtliche Unsicherheiten bestehen derzeit noch bei der Frage, was genau wie geprüft wird.

66   Klar ist, der Maßstab der Prüfung: Bei der Frage ob eine Preiserhöhung billig ist oder nicht, ist zu prüfen, ob das Versorgungsunternehmen zum einen lediglich die gestiegenen Bezugskosten weitergegeben hat und zum anderen Kostenentwicklungen des Unternehmens nicht die Bezugskostensteigerung kompensiert haben. Aber: Eine Steigerung der sonstigen Kostenposition kann zu einer (weiteren) Entgelterhöhung führen.

67   Die Spannweite, was genau zu prüfen ist, ist hierbei groß.

aa) Billigkeitsnachweis durch Preisvergleich

68   Teilweise sehen Gerichte den Billigkeitsnachweis dann als erbracht an, wenn das Unternehmen in einem Preisvergleich mit anderen Versorgungsunternehmen sich nicht als unbillig herausstellt. Hierbei genügt es auch, wenn das Unternehmen einen Platz im Mittelfeld einnimmt.[52]

69   Begründet wird diese Rechtsauffassung damit, dass sich ein Preis, der sich als Markt- und Wettbewerbspreis als marktgerecht und innerhalb eines Preisgefüges als marktüblich oder sogar günstig darstellt, einer Billigkeitsüberprüfung nach § 315 BGB standhält.

70   Auch wenn eine solche Prüfung sich von einer Kostenprüfung im klassischen Sinne löst, so hat die hier dahinter liegende Argumentation etwas für sich. Die Überprüfung von Versorgerpreisen soll sicherstellen, dass der Grundversorger seine (vermeintliche) überragende Stellung gegenüber dem Kunden nicht ausnutzt. Bei einem Preisvergleich wird dies hinreichend sichergestellt. In einem solchen Fall ergibt sich, dass dem Kunden ein Entgelt in Rechnung gestellt wird, das andere Kunden auch zahlen. Da niemand ernsthaft ein kollusives Zusammenwirken aller Versorger annimmt, ist ein günstiger oder ein mittlerer Preis dem Kunden, der natürlich auch jederzeit zu einem günstigeren Anbieter wechseln könnte, durchaus zuzumuten.

---

50 BGH, Urt. v. 18.10.2011 – KZR 18/10, Rn 22 – NVwZ 2012, 189, 191.
51 Vgl. *Jung*, N&R 2012, 45.
52 LG Düsseldorf, Urt. v. 16.4.2008 – 34 O (Kart) 168/07 – RdE 2008, 213.

Insoweit ist ein Preisvergleich immer eine geeignete Prüfung zu Beginn eines jeden Verfahrens. Erst wenn sich hier Auffälligkeiten ergeben, kann immer noch eine vertiefte Billigkeitsprüfung vorgenommen werden.

bb) Nachweis der gestiegenen Bezugskosten

Bei dem Nachweis der gestiegenen Bezugskosten[53] ist derzeit noch nicht abschließend geklärt, in welchem zeitlichen Rahmen dies zu erfolgen hat.

Eine Auffassung[54] spricht sich für eine Betrachtung des gesamten Zeitraums aus, die andere Auffassung[55] will jede einzelne Preisanpassung auf seine Billigkeit hin untersuchen. In einem Punkt besteht bei beiden Ansichten Einigkeit: Es kommt allein auf die Situation bei dem Versorger selbst an. Ob hierneben etwaige Preisanpassungsklauseln in den Bezugsverträgen unwirksam sind,[56] spielt keine Rolle und ist durch das Gericht nicht zu überprüfen.

Vorzugwürdig ist die erste Auffassung, der sich auch die überwiegende Anzahl der Oberlandesgerichte angeschlossen haben.[57] Nicht nur, dass diese sich näher an den grundlegenden Entscheidungen des BGH orientieren,[58] vielmehr ist sie auch mehr geeignet, die tatsächlichen Gegebenheiten bei einer Preisbildung abzubilden. Insbesondere die Gasbezugskosten, die oftmals an die Entwicklung des Börsenpreises gekoppelt sind, sind hierdurch sehr volatil.[59] Verlangt man vom Versorger jede Kostenschwankung preiswirksam werden zu lassen, würde dies zu einer Vielzahl von Preisanpassungen im Kalenderjahr führen müssen. Nicht nur das dies weder im Interesse des Kunden noch im Interesse des Versorgers ist, würde sich hierdurch auch der finanzielle Aufwand deutlich erhöhen. Auch wird man dem Versorger das Recht einräumen müssen, kleinere Kostensteigerungen nicht unmittelbar preiswirksam werden zu lassen, ohne das die Gefahr besteht, die Kostensteigerung nicht mehr nachholen zu können.

Schließlich werden die Interessen des Verbrauchers auch mit einer Betrachtung über den gesamten, der Billigkeitsprüfung unterliegenden, Zeitraum gewahrt. Kam es

---

53 Gleiches gilt im Folgenden auch für die sonstigen Kosten.
54 OLG Koblenz, Urt. v. 12.4.2010 – 12 U 18/08 – IR 2010, 154; LG Krefeld, Urt. v. 9.7.2010 – 1 S 8/10 – IR 2010, 205.
55 LG Köln, Urt. v. 14.8.2009 – 90 O 41/07 – IR 2009, 352.
56 Etwa, weil die Preisanpassungsklausel gegen AGB-Recht verstößt oder eine kartellrechtswidrige Laufzeit vereinbart wurde.
57 OLG München, Urt. v. 1.10.2009 – U (K) 3772/08, Rn 43 – n. v.; OLG München, Urt. v. 28.1.2010 – U (K) 4221/09 – n. v.; OLG Hamm, Urt. v. 6.3.2008 – 2 U 114/07 – ZNER 2008, 68 ff. Rn 66; OLG Koblenz, Urt. v. 12.4.2010 – 12 U 18/08 Rn 12 – n. v.; a. A. OLG Nürnberg, Urt. v. 9.12.2008 – 1 U 1105/08 – n. v.; OLG Celle, Urt. v. 19.8.2010 – 13 U 82/07 (Kart), Rn 39 ff. – ZNER 2011, 63, 64 ff.
58 BGH, Urt. v. 19.11.2008 – VIII ZR 138/07, Rn 35 – BGHZ 178, 362, 376 f.
59 Zur Preisbildung an der Börse vgl. Kap. 2.

in dieser Zeit zu keinem höheren Anstieg der Preise als die Kosten gestiegen sind, hat er das billige Entgelt gezahlt.

76 Auch für den Nachweis der Angemessenheit gibt es keine Vorgaben. Grundsätzlich stehen dem Versorger alle Beweismittel der ZPO zur Verfügung. Keinesfalls ist es hierbei so, dass stets die gesamte Kalkulation vorgelegt werden muss. Auch kommt es nicht auf den Absolutbetrag der Bezugskosten an, sondern eben nur auf deren Veränderung. Bezugskostensteigerungen können grundsätzlich auch durch Urkunden oder Zeugen belegt werden. Auch ein Sachverständigengutachten kommt in Betracht. Ein von dem Versorger in Auftrag gegebenes Sachverständigengutachten ist dann allerdings im zivilprozessualen Sinne lediglich erweiterter Parteivortrag. Diesen allerdings muss der Kunde substantiiert entgegentreten. Dort wo dies nicht erfolgt, gelingt der Billigkeitsnachweis ohne weiteres.

cc) Darlegung von Senkungspotenzial

77 Ganz besondere Anforderungen an den Nachweis der Billigkeit stellt das LG Dortmund. Das Gericht meinte, der Versorger müsse nicht nur den Nachweis der gestiegenen Bezugskosten und der Nichtkompensation durch rückläufige sonstige Kosten erbringen. Vielmehr läge es auch in seiner Verantwortung nachzuweisen, dass etwaige existierende Kostensenkungspotentiale ausgeschöpft wurden.

78 Nicht nur, dass diese Entscheidung den Vorgaben des BGH widerspricht. Es stellt den Versorger auch vor nichtlösbare prozessuale Probleme. Es stellt sich die Frage, wie der Beweis einer negativen Tatsache, das Nichtvorliegen von Kostensenkungspotentialen, nachgewiesen werden soll. Nicht einmal die Vorlage der Kalkulation, die vom BGH ausdrücklich nicht gefordert wird, würde hieran etwas ändern. Aus dieser sähe man nämlich ohnehin nur die IST-Situation der Kosten, nicht aber die alternative Einsparpotentiale. Einzig und allein wird man in diesem Punkt von dem Versorger einen konkreten Vortrag verlangen können, wenn der Kunde konkrete Anhaltspunkte für ein Einsparpotential substantiiert vorgetragen hat. Das LG Dortmund ließ aber in der Entscheidung Ausführungen darüber, wie es sich einen solchen Nachweis vorstellen würde, vermissen.

79 Im Übrigen ist aber auch zu konstatieren, dass diese Auffassung viel zu weit geht und die Anforderungen an Versorger überspannt. Eine gewisse unternehmerische Entscheidung wird man den Versorgern noch überlassen müssen und auch darf man nicht aus dem Blick verlieren, dass die Preisgünstigkeit nur eines der Ziele des § 1 EnWG ist. Hierneben sind aber auch noch beispielsweise die Umweltverträglichkeit und auch die Versorgungssicherheit Ziele, die durchaus im Widerspruch zu der Preisgünstigkeit stehen. Dies lässt das LG Dortmund gänzlich außer Betracht.

Kapitel 7
Fernwärmeversorgung

A. Preisänderungsmöglichkeiten bei der Fernwärmeversorgung

Die Fernwärmeversorgung unterscheidet sich hinsichtlich der **Preisänderungsmöglichkeiten** in vielen Punkten von anderen Medien in der Versorgungswirtschaft.[1] Nicht nur, dass **Fernwärme** als Wärmeträger substituierbar ist,[2] auch hat der Verordnungsgeber mit der AVBFernwärmeV[3] Regelungen zur Gestaltung von Preisänderungsklauseln vorgegeben[4] und ermöglicht bspw. auch eine Verlängerung der nach § 309 Nr. 9 BGB grundsätzlich auf maximal zwei Jahre begrenzten Vertragsdauer auf zehn Jahre (§ 32 AVBFernwärmeV).

Gerade diese langen Vertragsbeziehungen sind es, die eine Preisanpassungsmöglichkeit notwendig machen. Hierzu sind mehrere Optionen denkbar und kommen in der Praxis in unterschiedlicher Ausprägung zur Anwendung.

I. Preisänderungsklausel

Die wohl am weitesten verbreitete Möglichkeit zur Preisänderung ist die Verwendung einer **automatischen Preisänderungsklausel**. Deren grundlegende Ausgestaltung schreibt § 24 Abs. 4 AVBFernwärmeV[5] vor. In der Praxis sieht die Umsetzung typischerweise folgendermaßen aus:

$$\text{Beispielpreis}_{neu} = \text{Preis}_{alt} * (0{,}5 * \text{Gas}_{neu}/\text{Gas}_{alt} + 0{,}2 * \text{Lohn}_{neu}/\text{Lohn}_{alt} + 0{,}3 * \text{Markt}_{neu}/\text{Markt}_{alt})$$

Automatisch wirkende Preisänderungsklauseln haben den Vorteil, dass sie über viele Jahre hinweg die Kostenentwicklung bei den Gestehungskosten der Fernwärme nachbilden können. Bei einem regelmäßig wiederkehrenden Anwendungszeitpunkt wissen sowohl Fernwärmeversorger als auch Fernwärmekunde, was auf ihn zukommt. Allerdings ist die Konzeption von Preisänderungsklauseln nicht immer

---

[1] Vgl. zu den jeweiligen Besonderheiten der anderen Medien in der Versorgungswirtschaft die Kap. 5, 6 und 8.
[2] Zum kartellrechtlichen Streit vgl. Rn 103 ff.
[3] Verordnung über Allgemeine Bedingungen für die Versorgung mit Fernwärme v. 20.6.1980 (BGBl. I S. 742), zuletzt geändert durch Gesetz v. 25.7.2013 (BGBl. I S. 2722).
[4] Hierzu Rn 32 ff.
[5] Bis zum 12.11.2010 wortgleich mit § 24 Abs. 3 AVBFernwärmeV a. F. Zu den Voraussetzungen des § 24 Abs. 4 AVBFernwärmeV vgl. Rn 40 ff.

einfach. Dies gilt nicht nur für Anforderungen in kalkulatorischer, sondern auch in rechtlicher Hinsicht.[6]

5   Die Rechtsprechung, die in den vergangenen Jahren zu Preisänderungsklauseln – vor allem im Gasbereich[7] – ergangen ist, macht deutlich, dass zwischen dem Rechtsanwender und den Gerichten oft Uneinigkeit darüber besteht, wann eine Preisänderungsklausel mit den Vorgaben des Rechts der **Allgemeinen Geschäftsbedingungen** im Einklang steht.[8]

6   Im Gegensatz zur Klauselgestaltung im Gas- und Strombereich, gibt es für Wärmepreisänderungsklauseln normative Vorgaben in § 24 Abs. 4 **AVBFernwärmeV**. Während vorformulierte Gas- oder Strompreisklauseln einer **Inhaltskontrolle** nach §§ 305 ff. BGB unterliegen, gilt dies in Wärmelieferverträgen nur für die Fallkonstellation des § 1 Abs. 3 S. 1 AVBFernwärmeV oder für Verträge mit Industriekunden (§ 1 Abs. 2 AVBFernwärmeV). Im Übrigen ist die Preisänderungsklausel stets nur an § 24 Abs. 4 AVBFernwärmeV zu messen, der als **Spezialregelung** eine Prüfung am Maßstab des § 307 BGB ausschließt.[9] Die vom BGH zu Preisklauseln im Gas- und Strombereich entwickelten Grundsätze sind daher auf die Fernwärmeversorgung nur sehr eingeschränkt übertragbar.

7   Eine Wärmepreisänderungsklausel ist vor allem nicht schon deswegen zu beanstanden, weil mit ihr nicht ausschließlich Änderungen der Erzeugungs- und Lieferkosten an die Kunden weitergegeben werden. Im Gegenteil: Weil die Wärmepreise auch an der Preisentwicklung auf dem Wärmemarkt auszurichten sind, wäre es sogar unzulässig, nur die eigene Kostenentwicklung des Versorgers in der Formel abzubilden. Dagegen sind Preisänderungsklauseln in Gassonderverträgen regelmäßig wegen Verstoßes nach § 307 Abs. 1 BGB unwirksam, wenn mit ihr nicht lediglich Kostensteigerungen während der Vertragslaufzeit an die Verbraucher weitergegeben werden.[10]

8   Dies ist nur auf den ersten Blick eine Vereinfachung. Die Ausgestaltung einer Preisänderungsklausel verlangt dem Fernwärmeversorgungsunternehmen große Sorgfalt ab. Es muss nicht nur seine Investitions- und Refinanzierungskosten im Blick haben, sondern auch die Kosten für die laufende Bereitstellung von Fernwärme bedenken. Insbesondere vor dem Hintergrund, dass die Verträge über die Lieferung

---

6 Vgl. vertiefend mit praktischen Beispielen *Kraft/Wollschläger,* Leitfaden Fernwärmepreise.
7 BGH, Teilurt. v. 29.4.2008 – KZR 2/07 – BGHZ 176, 244; BGH, Urt. v. 17.12.2008 – VIII ZR 274/06 – BGHZ 179, 186; BGH, Urt. v. 28.10.2009 – VIII ZR 320/07 – NJW 2010, 993; BGH, Urt. v. 13.1.2010 – VIII ZR 81/08 – NJW-RR 2010, 1202; BGH, Urt. v. 6.6.2013 – IX ZR 204/12 – NJW 2013, 2345, 2347.
8 Die Darstellung siehe Kap. 5 und 6.
9 BGH, Urt. v. 6.4.2011 – VIII ZR 66/09, Rn 25 ff. – ZNER 2011, 304, 308; der BGH leitet dieses Ergebnis mit ausführlicher Begründung aus einem Umkehrschluss aus § 1 Abs. 3 S. 2 AVBFernwärmeV, aus der Intention des Gesetzgebers bei Schaffung des § 27 AGBG sowie aus dem Wortlaut von § 310 Abs. 2 BGB ab.
10 Vgl. BGH, Urt. v. 24.3.2010 – VIII ZR 304/08, Rn 32 ff. und 43 ff. – NJW 2010, 2793, 2796 ff.

von Fernwärme oftmals mit einer Erstlaufzeit von zehn Jahren geschlossen werden, ist dies keine einfache Aufgabe.

Wenn eine Preisänderungsklausel nach § 24 Abs. 4 AVBFernwärmeV erst einmal konzipiert ist, klar bestimmte Zeitpunkte für die Ermittlung neuer Preise vorgibt und mit dem Kunden vertraglich vereinbart wurde, sind spätere Preisänderungen eine rein rechnerische, **automatische Folge**. Bei einer wirksamen Klausel kann der Kunde lediglich den mathematischen Vorgang beanstanden, nicht aber die Angemessenheit der Wärmepreise. Weil dem Versorgungsunternehmen kein Entscheidungsspielraum mehr zukommt, ist insbesondere auch eine **Billigkeitskontrolle** der Preisgestaltung gem. § 315 Abs. 3 BGB **ausgeschlossen**.[11]

II. Preisänderung durch öffentliche Bekanntmachung

Eine weitere, wenn auch in der Praxis nicht weit verbreitete Möglichkeit zur Preisänderung ist die Möglichkeit einer Preisänderung durch öffentliche Bekanntmachung gemäß § 4 Abs. 2 AVBFernwärmeV.[12]

§ 4 Abs. 2 AVBFernwärmeV lautet:

> „Änderungen der allgemeinen Versorgungsbedingungen werden erst nach öffentlicher Bekanntgabe wirksam."

Diese Norm zeichnet sich, was den Regelungsinhalt angeht, nicht durch ein besonders hohes Maß an Klarheit aus. Deutlich wird nur, dass die Änderungen von Allgemeinen Versorgungsbedingungen durch öffentliche Bekanntmachung erfolgen können. Für die Frage, ob sich daraus unmittelbar ein Preisänderungsrecht ergibt, bedarf es einer Auslegung der Norm.

1. Preisänderungsrecht aus § 4 Abs. 2 AVBFernwärmeV?

Der Wortlaut der Norm schließt eine Anpassung von Preisen nicht aus, denn auch Preise zählen im weiteren Sinne zu den Versorgungsbedingungen.

Bedenken im Hinblick auf ein einseitiges Preisanpassungsrecht nach § 4 Abs. 2 AVBFernwärmeV könnten sich in systematischer Hinsicht aus einem Vergleich mit

---

[11] BGH, Urt. v. 11.10.2006 – VIII ZR 270/05, 1. Leitsatz und Rn 18 ff. – NJW 2007, 210, 211.
[12] Vgl. ausführlich *Dibbern/Wollschläger*, CuR 2011, 148.

dem Wortlaut von § 4 Abs. 2 AVBEltV[13]/AVBGasV[14] ergeben.[15] Dort wurde die Möglichkeit nachträglicher „*Tarifänderungen*" ausdrücklich erwähnt:

> „Änderungen der allgemeinen Tarife und Bedingungen werden erst nach öffentlicher Bekanntgabe wirksam."

14 Auch der Wortlaut des § 4 Abs. 2 AVBWasserV[16] ist insofern ausführlicher. Dieser lautet:

> „Änderungen der allgemeinen Versorgungsbedingungen werden erst nach öffentlicher Bekanntgabe wirksam. Dies gilt auch für die dazugehörenden Preise, sofern sie nicht dem Kunden im Einzelfall mitgeteilt werden."[17]

15 Eindeutige Rückschlüsse dahingehend, dass § 4 Abs. 2 AVBFernwärmeV nicht unmittelbar zu Preisänderungen berechtigen würde, lassen sich aus diesen Vergleichen aber nicht ziehen. Der unterschiedliche Wortlaut zu § 4 Abs. 2 AVBEltV/AVBGasV ist schon deswegen erforderlich, weil im Bereich der Fernwärmeversorgung **keine Differenzierung zwischen Tarifabnehmer- und Sonderkundenverträgen** erfolgt und es bei der Fernwärme keine gesetzlichen Regelungen über unterschiedliche Tarifgestaltungen gibt.[18] Im Hinblick auf § 4 Abs. 2 AVBWasserV ist anerkannt, dass die Norm den Wasserlieferanten unmittelbar zu einseitigen Preisänderungen berechtigt.[19] Die Verordnungsbegründung stellt klar, dass sich nach § 4 Abs. 1 und Abs. 2 AVBWasserV „*grundsätzlich auch Preisänderungen ohne entsprechende Kündigung der laufenden Verträge nach öffentlicher Bekanntgabe vollziehen können.*"[20] Dabei wird dies nicht erst mit der Ergänzung in § 4 Abs. 2 S. 2 AVBWasserV („*Dies gilt auch für die dazugehörenden Preise, sofern sie nicht dem Kunden im Einzelfall mitgeteilt werden.*") begründet. Dafür, dass allein dieser Satz konstitutiv für das Preisänderungsrecht im Wasserbereich wäre, gibt es keine Anhaltspunkte.

16 Auch der Umstand, dass der Verordnungsgeber mit § 24 Abs. 4 AVBFernwärmeV eine spezielle Regelung zur Ausgestaltung von Preisänderungsklauseln getroffen hat,

---

13 Verordnung über Allgemeine Bedingungen für die Elektrizitätsversorgung von Tarifkunden (AVBEltV) v. 21.6.1979 (BGBl. I S. 684) – zum 7.11.2006 außer Kraft getreten.
14 Verordnung über Allgemeine Bedingungen für die Gasversorgung von Tarifkunden (AVBGasV) v. 21.6.1979 (BGBl. I S. 676) – zum 7.11.2006 außer Kraft getreten.
15 Dies waren seinerzeit die Parallelnormen zu § 4 Abs. 2 AVBFernwärmeV für die Strom- bzw. die Gasversorgung, mittlerweile abgelöst durch die Stromgrundversorgungsverordnung (StromGVV) bzw. Gasgrundversorgungsverordnung (GasGVV), siehe dazu Kap. 6.
16 Verordnung über Allgemeine Bedingungen für die Versorgung mit Wasser (AVBWasserV) v. 20.6.1980 (BGBl. I S. 750, 1067), zuletzt geändert durch Gesetz vom 21.1.2013 (BGBl. I S. 91).
17 Zum Preisänderungsrecht im Bereich der Wasserversorgung siehe Kap. 8.
18 BGH, Urt. v. 6.4.2011 – VIII ZR 66/09, Rn 24. – BB 2011, 1421, 1423.
19 Siehe hierzu Kap. 8.
20 BR-Drucks. 196/80, S. 37.

steht der Annahme eines allgemeinen Preisänderungsrechts nach § 4 Abs. 2 AVB-FernwärmeV nicht entgegen. § 24 Abs. 4 AVBFernwärmeV regelt selbst kein Recht zur Preisänderung. Stattdessen schreibt die Norm „*Kriterien vor, die in Preisgleitklauseln berücksichtigt werden müssen.*"[21] Auf diese Weise wird kein bestimmtes System für Preisänderungen vorgeben, sondern definiert, wie Preisänderungsklauseln – falls sie denn als Mittel der Preisänderungen gewählt werden – auszugestalten sind.

Dies bestätigt ein Vergleich mit der Parallelnorm § 24 Abs. 3 AVBWasserV, der die Anforderungen an Preisänderungsklauseln im Wasserbereich regelt. Die Möglichkeit zu Preisänderungen nach § 4 Abs. 2 AVBWasserV bleibt davon unberührt. § 24 Abs. 3 AVBWasserV ist nur dann einschlägig, wenn „*die Anpassung von Preisen an geänderte wirtschaftliche Verhältnisse mit Hilfe von Preis*änderungsklauseln erfolgen soll."[22]

Im Ergebnis führt vor allem eine Betrachtung von Sinn und Zweck des § 4 Abs. 2 AVBFernwärmeV dazu, ein **Preisänderungsrecht** des Versorgers anzuerkennen.[23] Zu den **Allgemeinen Versorgungsbedingungen** zählt begrifflich auch die (vorformulierte) **Preisänderungsklausel**,[24] die mithin nach § 4 Abs. 2 AVBFernwärmeV geändert werden darf.[25] Wenn schon die gesamte Preisänderungsklausel auf diesem Wege angepasst werden darf, oder eine gänzlich neue Preisänderungsklausel in den Vertrag eingefügt werden kann,[26] ist es nur denklogisch, auch eine unmittelbare Änderung der Preise selbst zu gestatten.[27] Dies gilt vor allem in solchen Fällen, in denen keine Preisänderungsklausel nach § 24 Abs. 4 AVBFernwärmeV vereinbart wurde. Dadurch, dass § 4 Abs. 2 AVBFernwärmeV eine einseitige Änderung sämtlicher Allgemeinen Versorgungsbedingungen regelt, lässt die Norm eine deutlich umfangreichere Gestaltung der Vertragsbeziehung zu.

2. Rechtsfolge

Die Folge eines einseitigen Preisänderungsrechts unmittelbar aus § 4 Abs. 2 AVBFernwärmeV ist, dass der Fernwärmeversorger die Preise nach billigem Ermessen (§ 315 Abs. 1 BGB) anpassen darf. Anders als im Gas- oder Strombereich[28] kommt es dabei

---

21 BR-Drucks. 90/80, S. 56.
22 BR-Drucks. 196/80, S. 52.
23 Vgl. hierzu auch Danner/Theobald/*Wollschläger*, § 4 AVBFernwärmeV Rn 2 ff.
24 LG Nürnberg-Fürth, Urt. v. 22.5.2013 – 3 O 4143/12 – CuR 2013, 125; *Held*, NZM 2004, 169, 172.
25 Vgl. auch Rn 96 ff.
26 LG Nürnberg-Fürth, Urt. v. 22.5.2013 – 3 O 4143/12 – CuR 2013, 125.
27 Aus diesem Grunde ist auch die Ansicht von *Held* (in: NZM 2004, 169 ff.) wenig überzeugend, weil er zwar eine einseitige Anpassung der Preisänderungsklausel als zulässig erachtet, nicht aber eine einseitige Anpassung der Preise selbst.
28 Zu den Anforderungen an billige Preisänderungen des Grundversorgers für Gas oder Strom: BGH, Urt. v. 13.06.2007 – VIII ZR 36/06 – BGHZ 172, 315 und BGH, Urt. v. 19.11.2008 – VIII ZR 138/07 – BGHZ 178, 362.

nicht nur darauf an, lediglich gestiegene Gestehungskosten an die Kunden weiterzugeben, die nicht durch rückläufige Kosten in anderen Bereichen wieder ausgeglichen werden können. Weil der Verordnungsgeber besonderen Wert darauf gelegt hat, dass sich die Fernwärmepreisgestaltung nicht losgelöst von den Preisverhältnissen am Wärmemarkt vollziehen kann,[29] ist bei der Ermessensausübung zusätzlich die Preisentwicklung der übrigen Energieträger für Raumheizung in den Blick zu nehmen.[30]

20 Die Änderung wird erst nach öffentlicher Bekanntgabe wirksam; die rückwirkende Veröffentlichung ist nicht möglich. Einer tatsächlichen Kenntnisnahme der Kunden von der Preisänderung bedarf es nicht.[31] Den Interessen der Kunden wird dadurch ausreichend Rechnung getragen, dass die Preisänderungen einer gerichtlichen **Billigkeitskontrolle** nach § 315 Abs. 3 BGB unterliegen.[32]

> **Tipp**
> Bei Preisänderungen nach § 4 Abs. 2 AVBFernwärmeV ist es wichtig, die Voraussetzungen des „billigen Ermessens" (§ 315 Abs. 1 BGB) einzuhalten und dies auch erläutern zu können. Kommt es zu einer gerichtlichen Billigkeitskontrolle, obliegt es dem Versorgungsunternehmen, im Einzelnen darzulegen, weshalb die Preisänderung angemessen ist.

III. Festpreisregelung

1. Eingeschränkte Eignung

21 Eine weitere Möglichkeit zur Regelung von Preisen für die Fernwärmeversorgung besteht darin, einen **Festpreis** vorzusehen, der keiner Preisänderung unterliegt. Festpreise sind derzeit in der Fernwärmeversorgung eher selten anzutreffen, da einige tatsächliche und rechtliche Besonderheiten zu beachten sind.

22 In tatsächlicher Hinsicht ist zu bedenken, dass die Fernwärmeversorgung regelmäßig mit **hohen Investitionskosten** in die Wärmeerzeugungs- und -verteilungsanlagen verbunden ist. Für den Versorger sind die Kunden nicht beliebig austauschbar, da er die Fernwärme nicht über größere Distanzen transportieren kann. Zum einen fehlt es hierzu bereits – anders als im Strom- und Gasbereich – an einem bundesweiten Fernwärmeversorgungsnetz; zum anderen gibt es technische Beschränkungen auf Grund der Wärmeverluste bei einem Transport über längere Strecken. Deswegen müssen die Investitionskosten stets im eigenen Versorgungsgebiet erlöst werden, was eine **langfristige Kundenbindung** erfordert.

---

29 BR-Drucks. 90/80, S. 56.
30 Zum Marktelement in Preisänderungsklauseln siehe Rn 58 ff.
31 LG Nürnberg-Fürth, Urt. v. 22.5.2013 – 3 O 4143/12 – CuR 2013, 125.
32 LG Nürnberg-Fürth, Urt. v. 22.5.2013 – 3 O 4143/12 – CuR 2013, 125.

In rechtlicher Hinsicht ist bei einer Festpreisregelung Folgendes zu beachten: Ein **23**
Festpreis dürfte – um eine sachgerechte Kostenprognose zu ermöglichen – stets nur
für einen **begrenzten Zeitraum** von ein bis zwei Jahren sinnvoll sein. Nach Ablauf
dieser Zeit muss ein **neuer Vertrag** geschlossen werden, oder – da ein Fernwärmeversorger seinen Kunden gegenüber keinem Kontrahierungszwang unterliegt[33] – die
Versorgung ist einzustellen.

Ein neuer Vertrag (mit gegebenenfalls neuem Preis) kommt nur zustande, wenn **24**
sich sowohl Fernwärmeversorgungsunternehmen als auch Kunde über die Versorgung mit Fernwärme und die Bedingungen der Versorgung einig sind. Sinnvoll ist
es, diese Vertragseinigung in einem schriftlichen Vertrag niederzulegen.[34] Daneben
ist die Fortsetzung der Lieferbeziehung auf Basis eines stillschweigenden Vertragsschlusses (oder auch: Vertrag durch sozialtypisches Verhalten) möglich, indem der
Kunde nach Ende seines bisherigen Vertrages weiterhin Wärme aus dem Versorgungsnetz entnimmt.

2. Problematik des stillschweigenden Vertragsschlusses

Solch ein **stillschweigender Vertrag** ist mit **rechtlichen Unklarheiten verbunden**. **25**
Denn weil es im Wärmebereich keine Grundversorgung i. S. d. § 36 Abs. 1 EnWG gibt,
gibt es auch keine gesetzliche Ausgestaltung eines Versorgungsverhältnisses ohne
ausdrücklichen Vertragsschluss. In § 2 Abs. 2 AVBFernwärmeV heißt es hierzu lediglich:

> „Kommt der Vertrag dadurch zustande, daß Fernwärme aus dem Verteilungsnetz des Fernwärmeversorgungsunternehmens entnommen wird, so ist der Kunde verpflichtet, dies dem Unternehmen unverzüglich mitzuteilen. Die Versorgung erfolgt zu den für gleichartige Versorgungsverhältnisse geltenden Preisen."

Der Wortlaut ist ähnlich schlicht, wie der bei § 4 Abs. 2 AVBFernwärmeV.[35] Daher **26**
wurde in der Literatur die Regelung oftmals so verstanden, dass bei der bloßen Entnahme von Fernwärme ein faktischer Vertrag mit dem vollständigen Inhalt zustande
kommt, wie er üblicherweise auch in schriftlicher Fassung von dem Versorgungsunternehmen angeboten wird.[36] Dieser Ansicht ist der BGH in einem Fall, in dem

---

33 Vgl. Kap. 8, lediglich bei einem bestehenden kommunalrechtlichen Anschluss- und Benutzungszwang kann sich rechtlich eine andere Situation ergeben.
34 Grundsätzlich unterliegen Fernwärmeversorgungsverträge keinem besonderen Formerfordernis.
Zu Beweiszwecken ist allerdings eine schriftliche Fixierung immer sinnvoll.
35 Vgl. Rn 11.
36 *Klotz*, RdE 2011, 88, 92; *Witzel/Topp*, Versorgungsbedingungen Fernwärme, 2. Aufl., S. 212; *Wollschläger/Meyer*, IR 2009, 82, 84.

es um die Frage von Vertragslaufzeiten und Kündigungsfristen geht, nicht gefolgt.[37] Stattdessen entschied er, dass bei einer reinen Entnahme von Fernwärme durch den Kunden, der zuvor keinen schriftlichen Vertrag mit dem Versorger abgeschlossen hat, die **Ergänzenden Allgemeinen Versorgungsbedingungen nicht** zum **Vertragsinhalt** werden.[38] Denn es sei im Zeitpunkt der Entnahme (also im Zeitpunkt des faktischen Vertragsschlusses) nicht hinreichend klar, ob und gegebenenfalls welche Ergänzenden Bedingungen in den Vertrag einbezogen werden sollen, so dass sich die Parteien darüber nicht einigen könnten.

27 Dass die Belieferung nach der bloßen Entnahme von Wärme fortan zu den für gleichartige Versorgungsverhältnisse geltenden Preisen erfolgt, stellt der BGH nicht in Abrede. Im Hinblick auf spätere Preisänderungen stellt sich daher die Frage, ob der BGH die jeweiligen Preisänderungsklauseln des Versorgers (§ 24 Abs. 4 AVBFernwärmeV) als Teil der „Preise" ansieht, die gemäß § 2 Abs. 2 AVBFernwärmeV automatisch zum Vertragsinhalt werden. Oder ob die Preisänderungsklauseln stattdessen Teil der Ergänzenden Allgemeinen Versorgungsbedingungen sind und ohne rechtsgeschäftliche Einbeziehung (regelmäßig ein schriftlicher Vertrag) nicht gelten. Nur wenn die Preisänderungsklauseln Teil der „Preise" nach § 2 Abs. 2 AVBFernwärmeV sind, können in deren Anwendung auch im Rahmen faktischer Verträge Preisänderungen durchgeführt werden.

28 Die Antwort auf diese Frage findet sich in einem früheren Urteil, in welchem der BGH über die **Wirksamkeit** einer **Preisänderungsklausel** zu befinden hatte.[39] Im dortigen Fall war der Liefervertrag durch die bloße Entnahme von Fernwärme aus dem Verteilungsnetz zustande gekommen. Bevor der BGH die Wirksamkeit der Preisänderungsklausel am Maßstab des § 24 Abs. 4 AVBFernwärmeV überprüfte, stellte er zunächst klar, dass die zum Zeitpunkt des faktischen Vertragsschlusses geltende **Preisänderungsklausel** Bestandteil des zu beurteilenden Vertragsverhältnisses geworden ist.[40] Für die rechtliche Begründung der Einbeziehung gab es aus Sicht des BGH zwei Möglichkeiten, zwischen denen er sich nicht entscheiden musste. Zum einen könne die Klausel „*als Preisbestimmung für gleichartige Versorgungsverhältnisse nach § 2 Abs. 2 S. 2 AVBFernwärmeV zu werten*" sein und daher „*ohne Weiteres auch im Verhältnis der Parteien zur Anwendung kommen*". Zum anderen könnte die öffentlich bekanntgegebene „*Klausel (§ 1 Abs. 4, § 2 Abs. 3 AVBFernwärmeV) unmittelbar in den zwischen den Parteien zustande gekommenen Energielieferungsvertrag einbezogen worden sein*".[41]

---

[37] BGH, Urt. v. 15.1.2014 – VIII ZR 111/13 – NJW 2014, 1296.
[38] BGH, Urt. v. 15.1.2014 – VIII ZR 111/13, Rn 16 – NJW 2014, 1296.
[39] BGH, Urt. v. 6.4.2011 – VIII ZR 66/09 – NJW 2011, 2508 – ZNER 2011, 304.
[40] BGH, Urt. v. 6.4.2011 – VIII ZR 66/09, Rn 14 – ZNER 2011, 304, 306.
[41] BGH, Urt. v. 6.4.2011 – VIII ZR 66/09, Rn 14 – ZNER 2011, 304, 306.

Vor allem eine **Einbeziehung** der **Preisänderungsklausel** nach § 2 Abs. 2 S. 2 AVBFernwärmeV überzeugt. Deutlich wird dies bereits bei einem Blick in die Verordnungsbegründung. Nach dem Willen des Verordnungsgebers stellt § 2 Abs. 2 AVBFernwärmeV „*u. a. klar, zu welchen Bedingungen und Preisen Abnehmer zu versorgen sind, deren Versorgungsvertrag durch sozialtypisches Verhalten zustande gekommen ist.*"[42] Zwar haben die „*Bedingungen*" keinen Eingang in den Wortlaut der Norm gefunden. Die Erläuterung des Verordnungsgebers zeigt aber, dass insofern keine Unklarheit über den Vertragsinhalt bestehen soll. Zumindest was die Preisbildung betrifft, müssen daher die jeweiligen Bedingungen automatisch zum Vertragsinhalt werden.

Dies ist auch sachgerecht. Die im Falle eines faktischen Vertragsschlusses geltenden „*Preise*" gleichartiger Versorgungsverhältnisse lassen sich regelmäßig ohne die gültige Preisänderungsklausel des jeweiligen Versorgers gar nicht beziffern. Anders als im Bereich der Strom- und Gasversorgung werden für Fernwärme keine absoluten Preise in Cent pro kWh veröffentlicht. Stattdessen sind die aktuellen Preise in Anwendung der Preisformel und der relevanten Preisindizes rechnerisch ermittelt. Dies ist eine Folge des § 24 Abs. 4 AVBFernwärmeV, der für Preisänderungsklauseln mathematische „*Berechnungsfaktoren*" vorgibt. Aus der Systematik der Verordnung folgt daher, dass der Begriff „*Preise*" in § 2 Abs. 2 S. 2 AVBFernwärmeV zwingend die **Berechnungsmethodik** der **Preise** umfassen muss, also die jeweilige Preisänderungsklausel.

Nur auf diese Weise können auch gegenüber Kunden, die durch die bloße Entnahme von Wärme einen Vertrag geschlossen haben, Schwankungen der Marktverhältnisse und der Erzeugungskosten bei der Preisbildung berücksichtigt werden. Aufgrund der Langfristigkeit der Versorgungsverträge ist dies aus Sicht des Verordnungsgebers erforderlich.[43] Außerdem müsste ein Versorger andernfalls vergleichbaren Kunden letztlich verschiedene Preise in Rechnung stellen: Für Kunden mit schriftlichem Vertrag die gemäß einer Preisänderungsklausel errechneten Preise und für Kunden mit faktischem Vertrag die veröffentlichten Preise nach § 4 Abs. 2 AVBFernwärmeV oder diverse Festpreise – je nach Zeitpunkt des faktischen Vertragsschlusses. Dadurch wäre das Versorgungsunternehmen im Massenkundengeschäft vor erhebliche logistische Probleme gestellt.

Exkurs: Im Falle eines faktischen Vertragsschlusses verbleibt das Problem, dass die Allgemeinen Versorgungsbedingungen des Versorgungsunternehmens nach der Rechtsprechung des BGH dem Kunden gegenüber keine Anwendung finden.[44] Allgemeine Versorgungsbedingungen regeln neben der Vertragslaufzeit und der Kündigungsfrist beispielsweise Einzelheiten zum Umfang der Lieferungen, zur Ausübung des Zutrittsrechts sowie zu Zahlungs- und Abrechnungsmodalitäten. Schon allein

---

42 BR-Drucks. 90/80, S. 36.
43 BR-Drucks. 90/80, S. 56.
44 BGH, Urt. v. 15.1.2014 – VIII ZR 111/13 – NJW 2014, 1296.

aufgrund dieser Unklarheiten ist stets der Abschluss eines schriftlichen Versorgungsvertrages gegenüber dem faktischen Vertrag vorzugswürdig. Da sich faktische Verträge infolge der bloßen Entnahme von Fernwärme nicht immer vermeiden lassen, müssen entweder der Verordnungsgeber oder die Gericht hier zwingend tätig werden, um die sowohl für den Versorger als auch für den Kunden unklare Situation abzuwenden.

> **Tipp**
> Fernwärmeversorgungsverträge sind vorsorglich immer schriftlich abzuschließen, um Unklarheiten eines faktischen Vertrages zu vermeiden.

B. Regelung des § 24 AVBFernwärmeV

I. Anwendungsbereich

33 Auf vorformulierte Lieferverträge finden die §§ 2 bis 34 AVBFernwärmeV Anwendung, vgl. § 1 Abs. 1 AVBFernwärmeV. Preisänderungsklauseln müssen die Voraussetzungen des § 24 Abs. 4 AVBFernwärmeV erfüllen. Nur im Falle der Wärmeversorgung von Industriekunden oder bei individuellen Verträgen gelten die Regelungen der AVB-FernwärmeV nicht automatisch (vgl. §§ 1 Abs. 2 und Abs. 3 AVBFernwärmeV).

1. Industriekunden

34 Der Begriff des **Industrieunternehmens** ist ein unbestimmter Rechtsbegriff, der nicht legal definiert wird. Die Anlehnung an die Handwerksordnung ist ein geeigneter Definitionsmaßstab. Hiernach liegt ein Industrieunternehmen vor,[45] wenn
- eine gewisse Betriebsgröße besteht,
- der Betriebsinhaber nicht unmittelbar mitarbeitet,
- eine arbeitsteilige Produktion erfolgt und
- Maschinen verwendet werden.

35 Diese Definition bedarf einer Ergänzung. Nicht jeder größere Gewerbebetrieb mit arbeitsteiliger Produktion unter Einsatz von Maschinen ist zugleich ein Industrieunternehmen i. S. v. § 1 Abs. 2 AVBFernwärmeV. Hinzukommen muss ein **spezieller Wärmebedarf**, der Industriekunden von anderen Wärmekunden unterscheidet. In der Verordnungsbegründung[46] heißt es hierzu:

---

[45] *Witzel/Topp*, Versorgungsbedingungen Fernwärme, S. 51 f., Danner/Theobald/*Wollschläger*, § 1 AVBFernwärmeV, Rn 15 ff.
[46] BR-Drucks. 90/80, S. 35.

> „Ausgenommen sind Anschluss und Versorgung von Industrieunternehmen (Absatz 2). Diese Versorgungsverhältnisse müssen von den Beteiligten nach ihren spezifischen Bedürfnissen (z. B. Prozesswärme) geregelt werden können. Sie haben weitgehend den Charakter von Sonderabnahmeverhältnissen, wie sie bei der Versorgung mit Strom und Gas vorkommen. Diese werden ebenfalls nicht von den gesetzlich normierten allgemeinen Versorgungsbedingungen erfasst werden. Industrieunternehmen sind vom handwerksmäßig, land- oder forstwirtschaftlich betriebenem Gewerbe zu unterscheiden, für das die Verordnung Anwendung finden soll."

Es kommt nach dem Willen des Verordnungsgebers also darauf an, ob ein Unternehmen *„spezifische Bedürfnisse"* hat. Beispielhaft nennt er dazu „Prozesswärme", also Wärme, die für technische Verfahren wie Trocknen, Schmelzen oder Schmieden benötigt wird. Besondere Kenntnisse oder Fähigkeiten des Kunden, wie beispielsweise Erfahrungen im Abschluss von Wärmelieferverträgen, sind dagegen für die Einordnung als „Industriekunden" nach § 1 Abs. 2 AVBFernwärmeV unerheblich.

2. Individualvereinbarung

Nach § 1 Abs. 3 AVBFernwärmeV ist der Anwendungsbereich der Verordnung auch dann nicht eröffnet, wenn die Parteien eine **Individualvereinbarung** getroffen haben. Die individuelle Vereinbarung kann dabei mehrere oder auch nur einzelne Regelungen betreffen. Insbesondere ist es möglich, einen **vorformulierten Vertrag** zu schließen und nur im Hinblick auf die Preisregelung individuell von § 24 Abs. 4 AVBFernwärmeV abzuweichen.

Voraussetzung für eine von den Vorgaben der AVBFernwärmeV abweichende **Individualvereinbarung** ist gemäß § 1 Abs. 3 S. 1 AVBFernwärmeV, dass das Versorgungsunternehmen dem Kunden einen Vertragsschluss zu den Allgemeinen Bedingungen der AVBFernwärmeV angeboten hat und der Kunde mit den Abweichungen ausdrücklich einverstanden ist. Der Kunde muss die Möglichkeit haben, eine Preisregelung zu vereinbaren, wie sie auch für vergleichbare Kunden gilt. Trifft er anschließend mit dem Versorgungsunternehmen bewusst eine abweichende Vereinbarung, so sind die Vorgaben des § 24 Abs. 4 AVBFernwärmeV hierauf nicht anwendbar. Auf diese Weise werden **Preisänderungsklauseln** wirksam, die beispielsweise den Anforderungen an die Verständlichkeit nicht genügen würden.

Die **Darlegungs- und Beweislast** dafür, dass eine **Preisänderungsklausel** individuell ausgehandelt wurde, liegt beim Verwender der Klausel, also regelmäßig beim Versorgungsunternehmen. Im Zweifel wird ein vorformulierter Text als Allgemeine Versorgungsbedingung einzuordnen sein.[47]

---

[47] BGH, Urt. v. 15.12.1976 – IV ZR 197/75, Rn 26 – NJW 1977, 624, 626.

> **Tipp**
> Individualvereinbarungen sind rechtlich kaum angreifbar, oftmals aber schwer zu beweisen. Daher empfiehlt es sich, gleich bei Vertragsschluss sorgfältig zu dokumentieren, dass bewusst eine Abweichung von der üblicherweise verwendeten Preisänderungsklausel gewünscht ist.

40 Ein **Aushandeln** einzelner **Vertragsbedingungen** ändert nichts daran, dass die übrigen Vertragsbedingungen vorformulierte Klauseln bleiben.[48] So hat beispielsweise eine individuelle Vereinbarung über die Laufzeit des Wärmeliefervertrages keine Auswirkungen auf die Beurteilung der Preisänderungsklausel.

II. Anforderungen im Einzelnen

41 Für **vorformulierte Preisänderungsklauseln** gibt § 24 Abs. 4 S. 1 und 2 AVBFernwärmeV folgende Anforderungen vor:

> „Preisänderungsklauseln dürfen nur so ausgestaltet sein, daß sie sowohl die Kostenentwicklung bei Erzeugung und Bereitstellung der Fernwärme durch das Unternehmen als auch die jeweiligen Verhältnisse auf dem Wärmemarkt angemessen berücksichtigen. Sie müssen die maßgeblichen Berechnungsfaktoren vollständig und in allgemein verständlicher Form ausweisen."

42 Eine Wärmepreisänderungsklausel muss demnach die **Kosten** für die Erzeugung und Bereitstellung der Fernwärme abbilden und die Verhältnisse auf dem **Wärmemarkt** repräsentieren. Dabei ist sicherzustellen, dass die Gewichtung beider Elemente angemessen ist. Daneben muss die Klausel für die Kunden **verständlich** und **nachvollziehbar** sein.

1. Kostenelement
a) Bedeutung des Kostenelements

43 Die Erzeugungskosten hängen in der Regel überwiegend von den Brennstoffkosten ab, während die Bereitstellungskosten vor allem durch die Lohnkosten und in geringem Maße durch die Materialkosten bestimmt werden.[49] Auch die Kosten für Transport und Verteilung der Fernwärme fließen in die Bereitstellungskosten mit ein.[50]

44 Preisänderungsklauseln im Wärmebereich müssen sich daher an der Entwicklung dieser Kosten orientieren. Dabei bedeutet Kostenorientierung aber **nicht Kostenechtheit**, weswegen sie nicht dazu zwingt, Preise spiegelbildlich zur jeweiligen

---

48 Palandt/*Grüneberg*, BGB, 73. Aufl. 2014, § 305 Rn 18.
49 BGH, Urt. v. 6.4.2011 – VIII ZR 273/09, Rn 39 – BGHZ 189, 131, Rn 39.
50 BGH, Urt. v. 13.7.2011 – VIII ZR 339/10, Rn 23 – NJW 2011, 3222, 3225.

Kostenstruktur auszugestalten.[51] Der Grundsatz der Kostenorientierung ist jedoch dann tangiert, wenn die Preise oder einzelne ihrer Bestandteile kostenmäßige Zusammenhänge nicht mehr hinreichend erkennen lassen.[52] Dies erfordert, dass als Bemessungsgröße ein Indikator gewählt wird, der an die tatsächliche Entwicklung der Kosten des bei der Wärmeerzeugung überwiegend eingesetzten Brennstoffs anknüpft.[53]

Ein veröffentlichter Preisindex – der üblicherweise zur Abbildung der Kosten verwendet wird – verläuft oft nicht identisch mit den individuellen Kosten eines Unternehmens. Gleichwohl ist ein Index für den eingesetzten Energieträger zur Kostenorientierung geeignet, wenn sichergestellt ist, dass sich die konkreten Kosten im Wesentlichen – wenn auch mit gewissen Spielräumen – in gleicher Weise entwickeln wie der Index.[54]

45

> **Tipp**
> Üblicherweise werden die verbrauchsabhängigen Kosten (Brennstoffe) in einer Formel zur Anpassung des Arbeitspreises berücksichtigt und die verbrauchsunabhängigen Kosten (Lohn, Investitionen) in einer Formel zur Anpassung des Grundpreises. Diese Aufteilung ist aber nicht zwingend. Möglich wäre es beispielsweise auch, sämtliche Indizes in einer einzigen Formel für den Wärmepreis abzubilden.

Zur Abbildung der **Erzeugungskosten** ist daher im ersten Schritt zu klären, welcher **Brennstoff** überwiegend zur Wärmeerzeugung eingesetzt wird. Im zweiten Schritt ist ein **Bemessungsfaktor** zu wählen, dessen Entwicklung im Wesentlichen gleich verläuft, wie die tatsächlichen Kosten für den Bezug des Brennstoffs.[55]

46

Zur Abbildung der **Bereitstellungskosten** ist es regelmäßig sachgerecht, die Entwicklung der **Lohnkosten** in Bezug zu nehmen. Dies kann dadurch geschehen, dass auf einen Tariflohn abgestellt wird. Dabei ist darauf zu achten, dass der Tariflohn im jeweiligen Versorgungsunternehmen auch Anwendung findet. Häufig eignet sich der Tarifvertrag für kommunale Versorgungsbetriebe (TV-V), aber auch individuelle Tarifverträge kommen in Betracht, sofern sie öffentlich zugänglich sind.[56] Ferner gibt auch

47

---

51 BGH, Urt. v. 6.4.2011 – VIII ZR 273/09, Rn 38 – BGHZ 189, 131, Rn 38; BGH, Urt. v. 13.7.2011 – VIII ZR 339/10, Rn 24 – NJW 2011, 3222, 3225; BGH, Urt. v. 25.6.2014 – VIII ZR 344/13, Rn 24 – n. v.
52 BGH, Urt. v. 6.4.2011 – VIII ZR 273/09, Rn 38 – BGHZ 189, 131, Rn 38; BGH, Urt. v. 13.7.2011 – VIII ZR 339/10, Rn 24 – NJW 2011, 3222, 3225; BGH, Urt. v. 25.6.2014 – VIII ZR 344/13, Rn 24 – n. v.
53 BGH, Urt. v. 6.4.2011 – VIII ZR 273/09, Rn 38 – BGHZ 189, 131, Rn 38; BGH, Urt. v. 13.7.2011 – VIII ZR 339/10, Rn 24 – NJW 2011, 3222, 3225; BGH, Urt. v. 25.6.2014 – VIII ZR 344/13, Rn 24 – n. v.
54 BGH, Urt. v. 6.7.2011 – VIII ZR 37/10, Rn 43 – NJW, 2011, 3219, 3222; BGH, Urt. v. 13.7.2011 – VIII ZR 339/10, Rn 25 – NJW 2011, 3222, 3225; BGH, Urt. v. 25.6.2014 – VIII ZR 344/13, Rn 24 – n. v.
55 BGH, Urt. v. 13.7.2011 – VIII ZR 339/10, Rn 25 – NJW 2011, 3222, 3225.
56 Dies ist aus Gründen der Transparenz zu beachten; dazu im Einzelnen siehe Rn 104 ff.

das Statistische Bundesamt Wiesbaden beispielsweise die Entwicklung von Arbeitskosten im Wirtschaftszweig „Energiewirtschaft" bekannt.[57]

48 Um die **Investitions- und Vorhaltekosten** des Versorgers abzubilden, darf zur Berechnung von Grundpreisänderungen auf einen Index abgestellt werden, der die Preisentwicklung des investitionsgüterproduzierenden Gewerbes[58] abbildet.[59] Der BGH stellte zwar klar, dass es sich hierbei um einen Faktor handelt, der weder die Verhältnisse auf dem Wärmemarkt noch die konkreten Kosten des Unternehmens widerspiegelt. Der Index knüpft an die für den Grundpreis relevante Entwicklung der Investitionskosten an und erfasst diese in pauschalierter Form. Dies ist im Rahmen des von § 24 Abs. 4 AVBFernwärmeV gewährten Spielraums zulässig.[60]

> **Tipp**
> Preisindizes des Statistischen Bundesamtes sind gut als Bemessungsfaktor geeignet, da sie objektiv die Preisentwicklung wiedergeben und frei zugänglich sind. Oft gibt es aber viele ähnliche Indizes für einen Oberbegriff: Beispielsweise Stundenlohn und Monatslohn, mit und ohne Sonderzahlungen, alte und neue Bundesländer, gesamtes Bundesgebiet, etc. Es sollte der Index gewählt werden, der den individuellen Kosten am nächsten kommt.

b) Einsatz verschiedener Brennstoffe

49 Häufig wird Fernwärme nicht lediglich unter Einsatz eines einzigen Brennstoffes erzeugt. Auch wenn ein Heizkraftwerk primär mit Erdgas betrieben wird, kommt es oft bei kurzzeitig hoher Nachfrage (Spitzenlast) ergänzend zum Einsatz von Heizöl. Denkbar ist auch, dass beispielsweise eine heizölbasierte Wärmeerzeugung später durch eine Erzeugung mittels Biogas ergänzt wird.

50 In diesen Fällen ist es nicht erforderlich, jede einzelne Kostenposition auch in der Preisformel abzubilden. Stattdessen reicht es bei Einsatz unterschiedlicher Brennstoffe regelmäßig aus, wenn sich die Preisänderungsklausel an der Kostenentwicklung des überwiegend eingesetzten Brennstoffs ausrichtet.[61] Kommt dagegen zwei Brennstoffen eine ähnlich große Bedeutung für die Fernwärmeerzeugung zu, sollten die Kosten beider Brennstoffe in der Preisformel berücksichtigt werden.

---

[57] Statistisches Bundesamt, Wiesbaden, Fachserie 16, Reihe 4.3: Verdienste und Arbeitskosten, „Index der Tarifverdienste und Arbeitszeiten".
[58] Z. B. Veröffentlichung des Statistischen Bundesamtes, Wiesbaden, Fachserie 17, Reihe 2: Preise, „Preise und Preisindizes für gewerbliche Produkte (Erzeugerpreise)", dort „1 Index der Erzeugerpreise gewerblicher Produkte (Inlandsabsatz)", Lfd.-Nr. 3 „Erzeugnisse der Investitionsgüterproduzenten".
[59] BGH, Urt. v. 13.7.2011 – VIII ZR 339/10, Rn 32 – NJW 2011, 3222, 3226.
[60] BGH, Urt. v. 13.7.2011 – VIII ZR 339/10, Rn 31 f. – NJW 2011, 3222, 3225 f.
[61] BGH, Urt. v. 13.7.2011 – VIII ZR 339/10, Rn 26 – NJW 2011, 3222, 3225.

c) Mittelbare Kostenorientierung

Nicht unbedingt erforderlich ist es, in die Preisänderungsklausel einen Bemessungsfaktor aufzunehmen, der unmittelbar die Entwicklung der Brennstoffkosten berücksichtigt. Alternativ ist es möglich, einen **Preisindex** zu wählen, der zumindest mittelbar die eigenen Erzeugungskosten des Versorgungsunternehmens abbildet. Dies kommt beispielsweise in Betracht, wenn die Wärme zwar mit Erdgas erzeugt wird und der Gasbezugspreis an den Preis für leichtes Heizöl (HEL) gebunden ist. In diesem Fall kann in der Formel ein Index für den Preis von HEL verwendet werden, obwohl Heizöl tatsächlich bei der Erzeugung gar nicht zum Einsatz kommt.[62]

An die Wirksamkeit solcher „**mittelbarer Preisrepräsentanten**" sind nach der Rechtsprechung des BGH hohe Anforderungen zu stellen. Denn weil in der Praxis vielfältige unterschiedliche HEL-Preisbindungen anzutreffen sind, ist die Anknüpfung von Preisanpassungen an einen bestimmten **HEL-Index** nicht ohne weiteres mit der Entwicklung der Erdgasbezugskosten gleichzusetzen.[63] Ein HEL-Index ist nur dann geeignet, die Gasbezugskosten ausreichend abzubilden, wenn feststeht, dass das jeweilige Versorgungsunternehmen seinerseits gegenüber seinem Vorlieferanten einer Ölpreisbindung unterliegt, die ihrer Art und ihrem Umfang nach im Wesentlichen der gegenüber den Endkunden praktizierten HEL-Bindung entspricht.[64] Dazu ist zu prüfen,

- ob in beiden Verträgen als Referenzgröße vergleichbare Notierungen des Produkts „leichtes Heizöl" herangezogen werden (einschließlich der Verbrauchssteuern),
- ob die Gasbezugspreise möglicherweise an zusätzliche Indizes gebunden sind,
- ob ein ähnlicher Äquivalenzfaktor verwendet wird,
- ob vergleichbare Berechnungszeiträume zugrunde liegen.[65]

Mit diesen Kriterien knüpft der BGH an seine Rechtsprechung zur Wirksamkeit von HEL-Preisklauseln in Erdgassonderverträgen[66] an. Jene Preisklauseln waren an den Vorgaben der §§ 307 ff. BGB zu messen, die aufgrund der Spezialregelung in § 24 Abs. 4 AVBFernwärmeV im Wärmebereich nicht anwendbar sind.[67] Auch die Grundsätze zu Preisklauseln im Gasbereich, die sich an den Kriterien des § 307 BGB ausrichten,

---

[62] BGH, Urt. v. 25.6.2014 – VIII ZR 344/13, Rn 28 f. – n. v.
[63] BGH, Urt. v. 6.4.2011 – VIII ZR 273/09, Rn 40 – BGHZ 189, 131, Rn 40.
[64] BGH, Urt. v. 6.4.2011 – VIII ZR 273/09, Rn 41 – BGHZ 189, 131, Rn 41; BGH, Urt. v. 25.6.2014 – VIII ZR 344/13, Rn 25 – n. v.
[65] BGH, Urt. v. 6.4.2011 – VIII ZR 273/09, Rn 42 – BGHZ 189, 131, Rn 42; BGH, Urt. v. 25.6.2014 – VIII ZR 344/13, Rn 25 – n. v.
[66] BGH, Urt. v. 24.3.2010 – VIII ZR 178/08 – BGHZ 185, 96 und BGH, Urt. v. 24.3.2010, VIII ZR 304/08 – NJW 2010, 2793.
[67] Ausnahmen sind Individualverträge und Verträge mit Industriekunden, BGH, Urt. v. 6.4.2011 – VIII ZR 273/09, Leitsatz a) – BGHZ 189, 131; BGH, Urt. v. 6.7.2011 – VIII ZR 37/10, Rn 17 ff. – NJW 2011, 3219.

lassen sich daher auf Wärmepreisänderungsklauseln nicht unmittelbar übertragen. Konkret folgt daraus, dass im Fernwärmebereich mit den vergleichbaren örtlichen HEL-Notierungen, dem Äquivalenzfaktor und den Berechnungszeiträumen nicht eine exakte Weitergabe von Bezugspreisänderungen erreicht werden soll. Stattdessen sind die Kriterien vor dem Hintergrund der **Kostenorientierung** zu untersuchen. Die beiden HEL-Indizierungen (im Gasbezugsvertrag und im Fernwärmeliefervertrag) müssen auch unter Beachtung der genannten Aspekte nach ihrer Art und ihrem Umfang im Wesentlichen vergleichbar sein.

54 Ein Versorger, der Fernwärme mit Gas erzeugt, kann seine Fernwärmepreise gleichwohl an Heizöl koppeln, wenn der gewählte Index demjenigen im eigenen Gasbezugsvertrag gleichkommt.[68] Enthält die Preisbildung im Gasbezugsvertrag beispielsweise nur einen Index für schweres Heizöl (HSL), scheidet HEL auch als mittelbarer Preisrepräsentant aus. Gleiches soll gelten, wenn der Bezugsvertrag bspw. an einen HEL-Index der Rheinschiene anknüpft, die Fernwärmepreise dagegen an einen HEL-Index des Berichtsortes Hamburg gekoppelt sind. Solche unterschiedlichen örtlichen Notierungen führen aber nicht zwingend dazu, dass eine mittelbare Kostenorientierung unzulässig wäre. Denn auch in diesem Fall ist denkbar, dass sich die unterschiedlichen Notierungen tatsächlich parallel entwickeln. Dem Versorger bleibt daher die Möglichkeit, den Gleichlauf der Preisentwicklung beider Berichtsorte zu belegen und so seine Kostenorientierung nachzuweisen. Im Ergebnis muss gesichert sein, dass sich der den Endkunden berechnete Wärmearbeitspreis an den tatsächlichen Gasbezugskosten des Versorgers orientiert.

d) Einkauf von Fernwärme durch das Versorgungsunternehmen

55 Nicht immer ist das Fernwärmeversorgungsunternehmen auch dasjenige Unternehmen, welches die Wärme selbst produziert. Häufig kaufen Versorgungsunternehmen fertige Wärme selbst beim Erzeuger ein, um sie dann an die eigenen Wärmekunden zu verteilen. In diesem Fall stellt sich die Frage, ob es zur Kostenorientierung der Fernwärmepreise im Liefervertrag mit dem Endkunden auf die Kosten des Erzeugers oder auf die Kosten des Versorgers ankommt.

56 Der Wortlaut des § 24 Abs. 4 S. 1 AVBFernwärmeV stellt lediglich auf die Kosten des „Unternehmens" ab. Ein Vergleich mit den übrigen Normen der AVBFernwärmeV zeigt aber, dass der Begriff „Unternehmen" stets verkürzt und als Synonym verwendet wird, wenn im selben Paragrafen bereits von dem „Fernwärmeversorgungsunternehmen" gesprochen wurde. Auch Sinn und Zweck des § 24 Abs. 4 AVBFernwärmeV

---

[68] Eine mittelbare Kostenorientierung hat der BGH, Urt. v. 25.6.2014 – VIII ZR 344/13, Rn 29 – n. v. – genauer untersucht und für tauglich erachtet. Dabei hob er hervor, dass HEL die einzige Variable im Gasbezugsvertrag gewesen ist, dieselbe örtliche Notierung herangezogen wurde und auch die Berechnungszeiträume im Gleichklang verliefen.

weisen deutlich darauf hin, dass allein die Kostensituation des Versorgers maßgeblich ist. Denn § 24 Abs. 4 AVBFernwärmeV regelt – wie die AVBFernwärmeV insgesamt – das **Vertragsverhältnis** zwischen **Fernwärmeversorgungsunternehmen** und dessen **Kunden**. Vorlieferanten sind vom Anwendungsbereich überhaupt nicht erfasst und sind daher nach der Verordnung zu keinerlei Kostennachweis verpflichtet. Sinnvollerweise kann § 24 Abs. 4 AVBFernwärmeV deshalb nur eine Abbildung der Kostensituation des Fernwärmeversorgungsunternehmens verlangen.

Dieses Ergebnis wird bestätigt durch die Verordnungsbegründung. Theoretisch ist es denkbar, dass sich die Kosten des Erzeugers und des Versorgers unterschiedlich entwickeln. Wären die Fernwärmepreise der Endkunden an die Kosten des Erzeugers gekoppelt, könnten die Preise sinken, obwohl der Versorger möglicherweise höhere Einkaufspreise zu zahlen hat. Dies würde schlimmstenfalls dazu führen, dass der Versorger nicht mehr kostendeckend liefern kann und früher oder später die Fernwärmeversorgung einstellen muss. Diese Konsequenz ließe sich nicht mit der Intention des Verordnungsgebers vereinbaren, der aufgrund der *„Langfristigkeit der Versorgungsverträge"* *„notwendige Preisanpassungen"* des Versorgers ausdrücklich für *„erforderlich"* hält.[69]

Sofern Erzeugung und Versorgung durch unterschiedliche Unternehmen geleistet werden, haben sich Preisänderungsklausel folglich an den Kosten des Versorgungsunternehmens zu orientieren. Eigene **Bereitstellungskosten** (primär Personal) fallen zweifelsohne an und müssen über die Fernwärmepreise erlöst werden. Die Kosten für **Wärmeerzeugung** sind dann sämtliche Preise, welche der Versorger für den Einkauf von Wärme an seinen Vorlieferanten zu zahlen hat. Begrifflich treffender ist daher auf die **Gestehungskosten** abzustellen.

2. Marktelement

Neben den Kostenelementen muss eine Preisänderungsklausel im Wärmebereich auch ein **Marktelement** enthalten. Dadurch sollen die Preise fortlaufend an die jeweiligen Verhältnisse auf dem Wärmemarkt angeglichen werden (vgl. § 24 Abs. 4 S. 1 AVBFernwärmeV). Auf diese Weise wollte der Verordnungsgeber den wirtschaftlichen Bedürfnissen in der Fernwärmeversorgung Rechnung tragen und zugleich die gegenläufigen Interessen von Versorgungsunternehmen und Wärmekunden in einen angemessenen Ausgleich bringen.[70] Mit dem Wärmemarkt ist nach einer Entscheidung des VIII. Zivilsenats des BGH der **allgemeine**, das heißt der sich auch auf andere Energieträger erstreckende **Wärmemarkt** gemeint, der sich außerhalb der Einflusssphäre

---

[69] BR-Drucks. 90/80, S. 56.
[70] BGH, Urt. v. 25.6.2014 – VIII ZR 344/13, Rn 21 – n. v.

des Fernwärmeversorgungsunternehmens entwickelt hat;[71] also nicht nur das Marktsegment Fernwärme und auch nicht stets die rein lokalen Gegebenheiten.[72]

60 Die Stellungnahme hin zu einem einheitlichen Wärmemarkt ist zu begrüßen. Nur auf diese Weise kann es gelingen, die Fernwärmepreise – wie es der Verordnungsgeber wollte – an die Preisentwicklung der übrigen Energieträger anzubinden und so auch bei der Fernwärmeversorgung die Konkurrenzenergien zu berücksichtigen, auch wenn die kartellrechtliche und zivilrechtliche Marktdefinition nicht deckungsgleich sind.[73]

61 Es ist also ein **Bemessungsfaktor** zu wählen, der für möglichst viele Energieträger auf einem möglichst großen Gebiet repräsentativ ist. Welcher Bemessungsfaktor hierfür geeignet oder nicht geeignet ist, musste der BGH bislang nicht entscheiden, weil die bisher zu überprüfenden Preisänderungsklauseln schon nicht die Anforderungen an das Kostenelement erfüllten.[74]

a) Mögliche Indizes als Marktelement

62 In der Praxis ist als **Marktelement** häufig (noch) ein **HEL-Index** anzutreffen. Nach *Witzel*[75] ist es sachgerecht, direkt an den Preis für HEL als Marktführer anzuknüpfen, weil der HEL-Preis die Preise für alle anderen Energieträger mitbestimme. Allerdings datiert die letzte Auflage des Werkes aus dem Jahre 1997 und in den vergangenen Jahren hat der Einfluss von HEL stetig nachgelassen. Noch im Jahre 2006 hielt das Brandenburgische OLG einen HEL-Index ebenfalls für geeignet. Es entschied, dass die streitgegenständliche Preisänderungsklausel zutreffend ein Marktelement enthält, indem sie den Arbeitspreis nach dem Preis für HEL bemisst. Denn es entspräche „*allgemeiner Erfahrung, dass gegenwärtig der Preis für leichtes Heizöl die Preise der anderen Energieträger üblicherweise mitbestimmt*".[76]

63 Seither hat sich die Bedeutung von HEL für den Wärmemarkt allerdings weiter relativiert. Mittlerweile kommt auch den **Gaspreisen** erhebliche Bedeutung zu und es gibt spezielle Indizes, welche gezielt die Preisentwicklung für Raumheizung reprä-

---

71 BGH, Urt. v. 13.7.2011 – VIII ZR 339/10, Rn 21. – NJW 2011, 3222, 3224.
72 Der BGH, Urt. v. 25.6.2014 – VIII ZR 344/13, Rn 19 – n. v. stellt klar, dass das Berufungsgericht „*missverständlich von einem „Fernwärmemarkt" gesprochen hat*".
73 Zur kartellrechtlichen Marktabgrenzung vgl. Rn 103 ff.
74 Konkret ließ der BGH im Urt. v. 13.7.2011 – VIII ZR 339/10, Rn 22 – NJW 2011, 3222, 3224 offen, ob ein „*Faktor „H" für leichtes Heizöl (...) entweder allein (...) oder zusammen mit dem gewählten bundesweiten Gaspreisindex („G") eine hinreichende Abbildung der Verhältnisse auf dem Wärmemarkt gewährleistet*". Im Urt. v. 6.7.2011 – VIII ZR 37/10 – NJW 2011, 3219, 3222 heißt es in Rn 42 knapp: „*Die Klausel berücksichtigt zwar (...) beim verwendeten Brennstoff und beim Strom den Marktpreis; sie lässt aber auf der Grundlage der bisherigen Feststellungen nicht erkennen, ob ein Bezug zu den konkreten Kosten der Erzeugung und der Bereitstellung der Fernwärme besteht.*"
75 Witzel/Topp/*Witzel*, Versorgungsbedingungen Fernwärme, S. 182.
76 Brandenburgisches OLG, Urt. v. 21.6.2006 – 7 U 175/05 – RdE 2007, 19, 20.

sentieren.⁷⁷ Vor allem **Mischindizes** sind als **Marktelement** vorzugswürdig. Mit ihnen wird dem Umstand Rechnung getragen, dass sich der allgemeine Wärmemarkt auch auf andere Energieträger erstreckt, die zur Raumheizung genutzt werden. Weil HEL weiterhin relevant für die Kostenentwicklung vieler Energieträger ist, kommt ein **HEL-Index** ebenfalls als Marktelement in Betracht. Der BGH hat dem HEL-Index als Marktelement – obwohl dazu Gelegenheit bestanden hätte – jedenfalls keine Absage erteilt, sondern vielmehr den Unternehmen einen Gestaltungsspielraum belassen, der allerdings mit einer Nachweispflicht im gerichtlichen Verfahren einhergeht.⁷⁸ Gut geeignet wäre der HEL-Index vor allem in Kombination mit einem (börslichen) Gasindex, um die Vielfältigkeit des Wärmemarktes abzubilden.

b) Doppelfunktion eines Index?

Diskutiert wird auch, ob mit einem einzigen Index sowohl die Erzeugungskosten als auch die Verhältnisse auf dem Wärmemarkt abgebildet werden können. Diese Frage stellt sich beispielsweise dann, wenn die Fernwärme unter Einsatz von Heizöl erzeugt wird und ein HEL-Index auch als Marktelement dienen soll. Häufig wird die doppelte Funktion in der mathematischen Formel verkürzt als ein einziger Index aufgeführt.

Beispiel für getrennte Schreibweise von Kosten- und Marktelement:
$$AP = AP_0 * (0{,}1 + 0{,}4 * (HEL/HEL_0) + 0{,}5 * (HEL/HEL_0))$$

Beispiel für zusammengezogene Schreibweise von Kosten- und Marktelement:
$$AP = AP_0 * (0{,}1 + 0{,}9 * (HEL/HEL_0))$$

Rechnerisch ergibt sich kein Unterschied: Der **Arbeitspreis** für **Fernwärme** (AP) ist in beiden Fällen zu 90 % an einen HEL-Index gebunden.

Teilweise wird vertreten, dass Kosten- und Marktelement durch unterschiedliche Preisindizes abgebildet werden müssen und dass die verkürzte Darstellungsform zur Unwirksamkeit der Preisänderungsklausel führt.⁷⁹ Teilweise nimmt die Rechtspre-

---

77 Bspw. den vom Statistischen Bundesamt, Wiesbaden, veröffentlichten Index für Zentralheizung, Fernwärme u. a., zu entnehmen der Fachserie 17 Reihe 7, „*Verbraucherpreisindizes für Deutschland*", SEA-VPI-Nr. 0455.
78 So auch *Thomale*, CuR 2011, 64, 68.
79 Zum Beispiel LG Frankfurt/Oder, Urt. v. 28.2.2012 – 6a S 113/11 – n. v. Dieser Entscheidung ist schon deswegen nicht zuzustimmen, weil das LG Frankfurt/Oder als Marktelement den Erdgaspreis des örtlichen Vorlieferanten in Betracht gezogen hat und dazu ausdrücklich auf den „*Wärmemarkt in der Stadt E.*" abstellte. Dieser Maßstab widerspricht deutlich der BGH-Rechtsprechung, wonach der lokale Markt gerade nicht maßgeblich ist (BGH, Urt. v. 13.7.2011 – VIII ZR 339/10, Rn 21 – NJW 2011, 3222, 3224). Zu Recht befindet sich die Entscheidung des LG Frankfurt/Oder aktuell zur Überprüfung beim BGH (Az.: VIII ZR 106/12 – anhängig, Stand: Oktober 2014).

chung aber auch an, dass ein HEL-Faktor gleichzeitig als Kosten- und Marktelement fungieren kann.[80]

67 Obwohl die Verwendung eines einheitlichen Index nicht unproblematisch ist, ist sie zuzulassen. Im Wortlaut des § 24 Abs. 4 S. 1 AVBFernwärmeV ist von unterschiedlichen Preisindizes keine Rede. Dort wird schlicht eine angemessene Berücksichtigung der **Kostenentwicklung** und der Verhältnisse auf dem **Wärmemarkt** verlangt. Durch wie viele Indizes dies umgesetzt wird, bleibt im Übrigen dem jeweiligen Versorgungsunternehmen überlassen. Es bedarf im Preisblatt auch keiner Erläuterung dazu, welche **Indizes** zur Abbildung der **Erzeugungskosten**, der **Bereitstellungskosten** oder des Wärmemarktes dienen. Warum eine unmissverständliche Kopplung des Preises an eine bestimmte Bezugsgröße vorgenommen wird, ist eine Frage der inhaltlichen Angemessenheit, die sich nicht aus der Preisänderungsklausel selbst ergeben muss.[81]

68 Auch aus dem Kontext der Norm lassen sich keine Vorgaben zur Anzahl oder zur mathematischen Darstellungsweise der Bemessungsfaktoren entnehmen.

69 Die **Verordnungsbegründung** betont die Zielsetzung kostenorientierter Fernwärmepreise und den Willen des Verordnungsgebers, dass sich die Fernwärmepreisgestaltung nicht losgelöst von den Preisverhältnissen am Wärmemarkt vollziehen soll.[82] Dieser Zielsetzung wird eine Preisänderungsklausel ohne weiteres auch dann gerecht, wenn Kosten- und Marktelement in der Formel als ein einziger Faktor dargestellt werden. Unter der Voraussetzung, dass ein einzelner Index gefunden wird, der sowohl die Preise für Raumenergie (mit-)bestimmt, als auch die konkreten Erzeugungskosten des jeweiligen Versorgungsunternehmens, spricht nach der Verordnungsbegründung nichts gegen die doppelte Funktion eines Index als Markt- und Kostenelement. Eine Aufteilung in zwei Faktoren verbessert die Kostenorientierung nicht; die Doppelung wäre für die betroffenen Kunden aber unnötig verwirrend, ginge also zu Lasten der Transparenz.

70 Zu dem gleichen Ergebnis führt auch eine Betrachtung von Sinn und Zweck des § 24 Abs. 4 AVBFernwärmeV. Die Norm wurde in die Verordnung aufgenommen, weil die Langfristigkeit der Versorgungsverträge es erforderlich macht, dass sich notwendige Preisanpassungen im Rahmen von Preisänderungsklauseln, d. h. ohne Kündigung der Vertragsverhältnisse vollziehen können.[83] Auch hierfür ist es unerheblich, welche mathematische Schreibweise einer Formel gewählt wird.

---

80 So erstinstanzlich das AG Potsdam in dem Fall, über den der BGH am 25.6.2014 – VIII ZR 344/13 – zu entscheiden hatte. Der BGH stellte dazu lediglich klar, dass diese Feststellungen des AG Potsdam für ihn gem. § 559 Abs. 2 ZPO bindend sind und dass es „möglich ist", dass der HEL-Faktor aufgrund seiner Ausstrahlungswirkung auf andere Energieträger die Preisentwicklung auf dem Wärmemarkt widerspiegelt (Rn 40 ff.).
81 BGH, Urt. v. 6.4.2011 – VIII ZR 66/09, Rn 34 – ZNER 2011, 304, 309.
82 BR-Drucks. 90/80, S. 56.
83 BR-Drucks. 90/80, S. 56.

Die Verwendung eines **einheitlichen Index** zur Abbildung von **Kosten- und** 71
Marktelement ist daher grundsätzlich nicht zu beanstanden.[84] Problematisch könnte es allerdings sein, im Einzelfall die konkrete **Gewichtung** von Kostenelement einerseits und Marktelement andererseits sowie deren *„angemessenes Verhältnis"* darzulegen.[85] Erläuterungen hierzu müssen sich aber nicht aus der Preisänderungsklausel selbst ergeben. Ausreichend ist es, wenn der Versorger die Angemessenheit bei der Konzeption der Klausel beachtet und erforderlichenfalls begründen kann. Daher steht auch die Pflicht zu angemessener Gewichtung der Verwendung eines einheitlichen Index nicht entgegen.

Zu beachten ist weiterhin, dass nach § 24 Abs. 4 S. 3 AVBFernwärmeV bei Anwen- 72
dung der Preisänderungsklausel der **prozentuale Anteil des die Brennstoffkosten abdeckenden Preisfaktors** an der jeweiligen Preisänderung gesondert auszuweisen ist. Dadurch soll dem Kunden vor Augen gehalten werden, in welchem Umfang die Preise von dem Primärenergieeinsatz und dessen preislicher Entwicklung beeinflusst werden, um so das Energiesparen beim Kunden zu fördern.[86] Wird eine mathematische Formel mit unterschiedlichen Bemessungsfaktoren verwendet, lässt sich regelmäßig bereits aus der Gewichtung der einzelnen Indizes der prozentuale Anteil des Brennstoffes ableiten.[87] Dass dort keine „%"-Angabe enthalten ist, ist unschädlich. Beispielsweise aus der Angabe „0,65 HEL/HEL$_0$" in der Formel kann der Kunde nach einigem Studium der Klausel erkennen, dass sich der prozentuale Anteil der Brennstoffkosten (HEL) auf 65 % beläuft.[88]

Tipp
Manche Formeln sind mathematisch so gestaltet, dass eine Gewichtung des Brennstoff-Faktors beispielsweise von 0,65 nicht zugleich einen Anteil von 65 % bedeutet. In diesen Fällen ist darauf zu achten, dass der Kunde jedenfalls an anderer Stelle erkennen kann, wie stark Veränderungen der Brennstoffkosten seine Wärmepreise beeinflussen.

Dient HEL allerdings nicht mehr allein zur Abbildung der Brennstoffkosten, sondern 73
daneben zur Berücksichtigung der Verhältnisse auf dem Wärmemarkt, reicht ein Blick in die Formel nicht aus, um den prozentualen Anteil des Faktors für die Brennstoffkosten nachvollziehen zu können. Da § 24 Abs. 4 S. 3 AVBFernwärmeV keine Vorgaben dazu macht, dass der prozentuale Anteil aus der Formel selbst abzulesen sein müsste, wird die Wirksamkeit der Formel hierdurch nicht berührt. Wichtig ist aber,

---

[84] Vgl. auch BGH, Urt. v. 25.6.2014 – VIII ZR 344/13, Rn 40 ff. – n. v.
[85] Dazu sogleich Rn 74 ff.
[86] Witzel/Topp/*Witzel*, Versorgungsbedingungen Fernwärme, S. 191; BGH, Urt. v. 11.10.2006 – VIII ZR 270/05, Rn 8 – NJW 2007, 210, damals noch zu § 24 Abs. 3 Satz 3 AVBFernwärmeV a. F.
[87] Vgl. BGH, Urt. v. 11.10.2006 – VIII ZR 270/05, Rn 8 – NJW 2007, 210 und BGH, Urt. v. 6.4.2011 – VIII ZR 66/09, Rn 36 – ZNER 2011, 304, 309.
[88] LG Itzehoe, Urt. v. 18.11.2008 – 1 S 82/08 – n. v.

dass jedenfalls „bei Anwendung" der Preisänderungsklausel für den Kunden erkennbar ist, in welchem Umfang die Kosten für die **Primärenergie** seine **Wärmepreise** beeinflussen. Dieses Verständnis könnte beispielsweise durch eine entsprechende Erläuterung auf dem vereinbarten **Preisblatt** oder durch einen Zusatz auf der jeweiligen Preisänderungsmitteilung erreicht werden.

3. Angemessenes Verhältnis

74 Nach dem Wortlaut des § 24 Abs. 4 S. 1 AVBFernwärmeV müssen Kosten- und Marktelement *angemessen* berücksichtigt werden. Denn neben einer kostenorientierten Preisbemessung soll gewährleistet sein, dass sich die Gestaltung der Fernwärmepreise nicht losgelöst von den Marktverhältnissen vollziehen kann.[89] Beiden Bemessungsfaktoren wird grundsätzlich der gleiche Rang zugewiesen und Abstufungen sind nur im Rahmen der Angemessenheit zulässig.[90]

> **Tipp**
> Oft ist es angemessen, das Kostenelement etwas stärker zu gewichten, weil die preisbildenden Erzeugungs- und Bereitstellungskosten besonderen Schwankungen unterliegen. Im Zweifel ist aber jedenfalls eine hälftige Verteilung zwischen Kostenelement(en) und Marktelement sachgerecht.

75 Die sachgerechte **Gewichtung** der **Bemessungsfaktoren** kann vor allem dann Schwierigkeiten bereiten, wenn dem eingesetzten Brennstoff nicht ohne weiteres bestimmte Kosten zuzuordnen sind, wie es bei der Erzeugung von Fernwärme in **KWK-Anlagen** oder der Verbrennung von **Müll** der Fall ist. Es wäre jedoch unzulässig, die Brennstoffkosten außer Acht zu lassen, selbst wenn ihnen nur eine untergeordnete Rolle zukommt.[91]

76 Bei der Gewinnung zweier Endprodukte (Elektrizität und Abwärme) durch den Einsatz eines Brennstoffes bei der Kraft-Wärme-Kopplung dürfen die Kosten der eingesetzten Brennstoffe nicht allein der Elektrizitätserzeugung zugeordnet werden. Vielmehr sind die Kosten des eingesetzten Brennstoffes regelmäßig aufzuteilen auf die der Strom- und der Wärmeerzeugung zuzuordnenden Anteile.[92]

77 Falls sich dem Brennstoff (insbesondere Müll oder Abgase) keine Kosten zuordnen lassen, sollten die Bereitstellungskosten (insbesondere Arbeitslohn, Investitionsgüterindex) entsprechend stärker gewichtet werden. Eine erhöhte Gewichtung des Marktelementes ist dagegen zu vermeiden.

---

[89] BGH, Urt. v. 6.4.2011 – VIII ZR 273/09, Leitsatz b) – BGHZ 189, 131, 132.
[90] BGH, Urt. v. 6.4.2011 – VIII ZR 273/09, Leitsatz b) – BGHZ 189, 131, 132.
[91] BGH, Urt. v. 6.4.2011 – VIII ZR 273/09, Rn 46 – BGHZ 189, 131, 152.
[92] BGH, Urt. v. 6.4.2011 – VIII ZR 273/09, Rn 46 – BGHZ 189, 131, 152.

4. Transparenzgebot

Schließlich müssen die maßgeblichen Berechnungsfaktoren vollständig und in allgemein verständlicher Form ausgewiesen werden (§ 24 Abs. 4 S. 2 AVBFernwärmeV). Damit schreibt die Norm ein Maß an Transparenz und Nachvollziehbarkeit vor, das mindestens dem Niveau der vom BGH im Rahmen einer Inhaltskontrolle nach § 307 Abs. 1 S. 2 BGB geforderten Transparenz von Preisänderungsklauseln entspricht.[93] Folglich muss der Kunde in die Lage versetzt werden, den Umfang der auf ihn zukommenden Preissteigerungen bei Vertragsschluss aus der Formulierung der Klausel erkennen und die Berechtigung einer vom Verwender vorgenommenen Erhöhung an der Ermächtigungsklausel selbst messen zu können.[94]

78

Tipp
Man stelle sich nach Alter und Schulbildung einen durchschnittlichen Kunden vor. Die Erläuterungen auf dem Preisblatt sind so zu formulieren, dass dieser Kunde – wenn auch mit etwas Zeitaufwand – sich selbst seine Wärmepreise ausrechnen kann.

Um dem gerecht zu werden, muss sich entweder der Preisformel selbst oder den sie ergänzenden Angaben entnehmen lassen, wie die jeweilige **Bezugsgröße** ermittelt wird und aus welchen Komponenten sie sich gegebenenfalls ihrerseits zusammensetzt.[95] Dazu sind alle in einer **Preisformel** enthaltenen Kürzel so genau wie möglich zu definieren. Der Kunde muss nachvollziehen können, wofür beispielsweise „HEL" und „HEL_0" stehen und wo genau er die Werte findet, die er an ihrer Stelle in der Formel einsetzen muss, um seinen **Wärmepreis zu errechnen**. Sobald sich die Werte nicht ausschließlich aus öffentlich zugänglichen Quellen ergeben, sondern der Kunde darauf angewiesen ist, die Angaben des Versorgers ungeprüft zu übernehmen, droht die **Unwirksamkeit** der **Preisänderungsklausel** wegen Verstoß gegen das **Transparenzgebot**.[96]

79

Tipp
Bewährt hat sich die Verwendung von Preisindizes des Statistischen Bundesamtes, weil diese für jedermann einsehbar sind und objektiv ermittelt werden. Zur Abbildung von Erdgaskosten kommt aber beispielsweise auch ein Index der European Energie Exchange (EEX) in Betracht. Bei dessen Verwendung ist darauf zu achten, ob die gewählten Handelspreise auch ohne kostenpflichtigen Account zugänglich sind.

---

[93] BGH, Urt. v. 6.4.2011 – VIII ZR 66/09, Rn 33 – BB 2011, 1421, 1423.
[94] BGH, Urt. v. 24.3.2010 – VIII ZR 304/08, Rn 8 – RdE 2010, 215, 216; BGH, Urt. v. 6.4.2011 – VIII ZR 66/09, Rn 33, – BB 2011, 1421, 1423 m. w. N.
[95] BGH, Urt. v. 6.4.2011 – VIII ZR 66/09, Rn 35 – BB 2011, 1421, 1423.
[96] Vgl. BGH, Urt. v. 6.4.2011 – VIII ZR 66/09, Rn 35 – BB 2011, 1421, 1423.

80 Formulierungen wie der Versorger „*ist berechtigt*", „*darf*" oder „*kann*" die Preise anpassen, sind zu vermeiden. Dadurch würde dem Unternehmen ein Ermessensspielraum eingeräumt, der es bei der gebotenen „*kundenfeindlichsten Auslegung*" der Klausel zuließe, die Formel nur dann anzuwenden, wenn sich daraus **Preiserhöhungen** ergeben. Im Falle von Kostensenkungen würde es der Wortlaut zulassen, dass der Versorger die Berechtigung nicht nutzt und von einer **Preissenkung** absieht. Allein schon diese theoretische Möglichkeit bedeutet eine unangemessene Benachteiligung der Kunden, die zur Unwirksamkeit der Preisänderungsklausel führt.[97] Um dies zu vermeiden, muss die **Formel** zu Preissenkungen gleichermaßen verpflichten, wie zu Preiserhöhungen. Es sind idealerweise **klare Zeitpunkte** vorzugeben, zu denen gemäß der Formel zwingend neue Preise wirksam werden.

81 Wichtig ist weiterhin, die Formel und ihre Definitionen regelmäßig auf Aktualität hin zu überprüfen. Wenn beispielsweise ein Index vom Statistischen Bundesamt **umbasiert** wird oder das jeweilige Bundesland nicht mehr nur noch einen einzigen Tarifvertrag des Kommunalen Arbeitgeberverbandes veröffentlicht, sondern mehrere, unterteilt in unterschiedliche Dienstleistungsbereiche, so ist meist eine Aktualisierung der Preisänderungsklausel (bzw. ihrer Definitionen) angezeigt, weil sich die Formel sonst nicht anwenden lässt.[98]

82 Nicht erforderlich ist es schließlich, dass sich aus der Klausel ergibt, warum ein bestimmter Index sachgerecht ist, oder warum der Arbeitspreis zu welchem prozentualen Anteil an die Entwicklung der Brennstoff-, Lohn- oder Materialkosten gebunden ist. Denn das Transparenzgebot verlangt keine Erläuterung, warum eine unmissverständliche Kopplung des Arbeitspreises an die Bezugsgrößen vorgenommen wird; dies ist vielmehr eine Frage der inhaltlichen Angemessenheit.[99]

5. Maßgeblicher Beurteilungszeitpunkt für die Wirksamkeit einer Preisänderungsklausel

83 Wie der gesamte Fernwärmeversorgungsvertrag, so ist auch die **Preisänderungsklausel** regelmäßig auf eine (Erst-)**Laufzeit** von zehn Jahren ausgelegt (vgl. § 32 Abs. 1 AVBFernwärmeV). Diese Laufzeit ist in den hohen Investitionskosten der Fernwärmeversorgung begründet. Während der zehn Jahre kann sich im Hinblick auf die Erzeugungssituation einiges verändern. Zuletzt haben Unternehmen häufig aus Kostengründen von einer erdölbasierten Wärmeerzeugung auf erdgasbasierte Erzeugung

---

97 So der BGH zu Preisänderungsklauseln in Gassonderverträgen, die er an § 307 Abs. 1 BGB misst (Urt. v. 29.4.2008 – KZR 2/07 – NJW 2008, 2172). Es ist davon auszugehen, dass der BGH diese Rechtsprechung auch auf Fernwärmepreisklauseln übertragen würde, weil die Spezialnorm § 24 Abs. 4 AVBFernwärmeV insoweit keine Besonderheiten regelt.
98 Hierzu eignet sich insbesondere eine öffentliche Bekanntgabe, siehe Rn 104.
99 BGH, Urt. v. 6.4.2011 – VIII ZR 66/09, Rn 34 – ZNER 2011, 304, 309.

umgestellt oder aber eine Wärmeerzeugung aus regenerativen Rohstoffen aufgebaut. Teilweise wird der HEL-Index fortan als mittelbarer Preisrepräsentant in Betracht kommen, dies ist allerdings nicht immer der Fall. Da dies nicht immer der Fall ist, stellt sich die Frage, nach dem Schicksal der Preisänderungsklausel.

a) Tatsächliche Verhältnisse bei Vertragsschluss

Zunächst ist wichtig, dass der Versorger nicht schon bei Vertragsschluss alle während der Vertragslaufzeit möglicherweise eintretenden Änderungen seiner Kostenstruktur bedenken und in der Preisformel berücksichtigen muss.[100] Stattdessen genügt es für die (anfängliche) Wirksamkeit, die damalige Situation in den Blick zu nehmen. Denn zur Beurteilung der Wirksamkeit einer Preisänderungsklausel nach § 24 Abs. 4 S. 1 AVBFernwärmeV ist grundsätzlich auf die **tatsächlichen Verhältnisse** im **Zeitpunkt des Vertragsschlusses** abzustellen.[101]

Wie der BGH zum AGB-Recht entschieden hat, können zwar nachträgliche **Rechtsänderungen** bei der Beurteilung berücksichtigt werden, nicht jedoch Veränderungen der Verhältnisse in **tatsächlicher** Hinsicht.[102] Die Wirksamkeit einer Preisänderungsklausel ist nicht an § 305 BGB, sondern an § 24 Abs. 4 S. 1 AVBFernwärmeV zu messen,[103] der ein gesetzliches Verbot abweichender Regelungen i. S. d. § 134 BGB enthält.[104] Ausdrücklich hat der BGH klargestellt, dass auch in diesem Kontext nur der anfängliche Sachverhalt entscheidend ist.[105] Denn der Sinn und Zweck von § 24 Abs. 4 AVBFernwärmeV würde verfehlt, wenn eine anfängliche Kosten- und Marktorientierung nur deshalb unbeachtlich würde, weil zu einem späteren Zeitpunkt die Kosten- oder Marktorientierung entfällt.[106]

Diese Rechtsprechung ist sachgerecht. Von dem Versorger kann sinnvollerweise nur erwartet werden, dass er die bei Erstellung der Preisänderungsklausel gegebenen Umstände beachtet. Dagegen kann er Veränderungen nicht berücksichtigen, die sich zu diesem Zeitpunkt noch nicht vorhersehen lassen.[107]

b) Konsequenzen bei nachträglicher Änderung der Kostenstruktur

Dass zur (anfänglichen) Wirksamkeit einer Preisänderungsklausel die Situation bei Vertragsschluss maßgeblich ist, bedeutet allerdings nicht, dass künftige Verände-

---

100 BGH, Urt. v. 25.6.2014 – VIII ZR 344/13, Rn 30 – n. v.
101 BGH, Urt. v. 25.6.2014 – VIII ZR 344/13, Leitsatz a) – n. v.
102 BGH, VU v. 30.3.2010 – XI ZR 200/09, Rn 30 – BGHZ 185, 133, 145.
103 Vgl. oben Rn 6.
104 BGH, Urt. v. 25.6.2014 – VIII ZR 344/13, Rn 31 – n. v.
105 BGH, Urt. v. 25.6.2014 – VIII ZR 344/13, Rn 31 – n. v.
106 BGH, Urt. v. 25.6.2014 – VIII ZR 344/13, Rn 36 – n. v.
107 *Medicus*, NJW 1995, 2577, 2580.

rungen der Kostenstruktur gänzlich unbeachtlich wären. Wenn sich nachträglich Umstände einstellen, die dazu führen, dass sich die vereinbarte Preisänderungsklausel nicht länger an den Kosten des Unternehmens orientiert, wird die Klausel **mit Wirkung für die Zukunft nichtig** (ex nunc).[108]

88 Sobald die Preisänderungsklausel nichtig ist, können auf ihrer Grundlage die Preise nicht mehr verändert werden. Das führt nicht dazu, dass stattdessen nur noch die vertraglichen Anfangspreise zu zahlen wären.[109] Vielmehr bleiben die zuletzt zulässigerweise berechneten Preise weiterhin gültig.[110]

89 Weitere mögliche Konsequenzen sind bislang ungeklärt. So ließ der BGH ausdrücklich offen, welche Fernwärmepreise gelten, wenn die Gestehungskosten des Versorgers später unter den Betrag fallen, der den zuletzt wirksam zustande gekommenen Fernwärmepreisen zugrunde gelegen hat.[111]

90 Fraglich ist außerdem, ob eine nichtige Preisänderungsklausel **wieder wirksam wird**, sobald die Kosten- und Marktorientierung wieder hergestellt ist. Wie relevant dieser Fall für die Praxis ist, zeigt folgendes Beispiel:

Beispiel
Oft besteht zunächst eine zulässige mittelbare Kostenorientierung, weil die Gasbezugspreise und die Fernwärmepreise jeweils an den gleichen HEL-Index gebunden sind. Kauft der Versorger das Gas dann vorübergehend mit einer HSL-Bindung ein, ist die Kostenorientierung nicht mehr gegeben und die Preisänderungsklausel im Wärmeliefervertrag ist nichtig. Doch schon wenn der Versorger bei der nächsten Gasbeschaffung erneut einer HEL-Preisbindung unterliegt, wäre die Kostenorientierung wieder hergestellt.

---

91 Nach dem Ziel von § 24 Abs. 4 AVBFernwärmeV führt die Wiederherstellung der Kostenorientierung auch zu einer erneuten Wirksamkeit der Preisänderungsklausel. Dies folgt aus § 134 BGB, der hier eine Auslegungsregel darstellt[112] und nach dem zu prüfen ist, welche Sanktion ein Verbotsgesetz nach seinem Sinn und Zweck erfordert.[113] Neben der Nichtigkeit (ex tunc oder ex nunc) kommt daher nach § 134 BGB als abweichende Rechtsfolge auch die schwebende Unwirksamkeit[114] oder eine **vor-**

---

108 BGH, Urt. v. 25.6.2014 – VIII ZR 344/13, Rn 32 ff. – n. v.
109 BGH, Urt. v. 25.6.2014 – VIII ZR 344/13, Rn 44 – n. v.
110 BGH, Urt. v. 25.6.2014 – VIII ZR 344/13, Rn 43 f. – n. v. Im dortigen Fall entsprach die Preisänderungsklausel bis einschließlich 2009 den Vorgaben des § 24 Abs. 3 AVBFernwärmeV a. F. und wurde ab 2010 nichtig. Der BGH entschied, dass der Versorger „die im letzten Quartal vor dem Unwirksamwerden der Klausel zulässigerweise berechneten Preise beanspruchen kann", also im letzten Quartal 2009.
111 BGH, Urt. v. 25.6.2014 – VIII ZR 344/13, Rn 44 a. E. – n. v.
112 BGH, Urt. v. 25.6.2014 – VIII ZR 344/13, Rn 33 – n. v.
113 MüKo/*Armbrüster*, § 134 Rn 103.
114 MüKo/*Armbrüster*, § 134 Rn 104.

übergehende Unwirksamkeit nur für die Dauer des verbotswidrigen Zustands in Betracht.[115]

Sinn und Zweck von § 24 Abs. 4 AVBFernwärmeV ist es, unter Beachtung eines angemessenen Ausgleichs der gegenläufigen Interessen die geforderte Kosten- und Wärmemarktorientierung der Fernwärmepreise möglichst über die gesamte Vertragslaufzeit zu sichern.[116] Dies ist bei den regelmäßig mehrjährigen Laufzeiten von Wärmelieferverträgen nicht möglich, wenn keine (wirksame) Preisänderungsklausel existiert. Um die Kosten- und Marktorientierung weiterhin sichern zu können, ist es daher zwingend erforderlich, die vereinbarte Preisänderungsklausel künftig wieder anzuwenden.[117]

C. Änderung von Klauseln während der Vertragslaufzeit

Aus unterschiedlichen Gründen kann es angezeigt sein, die bei Vertragsschluss vereinbarte Preisänderungsklausel nachträglich anzupassen. Da eine veränderte Kostensituation zur Nichtigkeit der Preisänderungsklausel führen kann,[118] ist jedenfalls bei einer dauerhaften Umstellung der Wärmeerzeugung auch eine Anpassung der Klausel geboten. Hierzu eignen sich vor allem die folgenden Möglichkeiten.

I. Ordentliche Vertragskündigung

Zunächst ist es möglich, den bestehenden Wärmeliefervertrag ordentlich zu kündigen und zugleich mit der Kündigung ein Angebot für den Abschluss eines neuen Vertrages auszusprechen (sog. Änderungskündigung). In den neuen Vertrag ist sodann die aktuelle Preisänderungsklausel zu integrieren.

Der Vorteil dieser Vorgehensweise besteht darin, dass die Gültigkeit der ursprünglichen Klausel eindeutig mit Auslaufen des Altvertrages endet. Der Kunde kann die neue Klausel begutachten und – sofern er mit ihr einverstanden ist – mit seiner Unterschrift ausdrücklich akzeptieren. Durch einvernehmliche Regelungen lassen sich Streitigkeiten über die geltenden Preise vermeiden und rechtssichere Regelungen für die Zukunft treffen.

---

115 BGH, Urt. v. 25.6.2014 – VIII ZR 344/13, Rn 33 m. w. N. – n. v.
116 BGH, Urt. v. 25.6.2014 – VIII ZR 344/13, Rn 36 – n. v.
117 Zu diesem Ergebnis scheint auch der BGH, Urt. v. 25.6.2014 – VIII ZR 344/13, Rn 33 – n. v., zu neigen. Er zieht in seinem Urteil ausdrücklich eine Nichtigkeit „nur für die Dauer des verbotswidrigen Zustands" in Betracht und macht in Rn 44 die Einschränkung, dass der Arbeitspreis „zumindest für die Dauer seiner fehlenden Kostenorientierung" bei dem zuletzt verordnungskonform gebildeten Preis stehen bleibt.
118 Vgl. hierzu soeben Rn 83 ff.

96 Nachteilig ist dagegen, dass diese Vorgehensweise mit erheblichem **Verwaltungsaufwand** verbunden ist. Erforderlich ist eine Überprüfung des jeweiligen Versorgungsvertrages im Hinblick auf die bestehende Restlaufzeit sowie die vereinbarte Kündigungsfrist. Mit einem individuellen Anschreiben ist dem Kunden die Kündigung zu erklären und die Ausfertigung des neuen Vertragsdokumentes zu übersenden. Darauf, ob und wann der Kunde die Dokumente unterzeichnet und zurückreicht, hat der Versorger keinen Einfluss. Der Verwaltungsaufwand erhöht sich, wenn nicht nur ein einzelner Vertrag, sondern – wie es meist der Fall ist – sämtliche Wärmelieferverträge des jeweiligen Versorgungsunternehmens angepasst werden sollen. Da die Verträge zu unterschiedlichen Zeitpunkten geschlossen wurden und folglich auch über unterschiedlich lange Restlaufzeiten verfügen, sind zahlreiche **Kündigungstermine** zu beachten und einzuhalten.

97 Weiterhin ist nachteilig, dass die restliche **Laufzeit** des bestehenden Versorgungsvertrages durchaus noch mehrere Jahre andauern kann. Eine kurzfristige Implementierung der neuen Preisänderungsklausel scheidet auf diesem Wege regelmäßig aus.

98 Zu bedenken ist schließlich, dass der Kunde trotz Auslaufen des bestehenden Vertrages möglicherweise keinen neuen Versorgungsvertrag abschließt. Wenn er gleichwohl weiterhin Wärme aus dem Verteilungsnetz entnimmt, käme ein neuer **Vertrag durch sozialtypisches Verhalten** zustande. Welchen Inhalt dieser Vertrag im Einzelnen hat (insbesondere im Hinblick auf Laufzeit und Kündigungsregelung) ist unklar.[119] Es würde fortan diejenige Preisänderungsklausel gelten, die der jeweilige Versorger für gleichartige Versorgungsverhältnisse anbietet.[120]

II. Nachtragsvereinbarung

99 Zumindest die Problematik im Hinblick auf die unterschiedlichen Kündigungstermine und die lange Restlaufzeit bis zum Wirksamwerden der neuen Preisänderungsklausel lassen sich gut anhand einer **Nachtragsvereinbarung** beheben. Mit der Nachtragsvereinbarung bleibt der bisherige Wärmeliefervertrag bestehen, Versorger und Kunde einigen sich aber ergänzend darauf, lediglich die **Preisregelung auszutauschen**. Dies geschieht durch schriftliche Vereinbarung der Vertragspartner auf einem separaten Dokument, dem die neue Preisänderungsklausel beizufügen ist. Anschließend sind die Wärmepreise gemäß den neu vereinbarten Bedingungen zu ermitteln.

100 Ähnlich wirkt auch eine **einvernehmliche Vereinbarung** zwischen Versorger und Kunde, mit welcher der gesamte Wärmeliefervertrag vorzeitig beendet und durch einen neuen Vertrag (mit neuer Preisänderungsklausel) ersetzt wird. Vorteilhaft ist in beiden Fällen, dass der Zeitpunkt für das Wirksamwerden der neuen Preisregelung

---

[119] Vgl. BGH, Urt. v. 15.1.2014 – VIII ZR 111/13 – NJW 2014, 1296.
[120] Siehe hierzu auch Rn 21 ff.

frei gewählt werden kann. Sofern sich die Parteien einig sind, ist daher selbst eine rückwirkende Umstellung möglich, so dass die neuen Preise schon für die Vergangenheit gelten können.

Im Massenkundengeschäft lässt sich diese Lösung gleichwohl nur schwer umsetzen, weil der Versorger keinen Einfluss darauf hat, ob der Kunde die Vereinbarung unterzeichnet oder nicht. Nur wenn die neue Preisänderungsklausel zu günstigeren Preisen führt, starke Preisschwankungen vermeidet oder auf andere Weise für den Kunden vorteilhaft ist, kann mit seiner Zustimmung gerechnet werden.

III. Einseitige Anpassung nach § 4 Abs. 2 AVBFernwärmeV

Schließlich kommt eine **einseitige Anpassung** der Preisänderungsklausel über § 4 Abs. 2 AVBFernwärmeV in Betracht. Die Norm sieht vor, dass Änderungen der Allgemeinen Versorgungsbedingungen nach öffentlicher **Bekanntgabe** wirksam werden.[121] Dass es sich hierbei nicht nur um eine Formvorschrift, sondern um ein materielles Recht zu Vertragsanpassungen handelt, ist anerkannt. Es sollen sich auf ihrer Grundlage Änderungen der Versorgungsbedingungen vollziehen können, ohne dass eine Kündigung der laufenden Verträge erfolgen muss.[122] Die Änderungsmöglichkeit geht über die in der Verordnungsbegründung ausdrücklich erwähnten technischen Anschlussbedingungen hinaus, was durch den Zusatz „z. B." verdeutlicht wird.

Begrifflich zählt auch das **Preisblatt** zu den Allgemeinen Versorgungsbedingungen. Folglich kann auch die dort enthaltene Preisänderungsklausel im laufenden Vertragsverhältnis auf Grundlage von § 4 Abs. 2 AVBFernwärmeV einseitig angepasst werden.[123]

Als „öffentliche Bekanntgabe" ist gängig und ausreichend, wenn die Information über die Preisänderung in der **örtlichen Tageszeitung** publiziert wird. Auf die tatsächliche Kenntnisnahme des einzelnen Kunden kommt es bei der Veröffentlichung nicht an, gleichwohl sollte die Zeitung genommen werden, die in dem Versorgungsgebiet die größte Verbreitung hat.[124] Eine rückwirkende Geltung der neuen Klausel ist auf diesem Wege nicht möglich. Frühestens ab Erscheinen der jeweiligen Publikation kann die Änderung wirksam werden, wobei das maßgebliche Datum zu benennen ist.

---

121 Siehe hierzu auch Rn 21 ff.
122 BR-Drucks. 90/80, S. 37 f.
123 LG Nürnberg-Fürth, Urt. v. 22.5.2013 – 3 O 4143/12 – CuR 2013, 125; *Held*, NZM 2004, 169, 172.
124 Danner/Theobald/*Wollschläger*, § 4 AVBFernwärmeV, Rn 7.

> **Tipp**
> Obwohl mittlerweile nahezu jeder Haushalt über einen Internetanschluss verfügt, reicht eine öffentliche Bekanntgabe allein auf der Homepage des Fernwärmeversorgungsunternehmens (noch) nicht aus. Es gibt weiterhin viele (vor allem ältere) Wärmekunden, die keinen Zugang zu dieser Informationsquelle haben.

105 Die Anpassungsmöglichkeit nach § 4 Abs. 2 AVBFernwärmeV gilt jedenfalls für alle Kunden, die in den Anwendungsbereich der AVBFernwärmeV fallen – also nicht für Industriekunden (§ 1 Abs. 2 AVBFernwärmeV) oder Kunden mit individuellen Vertragsbedingungen (vgl. § 1 Abs. 3 AVBFernwärmeV). Jenen Kunden gegenüber ist maßgeblich, was im jeweiligen Versorgungsvertrag geregelt ist.

106 Zu beachten ist, dass die neue Preisänderungsklausel, die nur mittels öffentlicher Bekanntgabe in den Vertrag eingeführt wird, das Ergebnis einer **umfassenden Kalkulation** sein sollte. Denn einseitig festgesetzte Preise unterliegen der **Billigkeitskontrolle** nach § 315 BGB. Eine einseitig festgesetzte Preisänderungsklausel führt ebenfalls zu neuen Preisen und ist damit Ausdruck eines einseitigen Leistungsbestimmungsrechts. Die neue Preisänderungsklausel ist deshalb auf die Einhaltung billigen Ermessen überprüfbar (§ 315 Abs. 3 BGB).[125] Im Zuge einer Billigkeitskontrolle ist vom Versorger darzulegen, welche Überlegungen zur Konzeption der Formel oder zu einzelnen Änderungen geführt haben. Deshalb kann es zum Nachweis billigen Ermessens auch erforderlich sein, eine **Kalkulation vorzulegen**.

IV. Weitere Anpassungsmöglichkeiten

107 Der Vollständigkeit halber soll nicht unerwähnt bleiben, dass neben den genannten gängigsten Möglichkeiten zur Vertragsänderung im Einzelfall noch weitere Optionen zur Verfügung stehen.

108 Wenn sich wesentliche Umstände nach Vertragsschluss schwerwiegend geändert haben, kann von jedem Vertragspartner nach § 313 BGB eine nachträgliche Anpassung des Vertrages verlangt werden. Außerdem können im jeweiligen Wärmeliefervertrag sog. **Korrektur- oder Wirtschaftsklauseln** enthalten sein, die – ihre Wirksamkeit vorausgesetzt – unter den dort genannten Voraussetzungen ebenfalls zu einer Vertragsanpassung berechtigen.

> **Tipp**
> Oftmals finden sich im Einzelfall Argumente für ein Recht zur Vertragsanpassung, die sich aus dem Vertrag selbst oder aus sonstigen Umständen ergeben können. Ein Blick auf die jeweiligen Besonderheiten kann sich lohnen.

---

125 LG Nürnberg-Fürth, Urt. v. 22.5.2013 – 3 O 4143/12 – CuR 2013, 125; *Held*, NZM 2004, 169, 172.

D. Kartellrechtliche Implikationen

Dass die Fernwärmeversorgung ein Monopolmarkt ist, wird vielerorts so angenommen. Doch ist das wirklich zutreffend? Ein genauer Blick lässt durchaus Zweifel aufkommen, ob sich die Fernwärmeversorgung tatsächlich in einem Monopol *im rechtlichen Sinne* vollzieht. Und diese Zweifel sind berechtigt.

I. Marktabgrenzung in der Fernwärme

Grundsätzlich ist es nicht verwerflich ein Monopolist zu sein, auch wenn in der öffentlichen Wahrnehmung mit dem Monopol oftmals unmittelbar eine negative Wertung einhergeht. Es gibt Situationen, in denen die Gesamtkosten zur Bereitstellung eines Gutes (beispielsweise die Fernwärme und das dazugehörige Leitungsnetz) deutlich niedriger sind, wenn nur ein Unternehmen und nicht mehrere konkurrierende Unternehmen den Markt versorgen. In der Konsequenz werden dem Monopolisten – vereinfacht gesagt – bestimmte Verhaltensformen untersagt und er unterliegt einer Aufsicht durch die Kartellbehörden. Wenngleich ein Kunde an seinem Wohnort Fernwärme zwar regelmäßig nur von einem einzigen Anbieter beziehen kann, so hätte er doch die Wahl, stattdessen auf andere Weise für Raumheizung oder Warmwassererzeugung zu sorgen. Ob ein Fernwärmeversorger gleichwohl marktbeherrschend ist, oder ob Wärme aus diesem Grund in Konkurrenz zu anderen Energieträgern steht, wird unterschiedlich bewertet.

Ein Unternehmen ist dann marktbeherrschend, wenn es als Anbieter oder Nachfrager einer bestimmten Art von Waren oder gewerblicher Leistungen auf dem sachlich und räumlich relevanten Markt ohne Wettbewerber ist, keinem wesentlichen **Wettbewerb** ausgesetzt ist oder eine im Verhältnis zum Wettbewerber überragende Marktstellung hat, vgl. § 18 Abs. 1 GWB.[126] Bei der Frage, ob also ein Unternehmer eine Monopolstellung inne hat, wird man zunächst eine **Marktabgrenzung** in sachlicher und räumlicher Hinsicht vornehmen müssen.

1. Sachliche Marktabgrenzung

Von besonderer Bedeutung ist, wie der Markt für die Fernwärmeversorgung sachlich abzugrenzen ist. Hier sind grundsätzlich zwei verschiedene Ansätze denkbar.

---

[126] Gesetz gegen Wettbewerbsbeschränkungen i. d. F. der Bek. v. 26.6.2013 (BGBl. I S. 17501, 3245), zuletzt geändert durch Gesetz v. 21.7.2014 (BGBl. I S. 1066).

113 In der älteren Rechtsprechung[127] und der Literatur[128] wird oftmals von dem Substitutionswettbewerb ausgegangen. Dies bedeutet, dass es keinen losgelösten Markt für Fernwärme gibt, sondern dass es auf Grund des Konkurrenzverhältnisses zwischen Fernwärme und anderen Wärmeträgern für Raumheizung und Warmwasserversorgung auf einen einheitlichen Wärmemarkt ankommt.

114 Einen solchen einheitlichen Wärmemarkt vermögen das BKartA[129] und jüngst auch der Kartellsenat des BGH[130] dagegen nicht zu erkennen. Im Wesentlichen wird dies mit der langen Vertragsbindung in Wärmeversorgungsverträgen[131] und den vermeintlich hohen Kosten[132] für die Umstellung der Wärmeversorgung begründet. Da auch diese Auffassung anerkennt, dass jedenfalls ein Fernwärmekunde, der sich erstmals einen Wärmeversorger wählt, die freie Auswahl zwischen allen Wärmeträgern hat (zu nennen sind hier beispielsweise: Ölheizung, Gasheizung, Pelletheizungen, Solarheizungen), wird der sachliche Markt „Fernwärmeversorgung" dann noch unterteilt in „Fernwärmeversorgung Neukunden" und „Fernwärmeversorgung Altkunden".

115 Auch wenn seit der Entscheidung des BGH[133] davon auszugehen ist, dass die Marktabgrenzung in der nächsten Zeit in diesem Sinne erfolgen wird; vermag das Ergebnis nicht zu überzeugen. Es wirkt künstlich, wenn man die Lieferung desselben Produktes (Wärme) zu denselben Bedingungen in zwei verschiedene sachliche Märkte aufteilt. Diese Ansicht lässt außer Acht, dass sich ein Wärmekunde, der einen Wärmelieferungsvertrag – selbst mit einer zehnjährigen Erstlaufzeit – abschließt, hierbei eine bewusste Entscheidung trifft. Ein solcher Kunde bedarf nicht des Schutzes des Kartellrechtes. Auch das Argument des Umstellungsaufwandes, wenn zu einem späteren Zeitpunkt doch mit einem anderen Energieträger geheizt werden soll, kann nicht überzeugend für die Begründung dieser Auffassung herhalten. Gerade wenn man eine zehnjährige Erstlaufzeit annimmt, dürften Anlagen nach Ablauf dieser Zeit – der frühesten Möglichkeit zur ordentlichen Vertragsbeendigung – bereits ein Alter erreicht haben, bei welchem der wirtschaftliche Wert durch die Abschreibung schon deutlich reduziert ist. Insoweit stellt sich die Frage, ob der wirtschaftliche Aufwand für den Kunden tatsächlich so erheblich ist, wie das BKartA annimmt. Im Übrigen wird man ohnehin davon ausgehen müssen, dass wirtschaftlichen Erwägun-

---

127 BGH, Urt. v. 13.6.2007 – VIII ZR 36/06 – BGHZ 172, 315.
128 *Eckert*, ZfE 1981, 100 ff.; *Büdenbender*, Zulässigkeit Preiskontrolle Fernwärmeversorgungsverträgen, S. 86; *Ehricke*, JZ 2005, 599 ff.; *Klaue*, ZNER 2008, 107.
129 BKartA, Sektorenuntersuchung Fernwärme, Abschlussbericht gemäß § 32e GWB, August 2012; Rn 173 ff.; *Becker/Blau*, Preismissbrauchskontrolle, Rn 84 ff.
130 BGH, Urt. v. 10.12.2008 – KVR 2/08 – WuW/E = DE-R 2538, 2540 – Stadtwerke Uelzen.
131 Insbesondere wegen der zehnjährigen Erstlaufzeit gemäß § 32 AVBFernwärmeV.
132 Zur Höhe der Kosten werden weder von der Rechtsprechung noch vom BKartA nähere Ausführungen gemacht.
133 BGH, Urt. v. 10.12.2008 – KVR 2/08 – WuW/E = DE-R 2538, 2540 – Stadtwerke Uelzen.

gen, welche die Kosten der Fernwärmeversorgung im Vergleich zu alternativen Wärmeträgern und ggf. die Umrüstkosten zum Gegensand haben, die tragenden Gründe für eine Umstellung sind. Auch bleibt völlig unberücksichtigt, dass die Wahl eine Contracting-Lösung ggf. keinen nennenswerten Umrüstungsaufwand verursacht.

Entscheidend ist allerdings, dass wegen der notwendigen Kundengewinnung und dem Verbleiben des Kunden im Kundenbestand der Fernwärmeversorger sowohl Neu- als auch Bestandskunden denselben Preis anbieten wird. Etwas anderes wäre auch wirtschaftlich nicht darstellbar. Nähme man nur an, dass der Fernwärmeversorger für Bestandkunden andere, im Zweifel höhere Preise, verlangen würde, käme es sicherlich nicht zu einem weiteren Gewinn von Neukunden, da diese damit rechnen müssen, genau wie die Bestandskunden einer Preiserhöhungspolitik des Versorgers ausgesetzt zu sein und die günstigen Neukundenpreise nur „Lockangebote" sind, die keinen Bestand haben. **116**

Es bleibt zu hoffen, dass sich die Kartellbehörde und Kartellgerichte auf Grund der erheblichen Kritik an der von ihnen vorgenommen Marktabgrenzung mit der Sach- und Rechtslage noch einmal auseinandersetzen und der Diskussion stellen werden. **117**

2. Räumliche Marktabgrenzung

Die Frage der räumlichen Marktabgrenzung ist einfacher zu beantworten und folgt im Ergebnis der sachlichen Marktabgrenzung. Geht man von einem Substitutionswettbewerb aus, so liegt ein bundesweiter, wenn nicht gar europaweiter Wärmemarkt vor. Auf einem solchen Markt hat kein Fernwärmeversorgungsunternehmen eine marktbeherrschende Stellung inne. **118**

Geht man mit den Kartellämtern und der Rechtsprechung von einem separaten Fernwärmemarkt aus, so ergeben sich regional stark begrenzte einzelne Märkte, die jeweils durch das Fernwärmeleitungssystem des örtlichen Fernwärmeversorgungsunternehmens begrenzt sind. **119**

II. Auswirkungen auf die Preisgestaltung

Bei der Frage, welche Auswirkungen die Einordnung als marktbeherrschendes Unternehmen hat, ist zwischen den kartellrechtlichen und den zivilrechtlichen Folgen zu unterscheiden. Hierbei soll die Marktabgrenzung, wie sie vom BKartA angewendet wird, zu Grunde gelegt werden. **120**

1. Kartellrechtliche Auswirkung

121 Die wesentliche kartellrechtliche Konsequenz ist, dass natürlich nur ein Monopolist einer Kontrolle durch die Kartellämter unterliegt. Es kam daher in der Vergangenheit durch zahlreiche Landeskartellbehörden zu **Sektorenuntersuchungen** im Fernwärmebereich.[134] Das BKartA hat, soweit bekannt, gegen sieben Fernwärmeversorgungsunternehmen Ermittlungen wegen eines Anfangsverdachts des Preishöhenmissbrauchs eingeleitet.[135] Eine Missbrauchsverfügung wurde allerdings bisher weder durch das BKartA noch durch eine Landeskartellbehörde gegen einen Fernwärmeversorger erlassen.

2. Zivilrechtliche Auswirkung

122 Die zivilrechtlichen Auswirkungen sind, auch bei Anwendung der Marktabgrenzung nach Auffassung der Kartellgerichte, tatsächlich noch nicht höchstrichterlich geprüft und entschieden worden. Insbesondere bereitet die dieser Auffassung zugrundeliegende Aufteilung des (Fern-)Wärmemarktes zwischen Neu- und Bestandskunden Probleme.

123 Die Vereinbarung eines Preises mit einem Neukunden unterliegt nach Auffassung der Kartellbehörden keiner kartellrechtlichen Kontrolle, weil es insoweit an einer marktbeherrschenden Stellung fehlt. Die wesentliche Frage lautet, ob im laufenden Vertragsverhältnis eine Überprüfung der Entgelte nach kartellrechtlichen Maßstäben vorgenommen werden darf. Tatsächlich wird man dies verneinen müssen. Zunächst erscheint es nicht nachvollziehbar – und darin liegt auch die Schwäche einer solchen Marktabgrenzung – warum ein Preis, der sich am Markt im Wettbewerb gebildet hat, zusätzlich einer Überprüfung nach den Normen des Kartellrechts unterworfen werden soll. Insbesondere dann, wenn – wie es im Markt üblich ist – zwischen Bestandskunden und Neukunden keine Differenzierung des Preises gibt, hat sich der Neukundenpreis ja zweifelsfrei als Marktpreis gebildet. Daraus folgt, dass auch der vermeintliche Monopolreis tatsächlich ein Marktpreis ist.

124 Im Übrigen scheidet aber ein Kartellverstoß aufgrund folgender Überlegung aus: Kartellrechtlich bedenklich wäre es, wenn der Kartellant, hier also das Fernwärmeversorgungsunternehmen, Entgelte fordert, die sich bei wirksamem Wettbewerb nicht erzielen ließen. Da aber gerade Entgelte auf einem Wärmemarkt mit funktionierendem Wettbewerb vereinbart wurden, muss eine Kartellrechtsprüfung unmittelbar zu einer Bestätigung der Preise führen.

---

[134] Neben dem BKartA waren hier in fast allen Bundesländern die Landeskartellbehörden mit eigenen Untersuchungen aktiv, die allerdings nicht in Abschlussberichte gemündet sind.
[135] BKartA, Pressemeldung v. 7.3.2013, abrufbar unter http://www.bundeskartellamt.de/SharedDocs/Meldung/DE/Pressemitteilungen/2013/07_03_2013_Fernw%C3%A4rmepreise.html.

Nichts anderes kann für die Anwendung der Preisänderungsklausel während der Vertragslaufzeit gelten. Auch diese wurde mit dem Neukunden im freien Wettbewerb abgeschlossen und ist daher marktgerecht und kartellrechtlich unbedenklich. Die spätere Anwendung einer rein automatisch wirkenden Preisklausel kann nicht mehr zu kartellrechtswidrigen Preisen führen.

125

Kapitel 8
Gestaltung und Kontrolle von Wasser- und Abwasserpreisen

A. Ausgangslage und Rahmenbedingungen

I. Rahmenbedingungen der Wasserversorgung

Die derzeitigen rechtlichen und organisatorischen Rahmenbedingungen der deutschen Wasserwirtschaft ähneln – mit Ausnahme ihrer traditionell kommunalen Struktur – denjenigen, wie sie in der Energiewirtschaft vor etwa 20 Jahren vorzufinden waren. Während in der Strom- und Gasversorgung heute Wettbewerb um die Kunden herrscht, ist die Wasserversorgung weiterhin dadurch geprägt, dass es jeweils einen lokalen Versorger gibt. Abgesehen von wenigen Großkunden mit hohen Abnahmemengen, haben Kunden in der Regel schon rein faktisch keine alternativen Möglichkeiten, Wasser zu beziehen, da der Bau paralleler Leitungen unwirtschaftlich ist. Anders als in der Strom- und Gaswirtschaft kommt grundsätzlich auch keine Mitnutzung der existierenden Leitungen durch einen anderen Versorger in Betracht. Denn zum einen sind die örtlichen Versorgungsnetze, u. a. wegen möglicher Beeinträchtigungen der Wasserqualität, kaum miteinander verknüpft. Zum anderen bestehen keine gesetzlichen Durchleitungsrechte, da Netzbetrieb und Versorgung in der Wasserwirtschaft nicht entflochten sind.[1]

Im Hinblick auf die Organisation der Wasserversorgung sind eine Reihe unterschiedlicher Modelle anzutreffen. So gibt es neben privatrechtlich organisierten Versorgern (häufig kommunale Stadtwerke), welche die Wasserversorgung auf der Grundlage eines mit der Kommune geschlossenen Konzessionsvertrages durchführen, z. B. auch Wasserversorger in der Form von Wasser- oder Zweckverbänden, von kommunalen Anstalten oder von Eigenbetrieben.

II. Rechtsgrundlagen und Kontrollregime

Diese **unterschiedlichen Organisationsformen** haben zur Folge, dass im Verhältnis des Wasserversorgers zu seinen Kunden **unterschiedliche Rechtsvorschriften**

---

[1] Auch wettbewerbsrechtlich darf nach § 31 Abs. 5 GWB (Gesetz gegen Wettbewerbsbeschränkungen i. d. F. der Bek. v. 26.6.2013 (BGBl. I S. 1750, 3245), zuletzt geändert durch Gesetz v. 21.7.2014 (BGBl. I S. 1066)) die Durchleitung grundsätzlich verweigert werden.

zur Anwendung kommen. Dies betrifft auch die Frage, nach welchen Maßstäben und durch welche Institutionen die Wasserpreise überprüft werden können.

4   Grundsätzlich ist dabei zu unterscheiden zwischen einem öffentlich-rechtlichen Versorgungsverhältnis mit **Gebühren** und **Beiträgen** einerseits und einem privatrechtlichen Versorgungsverhältnis mit **privatrechtlichen Entgelten** andererseits. Privatrechtlich organisierte Versorger, wie z. B. eine GmbH oder AG können das Versorgungsverhältnis nur privatrechtlich ausgestalten. Öffentlich-rechtlich organisierte Versorger, wie Eigenbetriebe oder Zweckverbände, haben dagegen grundsätzlich die Wahl, ob sie das Versorgungsverhältnis zu den Kunden ebenfalls öffentlich-rechtlich oder aber privatrechtlich ausgestalten wollen.

1. Öffentlich-rechtliche Wasserversorgung

5   Ist das Rechtsverhältnis zwischen Wasserversorger und Kunde öffentlich-rechtlich ausgestaltet, so finden auf die Entgelte die Bestimmungen des **Kommunalabgabengesetzes des jeweiligen Bundeslandes** sowie die **Beitrags- und Gebührensatzungen** des Versorgers Anwendung. Dieser erhebt dann Gebühren und Beiträge mittels eines Bescheides. Kunden, die gegen einen solchen Bescheid vorgehen möchten, steht (je nach Landesrecht ggf. nach vorheriger Durchführung eines Widerspruchsverfahrens) der Rechtsweg zu den Verwaltungsgerichten offen. Daneben ist eine Überprüfung der Gebühren und Beiträge durch die zuständigen Aufsichtsbehörden möglich. Dies sind nicht die Kartellbehörden, sondern je nach Organisationsform des Versorgers die Kommunalaufsichtsbehörden oder sonst landesrechtlich bestimmten Aufsichtsbehörden.

2. Privatrechtliche Wasserversorgung

6   Bei privatrechtlicher Ausgestaltung des Rechtsverhältnisses zwischen Versorger und Kunde kommen die allgemeinen für Verträge geltenden Vorschriften des Bürgerlichen Gesetzbuches[2] (BGB) zur Anwendung. Diese werden bei Tarifkunden überlagert durch die **Verordnung über Allgemeine Bedingungen für die Versorgung mit Wasser**[3] **(AVBWasserV)** und ergänzt durch etwaige Ergänzende Bedingungen des Versorgers zur AVBWasserV. Die Entgelte haben den Charakter vertraglich vereinbarter Leistungen, werden vom Versorger – jedenfalls bei Tarifkunden – einseitig festgesetzt. Unter bestimmten Voraussetzungen unterliegen sie der **Billigkeitskontrolle** nach § 315 BGB. Kunden, die gegen vom Versorger verlangte Entgelte vorgehen möchten,

---

[2] Bürgerliches Gesetzbuch (BGB) i. d. F. der Bek. v. 2.1.2002 (BGBl. I S. 42, 2909; 2003 I S. 738), zuletzt geändert durch Gesetz v. 22.7.2014 (BGBl. I S. 1218).
[3] Verordnung über Allgemeine Bedingungen für die Versorgung mit Wasser (AVBWasserV) v. 20.6.1980 (BGBl. I S. 750, 1067), zuletzt geändert durch Gesetz v. 21.1.2013 (BGBl. I S. 91).

können dies auf dem Zivilrechtsweg tun. Daneben unterliegen die Entgelte der Kontrolle durch die Kartellbehörden nach den Vorschriften des GWB.

Eine **Entgeltregulierung** ähnlich der Regulierung der Netzentgelte im Strom- und Gasbereich gibt es in der **Wasserversorgung** bisher nicht, auch wenn eine solche insbesondere von der Monopolkommission und teilweise auch von Wasserversorgern selbst – von letzteren vor allem als Reaktion auf das häufig als willkürlich empfundene Vorgehen der Kartellbehörden – gefordert wird.

Im Folgenden werden nur privatrechtliche Entgelte für die Wasserversorgung behandelt. Diese werden aus Gründen der sprachlichen Vereinfachung als Wasserpreise bezeichnet.

III. Wasserpreise im Fokus

In der Vergangenheit haben nicht alle Wasserversorger Wert auf eine nachvollziehbare **Kalkulation** ihrer **Wasserpreise** gelegt, da selten eine praktische Veranlassung bestand, sich mit dieser Frage zu beschäftigen. Dies hat sich geändert, seitdem immer mehr Kartellbehörden die Wasserpreise systematisch untersuchen und gegen die dabei als vergleichsweise teuer auffallenden Versorger **kartellrechtliche Missbrauchsverfahren** einleiten. Solche Verfahren können mit erheblichen Preissenkungen enden, wenn es einem Versorger nicht gelingt, seine Preise zu rechtfertigen.

Klagen von Kunden gegen „ihre" Wasserpreise sind dagegen bis heute recht selten. Es wird sehr viel häufiger gegen Wassergebühren geklagt als gegen privatrechtliche Wasserentgelte. Auch sind Strom- und Gaspreise viel öfter Gegenstand gerichtlicher Verfahren als Wasserpreise. Dies mag u. a. damit zusammenhängen, dass Wasserversorgungsverträge anders als Stromlieferverträge typischerweise mit dem jeweiligen Grundstückseigentümer und nicht mit den Mietern geschlossen werden, so dass die Zahl der Kunden sehr viel geringer ist und Preiserhöhungen überhaupt nur bei genauer Überprüfung der Nebenkostenabrechnung des Vermieters auffallen.

Kommunal- und sonstigen Aufsichtsbehörden gehen selten gegen vermeintlich überhöhte Wassergebühren vor. Systematische Untersuchungen sind bisher aus keinem Bundesland bekannt. Vielmehr häufen sich die Fälle, in denen Kommunalaufsichts- oder Rechnungsprüfungsbehörden unter Verweis auf das Kostendeckungsprinzip und bestehende Haushaltsdefizite zu einer Erhöhung der Wassergebühren mahnen.

B. Preisbildung und Preisanpassung

I. Typische Preiskomponenten

1. Tarifkunden

12 Wasserpreise für Tarifkunden setzen sich typischerweise zusammen aus einem pro Kubikmeter abgenommenen Wassers berechneten **Mengenpreis** und einem verbrauchsunabhängigen **Grundpreis**. Letzterer wird bei den meisten Wasserversorgern pro **Wasserzähler** berechnet und in Abhängigkeit von der Zählergröße gestaffelt. Gelegentlich berechnen Wasserversorger den Grundpreis auch nach der Zahl der Wohneinheiten; die Rechtsprechung hat diesen Maßstab grundsätzlich gebilligt.[4] Daneben gibt es vereinzelt andere Modelle.

13 Zusätzlich zu Grund- und Mengenpreis verlangt die Mehrzahl der Wasserversorger einen **Baukostenzuschuss** als Beteiligung an den Kosten der Errichtung der örtlichen Verteilungsanlagen sowie die Erstattung der **Kosten** der Herstellung des **Hausanschlusses**.[5]

2. Nichttarifkunden

14 Kunden, die keine Tarifkunden sind, gibt es im Bereich der Wasserversorgung nur selten. Von den Allgemeinen Versorgungsbedingungen abweichende Wasserversorgungsverträge werden in der Regel nur mit Industrieunternehmen und mit Weiterverteilern geschlossen, da diese gemäß § 1 Abs. 2 AVBWasserV nicht in deren Anwendungsbereich fallen. Mit Haushalts- und Kleingewerbekunden treffen Versorger allenfalls dann besondere Vereinbarungen, wenn die Versorgung zu den Allgemeinen Bedingungen unwirtschaftlich ist, was insbesondere bei weit entfernt liegenden Einzelgrundstücken im Außenbereich mit geringen Abnahmemengen der Fall sein kann.

15 Bei Industriekunden und Weiterverteilern bildet zumeist der Mengenpreis die maßgebliche Preiskomponente. Häufig wird statt eines Grundpreises eine Mindestabnahmemenge (bzw. eine mindestens zu bezahlende Wassermenge) vereinbart.

II. Ansatzfähige Kosten

16 Welche Kosten bei der Kalkulation der Wasserpreise ansatzfähig sind, richtet sich nach betriebswirtschaftlichen Grundsätzen. Auch für die Kalkulation von Gebühren bestimmen die **Kommunalabgabengesetze** der Länder übereinstimmend, dass die Kosten nach **betriebswirtschaftlichen Grundsätzen** zu ermitteln sind.

---

[4] OLG Naumburg, Urt. v. 13.11.2008 – 6 U 63/08 – IR 2009, 95.
[5] Vgl. §§ 9 und 10 AVBWasserV.

Wie Kosten betriebswirtschaftlich zu ermitteln sind, kann an dieser Stelle nicht ausführlich erläutert werden. Nachfolgend soll jedoch auf einige wichtige Aspekte eingegangen werden, insbesondere auf solche, die auch aus rechtlicher Sicht regelmäßig eine Rolle spielen.   17

1. Wasserpreiskalkulation
a) Gründe für eine Wasserpreiskalkulation
Wichtig ist eine Kalkulation insbesondere dann, wenn es zu einem gerichtlichen oder kartellbehördlichen Verfahren im Hinblick auf die Wasserpreise kommt. Hier ist die Position des betroffenen Wasserversorgers eine wesentlich günstigere, wenn er mittels einer **ordnungsgemäßen Kalkulation** nachweisen kann, dass seine Wasserpreise auf in zulässiger Weise angesetzten Kosten beruhen. Eine Kalkulation ist aber auch hilfreich, um einen Überblick über die Kostenstruktur zu erhalten und so mögliche Potenziale für Kostensenkungen erkennen zu können. Zudem ermöglicht es eine Kalkulation bei Überlegungen zu Änderungen des Tarifmodells, die Auswirkungen unterschiedlicher Modelle für Versorger und Kunden zu berechnen, und schafft so eine sachliche Entscheidungsgrundlage.   18

b) Spielräume bei Ansätzen und Methodik
Betriebswirtschaftlich gibt es bei der Kalkulation unterschiedliche Gestaltungsmöglichkeiten in Bezug auf Ansätze und Methodik. Dies betrifft zum Beispiel die Nutzungsdauer des Anlagevermögens, die Schlüsselung von Gemeinkosten, die Höhe der Eigenkapitalverzinsung oder die Kalkulationsperiode, um nur einige zu nennen. Es gibt keine gesetzlichen Regelungen, die diese Gestaltungsmöglichkeiten speziell für die Kalkulation von Wasserpreisen einschränken.[6] Die Regelungen der Kommunalabgabengesetze – die je nach Bundesland häufig insbesondere die Eigenkapitalverzinsung und die Zulässigkeit der Ertragserzielung betreffen – gelten unmittelbar nur für Gebühren.[7] Sie auch auf privatrechtliche Wasserentgelte anzuwenden, erscheint rechtlich kaum angreifbar, ist andererseits aber auch nicht zwingend notwendig. Häufig lehnen sich Wasserversorger an die Vorgaben der **Strom- bzw. Gasnetzent-**   19

---

[6] Eine Ausnahme bilden hier teilweise die Stadtstaaten. So macht z. B. das Berliner Betriebe-Gesetz (Berliner Betriebe-Gesetz (BerlBG) v. 14.7.2006 (GVBl. S. 827), zuletzt geändert durch Gesetz v. 4.11.2013 (GVBl. S. 578, ber. S. 645)) Vorgaben ähnlich denen der Kommunalabgabengesetze für die Kalkulation privatrechtlicher Wasserentgelte.
[7] Zur besonderen Situation in Rheinland-Pfalz siehe Rn 17.

geltverordnung[8] (Strom- bzw. GasNEV) für die Kalkulation der Netzentgelte an,[9] welche einerseits Regelungen zu sehr viel mehr Detailfragen enthalten als die Kommunalabgabengesetze, zugleich aber größere Spielräume lassen als diese. Inwieweit die Unterschiede zwischen der Wasserversorgung und dem Strom- bzw. Gasnetzbetrieb eine entsprechende Heranziehung der Strom- bzw. GasNEV erlauben, ist nicht abschließend geklärt.[10] Aus betriebswirtschaftlicher Sicht erscheint dies aber sachgerecht, solange die Besonderheiten der Wasserversorgung berücksichtigt werden.

2. Kosten der Wassersparte

20 In der Kalkulation dürfen nur diejenigen Kosten berücksichtigt werden, die der Wassersparte bzw. der Aufgabe der öffentlichen Wasserversorgung zugeordnet werden können, nicht also Kosten, die anderen Sparten oder Aufgaben zuzuordnen sind. Wie die Zuordnung im Einzelnen erfolgt (insbesondere direkte Zuordnung und Anwendung sachgerechter Schlüssel) soll hier nicht Gegenstand sein, problematisch kann jedoch die vorgelagerte rechtliche Frage sein, was zur öffentlichen Wasserversorgung gehört.

21 Dass z. B. die Strom- und Gasversorgung oder die Abwasserbeseitigung andere Sparten darstellen, erscheint ohne weiteres einsichtig. Genauerer Betrachtung bedarf jedoch das Verhältnis zur Löschwasserversorgung. Auch wenn die Bereitstellung von **Löschwasser** für den so genannten Grundschutz in den meisten Bundesländern eine von der öffentlichen Wasserversorgung zu unterscheidende kommunale Aufgabe darstellt, erfolgt die Bereitstellung praktisch dennoch sehr häufig über die Anlagen der öffentlichen Wasserversorgung. Insbesondere die Kartellbehörden sehen es kritisch, wenn dann die durch die Löschwasserbereitstellung entstehenden Kosten bei der Kalkulation der Wasserpreise Berücksichtigung finden; und zwar insbesondere dann, wenn die unentgeltliche Löschwasserversorgung im Konzessionsvertrag nicht geregelt ist.

22 Betrifft die Kalkulation die Tarifpreise, so müssen zudem Kosten ausgesondert werden, welche aus der Versorgung von Sondervertragskunden entstehen.

---

8 Verordnung über die Entgelte für den Zugang zu Elektrizitätsversorgungsnetzen (Stromnetzentgeltverordnung – StromNEV) v. 25.7.2005 (BGBl. I S. 2225), zuletzt geändert durch Gesetz v. 21.7.2014 (BGBl. I S. 1066). Verordnung über die Entgelte für den Zugang zu Gasversorgungsnetzen (Gasnetzentgeltverordnung – GasNEV) v. 25.7.2005 (BGBl. I S. 2197), zuletzt geändert durch Verordnung v. 14.8.2013 (BGBl. I S. 3250).
9 Vgl. Kap. 9 Rn 1 ff.
10 Das OLG Stuttgart, Beschl. v. 5.9.2013 – 201 Kart 1/12 – ZNER 2013, 614 = IR 2014, 21 – Wasserpreise Calw II (noch nicht rechtskräftig), sieht es aber jedenfalls als zulässig an, wenn die Kartellbehörde bei der Überprüfung der Wasserpreise nach der Methode der Kostenkontrolle die Strom- bzw. GasNEV zugrunde legt.

3. Zuordnung von fixen und variablen Kosten

Wird neben dem Mengenpreis auch ein Grundpreis verlangt, so muss bei der Kalkulation zwischen fixen und variablen Kosten unterschieden werden. Denn der **Zweck eines Grundpreises** liegt darin, die fixen, also von der abgenommenen Wassermenge unabhängigen, Kosten zu decken, weshalb die Einnahmen aus dem Grundpreis insgesamt die fixen Kosten nicht übersteigen dürfen. Im Mengenpreis können dagegen auch die Fixkosten ganz oder teilweise Berücksichtigung finden.

4. Beschränkung auf „notwendige" Kosten?

Eine weitere Frage ist es, ob alle tatsächlich entstandenen bzw. zu erwartenden Kosten der Wasserversorgung bei der Kalkulation angesetzt werden dürfen oder ob zusätzlich eine Betrachtung vorzunehmen ist, welche die Ansatzfähigkeit auf die „notwendigen" oder die bei „rationeller" oder „wirtschaftlicher" Betriebsführung entstehenden Kosten beschränkt.

Im Rahmen der **kartellrechtlichen Kostenkontrolle** stellt § 31 Abs. 4 Ziff. 3 GWB ausdrücklich auf die Kosten bei „rationeller Betriebsführung" ab. Auch im Übrigen erscheint dem Grunde nach ein Korrektiv notwendig, das bei offensichtlicher Misswirtschaft und groben Fehlplanungen die Ansatzfähigkeit der Kosten beschränkt.

Richtigerweise kann dann aber nur darauf abgestellt werden, ob zum Zeitpunkt der Entscheidung über eine kostenverursachende Maßnahme, wie eine Investition, eine sachgerechte Prognose über deren Notwendigkeit und Wirtschaftlichkeit getroffen wurde. Stellt sich diese im Nachhinein als unzutreffend heraus, ohne dass dies im Prognosezeitpunkt erkennbar war, und können die Kosten dann nicht mehr verringert werden, so müssen sie auch im Rahmen der Kalkulation ansatzfähig sein. Dies gilt zum Beispiel für durch Überkapazitäten verursachte Kosten, wenn zum Zeitpunkt der Anlagenplanung nicht absehbar war, dass Überkapazitäten entstehen würden.

III. Preisanpassungsrecht

1. Tarifkunden

Im Verhältnis zu Tarifkunden, die zu den Allgemeinen Versorgungsbedingungen mit Wasser versorgt werden, normiert § 4 Abs. 1 i. V. m. Abs. 2 AVBWasserV ein **gesetzliches Preisanpassungsrecht** des Wasserversorgers.[11] Dieses ist nur an die formale Voraussetzung der öffentlichen Bekanntgabe oder der individuellen Mitteilung an die Kunden geknüpft. Materielle Vorgaben für die Preisanpassung macht die AVBWasserV nicht. Die Anpassung ist aber an § 315 BGB zu messen.

---

[11] *Morell*, AVBWasserV, § 4 Anm. c) zu Abs. 1; OLG Nürnberg, Urt. v. 15.6.2012 – U 605/11 – n. v.

28 Ein Wasserversorger muss also aufgrund des gesetzlichen Preisanpassungsrechts die Preisanpassung nicht in seinen Ergänzenden Versorgungsbedingungen regeln. Daher finden sich im Bereich der Wasserversorgung in der Praxis äußerst selten Preisanpassungsklauseln. Auch § 24 Abs. 3 AVBWasserV, der u. a. vorschreibt, dass Preisanpassungsklauseln kostennah auszugestalten sind, hat aus diesem Grund kaum praktische Bedeutung.

2. Nichttarifkunden
a) Bestehen ausdrücklicher Vereinbarungen

29 Werden mit Kunden von den Allgemeinen Versorgungsbedingungen abweichende Konditionen für die Wasserversorgung vereinbart, so kommt es für das Bestehen und die Voraussetzungen eines Preisanpassungsrechts auf die hierzu getroffenen Vereinbarungen an. Handelt es sich bei diesen tatbestandlich um **Allgemeine Geschäftsbedingungen** (AGB) des Versorgers (oder auch des Kunden), so muss sich die Preisanpassungsklausel an den AGB-rechtlichen Vorgaben messen lassen. Preisanpassungsklauseln stellen so genannte Preisnebenabreden dar, die der **Inhaltskontrolle** nach § 307 BGB unterliegen. Dieser verbietet eine unangemessene Benachteiligung des Vertragspartners entgegen den Geboten von Treu und Glauben.[12]

30 Ob Preisanpassungen zusätzlich an **§ 315 BGB** zu messen sind, hängt davon ab, ob die Preisanpassungsklausel dem Versorger einen Spielraum bei der Anpassung (insbesondere hinsichtlich Höhe und Zeitpunkt) einräumt oder nicht. Verfügt er über einen solchen Spielraum, so handelt es sich um eine **einseitige Preisanpassung** und § 315 BGB ist anwendbar. Erfolgt die Anpassung dagegen über einen vertraglich festgelegten Automatismus (also über eine Preisanpassungsformel oder die Bindung an einen Index), dann sind auch die Anpassungen vertraglich vereinbart und stellen damit keine einseitige Leistungsbestimmung im Sinne von § 315 BGB dar.[13]

b) Versorgung ohne ausdrückliche Vereinbarung

31 Problematisch sind die nicht selten anzutreffenden Fälle, in denen ein Versorger mit einem Industrieunternehmen keinen Vertrag geschlossen hat und diesen zu Tarifpreisen versorgt. Da die AVBWasserV dann gemäß ihres § 1 Abs. 2 nicht gilt, hat der Versorger auch **kein gesetzliches Preisanpassungsrecht**. Ohne ausdrückliche Vereinbarung kann wegen des klaren Ausschlusses in § 1 Abs. 2 AVBWasserV auch kaum davon ausgegangen werden, dass sich Versorger und Kunde stillschweigend auf die Anwendung der AVBWasserV geeinigt hätten. Vielmehr ist dann von einem **konkludent geschlossenen Vertrag** auszugehen, der den Bestimmungen des BGB

---

12 Zum AGB-Recht siehe Kap. 5 Rn 14.
13 Zur Anwendbarkeit von § 315 BGB siehe Kap. 5 Rn 40 ff.

unterliegt. Diese kennen kein einseitiges gesetzliches Preisanpassungsrecht, weshalb ohne Zustimmung des Kunden allenfalls über allgemeine Prinzipien wie Wegfall der Geschäftsgrundlage oder Treu und Glauben eine Preisanpassung möglich ist. Beseitigt werden kann dieser aus Versorgersicht unbefriedigende Zustand dadurch, dass der stillschweigend geschlossene Vertrag gekündigt und ein neuer schriftlicher Vertrag geschlossen wird, der ein Preisanpassungsrecht enthält.

IV. Entscheidung für ein atypisches Tarifmodell

1. Gründe für grundsätzliche Umstellungen des Tarifmodells

Preisanpassungen dienen zumeist dem legitimen Ziel, gestiegene Kosten an die Kunden weiterzugeben. Sie beschränken sich in diesem Fall typischerweise darauf, den Grund- und/oder den Mengenpreis um einen bestimmten Betrag zu erhöhen. 32

Immer mehr Wasserversorger sehen sich aber weiter in die Zukunft blickend veranlasst, über eine grundsätzliche Umstellung des Tarifmodells nachzudenken. Den Hintergrund hierfür bildet der Umstand, dass einerseits der **Fixkostenanteil** im Bereich der Wasserversorgung sehr hoch ist (ca. 80 %), andererseits aber aufgrund sinkender Bevölkerungszahlen und wassersparender Technik die **Wasserabnahme zurückgeht**. Da bisher bei den meisten Wasserversorgern die Fixkosten nur zu einem geringen Anteil über den Grundpreis abgedeckt werden (häufig nur zwischen 10 und 30 %), führt die sinkende Wasserabnahme dazu, dass die Erlöse weit stärker sinken als die Kosten. Aus Versorgersicht wünschenswert sind also Tarifmodelle, bei denen die Fixkosten zu einem sehr viel höheren Anteil über feste Preiskomponenten abgedeckt werden. 33

Rechtlich wäre ein Grundpreis, der die Fixkosten in voller Höhe abdeckt, zulässig.[14] Politisch ist ein solcher Grundpreis aber kaum durchsetzbar, da dies insbesondere für Kunden mit geringen Abnahmemengen zu erheblichen Preissteigerungen führen kann. Wasserversorger versuchen daher mit Tarifmodellen den Spagat, den Anteil der verbrauchunabhängigen Preiskomponenten zu erhöhen, ohne dass es zu übermäßigen Preissteigerungen für bestimmte Kundengruppen kommt. Ein Beispiel hierfür ist das so genannte **Mülheimer Modell**, bei dem von einem **zählerbezogenen Grundpreis** auf einen so genannten **Systempreis** umgestellt wurde, der für Haushaltskunden nach Zahl der Wohneinheiten und für Gewerbekunden nach Abnahmemenge gestaffelt ist. Zugleich wurde der Mengenpreis nicht unerheblich gesenkt. Die Staffelungen wurden dabei so kalkuliert, dass die Umstellung für keine Kundengruppe zu gravierenden Mehrbelastungen führt. 34

Darüber hinaus kann eine Umstellung des Tarifsystems oder die Versorgung bestimmter Kunden oder Kundengruppen außerhalb des Tarifsystems auch dadurch 35

---

[14] OLG Naumburg, Urt. v. 13.11.2008 – 6 U 63/08 – IR 2009, 95.

veranlasst sein, dass bei diesen die **Relation** der von ihnen gezahlten **Entgelte** zu den verursachten **Kosten** in keinem angemessenen Verhältnis steht. Hierunter fallen z. B. saisonal genutzte Ferienhausgrundstücke und Grundstücke in Insellagen mit geringen Abnahmemengen, aber auch umgekehrte Konstellationen wie (nichtindustrielle) Gewerbekunden mit hohen Abnahmemengen.

36 Bei Wasserversorgern, die damit rechnen müssen, wegen ihrer Preise in den Fokus einer Kartellbehörde zu gelangen, kann das Ziel der Erhöhung der mengenunabhängigen Preisbestandteile mit dem Ziel kollidieren, ein kartellbehördliches Verfahren möglichst zu vermeiden. Denn die Kartellbehörden bilden zum Vergleich der Preise so genannte Typfälle mit bestimmten Abnahmemengen (zumeist 80 und/oder 150 m³/a) und ermitteln für diese aus Grund- und Mengenpreis einen Durchschnittspreis pro Kubikmeter. Dadurch führt unabhängig seiner sachlichen Berechtigung ein hoher Grundpreis – gerade, wenn er wohneinheitenbezogen, der Kunde aber der Hauseigentümer ist – im Vergleich zu Versorgern mit geringerem Grundpreisanteil zu einem hohen Durchschnittspreis und erhöht damit das Risiko, bei einem Preisvergleich „auffällig" zu werden.

2. Rechtliche Gesaltungsspielräume und Grenzen
a) Zivilrechtliche Vorgaben

37 Welche Tarifgestaltungen jenseits des klassischen Tarifmodells mit Grundpreis pro Zähler und Mengenpreis pro Kubikmeter zulässig sind, ist gesetzlich nicht konkret geregelt. Die Kommunalabgabengesetze der Länder bzw. die einschlägigen Gesetze in den Stadtstaaten machen **nur sehr grobe Vorgaben**. Zudem gelten die Kommunalabgabengesetze für privatrechtliche Entgelte nicht unmittelbar.[15] Auch zivilgerichtliche Rechtsprechung hierzu gibt es nur vereinzelt.[16] Die Verwaltungsgerichte hatten sich dagegen schon recht häufig mit der Zulässigkeit bestimmter Tarifgestaltungen bei der Erhebung von Gebühren zu befassen. Diese bestimmt sich jedoch wiederum nach den jeweiligen Kommunalabgabengesetzen und ist daher auf privatrechtliche Entgelte gleichfalls nicht ohne weiteres übertragbar.

38 Als Maßstab bleibt damit letztlich, dass die Entgelte dem billigen Ermessen im Sinne von § 315 BGB entsprechen müssen (dazu sogleich). Diesen unbestimmten Rechtsbegriff auf ein neues atypisches Tarifmodell korrekt anzuwenden, ist nicht unproblematisch. Als „Faustregel" für eine Risikoabschätzung lässt sich formulieren, dass bei einem Tarifmodell, das sich eng an die Vorgaben des Kommunalabgaben-

---

[15] Eine Ausnahme bildet hier Rheinland-Pfalz, wo gem. § 7 Abs. 9 KAG die wichtigsten Bestimmungen für Gebühren und Beiträge auch auf privatrechtliche Entgelte kommunaler Gebietskörperschaften Anwendung finden.
[16] Siehe z. B. BGH, Urt. v. 26.11.1975 – VIII ZR 164/74 – NJW 1976, 709; OLG Naumburg, Urt. v. 13.11.2008 – 6 U 63/08 – IR 2009, 95.

gesetzes des betreffenden Bundeslandes und die dazu ergangene Rechtsprechung anlehnt, die Aussicht, dass im Streitfalle auch die zivilgerichtliche Rechtsprechung dieses billigt, recht hoch ist. Hinzu kommt die praktische Überlegung, dass die Gefahr von Rechtsstreitigkeiten aus Anlass einer Tarifumstellung je geringer ist, desto besser diese im Vorfeld gegenüber den Kunden kommuniziert wurde und desto niedriger die Mehrbelastungen für bestimmte Kunden oder Kundengruppen sind.

b) Aussagen der Kommunalabgabengesetze und der verwaltungsgerichtlichen Rechtsprechung

Auch wenn die Kommunalabgabengesetze und die dazu ergangene Rechtsprechung nicht unmittelbar gelten, bilden sie doch eine Orientierung für die Bewertung der Zulässigkeit eines Tarifmodells und sollen daher hier im Überblick dargestellt werden. 39

Im Hinblick auf die **Tarifgestaltung** treffen die **Kommunalabgabengesetze** häufig Aussagen zu folgenden Punkten: 40
- Zulässigkeit der Berücksichtigung der Kostenverursachung bei der Gebührenbemessung (neben dem Maß der Inanspruchnahme);
- Zulässigkeit einer Grundgebühr;
- zulässiger Anteil der Grundgebühr an den Kosten;
- Zulässigkeit einer Mindestgebühr;
- Zulässigkeit einer Progression oder Degression;
- Zulässigkeit der Berücksichtigung z. B. von sozialen und Umweltaspekten.

Ob zu diesen Punkten eine Aussage getroffen wird und ggf. welche, muss anhand des Kommunalabgabengesetzes des jeweiligen Bundeslandes ermittelt werden. 41

Die verwaltungsgerichtliche Rechtsprechung zur Gebührengestaltung befasst sich mit ähnlichen Fragestellungen und konkretisiert und ergänzt die Regelungen des jeweiligen Kommunalabgabengesetzes. Da das BVerwG nur über die Vereinbarkeit einer Gebührenregelung mit Bundesrecht zu entscheiden hat, kann es durchaus vorkommen, dass eine vom BVerwG gebilligte Gestaltung von einem VG oder OVG wegen eines Verstoßes gegen das Landesrecht als rechtswidrig angesehen wird. 42

Letzteres betrifft zum Beispiel die Frage, ob die Gebühren nach dem Beitrag eines Kunden oder einer Kundengruppe zur Kostenentstehung bemessen werden dürfen. Die meisten Kommunalabgabengesetze schreiben das Maß der Inanspruchnahme als maßgebliches Kriterium vor und lassen die Berücksichtigung der Kostenverursachung allenfalls nachrangig zu.[17] Der **bundesrechtliche Gleichbehandlungsgrundsatz** erlaubt dagegen auch ein (ausschließliches) Anknüpfen an die **Kosten-** 43

---

[17] Eine Ausnahme bildet hier Sachsen. Als einziges Kommunalabgabengesetz stellt § 14 Abs. 1 Satz 1 SächsKAG die Gebührenbemessung nach dem Ausmaß der Inanspruchnahme und nach der Kostenverursachung als gleichberechtigte Alternativen nebeneinander.

verursachung.[18] Grundsätzlich einig ist sich die Rechtsprechung darin, dass bei der Gebührenbemessung eine gewisse **Typisierung** zulässig ist und bei der Entscheidung über den **Gebührenmaßstab** auch **Praktikabilitätserwägungen** berücksichtigt werden dürfen, selbst wenn dies für einzelne Kunden oder Kundengruppen zu einer Ungleichbehandlung führt.[19]

44 Anerkannt ist, dass die **Grundgebühr** nach der Zahl der **Wohneinheiten** bemessen darf,[20] auch wenn dies zwangsläufig zu einer Unterscheidung zwischen privaten und gewerblichen Tarifkunden führt. Es muss dann jedoch auch für Gewerbekunden ein tauglicher Maßstab für die Grundgebühr festgelegt werden (z. B. Umrechnung in Wohneinheiten oder Beibehaltung der Zählergröße).[21] Zudem müssen klare Regelungen für die Gebührenbemessung bei **gemischt genutzten Grundstücken** getroffen werden.[22]

45 Kritisch gesehen werden im Hinblick auf Gebühren folgende Gestaltungen:
- Staffelung der Grundgebühr nach Abnahmemengen;[23]
- Kombination von Grund- und Mindestgebühr;[24]
- progressive und degressive Gebührenstaffelungen einschließlich „Mengenrabatten", wenn diese im einschlägigen Kommunalabgabengesetz nicht ausdrücklich gestattet und auch sonst nicht sachlich begründet werden;[25]
- Pauschalgebühren und „Flatrates".

Es sei aber nochmals darauf hingewiesen, dass für privatrechtliche Entgelte die rechtliche Bewertung eine andere sein kann, und zwar insbesondere dann, wenn die für Gebühren geltenden Beschränkungen (nur) aus Landesrecht resultieren.

---

18 BVerwG, Beschl. v. 24.4.1970 – VII B 58.69 – n. v.
19 Vgl. z. B. BVerwG, Urt. v. 20.12.2000 – 11 C 7.00 – DVBl. 2001, 488 = NVwZ 2002, 199; VGH Bayern, Urt. v. 6.12.2001 – 23 B 01.1018 – BayVerwBl. 2002, 635; HessVGH, Beschl. v. 7.3.2012 – 5 C 206/10.N – NVwZ-RR 2012, 696 = DÖV 2012, 606; OVG NW, Urt. v. 2.2.2000 – 9 A 3915/98 – NVwZ-RR 2001, 122.
20 Vgl. z. B. OVG Brandenburg, Urt. v. 22.5.2002 – 2 D 78/00.NE – n. v.; OVG Niedersachsen, Beschl. v. 26.8.2002 – 9 LA 305/02 – n. v.; OVG Sachsen-Anhalt, Urt. v. 30.1.2003 – 1 L 362/01 – n. v.
21 VGH Bayern, Urt. v. 20.10.1997 – 4 N 95.3631 – BayVerwBl. 1998, 148; OVG Berlin-Brandenburg, Urt. v. 7.11.2012 – OVG 9 A 7.10 – n. v.; OVG Sachsen-Anhalt, Beschl. v. 21.6.2011 – 4 L 229/10 – n. v.
22 OVG Berlin-Brandenburg, Urt. v. 7.11.2012 – OVG 9 A 7.10 – n. v.
23 BVerwG, Beschl. v. 11.11.2011 – 9 B 41.11 – n. v.; OVG Niedersachsen, Beschl. v. 26.8.2002 – 9 LA 305/02 – n. v.; OVG Thüringen, Beschl. v. 26.9.2005 – 4 EO 817/03 – DÖV 2006, 523.
24 BVerwG, Urt. v. 1.8.1986 – 8 C 112.84 – NVwZ 1987, 231 f.; OVG Nordrhein-Westfalen, Urt. v. 20.5.1996 – 9 A 5654/94 – NVwZ-RR 1997, 314.
25 OVG Brandenburg, Urt. v. 22.5.2002 – 2 D 78/00.NE – n. v.; VGH Hessen, Beschl. v. 25.2.1966 – R V 2/62 – n. v.; OVG Niedersachsen, Urt. v. 24.2.1997 – 3 K 2811/94 – n. v.; OVG Thüringen, Urt. v. 12.12.2001 – 4 N 595/94 – n. v. Kritisch gesehen wird es z. B. auch, wenn bei der üblichen Staffelung der Grundgebühr nach Zählergröße die Gebührensätze nicht linear zur jeweiligen Durchflussmenge steigen, also z. B. die Grundgebühr für einen Zähler der Größe Qn 10 nicht viermal so hoch ist wie für einen Zähler der Größe Qn 2,5 (so genannte Äquivalenzziffernrechnung).

C. Kontrolle von Wasserpreisen durch Kunden

I. Tarifkunden

1. § 315 BGB als Maßstab für Ausgangspreis und Preisanpassung

Wasserpreise für Tarifkunden müssen sich an § 315 BGB messen lassen, wonach bei einem einseitigen Leistungsbestimmungsrecht eines Vertragspartners die Bestimmung **im Zweifel nach billigem Ermessen** zu erfolgen hat. Zwar regelt § 315 BGB an sich nur vertraglich eingeräumte Leistungsbestimmungsrechte, es ist jedoch anerkannt, dass er entsprechend auch auf gesetzliche Leistungsbestimmungsrechte wie das des Wasserversorgers aus § 4 Abs. 1 und Abs. 2 AVBWasserV anzuwenden ist.[26]

46

Anders als bei Strom- und Gaslieferverträgen erfolgen nicht nur Preisanpassungen einseitig durch den Versorger, sondern auch die Bestimmung des ursprünglichen bei Vertragsschluss geltenden Preises. Denn Tarifkunden haben normalerweise keine Alternative zum Vertragsschluss mit dem örtlichen Versorger zu dessen Tarifbedingungen. Nicht selten wird dieser faktische Zustand durch eine so genannte Rumpfsatzung der betreffenden Kommune, die einen Anschluss- und Benutzungszwang enthält, zu einer rechtlichen Pflicht zum Vertragsschluss verstärkt. Daher können Tarifkunden grundsätzlich auch den Ausgangspreis bei Vertragsschluss nach § 315 BGB überprüfen lassen.[27]

47

AGB-Recht kann daneben zur Anwendung kommen, wenn ein Versorger in seinen Ergänzenden Bedingungen Regelungen zur Preisbildung und Preisanpassung trifft. Praktisch kommt dies jedoch so gut wie nicht vor.

48

Grundsätzlich können die Gerichte auch bei Klagen von Kunden die Einhaltung der kartellrechtlichen Anforderungen[28] prüfen, was sie in der Praxis teilweise auch tun.[29] Auch wenn die kartellrechtlichen Maßstäbe mit denjenigen des § 315 BGB nicht identisch sind, führen beide dennoch zumeist zu einer vergleichbaren Bewertung.[30]

49

2. Billiges Ermessen und Prinzipien des öffentlichen Finanzgebarens

Die Ausfüllung des unbestimmten Rechtsbegriffs des billigen Ermessens weist bei Wasserversorgungsverträgen gegenüber Strom- und Gaslieferverträgen Besonderheiten auf. Da die **öffentliche Wasserversorgung** eine – je nach Bundesland – freiwillige oder pflichtige **Selbstverwaltungsaufgabe** der Kommunen darstellt, welche

50

---

26 BGH, Urt. v. 13.6.2007 – VIII ZR 36/06 (für die parallele Regelung in § 4 der früher geltenden AVBGasV) – NJW 2007, 2540 = IR 2007, 206 = RdE 2007, 258; KG, Urt. v. 15.2.2005 – 7 U 140/04 – ZMR 2006, 38 = IR 2005, 93.
27 BGH, Urt. v. 30.4.2003 – VIII ZR 279/02 – Versorgungswirtschaft 2003, 257.
28 Siehe Rn 6 ff.
29 Vgl. z. B. OLG Nürnberg, Urt. v. 29.5.2012 – 1 U 605/11 – IR 2012, 207 = et 6/2013, 101.
30 Siehe auch Kap. 5 Rn 50.

diese auch in öffentlich-rechtlicher Form erfüllen können, kommen die so genannten Prinzipien des öffentlichen Finanzgebarens zur Anwendung. Bei diesen handelt es sich um die grundlegenden rechtlichen Vorgaben, die Kommunen bei der Erhebung öffentlicher Abgaben zu beachten haben.[31]

51 Mit deren Geltung auch bei privatrechtlicher Versorgung soll verhindert werden, dass sich Kommunen durch die Wahl einer privatrechtlichen Handlungsform ihren grundlegenden öffentlich-rechtlichen Bindungen entziehen können. Dabei geht die Rechtsprechung davon aus, dass bei Einhaltung der Prinzipien des öffentlichen Finanzgebarens die Preise grundsätzlich auch dem billigen Ermessen im Sinne von § 315 BGB entsprechen.[32]

52 Namentlich gehören zu den **Prinzipien des öffentlichen Finanzgebarens** das Gleichbehandlungsprinzip, das Äquivalenzprinzip und das Kostendeckungsprinzip. Nach dem **Gleichbehandlungsprinzip** darf bei der Preisgestaltung nicht ohne sachlichen Grund zwischen vergleichbaren Sachverhalten differenziert werden. Umgekehrt muss eine Differenzierung erfolgen, wenn es sich um unterschiedliche Sachverhalte handelt. Das **Äquivalenzprinzip** ist eine besondere Ausprägung des verwaltungsrechtlichen Verhältnismäßigkeitsgrundsatzes und besagt, dass der von einem Kunden zu zahlende Preis nicht außer Verhältnis zur Leistung der Wasserversorgung stehen darf. Das **Kostendeckungsprinzip** schließlich begrenzt die Preise nach oben, indem es vorschreibt, dass die Erlöse aus der Wasserversorgung die Kosten – zu denen auch eine angemessene Eigenkapitalverzinsung und ggf. auch zusätzlich ein angemessener Gewinn gehört – nicht übersteigen dürfen. Maßgeblich sind hier die Gesamtkosten und die Gesamterlöse der Wasserversorgung von Tarifkunden, nicht das Verhältnis zum einzelnen Kunden.

53 Die Prinzipien des öffentlichen Finanzgebarens sind nicht gleichzusetzen mit den konkreten Vorgaben des jeweiligen Kommunalabgabengesetzes, welche für privatrechtliche Entgelte gerade nicht unmittelbar gelten. Grundsätzlich können daher auch Tarifgestaltungen, die bei Erhebung von Gebühren nach dem einschlägigen Kommunalabgabengesetz unzulässig wären (z. B. weil ein Mindestpreis vorgesehen, eine Mindestgebühr aber unzulässig ist oder weil mit Großkunden wegen einer geringeren Konzessionsabgabe oder eines geringeren Wasserentnahmeentgelts niedrigere Preise vereinbart werden, was die AVBWasserV zulässt, was bei Gebühren aber problematisch sein kann. Auch erscheint es jedenfalls bei kostenorientierter Betrachtung der Gleichbehandlung zulässig, bei der Preisgestaltung nach der Leitungsebene zu differenzieren, an die ein Kunde angeschlossen ist, wie dies ähnlich für die Strom- und Gasnetzentgelte vorgeschrieben ist.), den Prinzipien des öffentlichen Finanzgebarens entsprechen. Das genaue Verhältnis der Prinzipien des öffentlichen Finanzgebahrens zu den Bestimmungen des jeweiligen Kommunalabgabengesetzes ist in

---

31 BGH, Urt. v. 5.4.1984 – III ZR 12/83 – VersR 1984, 1040 = NJW 1985, 197.
32 OLG Naumburg, Urt. v. 13.11.2008 – 6 U 63/08 – IR 2009, 95.

der Rechtsprechung allerdings weitgehend ungeklärt. Es empfiehlt sich daher, bei der Tarifgestaltung die Bestimmungen des Kommunalabgabengesetzes und die dazu ergangene Rechtsprechung zu kennen und sich bei Abweichungen bewusst zu sein, dass es sich um solche handelt.

3. Prozessuale Aspekte

Prozessual unterscheidet sich die **Kontrolle von Wasserpreisen** nach § 315 BGB nicht grundlegend von der Kontrolle von Strom- und Gaspreisen.

Der Kunde kann, wenn er schon gezahlt hat, **Leistungsklage** auf **Rückzahlung** des vermeintlich überhöhten Betrages erheben. Oder er kann, wenn er noch nicht gezahlt hat, mittels einer **Feststellungsklage** gerichtlich feststellen lassen, dass und in welcher Höhe der **Preis unbillig** ist und dementsprechend nicht gezahlt werden muss.

Auch im Hinblick auf die Darlegungs- und Beweislast gelten grundsätzlich die allgemeinen Prinzipien; d. h. im Rückforderungsprozess muss der sich auf die Unbilligkeit berufende Kunde die Tatsachen, aus denen sich diese ergibt, beweisen.[33] Da er hierzu häufig mangels Kenntnis, insbesondere der wirtschaftlichen Grundlagen der Preisbildung, in der Regel nur begrenzt in der Lage ist, kann den Wasserversorger unter bestimmten Voraussetzungen eine so genannte sekundäre Darlegungs- und Beweislast treffen. Das bedeutet, er muss dann gegebenenfalls konkret dazu vortragen, wie seine Wasserpreise gebildet werden, um den Kunden in die Lage zu versetzen, seinen Vortrag zur Unbilligkeit zu substantiieren. Wie detailliert der Versorger dabei vortragen und vor allem welche Beweismittel er vorlegen muss, ist in der Rechtsprechung nicht abschließend geklärt und hängt stark vom Vortrag des Kunden im jeweiligen Einzelfall ab. Jedenfalls muss nicht von vornherein die **Wasserpreiskalkulation** offengelegt werden. Vielmehr kann, sofern der Vertrag des Kunden ausreicht, um überhaupt eine sekundäre Darlegungs- und Beweislast auszulösen, auch zunächst Beweis in anderer Form, namentlich mittels eines **Gutachtens** eines **Wirtschaftsprüfers** über die Ordnungsgemäßheit der Preise sowie die Benennung des Wirtschaftsprüfers und/oder eines mit der Preisbildung vertrauten Mitarbeiters des Versorgers als Zeugen angetreten werden.[34]

Dass die Wasserpreise im Voraus ordnungsgemäß kalkuliert wurden, ist anders als bei Gebühren keine Voraussetzung ihrer Wirksamkeit. Vielmehr betrifft das Vorhandensein einer Kalkulation ausschließlich die Frage der Darlegungs- und Beweislast. Um dieser zu entsprechen, genügt – sofern überhaupt eine Kalkulation vorgelegt

---

33 OLG Düsseldorf, Urt. v. 12.10.1995 – 13 U 134/94 – NWVBl. 1996, 277.
34 OLG Nürnberg, Urt. v. 15.6.2012 – U 605/11 – n. v.

werden muss – auch eine erst im Nachhinein (ggf. sogar erst aus Anlass des Prozesses) erstellte Kalkulation.[35]

4. Zeitliche Begrenzung der Geltendmachung
a) Verjährung

58 Für Ansprüche auf Feststellung und Rückzahlung gilt im Bereich der Wasserversorgung gleichfalls die normale dreijährige Verjährungsfrist (§§ 195, 198 Abs. 1 BGB). Die Verjährung von Rückzahlungsansprüchen beginnt damit regelmäßig mit Ablauf des Kalenderjahres, in dem der Kunde die betreffende Jahresrechnung erhalten hat und endet drei Jahre später. Wird also z. B. die Jahresrechnung für 2012 im Laufe des Jahres 2013 übersandt, so beginnt die Verjährung mit Ablauf des 31.12.2013; der Rückzahlungsanspruch ist dann mit Ablauf des 31.12.2016 verjährt. Eine gewisse Einschränkung ergibt sich allerdings dadurch, dass § 198 Abs. 1 BGB für den Verjährungsbeginn auf den subjektiven Umstand der Kenntnis bzw. des Kennenmüssens des Anspruchsinhabers von den anspruchsbegründenden Tatsachen abstellt. Will sich ein Kunde hierauf berufen, so muss er jedoch darlegen und beweisen, dass er bei Übersendung der Rechnung noch nicht wissen konnte, dass die Preise unbillig waren und die Verjährung daher erst später beginnt. Mangelnde Rechtskenntnisse genügen hierfür nicht.

b) Akzeptanz des Preissockels

59 Von der Frage der Verjährung zu unterscheiden ist die Frage, ob der Kunde bei noch nicht verjährten Ansprüchen den Wasserpreis insgesamt angreifen kann oder nur insoweit, wie innerhalb der Verjährungsfrist eine **Preiserhöhung** vorgenommen wurde. Macht der Kunde also z. B. in 2014 die Unbilligkeit in Bezug auf eine Rechnung aus 2013 geltend, ist fraglich, ob das Gericht den gesamten Rechnungsbetrag überprüfen kann oder ein etwaiger Rückzahlungsanspruch auf den Betrag begrenzt ist, der aus einer Preiserhöhung innerhalb der letzten drei Jahre resultiert.

60 Im Strom- und Gasbereich nimmt die Rechtsprechung eine solche Begrenzung vor, wenn der Kunde der Preiserhöhung nicht widersprochen und die Rechnungen ohne Beanstandung gezahlt hat. Sie geht dann davon aus, dass er mit der Preiserhöhung einverstanden war und nimmt dementsprechend eine ergänzende Vertragsauslegung dahingehend vor, dass Kunde und Versorger sich auf den neuen Preis geeinigt haben, also insoweit keine der Billigkeitskontrolle unterliegende einseitige Preisbestimmung vorliegt. Begründet wird dies damit, dass anderenfalls der Kunde auch weit in der Vergangenheit liegende Preiserhöhungen, die sich im aktuellen Preis noch widerspiegeln, angreifen könnte, der Versorger aber nur sehr eingeschränkt

---

35 OLG Nürnberg, Urt. v. 15.6.2012 – U 605/11 – n. v.

rückwirkend eine unbillige Preiserhöhung korrigieren und den Vertrag auch nicht rückwirkend kündigen kann.[36]

Diese Interessenlage ist im Wasserbereich grundsätzlich ähnlich. Auch hier kann der Nichtbeanstandung einer Preiserhöhung innerhalb der Verjährungsfrist die Bedeutung beigemessen werden, dass der Kunde jedenfalls mit diesem Preis einverstanden ist. Richtigerweise ist deshalb – auch wenn es bisher keine Rechtsprechung zu dieser Frage speziell für den Wasserbereich gibt – davon auszugehen, dass etwaige Ansprüche auf diejenigen Preisbestandteile beschränkt sind, die auf innerhalb der Verjährungsfrist beanstandeten Preiserhöhungen beruhen. 61

Etwas anderes kann allenfalls in dem eher theoretischen Fall gelten, dass ein seit langem unverändert gebliebener und ursprünglich billiger Wasserpreis nachträglich dadurch unbillig geworden ist, dass in diesem Zeitraum die Kosten gesunken sind. 62

II. Nichttarifkunden

1. § 315 BGB

Ob mit Nichttarifkunden vereinbarte Wasserpreise der Billigkeitskontrolle unterliegen, hängt – wie bereits erläutert[37] – davon ab, ob dem Wasserversorger im Vertrag ein **einseitiges Preisbestimmungsrecht** eingeräumt wurde. Bezüglich des ursprünglich vereinbarten Preises ist dies in der Regel nicht der Fall. Bei späteren Preisanpassungen kommt es darauf an, ob die zugrunde liegende Preisanpassungsklausel dem Versorger einen Spielraum einräumt oder die Preisanpassung hinsichtlich Zeitpunkt und Höhe „automatisch" erfolgt. Nur im ersten Fall verfügt der Versorger über ein einseitiges Preisbestimmungsrecht, das der Billigkeitskontrolle unterliegt. 63

2. AGB-Recht

Hat eine in einem Vertrag mit Nichttarifkunden vereinbarte Preisanpassungsklausel den Charakter einer AGB, so ist Gegenstand der gerichtlichen Überprüfung – wie gleichfalls bereits erläutert[38] – auch die Einhaltung der AGB-rechtlichen Anforderungen im Hinblick auf die wirksame Einbeziehung der Klausel in das Vertragsverhältnis und die Vereinbarkeit mit den Vorgaben für die inhaltliche Ausgestaltung einer solchen Klausel. Welche Vorgaben dies sind, ist gerade im Hinblick auf gewerbliche Kunden nicht abschließend geklärt. Es empfiehlt sich daher Preisanpassungsklauseln individuell zu verhandeln und dies zu dokumentieren, um gar nicht erst in den Anwendungsbereich des AGB-Rechts zu gelangen. 64

---

36 Siehe Kap. 5.
37 Siehe Rn 29 f.
38 Siehe Rn 29 f.

3. Weitere Prüfungsmaßstäbe

65 Daneben kommen weitere Aspekte in Betracht, unter denen ein Gericht die Wirksamkeit von Preisbestimmungen überprüfen kann. So kann z. B. eine konkrete Preisanpassung deshalb unwirksam sein, weil die vereinbarte Preisanpassungsklausel nicht korrekt angewendet wurde.

66 Wurde kein Preisanpassungsrecht vereinbart, nimmt der Versorger aber dennoch eine Preisanpassung vor, so kann Gegenstand einer gerichtlichen Überprüfung die Frage sein, ob es rechtliche Gesichtspunkte gibt, aus denen sich auch ohne ausdrückliche Vereinbarung ein Preisanpassungsrecht herleiten lässt.

D. Kontrolle von Wasserpreisen durch Kartellbehörden

I. Überblick

67 Viele Wasserversorger sehen in der Kontrolle der Wasserpreise durch die Kartellbehörden größeres „Bedrohungspotenzial" als in Klagen von Kunden. Dies ist in mancherlei Hinsicht durchaus gerechtfertigt, insbesondere deshalb, weil von der **Kartellbehörde** verlangte **Preissenkungen** alle (Tarif-)Kunden betreffen, wohingegen Urteile bei erfolgreicher Klage eines Kunden rechtlich nur im Verhältnis zu diesem verbindlich sind.

1. Zuständigkeit und Verfahren

68 Zuständig sind grundsätzlich die Landeskartellbehörden.[39] Das Bundeskartellamt (BKartA) ist originär zuständig nur bei länderübergreifenden Sachverhalten (also insbesondere einem sich über mehrere Bundesländer erstreckenden Versorgungsgebiet). Daneben können Sachen auf Antrag einer Landeskartellbehörde oder des BKartA selbst an dieses abgegeben werden, wenn dies aufgrund der Umstände der Sache angezeigt ist.[40]

69 Die Kartellbehörden führen in der Regel zunächst eine so genannte **Sektoruntersuchung**[41] nach § 32 e GWB durch, bei der sie mittels eines standardisierten Fra-

---

39 Zur Zuständigkeit siehe §§ 48, 49 GWB.
40 So z. B. im Falle der Berliner Wasserbetriebe. Das BKartA hat im Rahmen dieses Verfahrens Daten über die Wasserversorgung in den 38 größten deutschen Städten erhoben und plant auf dieser Grundlage einen Bericht zur großstädtischen Wasserversorgung zu veröffentlichen. Dass hieraus weitere Missbrauchsverfahren resultieren, ist nicht unwahrscheinlich.
41 Sektoruntersuchungen gab es bisher in Baden-Württemberg, Brandenburg, Hessen, Niedersachsen, Sachsen, Sachsen-Anhalt und Thüringen (nicht abgeschlossen). Bisher keine Sektoruntersuchungen haben die Kartellbehörden in Bayern, Mecklenburg-Vorpommern, Nordrhein-Westfalen, Rheinland-Pfalz und im Saarland durchgeführt.

gebogens⁴² von allen Wasserversorgern Angaben zu den Preisen sowie wirtschaftliche Daten und Strukturdaten zu den technischen und natürlichen Gegebenheiten im jeweilgen Versorgungsgebiet abfragen. Zur Beantwortung dieser Abfrage sind auch Gebühren erhebende Wasserversorger verpflichtet,⁴³ obwohl gegen sie nach § 130 Abs. 1 Satz 2 GWB kein **Missbrauchsverfahren** eingeleitet werden kann. Nach Auswertung der Daten leiten die Kartellbehörden gegen die Versorger mit den höchsten Preisen so genannte Missbrauchsverfahren ein. In deren Rahmen erhalten die betroffenen Versorger Gelegenheit darzulegen, warum ihre Preise höher sind als die anderer Versorger – was in der Praxis meistens nur sehr begrenzt gelingt. Bestätigt sich aus Sicht der Behörde der Verdacht missbräuchlich überhöhter Preise, so erlässt diese eine Preissenkungsverfügung oder einigt sich mit dem Versorger über eine „freiwillige" Preissenkung. Anderenfalls stellt sie das Verfahren ein.

Gegen eine Preissenkungsverfügung können sich Versorger mittels einer Beschwerde zum zuständigen OLG wehren. Gegen dessen Entscheidung ist, ggf. erst nach erfolgreicher Nichtzulassungsbeschwerde, die Rechtsbeschwerde zum BGH möglich.

Viele Kartellbehörden führen Sektoruntersuchungen in einem mehr oder weniger regelmäßigen Turnus von etwa zwei bis vier Jahren durch.

II. Kontrollmaßstab

Den Maßstab für die Bestimmung, ob die Preise eines Wasserversorgers missbräuchlich überhöht und damit kartellrechtswidrig sind, bilden die Regelungen zur allgemeinen Missbrauchsaufsicht in § 19 GWB und zur nur (noch) für Wasser geltenden verschärften Missbrauchsaufsicht in § 31 GWB.⁴⁴

Gemäß § 19 Abs. 2 Ziff. 2 GWB liegt ein Missbrauch insbesondere dann vor, wenn ein marktbeherrschendes Unternehmen Entgelte fordert, die von denjenigen abweichen, die sich bei wirksamem Wettbewerb mit hoher Wahrscheinlichkeit ergeben würden. Ähnlich bestimmt § 31 Abs. 4 Ziff. 2 GWB, dass ein Missbrauch insbesondere dann vorliegt, wenn ein Wasserversorgungsunternehmen von seinen Abnehmern ungünstigere Preise fordert als gleichartige Wasserversorgungsunternehmen, es sei denn, der Versorger weist nach, dass der Unterschied auf abweichenden Umständen beruht, die ihm nicht zurechenbar sind. Nach § 31 Abs. 4 Ziff. 3 GWB ist zudem dann

---

42 Dieser wurde zwischen dem BKartA und den Landeskartellbehörden abgestimmt. Im Detail verwendet allerdings jede Behörde eine etwas andere Variante.
43 BGH, Beschl. v. 18.10.2011 – KVR 9/11 – NJW 2012, 1150 = RdE 2012, 157 = N&R 2012, 117 – Niederbarnimer Wasserverband.
44 Die Regelungen zur verschärften Missbrauchsaufsicht in §§ 31 ff. GWB wurden erst im Rahmen der 8. GWB-Novelle zum 30.6.2013 in das aktuelle GWB integriert. Davor befanden sie sich in § 103a GWB 1990, der über einen Verweis in § 131 GWB für den Wasserbereich weiterhin galt.

ein Missbrauch gegeben, wenn die Entgelte die Kosten in unangemessener Weise überschreiten; wobei nur die Kosten anzuerkennen sind, die bei einer rationellen Betriebsführung anfallen.

74 § 19 GWB und § 31 GWB sind nebeneinander anwendbar und eröffnen den Kartellbehörden jeweils zwei Wege, einen Preismissbrauch festzustellen.

1. Vergleichsmarktkonzept

75 Beim ersten Weg, dem so genannten Vergleichsmarktkonzept, werden – je nach gewählter Variante – die Preise bzw. die Erlöse des betroffenen Versorgers und dessen Kosten mit denen gleichartiger Versorger verglichen, deren Preise niedriger sind. Ein Missbrauch liegt vor, wenn die höheren Preise nicht auf strukturellen, vom Versorger nicht beeinflussbaren Umständen (wie z. B. Topografie, Siedlungsstruktur, Wasserverfügbarkeit) beruhen, sondern auf unternehmensindividuellen Entscheidungen. Bei einem Vorgehen nach § 31 GWB muss – anders als bei § 19 GWB – der betroffene Versorger seine Preise rechtfertigen, also darlegen und beweisen, dass Preisunterschiede auf ihm nicht zurechenbaren Umständen beruhen. Daher stützen sich die Behörden in der Regel primär auf § 31 GWB, auch wenn dieser gegenüber § 19 GWB aus Behördensicht den Nachteil hat, dass keine Preissenkungen für die Vergangenheit angeordnet werden können.

76 Die Praxis der Kartellbehörden und die zum Vergleichsmarktkonzept bisher ergangene Rechtsprechung stellen Wasserversorger vor große Schwierigkeiten bei der Rechtfertigung ihrer Preise.

77 So hat der BGH in seiner ersten hierzu ergangenen Entscheidung in Sachen Wasserpreise Wetzlar[45] die Anwendung eines sehr großzügigen Maßstabs auf der Ebene der Gleichartigkeit, also bei der Auswahl der Unternehmen, mit denen das betroffene Unternehmen verglichen wird, bestätigt. Danach ist praktisch eine Bildung von drei **Versorgergruppen** (ländlich, kleinstädtisch, großstädtisch), ausreichend. Dies führt dazu, dass sehr unterschiedliche Versorger miteinander verglichen werden dürfen, was die **Preisrechtfertigung** umso schwerer macht. Gerichtliche Rechtsbehelfe von Versorgern gegen Preissenkungsverfügungen waren bisher vor allem deshalb nicht erfolgreich, weil nach Auffassung der Gerichte[46] nicht ausreichend dargelegt worden war, inwieweit die höheren Preise durch strukturelle, dem Versorger nicht zurechenbare Umstände bedingt sind. Was genau dieser darlegen muss, ist bisher ungeklärt;

---

[45] BGH, Beschl. v. 2.2.2010 – KVR 66/08 – et 7/2010, 70 = NJW 2010, 2573 = ZfW 2011, 18 – Wasserpreise Wetzlar.
[46] BGH, Beschl. v. 2.2.2010 – KVR 66/08 – et 7/2010, 70 = NJW 2010, 2573 = ZfW 2011, 18 – Wasserpreise Wetzlar; OLG Düsseldorf, Beschl. v. 24.2.2014 – VI-2 Kart 4/12 (V) – IR 2014, 115 = ZNER 2014, 186 ff. = Versorgungswirtschaft 2014, 132 – Berliner Wasserbetriebe.

nach der Entscheidung des OLG Düsseldorf in Sachen Berliner Wasserbetriebe[47] scheint die Erwartung aber dahin zu gehen, dass der Versorger für jedes einzelne **Strukturmerkmal** (z. B. die Höhenunterschiede im Versorgungsgebiet) beziffert, in welcher Höhe sich diesbezügliche Unterschiede zu den Vergleichsunternehmen auf den Preis auswirken. Dass dies, schon weil die Kartellbehörden die entsprechenden Daten der Vergleichsunternehmen nur sehr begrenzt zur Verfügung stellen, praktisch unmöglich ist, wird von der Rechtsprechung bisher nicht anerkannt.

Zumindest hat der BGH in seiner Wetzlar-Entscheidung aber bestätigt, dass ein Versorger in jedem Falle Preise verlangen darf, die die bei wirtschaftlicher Betriebsführung entstehenden Selbstkosten decken. 78

2. Kostenkontrolle

Beim zweiten Weg zur Feststellung eines Preismissbrauchs, der so genannten Kostenkontrolle wird das Vorliegen überhöhter Preise nicht durch einen Vergleich mit anderen Wasserversorgern ermittelt, sondern durch eine Überprüfung der Kosten nur des betroffenen Unternehmens selbst. Nach diesem Konzept ist bisher nur die Kartellbehörde in Baden-Württemberg vorgegangen. Dass dessen isolierte Anwendung zulässig ist, hat der BGH in Sachen Wasserpreise Calw[48] (anders als noch das OLG Stuttgart als Vorinstanz[49]) bestätigt; mittlerweile ist dies in § 31 Abs. 4 Ziff. 3 GWB auch gesetzlich ausdrücklich geregelt. 79

Bei der Kostenkontrolle werden die Kosten des Versorgers dem Grunde und der Höhe nach daraufhin untersucht, ob sie bei der Kalkulation der Wasserpreise angesetzt werden durften. Mangels Entgeltregulierung im Wasserbereich fehlen hier verlässliche Maßstäbe. In seiner Calw-II-Entscheidung hat das OLG Stuttgart[50] ein Vorgehen in Anlehnung an die Strom- und GasNEV als mögliche Methode grundsätzlich gebilligt, dabei aber verlangt, dass eine einmal gewählte Methode von der Kartellbehörde konsequent angewandt werden muss und nicht nur bestimmte, aus Behördensicht günstige Aspekte herangezogen werden dürfen. Das OLG Stuttgart hatte nach Zurückverweisung durch den BGH erneut zu entscheiden und hat dabei einen großen Teil der von der Kartellbehörde als nicht ansatzfähig betrachteten Kosten als bei der Kalkulation der Wasserpreise berücksichtigungsfähig bestätigt. Bei vielen Einzelpositionen begründete das Gericht dies damit, dass die Behörde nicht ausreichend 80

---

[47] OLG Düsseldorf, Beschl. v. 24.2.2014 – VI-2 Kart 4/12 (V) – IR 2014, 115 = ZNER 2014, 186 ff. = Versorgungswirtschaft 2014, 132 – Berliner Wasserbetriebe.
[48] BGH, Beschl. v. 15.05.2012 – KVR 51/11 – NJW 2012, 3243 = ZNER 2012, 485 ff. = N&R 2012, 299 – Wasserpreise Calw.
[49] OLG Stuttgart, Beschl. v. 25.8.2011 – 201 Kart 2/11 – IR 2011, 355 = ZNER 2011, 633 – Wasserpreise Calw I.
[50] OLG Stuttgart, Beschl. v. 5.9.2013 – 201 Kart 1/12 – ZNER 2013, 614 = IR 2014, 21 – Wasserpreise Calw II; noch nicht rechtskräftig.

dargelegt habe, aus welchen Gründen und in welcher Höhe sie die Kosten nicht anerkannt hat, und ihre Ansätze nicht plausibler seien als die des Versorgers. So erfreulich diese Entscheidung aus Sicht der Wasserversorger ist, die getroffenen Aussagen lassen sich aber nur sehr begrenzt verallgemeinern. Denn beim von den übrigen Kartellbehörden angewandten Vergleichsmarktkonzept gelten andere Kriterien und (bei Heranziehung von § 31 GWB) eine andere Verteilung der Darlegungs- und Beweislast. Vermutlich wird in Reaktion auf die Entscheidung auch die Kartellbehörde in Baden-Württemberg zukünftig nach dem Vergleichsmarktkonzept vorgehen.

E. Exkurs: Abwasserpreise

81 Die Abwasserbeseitigung kann ebenfalls in privatrechtlicher Form durchgeführt werden, wenn auch in der Praxis privatrechtlich ausgestaltete Kundenbeziehungen sehr viel seltener anzutreffen sind als im Bereich der Wasserversorgung.

82 Im Hinblick auf die Bildung und Kontrolle der Abwasserpreise sind einige Besonderheiten zu beachten, die insbesondere daraus resultieren, dass es eine der AVBWasserV vergleichbare Regelung im Bereich der Abwasserbeseitigung nicht gibt.

I. Preisanpassungsrecht

83 Da die AVBWasserV für den Bereich der Abwasserbeseitigung weder unmittelbar noch entsprechend gilt, fehlt es hier an einem gesetzlich normierten Preisanpassungsrecht. Abwasserentsorger behelfen sich praktisch zumeist damit, dass sie die Bestimmungen der AVBWasserV auf die Abwasserbeseitigung anpassen und in die Form Allgemeiner Entsorgungsbedingungen gießen. Diese enthalten dann zumeist auch eine an § 4 Abs. 2 AVBWasserV angelehnte Klausel, wonach Preisanpassungen mit ihrer öffentlichen Bekanntmachung wirksam werden, teilweise ergänzt um eine allgemein gehaltene Formulierung dergestalt, dass der Abwasserentsorger die Preise ändern kann.

84 Lange Zeit ist dieses Vorgehen nicht in Frage gestellt worden. Gerichte, die sich mit Klagen von Kunden gegen die Abwasserpreise zu befassen hatten, gingen selbstverständlich davon aus, dass Abwasserentsorger die Preise einseitig anpassen können.[51]

85 Für Verunsicherung hat hier aber eine Entscheidung des OLG Celle aus dem Jahre 2012[52] gesorgt. Das Gericht stellt dort – insoweit richtig – zunächst fest, dass es sich bei den Allgemeinen Entsorgungsbedingungen eines Abwasserentsorgers um AGB im

---

51 BGH, Urt. v. 10.10.1991 – III ZR 100/90 – NJW 1992, 171.
52 OLG Celle, Urt. v. 7.3.2012 – 7 U 62/11 – n. v.

Sinne der §§ 305 ff. BGB handelt und nicht wie bei der AVBWasserV um eine Rechtsverordnung. Hiervon ausgehend gelangt das Gericht jedoch zu dem Ergebnis, dass es im Bereich der Abwasserbeseitigung **kein gesetzliches Recht** zu **einseitigen Preisanpassungen** gebe und, um ein solches vertraglich durch die Allgemeinen Entsorgungsbedingungen wirksam einzuräumen, dem AGB-rechtlichen Transparenzgebot des § 307 Abs. 2 BGB Genüge getan werden müsse. Dies erfordere eine Konkretisierung der Voraussetzungen und des Umfangs des Preisanpassungsrechts in den Allgemeinen Entsorgungsbedingungen;[53] eine nicht weiter konkretisierte Formulierung, dass der Abwasserentsorger die Preise ändern kann, genüge dem nicht.

Für die meisten Abwasserentsorger, die privatrechtliche Entgelte verlangen, bedeutet dies, dass sie – folgt man dem OLG Celle – über keine wirksame Preisanpassungsklausel verfügen und damit ihre Preise nicht einseitig ändern können. Danach könnten Kunden gegen Preiserhöhungen mit gewissen Erfolgsaussichten gerichtlich vorgehen, und zwar in den Grenzen der Verjährung auch gegen solche aus der Vergangenheit. Bisher existiert keine höchstrichterliche Rechtsprechung, welche die Entscheidung des OLG Celle bestätigt. Auch gibt es inhaltlich gewichtige Gründe, die gegen die dort vertretene Rechtsauffassung sprechen. So berücksichtigt das Gericht nicht, dass der Kunde bereits durch die Billigkeitskontrolle nach § 315 BGB und die dort zur Anwendung kommenden Prinzipien des öffentlichen Finanzgebarens umfassend gegen überhöhte Abwasserpreise geschützt ist. Zudem soll das Transparenzgebot dem Kunden eine informierte Entscheidung über den Vertragsschluss ermöglichen und kann daher nicht den vom Gericht angenommenen Stellenwert haben, wenn – wie typischerweise bei Abwasserbeseitigungsverträgen mit Tarifkunden – gar keine Alternative zum Vertragsschluss besteht. Umgekehrt bedarf der Abwasserentsorger eines umfassenden, für alle Kostenfaktoren geltenden Preisanpassungsrechts, da er sich in der Regel seinerseits nicht vom Vertrag lösen kann. Ein solches lässt sich aber kaum im Voraus in einer detaillierten Preisanpassungsklausel abbilden. All dies spricht, unabhängig von der genauen rechtlichen Herleitung, für die Annahme eines Preisanpassungsrechts „kraft Natur der Sache" ähnlich dem in § 4 Abs. 2 AVBWasserV.

Aus Entsorgersicht stellt sich dennoch die Frage, ob und wie praktisch auf die Entscheidung des OLG Celle zu reagieren ist, um auch zukünftig die Abwasserpreise rechtssicher anpassen zu können. Ein vom Gericht selbst vorgeschlagener Weg ist die **Konkretisierung der Preisanpassungsklausel** in den Allgemeinen Entsorgungsbedingungen, so dass sie dem **Transparenzgebot** genügt. Wann dies der Fall ist, lässt sich jedoch auch unter Berücksichtigung der Vorgaben des § 24 Abs. 3 AVBWasserV (d. h. kostennahe Ausgestaltung, Abhängigmachen der Preisänderung

---

[53] Ähnlich auch der EuGH, Urt. v. 21.3.2013 – Rs. C-92/11 – EuZW 2013, 461 = NJW 2013, 2253 = et 2013, 114, zwar zu einer Gaspreisanpassungsklausel, aber u. a. zur Auslegung der Richtlinie 93/13/EWG des Rates vom 5.4.1993 über missbräuchliche Klauseln in Verbraucherverträgen (AGB-Richtlinie), ABlEU Nr. L 95 v. 21.4.1993, S. 29 ff., auf der das deutsche AGB-Recht beruht.

nur von Berechnungsfaktoren, die der Beschaffung und Bereitstellung des Wassers zuzurechnen sind, vollständige und allgemein verständliche Ausweisung der Berechnungsfaktoren) kaum zuverlässig bestimmen. Zudem können kaum alle potenziellen Kostenfaktoren in einer Preisanpassungsklausel abgebildet werden. Andere mögliche Umgehensweisen sind eine Umstellung auf ein öffentlich-rechtliches Versorgungsverhältnis mit Gebühren oder ein gemischtes System mit einer so genannten **Rumpfsatzung**, die ein Preisanpassungsrecht enthält. Dieses wäre dann öffentlich-rechtlicher Natur und fiele somit nicht in den Anwendungsbereich des AGB-Rechts. Solang die Entscheidung des OLG Celle nicht höchstrichterlich bestätigt ist, kann aber auch die Beibehaltung der bisherigen Praxis in Betracht gezogen werden.

II. Billigkeitskontrolle

88   Die geschilderte Problematik betrifft nur die Frage, ob überhaupt ein Preisanpassungsrecht besteht. In jedem Falle müssen auch für Tarifkunden geltende Abwasserpreise der Billigkeit im Sinne von § 315 BGB entsprechen.[54] Insoweit gelten grundsätzlich dieselben Maßstäbe wie für die Wasserpreise,[55] d. h. vor allem die grundlegenden **Prinzipien des öffentlichen Finanzgebarens**, namentlich das Kostendeckungs-, das Gleichbehandlungs- und das Äquivalenzprinzip. Aufgrund sachlicher Unterschiede zur Wasserversorgung können sich aber insbesondere bei der Anwendung des Gleichbehandlungsprinzips Besonderheiten ergeben. Dies betrifft z. B. die in der Regel notwendige gesonderte Berechnung von Schmutz- und Niederschlagswasserentgelten, da der Frischwasserverbrauch nur für die Schmutzwassermenge einen tauglichen Maßstab liefert.

III. Kontrolle von Abwasserpreisen durch Kartellbehörden

89   Auch die Kartellbehörden sind befugt, privatrechtliche Entgelte für die Abwasserbeseitigung zu überprüfen. In der Praxis haben sie von dieser Möglichkeit bisher jedoch nur vereinzelt Gebrauch gemacht. Eine systematische kartellbehördliche Untersuchung der Abwasserpreise hat es bisher in keinem Bundesland gegeben – wobei es nur als eine Frage der Zeit erscheint, dass sich dies ändert. Grundlage für die Feststellung eines Preismissbrauchs wäre dann die allgemeine Missbrauchsaufsicht nach § 19 GWB, da die verschärfte Missbrauchsaufsicht nach § 31 GWB nur für die Wasserversorgung gilt.

---

54 BGH, Urt. v. 10.10.1991 – III ZR 100/90 – NJW 1992, 171; KG, Urt. v. 15.2.2005 – 7 U 140/04 – IR 2005, 93 = ZMR 2006, 38.
55 Siehe dazu Rn 47 ff.

Kapitel 9
Netznutzungsentgelte

Netznutzungsentgelte bzw. **Netzentgelte** sind in der Energiewirtschaft seit der Liberalisierung des Energiesektors eine relevante Größe. Sie sind nicht lediglich unwesentlicher Teil des Energiepreises.[1] Es liegt in der Natur der Sache, dass sich Netzentgelte nicht auf einem wettbewerblichen Markt ausbilden.

Das Energienetz stellt eine über Jahrzehnte gewachsene Struktur dar, an der – vereinfacht gesagt – alle Energieerzeuger bzw. -versorger auf der einen und alle Energieabnehmer auf der anderen Seite angeschlossenen sind. Die Energieversorgung durch Strom, Gas und Wärme ist auf die Infrastruktur, die der Netzbetreiber vorhält, angewiesen. Die **Netzinfrastruktur** wird regelmäßig nur einmal aufgebaut und vorgehalten, da Doppelstrukturen volkswirtschaftlich sinnlos wären. Dieses daraus entstehende natürliche Monopol[2] und die Unabdingbarkeit des Netzes für die Energieversorgung sind der Grund für die Marktmacht des Netzbetreibers.

Den Netzbetreiber treffen weitreichende gesetzliche Pflichten.[3] Da die Energieversorgung Grundlage eines funktionierenden Alltags ist, ist er verpflichtet, das von ihm betriebene Netz permanent instand zu halten. Durch **Netzausbau** und **-verstärkung** muss er es an die fortwährende Entwicklung im Energiesektor anpassen. Netzbetreiber messen, regeln, gleichen Lasten aus und koordinieren sich mit anderen Netzbetreibern. Sie sind sehr wichtige Akteure der Energiewende, die neben einem Ausbau auch zunehmend einen systemischen Umbau der Netze erfordert. Die grobe Aufzählung zeigt, dass der Begriff Marktmacht eine Stellung suggeriert, die der Netzbetreiber nicht innehat. Er sieht sich vielmehr einem immensen Pflichten- und Regulierungskanon ausgesetzt. Passender als Markmacht scheint daher der Begriff **Marktverantwortung**.

Um dieser Marktverantwortung angemessen gerecht werden zu können, benötigt der Netzbetreiber Finanzmittel in ausreichendem Maße. Für seine Tätigkeit ist ihm eine angemessene **Eigenkapitalverzinsung** zuzugestehen. Diese kann er nur in Form von Netzentgelten für die dem Netznutzer eingeräumte Netznutzung vereinnahmen. Um den Missbrauch der Stellung als zentrales Glied zwischen Erzeugern und Nachfragern zu verhindern, sind der Netzzugang und die Netzentgelte umfassend reguliert. Der nachfolgende Abschnitt soll eine Einführung und einen Überblick über die Regelungen und die Praxis der Netzentgeltregulierung geben.

---

1 Vgl. Rn 5 ff.
2 *Theobald/Theobald*, Energierecht, S. 26 ff.
3 Wie etwa nach den §§ 11 ff. EnWG.

A. Bedeutung der Netznutzungsentgelte für die Energiepreisentwicklung

5   Verfolgt man die Strom- und Gaspreisentwicklungen der vergangenen Jahre und die parallel hierzu geführten energie- und rechtspolitischen Diskussionen sowie den verbraucherschutzorientierten Widerhall in den Medien, könnte man versucht sein, in den letzten Jahren stark gestiegene Netznutzungsentgelte bzw. Netzentgelte zu vermuten und für die Preisentwicklung verantwortlich machen zu wollen. Auch der Gesetz- und Verordnungsgeber setzte mit der Novelle des EnWG im Jahre 2005[4] und dem Paradigmenwechsel weg vom verhandelten hin zum regulierten Netzzugang einen besonderen Akzent beim Netzbetrieb. Den anderen Stufen der energiewirtschaftlichen Wertschöpfungskette, d. h. dem Transport von Strom und Gas in vor- und nachgelagerten Märkten, insbesondere dem Import der Erzeugung von Strom bzw. dem Import von Gas sowie dem Energiegroßhandel, ist sowohl *de lege lata* wie auch *de lege ferenda* wenig Aufmerksamkeit zuteil geworden. Man könnte verkürzt meinen, ein Gegensteuern gegen steigende Netznutzungsentgelte könnte signifikanten Einfluss auf die allgemeine **Energiepreisentwicklung** haben. Entsprechend offensiv war die Öffentlichkeitsarbeit vor allem der BNetzA, aber auch einiger Landeswirtschaftsminister als Dienstherren ihrer eigenen Landesregulierungsbehörden, was in den Medien entsprechend begehrlich aufgegriffen und dargestellt worden ist. Die Entwicklungen der letzten Jahre suggerieren, dass die Netznutzungsentgelte einen Anteil an den steigenden Strompreisen der letzten Jahre haben müssten. Immerhin ist das Netz die Transportinfrastruktur für Energie und hat somit eine zentrale Position in diesem Zusammenhang.

6   Schaut man sich die **Wirklichkeit** an, ergibt sich allerdings ein anderes Bild. Dass die **Energiepreise** in den letzten Jahren relativ stark gestiegen sind, ist zunächst richtig. Dies gilt insbesondere für die Mineralölpreise, aber auch für die Strom- und Gaspreise. Deutlich erkennt man dies an der **Entwicklung der Strompreise**[5] in Deutschland seit 1990. Daran zeigt sich, dass der Strompreis nach 1998, als sich bedingt durch die Novellierung des EnWG und den anschließend aufkommenden Wettbewerb, die etablierten Marktteilnehmer gezwungen fühlten, ihre Preise zu senken, um mit konkurrierenden Anbietern mitzuhalten, zunächst sank. Den **Tiefstand** bildete insofern das Jahr 2000 mit 13,94 ct/kWh. Im Jahr 2003 hingegen war wieder das Ausgangsniveau von 1998 erreicht. Seitdem hat sich der Strompreis kontinuierlich weiter nach oben entwickelt, auf nunmehr 29,38 ct/kWh für das Jahr 2013.[6] Damit hat sich der Strompreis seit dem Jahr 2000 mehr als verdoppelt. Dabei

---

4 Energiewirtschaftsgesetz (EnWG) v. 7.7.2005 (BGBl. I S. 1970, 3621), zuletzt geändert durch Gesetz v. 21.7.2014 (BGBl. I S. 1066).
5 Für Haushaltskunden.
6 *BNetzA*, Monitoringbericht 2013, S. 156.

ist der Anteil der Netznutzungsentgelte von 30 auf 20 % des Strompreisanteils gefallen. Diese sanken entgegen der vermuteten Preissteigerung zunächst, wenn man das Niveau ab dem Jahr 2006 zugrunde legt.

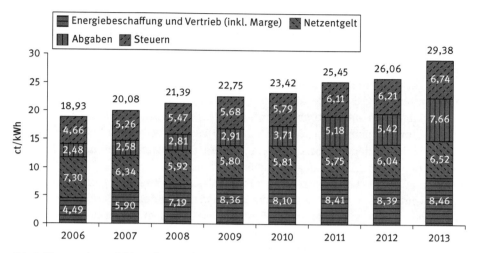

Abb. 1: Strompreisentwicklung für Haushaltskunden (Verbrauch 3500 kWh) von 2006–2013[7]

Waren die Netzentgelte seinerzeit im Fokus der Diskussion und sind es im Gewande der Befreiungen für Industriekunden noch immer, ist die Energiewende mittlerweile als primäre Ursache für die Strompreisentwicklung identifiziert worden. Einen wesentlichen Beitrag für die verbraucherseitige Mehrbelastung beim Strompreis liefert seit einigen Jahren die **EEG-Umlage**. Durch den fortschreitenden Ausbau der Erneuerbaren Energien in den vergangenen Jahren ist das Strommengenangebot kontinuierlich gestiegen, was neben anderen Entwicklungen auf dem Energiemarkt zu sinkenden Börsenpreisen geführt hat. Die Letztverbraucher konnten von den sinkenden Börsenpreisen wegen des garantierten Abnahmepreises für die Erzeuger aber nicht profitieren. Auf den ersten Blick paradox wirkend steigt der Strompreis für die Endverbraucher stattdessen, weil der sinkende Börsenpreis wegen der – jedenfalls bisher – statischen Vergütungssätze sogar eine Erhöhung der EEG-Umlage nach sich zieht. 7

Den **Grund** für die **Energiepreisentwicklung** allein bei der Belastung durch die EEG-Umlage zu verorten, würde gleichwohl zu kurz greifen. Die erfolgreiche Bewältigung der Energiewende erfordert in den kommenden Jahren erhebliche Investitionen in den Um- und Ausbau der Netze. 8

---

7 *BNetzA*, Monitoringbericht 2013, S. 156.

9 Kostenintensive energiewendebedingte **Investitionen** in ihr Netz müssen zunächst die Übertragungsnetzbetreiber vornehmen. So steht den Planungen nach bis 2020 die Anbindung einer Vielzahl von Offshore-Windparks an, die die Netzbetreiber zu finanzieren haben.[8] Dieses Investitionsvolumen wird sich in den Netzentgelten niederschlagen. Die bereits getätigten Investitionen in den Übertragungsnetzen, die ganz wesentlich über sog. Investitionsmaßnahmen direkt in die Erlösobergrenzen der Übertragungsnetzbetreiber einfließen, haben bereits zu einer erheblichen Steigerung der Entgelte für die Übertragungsebene geführt. Während diese für die nachgelagerten Verteilernetzbetreiber vorgelagerten Netzkosten erheblich gestiegen sind, blieben die Gesamtkosten der bundesdeutschen Verteilernetzbetreiber in den vergangenen Jahren weitgehend stabil. Auch zukünftig ist insgesamt zu erwarten, dass die aufgrund der Investitionen in die Netze erhöhten Erlösobergrenzen der Netzbetreiber die daraus resultierenden erhöhten Entgelte nur einen geringen Anteil an der Preisbildung für den Letztverbraucher ausmachen werden.

10 Doch auch die **Verteilernetzbetreiber** müssen in ihre Netze investieren. Die Energiewende erfordert eine technische Neuausrichtung der Netzstrukturen, da die Verteilernetze nicht auf deren Herausforderungen ausgelegt sind. Dies ist historisch bedingt: Die Verteilernetze hatten im bisherigen Energiesystem nahezu ausschließlich die Aufgabe, den im Übertragungsnetzbereich produzierten Strom an die Endverbraucher weiterzuleiten. Dies hat sich bereits sehr deutlich gewandelt. Bereits heute wird der weit überwiegende Anteil der erneuerbar erzeugten Energie in die Verteilernetze eingespeist. Dieser Umstand zwingt die Verteilernetzbetreiber zu kostenintensiven **Netzausbaumaßnahmen** (Stichworte: Netzverstärkung, Smart Grids, Netzerweiterungen und Anschlusspflicht), die wiederum über Netzentgelte refinanziert werden müssen.[9]

11 Insgesamt ist der Strompreis in den letzten Jahren kontinuierlich angestiegen. Interessanterweise ist der Netzentgeltanteil derjenige, der in dem dargestellten Zeitraum als einziger zunächst über mehrere Jahre durchgehend gesunken ist, bevor er zuletzt – angetrieben durch die skizzierten Entwicklungen – wieder leicht anstieg. Das mit der EnWG-Novelle 2005 eingeführte Genehmigungsverfahren sorgte von 2005 bis etwa 2009 zunächst für sinkende Netznutzungsentgelte. Da die Energiewende einen Umbau der Netzstrukturen erfordert, werden die Netzkosten und damit auch der **Netznutzungsentgeltanteil am Strompreis** voraussichtlich wieder (leicht) steigen.

---

[8] *Homann*, e|m|w 2014, 6 ff., spricht insoweit von einem Volumen von ca. 15 Mrd. €.
[9] *Dena*, Dena-Verteilnetzstudie, S. 8, geht von einem Investitionsvolumen von 27,5 Mrd. € aus.

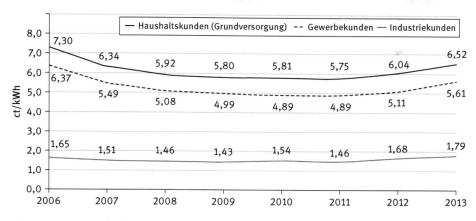

Abb. 2: Entwicklung der Netzentgelte für Haushalts-, Gewerbe- und Industriekunden von 2006 bis 2013[10]

Eine andere netzbezogene und energiewendebedingte Diskussion findet unter dem Stichwort **Eigenerzeugung** statt. Aktuell ist ein Trend hin zur Eigenversorgung der Letztverbraucher auszumachen, dessen Auswirkungen und Ende nicht absehbar sind. Neben einer stetig wachsenden Zahl von Industriebetrieben rüsten auch Letztverbraucher ihre Eigenheime zunehmend mit Kleinanlagen zur Energieerzeugung aus. Durch eine Kombination dieser Erzeugungsanlagen mit Speichertechnologien werden Netznutzer zunehmend versuchen, autark von der externen Energieversorgung zu werden. Für Ausfallzeiten bleiben sie jedoch auf die zuverlässige Bereitstellung der Netzinfrastruktur angewiesen. Dieser Trend hat Einfluss auf das **Netzentgeltaufkommen**. Während im Industriebereich über die Berücksichtigung eines (hohen) Leistungspreises jedenfalls ein gewisser Beitrag für die bloße Bereitstellung des Netzes erhoben wird, führt die derzeit geltende Preissystematik in der Niederspannung, die bei fehlender Leistungsmessung von einem Grund- und einem Arbeitspreis ausgeht, zu einer Reduzierung des Netzentgeltvolumens durch diese Eigenerzeugung. Der Arbeitspreis ist derjenige Anteil, der für die Stromentnahme aus dem Netz von den Letztverbrauchern erhoben wird. Mehr Eigenerzeugung führt folglich zu einer geringeren Stromentnahme und damit insgesamt zu einer Veränderung des Abnahmeverhaltens, das wegen der Gleichzeitigkeitsfunktion auch Auswirkungen auf die Höhe des Leistungs- und Arbeitspreises hat. Die Energiewende befeuert also zwei Entwicklungen im Hinblick auf die Netznutzungsentgelte:

Die Netzbetreiber sind durch den Systemumbau, bedingt durch die zunehmende **dezentrale Erzeugung**, zu flächendeckenden Investitionen angehalten, während die Netzentgelte, die zu verteilen sind, stetig sinken. Wegen der sogenannten **Entsolida-**

---

10 *BNetzA*, Monitoringbericht 2013, S. 68.

risierung der Netzfinanzierung, die ihren Grund neben der Eigenerzeugung auch in der Befreiung für Industriekunden hat, erklingt daher der Ruf nach einer Reform der Netzentgeltsystematik immer lauter.[11] In der Diskussion ist vor allem eine Verlagerung weg von einer (reinen) Orientierung an den Mengen hin zu einer stärkeren Fixkostenkomponente etwa im Sinne eines Kapazitätsentgeltes. Die derzeitige Regierungskoalition hat die Thematik bereits identifiziert und mit in ihren Koalitionsvertrag aufgenommen. Es bleibt abzuwarten, inwieweit eine Änderung der Systematik bereits zeitnah, etwa mit der Reform der Anreizregulierung im Jahr 2015 erfolgt.

B. Regulierung des Netzzugangs

I. Einführung

14   Die Energieversorgung gehört als Sektor elementarer **Grundversorgung** zur **Daseinsvorsorge**.[12] Wegen der grundsätzlichen gesellschaftlichen Relevanz der Grundversorgung kommt deren sicherer Erbringung eine besondere Bedeutung zu. Zur Sicherung der Grundversorgung wurden daher in der Vergangenheit monopolistische privatwirtschaftliche Strukturen zugelassen, teilweise haben auch staatliche Institutionen die Aufgabenerfüllung ausschließlich übernommen. Zur Zeit der Einführung des EnWG herrschte noch die Vorstellung vor, dass Wettbewerb ein Risiko für die Sicherheit der Grundversorgung darstelle. Im Laufe der Zeit setzte sich die Erkenntnis durch, dass Monopole mit höherer Wahrscheinlichkeit zu ineffizienter Aufgabenerfüllung führen, was unter anderem die Gefahr einer überteuerten Leistungserbringung in sich berge. Mangels Wettbewerbsanreizen kann das Interesse von Monopolisten an Innovation, betriebswirtschaftlich rationaler Betriebsführung und Qualität bei der Leistungserbringung geringer sein. Ein Monopol schien auch nicht mehr der einzige Weg zu sein, um eine sichere Grundversorgung durch die Privatwirtschaft zu gewährleisten. Als Alternative zu der monopolistischen Struktur stellte sich ein Regulierungssystem dar, in dem der Staat als Kontrollinstanz und Wettbewerbshüter fungieren kann. Erfahrungen mit der Stellung als Wettbewerbshüter hatte der Staat schon durch seine Kartellbehörden gemacht. Diese Erkenntnis führte zur Liberalisierung der zuvor überwiegend monopolistisch organisierten Sektoren Post, Telekommunikation, Bahn und Energie.

15   Mit einer einfachen Marktöffnung und repressiver Kontrolle des Geschehens durch Aufsichtsbehörden wäre es indes nicht getan gewesen. Wie auch andere Sektoren ist der Energiebereich auf ein Leitungsnetz angewiesen. Die bestehenden Netze waren aber bereits in Eigentums-, Pacht- und Konzessionsstrukturen eingebettet.

---

11 *Krägenow*, E&M 9/2014, 24 ff.
12 *Koenig/Kühling/Rasbach*, Energierecht, S. 203.

Gerade in den Netzwirtschaften ist es für neue Marktteilnehmer aber in hohem Maße unattraktiv, neue Leitungsnetze in Bereichen zu bauen, in denen historisch gewachsene Netzstrukturen vorhanden sind. So überlebte das **natürliche Monopol** der Netzstrukturen die Liberalisierungsbestrebungen.

Nachdem der Gesetzgeber mit § 6 EnWG 1998 noch recht allgemein geregelt hat, dass das Netz jedermann diskriminierungsfrei zur Verfügung zu stellen sei und keine höheren Entgelte verlangt werden dürften als diejenigen, die verbundenen Unternehmen in Rechnung gestellt wurden, hat das Unionsrecht in den Beschleunigungsrichtlinien[13] weitergehende Vorgaben gemacht. Regulierung sollte den nicht vorhandenen Wettbewerb ersetzen. Von Seiten der EU-Kommission wurde der Fortschritt bei der Implementierung des Wettbewerbs in Deutschland kritisiert.[14] Schon 2003 folgten die europäischen Beschleunigungsrichtlinien, die der Gesetzgeber mit dem EnWG 2005 zum Anlass nahm, eine vollständige Systemumstellung einzuführen – weg von einer **Ex-post-Methodenkontrolle** hin zu einer **Ex-ante-Einzelentgeltgenehmigung**. Ausgangspunkt der umfassenden Neuerung war der § 21 EnWG 2005.[15] 16

An diesem Punkt setzen die Regulierung des Netzzugangs und der Netzentgelte an, die von den Regulierungsbehörden ins Werk gesetzt werden. 17

Durch ein umfassendes Regelwerk soll gewährleistet werden, dass der in einem natürlichen Monopol agierende Netzbetreiber dazu verpflichtet wird, allen Marktteilnehmern **diskriminierungsfreien Netzzugang** zu gewähren. Diskriminierungsfreiheit ist dabei so zu verstehen, dass keinem Marktteilnehmer schlechtere Zugangsbedingungen angeboten werden dürfen als einem anderen, insbesondere einem konzernverbundenen Unternehmen.[16] 18

Netzentgelte dienen der **Refinanzierung der Netzinvestitionen** und werden allgemein von den angeschlossenen Netznutzern entrichtet. Im natürlichen Monopol existiert regelmäßig nur ein Netz, an das der einzelne Netznutzer sinnvollerweise angeschlossen werden kann. Folgerichtig können sich die Preise für die Netznutzung nicht auf einem Markt bilden. Vom Ausgangspunkt her gesehen, verbliebe den Netznutzern nur eine unzureichende Verhandlungsposition über die Preisfindung. Dem begegnen die Vorschriften zur Netzentgeltregulierung, indem sie detailliert, wenn auch im Einzelnen nicht immer klar, vorgeben, was der Netzbetreiber in seine Kalkulation einbeziehen darf. In einem umfangreichen Verfahren unterziehen die Regulierungsbehörden diese **Kostenkalkulation** einer eingehenden Prüfung und legen für den Netzbetreiber nach dem aktuell geltenden System einer **Anreizregulierung** mit einem sog. **Revenue Cap** eine **individuelle Erlösobergrenze** fest. Mit dieser Erlöso- 19

---

13 RL 2003/54/EG v. 26.6.2003 (ABl. EU Nr. L 176, S. 37) und RL 2003/55/EG v. 26.6.2003 (ABl. EU Nr. L 176, S. 57).
14 *Büdenbender/Rosin*, Energierechtsreform, S. 48 f.; KOM (2001) 125 endg. S. 10 ff., 33 ff.
15 Danner/Theobald/*Missling*, EnWG, § 21 Rn 13 ff.
16 Danner/Theobald/*Missling*, EnWG, § 21 Rn 19 ff.

bergrenze wird dem Netzbetreiber eine behördlich begrenzte Einnahmehöhe vorgegeben, die er mit den Netzentgelten erwirtschaften darf. Die staatliche Regulierung greift also präventiv ein, so dass ein Missbrauch der Monopolstellung bereits bei der Kalkulation unterbunden wird.

20   Lässt man unklare und umstrittene Einzelheiten sowie systematische Bedenken außer Betracht, ermöglicht das vorherrschende Regulierungssystem im Grundsatz jedem ernsthaft interessierten Akteur eine Marktteilnahme. Es ist grundsätzlich geeignet, missbräuchliches Verhalten und Verdrängungswettbewerb durch Inhaber des natürlichen Monopols zu verhindern.

II. Allgemeines

21   Fragen des Netzzugangs lassen sich grundlegend in solche nach
   – dem „Ob",
   – dem „Wie" und
   – dem „Wie teuer"
unterscheiden, wobei „Ob" und „Wie" die Leistung des Netzbetreibers an den Netznutzer umschreiben, das „Wie teuer" die ihm hierfür zustehende Gegenleistung. Diese Trias gilt gleichermaßen für das System des verhandelten als auch für den regulierten Netzzugang.

Belegen lässt sich diese Dreiteilung empirisch anhand der energiewirtschaftlichen Wirklichkeit seit 1998: Von der erstmaligen Feststellung der kartellrechtlichen Unwirksamkeit eines langfristigen Strombezugsvertrages durch das LG Mannheim am 16.4.1999[17] ging eine erste Liberalisierungswelle in Richtung des Wechsels des Vorlieferanten aus, die dann schnell in Fragen der Verweigerung (des „Ob") des Netzzugangs mündete und im Jahre 2000 und 2001 die Kartellgerichte beschäftigte. Der zweiten Welle, betreffend das „Wie", d. h. die vertraglichen Modalitäten der Gewährung des Netzzuganges in den Jahren 2001 und 2002, folgte im Jahr 2002 die bis heute andauernde dritte Welle, in der nunmehr vornehmlich das „Wie teuer", d. h. die Höhe der Netznutzungsentgelte in das Zentrum der Debatte gerückt ist.

22   Der Einstieg in den **regulierten Netzzugang** erfolgte mit der Verabschiedung des EnWG und der Netzentgelt- sowie Netzzugangsverordnungen im Strom- und Gasbe-

---

[17] LG Mannheim, Urt. v. 16.4.1999 – 7 O 372/98 (Kart.) – WuW, 1999, 610.

reich[18] im Jahre 2005.[19] Diese bedeutende Reform des EnWG beinhaltete die Etablierung einer neuen Netzentgeltregulierung sowie als weiteren Paradigmenwechsel mit dem sehr kurzfristig noch eingeführten § 23a EnWG den Schritt von der kartellrechtlich bestimmten Ex-post-Überprüfung hin zur **Ex-ante-Genehmigung** der **Netznutzungsentgelte**. Bei dieser unionsrechtlich nicht determinierten Frage haben sich die Länder, die im Zuge des Gesetzgebungsverfahrens für eine Ex-ante-Genehmigung plädiert haben, gegen den Bund durchgesetzt, der in seinen Entwürfen noch eine Missbrauchsaufsicht mit Ex-post-Kontrolle vorsah.[20]

Die Modalitäten des Netzzugangs im Einzelnen, d. h. das „Wie", werden auch im System des regulierten Netzzugangs auf vertraglicher Grundlage geregelt. Dies ergibt sich, wie bisher, unmittelbar aus dem EnWG, wo – wie zuvor in §§ 6 Abs. 2, 6a Abs. 8 EnWG 1998 – nun in § 20 Abs. 1a und 1b EnWG von Verträgen die Rede ist. Konkretisiert wird die **vertragliche Umsetzung** des **Netzzugangs** allerdings durch die §§ 23 bis 26 StromNZV. Hiernach sind, wie nach altem Recht, 23
– Netznutzungs-,
– Lieferantenrahmen- und
– Bilanzkreisverträge
abzuschließen.

Der Übergang vom verhandelten zum regulierten Netzzugang schlägt sich darin nieder, dass die genannten Verträge nicht mehr wie bisher zwischen den Parteien „verhandelt", sondern nach Vorlage von sog. **Standardangebote** durch den jeweiligen Netzbetreiber seitens der Regulierungsbehörde „genehmigt" werden. Die behördliche Regulierungsbefugnis soll nach § 28 Abs. 3 StromNZV so weit reichen, dass sie sogar selbst unmittelbar Änderungen in den Standardverträgen vornehmen kann. Darüber hinaus kann die Behörde die Standardangebote mit einer Mindestlaufzeit versehen. 24

Obwohl die Vorgaben für die Ausgestaltung der Netznutzungsverträge recht detailliert geregelt sind, werden die Verträge branchenweit nicht einheitlich gestaltet. Dies bedeutet für alle Beteiligten einen hohen Aufwand bei Verhandlung, Prüfung und Abschluss eines Lieferantenrahmenvertrags.[21] Die BNetzA hat sich dieses Problems angenommen und ein Konsultationsverfahren eingeleitet, in dem sie ein Ver- 25

---

18 Stromnetzentgeltverordnung (StromNEV) v. 25.7.2005 (BGBl. I S. 2225), zuletzt geändert durch Gesetz v. 21.7.2014 (BGBl. I S. 1066); Gasnetzentgeltverordnung (GasNEV) v. 25.7.2005 (BGBl. I S. 2197), zuletzt geändert durch Verordnung v. 14.8.2013 (BGBl. I S. 3250); Stromnetzzugangsverordnung (StromNZV) v. 25.7.2005 (BGBl. I S. 2243), zuletzt geändert durch Gesetz v. 21.7.2014 (BGBl. I S. 1066); Gasnetzzugangsverordnung (GasNZV) v. 3.9.2010 (BGBl. I S. 1261), zuletzt geändert durch Gesetz v. 14.8.2014 (BGBl. I S. 3250).
19 *Theobald/Theobald*, Energierecht, S. 247 ff.
20 Britz/Hellermann/Hermes/*Groebel*, EnWG, § 21 Rn 38 ff.
21 Hierzu *de Wyl/vom Wege*, ZNER 2008, 20 ff.

tragsmuster zur Diskussion stellt, das eine Vereinheitlichung der Lieferantenrahmenverträge zum Ziel hat.[22] Das zur Diskussion gestellte Muster wirft bereits auf den ersten Blick einige Fragen auf, bei denen die BNetzA vor Erlass der Festlegung im Interesse der Netzwirtschaft nachjustieren (muss). Nicht geregelt ist etwa die Frage einer Sicherheitsleistung, obwohl § 24 Abs. 2 Nr. 8 StromNZV eine solche Regelung als Mindestinhalt eines solchen Vertrags vorsieht. Eine weitere Schwäche des Vertragsmusters ist das Fehlen von Regelungen über den Insolvenzfall eines Lieferanten. Nachdem in der Vergangenheit öffentlich beachtete Insolvenzverfahren bei Lieferanten eröffnet worden sind, verwundert es, dass die BNetzA diesen Fall in ihrem Muster jedenfalls bisher nicht berücksichtigt hat.

III. Vom verhandelten Netzzugang zur Netzentgeltregulierung

26 Vor der (ersten) Liberalisierung des Energiemarktes mit der Energierechtsreform 1998[23] kannte das EnWG 1935 noch keinerlei Regelungen, die sich mit dem Netzzugang beschäftigten. Solcher Regelungen bedurfte es auch nicht, da die monopolistische Organisation der Netzgebiete keine Zugangsregelung für eine diversifizierte Marktteilnehmerstruktur erforderte. Folgerichtig stand daher die Preisgestaltung im Fokus, die bereits vor der Liberalisierung des Energiemarktes durch die Bundestarifordnungen Elektrizität (BTOElt)[24] und Gas (BTOGas)[25] geregelt wurde. Primär ging es darum, die Ausnutzung der Monopolstellung durch die Energieversorger zu verhindern. Im Unterschied zum Elektrizitätsbereich[26] unterlag die Preisgestaltung der Gasversorger allerdings keiner Genehmigungspflicht durch die zuständigen Behörden. Die BTOGas hatte nie eine wirkliche Relevanz für die flächendeckende Gasbelieferung.

1. Verhandelter Netzzugang

27 Die europarechtlich determinierte Liberalisierung des Energiemarktes durch die Binnenmarktrichtlinien für Elektrizität und Gas sollte die monopolistische Struktur aufbrechen und öffnete den Energiesektor für wettbewerbliche Strukturen. Um Wettbewerb zu fördern, enthielten die Richtlinien Vorgaben, die neuen Marktteilnehmern

---

22 BNetzA, Beschl. v. 21.10.2013 – BK6–13–042 – n. v.
23 Richtlinie 96/92/EG (EltRL 1996) v. 19.12.1996 (ABl EU Nr. L 27, S. 20); Richtlinie 98/30/EG (GasRL 1998) v. 22.6.1998 (ABl EU Nr. L 204, S. 1).
24 Bundestarifordnung Elektrizität v. 18.12.1989 (BGBl. I S. 2255) – aufgehoben durch Gesetz v. 7.7.2005 (BGBl. I S. 1970).
25 Bundestarifordnung Gas v. 10.2.1959 (BGBl. I S. 46) – aufgehoben durch Verordnung v. 1.11.2006 (BGBl. I S. 2477).
26 Tarifgenehmigung nach § 12 BTOElt.

den Zugang zum Markt ermöglichen sollten, wovon naturgemäß auch der Netzbereich betroffen war.

Auf diesen Richtlinien basierte die EnWG-Novelle 1998. In ihrem Zuge wurde auch § 6 EnWG 1998 eingeführt, der Elektrizitätsnetzbetreiber verpflichtete, ihre Netzinfrastruktur Dritten für Durchleitungen diskriminierungsfrei zur Verfügung zu stellen. Eine dem § 6 EnWG ähnliche, der auf den Gasbereich bezogene § 6a EnWG, wurde 2003 in das EnWG aufgenommen. Die Bedingungen durften demgemäß nicht ungünstiger sein als für Unternehmen, die den Netzbetreibern verbunden oder mit ihnen assoziiert waren.[27] Vor diese neuen rechtlichen Umstände gestellt, haben die betroffenen Verbände[28] sog. Verbändevereinbarungen (VV) entworfen und fortlaufend weiterentwickelt, die zur Realisierung der Durchleitungsverpflichtung vertragliche Vereinbarungen zwischen den Beteiligten vorsahen sowie Netzentgeltberechnungsvorgaben enthielten.

Die erste **VV Strom** aus dem Jahr 1998 kategorisierte die Durchleitung des Stroms als Transaktion. Der Zugangswillige musste mit jedem Netzbetreiber, dessen Netz er für die Durchleitung nutzen wollte, einen individuellen Vertrag mit eigener Entgeltvereinbarung abschließen. Schon in den Folgejahren ist dieses in der Praxis sehr umständliche System durch die **VV Strom II** und die **VV Strom II plus** revidiert und durch ein transaktionsunabhängiges System ersetzt worden. Der Zugangswillige musste danach lediglich mit dem Netzbetreiber kontrahieren, an dessen Netz er angeschlossen war. Diesem hatte er nach einem bestimmten Berechnungsmodell diejenigen Entgelte zu zahlen, die seiner Netznutzung zurechenbar waren. Kosten von vorgelagerten Netzebenen wurden auf die nachgelagerten Ebenen weitergewälzt.[29] Neben diesem transaktionsunabhängigen Modell wurden im Übrigen auch zahlreiche Vorgaben aus der VV Strom II plus in die derzeit geltende StromNEV übernommen.[30]

Im **Gasbereich** wurden zeitlich verzögert ebenfalls **VV-Vereinbarungen** veröffentlicht. Gleichwohl entwickelte sich – anders als im Strom – kein nennenswerter Markt für die Durchleitung von Gas.

Die §§ 6 und 6a EnWG legten seit der Reform von 2003 fest, dass die **Durchleitungsbedingungen** „guter fachlicher Praxis" entsprechen mussten. Um dem unbestimmten Rechtsbegriff der „guten fachlichen Praxis" Konturen zu verleihen, hat der Gesetzgeber der EnWG-Reform 2003 eine **Vermutungsregelung** zu Gunsten der VV eingeführt, in der er festlegte, dass bei Befolgung der VV die Einhaltung der guten

---

[27] Zum vertikalen und horizontalen Diskriminierungsverbot beim Netzzugang vgl. Danner/Theobald/*Missling*, EnWG, § 21 Rn 19 ff.
[28] Zunächst BDI, VDEW und VIK.
[29] Vertiefend *Scholtka/Brucker*, Entgeltregulierung, S. 15 ff. Rn 17–27.
[30] Zur Entstehungsgeschichte vgl. Danner/Theobald/*Missling*, Einf StromNEV, Rn 10 ff.

fachlichen Praxis vermutet werde.[31] Neben praktischen Schwächen des verhandelten Netzzugangs sahen schließlich die Beschleunigungsrichtlinien zum Elektrizitäts- und Gasbinnenmarkt (EltRL und GasRL 2003) aus dem Jahre 2003 keinen verhandelten Netzzugang mehr vor, so dass eine erneute Reform anstand.

2. Netzentgeltregulierung nach dem EnWG 2005

32 Nachdem der verhandelte Netzzugang in den neueren europarechtlichen Richtlinien nicht (mehr) vorgesehen war, mussten die **Netzzugangsbedingungen** in Bezug auf deren generelle Ausgestaltung und die Preise reformiert werden. Diese **Reform** erfolgte durch das **EnWG 2005**. Während das EnWG vor der Reform keine über die verbändeseitig konkretisierte gute fachliche Praxis hinausgehenden Vorgaben für den Netzzugang und die Entgeltregulierung enthielt, änderte sich dies unter dem Regime des neuen EnWG und der darauf basierenden Strom- und GasNZV sowie der Strom- und GasNEV gänzlich. Umfangreiche Zugangsbedingungen und konkrete Vorgaben zur Preisbildung bestimmen die Netznutzung seither.

33 Der ursprüngliche **Entwurf der Bundesregierung**[32] zur **Neuregelung des Energiewirtschaftsrechts** vom 14.10.2004 beschränkte sich noch auf eine Methodenregulierung,[33] deren Einhaltung durch eine umfängliche **Ex-post-Missbrauchsaufsicht** abgesichert werden sollte. Das Instrument der Ex-ante-Genehmigung sah dieser Gesetzentwurf noch nicht vor. Über Vorschriften zu Vergleichsverfahren und den dem Kartellrecht nachgebildeten Missbrauchsverfahren sollte eine nachträgliche Kontrolle der Netznutzungsentgelte erfolgen.[34] Dagegen erachtete der Bundesrat zur Sicherstellung eines funktionierenden Wettbewerbs die Einführung einer Vorabgenehmigung als erforderlich. Zur Vorabgenehmigung der Netznutzungsentgelte zeigte sich die Bundesregierung in ihrer anschließenden Gegenäußerung vom 28.10.2004 durchaus kompromissbereit, indem sie ankündigte „einen Vorschlag zu unterbreiten, der bis zum Inkrafttreten einer Anreizregulierung für Erhöhungen der Netznutzungsentgelte ein Genehmigungsverfahren vorsieht." Hintergrund für die Forderung des Bundesrates und das Umschwenken der Bundesregierung war letztlich die Tatsache, dass im Sommer 2004 die Übertragungsnetzbetreiber ihre Netznutzungsentgelte teilweise massiv erhöht hatten. Im weiteren Verlauf wurde ein solches Kombinationsmodell, bestehend aus einer Methodenregulierung (administriert durch eine Ex-post-Kontrolle auf Einhaltung der Methoden) und einer Vorabgeneh-

---

31 Die Einhaltung der Vermutungsregelung allein entband das Gericht aber nicht von einer umfassenden Prüfung der Einhaltung der rechtlichen Regelungen in den §§ 6, 6a EnWG a. F., vgl. BGH, Urt. v. 18.10.2005 – KZR 36/04.
32 BR-Drucks. 613/04, S. 21 ff.
33 Dazu Danner/Theobald/*Missling*, EnWG, § 23a Rn 15 ff.
34 Vgl. Danner/Theobald/*Missling*, EnWG, § 23a Rn 29.

migung – im Falle von beabsichtigten Erhöhungen der Netznutzungsentgelte – in das Netzzugangsmodell Strom integriert; vergleichbare Regelungen im Gasbereich unterblieben allerdings.

Dieser Ansatz wurde im laufenden Gesetzgebungsverfahren noch einmal verschärft: das endgültig in Kraft getretene EnWG 2005 sah schließlich eine Vorabgenehmigung (**Ex-ante-Kontrolle**) für alle Netznutzungsentgelte vor. Die Betreiber von Stromnetzen mussten erstmals drei Monate nach Inkrafttreten der StromNEV, mithin zum 30.10.2005, einen entsprechenden Antrag auf Genehmigung ihrer Netznutzungsentgelte stellen. Im Falle von Gasnetzen war dies erstmals sechs Monaten nach Inkrafttreten der GasNEV der Fall. Die vorgesehenen Fristen für die erstmalige Stellung eines Netzentgeltantrages stellten die betroffenen Netzbetreiber vor erhebliche Probleme. Ein immenser Arbeitsaufwand musste innerhalb kürzester Frist bewältigt werden. Trotz dieser von Seiten der Netzbetreiber erbrachten Anstrengungen wurden die Genehmigungen erst mit zum Teil erheblicher zeitlicher Verzögerung erteilt. So wurden noch im Jahre 2008 Netzentgeltgenehmigungen auf bereits Anfang des Jahres 2006 gestellte Netzentgeltanträge erteilt.

Die materiellen Regelungen über die Netzentgelte sehen eine kostenorientierte Entgeltbildung vor. Dieses kostenorientierte System im Sinne einer sog. **Cost-Plus-Regulierung**[35], das in den §§ 21 ff. EnWG und den Netzentgeltverordnungen normiert ist, hat die Ziele, Effizienz und Investitionsbereitschaft zu fördern sowie Netzbetreibern zu ermöglichen, angemessene Erlöse zu erwirtschaften.[36]

IV. Die kostenorientierte Entgeltbildung

Mit der Einführung des EnWG 2005 unterlagen die regulierten Entgelte einer Ex-ante-Kontrolle. Eine zentrale Bedeutung kam folglich der Vorschrift des § 23a EnWG zu, die das **Genehmigungserfordernis** normierte.

1. Das Genehmigungsverfahren nach § 23a EnWG

Bevor die Anreizregulierung eingeführt worden ist, war ein kostenorientiertes Entgelt nach § 21 Abs. 2 EnWG zu bilden. Die Formulierung in § 23a Abs. 1 EnWG legt nahe, dass die Anreizregulierung diese Art der Entgeltbildung verdrängt, sobald sie eingeführt worden ist. Der Netzbetreiber musste einen Genehmigungsantrag stellen.

Zuständig für die **Genehmigung** der nach § 23a EnWG zu beantragenden **Netzentgelte** sind die **Regulierungsbehörden**. Grundsätzlich sind dies im Verteilernetzbetrieb die Landesregulierungsbehörden. Reicht das Netz eines Netzbetreibers über das

---

35 Scheider/Theobald/*Ruge*, EnWR, § 18 Rn 1.
36 Säcker/*Säcker/Meinzenbach*, EnWG, § 21 Rn 28.

Gebiet eines Landes hinaus oder sind 100.000 Kunden oder mehr unmittelbar oder mittelbar angeschlossen, ist die BNetzA zuständige Behörde für das Genehmigungsverfahren nach § 23a EnWG, vgl. § 54 EnWG. Unabhängig von der gesetzlichen Zuständigkeit hat die BNetzA in einigen Ländern im Wege der Organleihe die Zuständigkeit für die Regulierungstätigkeiten übernommen.[37]

39 Nach § 23a Abs. 3 S. 1 EnWG ist die Genehmigung mindestens sechs Monate vor dem Zeitpunkt schriftlich zu beantragen, zu dem die Entgelte wirksam werden sollen. Die Regulierungsbehörde kann ein Muster und ein einheitliches Format für die elektronische Übermittlung vorgeben. In § 23a Abs. 3 S. 4 EnWG sind bestimmte Mindestinhalte eines jeden Genehmigungsantrages vorgegeben.

40 Die Regulierungsbehörden haben sowohl für den Strom- als auch für den Gasbereich **Festlegungen über Vorgaben für Anträge auf Genehmigung** der Entgelte getroffen.[38] Die Festlegungen der Regulierungsbehörden beinhalten dabei eine Reihe von Vorgaben zur
– Form,
– Frist und
– zum Inhalt

von Genehmigungsanträgen nach § 23a EnWG. Obgleich insbesondere im Hinblick auf die für den Erlass entsprechender Festlegungen erforderliche Rechtsgrundlage und den Inhalt der Festlegungen rechtliche Zweifel bestanden, wurde der Erlass entsprechender Festlegungen von der Rechtsprechung für rechtlich zulässig erachtet.[39] Inhaltlich von Bedeutung sind vor allem die Vorgaben der jeweiligen Anlage 1 zu den zitierten Beschlüssen und Festlegungen der Regulierungsbehörden, die die Struktur und den Inhalt des im Genehmigungsverfahren nach § 23a EnWG vorzulegenden Berichts nach § 28 Strom-/GasNEV enthalten.[40] Nach der in dieser Anlage 1 vorgegebenen Struktur müssen Entgeltanträge nach § 23a EnWG
– eine Darlegung der Kosten- und Erlöslage des letzten abgeschlossenen Geschäftsjahres,

---

[37] Nachdem zunächst ein Trend zu beobachten war, die Zuständigkeit verstärkt auf die BNetzA zu verlagern, hat in 2014 in Niedersachsen nach der Kündigung der Organleihe wieder eine Landesregulierungsbehörde ihre operative Tätigkeit aufgenommen. In anderen Ländern – wie etwa Schleswig-Holstein – wird dies aktuell diskutiert.
[38] BNetzA, Beschl. v. 2.5.2007 – BK8–07/008 (Strom) – n. v.; BNetzA, Beschl. v. 2.5.2007 – BK9–07/601–1 (Gas) – n. v.; weitestgehend inhaltsgleiche Festlegungen wurden von den Landesregulierungsbehörden Brandenburg, Rheinland-Pfalz und Sachsen getroffen.
[39] OLG Düsseldorf, Beschl. v. 27.2.2008 – VI-3 Kart 118/07 (V) – n. v.; OLG Düsseldorf, Beschl. v. 27.2.2008 – VI-3 Kart 150/07 (V) – n. v.; OLG Naumburg, Beschl. v. 22.11.2007 – 1 W 27/07 (EnWG) – WuW 2009, 317 ff.; OLG Naumburg, Beschl. v. 22.11.2007 – 1 W 28/07 (EnWG) – n. v.
[40] Mit Verweis auf § 17 Abs. 1 S. 2 ARegV können nach Ansicht des OLG Düsseldorf die in der Anlage 1 enthaltenen Vorgaben zum Bericht nach § 28 NEV auch noch im Verfahren der Anreizregulierung Rechtswirkung entfalten, OLG Düsseldorf, Beschl. v. 27.2.2008 – VI-3 Kart 150/07 (V) – n. v.

- eine Darstellung der Grundlagen und des Ablaufs der Ermittlung der Netzentgelte,
- Angaben über die Höhe der entrichteten Konzessionsabgaben sowie
- einen Anhang mit vorgeschriebenem Inhalt enthalten.

Nach § 23a Abs. 2 S. 1 EnWG ist die Genehmigung zu erteilen, soweit die Entgelte den Anforderungen des EnWG und der Strom-/GasNEV genügen. Genehmigungsgegenstand sind insoweit die Netzentgelte in Form des beantragten Preisblattes. Diese genehmigten Entgelte stellen Höchstpreise dar und dürfen nur überschritten werden, soweit die Überschreitung ausschließlich aufgrund der Weitergabe nach Erteilung der Genehmigung erhöhter Kostenwälzungssätze einer vorgelagerten Netz- oder Umspannstufe erfolgt; eine Überschreitung ist der Regulierungsbehörde unverzüglich anzuzeigen. Eine **Überschreitung der genehmigten Netzentgelte** kommt ohne Genehmigung insoweit nur in Betracht, soweit dies aufgrund einer Erhöhung der Netzentgelte auf den vorgelagerten Netzebenen erforderlich wird. In diesem Falle hat der Netzbetreiber der zuständigen Regulierungsbehörde ein entsprechend angepasstes Preisblatt sowie im Regelfall auch eine entsprechende Verprobungsrechnung vorzulegen. Im Netzentgeltgenehmigungsverfahren gilt der Amtsermittlungsgrundsatz. Die Regulierungsbehörde ermittelt gem. § 63 EnWG im Rahmen ihrer Ermittlungsbefugnisse den entscheidungserheblichen Tatsachen von Amts wegen, ohne an das Vorbringen der Beteiligten gebunden zu sein. Damit korrespondierend existiert für den Netzbetreiber eine Mitwirkungspflicht, die sich auf § 23a EnWG gründet.[41]

Auch wenn sich der Anwendungsbereich der Ex-ante-Entgeltgenehmigung stark reduziert hat, verlieren die im Zusammenhang mit der kostenbasierten Genehmigung nach § 23a EnWG gemachten behördlichen Verfahrensvorgaben sowie vor allem auch die im Zusammenhang mit der Netzentgeltermittlung verbundenen **Dokumentationspflichten der Netzbetreiber** nach § 28 Strom-/GasNEV nicht ihre Bedeutung. Die Berichte nach § 28 Strom-/GasNEV sind auch in der Anreizregulierung – entsprechend reduziert auf die Kostenstellen- und Kostenträgerrechnungen – vorgesehen. Ferner handelt es sich auch bei dem derzeit praktizierten System der Anreizregulierung um ein kostenbasiertes Verfahren, was insbesondere dadurch zum Ausdruck kommt, dass sich das Ausgangsniveau der für eine Regulierungsperiode maßgeblichen Erlösobergrenze nach § 6 ARegV jeweils auf Basis einer Kostenprüfung im vorletzten Kalenderjahr vor Beginn der Regulierungsperiode auf der Grundlage der Daten des letzten abgeschlossenen Geschäftsjahres bestimmt, § 6 Abs. 1 S. 3 ARegV. Dies bedeutet, dass vor Beginn jeder Anreizregulierungsperiode eine Kostenprüfung nach Maßgabe des Teils 2 Abschnitt 1 der Strom-/GasNEV durchzuführen ist.

---

41 BGH, Beschl. v. 3.3.2009 – EnVR 79/07, Rn 21 ff. – n. v.

2. Anwendungsbereich der kostenorientierten Entgeltbildung

43 Mit Einführung der Anreizregulierung hat sich der Anwendungsbereich der kostenorientierten Entgeltbildung nach § 23a Abs. 1 i. V. m. § 21 Abs. 2 EnWG erheblich reduziert. Sie kommt überall dort zum Zuge, wo die Anreizregulierung (noch) keine Anwendung findet.

44 Die **Anreizregulierung** gilt gem. § 1 Abs. 1 ARegV[42] grundsätzlich für die **Bestimmung von Netzentgelten** in Energieversorgungsnetzen. Nach § 1 Abs. 2 S. 1 ARegV gilt dieser generelle Grundsatz nicht, wenn in der laufenden Regulierungsperiode noch keine Erlösobergrenze gem. § 4 ARegV festgelegt worden ist. Dies betrifft neu errichtete oder den Regulierungsbehörden bisher unbekannte Netze. Die Ausnahme in § 1 Abs. 2 S. 1 ARegV betrifft in der laufenden Regulierungsperiode auch Netze, die zunächst geschlossen waren und deren Status in Netze der allgemeinen Versorgung überführt worden ist. Für die zweite Regulierungsperiode anerkennt § 1 Abs. 2 S. 2 ARegV **Ausnahmen** für Netze, für die noch nicht genügend Daten zur Bestimmung des Ausgangsniveaus vorliegen. Im Umkehrschluss bedeutet dies, dass diese Unternehmen zukünftig, also ab der 3. Regulierungsperiode dem Regime der Anreizregulierung unterworfen sind.

45 Die Regelung in § 110 Abs. 1 EnWG bestimmt für **geschlossene Verteilernetze** gewisse **Ausnahmen**, unter anderem die Befreiung von den Vorgaben des § 23a EnWG. Voraussetzung für die Anwendbarkeit der Ausnahmeregelung ist die Einstufung eines Netzes als geschlossenes Verteilernetz. Eine solche Einstufung erfolgt auf Antrag nach § 110 Abs. 4 EnWG unter den Voraussetzungen des § 110 Abs. 2 EnWG. Sofern eine entsprechende Einstufung nach § 110 Abs. 2 EnWG vorliegt, sind geschlossene Verteilernetze wegen der Ausnahmeregelung in § 110 Abs. 1 EnWG auch nicht dem Regime der Anreizregulierung unterworfen.

46 Die Vorgängervorschrift war in der Vergangenheit Gegenstand einer Rechtsstreitigkeit vor dem EuGH.[43] Dieser erklärte deren alte Fassung für unionsrechtswidrig. Wegen der daraufhin ergangenen Neuregelung ist es für einen bestimmten Anteil der Betreiber ehemals geschlossener Verteilernetzbetreiber nicht mehr sinnvoll, einen Antrag auf Einstufung als geschlossenes Verteilernetz zu stellen. Da diese Netzbetreiber in das Netz der allgemeinen Versorgung übergehen, gelten für sie die allgemeinen Vorgaben zur Netzentgeltregulierung und die ARegV findet Anwendung. Um den Übergang in die Anreizregulierung zu erleichtern, hat der Verordnungsgeber mit dem § 1 Abs. 2 ARegV eine Übergangsregelung geschaffen, durch die die Betreiber ehemals geschlossener Verteilernetze bis zum Ende der Regulierungsperiode noch von der Anwendung der ARegV befreit sind. Sie müssen allerdings eine Netzentgeltgenehmigung nach § 23a EnWG beantragen.

---

[42] Anreizregulierungsverordnung (ARegV) v. 29.10.2007 (BGBl. I S. 2529), zuletzt geändert durch Gesetz v. 21.7.2014 (BGBl. I S. 1066).
[43] EuGH, Urt. v. 22.5.2008 – C-439/06 – EuZW 2008, 406 = ZNER 2008, 148.

Sofern eine Einstufung als **geschlossenes Verteilernetz** erfolgt, nennt der 47
Ausnahmekatalog in § 110 Abs. 1 EnWG nicht § 21 EnWG. Damit sind die auf dieser Grundlage ergangenen Strom-/GasNEV anwendbar. Die Betreiber bilden ihre Netzentgelte folglich nach den Netzentgeltverordnungen. Diese so gebildeten **Netzentgelte** werden nicht beantragt, sondern können **expost überprüft** werden, § 110 Abs. 4 EnWG. Zu Gunsten der Netzbetreiber wird vermutet, dass die Netzentgelte rechtmäßig sind, wenn sie nicht höher sind als diejenigen des vorgelagerten Netzbetreibers.[44]

Weder der Anreizregulierung noch dem Genehmigungsverfahren nach § 23a 48
EnWG unterfallen **Kundenanlagen** nach § 3 Nr. 24a und 24b EnWG. Diese sind wegen ihrer wettbewerblichen Unbedeutsamkeit quasi **regulierungsfrei**.

3. Der Weg in die Anreizregulierung

Bereits zwei Jahre nach der Einführung der kostenorientierten Netzentgeltgenehmi- 49
gungspflicht gem. § 23a i. V. m. § 21 Abs. 2 EnWG stand die Einführung der Anreizregulierung bevor, die erneut zu einem Wechsel der Regulierungsmethodik führte.

Im Zuge der EnWG-Reform 2005 schlug die Bundesregierung eine Umformulie- 50
rung des § 21 Abs. 2 EnWG vor, die den Gedanken effizienter Leistungserbringung beinhaltete. Die Ermächtigungsgrundlage für eine Verordnung betreffend „Methoden der Netzregulierung" sollte in § 24 EnWG aufgenommen werden. Die Länder forderten ein weitergehendes Bekenntnis zur **Anreizregulierung** durch einen eigenen Absatz in § 21 EnWG und eine klar formulierte **Verordnungsermächtigung**. Damit setzten sich die Länder schließlich durch. Letztlich fand mit § 21a EnWG eine eigenständige Norm Eingang in das EnWG.

Seit dem 1.1.2009 erfolgt die Bestimmung der Netzentgelte gem. § 1 ARegV allein 51
im Wege der Anreizregulierung. **Hintergrund** der **Einführung der Anreizregulierung** war dabei die Einsicht, dass eine rein kostenbasierte Netzentgeltregulierung, deren maßgebliche Grundlage das Prinzip der Kostendeckung darstellt, keine oder nur wenige Anreize für Netzbetreiber bietet, zugunsten ihrer Kunden über geringere Kosten zu niedrigeren Netzentgelten zu gelangen.[45] Das **Kostendeckungsprinzip** hat zur Folge, dass grundsätzlich – und von dem in § 21 Abs. 2 S. 1 EnWG enthaltenen Regulativ vergleichbarer Kosten eines effizienten und strukturell vergleichbaren Netzbetreibers abgesehen – jede Kostenerhöhung zu höheren Netzentgelten führt. Mit Einführung der Anreizregulierung zum 1.1.2009 erfolgt die Entgeltbildung seither, wie in den §§ 21 Abs. 2, 21a Abs. 1 EnWG vorgesehen, mittels einer Methode, die **Anreize für eine effiziente Leistungserbringung** setzt (**Anreizregulierung**). Der erste **Gesetzesentwurf** zur Änderung des Energiewirtschaftsrechts vom 13.8.2004[46]

---

44 Zum Ganzen Scheider/Theobald/*Theobald/Zenke/Lange*, EnWR, § 17 Rn 152 ff.
45 Säcker/Busse von Colbe/*Haucap/Rötzel*, Anreizregulierung, S. 61.
46 Entwurf eines Zweiten Gesetzes zur Neuregelung des Energiewirtschaftsrechts, BR-Drucks. 613/04.

enthielt dabei noch keine Vorgaben für die Einführung einer Anreizregulierung. Eine Regelung zur Anreizregulierung enthielt erstmals die Beschlussempfehlung des Ausschusses für Wirtschaft und Arbeit vom 13.4.2005.[47] Seine jetzige Fassung hat § 21a EnWG durch die Empfehlung des Vermittlungsausschusses vom 15.6.2005 gefunden.[48] Die Bundesregierung hat dem Bundesrat auf dieser Grundlage am 13.6.2007 einen Verordnungsentwurf vorgelegt,[49] dem der Bundesrat mit Beschluss vom 21.9.2007 mit zahlreichen Änderungswünschen zustimmte. Die AReglV trat am 6.11.2007 in Kraft.[50] Nicht einmal ein halbes Jahr später war die AReglV jedoch bereits Gegenstand weiterer Änderungen.[51] Ein fortdauernder „Reparaturprozess" der AReglV war in Gang gesetzt, der letztlich bis heute anhält.

V. Die Anreizregulierung

1. Systematik und Funktionsweise der AReglV

52 Die grundlegende **Systematik der Anreizregulierung** ist in § 21a EnWG gesetzlich vorgegeben. Die seitens der Bundesregierung erlassene AReglV muss sich demnach an diesen rechtlichen Maßstäben messen lassen.[52]
   Die **AReglV regelt**,
   – in welcher Art und Weise,
   – nach welchen Methoden und
   – nach welchen Verfahren
Anreize für eine effiziente Leistungserbringung durch die Netzbetreiber gesetzt werden.

53 Die Methodik der Anreizregulierung sieht eine zeitweise Entkopplung der Erlöse von den Kosten vor.[53] Dies erfolgt durch die Vorgabe individueller Erlösobergrenzen, die im Grundsatz von der Entwicklung der Kosten losgelöst ist.

---

47 BT-Drucks. 51/5268, S. 32.
48 Beschlussempfehlung des Vermittlungsausschusses, BT-Drucks. 15/5736, S. 3.
49 BR-Drucks. 417/07.
50 Art. 1 Verordnung zum Erlass und zur Änderung von Rechtsvorschriften auf dem Gebiet der Energieregulierung (S. 161, Fn 50).
51 BGBl. I 2008 S. 693.
52 Ausführlich Danner/Theobald/*Hummel*, EnPrR, Einf AReglV.
53 Siehe BNetzA, Bericht nach § 112a EnWG, Rn 145; *Ludwigs*, NVwZ 2008, 954; *Säcker/Meinzenbach*, RdE 2009, 1, 14.

2. Festlegung von Erlösobergrenzen

Die Erlösobergrenze bestimmt den zulässigen, netzentgeltbezogenen Gesamterlös 54
eines Netzbetreibers pro Kalenderjahr, § 4 Abs. 1 ARegV. Diese Methode ist, wie § 21a Abs. 2 EnWG zeigt, nicht zwingend. Alternativ sieht die Regelung die Möglichkeit der Bestimmung einer Preisobergrenze vor. Die **Festlegung** der **Erlösobergrenze** seitens der Regulierungsbehörde, die das Verfahren von Amts wegen einleitet, erfolgt **vor Beginn der Regulierungsperiode** für jedes Kalenderjahr. Die Dauer einer Regulierungsperiode beträgt gem. § 3 Abs. 2 ARegV fünf Jahre. Im Sinne einer zeitlichen Entzerrung von Strom- und Gasnetzentgeltverfahren sah § 34 Abs. 1b ARegV abweichend hiervon für die 1. Regulierungsperiode Gas einen Zeitraum von vier Jahren vor. Die Veröffentlichung der Netzentgelte erfolgt gem. § 20 Abs. 1 S. 1 EnWG spätestens bis zum 15.10. des Vorjahres. Sind die Entgelte bis zu diesem Zeitpunkt noch nicht ermittelt, erfolgt die Veröffentlichung vorläufiger Entgelte.

Maßgebende Vorschriften für die **Ermittlung der Erlösobergrenze** sind die §§ 5 55
bis 16, 19, 22, 24 und 25 ARegV. Die Vorgaben dieser Vorschriften sind in der Berechnungsgrundlage für die Bestimmung der Erlösobergrenze nach § 7 i. V. m. Anlage 1 ARegV, der sog. Regulierungsformel, berücksichtigt.[54]

a) Ausgangsniveau

Die Bestimmung der Erlösobergrenzen erfolgt zunächst auf **Basis einer kostenba-** 56
sierten Netzkostenermittlung nach Maßgabe der Strom-/GasNEV. Nach § 6 Abs. 1 S. 3 ARegV wird die **Kostenprüfung** im vorletzten Kalenderjahr vor Beginn der Regulierungsperiode auf der Grundlage der Daten des letzten abgeschlossenen Geschäftsjahres, dem sog. **Basisjahr**, durchgeführt. Das Ergebnis der Kostenprüfung stellt gem. § 6 ARegV das **Ausgangsniveau** dar, das die Basis für die Erlösgobergrenzenermittlung bildet.[55] Insoweit handelt es sich auch bei dem in der ARegV normierten **Verfahren der Anreizregulierung um ein Verfahren kostenorientierter Entgeltbildung** i. S. v. § 21 Abs. 2 S. 1 EnWG.

b) Kostenbestandteile in der Erlösobergrenze

Die Erlösobergrenze setzt sich gemäß der Formel aus Anlage 1 zu § 7 ARegV aus vier 57
unterschiedlichen Kostenbestandteilen zusammen:
- dauerhaft nicht beeinflussbare Kosten, § 11 Abs. 1 i. V. m. § 11 Abs. 2 ARegV,
- vorübergehend nicht beeinflussbare Kosten, § 11 Abs. 1 i. V. m. § 11 Abs. 3 ARegV,
- beeinflussbare Kosten, § 11 Abs. 4 ARegV und
- volatile Kostenanteile.

---

54 *Koenig/Kühling/Rasbach*, Energierecht, S. 120.
55 *Britz/Hellermann/Hermes/Groebel*, EnWG, § 21a Rn 18.

Missling

58   Beeinflussbare und unbeeinflussbare **Kostenbestandteile** kennt bereits § 21a Abs. 4 S. 1 EnWG. Die im Wege der Anreizregulierung vorgegebenen Effizienzvorgaben der Netzbetreiber betreffen allein die beeinflussbaren Kostenanteile nach § 11 Abs. 4 ARegV, da diese Kostenanteile veränderbare Ineffizienzen darstellen.

c) Effizienzwert

59   Der jeweilige **Anteil der beeinflussbaren Kosten** eines Netzbetreibers, die im Laufe einer Regulierungsperiode abzubauen sind, wird im Wege eines **Effizienzvergleichs** nach Maßgabe der §§ 12 bis 14 ARegV ermittelt. Mit diesem relativen Vergleich zwischen den Netzbetreibern sollen die individuellen Ineffizienzen eines Netzbetreibers identifiziert und im Wege der Vorgabe **individueller Effizienzvorgaben** über die Dauer einer Regulierungsperiode abgebaut werden. Der **Effizienzvergleich** erfolgt dabei gem. § 13 Abs. 1 ARegV unter Berücksichtigung von **Aufwands- und Vergleichsparametern.**

- Bei den **Aufwandsparametern** handelt es sich um die nach § 14 ARegV ermittelten Kosten; von den ermittelten Gesamtkosten sind die sog. dauerhaft nicht beeinflussbaren Kostenanteile abzuziehen (sog. bereinigte Gesamtkosten).
- Die **Vergleichsparameter** werden in § 13 Abs. 3 ARegV bestimmt. Zu den ausdrücklich genannten Vergleichsparametern kann die Behörde auch weitere bestimmen.

60   Der Effizienzvergleich wurde für die ersten beiden Regulierungsperioden von der BNetzA – mit Unterstützung von externen Gutachtern – bundesweit durchgeführt. Die in der Anlage 2 zur ARegV vorgesehenen **Vergleichsmethoden (DEA, SFA)** sehen dabei eine Ausrichtung am effizientesten Netzbetreiber vor (sog. **Frontier-Ansatz**). Der **Mindesteffizienzwert** wird gem. § 12 Abs. 4 S. 1 ARegV auf 60 % festgelegt.[56]

61   Eine **Anpassung** des auf diesem Wege ermittelten **Effizienzwertes** erfolgt im Fall unternehmensindividueller Besonderheiten im Wege der Ermittlung eines **bereinigten Effizienzwertes nach § 15 ARegV.** Durch eine Verschärfung dieser Norm im Jahre 2013, die bereits zuvor sehr restriktiv von den Behörden ausgelegt wurde, dürfte sie zukünftig praktisch keine Rolle mehr spielen. Dies ist sehr kritisch zu bewerten, da der Effizienzvergleich nur auf Kostentreiber reagiert, die auch statistisch signifikant auftreten. Die Besonderheiten einzelner Netzbetreiber oder Netzbetreibergruppen wären folglich nicht mehr in einem ausreichenden Maße berücksichtigungsfähig. Dies dürfte gegen die gesetzliche Vorgabe des Gebots verstoßen, dass die den Netzbetreibern abgeforderten Effizienzvorgaben auch erreichbar und sogar übertreffbar sein müssen.

---

[56] Zum System des Effizienzvergleichs ausführlich Danner/Theobald/*Hummel*, EnPrR, Einf ARegV.

Zur **Bestimmung** der **Ineffizienz** sind zunächst die Gesamtkosten heranzuziehen. Gesamtkosten sind die im Wege der Kostenprüfung nach § 6 Abs. 1 ARegV ermittelten Kosten. Von den Gesamtkosten werden die dauerhaft nicht beeinflussbaren Kosten abgezogen (sog. bereinigte Gesamtkosten). Dieser bereinigte Gesamtkostenwert ist Grundlage der Effizienzermittlung. Die Ineffizienz gem. § 15 Abs. 3 ARegV wird über die Multiplikation der bereinigten Gesamtkosten mit der Differenz aus Hundert und dem Effizienzwert berechnet. Dieser Anteil der Kosten wird als beeinflussbare Kosten oder als sog. ineffiziente Kosten bezeichnet. 62

Die Festlegung der Erlösobergrenzen gibt den Unternehmen vor, dass die im Effizienzvergleich ermittelten **Ineffizienzen innerhalb von einer Regulierungsperiode gleichmäßig und vollständig abgebaut** werden müssen; dies stellt die **individuelle Effizienzvorgabe** für die **Netzbetreiber** dar. § 16 Abs. 1 S. 2 ARegV sah abweichend hiervon für die erste Regulierungsperiode vor, dass der **Abbau der ermittelten Ineffizienzen erst nach zwei Regulierungsperioden** abgeschlossen sein muss. 63

Praxishinweis
Diese deutlich stärkere Senkungsvorgabe für die 2. Periode wird dazu führen, dass trotz im Durchschnitt höherer Effizienzwerte für die 2. Regulierungsperiode der Absenkungspfad für die Unternehmen „steiler" wird. Die Anforderungen der Anreizregulierung werden zu erheblich höherem Kostendruck bei den Netzbetreibern führen.

Die Bestimmung der Erlösobergrenzen schließlich erfolgt in Anwendung der **Regulierungsformel** in Anlage 1 zu § 7 ARegV. Aus diesen nach § 32 Abs. 1 S. 1 ARegV durch die Regulierungsbehörden fest zu legenden **Erlösobergrenzen** hat der Netzbetreiber in der Folge die Netzentgelte selbstständig und nach Maßgabe der Vorschriften des Teils 1 Abschnitt 2 und 3 Strom-/GasNEV zu ermitteln, § 17 Abs. 1 ARegV. 64

Sondervorschriften für die Ermittlung des Effizienzwertes gelten für Übertragungsnetzbetreiber und Fernleitungsbetreiber, § 22 ARegV. Der Effizienzwert der vier Übertragungsnetzbetreiber wird auf der Grundlage eines internationalen Effizienzvergleichs ermittelt. **Fernleitungsbetreiber** unterliegen einem nationalen Effizienzvergleich. Sofern ein solcher nicht möglich sein sollte, könnten sie ebenfalls einem internationalen Vergleich unterzogen werden. 65

d) Qualitätsvorgaben

Um das Ziel einer sicheren Energieversorgung zu gewährleisten, sieht der Verordnungsgeber in § 18 ARegV die Möglichkeit vor, eine **Qualitätsregulierung** einzuführen. Gegenstand einer solchen, dem Anreiz von (reinen) Kostensenkungen entgegenwirkenden Qualitätsregulierung können sowohl die **Netzzuverlässigkeit** als auch die **Netzleistungsfähigkeit** sein. Derzeit ist lediglich für den Strombereich eine Qualitätsregulierung eingeführt, die sich an Netzunterbrechungen, und damit an der Netzzuverlässigkeit orientiert. Für die Netzleistungsfähigkeit dürfte es deutlich 66 schwieriger werden, geeignete Parameter zu finden. Es bestehen – auch international – keine praktischen Erfahrungen mit derartigen Qualitätselementen. Auch finden sich zur Netzleistungsfähigkeit mittlerweile zahlreiche gesetzliche Regelungen im Energierecht, so dass kein eindeutiger Anwendungsbereich für ein Qualitätselement verbliebe. Im Gasbereich wurde bisher von der Einführung einer Qualitätsregulierung abgesehen, da noch keine geeignete Datengrundlage zur Verfügung steht. Auch spielen Versorgungsunterbrechungen im Gas keine dem Strombereich vergleichbare Rolle.

e) Genereller sektoraler Produktivitätsfaktor

67 Bei der **Erlösobergrenzenfestlegung** ist nach § 9 Abs. 1 ARegV der sog. generelle Produktivitätsfaktor (**GSP**) zu **berücksichtigen**. Dieser soll eine zukünftige Produktivitätssteigerung des Netzbetreibers über die Entwicklung der Gesamtwirtschaft hinaus abbilden und letztlich bereits im Voraus abschöpfen. Er wirkt sich auf die Weise aus, dass wegen der unterstellten Produktivitätssteigerung die Erlösobergrenze sinkt.

68 Der **GSP** hat bereits eine bewegte **Geschichte** hinter sich. Nachdem seitens der Netzbetreiber mit Erfolg bezweifelt worden war, dass eine derartige Regelung von der ehemaligen Verordnungsermächtigung gedeckt war,[57] hat der Gesetzgeber die Verordnungsermächtigung den Anforderungen angepasst.[58] Obwohl dieses „Reparaturgesetz" keinen Hinweis auf eine rückwirkende Anwendung enthielt, ist eine solche von der Rechtsprechung angenommen worden.[59]

69 Der **GSP-Wert** wird nach § 9 Abs. 1 ARegV ermittelt, indem die Abweichung des netzwirtschaftlichen Produktivitätsfortschritts vom gesamtwirtschaftlichen Produktivitätsfortschritt und der gesamtwirtschaftlichen Einstandspreisentwicklung von der netzwirtschaftlichen Einstandspreisentwicklung ermittelt wird.[60] Für die ersten beiden Regulierungsperioden ist der Wert mit 1,25 bzw. 1,5 % durch die Verordnung festgesetzt worden. Für die zukünftigen Regulierungsperioden ist der Wert von der BNetzA zu ermitteln.

f) Vereinfachtes Verfahren

70 Die Regelung des § 24 Abs. 1 ARegV sieht für Netzbetreiber, an deren Gasverteilernetz weniger als 15.000 Kunden oder an deren Elektrizitätsverteilernetz weniger als 30.000

---

[57] BGH, Beschl. v. 28.6.2011 – EnVR 48/10 – RdE 2011, 308; BGH, Beschl. v. 28.6.2011 – EnVR 34/10 – IR 2011, 206.
[58] Holznagel/Schütz/*Dichtl-Rebling/Kresse/Schneider*, ARegV, § 9 Rn 231 ff.; zum Gesetzgebungsverfahren kritisch *Koenig*, N&R 2012, 183 f.
[59] BGH, Beschl. v. 31.1.2012 – EnVR 16/10 – ZNER 2012, 272 = N&R 2012, 174.
[60] Im Einzelnen Holznagel/Schütz/*Dichtl-Rebling/Kresse/Schneider*, ARegV, § 9 Rn 45 ff.

Kunden unmittelbar oder mittelbar angeschlossen sind, die Teilnahme an einem sog. vereinfachten Verfahren nach Maßgabe des § 24 Abs. 2 ARegV vor. Wie der Kundenbegriff zu verstehen ist, ist in der ARegV nicht normiert. Die Rechtsprechung hat die Frage dahingehend beantwortet, dass die Anzahl der Zählpunkte und nicht lediglich die Anzahl der Netzanschlüsse maßgeblich ist.[61]

Im vereinfachten Verfahren erfolgte in der 1. Regulierungsperiode ein **pauschaler Ansatz des Effizienzwertes von 87,5 %**, in der 2. Regulierungsperiode kommt ein gewichteter durchschnittlicher Effizienzwert aus dem Effizienzvergleich der 1. Regulierungsperiode zur Anwendung. 71

Praxishinweis
Die Regulierungsbehörden haben den Effizienzwert für die 2. Regulierungsperiode für Unternehmen im vereinfachten Verfahren auf 96,14 % (Strom) und auf 89,97 % (Gas) festgelegt. Der – allerdings noch ungewichtete – durchschnittliche Effizienzwert der 2. Regulierungsperiode im regulären Verfahren beträgt 94,7 % (Strom) und 92,1 % (Gas). Dieser Wert würde unter Berücksichtigung der Gewichtung den Effizienzwert für Unternehmen im vereinfachten Verfahren der 3. Regulierungsperiode darstellen.

Der **Anteil dauerhaft nicht beeinflussbarer Kosten beträgt** nach § 24 Abs. 2 ARegV pauschal **45 % der Gesamtkosten**. Mit Ausnahme der Änderungen der Kosten aus vorgelagerten Netzebenen und der Kosten für die dezentrale Einspeisung war grundsätzlich keine Anpassung der Erlösobergrenzen bei Änderungen nicht beeinflussbarer Kostenanteile möglich.[62] Seit einer Novelle der ARegV sind nun auch die Kosten, die im Zusammenhang mit der Systemstabilitätsverordnung[63] anfallen, im vereinfachten Verfahren ansetzbar, vgl. § 24 Abs. 3 ARegV. Im **vereinfachten Verfahren** entfallen eine Reihe von Auskunfts- und Mitteilungspflichten. Es entfällt andererseits aber auch die Möglichkeit des **Ansatzes von Investitionsmaßnahmen** nach § 23 ARegV.[64] Der Antrag zur Teilnahme am vereinfachten Verfahren ist gem. § 24 Abs. 4 S. 1 ARegV bis zum 30.6. des vorletzten Kalenderjahres vor Beginn derjenigen Regulierungsperiode zu stellen, in der der Netzbetreiber am vereinfachten Verfahren teilnehmen möchte. 72

Praxishinweis
Netzbetreiber, die sich für das vereinfachte Verfahren entscheiden, haben daher für die 3. Regulierungsperiode ihren Antrag bis zum 30.6.2017 (Strom) und bis zum 30.6.2016 (Gas) zu stellen.

---

61 OLG Nürnberg, Beschl. v. 31.3.2009 – 1 W 988/08 – IR 2009, 156.
62 So noch Holznagel/Schütz/*Kresse*, ARegV, § 24 Rn 11.
63 Systemstabilitätsverordnung (SysStabV) v. 20.7.2012 (BGBl. I S. 1635), zuletzt geändert durch Gesetz v. 21.7.2014 (BGBl. I S. 1066).
64 Unklar ist die Rechtslage allerdings mit Blick auf die neue Regelung des § 23 Abs. 7 ARegV; vgl. dazu *Sandhaus*, RdE 2014, 170 ff.

3. Anpassungsmöglichkeiten der Erlösobergrenze

73 Die Vorschriften der ARegV sehen überdies eine Reihe von **Anpassungsmöglichkeiten in Bezug auf die Erlösobergrenzen** während einer Regulierungsperiode vor. Systematisch sind diese Anpassungen als Abweichung vom Grundsatz der Entkopplung der Kosten von den Erlösen einzuordnen.

a) Anpassung nach § 4 ARegV

74 Die in § 4 Abs. 3 Nr. 1 ARegV vorgesehene **Änderung des Verbraucherpreisindexes** oder die in § 4 Abs. 3 Nr. 2 ARegV vorgesehene **Änderung nicht beeinflussbarer Kostenanteile** führen zu einer durch den Netzbetreiber selbst vorgenommenen Änderung der Erlösobergrenze. Auf Antrag des Netzbetreibers kann eine Anpassung u. a. wegen unzumutbarer Härte, § 4 Abs. 4 Nr. 2 ARegV, oder im Wege des Nachweises der Nichterreichbarkeit der Effizienzvorgaben nach § 16 Abs. 2 ARegV erfolgen.

b) Regulierungskonto

75 Über das in § 5 Abs. 1 ARegV normierte **Regulierungskonto** werden **Differenzen**, die sich in erster Linie aus Mengenabweichungen ergeben, **gegenüber** den nach § 4 ARegV **zulässigen Erlösen ausgeglichen**. Dieses Regulierungskonto wird bei der zuständigen Regulierungsbehörde geführt. Liegen die erzielbaren Erlöse bei mehr als 5 % über der zulässigen Erlösobergrenze, muss der Netzbetreiber seine Netzentgelte im übernächsten Jahr korrigieren. In diesem (Sonder-)Fall erfolgt gem. § 5 ARegV eine Anpassung der Erlösobergrenze. Anderenfalls wirkt das Regulierungskonto lediglich auf die jeweilige Folgeperiode, da im letzten Jahr der Regulierungsperiode ein Saldo der vergangenen Jahre gebildet und verzinst in die nächste Regulierungsperiode als Zu- oder Abschlag auf die Erlösobergrenze angesetzt wird.

c) Erweiterungsfaktor

76 Ändert sich während der Regulierungsperiode die Versorgungsaufgabe eines Verteilernetzbetreibers[65] nachhaltig, wird bei der jährlichen Anpassung der Erlösobergrenze der Erweiterungsfaktor nach § 10 Abs. 1 ARegV berücksichtigt. Eine nachhaltige Änderung der Versorgungaufgabe liegt nach § 10 Abs. 2 ARegV etwa vor, wenn sich das Versorgungsgebiet vergrößert oder neue Anschlüsse hergestellt werden. Die Erheblichkeitsschwelle ist nach § 10 Abs. 2 S. 3 ARegV erreicht, wenn sich die (bereinigten) Gesamtkosten des Netzbetreibers durch die Maßnahmen um 0,5 % erhöhen.

77 Darüber hinaus gestattet die Norm die Festlegung von weiteren, in der Verordnung zunächst nicht vorgesehenen Parametern durch die Regulierungsbehörden.

---

[65] ÜNB und Fernleitungsbetreiber sind gem. § 10 Abs. 4 ARegV ausgenommen.

Nachdem die BNetzA bereits 2010 von dieser Ermächtigung durch eine Festlegung Gebrauch gemacht hat, haben die meisten Landesregulierungsbehörden im Anschluss ebenfalls Festlegungen in diesem Bereich erlassen. Für den Erweiterungsfaktor in Ansatz zu bringende Parameter sind seitdem auch die Anzahl dezentraler Erzeugungsanlagen für Erneuerbare Energie.[66]

Die Praxis zeigt indes, dass der Erweiterungsfaktor als Instrument zur Erhöhung der Investitionsanreize nur bedingt geeignet ist. Fallen Kosten für Investitionen an, darf der Verteilernetzbetreiber die Berücksichtigung erst im Folgejahr beantragen. Eine **Anpassung** der **Erlösobergrenze** ist sogar erst im darauf folgenden Jahr möglich. Dadurch muss der Verteilernetzbetreiber seine Investitionen für zwei Jahre (t-2 Verzug) vorfinanzieren, was zu Lasten seiner Liquidität geht. Ferner hat sich der Erweiterungsfaktor lediglich für „klassische" Netzerweiterungen als ein taugliches Regulierungsinstrument erwiesen. Da die Energiewende viel stärker einen Netzumbau als einen Netzausbau erfordert, wird wesentlicher Investitionsbedarf vom Erweiterungsfaktor bereits systematisch nicht erfasst, da er sich nicht in den Strukturparametern abbilden lässt, die der Erweiterungsfaktor vorsieht. Weitere Modifikationen und Ergänzungen von Strukturparametern wären zwar denkbar, dürften aber kaum dazu beitragen, die bereits erreichte extrem hohe Komplexität der Anreizregulierung zu reduzieren.

4. Evaluierung der Anreizregulierung

Nach § 33 ARegV hat die **BNetzA** der Bundesregierung bis zum 31.12.2014 einen **Evaluierungsbericht** über die **Anreizregulierung** vorzulegen. In dem Evaluierungsbericht kann die BNetzA Vorschläge zur Verbesserung des Anreizregulierungssystems unterbreiten. Da die ARegV in einer Zeit erarbeitet worden ist, in der die politische Agenda im Energiesektor primär die Etablierung eines wirksamen Wettbewerbs in den Fokus genommen hat, haben sich die Rahmenbedingungen mit der Energiewende grundlegend geändert. Der Evaluierungsprozess bietet daher eine Chance, kritisch zu hinterfragen, inwieweit das System einer (reinen) Anreizregulierung noch immer den richtigen rechtlichen Rahmen schafft, obwohl das Energiesystem vor einem grundlegenden Wandel steht. In europäischen Nachbarländern hat man die Notwendigkeit zu einer Veränderung bereits erkannt, obwohl dort überwiegend weniger anspruchsvolle Ausbaupfade für die Erneuerbaren Energien festgelegt sind. Gleichwohl besteht **international** eine **Tendenz**, sog. **Investitionswellen** und deren Auswirkungen mit in das System einer Anreizregulierung **aufzunehmen**. Dies kann etwa durch Regulierungsinstrumente geschehen, die eine Korrektur der vorgegebenen Erlösobergrenzen innerhalb der Periode aufgrund von getätigten Investitionen vorsehen.[67]

---

[66] Dies gilt allerdings erst ab einem bestimmten Schwellenwert.
[67] Vgl. zu einem ähnlichen Vorschlag in Deutschland: BR-Drucks. 447/1/13, S. 36 ff.

80 Die derzeit amtierende Bundesregierung hat diese Notwendigkeit auch erkannt und in ihren **Koalitionsvertrag** aufgenommen, dass die Rahmenbedingungen auch im Verteilernetz investitionsfreundlich auszugestalten sind und insbesondere eine zeitnahe Refinanzierung zu gewährleisten ist. Vor diesem Hintergrund sind die Anforderungen, die an die BNetzA bei Erstellung des Berichts zur Evaluierung gestellt werden, zu sehen. Die Entscheidung, hier **investitionsfreundliche Impulse** zu setzen, ist Bestandteil des Regierungsprogramms. Aufgabe der BNetzA ist es daher, die unterschiedlichen Modelle vor diesem Hintergrund zu bewerten. Entscheiden muss letztlich die Politik. Dies ist für das Jahr 2015 vorgesehen. Etwaige Änderungen kämen daher noch rechtzeitig vor der Ermittlung des Ausgangsniveaus für die 3. Regulierungsperiode.

81 Der **Evaluierungsprozess** hat sich allerdings nicht nur auf die **Investitionsbedingungen** zu beschränken. Es ist auch zu untersuchen, inwieweit mögliche **alternative Anreizregulierungssysteme** zur Anwendung kommen könnten. In der Diskussion ist u. a. die Einführung einer sog. Yardstick-Regulierung. Allerdings stellt sich auch hier die Frage, inwieweit in Zeiten eines Systemumbaus eine Yardstick-Regulierung sachgerechte Rahmenbedingungen gesetzt sind.

VI. Methodik kostenorientierter Ermittlung von Netzentgelten

1. Einführung

82 Die **kostenorientierte Ermittlung von Netzentgelten** erfolgt – grds. auch im System der Anreizregulierung – nach den Vorgaben der Strom-/GasNEV. Diese sehen für die **Ermittlung von Netzentgelten** einen Dreischritt aus
– Kostenartenrechnung,
– Kostenstellenrechnung und
– Kostenträgerrechnung
vor. Das „Programm" der Netzkostenermittlung wird in **§ 3 Abs. 1 Strom-/GasNEV** vorgegeben.[68]

83 In der **Kostenartenrechnung** werden zunächst die für die Netzentgeltkalkulation berücksichtigungs- und genehmigungsfähigen Netzkosten bestimmt, §§ 4 ff. Strom-/GasNEV. Diese bilden in der Folge die Grundlage für die **Kostenstellenrechnung gem. §§ 12 ff. Strom-/GasNEV.** In der **Kostenstellenrechnung** erfolgt eine Zuordnung der ermittelten Netzkosten auf die in der Anlage 2 der Strom-/GasNEV ausgewiesenen Haupt- und Nebenkostenstellen sowie ggf. Hilfskostenstellen. Die Netzentgelte werden schließlich für jede Netz- und Umspannstufe im Wege einer **Kostenträger-**

---

[68] Ausführlich dazu Danner/Theobald/*Missling*, EnPrR, Einf StromNEV, Rn 1 ff.; Danner/Theobald/*Missling*, EnPrR, StromNEV, §§ 1 ff.

rechnung gebildet, §§ 15 ff. StromNEV, §§ 13 ff. GasNEV. Hierbei werden die Hauptkostenstellen mittels einer **Kostenwälzung** den einzelnen Kostenträgern, d. h. den aus den jeweiligen Netz- und Umspannebenen entnehmenden Netznutzern zugeordnet.

Unter dem Regime der ARegV hat sich – insbesondere der zeitliche – Anwendungsbereich dieser Vorschriften leicht verändert: Die Vorschriften zur **Kostenartenrechnung** finden nach wie vor Berücksichtigung für die **Ermittlung** des **Ausgangsniveaus** nach § 6 ARegV sowie einzelne **Sondersachverhalte** wie etwa Investitionsmaßnahmen. Um aus der nach § 32 Abs. 1 Nr. 1 festgelegten Erlösobergrenze Netzentgelte abzuleiten, sind die Vorschriften des Teils 2 Abschnitt 2 und 3 der GasNEV und des Teils 2 Abschnitt 2 und 3 der StromNEV zur Kostenstellen- und Kostenträgerrechnung weiterhin gem. § 17 Abs. 1 ARegV maßgeblich. 84

2. Kostenartenrechnung
a) Grundlagen der Netzkostenermittlung

Die in der **Netzentgeltkalkulation** berücksichtigungsfähigen **Kostenarten** sind in den §§ 5 bis 11 Strom-/GasNEV abschließend aufgeführt. Die Regelungen sind – bis auf die Sonderregelung zur Verlustenergie im Strom – für Strom und Gas weitgehend im Wortlaut identisch. 85

Nach § 4 Abs. 1 Strom-/GasNEV sind nur aufwandsgleiche bzw. **bilanzielle** sowie **kalkulatorische Kosten ansatzfähig**. Durch die Einschränkung, dass es sich dabei um die Kosten eines effizienten und strukturell vergleichbaren Netzbetreibers handeln muss, wird ein Vollkostenansatz ausgeschlossen.[69] 86

Aus § 21 Abs. 2 EnWG als der höherrangigen Norm lässt sich ferner ableiten, dass bei der Netzkostenermittlung alle aufwandsgleichen und kalkulatorischen Kosten oder Kostenbestandteile, die sich ihrem Umfang nach im Wettbewerb nicht einstellen würden, grundsätzlich nicht berücksichtigungsfähig sind. Der Kostenbegriff erfährt insoweit eine normative Korrektur. Diese am Wettbewerbsgedanken orientierte Korrektur kann jedoch nicht abstrakt erfolgen, sondern bedarf einer konkreten und repräsentativen Ermittlung von Vergleichsdaten. Grundlage konnte insoweit nur eine nach Maßgabe des § 21 Abs. 3 EnWG und den im 3. Teil der StromNEV normierten Vorgaben zum Vergleichsverfahren durchgeführte Erhebung sein. 87

Ob ein solches **Vergleichsverfahren** bei Unternehmen, die der Anreizregulierung unterfallen, überhaupt noch durchgeführt werden dürfte, ist zweifelhaft. Anderenfalls ließen sich die zahlreichen Vorgaben und Schutzmechanismen, welche die ARegV für die Effizienzwertermittlung – und damit für einen Unternehmensvergleich bezogen auf die effizienten Kosten – vorsieht, ohne weiteres auf der Ebene der Kostenprüfung umgehen. Daher ist der Anwendungsbereich dieses Vergleichsverfahren 88

---

[69] *Koenig/Kühling/Rasbach*, Energierecht, S. 93.

89 Die **aufwandsgleichen Kostenpositionen** sind grundsätzlich der nach § 6b Abs. 3 EnWG zu erstellenden Gewinn- und Verlustrechnung (GuV) für den Bereich Elektrizitätsübertragung/-verteilung bzw. Gasfernleitung/-verteilung (Sparten-GuV) zu entnehmen. Ausgehend von der **Sparten-GuV** des letzten abgeschlossenen Geschäftsjahres bzw. des Basisjahres in der Anreizregulierung gem. § 6 AregV ist zur Bestimmung der Netzkosten eine **kalkulatorische Rechnung** zu **erstellen**. Die Preisbildung folgt somit dem grundlegenden Prinzip einer kalkulatorischen Kostenrechnung.

grundsätzlich auf die Verfahren zu beschränken, die als Genehmigungsverfahren nach § 23a EnWG erfolgen.

> **!** **Praxishinweis**
> Die nächsten Basisjahre in der Anreizregulierung sind im Gas 2015 und im Strom 2016. Da die Bilanzwerte aufgrund einer Mittelwertbildung Eingang in die Kalkulation finden, sind für die Netzkostenermittlung die Jahresabschlüsse 2014 und 2015 für Gas sowie 2015 und 2016 von Strom von erheblicher Relevanz.

90 Die **kalkulatorischen Kostenpositionen** sind nach Maßgabe der Kalkulationsvorschriften der Strom-/GasNEV zu ermitteln. Zu den kalkulatorischen Kosten gehören die kalkulatorischen Abschreibungen (§ 6 Strom-/GasNEV), die kalkulatorische Eigenkapitalverzinsung (§ 7 Strom-/GasNEV) sowie die kalkulatorische Gewerbesteuer (§ 8 Strom-/GasNEV).

91 **Einzelkosten des Netzes** sind dem Netz gem. § 4 Abs. 4 Strom-/GasNEV **direkt zuzuordnen**. Die Kosten des Netzes, die sich nicht oder nur mit unvertretbar hohem Aufwand als Einzelkosten direkt zuordnen lassen, sind als Gemeinkosten verursachungsgerecht zuzuschlüsseln. Die Anforderungen an die **Schlüsselbildung und Gemeinkostenzuordnung** finden sich in § 4 Abs. 4 Strom-/GasNEV. Die zugrunde gelegten Schlüssel müssen sachgerecht sein und dem Grundsatz der Stetigkeit entsprechen; sie sind für sachkundige Dritte nachvollziehbar und vollständig zu dokumentieren. Diese Dokumentation ist in dem nach § 28 Strom-/GasNEV anzufertigenden Bericht vorzunehmen.

92 Bei der **Netzkostenermittlung** sind kostenmindernde Erlöse und Erträge (§ 9 Strom-/GasNEV) zu berücksichtigen. Alle weiteren außerordentlichen Aufwendungen und Erträge sind der Regulierungsbehörde gem. § 4 Abs. 6 Strom-/GasNEV anzuzeigen.[70]

93 Schließlich ist bei Unternehmen, die (noch) nicht der Anreizregulierung unterfallen auch das Ergebnis der periodenübergreifenden Saldierung nach § 11 Strom bzw. § 10 GasNEV als Kostenposition zu berücksichtigen.

---

[70] Auch diese Vorschrift stammt noch aus dem Entwurf, der lediglich eine Ex-post-Regulierung vorsah. Wegen der Genehmigungspflicht hat er keine Bedeutung erlangt.

Missling

Praxishinweis
Da die Regelung in der Anreizregulierung (Regulierungskonto gem. § 5 ARegV) zum Ausgleich der Mengenabweichungen zu einigen praktischen Schwierigkeiten führt und das Ziel einer Verstetigung der Netzentgelte nur bedingt erreicht, werden derzeit Überlegungen angestellt, auch in der Anreizregulierung zum System der **periodenübergreifenden Saldierung** zurückzukehren.

Soweit die Strom-/GasNEV zu einzelnen Bereichen der Kostenermittlung keine besonderen Regelungen treffen, sind die Leitsätze für die Preisermittlung auf Grund von Selbstkosten nach der Anlage zur Verordnung PR Nr. 30/53[71] ergänzend heranzuziehen. 94

Die **Ermittlung der Netzentgeltkalkulation** zugrunde liegenden **Kosten** erfolgt gem. § 3 Abs. 1 S. 5 StromNEV bzw. § 3 Abs. 1 S. 4 GasNEV **auf Basis der Daten des letzten abgeschlossenen Geschäftsjahres**, wobei gesicherte Erkenntnisse über das Planjahr berücksichtigt werden können. In der Anreizregulierung scheidet die Berücksichtigung von Plankosten im Ausgangsniveau allerdings ab der 2. Regulierungsperiode aus.[72] 95

3. Aufwandsgleiche Kostenpositionen

Die Ermittlung aufwandsgleicher Kostenpositionen ist in § 5 Strom-/GasNEV geregelt. **Aufwandsgleiche Kosten** sind der nach § 6b Abs. 3 EnWG zu erstellenden **Sparten-GuV** des maßgeblichen Geschäftsjahres zu **entnehmen**. 96

Nachdem zunächst unklar war, in welcher Höhe die **Kosten** für die **Beschaffung von Fremdkapital** zu **berücksichtigen** waren, ist diese Frage zwischenzeitlich einer höchstrichterlichen Klärung zugeführt worden.[73] § 5 Abs. 2 Strom-/GasNEV bestimmt, dass Fremdkapitalzinsen in ihrer tatsächlichen Höhe, höchstens aber in der Höhe kapitalmarktüblicher Zinsen für derartige Kreditaufnahmen einzustellen sind. Die Regulierungsbehörden sahen einen ihnen zukommenden Beurteilungsspielraum und setzten die Umlaufrendite von festverzinslichen Anleihen der öffentlichen Hand im Durchschnitt der letzten zehn Jahre an. Dieser Vorgehensweise erteilte der BGH eine Absage.[74] Zwar sei dieser Maßstab eine taugliche Vergleichsbasis, aber keinesfalls abschließend. Entsprechend des Aufschlags bei der Eigenkapitalverzinsung nach § 7 Abs. 4 StromNEV (a. F.) müsse ein Risikoaufschlag vorgenommen werden. Nach § 3 Abs. 1 S. 5 Hs. 1 StromNEV und § 3 Abs. 1 S. 4 Hs. 1 GasNEV erfolgt die Ermittlung der Kosten und der Netzentgelte auf der Basis der Daten des letzten abgeschlos- 97

---

[71] Leitsätze für die Preisermittlung auf Grund von Selbstkosten, Anlage zur Verordnung PR Nr. 30/53 v. 21.11.1953 (LSP VO Nr. 30/53).
[72] Holznagel/Schütz/*Schütz*/Schütte, ARegV, § 10 StromNEV, Rn 6.
[73] Zum Hintergrund *Scholtka/Brucker*, Entgeltregulierung, S. 37 Rn 77; Schneider/Theobald/*Theobald/Zenke/Lange*, EnWR, § 17 Rn 113 ff.
[74] BGH, Beschl. v. 14.8.2008 – KVR 42/07 – ZNER 2008, 222 ff.

senen Geschäftsjahres. Gesicherte Erkenntnisse über das Planjahr können nach § 3 Abs. 1 S. 5 Hs. 2 StromNEV und § 3 Abs. 1 S. 4 Hs. 1 GasNEV berücksichtigt werden.

98 Umstritten war in diesem Zusammenhang, ob **Plankosten**[75] im Sinne von Kosten für die Verlustenergiebeschaffung **berücksichtigungsfähig** sind. Die Regulierungsbehörden haben dies unter Verweis auf § 10 Abs. 1 S. 2 Strom-/GasNEV abgelehnt. Der Wortlaut der Norm spricht von „tatsächlichen Kosten" im „abgelaufenen Kalenderjahr". Auch in diesem Punkt hat der BGH die Regulierungspraxis in mehreren Entscheidungen verworfen. Sofern gesicherte Erkenntnisse im Sinne einer hohen Wahrscheinlichkeit vorlägen, sei die Berücksichtigung der Plankosten zulässig.[76]

99 Der **Ansatzfähigkeit** von **Planwerten** und **-kosten** kommt seit Einführung der ARegV nur noch eine eingeschränkte Bedeutung zu. Findet die Anreizregulierung Anwendung, gilt deren § 6 Abs. 3 ARegV. Die Norm schließt die Anwendung von Planansätzen in der Kostenprüfung gem. § 3 Abs. 1 S. 5 Hs. 2 StromNEV und § 3 Abs. 1 S. 4 Hs. 1 GasNEV aus. Stattdessen legt sie fest, dass Kosten, die dem Grunde oder der Höhe nach auf einer Besonderheit des Basisjahres beruhen, bei der Ermittlung des Ausgangsniveaus unberücksichtigt bleiben. Diese Vorschrift modifiziert im gewissen Sinne das generelle **Plankostenverbot** in der **Anreizregulierung**. Durch diese Vorgabe sind die geltend gemachten Kosten des Basisjahres gleichwohl in einer zeitlichen Hinsicht zu beurteilen. Dabei darf es nicht nur einseitig zu Kürzungen des Ausgangswertes aus dem Basisjahr kommen; gleichermaßen ist denkbar, dass eine Kostenposition in einem Jahr außergewöhnlich gering ausfällt und es insoweit auch zu einer Verstetigung im Sinne einer Anpassung etwa an das Vorjahresniveau kommen muss.[77] Ob eine Kostenposition eine Besonderheit des Basisjahres ist und damit der Maßstab der oben erwähnten gesicherten Erkenntnisse damit ausgeschlossen ist, kann daher noch immer unter Heranziehung der BGH-Rechtsprechung zu § 3 Abs. 1 S. 5 Hs. 2 StromNEV und des § 3 Abs. 1 S. 4 Hs. 1 GasNEV beantwortet werden.[78] Bei Investitionsmaßnahmen sowie gegebenenfalls auch *de lege ferenda* für jedwede Investition werden gleichwohl Plansätze wieder eine größere Rolle spielen, da sich die Erkenntnis durchsetzt, dass es anderenfalls zu nicht hinnehmbaren, erheblichen Verzögerungen zwischen der Investition und dem Beginn deren Refinanzierung kommt.

---

75 Vgl. Danner/Theobald/*Missling*, EnPrR, § 3 StromNEV Rn 30 ff.
76 BGH, Beschl. v. 14.8.2008 – KVR 35/07 – RdE 2008, 341 ff.; BGH, Beschl. v. 14.8.2008 – KVR 36/07 – RdE 2008, 337 ff., BGH, Beschl. v. 14.8.2008 – KVR 34/07 – IR 2008, 351 f.
77 Ähnlicher Ansatz von Schneider/Theobald/*Theobald/Zenke/Lange*, EnWR, § 17 Rn 97 ff.
78 So auch Schneider/Theobald/*Theobald/Zenke/Lange*, EnWR, § 17 Rn 103.

4. Kalkulatorische Kostenpositionen
a) Kalkulatorische Restwerte und Abschreibungen

Die wirtschaftlich bedeutsamste Vermögensposition stellt bei Netzbetreibern regelmäßig das Sachanlagevermögen dar. Die §§ 6 ff. Strom-/GasNEV sehen insoweit den Ansatz kalkulatorischer Kostenpositionen in der Netzkostenermittlung vor. Nach § 6 Abs. 1 Strom-/GasNEV ist zur Gewährleistung eines langfristig angelegten leistungsfähigen und zuverlässigen Netzbetriebs die Wertminderung der betriebsnotwendigen Anlagegüter in Form kalkulatorischer Abschreibungen als Kostenposition bei der Kostenermittlung in Ansatz zu bringen. Die Verzinsung des von den Netzbetreibern eingesetzten Eigenkapitals erfolgt gem. § 7 Strom-/GasNEV im Wege einer **kalkulatorischen Eigenkapitalverzinsung**. § 8 Strom-/GasNEV schließlich sieht den Ansatz der dem Netzbereich sachgerecht zuzuordnenden kalkulatorischen Gewerbesteuer vor.

Nachdem den Entwürfen die Strom-/GasNEV zunächst durchgängig die Methode der Nettosubstanzerhaltung zugrunde lag, unterscheiden die letztendlich erlassenen Verordnungen zwischen Anlagegütern, die
- ab dem 1.1.2006 (sog. Neuanlagen) bzw.
- davor (sog. Altanlagen)

aktiviert wurden. Die **Nettosubstanzerhaltung** entsprach der unter dem Regime der Verbändevereinbarungen praktizierten Methode. Aufgrund der Kritik der Interessenvertretungen der Netznutzer aber auch der Wirtschaftswissenschaften wurde durch den Bundesrat jedenfalls für sog. Neuanlagen ein Systemwechsel zur Methode der **Realkapitalerhaltung** vorgeschlagen und letztlich auch durchgesetzt. Die methodische Trennung zwischen Alt- und Neuanlagen setzt sich in einer unterschiedlichen Behandlung bei der Ermittlung der kalkulatorischen Restwerte, Abschreibungen sowie der Zinssätze fort.

In § 6 Abs. 2 Strom-/GasNEV ist die der Methode der **Nettosubstanzerhaltung** folgende kalkulatorische Abschreibung auf **Altanlagen** beschrieben. Das Wesen der Nettosubstanzerhaltung liegt im Ausgleich der anlagen- bzw. anlagengruppenspezifischen Teuerung für den eigenfinanzierten Teil des Kapitals zum Zwecke des Substanzerhalts. Dieser Substanzerhalt des eigenfinanzierten Anteils der Altanlagen wird durch Abschreibungen auf den jeweiligen Tagesneuwert, also den unter Berücksichtigung der technischen Entwicklung maßgeblichen Anschaffungswert zum jeweiligen Bewertungszeitpunkt, gewährleistet. Für die kalkulatorischen Abschreibungen auf den fremdfinanzierten Anteil der Anlagegüter bleiben allein die historischen Anschaffungs- und Herstellungskosten.

Die **kalkulatorischen Abschreibungen** der **Altanlagen** bestimmen sich schließlich aus den so ermittelten Abschreibungen für den eigenfinanzierten Anteil der Anlage 1, gewichtet mit der Eigenkapitalquote und den Abschreibungen für den fremdfinanzierten Anteil mit der Fremdkapitalquote, wobei die Eigenkapitalquote nach § 6 Abs. 2 S. 4 StromNEV kalkulatorisch auf 40 % begrenzt ist.

104 Als problematisch hat sich in der Vergangenheit die Frage der **Tagesneuwertermittlung** zugrunde zu legenden Indexreihen erwiesen.

105 Zwischenzeitlich hat der Verordnungsgeber diesen Komplex mit Einführung bzw. Änderung der §§ 6 Abs. 3, 6a, 30 Abs. 2 Nr. 2 Strom-/GasNEV, § 32 Abs. 9 StromNEV und § 32 Abs. 7 GasNEV neu geregelt. Statt der Festlegungsbefugnis der BNetzA in Bezug auf die **Indexreihen** geben die Verordnungen die zugrunde zu legenden Indexreihen nunmehr vor. Die neue Rechtslage gilt rückwirkend ab dem 1.1.2013 und damit bereits für die 2., also die laufende Regulierungsperiode.

106 Für **Neuanlagen** dagegen sieht § 6 Abs. 4 StromNEV eine **lineare Abschreibung** – ausgehend von den jeweiligen Anschaffungs- und Herstellungskosten – vor. Dem im Bereich der Neuanlagen geltenden Grundsatz der Realkapitalerhaltung entsprechend erfolgt die Verzinsung der Neuanlagen mit einem höheren Zinssatz, § 7 Abs. 6 Strom-/GasNEV.

107 Um sicherzustellen, dass die aus der Überlassung von **Sachanlagegütern** an Dritte resultierenden Kosten den Anforderungen des § 21 Abs. 2 EnWG entsprechen und keine Kostenüberhöhung bei der Überlassung von Anlagevermögen stattfindet, stellt § 4 Abs. 5 StromNEV klar, dass Kosten für die Überlassung von betriebsnotwendigen Anlagegütern nur in der Höhe anerkannt werden, wie sie anfielen, wenn der Betreiber Eigentümer der Anlagen wäre. Für diese „Als-ob"-Betrachtung hat der Netzbetreiber die erforderlichen Nachweise zu führen. Wegen der aus Sicht der Regulierer bestehenden Intransparenz der Kosten von durch Netzbetreiber beauftragte Dienstleistungen, sah sich der Verordnungsgeber veranlasst, eine Ergänzung der Regelungen in § 4 Strom-/GasNEV vorzunehmen. Von Dritten erbrachte Leistungen können daher gem. § 4 Abs. 5a Strom-/GasNEV nur noch in der Höhe in Ansatz gebracht werden, soweit sie die Kosten einer eigenen Leistungserbringung nicht übersteigen. Den Nachweis hat der jeweilige Netzbetreiber zu führen. In der Praxis behelfen sich die Regulierungsbehörden letztlich damit, die Ist-Kosten des Dienstleisters zu prüfen. Mit dem Wortlaut der Vorschrift ist dies allerdings nicht vereinbar.

108 **Grundlage der Bestimmung der kalkulatorischen Kostenpositionen** sind unmittelbar und mittelbar die nach den Vorgaben der Strom-/GasNEV zu ermittelnden **kalkulatorischen Restwerte** des vorhandenen **Sachanlagevermögens des Netzbetreibers**. Diese kalkulatorischen Restwerte sind unmittelbar Ausgangswert für die in der jeweiligen Kalkulationsperiode anzusetzenden kalkulatorischen Abschreibungen, § 6 Abs. 5 Strom-/GasNEV. Sie gehen überdies gem. § 7 Abs. 1 S. 2 Strom-/GasNEV als Teil des zu verzinsenden betriebsnotwendigen Eigenkapitals in die Verzinsungsbasis der kalkulatorischen Eigenkapitalverzinsung ein. Die kalkulatorischen Restwerte ergeben sich dabei im Übrigen regelmäßig nicht aus der Handelsbilanz, da die Abschreibung im Handelsrecht anderen Regeln folgt. Lediglich die ursprünglichen Anschaffungs- und Herstellungswerte sind den handelsrechtlichen Abschlüssen zu entnehmen. Alle weiteren Rechenschritte folgen allein der kalkulatorischen Rechnung. Da die Eigenkapitalverzinsung wiederum Grundlage für die

Ermittlung der kalkulatorischen Gewerbesteuer gem. § 8 StromNEV ist, wirkt sich die Höhe der kalkulatorischen Restwerte mittelbar auch auf diese aus.

Im **Strombereich** war die **Ermittlung der Restwerte des vorhandenen Sach-** 109
anlagevermögens zentraler Streitpunkt zwischen den Stromnetzbetreibern und den Regulierungsbehörden und Gegenstand einer Vielzahl von Beschwerdeverfahren. **Umstritten** war insbesondere die **Anwendung und Auslegung des § 32 Abs. 3 StromNEV**.[79] Diese Vorschrift enthält eine **Übergangsregelung**, in welchem Umfang kalkulatorische Restwerte des Sachanlagevermögens bei der erstmaligen Ermittlung der Netzentgelte anzusetzen waren. Die Regulierungsbehörden gingen bei Verteilernetzbetreibern nahezu durchgängig von der Anwendbarkeit der **Vermutungsregelung** des § 32 Abs. 3 S. 3 StromNEV aus und legten der **Restwertermittlung** die kurzen steuerlichen Nutzungsdauern zugrunde, was zu Beginn der Entgeltregulierung nach den Vorgaben der StromNEV zu einer – politisch durchaus gewollten – erheblichen Kürzung der kalkulatorischen Restwerte führte. Zur Begründung verwiesen die Regulierungsbehörden regelmäßig auf die früheren, seitens der Tarifpreisbehörden nach den Vorgaben der BTOElt erteilten Tarifgenehmigungen und den diesen Verfahren zugrunde gelegten Arbeitsanleitungen, soweit diese den Ansatz kurzer steuerlicher Nutzungsdauern zur Ermittlung der kalkulatorischen Abschreibungen enthielten.[80]

Der **BGH** hat die Frage schließlich dahingehend entschieden, dass der **Vermu-** 110
tungsregelung des § 32 Abs. 3 S. 3 StromNEV ein sehr **weitgehender Anwendungsbereich** zukommt und sogar im Falle von sog. Erstreckungs- und Sammelgenehmigungen zu berücksichtigen wäre.[81] Insoweit sei allein entscheidend, ob die BTOElt letztlich überhaupt Anwendung fand und die „in irgendeiner Weise" genehmigten Tarife von Dritten gefordert wurden.

Angesichts der Tatsache, dass es im **Gasbereich** in der Vergangenheit keine ent- 111
sprechenden Tarifpreisgenehmigungen gab, stellte sich dieses für den Strombereich zentrale **Problem bei der Gasnetzentgeltkalkulation** in vergleichbarer Form nicht. Entsprechend weniger komplex fiel die **Übergangsregelung des § 32 Abs. 3 GasNEV** und deren Anwendungsbereich aus.

Darüber hinaus war zunächst umstritten, wie mit **Netzkäufen** in der Vergan- 112
genheit umzugehen ist. Die Regulierungsbehörden erkannten insoweit regelmäßig allein die **historischen Anschaffungs- und Herstellungskosten** an, auch wenn die Netzkäufer in der Vergangenheit einen höheren **Kaufpreis** gezahlt haben. Dies führt nicht nur dazu, dass diese nach früherem Recht zulässigen Investitionen nicht voll refinanziert werden können. In vielen Fällen dürfte es auch das praktische Problem nach sich ziehen, dass ein Ansatz dieser Anschaffungs- und Herstellungskosten

---

[79] Ausführlich hierzu Danner/Theobald/*Missling*, EnPrR, § 32 StromNEV Rn 15 ff. *Hummel/Ochsenfahrt*, IR 2006, 74 ff.; *Ehricke*, RdE 2007, 97 ff.
[80] BNetzA, Positionspapier StromNEV v. 7.3.2006, S. 3.
[81] BGH, Beschl. v. 14.8.2008 – KVR 36/07, S. 8 ff. – RdE 2008, 337.

unmöglich ist, weil die Verkäufer die historischen Daten seinerzeit vielfach nicht herausgegeben haben. Das in § 6 Abs. 6 Strom-/GasNEV normierte Verbot von **Abschreibungen unter Null** kann die Nichtanerkennung eines in der Vergangenheit gezahlten Kaufpreises nicht rechtfertigen, will man die in der Vergangenheit zulässigerweise getätigten Investitionen nicht nachträglich unter Verstoß gegen das grundgesetzlich verankerte Prinzip des Vertrauensschutzes entwerten.[82] Der **BGH** teilte diese verfassungsrechtlichen Bedenken nicht und erachtet den von den Regulierungsbehörden vertretenen Ansatz der Anschaffungs- und Herstellungskosten für zulässig.[83]

b) Kalkulatorische Eigenkapitalverzinsung

113 Die **kalkulatorische Eigenkapitalverzinsung** als Konkretisierung des Grundsatzes aus § 21 Abs. 2 EnWG, wonach die Ermittlung der Entgelte unter Berücksichtigung einer angemessenen Verzinsung des eingesetzten Eigenkapitals zu erfolgen hat, wird in § 7 Strom-/GasNEV näher geregelt. Die Absätze 1 und 2 definieren im Einzelnen das zu verzinsende betriebsnotwendige Eigenkapital.

114 Das die nach § 6 Abs. 2 StromNEV zulässige Eigenkapitalquote von 40 % übersteigende Eigenkapital (das sog. „EK-II") ist wie Fremdkapital zu verzinsen.

115 Die Auslegung und Anwendung der **Berechnungsvorschrift** des § 7 Strom-/GasNEV war in vielfacher Hinsicht umstritten und bereits frühzeitig nach Einführung der Regelung Gegenstand einer Vielzahl von Beschwerdeverfahren bei den Oberlandesgerichten[84] und schließlich beim BGH.[85]

116 Im Hinblick auf geleistete Anzahlungen und **Anlagen im Bau** hat der BGH unter Hinweis auf das Ziel des EnWG an einer sicheren Energieversorgung gem. § 1 Abs. 2 EnWG entschieden, dass **Investitionsanreize** gesetzt werden sollen und der Investor auf eine angemessene Rendite aus seinem eingesetzten Kapital vertrauen können muss. Daher seien Anzahlungen und Anlagen im Bau berücksichtigungsfähige Ausgangsgrößen für die **kalkulatorische Eigenkapitalverzinsung**.

117 Die Frage der **Anerkennungsfähigkeit** von im Jahresabschluss ausgewiesenen **Finanzanlagen** und **Umlaufvermögen** hat der Verordnungsgeber durch die Einführung des § 7 Abs. 1 S. 2 Nr. 4 Strom-/GasNEV dahingehend einschränkend präzisiert, dass nur noch betriebsnotwendige Finanzanlagen und Umlaufvermögen anerkennungsfähig sind. Den **Nachweis der Betriebsnotwendigkeit** hat der jeweilige Netzbetreiber zu erbringen. Unterlässt er dies, dürfen die Regulierungsbehörden für den

---

82 Ausführlich hierzu *Schalle/Boos*, ZNER 2006, 20, 24, die hier ebenfalls eine Regelungslücke ausmachen und aus Gründen des Vertrauensschutzes die Anerkennung des Kaufpreises fordern.
83 BGH, Beschl. v. 14.8.2008 – KVR 35/07 – RdE 2008, 341.
84 Vgl. *Missling*, RdE 2008, 7, 11 f.
85 BGH, Beschl. v. 14.8.2008 – KVR 39/07 – RdE 2008, 323 ff.

anerkennungsfähigen Ansatz auf Durchschnittswerte zurückgreifen.[86] Den Nachweis der Betriebsnotwendigkeit erbringen Netzbetreiber nach Auffassung des BGH, indem sie „darlegen, welche kurzfristigen Verbindlichkeiten, Aufwendungen oder laufenden Kosten des Netzbetriebs" sie bedienen müssen, die eine kurzfristige Liquidität rechtfertigen.[87]

Grundstücke sind nach §7 Abs. 1 S. 3 Strom-/GasNEV lediglich mit ihren **Anschaffungskosten anerkennungsfähig**. Ob diese Regelung tatsächlich in Einklang mit den Vorgaben des höherrangigen §21 Abs. 2 S. 1 EnWG steht, ist zumindest kritisch zu hinterfragen. Immerhin fordert §21 Abs. 2 S. 1 EnWG eine angemessene Verzinsung des eingesetzten Kapitals bei der Netzentgeltermittlung. Eine angemessene Verzinsung des für ein Grundstück eingesetzten Kapitals wird wegen der Wertveränderung der Grundstücke durch einen Rückgriff auf die historischen Werte nicht erreicht. Daher sollte bei Grundstücken der tatsächliche wirtschaftliche Wert im Sinne eines aktuellen Wertes angesetzt werden.[88] 118

Besonders umstritten war weiterhin die **Berechnungsmethode zur Bestimmung des betriebsnotwendigen Eigenkapitals** als Grundlage für die kalkulatorische Eigenkapitalverzinsung nach §7 Abs. 1 Strom-/GasNEV. Als problematisch erweist sich dabei insbesondere der in §7 Abs. 1 S. 2 Strom-/GasNEV enthaltene Hinweis auf die „Eigenkapitalquote nach §6 Abs. 2" und das richtige Verständnis des in unterschiedlicher Bedeutung verwendeten Begriffs des „Eigenkapitals".[89] Neben der einfachen Anwendung der kalkulatorischen Eigenkapitalquote nach §6 Abs. 2 Strom-/GasNEV auf die Tagesneuwertgewichtung des eigenfinanzierten Anteils des Sachanlagevermögens gem. §7 Abs. 1 S. 2 Nr. 2 Strom-/GasNEV ist fraglich, ob in einem zweiten Schritt das somit bereits begrenzt ermittelte Vermögen darüber hinaus lediglich zu einem Anteil i. H. v. 40 % als betriebsnotwendiges Eigenkapital zu berücksichtigen ist (sog. **doppelte Deckelung**). 119

Der **BGH** hat in seinen Beschlüssen vom 14.8.2008 die gegen die Zulässigkeit der **doppelten Deckelung** erhobenen **Einwände** nicht gelten lassen.[90] Diese Deckelung entspreche dem Ziel der Verordnung, Eigenkapitalzinsen, die sich im Wettbewerb nicht bilden, nur in begrenztem Maß zu berücksichtigen. 120

Streitig war auch die zulässige Höhe des für die Verzinsung des sog. **„überschießenden" Eigenkapitals** nach §7 Abs. 1 S. 4 Strom-/GasNEV anzuwendenden Zinssatzes. Die Regulierungsbehörden verwiesen insoweit durchgängig auf §5 Abs. 2 Strom-/GasNEV und die dazu ergangene Verordnungsbegründung,[91] wonach für die 121

---

86 Umfassend Schneider/Theobald/*Theobald/Zenke/Lange*, EnWR, §17 Rn 134 ff.
87 BGH, Beschl. v. 23.6.2009 – EnVR 19/08 – ZNER 2009, 261 ff.
88 Zur Problematik *Lange*, IR 2008, 28 ff.
89 OLG Naumburg, Beschl. v. 16.4.2007 – 1 W 25/06 – RdE 2007, 168, 174; OLG Koblenz, Beschl. v. 4.5.2007 – W 595/06 Kart – RdE 2007, 198, 202.
90 BGH, Beschl. v. 14.8.2008 – KVR 36/07 – RdE 2008, 337.
91 Verordnungsbegründung StromNEV, BR-Drucks. 245/05; GasNEV, BR-Drucks. 247/05.

Bestimmung eines kapitalmarktüblichen Fremdkapitalzinssatzes auf einen auf die letzten zehn abgeschlossenen Kalenderjahre bezogenen Durchschnitt der von der deutschen Bundesbank veröffentlichten Umlaufsrenditen festverzinslicher Wertpapiere inländischer Emittenten abgestellt werden kann. Dieser betrug auf das Basisjahr 2004 bezogen 4,8 %, für das Basisjahr 2006 nur noch 4,3 %. Demgegenüber wurde von Betreiberseite vielfach ein Risikoaufschlag geltend gemacht;[92] einige stützen sich auf die subsidiär anwendbaren LSP VO PR 30/53, die in Nr. 43 einen Zinssatz von 6,5 % vorsehen.

122   Die von den Regulierungsbehörden vorgenommene **Begrenzung des Zinssatzes** wurde vom **OLG Koblenz** zutreffend als **unzulässig** erachtet.[93] Sie missachte insbesondere den Umstand, dass es sich bei dem „wie Fremdkapital" zu verzinsenden, überschießenden Eigenkapital nicht um Fremd-, sondern um Eigenkapital handele und damit ein in die Zukunft gerichteter Renditesatz zu bilden sei. Überdies findet die im Netzbereich typische Langfristigkeit der Kapitalbindung nicht ausreichend Berücksichtigung. Zwischenzeitlich hatte auch der **BGH** die von den Regulierungsbehörden vorgenommene Zinsermittlung für unzureichend erachtet und an das OLG Koblenz und OLG Nürnberg zurückverwiesen.[94] Danach enthalte die Vorschrift des § 5 Abs. 2 Hs. 2 StromNEV keine abschließende Festlegung; die durchschnittliche Umlaufrendite festverzinslicher Wertpapiere könne nur die Ausgangsbasis für die Zinsermittlung darstellen. Hierauf sei ein Risikozuschlag vorzunehmen. Diesen Zinssatz hat etwa das OLG Koblenz als Tatsacheninstanz auf der Basis eines Sachverständigengutachtens mit 0,44 % angesetzt.[95] Dies wurde mittlerweile durch den BGH bestätigt.[96] In 2013 hat sich allerdings der Verordnungsgeber dieses Sachverhalts angenommen und den § 7 Abs. 7 Strom-/GasNEV eingeführt. Zweifelhaft bleibt indes, inwieweit die neue Vorgabe aus der Verordnung den gesetzlichen Anforderungen aus § 21 Abs. 2 EnWG genügt. Der Hintergrund für diese rechtlichen Zweifel ist, dass die Verordnung vorsieht, einen **Mischzinssatz** aus drei Reihen von Umlaufrenditen zu bilden, von denen zwei dieser Reihen vollständig bzw. nahezu risikolose Renditereihen sind. Der daraus abgeleitete Durchschnittszinssatz dürfte daher kaum marktgerecht sein.

c) Kalkulatorische Gewerbesteuer

123   Zur Ermittlung der Netzkosten kann gem. § 8 StromNEV die dem Netzbereich sachgerecht zuzuordnende **Gewerbesteuer** als **kalkulatorische Kostenposition** in Ansatz

---

92 Unter Berufung auf *Gerke*, Stromnetzkalkulation, S. 39.
93 OLG Koblenz, Beschl. v. 4.5.2007 – W 595/06 Kart – RdE 2007, 198, 203; a. A. OLG Frankfurt am Main, Beschl. v. 11.9.2007 – 11 W 38/06, S. 14 – n. v.; OLG Stuttgart, Beschl. v. 16.4.2007 – 202 EnWG 4/06, S. 35 f. – IR 2007, 182.
94 BGH, Beschl. v. 14.8.2008 – KVR 36/07, S. 21 ff. – RdE 2008, 337.
95 OLG Koblenz, Beschl. v. 8.11.2012 – 6 W 595/06 Kart. – ZNER 2012, 630.
96 BGH, Beschl. v. 18.2.2013 – EnVR 2/13 – n. v.

gebracht werden. Die zunächst von den Regulierungsbehörden vertretene Ansicht, dass nur die tatsächlich gezahlte Gewerbesteuer maßgeblich sei, was bei Unternehmen mit defizitären Sparten aufgrund des steuerlichen Querverbunds zu Einbußen geführt hätte, ist derzeit nicht mehr von Bedeutung.[97]

Im Bereich der **kalkulatorischen Gewerbesteuer** nach § 8 Strom-/GasNEV ist insbesondere die **Methode zur Berechnung der kalkulatorischen Gewerbesteuer** zwischen Netzbetreibern und Regulierungsbehörden **umstritten** und nach wie vor ungeklärt. Mit Verweis auf den Wortlaut des § 8 S. 2 Strom-/GasNEV und die darin enthaltene Vorgabe, wonach bei der Ermittlung der Gewerbesteuer deren Abzugsfähigkeit von sich selbst zu berücksichtigen sei, nahmen die Regulierungsbehörden von dem auf Basis der kalkulatorischen Eigenkapitalverzinsung unter Zugrundelegung des Gewerbesteuermessbetrages und dem Hebesatz ermittelten kalkulatorischen Gewerbesteuer eine weitere Reduzierung vor (sog. **In-Sich-Abzugsfähigkeit**). Unklar ist aber weiterhin, inwieweit die Berechnungsmethode der Regulierungsbehörden – nach Wegfall der In-Sich-Abzugsfähigkeit – der Systematik der Verordnung entspricht. Es entspricht dem Willen des Verordnungsgebers, dass es sich bei der kalkulatorischen Eigenkapitalverzinsung um den Ertrag *nach* Gewerbesteuer handeln soll.[98] Um in dieser Konstellation die zutreffende kalkulatorische Gewerbesteuer zu ermitteln, müsste die Berechnungsformel gleichermaßen der Systematik einer „**Nach-Steuer**"-**Berechnung** folgen. Die Regulierungsbehörden wenden allerdings durchgängig eine Berechnungsformel nach der **Systematik „Vor-Steuer"** an. Eine solche Berechnung ist mathematisch allerdings nur dann richtig, wenn von einer Ist-Größe ausgehend der Steuerbetrag nach Feststellung des Ertrags erfolgt. Die kalkulatorische Rechnung muss folgerichtig mit einer Berechnungsformel „Nach-Steuer" erfolgen; anderenfalls würde der Wille des Verordnungsgebers, die kalkulatorische Eigenkapitalverzinsung *nach* Gewerbesteuer zu ermitteln, missachtet.

124

Die Möglichkeit des **Ansatzes** der **tatsächlich entrichteten Gewerbesteuer** ist nach der BGH-Rechtsprechung gem. § 5 Abs. 1 Strom-/GasNEV ausgeschlossen.[99] Die Berücksichtigung eines **Scheingewinns** (Differenz zwischen bilanziellen und kalkulatorischen Abschreibungen)[100] über den zu versteuernden Gewerbeertrag finde ebenfalls nicht statt. Auch den **Ansatz etwaiger Hinzurechnungen oder Kürzungen** hielt der BGH für unzulässig. Bei der kalkulatorischen Ermittlung der Gewerbesteuer sei (allein) die Eigenkapitalverzinsung maßgeblich.

125

---

[97] Umfassend dazu *Böck/Missling*, IR 2006, S. 98 ff.
[98] BR-Drucks. 245/05, S. 36.
[99] BGH, Beschl. v. 14.8.2008 – KVR 35/07 – RdE 2008, 341 ff.; BGH, Beschl. v. 14.8.2008 – KVR 42/07 – ZNER 2008, 222 ff.
[100] OLG Stuttgart, Beschl. v. 16.4.2007 – 202 EnWG 4/06, S. 40 f. – IR 2007, 182.

5. Kostenstellenrechnung

126 In den §§ 12 bis 14 StromNEV sowie den §§ 11 bis 12 GasNEV finden sich die Regelungen über die Kostenstellenrechnung. Nach § 12 S. 1 StromNEV bzw. § 11 S. 1 GasNEV sind die nach Maßgabe des § 4 Strom-/GasNEV zu ermittelnden Netzkosten direkt den nach § 13 StromNEV sowie § 12 GasNEV und nach Maßgabe der Anlage 2 der Strom-/GasNEV zu bildenden Hauptkostenstellen zuzuordnen.

127 Soweit eine direkte Zuordnung von Kosten nicht oder nur mit unvertretbar hohem Aufwand möglich ist, sind diese Positionen geeigneten Hilfskostenstellen zuzuordnen. Die **Aufteilung der Netzkosten** hat verursachungsgerecht über eine angemessene **Schlüsselung** zu erfolgen. Die Schlüsselung ist für sachkundige Dritte nachvollziehbar und vollständig zu dokumentieren. Eine Änderung von Schlüsseln ist nur zulässig, sofern sie sachlich geboten ist. Insoweit gilt, wie bereits im Rahmen der Gemeinkostenzuordnung zum Netzbereich nach § 4 Abs. 4 Strom-/GasNEV, der Grundsatz der Stetigkeit der gewählten Schlüssel. Eine Änderung ist in einer für sachkundige Dritte nachvollziehbaren Weise schriftlich zu dokumentieren. Nach § 13 StromNEV/§ 12 GasNEV haben die Netzbetreiber als **Maßgrößen der Kostenverursachung** Haupt- und Nebenkostenstellen zu bilden.

128 Die Bildung erfolgt nach Maßgabe der in Anlage 2 der Strom-/GasNEV ausgewiesenen Haupt- und Nebenkostenstellen. Die Unterteilung der Hauptkostenstellen in Nebenkostenstellen soll (auch) der Durchführung **netzbetreiberübergreifender Vergleiche einzelner Kostenstellen** dienen.[101] § 12 S. 2 GasNEV sieht für **Betreiber von örtlichen Verteilernetzen** zusätzlich die **Verpflichtung** vor, jede Haupt- und Nebenkostenstelle nach Ortstransportleitungen und Ortsverteilernetz zu unterteilen. Die nur für Gasverteilernetzbetreiber vorgeschriebene Unterscheidung nach Ortstransportleitungen und Ortsverteilernetz soll eine verursachungsgerechte Ermittlung der Netzentgelte in örtlichen Verteilernetzen erleichtern.[102]

129 Das in § 14 StromNEV verankerte und allein für den **Bereich** der **Stromnetzentgelte** normierte **Prinzip der Kostenwälzung** dient maßgeblich der Effizienz des Netzzugangs, da es – gemeinsam mit dem Grundsatz der transaktionsunabhängigen Entgeltbildung nach § 15 StromNEV – dem Netznutzer den Abschluss von Netznutzungsverträgen mit allen vorgelagerten Netzbetreibern ersparen soll.[103] Die **in § 14 StromNEV geregelte Kostenwälzung** dient dem **Ziel**, eine möglichst verursachungsgerechte Verteilung der Netzkosten auf die Kostenträger zu gewährleisten. Die Kosten einer Netz- oder Umspannebene werden grundsätzlich von den entnehmenden Kunden getragen. Entnehmende Netzkunden sind Endverbraucher, Weitervertei-

---

[101] BR-Drucks. 245/05, S. 37 f.
[102] BR-Drucks. 247/05, S. 31 f.
[103] Danner/Theobald/*Missling*, EnPrR, Einf StromNEV, Rn 51.

ler (wie z. B. Stadtwerke) sowie auch die nachgelagerten Netz- oder Umspannebenen desselben Netzbetreibers, § 14 Abs. 2 S. 2 StromNEV.[104]

Von praktischer Bedeutung ist der Umstand, dass sich die Eigentümerstrukturen bisweilen nicht netzebenenscharf abbilden, sondern sich über eine Netz- oder Umspannebene erstrecken. In diesem Fall wälzt der vorgelagerte Netzbetreiber das Netzentgelt auf den nachgelagerten Netzbetreiber um. Der nachgelagerte Netzbetreiber fügt seine Netzkosten für die technisch gleiche Ebene hinzu und stellt diese dem angeschlossenen Netznutzer in Rechnung. Dieses sog. **Pancaking**[105] führt dazu, dass der an der nachgelagerten Netzebene angeschlossene Netznutzer letztlich erhöhte Kosten für diese Ebene bezahlen muss. Von dieser überhöhten Inanspruchnahme bleibt derjenige Netznutzer, der an die vorgelagerte Netzebene angeschlossen ist, verschont. Die Regelung des § 14 Abs. 2 S. 3 StromNEV ermöglicht zur Lösung dieses Problems die Vereinbarung von Sonderregelungen. Häufig vereinbaren die Netzbetreiber als Sonderregelung ein fiktives Pachtverhältnis zur Übertragung der Anlagen und ein einheitliches Netzentgelt. Zwingend ist dieser Ansatz indes nicht. Insbesondere bei vermaschten Netzen sind auch andere Sonderregelungen denkbar. 130

6. Kostenträgerrechnung
a) Grundlagen
Die **Regelungen zur Kostenträgerrechnung** finden sich jeweils im Abschnitt 3 der Strom-/GasNEV. Da die Kostenträgerrechnung und auch die Kostenwälzung im Gas- und Strombereich unterschiedlichen verordnungsrechtlichen Regeln folgen, werden diese nachfolgend getrennt dargestellt. 131

b) Strom
Die in § 15 StromNEV geregelten **Grundsätze der Entgeltermittlung** aus den zulässigen Kosten orientieren sich im Wesentlichen an der **Praxis aus der Zeit der Verbändevereinbarungen**, die sich nach Auffassung des Verordnungsgebers bewährt haben.[106] Nach § 15 Abs. 1 S. 1 StromNEV ist **Grundlage** des Systems der **Netzentgeltbildung** im Strombereich ein **transaktionsunabhängiges Punktmodell,** wie es auch in § 3 Abs. 1 S. 1 StromNZV seine Grundlage findet. Danach vermittelt der Netznutzungsvertrag bzw. Lieferantenrahmenvertrag den Zugang zum gesamten Elektrizitätsversorgungsnetz. Nach § 15 Abs. 1 S. 2 StromNEV werden die nach § 4 StromNEV 132

---

104 BR-Drucks. 245/05, S. 37 f.
105 Danner/Theobald/*Hartmann*, EnWG, § 20 Rn 156; Danner/Theobald/*Missling*, EnPrR, Einf StromNEV, Rn 51.; BNetzA, Leitfaden zur Findung sachgerechter Sonderregelungen in den Fällen der Kostenwälzung nach § 14 Abs. 2 Satz 3 StromNEV.
106 BR-Drucks. 245/05, S. 38.

ermittelten **Netzkosten über ein jährliches Netzentgelt** gedeckt. Die Vorgabe ist insoweit Teil des der Netzentgeltermittlung zugrunde liegenden **Prinzips der Kostendeckung**, wie es insbesondere in § 15 Abs. 2 StromNEV seinen Ausdruck findet.

133   Nach § 16 Abs. 1 S. 1 StromNEV hat die **Zuteilung der Kosten einer Netz- oder Umspannebene** auf die aus dieser Netz- oder Umspannebene entnehmenden Netznutzer möglichst verursachungsgerecht zu erfolgen. Zu diesem Zwecke sind für jeden Kostenträger **spezifische Jahreskosten** zu bilden. Die spezifischen Jahreskosten sind insoweit die **„Briefmarke"** der Netz- oder Umspannebene.[107] Für die Zuteilung der spezifischen Jahreskosten einer Netz- oder Umspannebene auf die entnehmenden Netzkunden ist nach § 16 Abs. 2 StromNEV der Anteil maßgeblich, den die jeweiligen Netzkunden an der zeitgleichen Jahreshöchstlast der Netz- oder Umspannebene beanspruchen (**Gleichzeitigkeitsfunktion**).

134   § 17 Abs. 1 S. 1 StromNEV bestimmt, dass die von Netznutzern zu entrichtenden **Netzentgelte** ihrer **Höhe** nach unabhängig von der räumlichen Entfernung zwischen dem Ort der Einspeisung und dem Ort der Entnahme sind und lediglich **von der Anschlussnetzebene der Entnahmestelle**, den **Messvorrichtungen** und der **Jahresbenutzungsstundenzahl bestimmt** werden. In struktureller Hinsicht gibt § 17 Abs. 2 StromNEV vor, dass Netzentgelte pro Entnahmestelle aus einem Jahresleistungspreis in €/kW und einem Arbeitspreis in ct/kWh zu bilden sind.

135   Gemäß § 17 Abs. 6 StromNEV ist für **Entnahmen ohne Leistungsmessung** im Niederspannungsnetz anstelle des Leistungs- und Arbeitspreises zunächst nur ein Arbeitspreis in Cent pro Kilowattstunde festzulegen. Daneben kann ein **monatlicher Grundpreis** gebildet werden, der in einem angemessenen Verhältnis zum Arbeitspreis stehen muss. Diese sehr stark an der entnommenen Menge orientierte Systematik befördert das Problem einer zunehmenden **Entsolidarisierung von der Finanzierung der Netzinfrastruktur**.[108] Der Trend zur Eigenerzeugung, bei dem Industrieunternehmen und Hauseigentümer ihre Energie selbst erzeugen und überschüssige Energie in das Netz einspeisen, schreitet zunehmend fort. Bei Etablierung der derzeit geltenden Entgeltsystematik war diese Entwicklung nicht absehbar und dementsprechend nicht bedacht worden. Man ist davon ausgegangen, dass Strom zentral von größeren Einheiten erzeugt und von einem Letztverbraucher abgenommen wird. Bei einer solchen Struktur ist es sinnvoll, die Netzentgelte in der Niederspannung primär nach dem Arbeitspreis zu richten. Obwohl auch Eigenerzeuger das Netz nutzen,[109] wird es primär von reinen Abnehmern finanziert. Daher muss über eine **Reform der Entgeltsystematik** nachgedacht werden.

136   Möglich wäre, den Fokus auf die Bereitstellung des Netzes zu legen. Merkmal für die Berechnung eines solchen Grundpreises könnte die Anschlussleistung bzw. Kapa-

---

[107] BR-Drucks. 245/05, S. 38.
[108] Siehe Rn 14 ff.
[109] Insbesondere auch bei einem Ausfall der Erzeugungsanlage.

zität des Anschlusspunktes sein. Eine solche **Pauschalpreissystematik** würde nicht zu insgesamt günstigeren Netzentgelten führen. Wohl aber dazu, dass die Netzinvestitionen, von denen alle Anschlussinhaber profitieren, von vielen Schultern getragen werden, was unter Gerechtigkeitsaspekten zu begrüßen wäre.

§ 15 Abs. 1 S. 3 StromNEV stellt klar, dass für die **Einspeisung elektrischer Energie keine Netzentgelte** zu **entrichten** sind. Vielmehr erhalten Betreiber von dezentralen Erzeugungsanlagen nach § 18 Abs. 1 StromNEV vom Betreiber des Stromverteilernetzes, in dessen Netz sie einspeisen, ein Entgelt (**sog. vermiedene Netzentgelte**). Dies ist sachgerecht, da die dezentrale Einspeisung elektrischer Energie unmittelbar zu einer Reduzierung der Entnahme elektrischer Energie aus der vorgelagerten Netz- oder Umspannebene bzw. im Falle des Pancaking aus dem vorgelagerten Netz (auf gleicher Ebene) führt. Der **Verordnungsgeber** geht davon aus, dass die **dezentrale Einspeisung** mittel- und langfristig tendenziell **zu einer Reduzierung der erforderlichen Netzausbaumaßnahmen** in den vorgelagerten Netzebenen und somit zu geringeren Gesamtnetzkosten führt.[110] Zur Abgeltung dieses Beitrages zur Netzkostenverminderung wird den dezentralen Einspeisern ein Entgelt gezahlt, soweit deren Einspeisung nicht nach dem EEG[111] oder nach § 4 Abs. 3 S. 1 KWKG[112] vergütet wird und in dieser Vergütung die vermiedenen Netzentgelte bereits enthalten sind. Die Vergütung nach § 4 Abs. 4 S. 2 KWKG fällt indes nicht unter diese Einschränkung. Die Summe aus vermiedenen Netzentgelten und vorgelagerten Netzkosten muss den Kosten entsprechen, die sich unter Berücksichtigung der maximalen Netzlast der höchsten Ebene des nachgelagerten Weiterverteilers ergeben. Daher ist für die Berechnung der vermiedenen Netzentgelte jeweils das Preisblatt der Bezugsebene des vorgelagerten Netzbetreibers anzusetzen. Dies kann im Falle eines Pancaking somit die gleiche Ebene sein, wie die Einspeiseebene der dezentralen Erzeugungsanlage beim nachgelagerten Verteilernetzbetreiber.

§ 19 StromNEV enthält Vorgaben zur kalkulatorischen Berücksichtigung und zum Umgang mit **Entgelten für Sonderformen der Netznutzung**. Von der Regelung werden solche Abnahmeverhalten erfasst, bei denen der Lastverlauf bzw. die Leistungsaufnahme deutlich von jenen Annahmen abweicht, die den Preisfindungsgrundsätzen nach § 16 StromNEV zugrunde liegen. In diesen Fällen soll ein **individuelles Netzentgelt** gebildet werden. Parallel zum Netzentgeltgenehmigungsverfahren nach § 23a EnWG ist in § 19 Abs. 2 StromNEV ein eigenes **Genehmigungsverfahren**

---

110 BR-Drucks. 245/05, S. 39.
111 Erneuerbare-Energien-Gesetz (EEG) v. 21.7.2014 (BGBl. I S. 1066), zuletzt geändert durch Gesetz v. 22.7.2014 (BGBl. I S. 1218).
112 Kraft-Wärme-Kopplungsgesetz (KWKG) v. 19.3.2002 (BGBl. I S. 1092), zuletzt geändert durch Gesetz v. 21.7.2014 (BGBl. I S. 1066).

für die sog. individuellen Netzentgelte in die StromNEV aufgenommen worden, das allerdings durch ein bloßes Anzeigeverfahren ersetzt werden kann.[113]

139 Eine hohe praktische Relevanz kommt der Vorschrift des § 19 Abs. 2 StromNEV zu. Sie bestimmt, dass Netznutzern mit einem atypischen oder intensiven Entnahmeverhalten ein **individuelles Netzentgelt** anzubieten ist. Die Vorschrift erlaubt damit die Abweichung von den Vorgaben der §§ 16, 17 StromNEV. Nach § 19 Abs. 2 S. 1 StromNEV darf das individuell vereinbarte Netzentgelt bei atypischem Entnahmeverhalten nicht weniger als 20 % des regulären Netzentgelts betragen. Bei intensivem Entnahmeverhalten gilt § 19 Abs. 2 S. 2 StromNEV. Die **Mindestvoraussetzungen**, um von diesem individuellen Netzentgelt profitieren zu können, sind mindestens 7.000 Benutzungsstunden sowie ein Mindestverbrauch von 10 GWh. Wird einer der beiden Schwellenwerte nicht erreicht, sind die Voraussetzungen nicht erfüllt. Werden sie erreicht, gibt § 19 Abs. 2 S. 2 StromNEV vor, dass die Höhe des individuellen 20 % des veröffentlichten Netzentgelts nicht unterschreiten darf.

140 Die durch individuelle Vereinbarungen entgangenen Netzentgelte werden gem. § 19 Abs. 2 S. 6 StromNEV auf die vorgelagerten Netzebenen gewälzt und von den ÜNB erstattet. Nach § 19 Abs. 2 S. 7 StromNEV gleichen die ÜNB die Zahlungen untereinander aus. Die aus diesen **Sonderentgelten** resultierenden Mindereinnahmen der Netzbetreiber werden abschließend durch eine Umlage auf alle Netznutzer verteilt.

141 Wie die Ermittlung des individuellen Netzentgelts konkret vorzunehmen war und ist, ist seit Erlass der Regelung umstritten. Weil sie Zweifel an der Rechtmäßigkeit der Befreiungsvorschriften hat, leitete die **Europäische Kommission** mehr oder weniger im Schatten des Beihilfeverfahrens zum EEG ein **Verfahren** auch wegen der individuellen Netzentgelte bzw. **wegen** der **vollständigen Befreiung** ein. Als Reaktion darauf hat der Verordnungsgeber die Verordnung geändert und die streitige vollständige Befreiung für intensives Entnahmeverhalten gestrichen. Zuvor hatte die Rechtsprechung bereits eine hinreichende Ermächtigungsgrundlage für die Netzentgeltbefreiung angezweifelt und die Norm für nichtig erklärt. Im Einzelnen ist noch Vieles in Bezug auf die Neuregelung unklar und umstritten. Eine vollständige Erörterung würde den Rahmen dieser Darstellung sprengen.[114]

142 Regulatorisch hat die BNetzA die **Ermittlung** der **Sonderentgelte** bis 2012 lediglich durch rechtlich nicht verbindliche Leitfäden vorgegeben. Dennoch war in vielen Punkten unklar, wie eine Befreiung vorzunehmen war und ist. Von dieser Regulierungspraxis hat die BNetzA durch den Erlass von Festlegungen Abstand genom-

---

113 Vgl. BNetzA, Beschl. v. 11.12.2013 – BK4-13-739 – EnWZ 2014, 88.
114 Zur Neuregelung *Lange/Prang*, IR 2014, 55 ff.

men.¹¹⁵ Mehr Klarheit konnte für die betroffenen Netznutzer und Netzbetreiber in vielen Fällen gleichwohl nicht erreicht werden.¹¹⁶

§ 19 Abs. 3 StromNEV enthält eine **Sonderregelung** für solche Fälle, in denen ein Netznutzer sämtliche in einer Netz- und Umspannebene von ihm benutzten Betriebsmittel ausschließlich selbst nutzt. In diesem Falle ist zwischen dem Netzbetreiber und dem Netznutzer für diese **singulär genutzten Betriebsmittel** ein angemessenes Entgelt gesondert festzulegen. Das Entgelt soll sich nach § 19 Abs. 3 S. 2 StromNEV an den individuell zurechenbaren Kosten der singulär genutzten Betriebsmittel dieser Netz- oder Umspannebene orientieren.¹¹⁷ 143

Als verfahrensmäßig letzten Schritt der **Netzkostenermittlung** sieht § 20 Abs. 1 StromNEV die **Durchführung einer Verprobungsrechnung** vor. Danach haben die Netzbetreiber bei der Ermittlung der Netzentgelte und vor deren Veröffentlichung sicherzustellen, dass ein zur Veröffentlichung anstehendes Entgeltsystem geeignet ist, die nach § 4 StromNEV ermittelten Kosten zu decken. Entgegen dem Wortlaut ist die Verprobungsrechnung freilich bereits mit den Genehmigungsunterlagen bei einer Beantragung der Netzentgelte nach § 23a EnWG einzureichen und nicht erst vor deren Veröffentlichung.¹¹⁸ 144

Die **Kostenträgerrechnung** findet auch nach Einführung der Anreizregulierung gem. § 17 ARegV weiterhin Anwendung. Zwar wird die Basis für die Entgeltermittlung mittlerweile durch die Erlösobergrenze bestimmt. Die Art und Weise der Entgeltermittlung hat sich aber nicht geändert, weshalb die Vorschriften entsprechend anzuwenden sind. 145

c) Gas

Auf der Ebene der Verteilernetzbetreiber ist ein Entgelt ähnlich wie bei den Stromnetzentgelten auf Basis der tatsächlichen Inanspruchnahme des Verteilernetzes zu bilden (§ 18 GasNEV). Insoweit existiert regelmäßig ein Arbeitspreis in Abhängigkeit von der transportierten Energiemenge in kWh und ein Leistungspreis nach der höchsten Inanspruchnahme des Netzes im Jahr. 146

Anders als im Strombereich werden keine unterschiedlichen Entgelte nach Spannungsebenen gebildet, sondern **Entgelte in Abhängigkeit von der Funktion** des Verteilernetzes als Ortstransportleitung oder Ortsverteilernetz (§ 12 S. 2 GasNEV) bestimmt. Für die Aufteilung in diese Kategorien und für die daraus folgenden Funk- 147

---

115 Aktuell BNetzA, Beschl. v. 11.12.2013 – BK4-13-739 – EnWZ 2014, 88.
116 Die BNetzA versucht sich in der Praxis damit zu helfen, sog. FAQ-Listen herauszugeben. Die rechtliche Einordnung dieser „Fragen-und-Antworten-Kataloge" ist unklar.
117 Die individuell zurechenbaren Kosten sind an den durchschnittlichen Kosten der genutzten Anlagegüter zu orientieren.
118 Dieser Widerspruch erklärt sich aus der Gesetzeshistorie; die Strom-/GasNEV waren zunächst für eine Ex-post-Regulierung konzipiert worden.

Missling

tionen zur Bestimmung eines verursachungsgerechten Entgeltes haben die Regulierungsbehörden nur wenige Vorgaben gemacht. Der Schwerpunkt der Entgeltverfahren liegt regelmäßig auf der Prüfung der angesetzten Kosten; die Art der Entgeltbildung wird nur daraufhin geprüft, ob dies als verursachungsgerecht angesehen werden kann.

148   Im Unterschied zur StromNEV, die in § 14 eine entsprechende Regelung enthält, fehlen in der GasNEV Vorgaben zur Kostenwälzung zwischen den Netzbetreibern, die die vorrangige Regelung in § 20 Abs. 1b EnWG jedoch vorsieht. Nach § 20 Abs. 1b S. 6 EnWG sind Gasnetzbetreiber verpflichtet, bei der Berechnung und dem Angebot von Kapazitäten, der Erbringung von Systemdienstleistungen und auch der **Kosten- und Entgeltwälzung** eng zusammenzuarbeiten. Die somit bereits normativ vorgesehene Kostenwälzung wurde mit entsprechenden Kooperationsvereinbarungen der Gasnetzbetreiber (KoV) etabliert. Mittlerweile ist mit der KoV VI eine schon weit entwickelte Kooperationsvereinbarung in Kraft getreten. Zum 1.10.2014 wird die KoV VII in Kraft treten. Die Kostenwälzung ist in den §§ 6 f. KoV VII geregelt.

C. Rechtsschutzmöglichkeiten

I. Verpflichtungsrechtsbeschwerde

1. Überblick

149   Die Basis für die Entgeltermittlung stellt unter dem Regime der ARegV die Erlösobergrenze dar. Sie ist das Ergebnis eines umfangreichen und komplexen Verwaltungsverfahrens, welches sich in mehrere Abschnitte unterteilt. Dieses Verfahren endet gem. § 32 Abs. 1 Nr. 1 ARegV mit der „Festlegung" der Erlösobergrenze. Die Handlungsform der Festlegung ist eine regulierungsrechtliche Besonderheit im Verwaltungsrecht.[119] Obwohl es sich bei der Festlegung der Erlösobergrenze um einen Verwaltungsakt handelt, ist der Verwaltungsrechtsweg nicht eröffnet. Stattdessen ist gegen die Festlegung der Erlösobergrenze die **Verpflichtungsbeschwerde** nach § 75 Abs. 1 und 3 EnWG die **statthafte Beschwerdeart**. Sie ist gegenüber einer bloßen Anfechtungsbeschwerde vorrangig. Es gilt der Grundsatz der Spezialität der Verpflichtungsbeschwerde. Da § 75 Abs. 1 EnWG von „Entscheidungen der Regulierungsbehörde" spricht, gilt dasselbe für Netzentgeltgenehmigungen nach § 23a EnWG.

150   Der Beschwerdeführer muss **beschwerdebefugt** sein. Diese **Voraussetzung** liegt vor, wenn der **Beschwerdeführer**
– einen Antrag gestellt hat, der von der Regulierungsbehörde abgelehnt wurde, und

---

[119] Siehe nur Säcker/*Schmidt-Preuß*, EnWG, § 29 Rn 3 ff.

- geltend macht, auf den Erlass der beantragten Entscheidung einen Rechtsanspruch zu haben.

Der Beschwerdeführer muss also bereits in der Zulässigkeit der Verpflichtungsbeschwerde zumindest die Möglichkeit darlegen, dass der geltend gemachte Anspruch auf Genehmigung der beantragten Entgelte bzw. die begehrte Höhe der Erlösobergrenzen besteht, da die beantragten Netzkosten bzw. Erlösobergrenzen den Anforderungen des EnWG und der GasNEV entsprechen. **151**

Die **Verpflichtungsbeschwerde** muss binnen einer Frist von einem Monat nach **Zustellung** der Genehmigungsentscheidung bei der Regulierungsbehörde oder bei dem Beschwerdegericht erhoben werden (§ 78 Abs. 1 EnWG). Die Frist für die Begründung der Beschwerde beträgt einen Monat (§ 78 Abs. 2 S. 2 EnWG) und beginnt mit der Einlegung der Beschwerde. **152**

Zuständiges Beschwerdegericht ist gem. § 75 Abs. 4 S. 1 EnWG das für den Sitz der Regulierungsbehörde zuständige OLG. In den Fällen der Genehmigung durch die BNetzA in originärer Zuständigkeit ist dies das OLG Düsseldorf. Sofern die BNetzA im Wege der Organleihe die Aufgabe der LRegB wahrnimmt, ist das OLG zuständig, welches für den Sitz der LRegB, deren Aufgaben wahrgenommen werden, zuständig ist.[120] **153**

2. Beteiligung

Da eine Beteiligung am Beschwerdeverfahren bestimmte Verfahrensrechte einräumt, ist von erheblicher Bedeutung, wer an diesem Beschwerdeverfahren zu beteiligen ist. **154**

a) Prinzip der Beteiligungskontinuität

Nach § 79 Abs. 1 EnWG sind am Beschwerdeverfahren der Beschwerdeführer, die Regulierungsbehörde und Personen bzw. Personenvereinigungen, deren Interessen durch die Entscheidung erheblich berührt werden und die die Regulierungsbehörde auf Antrag zu dem Verfahren beigeladen hat, beteiligt. Richtet sich die Beschwerde gegen eine Entscheidung der nach Landesrecht zuständigen Behörde,[121] ist die Regulierungsbehörde an dem Verfahren beteiligt, § 79 Abs. 2 EnWG. In analoger Anwendung des § 79 Abs. 2 EnWG wird die BNetzA an Verfahren beteiligt, die sich gegen eine Landesregulierungsbehörde richten. Das Kartellgericht hat im Gegensatz zum Verwaltungsgericht keine Beiladungskompetenz, wie sie in § 65 VwGO normiert ist. Somit ist nach § 79 EnWG schon eine Beiladung zum behördlichen Verfahren notwendig, um **Beteiligter im Beschwerdeverfahren** sein zu können. Nicht ausdrück- **155**

---

[120] BGH, Beschl. v. 29.4.2008 – KVR 30/07 – ZNER 2008, 160.
[121] Damit sind Energieaufsichtsbehörden gemeint.

lich benannt ist der Antragsteller als Beteiligter am Beschwerdeverfahren. Dieser ist aber als Beteiligter bereits des Verwaltungsverfahrens auch am Beschwerdeverfahren beteiligt. Die in § 79 EnWG normierte Beteiligungsakzessorietät wird Beteiligungskontinuität genannt.

b) Beteiligung am behördlichen Verfahren

156 Die Beteiligung am behördlichen Verfahren richtet sich nach § 66 Abs. 2 EnWG. Gemäß § 66 Abs. 2 EnWG sind an dem Verfahren der Antragsteller und das Unternehmen bzw. die Person, gegen das bzw. die sich das Verfahren richtet, am Verfahren beteiligt. Ferner sind in ihren Interessen betroffene Personen und Personenvereinigungen am Verfahren beteiligt, wenn sie von der Regulierungsbehörde beigeladen werden. Die **Beiladung** ist **antragsgebunden**. Bei der Beiladung handelt es sich um eine Entscheidung, die im Ermessen der Regulierungsbehörde steht.[122] Ein gebundener Anspruch auf Beiladung und damit auf Beteiligung besteht demgemäß nicht. Vielmehr muss der Beiladungswillige eine erhebliche **Interessenberührung** geltend machen. Diese **Voraussetzung** ist erfüllt, wenn der Beiladungswillige wirtschaftlich von der Entscheidung direkt betroffen ist. Liegen die Voraussetzungen für eine Beiladung vor, entscheidet die Regulierungsbehörde bei Ablehnung des Antrags ermessensfehlerhaft.[123]

c) Notwendige Beiladung

157 Da es möglich sein kann, dass die Grundrechte bislang **unbeteiligter Dritter** von dem Ausgang des Verfahrens **betroffen** werden, hat die Rechtsprechung das Instrument der notwendigen Beiladung aus dem Verwaltungsverfahrensrecht übernommen.[124] Diese sei erforderlich, wenn Dritte unmittelbar in ihren Rechten berührt würden.

158 In **Netzentgeltentscheidungen** gelte allerdings eine **Besonderheit**: Die Betroffenheit von Netznutzern sei in Netzentgeltgenehmigungsverfahren generell nicht gegeben, da die Festlegung von Netzentgelten im öffentlichen Interesse geschehe. Gegen die Netzentgelte könne der Netznutzer ein Missbrauchsverfahren nach § 31 EnWG anstrengen.[125]

---

[122] Ausführlich herleitend *Christiansen*, Optimierung des Rechtsschutzes, S. 102 ff.
[123] OLG Düsseldorf, Beschl. v. 2.11.2006 – VI–3 Kart 165/06 (V) – ZNER 2006, 349.
[124] OLG Düsseldorf, Beschl. v. 2.11.2006 – VI–3 Kart 165/06 (V) – ZNER 2006, 349.
[125] OLG Düsseldorf, Beschl. v. 2.11.2006 – VI–3 Kart 165/06 (V) – ZNER 2006, 349 zu Entgeltgenehmigungen, was aber auch für Erlösobergrenzenfestlegungen gelten dürfte.

II. Überblick: Eilrechtsschutz

1. Effektiver Rechtsschutz
Die **Verfahrensdauer in der Hauptsache** lag in der Vergangenheit bei Beschwerdeverfahren nicht selten bei weit über einem Jahr. Wird das Verfahren in zweiter Instanz bis zum **BGH** geführt, kann das Verfahren mehrere Jahre andauern. Insoweit stellt sich für die betroffenen Unternehmen die Frage nach den **Möglichkeiten vorläufigen Rechtsschutzes**, mit dessen Hilfe die Rechte des Beschwerdeführers für die Dauer des gerichtlichen Hauptsacheverfahrens vorläufig gesichert werden können. 159

2. Antrag auf vorläufige Anordnung
Ist in der Hauptsache die Verpflichtungsbeschwerde statthaft, so ist die **statthafte Antragsart im vorläufigen Rechtsschutz** der Antrag auf vorläufige Anordnung gem. § 76 Abs. 3 S. 1 i. V. m. § 72 EnWG. Insoweit richtet sich das Begehren des Netzbetreibers, dessen Genehmigungsantrag ganz oder teilweise abgelehnt wird, auf die Gewährung einer weitergehenden Genehmigung als sie erteilt wurde. 160

3. Anordnungsanspruch und Anordnungsgrund
Der **Antrag auf vorläufige Anordnung** gem. § 76 Abs. 3 S. 1 i. V. m. § 72 EnWG ist **begründet**, wenn 161
- der Antragsteller das Bestehen eines Anordnungsanspruchs und
- einen Anordnungsgrund

darlegt und glaubhaft macht. Der **Anordnungsanspruch** entspricht dem in der Hauptsache geltend gemachten Anspruch. Im vorläufigen Rechtsschutzverfahren überprüft das Gericht im Wege einer (bloßen) summarischen Prüfung, ob der Anspruch besteht.

Angesichts der Komplexität der entscheidungserheblichen Tatsachen bei Entgeltgenehmigungsverfahren bzw. Festsetzungen von Erlösobergrenzen wird es regelmäßig kaum möglich sein, Einzelheiten der Beurteilung der Kalkulation im Wege des vorläufigen Rechtsschutzes umfassend aufklären zu können. 162

Nur **ausnahmsweise** darf im **Interesse eines effektiven Rechtsschutzes** eine **vorläufige Anordnung** getroffen werden, die auf eine Vorwegnahme der Hauptsache gerichtet ist. Nach der verwaltungsgerichtlichen Rechtsprechung muss ohne eine solche Argumentation die soziale, berufliche oder wirtschaftliche Existenz des Antragstellers gefährdet sein. Die kartellgerichtliche Rechtsprechung erscheint etwas großzügiger, wonach die vorläufige Vorwegnahme der Hauptsache im Interesse eines effektiven Rechtsschutzes dringend geboten sein muss oder anderenfalls bis zum rechtskräftigen Abschluss des Beschwerdeverfahrens in der Hauptsache dem Antragsteller ein außergewöhnlicher irreparabler Schaden drohen muss. Dies ist im Einzelfall von den betroffenen Unternehmen darzulegen und vom Gericht abzuwägen. 163

4. Unbefriedigende Sachlage im Eilrechtsschutz

164 Der Eilrechtsschutz stellt sich in der energierechtlichen Praxis als schwieriges Unterfangen dar. Die Hürden für dessen erfolgreiche Durchsetzung sind extrem hoch. Gleichzeitig hat der Eilrechtsschutz gesteigerte **Bedeutung**, da den Beschwerdeverfahren als solches keine aufschiebende Wirkung zukommt und Verfügungen der Regulierungsbehörde damit grundsätzlich sofort vollziehbar sind. Eine Aussetzung der sofortigen Vollziehbarkeit durch die Regulierungsbehörde ist nach § 77 Abs. 3 S. 2 EnWG zwar möglich, aber an ernstliche Zweifel an der Rechtmäßigkeit der Verfügung geknüpft und wird damit regelmäßig nicht praktiziert. Erschwerend kommt hinzu, dass dem öffentlichen Interesse an der sofortigen Vollziehbarkeit durch die gesetzliche Grundentscheidung prinzipiell Vorrang gewährt wird.

165 Mangels echter Eilrechtsschutzmöglichkeiten stellen sich für Netzbetreiber und Netznutzer problematische Konstellationen ein. Wird eine zu geringe Erlösobergrenze festgelegt und damit eine zu geringe Einnahmemöglichkeit über Netzentgelte gewährt, muss der Netzbetreiber seine Netzentgelte auf dieser zu niedrigen Grundlage kalkulieren. Zwar könnte der Netzbetreiber eine **vorläufige Entgeltgenehmigung** nach § 76 Abs. 3 i. V. m. § 72 EnWG begehren, aber für eine solche Entgeltgenehmigung bzw. Festlegung von Erlösobergrenzen müsste er einen Anordnungsgrund geltend machen.[126] Faktisch ist diese Möglichkeit aber ausgeschlossen. Die obergerichtliche Rechtsprechung lehnt das Vorliegen eines Anordnungsgrunds ab, weil grundsätzlich eine **rückwirkende Entgeltgenehmigung** möglich gewesen sei, wenn der Netzbetreiber im Hauptsacheverfahren obsiege. Der BGH sieht stattdessen eine periodenübergreifende Saldierung als sachgerechte Lösungsmöglichkeit an und lehnt gleichfalls eine Rückwirkung ab.[127] Mit dieser Rechtsprechung wird der **Eilrechtsschutz bei Entgeltgenehmigungen** faktisch **ausgeschlossen**, obwohl er gesetzlich vorgesehen ist. Diese Rechtsprechung ist nicht sachgerecht.

166 Netzbetreiber hingegen sind jedoch gegen, in der Praxis sogar sehr häufig vorkommende, Fehlentscheidungen der Regulierungsbehörden nicht hinreichend geschützt. Weder eine Rückwirkungsmöglichkeit noch eine periodenübergreifende Saldierung ersetzen die Wirkung des Eilrechtsschutzes. In der Diskussion fällt auf, dass grundsätzlich von einer hohen Solvenz der Verteilernetzbetreiber ausgegangen wird, weshalb deren Interessen geringer gewichtet werden.[128] Ob diese Behauptung überhaupt zutrifft, sei dahingestellt. Das Argument vermeintlicher Solvenz allein kann jedenfalls nicht überzeugen, um das Interesse der Netzbetreiber an einem ausreichenden Rechtsschutz geringer zu bewerten. Der faktische **Ausschluss des Eil-**

---

[126] So noch OLG Düsseldorf, Beschl. v. 29.3.2007 – VI-3 Kart 466/06 (V) – ZNER 2007, 203, 204; zwischenzeitlich aber OLG Düsseldorf, Urt. v. 6.4.2001 – VI-3 Kart 133/10 (V) – ZNER 2011, 333, 334 f.
[127] So etwa BGH, Beschl. v. 21.7.2009 – EnVR 12/08 – ZNER 2010, 72; im Anschluss daran OLG Düsseldorf, Urt. v. 6.4.2011 – VI-3 Kart 133/10 (V) – ZNER 2011, 333, 334 f.
[128] Vgl. etwa *Christiansen*, Optimierung des Rechtsschutzes, S. 238 ff.

rechtsschutzes geht unmittelbar **zu Lasten der Liquidität des Netzbetreibers**. Dass eine periodenübergreifende Saldierung die fehlende Liquidität in der Zukunft wieder ausgleicht, hilft dem Netzbetreiber in dem Moment fehlender Finanzmittel nicht. Die Rechtslage in Bezug auf den Eilrechtsschutz ist derzeit folglich unbefriedigend und muss im Sinne wirtschaftlicher Handlungsfähigkeit zu Gunsten der Netzbetreiber *de lege ferenda* angepasst werden.

III. Netzentgeltüberprüfung nach § 315 BGB

Für **Letztverbraucher** wird die **Beiladung** zu einem regulierungsbehördlichen Verfahren regelmäßig an der Hürde der erheblichen Interessenberührung scheitern. Daher stellt sich die Frage, wie Letztverbraucher die Höhe der Netzentgelte überprüfen (lassen) können. Die Energieversorgung erfolgt regelmäßig auf privatrechtlicher Basis, so dass eine öffentlich-rechtliche Anfechtungsklage mit inzidenter Normenkontrolle eines Beitragsbescheids wie etwa bei der Abwasserversorgung nicht in Betracht kommt. 167

In der Vergangenheit war umstritten, welche Rolle die **Billigkeitsprüfung** nach § 315 BGB spielen kann. Der BGH hat klargestellt, dass Letztverbraucher die Netzentgelte auf der Grundlage dieser Norm sogar dann überprüfen lassen können, wenn sie zuvor von der zuständigen Regelungsbehörde genehmigt wurden.[129] 168

Das EnWG schließe eine **Anwendbarkeit** des § 315 BGB nicht aus. Die öffentlich-rechtlichen Regelungen in Bezug auf die Netzentgelte wirken nur zwischen Netzbetreiber und Regulierungsbehörde. Die Ausgestaltung zwischen Netzbetreiber und Letztverbraucher sei aber privatrechtlicher Natur. Die Netzbetreiber seien nicht öffentlich-rechtlich verpflichtet, Netzentgelte in der genehmigten Höhe zu erheben.[130] Auch wenn § 30 Abs. 1 S. 2 Nr. 5 Hs. 2 EnWG davon spreche, dass Entgelte, die die Obergrenze nicht überschreiten, als sachlich gerechtfertigt gelten, könne diese Vorschrift nur Wirkung für das behördliche Missbrauchsverfahren entfalten. Es bestehe **Anspruchskonkurrenz** zwischen dem schuldrechtlichen Anspruch aus § 315 BGB und dem deliktischen Anspruch, der gegebenenfalls Ergebnis des Missbrauchsverfahrens sei. Der Regulierungsbehörde komme überdies kein Überprüfungsmonopol zu. Mag diese Argumentation auch schlüssig sein, so bleiben doch erhebliche Zweifel an der Richtigkeit des daraus abgeleiteten Ergebnisses: Schließlich lautete die damalige Begründung für die Einführung einer Ex-ante-Regulierung, auf diese Weise sei Rechtssicherheit herbeizuführen. Dieser gesetzgeberische Zweck, der als Rechtfertigung für den immensen Verwaltungsaufwand sowohl auf Seiten der Regulierer als 169

---

[129] BGH, Urt. v. 15.5.2012 – EnZR 105/10 – RdE 2012, 382, zu Netzentgeltgenehmigungen nach § 23a EnWG. Diese Rechtsprechung dürfte daher auch unter Geltung der ARegV Berücksichtigung finden.
[130] Respektive die Erlösobergrenze auszuschöpfen.

auch bei den der Regulierung unterworfenen Unternehmen angeführt wurde, wäre durch eine uneingeschränkte Billigkeitskontrolle von bereits geprüften Netzentgelten bzw. Erlösobergrenzen *ad absurdum* geführt.

D. Fazit

170 Es bleibt festzuhalten, dass sich seit der **Liberalisierung des Energiesektors** eine erhebliche Entwicklung im Bereich der Netzentgelte vollzogen hat. Diese Entwicklung ist noch längst nicht abgeschlossen.

171 Das **kostenbasierte Entgeltsystem** hat sich grundsätzlich bewährt und als zukunftstauglich erwiesen. Der Wettbewerb, der mit der Regulierung einhergehen sollte, hat – nicht zuletzt wegen der stark effizienzorientierten Anreizregulierung – endgültig Eingang in den natürlichen Monopolmarkt gefunden. Das kann aber nur ein erster Schritt sein.

172 Langfristig werden alle Beteiligten von der Energiewende in Deutschland profitieren. Dabei wird sich auch zeigen, dass eine angemessene, an der Investitionstätigkeit orientierte Erhöhung der Netzentgelte, die aus dem Anstieg der Netzkosten durch die Energiewende resultieren dürfte, vom Volumen bei Weitem nicht die Dimensionen erreichen wird, mit denen andere Kostentreiber auf die Energiepreisentwicklung einwirken. Die Versorgungssicherheit in Deutschland sollte daher allen Beteiligten diesen Beitrag wert sein.

Kapitel 10
Stromsteuer, EEG-Umlage, Strompreiskompensation: Optimierungsmöglichkeiten bei den Stromkosten

A. Einleitung

Zu Beginn dieses Werkes wurde die Zusammensetzung von Energiepreisen – insbesondere von Strompreisen – erläutert. Wie die Aufschlüsselung zeigt, entfallen bei einem typischen Letztverbraucher nur etwa 30 % des Strompreises auf die Kosten der Strombeschaffung oder Stromerzeugung. Mit im Regelfall rund 70 % beruht ein Großteil des **Strompreises** auf **Kostenbestandteilen**, die vom Lieferanten nicht beeinflussbar sind, weil sie entweder auf Basis gesetzlich vorgegebener Umlagemechanismen erhoben werden (EEG-Umlage, KWK-Umlage, § 19 StromNEV-Umlage, Offshore-Umlage, AbLaV-Umlage) oder aber weil sie staatlich regulierte Kostenbestandteile (Netznutzungsentgelte) oder staatlicherseits erhobene Belastungen (Stromsteuer, Konzessionsabgabe, Mehrwertsteuer) betreffen.[1]

Zwar lassen sich für **stromintensive Letztverbraucher** erhebliche **Kostenminderungspotenziale** erschließen, z. B. durch Übergang von klassischer Vollversorgung zu strukturierter Beschaffung oder zu professionellem Portfoliomanagement. Weil aber der hierauf entfallende Kostenanteil nur rund ein Drittel des Strompreises ausmacht und die ganz überwiegende Zahl der Lieferanten diesen Kostenblock inzwischen ausschließlich an Börsenpreisen referenziert und mit lediglich geringen Handelsgebühren beaufschlagt, erlangt die Reduzierung der sonstigen Kostenbestandteile immer größere Bedeutung für die Senkung der Gesamtstromkosten im Unternehmen.

Die Möglichkeiten der Reduzierung des **regulierten Preisbestandteils** für die Netznutzung durch Inanspruchnahme individueller Netzentgelte wurden bereits erläutert.[2] Das Energierecht ermöglicht weitere Entlastungen, deren Kenntnis und fristgerechte Umsetzung gerade für stromkostenintensive Industrien und Unternehmen von zentraler Bedeutung ist und von denen nachfolgend die in der Praxis wirtschaftlich bedeutsamsten dargestellt werden sollen.

Zum einen bestehen **Optimierungsmöglichkeiten** in Bezug auf die **Stromsteuer**.[3] Zum anderen können Unternehmen unter bestimmten Voraussetzungen eine Reduzierung der **EEG-Umlage** erreichen, deren reguläre Höhe im Jahr 2014 immerhin 62,40 €/MWh beträgt und damit angesichts aktuell niedriger Börsenpreise den auf

---
[1] Siehe dazu Kap. 1 Rn 5 ff.
[2] Siehe dazu Kap. 9 Rn 138 ff.
[3] Siehe Rn 6 ff.

die Strombeschaffung oder Stromerzeugung entfallenden Preisbestandteil vielfach übersteigt.[4]

5   Schließlich können Unternehmen aus bestimmten abwanderungsbedrohten Industrien neuerdings eine Kompensation für **indirekte CO_2-Kosten**, die nach Einführung des Emissionshandels in der Europäischen Union zu einer zusätzlichen Belastung dieser Industrien führten, geltend machen.[5]

B. Entlastungs- und Optimierungsmöglichkeiten

I. Stromsteuer

6   Mit dem Inkrafttreten des **Stromsteuergesetzes** (StromStG)[6] am 1.4.1999 wird der Verbrauch von Strom besteuert. Als Bundessteuer erfolgt die Erhebung der Stromsteuer durch die Bundesfinanzbehörden. Staatliche Behörden sind die Hauptzollämter. Die Bundesfinanzdirektionen bilden die Mittelbehörden und das Bundesministerium der Finanzen die oberste Behörde.[7]

7   Eine zentrale Vorschrift des StromStG ist § 9 StromStG, der in Abs. 1 mehrere Möglichkeiten der **Stromsteuerbefreiung** regelt. Weitere wichtige Bestimmungen sind die §§ 9a, 9b und 10 StromStG; sie sehen unterschiedliche Möglichkeiten der Entlastung von der Stromsteuer vor.

1. Einleitung

8   Strom, der aus dem Versorgungsnetz zum Verbrauch entnommen wird, unterliegt grundsätzlich der Stromsteuer. Steuerpflichtig ist dabei sowohl derjenige Strom, der von einem Versorger an einen Letztverbraucher geleistet wird als auch derjenige Strom, der von einem Eigenerzeuger zum Selbstverbrauch entnommen wird, vgl. § 5 Abs. 1 StromStG.

9   Der **reguläre Steuertarif** beträgt 20,50 €/MWh, vgl. § 3 StromStG. Ein **verringerter Steuertarif** gilt für Strom, der zum Fahrbetrieb im Schienenbahnverkehr oder für Oberleitungsbusse entnommen wird. Hier beträgt die Steuer 11,42 €/MWh. Außerdem unterliegt Strom zur Versorgung von Wasserfahrzeugen für die gewerbliche Schifffahrt dem europarechtlich gebotenen[8] **Mindeststeuersatz** von 0,5 €/MWh.

---

4 Siehe Rn 46 ff.
5 Siehe Rn 73 ff.
6 Stromsteuergesetz (StromStG) v. 24.3.1999 (BGBl. I S. 378; 2000 I S. 147), zuletzt geändert durch Gesetz v. 5.12.2012 (BGBl. I S. 2436, 2725).
7 Vgl. Friedrich/Meißner/*Friedrich*, Energiesteuern, 34. Lfg. (April 2014), § 1 StromStG Rn 21 ff.
8 Vgl. *Soyk*, Energie- und Stromsteuerrecht, Kap. 14 Rn 6.

Verantwortlich für die Anmeldung der Steuer ist grundsätzlich derjenige Versorger, der den Strom an Letztverbraucher geleistet hat. Als **stromsteuerpflichtiger Versorger** muss er die Stromsteuer selbst berechnen, eine Steuererklärung abgeben und die angemeldete Steuer entrichten. Vielfach üblich ist die jährliche Steueranmeldung, die bis zum 31.5. des auf die Stromentnahme folgenden Kalenderjahres abzugeben ist, vgl. § 8 Abs. 4 StromStG.

Tipp
Die Einordnung als Versorger sollte im Zweifel mit dem Hauptzollamt abgestimmt werden. Dies gilt gerade auch bei Umstrukturierungen von Unternehmen.

Die Steuerbelastung gibt der Versorger in aller Regel über den Stromlieferpreis an die Letztverbraucher weiter.

2. Stromsteuerbefreiungen

Das StromStG regelt in § 9 Abs. 1 insgesamt fünf Möglichkeiten der Stromsteuerbefreiung; diese Aufzählung ist abschließend. Die **Stromsteuerbefreiungen** knüpfen im Wesentlichen an den Einsatz von Strom als Energieerzeugnis im Erzeugungsprozess (sog. „**Input-Befreiung**") oder an die Verwendung erzeugten Stroms aus bestimmten Energieträgern bzw. zu bestimmten Zwecken (sog. „**Output-Befreiung**") an.

Tipp
Die Inanspruchnahme der Stromsteuerbefreiung ist – mit Ausnahme der Befreiung für Strom zur Stromerzeugung – nicht von einer Erlaubnis abhängig.

Praxisrelevant sind insbesondere die Stromsteuerbefreiungen des § 9 Abs. 1 Nr. 1 bis Nr. 3 StromStG.

a) Input-Befreiung: Strom zur Stromerzeugung

Strom, der zur Stromerzeugung entnommen wird, ist stromsteuerfrei, vgl. § 9 Abs. 1 Nr. 2 StromStG. Die Bestimmung soll vermeiden, dass Strom doppelt besteuert wird; nur das „Enderzeugnis" soll von der Stromsteuer erfasst werden.[9]

Was zur **Stromerzeugung** gehört, hat der Verordnungsgeber in § 12 Abs. 1 StromStV konkretisiert. Danach wird Strom dann zur Stromerzeugung im Sinne von § 9 Abs. 1 Nr. 2 StromStG entnommen, wenn er in Neben- und Hilfsanlagen einer Stromerzeugungseinheit, insbesondere zur Wasseraufbereitung, Dampferzeugerwasserspeisung, Frischluftversorgung, Brennstoffversorgung, Rauchgasreinigung

---

9 Vgl. BT-Drucks. 14/40, S. 12.

oder in Pumpspeicherkraftwerken von den Pumpen zum Fördern der Speichermedien zur Stromerzeugung im technischen Sinne verbraucht wird. Insbesondere unter Berufung auf diese Regelung legt die bisherige finanzgerichtliche Rechtsprechung den Anwendungsbereich der **Stromsteuerbefreiung** eng aus. So soll beispielsweise in einer Biogasanlage – die regelmäßig neben der „eigentlichen" Stromerzeugungseinheit (dem Blockheizkraftwerk – BHKW) aus weiteren technischen Einrichtungen (insbesondere dem Fermenter zur Biogaserzeugung) besteht – lediglich der Stromverbrauch im BHKW nach § 9 Abs. 1 Nr. 2 StromStG steuerfrei sein.

> **Tipp**
> Steuerfrei ist bei Kraft-Wärme-Kopplungsanlagen auch der Strom, der der Wärmeerzeugung dient. Die entnommenen Strommengen müssen daher nicht nach Strom- und Wärmeerzeugung unterschieden werden.[10]

16 Unter den Anwendungsbereich der Regelung falle, so die Gerichte, nur derjenige Strom, der unmittelbar zur Stromerzeugung eingesetzt werde. Der technische Prozess, etwa im Fermenter einer Biogasanlage, diene nicht der Stromerzeugung, sondern (vorgelagert) der Brennstoffherstellung.[11] Mit ähnlicher Argumentation hatte die finanzgerichtliche Rechtsprechung auch die Förderung und Klärschlammtrocknung einer Müllverbrennungsanlage von der Steuerbefreiung des § 9 Abs. 1 Nr. 2 StromStG ausgenommen.[12] In einem Urteil vom 13.12.2011[13] entschied der Bundesfinanzhof (BFH) allerdings, dass auch rechtliche Anforderungen an den Betrieb einer Stromerzeugungsanlage für die Auslegung des Anwendungsbereichs von § 9 Abs. 1 Nr. 2 StromStG berücksichtigt werden können. Unter die Steuerbefreiung sollen daher auch Stromverbräuche betriebsnotwendiger Einrichtungen fallen, ohne die ein Kraftwerk nach den atomrechtlichen, gewerberechtlichen, umweltrechtlichen, wasserrechtlichen oder arbeitsrechtlichen Vorschriften oder Auflagen nicht betrieben werden könne.

17 In formeller Hinsicht setzt die **Inanspruchnahme der Stromsteuerbefreiung** aus § 9 Abs. 1 Nr. 2 StromStG voraus, dass zuvor eine Erlaubnis zur Entnahme steuerbefreiten Stroms beim örtlich zuständigen Hauptzollamt beantragt worden ist, vgl. § 9 Abs. 4 StromStG.

---

10 Vgl. Erlass BMF v. 7.12.2005 – III A 1 – V 4250/05/0004; vgl. auch *Stein/Thoms*, Energiesteuern, S. 229.
11 Vgl. FG Hamburg, Urt. v. 9.11.2010 – 4 K 94/10 – IR 2011, 67 f.; BFH, Beschl. v. 9.9.2011 – VII R 75/10 – CuR 2011, 174 ff.
12 Vgl. FG Düsseldorf, Urt. v. 21.9.2005 – 4 K 2253/04 VSt – StE 2007, 153 ff. = IR 2005, 280 f.
13 BFH, Urt. v. 13.12.2011 – VII R 73/10 – ZfZ 2012, 106; vgl. auch Bongartz/Jatzke/Schröer-Schallenberg/*Wundrack*, EnergieStG StromStG, § 9 StromStG Rn 18; *Soyk*, Energie- und Stromsteuerrecht, Kap. 17 Rn 9.

> **Tipp**
> Der Antrag auf Erteilung der Erlaubnis muss schriftlich gestellt werden; ein Antragsformular gibt es bislang nicht. Der Antrag muss bestimmte Angaben (§ 8 Abs. 1 StromStG) enthalten. Außerdem müssen bestimmte Unterlagen (§ 8 Abs. 2 StromStG) zur Inanspruchnahme der Stromsteuerbefreiung beigefügt werden.

Bei fehlender Erlaubnis kommt lediglich eine **Steuerentlastung** nach § 12a StromStV in Betracht. Entlastungsberechtigt ist derjenige, der den Strom entnommen hat. Der Antrag ist bei dem örtlich zuständigen Hauptzollamt bis spätestens zum Ende des auf die Stromentnahme folgenden Jahres zu stellen. Hierbei ist der amtlich vorgeschriebene Vordruck zu verwenden. 18

> **Tipp**
> Der Formularvordruck ist auf den Internetseiten der Zollbehörden[14] abrufbar.

b) Output-Befreiung: „Grüner Strom aus grünen Netzen"

Nach § 9 Abs. 1 Nr. 1 StromStG ist Strom von der Stromsteuer befreit, der aus erneuerbaren Energieträgern erzeugt und aus einem ausschließlich mit Strom aus erneuerbaren Energieträgern gespeisten Netz oder einer entsprechenden Leitung entnommen wurde. Erforderlich ist also sowohl eine Stromerzeugung ausschließlich aus erneuerbaren Energieträgern (**„grüner Strom"**) als auch die Entnahme aus einem mit solchem Strom gespeisten Netz bzw. Leitung (**„grünes" Netz**). 19

Nach der Begriffsbestimmung in § 2 Nr. 7 StromStG gehört zu **Strom aus erneuerbaren Energieträgern** Strom, der ausschließlich aus Wasserkraft (begrenzt auf eine installierte Generatorleistung von 10 Megawatt), Windkraft, Sonnenenergie, Erdwärme, Deponiegas, Klärgas oder aus Biomasse erzeugt wird.[15] Dabei war gerade der Begriff der Biomasse bis zum Erlass der Zweiten Verordnung zur Änderung der Energiesteuer- (EnergieStV)[16] und der Stromsteuer-Durchführungsverordnung (StromStV)[17] 20

---

[14] Formular mit der Vordrucknummer 1454, abrufbar unter https://www.formulare-bfinv.de/ffw/form/display.do?%24context=9C5CA73165F8E49C08C4.
[15] Vgl. Bongartz/Jatzke/Schröer-Schallenberg/*Wundrack*, EnergieStG StromStG, § 2 StromStG Rn 35 ff.; Friedrich/Meißner/*Friedrich*, Energiesteuer, § 2 StromStG Rn 137 ff.
[16] Verordnung zur Durchführung des Energiesteuergesetzes (Energiesteuer-Durchführungsverordnung – EnergieStV) v. 31.7.2006 (BGBl. I S. 1753), zuletzt geändert durch Verordnung v. 24.7.2013 (BGBl. I S. 2763).
[17] Verordnung zur Durchführung des Stromsteuergesetzes (Stromsteuer-Durchführungsverordnung – StromStV) v. 31.5.2000 (BGBl. I S. 794), zuletzt geändert durch Verordnung v. 24.7.2013 (BGBl. I S. 2763).

vom 24.7.2013[18] nicht näher konkretisiert. Die finanzgerichtliche Rechtsprechung[19] legte den Begriff unter Anwendung der Definition in Art. 16 Abs. 1 UAbs. 3 EnergieSt-RL[20] zunächst eher weit aus. Danach umfasste der Begriff Biomasse den biologisch abbaubaren Anteil von Erzeugnissen, Abfällen und Rückständen der Landwirtschaft (einschließlich pflanzlicher und tierischer Stoffe), der Forstwirtschaft, und damit verbundener Industriezweige sowie den biologisch abbaubaren Anteil von Abfällen aus Industrie und Haushalten. Hiernach war auch Klärschlamm Biomasse im Sinne der Bestimmung. Seit dem 1.8.2013 gehören zum Begriff der Biomasse nach § 1 b Abs. 2 StromStV nur noch solche Stoffe, die als Biomasse im Sinne der Biomasseverordnung (BiomasseV)[21] anerkannt sind. Dieses engere Begriffsverständnis hat u. a. zur Folge, dass Klärschlamm nicht mehr als Biomasse (auch) im stromsteuerrechtlichen Sinne eingeordnet werden kann, vgl. § 3 Nr. 6 BiomasseV.

❗ Tipp
Gemäß § 1b Abs. 1 StromStV verstößt eine sog. „Mischfeuerung" unter gleichzeitigem Einsatz von erneuerbaren oder sonstigen Energieträgern gegen das Erfordernis der Stromerzeugung „ausschließlich" aus den in § 2 Nr. 7 StromStG genannten Energieträgern. Lediglich die technisch notwendige Zünd- oder Stützfeuerung mit nicht regenerativen Energieträgern ist nach § 1b StromStG zulässig.[22]

21 Die **Stromsteuerbefreiung** setzt weiter die Entnahme „grünen" Stroms aus einem ausschließlich „grünen" Netz bzw. einer „grünen" Leitung voraus. Ausschlaggebend ist hierbei die Betrachtung des tatsächlichen bzw. physikalischen Stromflusses.[23] Eine Entnahme „grünen" Stroms kann also nicht über die (nur) bilanzielle Lieferung von Strom aus erneuerbaren Energieträgern gewährleistet werden. Daher hat die Stromsteuerbefreiung des § 9 Abs. 1 Nr. 1 StromStG bis auf Weiteres jedenfalls für Stromentnahmen aus dem allgemeinen Versorgungsnetz keine oder allenfalls eine geringe praktische Relevanz. Denn auch bei einem Anteil von mehr als 20 % Strom aus erneuerbaren Energieträgern handelt es sich regelmäßig nicht ausschließlich um **„grüne Netze"**. Selbst wenn der Anteil erneuerbarer Energieanlagen so groß sein sollte, dass zumindest zeitweise das Versorgungsnetz vollständig mit „grünem" Strom gespeist würde, ist ungeklärt, ob jedenfalls für diesen Zeitraum die Voraussetzungen der Stromsteuerbefreiung gegeben sind.[24] Von den Hauptzollämtern wird

---

18 BGBl. I S. 2763.
19 Vgl. FG Berlin-Brandenburg, Urt. v. 28.11.2013 – 1 K 1045/09 – CuR 2014, 46 ff.
20 Richtlinie 2003/96/EG des Rates v. 27.10.2003 zur Restrukturierung der gemeinschaftlichen Rahmenvorschriften zur Besteuerung von Energieerzeugnissen und elektrischem Strom (EnergieSt-RL) (ABlEU Nr. L 283 v. 31.10.2003, S. 51 ff.).
21 Biomasseverordnung (BiomasseV) v. 21.6.2001 (BGBl. I S. 1234), zuletzt geändert durch Gesetz v. 21.7.2014 (BGBl. I S. 1066).
22 Vgl. auch *Soyk*, Energie- und Stromsteuerrecht, Kap. 17 Rn 6.
23 Vgl. Bongartz/Jatzke/Schröer-Schallenberg/*Wundrack*, EnergieStG StromStG, § 9 StromStG Rn 9 ff.
24 Vgl. Friedrich/Meißner/*Friedrich*, Energiesteuer, § 9 StromStG Rn 18.

bislang eine Jahresbetrachtung zugrunde gelegt, was in der Konsequenz dazu führt, dass mangels ganzjährig „grünen" Netzes die Regelung des § 9 Abs. 1 Nr. 1 StromStG im Hinblick auf Stromentnahmen aus dem Netz für die allgemeine Versorgung praktisch keinen Anwendungsbereich hat.

> **Tipp** ❗
>
> Für Stromentnahmen vor dem Netz der allgemeinen Versorgung kommt jedoch ein Erlass des BMF vom 30.11.2001[25] zur Anwendung. Danach gilt für die Stromentnahme aus einem sog. „Eigennetz" bzw. einer „Eigenleitung", dass die Voraussetzung der Ausschließlichkeit auch dann noch gegeben ist, wenn der Strom aus erneuerbaren Energieträgern innerhalb dieses „Eigennetzes" mit anderen Energieträgern „vermischt" wird. Allerdings ist die Stromsteuerbefreiung auf diejenige Strommenge beschränkt, die durch entsprechende Messeinrichtungen nachweisbar aus erneuerbaren Energieträgern erzeugt worden ist. Nicht eindeutig folgt aus dem Erlass des BMF vom 30.11.2001, ob der Anteil des „grünen" Stroms den überwiegenden Teil der Stromentnahme ausmachen muss.

c) Input-Befreiung: Dezentrale Stromversorgung aus kleinen Anlagen

Steuerbefreit ist außerdem Strom, der in **Anlagen mit einer elektrischen Nennleistung von bis zu 2 MW** erzeugt und entweder vom Betreiber der Anlage als Eigenerzeuger im räumlichen Zusammenhang zu der Anlage zum Selbstverbrauch entnommen oder von demjenigen, der die Anlage betreibt oder betreiben lässt an Letztverbraucher geleistet wird, die den Strom im räumlichen Zusammenhang zur Anlage entnehmen. 22

Erste Voraussetzung des § 9 Abs. 1 Nr. 3 StromStG ist daher die Stromerzeugung in einer Anlage von bis zu 2 MW elektrischer Nennleistung. Der Begriff der **Anlage** ist zwar im StromStG nicht definiert, aber durch § 12b StromStV und die Rechtsprechung des BFH[26] konkretisiert worden: In § 12b Abs. 1 StromStV werden mehrere unmittelbar miteinander verbundene Stromerzeugungseinheiten an einem Standort als Anlage im Sinne von § 9 Abs. 1 Nr. 3 StromStG zusammengefasst. Als unmittelbar miteinander verbunden gelten nach § 12b Abs. 1 S. 2 StromStV auch Anlagen, die in Modulbauweise errichtet wurden, solange sie sich im selben baulichen Objekt befinden. 23

Abs. 2 des § 12b StromStV enthält Anforderungen an eine Zusammenfassung mehrerer **Stromerzeugungseinheiten** zu einer Anlage an unterschiedlichen Standorten. Danach gelten Stromerzeugungseinheiten an verschiedenen Standorten dann als eine Anlage zur Stromerzeugung, wenn sie zum Zweck der Stromerzeugung zentral gesteuert werden und der erzeugte Strom zumindest teilweise in das Versorgungsnetz eingespeist werden soll. Zum Begriff der **zentralen Steuerung** hat sich das BMF 24

---

25 Vgl. Erlass BFM v. 30.11.2001 – III A1 – V 4250 – 27/01; vgl. auch *Eichhorn/Utescher-Dabitz*, Besteuerung von Strom, Erdgas und Kohle, S. 512.
26 BFH, Urt. v. 23.6.2009 – VII R 34/08 und VII R 42/08 – IR 2009, 354 = StE 2010, 9 ff.

in mehreren Erlassen geäußert.[27] Im Wesentlichen wird daraus deutlich, dass eine zentrale Überwachung bzw. Steuerung von mehreren Stromerzeugungseinheiten zur Vermeidung von Fehlern, Störungen oder zur Erhaltung der Netzstabilität nicht unter den Begriff der zentralen Steuerung fallen soll. Gleiches gilt für die zentrale Steuerung zum Zweck der Wärmeerzeugung (sog. „wärmegeführte Anlagen").

! Tipp
Geklärt hat das BMF zudem durch Erlass vom 6.8.2014, dass die Steuerung von Stromerzeugungseinheiten zur Teilnahme am Regelenergiemarkt ebenfalls keine zentrale Steuerung im Sinne der Vorschrift darstellt.[28] Gleiches sollte für die zentrale Steuerung zur Inanspruchnahme der Marktprämie nach § 35 Nr. 2 EEG i. V. m. § 36 Abs. 1 EEG[29] gelten; dies ist allerdings derzeit ungeklärt.

25 Werden verschiedene Stromerzeugungsanlagen nach § 12b Abs. 1 oder Abs. 2 StromStV zu einer Anlage im Sinne von § 9 Abs. 1 Nr. 3 StromStG zusammengefasst, gilt die Summe der elektrischen Nennleistungen der einzelnen Stromerzeugungseinheiten als elektrische Nennleistung der Anlage (vgl. § 12b Abs. 3 StromStG). Hierbei ist die „Bruttoleistung" zugrunde zu legen, d. h. ein etwaiger Eigenverbrauch der Anlage kann nicht in Abzug gebracht werden.[30]

! Tipp
Die elektrische Nennleistung darf zulässigerweise reduziert werden, wenn sie durch Maßnahmen erfolgt, die vom Anlagenbetreiber nicht verändert werden können, und wenn die Reduktion der Anlagenleistung nicht aufgrund gesetzlicher Vorschriften, behördlicher Anordnung oder dergleichen mehr veranlasst ist.[31]

26 Voraussetzung der Stromsteuerbefreiung aus § 9 Abs. 1 Nr. 3 StromStG ist außerdem die Entnahme des Stroms im räumlichen Zusammenhang zur Anlage. Was unter dem Begriff des **räumlichen Zusammenhangs** zu verstehen ist, hat der BFH in mehreren Entscheidung konkretisiert.[32] Ein Nachweis über den physikalischen Stromfluss zwischen Anlage und Entnahmestelle ist hierbei nicht erforderlich. Die Einspeisung des erzeugten Stroms in das Netz der allgemeinen Versorgung lässt den räumlichen Zusammenhang daher nicht entfallen. Der räumliche Zusammenhang ist jedenfalls

---

27 Vgl. Erlass BMF v. 19.10.2011 – IV C 2 – S 2741/10/10002 – StE 2012, 6 f.; Erlass BFH v. 30.3.2012 – III B 6 – V 9950/06/10021:020 sowie v. 24.3.2014 – IV A 2 – O 2000/13/10002; siehe auch Bongartz/Jatzke/Schröer-Schallenberg/*Wundrack*, § 9 StromStG Rn 32 ff.
28 Vgl. Erlass BMF v. 6.8.2014 – III B 6 – V 4250/05/10003:004.
29 Erneuerbare-Energien-Gesetz (EEG) v. 21.7.2014 (BGBl. I S. 1066), zuletzt geändert durch Gesetz v. 22.7.2014 (BGBl. I S. 1218).
30 Vgl. BFH, Urt. v. 7.6.2011 – VII R 55/09, VII R 54/09 – ZNER 2011, 561 ff.
31 Vgl. Erlass BMF v. 12.6.2007 – III A 1 – V 8245/07/0010, siehe auch Bongartz/Jatzke/Schröer-Schallenberg/*Wundrack*, EnergieStG StromStG, § 9 StromStG Rn 35 ff.
32 Vgl. BFH, Urt. v. 20.4.2004 – VII R 44/03, VII R 54/03, VII R 57/03 – StE 2004, 110 f. = IR 2004, 227.

grundsätzlich dann gegeben, wenn Anlagenstandort und Abnahmestelle über ein Niederspannungs- bzw. Mittelspannungsnetz verbunden sind und sich in räumlicher Distanz von wenigen Kilometern zueinander befinden.

> **Tipp**
> Gemäß § 12b Abs. 2 S. 2 StromStV muss der räumliche Zusammenhang jeweils in Bezug auf die einzelne Stromerzeugungseinheit geprüft werden.

Erforderlich ist schließlich, dass der Strom entweder vom Anlagenbetreiber als Eigenerzeuger zum Selbstverbrauch entnommen (vgl. § 9 Abs. 1 Nr. 3 lit. a StromStG) oder von demjenigen, der die Anlage betreibt oder betreiben lässt, an Letztverbraucher geleistet wird (vgl. § 9 Abs. 1 Nr. 3 lit. b StromStG). Zum Erfordernis des Selbstverbrauchs bzw. der Leistungsbeziehung enthält § 12b Abs. 4 StromStV seit dem 1.8.2013 neue Anforderungen. Danach setzt die Entnahme zum **Selbstverbrauch** bzw. die Leistung des Stroms an Letztverbraucher voraus, dass an der Leistungsbeziehung über den in der Anlage erzeugten Strom keine weiteren als die in der Vorschrift genannten Personen beteiligt sind. Im Grundsatz darf also insbesondere keine Stromleistung an oder über Dritte erfolgen. Eine **Ausnahme** gilt lediglich dann, wenn für den erzeugten Strom die **Einspeisevergütung nach dem EEG** oder der **Zuschlag nach dem KWKG** geltend gemacht werden soll und der erzeugte Strom daher zunächst an einen Netzbetreiber geleistet und sogleich zurückerworben wird (vgl. § 12b Abs. 4 S. 2 StromStV). Hierbei knüpft die Verordnung offenbar an Erlasse des BMF zum EEG[33] bzw. zum KWKG[34] und die bisherige Praxis der Hauptzollämter an. Nicht erforderlich ist trotz des missverständlichen Wortlauts von § 12b Abs. 4 S. 2 StromStV, dass der Rückerwerb des an den Netzbetreiber geleisteten Stroms auch von eben diesem Netzbetreiber erfolgen muss; jedenfalls für den Fall der Inanspruchnahme der EEG-Einspeisevergütung reicht der Rückerwerb von einem Dritten aus. Denn der Netzbetreiber ist gesetzlich dazu verpflichtet, den vergüteten EEG-Strom an den Übertragungsnetzbetreiber weiterzugeben (vgl. § 34 EEG) und deshalb zu einer Rückleistung außerstande.[35]

27

> **Tipp**
> Diese Frage ist bislang noch nicht abschließend geklärt. Nach § 4 Abs. 6 StromStV müssen ab 2014 auch diejenigen Strommengen gemeldet werden, die nach § 9 Abs. 1 Nr. 3 lit. b StromStG steuerfrei entnommen worden sind. Hierbei sollte auch die gegebenenfalls erfolgende Inanspruchnahme der EEG-Vergütung angegeben werden, damit diese für die Besteuerung wesentliche Tatsache offengelegt ist (vgl. § 90 Abs. 1 AO).

---

33 Vgl. Erlass BFM v. 19.6.2002 – III A 1 – V 4201 – 1/02; vgl. auch *Eichhorn/Utescher-Dabitz*, Besteuerung von Strom, Erdgas und Kohle, S. 514.
34 Vgl. Erlass BFM v. 31.5.2010 – III B 6 – V 4250/05/10003.
35 Vgl. dazu eingehend *Liebheit/Große*, ZfZ 2014, 29 ff.

28 Nach § 9 Abs. 1 Nr. 3 StromStG ist stromsteuerfrei nicht der in der Anlage erzeugte, sondern der durch Letztverbraucher aus dem Versorgungsnetz entnommene Strom. Daher sind Leitungs- und Umspannverluste in Abzug zu bringen, wobei diese Verluste geschätzt werden dürfen.[36] Außerdem kann der Versorger aus Vereinfachungsgründen die steuerfreien Mengen nach eigener Wahl Entnahmestellen zuordnen.[37] Erforderlich ist jedoch, dass der in der Anlage erzeugte Strom im Wesentlichen zeitgleich entnommen wird; Saldierungen über längere Zeiträume sind unzulässig.[38] Die Rechtsprechung hat eine Monats- bzw. Tagessaldierung als unzureichend bewertet.[39] Ob jedoch eine im Wesentlichen zeitgleiche Entnahme nur bei stündlicher oder viertelstündlicher Gegenüberstellung der erzeugten und entnommenen Mengen bejaht werden kann,[40] ist bislang ungeklärt.

3. Stromsteuerentlastungen

29 Sofern der zum Verbrauch entnommene Strom nicht stromsteuerfrei ist, greift möglicherweise eine **Steuerentlastung**.[41]

30 Die Steuerentlastungen in den §§ 9a ff. StromStG setzen voraus, dass ein **Unternehmen des Produzierenden Gewerbes** bzw. im Fall der Steuerentlastung nach § 9b StromStG auch ein **Unternehmen der Land- und Forstwirtschaft** den Strom entnommen hat.

> **Tipp**
> Unternehmen der Land- und Forstwirtschaft haben also nur die Möglichkeit einer Entlastung von der Stromsteuer in Höhe von 5,13 €/MWh.

31 Welche **Unternehmen** zu denen des Produzierenden Gewerbes bzw. der Land- und Forstwirtschaft zählen, ergibt sich aus der Begriffsdefinition in § 2 Nr. 3 StromStG.[42] Entscheidend ist die Einordnung der kleinsten rechtlichen selbstständigen Einheit.

---

[36] Vgl. Erlass BFM v. 18.10.2004 – III A 1 – V 4250 – 9/04; vgl. auch *Eichhorn/Utescher-Dabitz*, Besteuerung von Strom, Erdgas und Kohle, S. 520.
[37] Vgl. Erlass BFM v. 18.10.2004 – III A 1 – V 4250 – 9/04; vgl. auch *Eichhorn/Utescher-Dabitz*, Besteuerung von Strom, Erdgas und Kohle, S. 520.
[38] Vgl. Erlass BFM v. 18.10.2004 – III A 1 – V 4250 – 9/04; vgl. auch *Eichhorn/Utescher-Dabitz*, Besteuerung von Strom, Erdgas und Kohle, S. 520.
[39] Vgl. FG Berlin-Brandenburg, Urt. v. 1.8.2012 – 1 K 1106/09 – StE 2012, 16 ff.
[40] Vgl. Erlass BMF v. 17.11.2005 – Az. III A 1 – V 4250/05/0003.
[41] Zum Begriff „Steuerentlastung" vgl. Bongartz/Jatzke/Schröer-Schallenberg/*Wundrack*, EnergieStG StromStG, § 9b StromStG Rn 4.
[42] Siehe auch die Rechtsprechungsübersicht von Friedrich/Meißner/*Friedrich*, Energiesteuern, § 2 StromStG Rn 101c ff.

Auch kommunale Eigenbetriebe sind Unternehmen im Sinne des Stromsteuerrechts, vgl. § 2 Nr. 4 StromStG.

Für **Unternehmen des Produzierenden Gewerbes** ist erforderlich, dass sie überwiegend eine wirtschaftliche Tätigkeit ausüben, die dem Abschnitt C (Bergbau und Gewinnung von Steinen und Erden), Abschnitt D (Verarbeitendes Gewerbe), Abschnitt E (Energie- und Wasserversorgung) oder Abschnitt F (Baugewerbe) der Klassifikation der Wirtschaftszweige, Ausgabe 2003 (WZ 2003)[43] zuzuordnen ist. **Unternehmen der Land- und Forstwirtschaft** müssen dem Abschnitt A (Land- und Forstwirtschaft) oder der Klasse 05.02 (Teichwirtschaft und Fischaufzucht) der WZ 2003 unterfallen. Die **Zuordnung** zu einem Abschnitt der WZ 2003 bestimmt sich dabei nach dem Schwerpunkt der wirtschaftlichen Tätigkeit (vgl. § 15 Abs. 2 StromStV).[44] Hierbei hat das Unternehmen gemäß § 15 Abs. 4 S. 2 StromStV die Möglichkeit, den Anteil der Bruttowertschöpfung zu Herstellungspreisen, die Wertschöpfung, die Anzahl der tätigen Personen oder den steuerbaren Umsatz im Sinne von § 1 Nr. 1 des Umsatzsteuergesetzes (UStG)[45] heranzuziehen. Das Hauptzollamt kann die Wahl des Unternehmens lediglich dann gemäß § 15 Abs. 4 S. 3 StromStV zurückweisen, wenn sie zur Bestimmung des wirtschaftlichen Schwerpunkts offensichtlich nicht geeignet ist.

a) Steuerentlastung für bestimmte Prozesse und Verfahren

Nach § 9a StromStG können Unternehmen des Produzierenden Gewerbes für **bestimmte Prozesse und Verfahren** eine Steuerentlastung beanspruchen. Auf diese Weise soll die Wettbewerbsfähigkeit der Unternehmenstätigkeiten auf dem internationalen Markt gefördert werden.[46] Entlastungsfähig ist lediglich Strom, der für die abschließend benannten Prozesse und Verfahren eingesetzt wird. Hierzu gehören die Elektrolyse (§ 9 Abs. 1 Nr. 1 StromStG), verschiedene mineralische Verfahren (§ 9a Abs. 1 Nr. 2 StromStG), die Metallerzeugung und -bearbeitung (§ 9a Abs. 3 StromStG) sowie der Stromverbrauch in chemischen Reduktionsverfahren (§ 9a Abs. 1 Nr. 4 StromStG).[47]

Für die **Geltendmachung der Steuerentlastung** ist § 17a StromStV zu beachten. Er enthält bestimmte Vorgaben zu Form und Frist des Entlastungsantrags. Der auf

---

[43] Zur Anwendung der WZ 2003 vgl. Bongartz/Jatzke/Schröer-Schallenberg/*Wundrack*, EnergieStG StromStG, § 2 StromStG Rn 18 mit Nachweisen der Rechtsprechung.
[44] Vgl. dazu eingehend *Soyk*, Energie- und Stromsteuerrecht, Kap. 18 Rn 23 ff.; Bongartz/Jatzke/Schröer-Schallenberg/*Wundrack*, EnergieStG StromStG, § 2 StromStG Rn 22 ff.
[45] Umsatzsteuergesetz (UStG) i. d. F. der Bekanntmachung v. 21.2.2005 (BGBl. I S. 386), zuletzt geändert durch Gesetz v. 25.72014 (BGBl. I S. 1266).
[46] Vgl. Gesetzesbegründung, BT-Drucks. 1611/72, S. 47 f.
[47] Vgl. Friedrich/Meißner/*Friedrich*, Energiesteuer, § 9a StromStG Rn 5 ff; *Soyk*, Energie- und Stromsteuerrecht, Kap. 18 Rn 4.

dem amtlichen Vordruck[48] zu stellende Antrag muss spätestens zum Ende des auf die Entnahme folgenden Kalenderjahres beim örtlich zuständigen Hauptzollamt eingereicht werden. Mit dem Antrag ist eine Beschreibung der wirtschaftlichen Tätigkeiten des Unternehmens im maßgebenden Zeitraum[49] einzureichen, in der die Verwendung des Stroms dargestellt ist, vgl. § 17a Abs. 3 StromStV.

b) Steuerentlastung für Unternehmen des Produzierenden Gewerbes oder Unternehmen der Land- und Forstwirtschaft

35 Die Steuerentlastung nach § 9b StromStG begünstigt neben Unternehmen des Produzierenden Gewerbes auch Unternehmen der Land- und Forstwirtschaft.

36 Voraussetzung ist zunächst, dass die Unternehmen nachweislich mit dem Steuersatz von 20,50 €/MWh versteuerten Strom bezogen haben.[50]

> **Tipp**
> Unternehmen, die eine Steuerentlastung geltend machen wollen, sollten vorab mit ihrem Versorger klären, ob ausschließlich Strom geleistet wird, der mit dem regulären Steuersatz versteuert wird.

37 Der Begriff der **Stromentnahme** ist im StromStG nicht legal definiert. Nach allgemeinem Verständnis wird die Entnahme von Strom als tatsächlicher Vorgang begriffen.[51] Sie muss einer natürlichen oder juristischen Person zugerechnet werden können. Hierfür ist insbesondere maßgeblich, wer die Sachherrschaft und die Verfügungsgewalt für die stromverbrauchenden Einrichtungen innehat.[52] Die Stromentnahme muss ferner für betriebliche Zwecke erfolgen. Hierunter fällt neben der Stromentnahme für die Haupttätigkeit des Unternehmens auch ein Stromverbrauch für Hilfs- und Nebentätigkeiten.[53]

38 Außerdem bestimmen § 9b Abs. 1 S. 2 und 3 StromStG, dass die Stromentnahme zur Erzeugung von Nutzenergie, also von Licht, Wärme, Kälte, mechanische Energie und Druckluft (es sei denn, die Druckluft wird in Flaschen oder anderen Behältern abgege-

---

48 Formular mit der Vordrucknummer 1452, abrufbar unter https://www.formulare-bfinv.de/ffw/content.do.
49 Formular mit der Vordrucknummer 1402, abrufbar unter https://www.formulare-bfinv.de/ffw/content.do.
50 Der Bezug von Strom mit einem verringerten Steuersatz von 11,42 €/MWh gem. § 9 Abs. 2 StromStG, von 0,50 €/MWh gem. § 9 Abs. 3 StromStG und steuerfreier Strom nach § 9 Abs. 1 StromStG fällt damit nicht unter den Normanwendungsbereich; vgl. Friedrich/Meißner/*Friedrich*, Energiesteuer, § 9b StromStG Rn 9.
51 Vgl. BT-Drucks. 14/40, S. 10; Friedrich/Meissner/*Meissner*, Energiesteuern, § 5 StromStG Rn 5.
52 BFH, Urt. v. 25.9.2013 – VII R 64/11 – EnWZ 2014, 42, vorangegangen FG München, Urt. v. 21.9.2011 – 14 K 145/10 – CuR 2012, 35; BFH, Urt. v. 22.11.2005 – VII R 33/05 – CuR 2006, 66 ff.; BFH, Beschl. v. 31.1.2008 – VII B 79/07 – StE 2008, 74 ff.
53 Vgl. FG Gotha, Urt. v. 31.7.2008 – II 9/06; Schneider/Theobald/*Rodi*, HBEnWR, § 19 Rn 118.

ben) nur dann unter die Steuerentlastung fällt, wenn die **Nutzenergie** nachweislich durch ein Unternehmen des Produzierenden Gewerbes oder ein Unternehmen der Land- und Forstwirtschaft genutzt worden ist. Wann jeweils ein solchermaßen erforderliches „Nutzen" vorliegt, ist bislang nicht durch die Rechtsprechung entschieden worden. Für die Auslegung dieser Voraussetzung dürfte aber zu berücksichtigen sein, dass mit der zusätzlichen Anforderung die Steuerentlastung durch sog. „Contracting-Modelle" unterbunden werden sollte.[54] Wird die Entlastung für den Stromverbrauch zur Nutzenergieerzeugung beantragt, bedarf es immer dann, wenn die Nutzenergie von einem anderen Unternehmen des Produzierenden Gewerbes bzw. der Land- und Forstwirtschaft verwendet worden ist, einer Selbsterklärung dieses anderen Unternehmens[55] und einer Aufstellung der für die Nutzenergieerzeugung entnommenen Strommengen, vgl. § 17c Abs. 1 StromStV. Unter bestimmten Voraussetzungen ist eine Schätzung der zur Nutzenergieerzeugung entnommenen Strommengen möglich, vgl. § 17b Abs. 4 StromStV.

c) Steuerentlastung in Sonderfällen (Spitzenausgleich)

Unternehmen des Produzierenden Gewerbes können über den sog. **Spitzenausgleich** nach § 10 StromStG eine weitere Steuerentlastung bis zu 90 % des regulären Steuersatzes von 20,50 €/MWh geltend machen. 39

Voraussetzung hierfür ist zunächst wie für die Steuerentlastung nach § 9b StromStG in gleicher Weise die Entnahme nachweislich versteuerten Stroms zu betrieblichen Zwecken. Soweit dabei Strom zur Erzeugung von Nutzenergie entnommen worden ist, gilt ebenso wie für § 9b StromStG, dass die Nutzenergie nachweislich durch ein Unternehmen des Produzierenden Gewerbes genutzt worden sein muss. 40

Zusätzlich sind die antragstellenden Unternehmen ab 2013 verpflichtet, für das jeweilige Entlastungsjahr nachzuweisen, dass sie ein **Umweltmanagementsystem** oder ein **Energiemanagementsystem** betreiben. Das Umweltmanagementsystem muss den Vorgaben nach EMAS,[56] das Energiemanagementsystem den Anforderungen der DIN EN ISO 50001 genügen. Lediglich für sog. kleine und mittlere Unternehmen (KMU) gelten vereinfachte Anforderungen: Sie können alternative Systeme zur Verbesserung der **Energieeffizienzsysteme** betreiben, die der DIN EN 16247-1 ent- 41

---

54 Vgl. *Soyk*, Energie- und Stromsteuerrecht, Kap. 18 Rn 8; Bongartz/Jatzke/Schöer-Schallenberg/*Wundrack*, EnergieStG StromStG, § 9b StromStG Rn 51 ff.
55 Formular mit der Vordrucknummer 1456, abrufbar unter https://www.formulare-bfinv.de/ffw/content.do; vgl. Friedrich/Meißner/*Friedrich*, Energiesteuer, § 9b StromStG Rn 25.
56 Art. 13 der Verordnung (EG) Nr. 1221/2009 des Europäischen Parlaments und des Rates vom 25.11.2009 über die freiwillige Teilnahme von Organisationen an einem Gemeinschaftssystem für Umweltmanagement und Umweltbetriebsprüfung und zur Aufhebung der Verordnung (EG) Nr. 61/2001, ABl EU Nr. L 342, S. 1 ff., sowie der Beschlüsse der Kommission 2001/691/EG und 2006/193/EG, ABl EU Nr. L 342, S. 1 ff.

sprechen müssen. KMU sind solche Unternehmen, die weniger als 250 Mitarbeiter beschäftigen und deren Umsatz 50 Mio. € oder deren Jahresbilanz 43 Mio. € nicht überschreiten. Hierbei sind die Besonderheiten für verbundene Unternehmen sowie für Unternehmen mit einer Beteiligung einer öffentlichen Stelle bzw. einer Körperschaft des öffentlichen Rechts zu beachten; diese gelten nicht als KMU, wenn mehr als 25 % der Anteile an dem Unternehmen direkt oder indirekt von öffentlicher Hand gehalten werden. Die Anforderungen an alternative Energieeffizienzsysteme für KMU sind in der Spitzenausgleich-Effizienzverordnung (SpaEfV)[57] konkretisiert: Danach kann das Unternehmen neben dem Energieeffizienzsystem nach DIN EN 16247-1 auch ein alternatives Energieeffizienzsystem wählen, dessen Anforderungen Anlage 2 der SpaEfV bestimmt: Hierfür müssen zunächst die eingesetzten Energieträger erfasst und analysiert werden. Im zweiten Schritt erstreckt sich die Erfassung und Analyse auch auf die energieverbrauchenden Anlagen und Geräte. Drittens sind die Einsparpotentiale zu bewerten. Außerdem sollen eine jährliche Rückkopplung zur Geschäftsführung und die Entscheidung über den Umgang mit den erfassten und bewerteten Daten erfolgen.

42 Für die Einführung von Umwelt- oder Energiemanagementsystemen in den Antragsjahren 2013 bis 2015 hat das Unternehmen nach der SpaEfV zwei Möglichkeiten der **Nachweisführung**:[58] Es kann entweder ein Testat i. S. d. § 4 SpaEfV über den Betrieb eines Energie- oder Umweltmanagementsystems bzw. eines alternativen Systems zur Verbesserung der Energieeffizienz vorlegen. Dieses Testat muss im Antragsjahr 2013 auf mindestens 25 % des gesamten Unternehmensenergieverbrauchs bezogen sein (sog. horizontaler Ansatz). Zur Feststellung des prozentualen Anteils ist eine Schätzung zulässig, soweit eine genaue Ermittlung nur mit unvertretbarem Aufwand möglich wäre und die Schätzung so beschaffen ist, dass sie für nicht sachverständige Dritte jederzeit nachprüf- bzw. nachvollziehbar ist (vgl. § 5 Abs. 5 S. 2 SpaEfV). Das Testat über den Betrieb eines Energiemanagementsystems darf sich dabei für das Antragsjahr 2013 auf die DIN EN 16001, Ausgabe August 2009, beziehen. Für das Antragsjahr 2014 muss die Testierung mindestens 60 % des gesamten Energieverbrauchs des Unternehmens einbeziehen (vgl. § 5 Abs. 1 Nr. 1 und Nr. 2 SpaEfV). Ab dem Antragsjahr 2015 muss die Testierung das Gesamtunternehmen umfassen (vgl. § 5 Abs. 2 i. V. m. § 4 SpaEfV). Alternativ genügt es, wenn die Geschäftsführung des Unternehmens erklärt, sich zur Einführung und zum Betrieb eines Energie- oder Umweltmanagementsystems bzw. eines alternativen Systems zu verpflichten, einen Energiebeauftragten ernennt und diesem die notwendigen Befugnisse zur Einführung eines entsprechenden Systems einräumt (sog. vertikaler Ansatz). Außerdem müssen die jeweils nach Antragsjahr 2013 bzw. 2014 unterschiedlich ausgestalteten Anforderungen an ein Energie- bzw. Umweltmanagementsystem nach DIN EN ISO

---

57 Spitzenausgleich-Effizienzsystemverordnung (SpaEfV) v. 31.7.2013 (BGBl. I S. 2858).
58 Vgl. dazu Friedrich/Meißner/*Friedrich*, Energiesteuer, § 10 StromStG Rn 47.

50001, EMAS oder an ein alternatives System aus Anlage 2 der SpaEfV erfüllt sein. So muss etwa ein KMU in 2013 zum Nachweis über den Beginn der Einführung eines alternativen Systems zur Verbesserung der Energieeffizienz lediglich nachweisen, dass es die im Unternehmen eingesetzten Energieträger erfasst und analysiert hat.

Beispiel
Die Erfassung und Analyse kann nach Tabelle 1 in Anlage 2 zur SpaEfV erfolgen:

Tabelle 1

Erfassung und Analyse eingesetzter Energieträger

Jahr	Eingesetzte Energie/ Energieträger	Verbrauch (kWh/ Jahr)	Anteil am Gesamtenergieverbrauch	Kosten	Kostenanteil	Messsystem	Genauigkeit/ Kalibrierung

Für das **Antragsjahr 2014** ist dann erforderlich, dass nicht nur die eingesetzten Energieträger erfasst und analysiert worden sind, sondern auch die energieverbrauchenden Anlagen und Geräte (vgl. § 5 Abs. 1 Nr. 3 lit. b i. V. m. Anlage 2 Nr. 1 und Nr. 2 SpaEfV). 43

Beispiel
Die Erfassung und Analyse kann nach Tabelle 2 in Anlage 2 zur SpaEfV erfolgen:

Tabelle 2

Erfassung und Analyse von Energieverbrauchern

Energieverbraucher				Eingesetzte Energie (kWh) und Energieträger	Abwärme (Temperaturniveau)	Messsystem/ Messart	Genauigkeit/ Kalibrierung
Nr.	Anlage/Teil	Alter	Kapazität				

Die Anforderungen an die Nachweisführung im **Regelverfahren** sind in § 4 SpaEfV niedergelegt. Die Höhe der Erhebung durch den Spitzenausgleich ermittelt sich unternehmensindividuell aus dem Vergleich der Erstattung mit der Stromsteuer und der 44

Entlastung des Unternehmens über gleichbleibende oder sinkende Rentenversicherungsbeiträge.

> **Beispiel**
>
> **1. Schritt: Ermittlung der Stromsteuerbelastung**
>
> | | |
> |---|---|
> | Stromverbrauch: | 50.000 MWh |
> | Steuersatz: | 20,50 €/MWh |
> | Stromsteuer: | 1.025.000 € |
>
> **2. Schritt: Ermittlung der Steuerentlastung nach § 9b StromStG**
>
> | | |
> |---|---|
> | Entlastungsbetrag: | 5,13 €/MWh |
> | Entlastung bei 50.000 MWh: | 256.500 € |
> | Abzüglich Sockelbetrag: | 250 € |
> | Entlastung: | 256.250 € |
>
> **3. Schritt: Ermittlung Unterschiedsbetrag zu den Rentenversicherungsbeiträgen**
>
> | | |
> |---|---|
> | Rentenversicherungspflichtiges Arbeitsentgelt: | 15 Mio. € |
> | Beitragssatz in 1998: | 20,3 % |
> | Arbeitgeberanteil: 15,15 %: | 1.522.500 € |
> | Beitragssatz in 2014: | 18,9 % |
> | Arbeitgeberanteil: 9,45 % | 1.417.500 € |
> | Unterschiedsbetrag: | 105.000 € |
>
> **4. Schritt: Ermittlung der Stromsteuerentlastung nach § 10 StromStG**
>
> | | |
> |---|---|
> | Stromsteuer (abzüglich § 9b StromStG): | 256.250 € |
> | Abzüglich Selbstbehalt: | 1.000 € |
> | Abzüglich Unterschiedsbetrag: | 105.000 € |
> | **Entlastungsgrundlage:** | 150.250 € |
> | **Entlastungsbetrag:** (150.250 € x 90 %): | **135.225 €** |

45 Je nachdem, ob das Unternehmen ein Energie- oder Umweltmanagementsystem oder ein alternatives System betreibt, ist der Nachweis durch ein gültiges DIN-EN-ISO-50001-Zertifikat, einen gültigen Eintragungs- oder Verlängerungsbescheid der EMAS-Registrierungsstelle oder einen Nachweis zum alternativen System zur Verbesserung der Energieeffizienz vorzulegen. Grundsätzlich soll der Nachweis nicht früher als 12 Monate vor Beginn des Antragsjahres ausgestellt worden sein. Erfolgt die Ausstellung zu einem früheren Zeitpunkt, muss der Nachweis mit einer „Aktualisierungsbescheinigung" verbunden sein.

II. Reduzierung der EEG-Umlage

46 Das EEG verfolgt das Ziel, den Anteil der Stromerzeugung aus Erneuerbaren Energien fortwährend zu erhöhen. In 2050 sollen mindestens 80 % des Bruttostromverbrauchs aus Erneuerbaren Energien gedeckt werden. Um dieses Ziel zu erreichen, fördert der Gesetzgeber die Stromerzeugung aus regenerativen Energien. Die Kosten dieser über dem Marktpreis für sonstige aus nicht regenerativen Energieträgern liegenden För-

derung werden über einen bundesweiten Ausgleichsmechanismus auf alle Letztverbraucher und neu auch unter gesonderten Voraussetzungen auf die Eigenversorger (vgl. § 61 EEG) verteilt (**EEG-Umlage**). Davon abweichend können stromkosten- und -handelsintensive Unternehmen sowie Schienenbahnen unter bestimmten Voraussetzungen von einer Verringerung der EEG-Umlagezahlung profitieren (sog. Besondere Ausgleichsregelung).

1. Einleitung

Die **Besondere Ausgleichsregelung** wurde bereits 2003 in das EEG aufgenommen.[59] Sie dient dazu, den Beitrag der Unternehmen zur EEG-Umlage in einem Maße zu halten, welches mit ihrer internationalen Wettbewerbssituation vereinbar ist und die Abwanderung der Unternehmen ins Ausland verhindert, vgl. § 63 Nr. 1 EEG. Bei den Schienenbahnen dient sie dazu, deren intermodale Wettbewerbsfähigkeit zu anderen Verkehrsträgern zu erhalten, vgl. § 63 Nr. 2 EEG. Weiterhin dürfen hierdurch die Gesetzesziele nicht gefährdet werden; die Begrenzung muss außerdem mit den Interessen der Gesamtheit der Stromverbraucher vereinbar sein, vgl. § 63 EEG. Die Reduzierung der EEG-Umlage muss beim Bundesamt für Wirtschaft und Ausfuhrkontrolle (BAFA) beantragt werden; liegen die gesetzlichen Voraussetzungen vor, erlässt die Behörde einen jeweils für ein Kalenderjahr geltenden Begrenzungsbescheid.

47

2. Antragsberechtigte Unternehmen

Antragsberechtigt sind zum einen Unternehmen,[60] deren Tätigkeit **insgesamt und an der zu begrenzenden Abnahmestelle** einer Branche nach Anlage 4 des EEG zugeordnet werden kann.

48

Beispiel
Ein Unternehmen, das Papier, Karton oder Pappe herstellt, ist grundsätzlich antragsberechtigt, da diese Tätigkeiten in Ziffer 69 der Anlage 4 zum EEG genannt sind (die EEG-Umlage wird aber nur an den Abnahmestellen begrenzt, an denen Papier, Karton oder Pappe produziert werden). Anderes gilt für ein Unternehmen, das Zeitungen druckt; diese Tätigkeit ist in Anlage 4 des EEG nicht genannt. Damit ist das Zeitungsunternehmen selbst dann nicht privilegiert, wenn es an einer Abnahmestelle sein Zeitungspapier selbst erzeugt.

Anlage 4 enthält insgesamt 219 Branchen und ist in zwei Listen unterteilt. Sowohl die Branchen als auch deren Zuordnung zu Liste 1 bzw. Liste 2 entspricht den Bestimmungen der **Umwelt- und Energiebeihilfeleitlinien** der Europäischen Kommissi-

49

---

59 Vgl. dazu Altrock/Oschmann/Theobald/*Große/Kachel*, EEG, § 40 Rn 7 ff.
60 Zum Begriff des Unternehmens vgl. die gesetzliche Definition in § 5 Nr. 34 EEG.

on.[61] Die Zuordnung zu Liste 1 oder Liste 2 in Anlage 4 des EEG entscheidet darüber, welche Stromkostenintensität ein Unternehmen aufweisen muss.

> **Beispiel**
> So muss ein Unternehmen, das Ziegel und sonstige Baukeramik herstellt, eine geringere Stromkostenintensität nachweisen als ein Unternehmen, das keramische Haushaltswaren herstellt. Denn die zuerst genannten Tätigkeiten gehören gemäß Ziffer 109 zu Liste 1 in Anlage 4 zum EEG; die zweitgenannten Tätigkeiten unterfallen hingegen gemäß Ziffer 110 der Liste 2 in Anlage 4 zum EEG.

50 Das EEG bestimmt auch weiterhin nicht, welche Branchenzuordnung bei einem Unternehmen zu erfolgen hat, das mehrere Tätigkeiten ausübt. Mangels gesetzlicher Vorgabe dürfte zur **Bestimmung des wirtschaftlichen Schwerpunkts** auf die Regelungen in § 15 Abs. 4 StromStV zurückzugreifen sein.[62] Für die Zuordnung des Unternehmens zu den Branchen ist der Zeitpunkt des Endes des letzten abgeschlossenen Geschäftsjahres maßgeblich, vgl. § 64 Abs. 7 EEG.

51 Welche Unternehmen unter den Begriff der „Schienenbahnen" fallen, wird in § 5 Nr. 28 EEG definiert.

3. Materielle Begrenzungsvoraussetzungen

52 Unternehmen sind nur dann stromintensiv im Sinne der Besonderen Ausgleichsregelung, wenn sie erstens einen **Stromverbrauch** von mehr als 1 GWh im letzten abgeschlossenen Geschäftsjahr an der zu begrenzenden Abnahmestelle vorweisen können. Berücksichtigt wird sowohl der von einem Elektrizitätsversorgungsunternehmen bezogene als auch der ggf. neu der EEG-Umlagepflicht unterliegende eigenerzeugte Stromverbrauch.

53 Weiter muss das Unternehmen eine bestimmte **Stromkostenintensität** nachweisen. Diese beträgt für Unternehmen nach Liste 1 in Anlage 4 mindestens 16 % für die Begrenzung in 2015 bzw. 17 % für die Begrenzung ab 2016. Unternehmen nach Liste 2 in Anlage 4 des EEG müssen eine Stromkostenintensität von mindestens 20 % vorweisen können. Die Stromkostenintensität ermittelt sich nach § 64 Abs. 6 Nr. 3 EEG und umfasst grundsätzlich das Verhältnis der Stromkosten zum arithmetischen Mittel der Bruttowertschöpfung in den letzten drei abgeschlossenen Geschäftsjahren des Unternehmens. Für die Stromkosten ist ebenfalls das arithmetische Mittel des Unternehmensstromverbrauchs in den letzten abgeschlossenen Geschäftsjahren heranzuziehen, wobei auch hier der EEG-umlagepflichtige selbstverbrauchte Strom einbezogen ist. Vorgesehen ist, durch Rechtsverordnung standardisierte Stromverbräuche mit

---

61 Leitlinien für staatliche Umweltschutz- und Energiebeihilfen 2014–2020, 2014/C 200/01, Anhang 5 (ABl EU Nr. C 200, S. 1 ff.).
62 Vgl. Rn 32.

einem durchschnittlichen Strompreis sowie bestimmte Effizienzanforderungen festzulegen, vgl. § 94 Nr. 1 EEG.

Die Bruttowertschöpfung bestimmt sich weiterhin nach der Definition des statistischen Bundesamtes, Fachserie 4, Reihe 4.3;[63] nunmehr allerdings mit den Besonderheiten, dass Personalkosten für Leiharbeitsverhältnisse abzuziehen sind und die Bruttowertschöpfung zu Faktorkosten maßgeblich ist. Letzteres hat zur Folge, dass einerseits sonstige indirekte Steuern in Abzug gebracht werden können, aber andererseits Subventionen für die laufende Produktion berücksichtigt werden müssen.

Beispiel
Nach dem BAFA[64] zählen zu den indirekten Steuern die Grundsteuer, Gewerbesteuer, Kraftfahrzeugsteuern und die Verbrauchssteuern (Bier-, Mineralöl-, Schaumwein-, Tabaksteuer und Branntweinaufschlag), die das Unternehmen auf die selbst hergestellten verbrauchsteuerpflichtigen Erzeugnisse schuldet. Zu den Subventionen gehören nach Ansicht der Behörde Zuwendungen, die Bund, Länder und Gemeinden oder Einrichtungen der Europäischen Gemeinschaften ohne Gegenleistung an das Unternehmen für Forschungs- und Entwicklungsvorhaben (nicht spezielle Auftragsforschung für den Staat) oder für laufende Produktionszwecke gewähren, um die Produktionskosten zu verringern und/oder die Verkaufspreise der Erzeugnisse zu senken und/oder eine hinreichende Entlohnung der Produktionsfaktoren zu ermöglichen. Hierzu sollen u. a. Zinszuschüsse, gleichgültig für welche Zwecke sie gewährt werden (auch dann, wenn sie an den Kreditgeber direkt bezahlt werden), Frachthilfen, Lohnkostenzuschüsse für ältere Arbeitnehmer nach § 97 AFG, Stützungsmaßnahmen für Magermilch, Strompreiskompensationen und Steinkohlebeihilfen zählen.

Übergangsweise können antragstellende Unternehmen für die Begrenzungsjahre 2015 bzw. 2016 wahlweise auf die **Bruttowertschöpfung** des letzten abgeschlossenen Geschäftsjahres bzw. der letzten beiden abgeschlossenen Geschäftsjahre zurückgreifen, vgl. § 103 Abs. 1 Nr. 2 und Abs. 2 Nr. 1 EEG.

Hinsichtlich der Stromkosten darf das Unternehmen übergangsweise für die Begrenzung in 2015 und 2016 die jeweils in den zuletzt abgeschlossenen Geschäftsjahren zu tragenden Stromkosten heranziehen. Dabei besteht zusätzlich die Besonderheit, dass hierbei die (noch nicht) umlagepflichtigen selbstverbrauchten Strommengen in Ansatz gebracht werden können, soweit diese dauerhaft EEG-umlagepflichtig werden, vgl. § 103 Abs. 1 Nr. 4 und Abs. 3 Nr. 2 EEG.

Außerdem muss das antragstellende Unternehmen ein zertifiziertes **Energie- oder Umweltmanagementsystem** betreiben, vgl. § 64 Abs. 1 Nr. 3 EEG. Die Anforderungen an das Energie- oder Umweltmanagementsystem unterscheiden sich nach dem Jahresstromverbrauch des Unternehmens: Liegt dieser unter 5 GWh, genügt

---

63 Vgl. http://www.bafa.de/bafa/de/energie/besondere_ausgleichsregelung_eeg/publikationen/stabua/energie_eeg_bruttowertschoepfung.pdf.
64 Siehe BAFA-Merkblatt für stromintensive Unternehmen, abrufbar unter http://www.bafa.de/bafa/de/energie/besondere_ausgleichsregelung_eeg/merkblaetter/merkblatt_stromkostenintensive_unternehmen.pdf, S. 18.

ein alternatives System nach § 3 SpaEfV, das entweder die Anforderungen der DIN EN 16247-1 oder die Anforderungen der Anlage 2 der SpaEfV erfüllt.[65] Unternehmen mit einem Stromverbrauch ab 5 GWh im Jahr müssen ein Energiemanagementsystem betreiben, das den Anforderungen der DIN EN ISO 50001 entspricht bzw. ein Umweltmanagementsystem nach EMAS. Das EEG sieht allerdings eine Übergangsregelung für diejenigen Anstragsteller vor, die bislang kein Energie- oder Umweltmanagementsystem nachweisen mussten: Unter der Voraussetzung eines Stromverbrauchs von weniger als 10 GWh im letzten abgeschlossenen Geschäftsjahr ist das Unternehmen für den Antrag zum Begrenzungszeitraum 2015 vom Betrieb eines Energie- oder Umweltmanagementsystems befreit, wenn es nachweisen kann, dass es innerhalb der Antragsfrist nicht in der Lage war, eine Bescheinigung über den Betrieb eines solchen Energie- oder Umweltmanagementsystems zu erlangen, vgl. § 103 Abs. 1 Nr. 1 EEG.

> **Tipp**
> Das BAFA hält für diesen Nachweis einen Formulierungsvorschlag bereit.[66]

4. Besondere Vorgaben für neu gegründete Unternehmen, Unternehmensumwandlungen und selbständige Unternehmensteile

58   Für die Begrenzung der EEG-Umlage ist grundsätzlich erforderlich, dass der Nachweis über die Begrenzungsvoraussetzungen – bezogen auf das letzte abgeschlossene Geschäftsjahr des antragstellenden Unternehmens – geführt wird. Ein Geschäftsjahr umfasst 12 Kalendermonate. Es hat zur Folge, dass insbesondere **neu gegründete Unternehmen** allenfalls zeitversetzt von der Besonderen Ausgleichsregelung Gebrauch machen können, obwohl sie regelmäßig ab dem Zeitpunkt ihrer Neugründung auf eine Reduzierung ihrer Kosten, also auch der Strombezugskosten angewiesen sind. Vor diesem Hintergrund ermöglicht § 64 Abs. 4 EEG den neu gegründeten Unternehmen eine Nachweisführung anhand von Daten aus einem Rumpfgeschäftsjahr. Als neu gegründete Unternehmen werden dabei nur solche Unternehmen angesehen, die unter Schaffung von im Wesentlichen neuen Betriebsvermögen ihre Tätigkeit erstmals aufnehmen und nicht durch Umwandlung entstanden sind.[67] Der auf

---

65 Vgl. Rn 41 ff.
66 Vgl. http://www.bafa.de/bafa/de/energie/besondere_ausgleichsregelung_eeg/publikationen/weitere_informationen/hinweise_zur_zertifizierung_2014.pdf.
67 § 64 Abs. 4 S. 5 EEG regelt dabei erstmals, dass neu geschaffenes Betriebsvermögen dann vorliegt, wenn über das Grund- und Stammkapital hinaus weitere Vermögensgegenstände des Anlage- oder Umlaufvermögens erworben, gepachtet oder geleast wurden. Nach Auffassung des BAFA gelten z. B. die Verschmelzung, Spaltung (Abspaltung, Aufspaltung, Ausgliederung) oder ein Formwechsel, die Entstehung eines neuen Unternehmens im Wege der Einzel- oder Gesamtrechtsnachfolge und die

dieser Datengrundlage ergehende Begrenzungsbescheid muss einen Widerrufsvorbehalt enthalten, vgl. § 64 Abs. 4 S. 2 EEG, damit das BAFA nach Vollendung des ersten abgeschlossenen Geschäftsjahres nachträglich die Antragsvoraussetzungen und den Begrenzungsumfang überprüfen und die EEG-Umlagebegrenzung gegebenenfalls ganz oder teilweise widerrufen kann.[68]

Handelt es sich dagegen um eine **Unternehmensumwandlung**, kann das antragstellende Unternehmen zur Nachweisführung auf Daten des Unternehmens vor seiner Umwandlung unter der Voraussetzung zurückgreifen, dass die wirtschaftliche und organisatorische Einheit des Unternehmens nach der Umwandlung nahezu vollständig in dem antragstellenden Unternehmen erhalten geblieben ist, vgl. § 67 Abs. 1 S. 1 EEG. **59**

Tipp
Antragstellungen im Zusammenhang mit einer geplanten oder bereits durchgeführten Umwandlung bzw. Umfirmierung sollten stets möglichst frühzeitig mit dem BAFA abgestimmt werden.[69]

Außerdem können Unternehmen einen Antrag auf Begrenzung der EEG-Umlage auch lediglich für **selbständige Teile des Unternehmens** stellen. Voraussetzung ist dabei zunächst, dass der selbständige Unternehmensteil einem Unternehmen zugehört, das einer Branche nach Liste 1 der Anlage 4 im EEG unterfällt; selbständige Teile eines Unternehmens, dessen Tätigkeit Liste 2 der Anlage 4 des EEG zugehört, sind daher nicht länger privilegiert.[70] **60**

Beispiel
Der selbstständige Unternehmensteil einer Eisengießerei ist grundsätzlich privilegiert, weil Gießereien gemäß Ziffer 135 der Liste 1 in Anlage 4 des EEG zugehören. Der selbstständige Unternehmensteil eines Betriebs zur Herstellung von Metallkonstruktionen ist hingegen nicht länger antragsberechtigt, weil diese Tätigkeit gemäß Ziffer 139 der Liste 2 in Anlage 4 zum EEG unterfällt.

Der von der Rechtsprechung ohnehin schon eng ausgelegte Begriff des selbständigen Unternehmensteils[71] wird im Vergleich zu den Vorgängerregelungen unter neue **61**

Übernahme eines in Insolvenz befindlichen Unternehmens im Rahmen eines sog. Asset Deals nicht als Neugründung, vgl. BAFA-Merkblatt für stromkostenintensive Unternehmen, http://www.bafa.de/bafa/de/energie/besondere_ausgleichsregelung_eeg/merkblaetter/merkblatt_stromkostenintensive_unternehmen.pdf, S. 10.
68 Vgl. dazu auch *Große/Kachel*, NVwZ 2014, 1122 ff.
69 Zu den Einzelheiten der Antragstellung im Fall der Unternehmensumwandlung vgl. BAFA-Merkblatt für stromkostenintensive Unternehmen, http://www.bafa.de/bafa/de/energie/besondere_ausgleichsregelung_eeg/merkblaetter/merkblatt_stromkostenintensive_unternehmen.pdf, S. 36 f.
70 Vgl. dazu auch *Wesche/Woltering*, CuR 2014, 56, 58 f.
71 Vgl. VGH Hessen, Urt. v. 9.1.2014 – 6 A 1999/13, 6 A 71/13; Vorinstanz: VG Frankfurt, Urt. v. 14.3.2013 – 5 K 2071/12.F – ER 2014, 135.

bzw. „schärfere" Voraussetzungen gestellt: Ein selbständiger Unternehmensteil liegt gemäß § 64 Abs. 5 S. 2 EEG nur dann vor, wenn es sich entweder um einen Teilbetrieb mit eigenem Standort oder um einen vom übrigen Unternehmen am Standort abgegrenzten Betrieb mit den wesentlichen Funktionen eines Unternehmens handelt, der Unternehmensteil jederzeit als rechtlich selbständiges Unternehmen seine Geschäfte führen könnte, seine Erlöse wesentlich mit externen Dritten erzielt und über eine eigene Abnahmestelle verfügt. Nach dem Verständnis des BAFA muss sich der selbständige Unternehmensteil mit einem „idealtypischen", rechtlich selbständigen Unternehmen vergleichen lassen und sich aus der wirtschaftlichen Gesamtbetätigung des Unternehmens wesentlich herausheben.[72] Über eine eigene Abnahmestelle verfügt ein selbständiger Unternehmensteil dann, wenn die Voraussetzungen aus § 64 Abs. 6 Nr. 1 EEG vorliegen. Hierin ist die Abnahmestelle als die Summe aller räumlich und physikalisch zusammenhängenden elektrischen Einrichtungen einschließlich der Eigenversorgungsanlagen definiert, die sich auf einem in sich abgeschlossenen Betriebsgelände befinden und über einen oder mehrere Entnahmepunkte mit dem Netz verbunden sind. Überdies muss diese Abnahmestelle über eigene Stromzähler an allen Entnahmepunkten und Eigenversorgungsanlagen verfügen. Fehlt es an eigenen Stromzählern, geht das BAFA augenscheinlich davon aus, dass die Voraussetzungen einer eigenen Abnahmestelle nicht vorliegen.[73]

> **Tipp**
> Für die Antragstellung bezogen auf den Begrenzungszeitraum 2015 muss das Erfordernis eigener Stromzähler an allen Entnahmepunkten und Eigenversorgungsanlagen (noch) nicht erfüllt werden, vgl. § 103 Abs. 1 Nr. 3 EEG.

5. Anforderungen an das Antragsverfahren

62   Die Stellung eines Antrags auf Begrenzung der EEG-Umlage unterliegt im Antragsjahr 2014 (noch) keinen formellen Anforderungen. Erst ab dem Antragsjahr 2015, also bezogen auf den Begrenzungszeitraum 2016, müssen die Unternehmen zwingend den Antrag elektronisch über das vom BAFA eingerichtete **Online-Portal „ELAN-K2"** stellen. Die Behörde ist allerdings ermächtigt, Ausnahmen von der Pflicht zur elektronischen Antragstellung durch Allgemeinverfügung (die im Bundesanzeiger bekannt gemacht werden muss) verbindlich festzulegen, vgl. § 66 Abs. 2 EEG.

---

72 Vgl. BAFA-Merkblatt für stromkostenintensive Unternehmen, abrufbar unter http://www.bafa.de/bafa/de/energie/besondere_ausgleichsregelung_eeg/merkblaetter/merkblatt_stromkostenintensive_unternehmen.pdf, S. 20 ff.
73 Vgl. BAFA-Merkblatt für stromkostenintensive Unternehmen, abrufbar unter http://www.bafa.de/bafa/de/energie/besondere_ausgleichsregelung_eeg/merkblaetter/merkblatt_stromkostenintensive_unternehmen.pdf, S. 19; kritisch hierzu *Große/Kachel*, NVwZ 2014, 1122, 1125.

Der Antrag muss außerdem bis spätestens 30.6. eines Jahres beim BAFA gestellt werden. Ausnahmen gelten lediglich für neu gegründete Unternehmen; sie können den Antrag bis zum 30.9. eines Jahres stellen, vgl. § 66 Abs. 1 S. 1, Abs. 3 EEG. Zusätzlich hat der Gesetzgeber die **Antragsfrist** für Antragstellungen in 2014 auf den 30.9. verlängert; Hintergrund hierfür war die Tatsache, dass das novellierte EEG erst am 1.8.2014 – und damit nach der „regulären" Antragsfrist – in Kraft getreten ist, vgl. § 103 Abs. 1 Nr. 5 EEG.

63

Vor Ablauf der Antragsfrist muss das Unternehmen zwingend den Antrag und bestimmte ausschlussfristrelevante Unterlagen beim BAFA einreichen. Zu diesen ausschlussfristrelevanten Unterlagen gehören die **Wirtschaftsprüferbescheinigung** nach § 64 Abs. 3 Nr. 1 lit. c EEG und die **Zertifizierungsbescheinigung** über das **Energie- oder Umweltmanagementsystem** nach § 64 Abs. 3 Nr. 2 EEG. Die übrigen Nachweisunterlagen, zu denen insbesondere die Stromlieferungsverträge und die Stromrechnungen für das letzte abgeschlossene Geschäftsjahr sowie der Nachweis über die Klassifizierung des Unternehmens durch das Statistische Landesamt in Anwendung der WZ 2008 zählen, sind nicht mehr ausschlussfristrelevant, vgl. § 66 Abs. 1 EEG. Das Fehlen dieser Unterlagen führt also nicht ohne Weiteres zur Fristversäumnis bzw. zur Antragsablehnung.

64

Tipp
Sind diese Nachweise nicht dem Antrag beigefügt, sollten sie gleichwohl schnellstmöglich und jedenfalls nach Aufforderung der Behörde innerhalb der gesetzten Frist eingereicht werden. Andernfalls ist das BAFA berechtigt, den Antrag wegen mangelnder Mitwirkung des Unternehmens und fehlender Möglichkeit der Prüfung der Antragsvoraussetzungen abzulehnen.[74]

---

6. Begrenzungsumfang

Unternehmen, die die gesetzlichen Voraussetzungen der Besonderen Ausgleichsregelung erfüllen, müssen grundsätzlich lediglich 15 % der jeweilig geltenden EEG-Umlage zahlen. Allerdings gilt dies nur unter verschiedenen weiteren Maßgaben: Zunächst erfolgt die Begrenzung auf 15 % der jeweiligen EEG-Umlage lediglich für den Stromanteil, der im Begrenzungsjahr eine GWh überschreitet, vgl. § 64 Abs. 2 Nr. 1 EEG. Darüber hinaus gilt eine „Deckelung" der Kostenbelastung in Form eines sog. Caps bzw. Super-Caps: Für Unternehmen, deren Stromkostenintensität weniger als 20 % betragen hat, wird die EEG-Umlage auf 4 % der Bruttowertschöpfung begrenzt; für Unternehmen, deren Stromkostenintensität mindestens 20 % betragen hat, redu-

65

---

[74] Vgl. Gesetzesbegründung, BT-Drucks. 18/1449, S. 47; BAFA-Merkblatt für stromkostenintensive Unternehmen, http://www.bafa.de/bafa/de/energie/besondere_ausgleichsregelung_eeg/merkblaetter/merkblatt_stromkostenintensive_unternehmen.pdf, S. 24.

ziert sich die Belastung auf 0,5 % der Bruttowertschöpfung, vgl. § 64 Abs. 2 Nr. 3 EEG.[75] Außerdem sind die privilegierten Unternehmen auch für den über 1 GWh liegenden Stromanteil zur Zahlung einer **„EEG-Mindestumlage"** verpflichtet. Diese beträgt im Regelfall 0,1 ct/kWh bzw. ausnahmsweise 0,05 ct/kWh für Unternehmen der Nicht-Eisenmetallbranchen (Aluminium, Blei, Zink und Kupfer), vgl. § 64 Abs. 2 Nr. 4 EEG.

> **Beispiel**
> Die Belastung eines Unternehmens der Stahlindustrie mit einem Stromverbrauch von rund 800 GWh pro Jahr und einer Stromkostenintensität von deutlich über 20 % würde aufgrund der „Super-Cap"-Regelung des § 64 Abs. 2 Nr. 4 lit. a EEG (Begrenzung der EEG-Umlage auf 0,5 % der Bruttowertschöpfung) rund 400.000 € betragen. Da sich bei diesem Betrag aber rechnerisch eine EEG-Umlage von lediglich 0,05 ct/kWh ergäbe, erhöht sich aufgrund der nach § 64 Abs. 2 Nr. 4 lit. b EEG vorgeschriebenen Mindest-Umlage von 0,1 ct/kWh die Belastung auf 800.000 € im Jahr.

7. Härtefallregelung

66 Die insbesondere durch die **Vorgaben** der **EU-Beihilfeleitlinien** veranlassten neuen Bestimmungen zur Besonderen Ausgleichsregelung sollen nach dem Willen des Gesetzgebers nicht dazu führen, dass bisher begrenzungsberechtigte Unternehmen in wirtschaftliche Schwierigkeiten geraten.[76] Daher sieht das EEG verschiedene Härtefallregelungen vor.

67 Es gilt zunächst eine sog. **Verdopplungsgrenze:**[77] Daher darf sich für Unternehmen oder selbständige Unternehmensteile, die für das Begrenzungsjahr 2014 über eine bestandskräftige Begrenzungsentscheidung verfügen, die EEG-Umlage in den Jahren 2015 bis 2018 lediglich jeweils verdoppeln, vgl. § 103 Abs. 3 S. 1 EEG. Gleiches gilt für Unternehmen oder selbständige Unternehmensteile nach Liste 1 der Anlage 4 zum EEG, die zwar für das Begrenzungsjahr 2014 über eine bestandskräftige Begrenzungsentscheidung verfügen, deren Stromintensität aber mehr als 14 % und weniger als 16 % (für das Begrenzungsjahr 2015) bzw. 17 % (für die Begrenzungsjahre 2016 bis 2018) beträgt, vgl. § 103 Abs. 3 S. 2 EEG.

Tipp
Alle in 2014 begrenzten Unternehmen sollten daher neben den übrigen Antragsvoraussetzungen auch die EEG-Umlage aus dem letzten abgeschlossenen Geschäftsjahr angeben und nachweisen, um von dieser „Verdopplungsgrenze" zu profitieren.

---

75 Vgl. dazu auch *Wustlich*, NVwZ 2014, 1113, 1119.
76 Vgl. Gesetzesbegründung, BT-Drucks. 18/1449, S. 3.
77 Vgl. dazu *Große/Kachel*, NVwZ 2014, 1122, 1127.

Zum anderen können sich Unternehmen bzw. selbständige Unternehmensteile für **68**
den eine GWh überschreitenden Stromanteil auf eine Begrenzung der EEG-Umlage
in Höhe von jeweils 20 % berufen. Dieser **20-%-Deckel** gilt unter der Voraussetzung,
dass das Unternehmen bzw. der selbständige Unternehmensteil über eine bestandskräftige Begrenzungsentscheidung für 2014 verfügt und entweder keiner Branche
nach Anlage 4 des EEG zuzuordnen ist oder aber einer Branche nach Liste 2 der
Anlage 4 des EEG unterfällt und dabei eine Stromkostenintensität von mehr als 14 %
und weniger als 20 % aufweist.

Die Regelung findet auch Anwendung auf selbständige Unternehmensteile, die **69**
einen bestandskräftigen Begrenzungsbescheid für 2014 haben, aber deswegen nicht
mehr nach § 64 EEG entlastet werden dürfen, weil sie der Liste 2 des Anhangs 4 zugeordnet sind (da selbständige Unternehmensteile im Rahmen des § 64 EEG unter den
sonstigen Voraussetzungen nur noch bei Unternehmen der Liste 1 des Anhangs 4 zu
entlasten sind), vgl. § 103 Abs. 4 S. 2 EEG.

Auch diese Voraussetzungen sind von den Unternehmen im Antrag darzulegen **70**
bzw. nachzuweisen. Zusätzlich gilt in den vorgenannten Fällen in den Jahren 2015 bis
2018 das „Verdopplungsverbot", vgl. § 103 Abs. 4 S. 3 EEG.[78]

Beispiel
Beispiel 1: Ein Unternehmen der Lebensmittelbranche erreicht an einer Abnahmestelle nicht die für die Begrenzung in 2015 gemäß § 64 Abs. 1 Nr. 2 lit. b EEG erforderliche Stromkostenintensität von 20 %. Die Stromkostenintensität des Unternehmens hat aber 14 % betragen. Die auf Basis eines bestehenden Begrenzungsbescheids nach §§ 40 ff. EEG 2012 für das Jahr 2014 zu entrichtenden EEG-Kosten belaufen sich auf 150.000 € (was einer rechnerischen Belastung von rund 6 % der regulären EEG-Umlage entspricht). Gemäß § 103 Abs. 4 S. 1 und 3 EEG darf sich die EEG-Kostenbelastung des Unternehmens in 2015 auf max. 300.000 € verdoppeln. Bei gleichbleibender EEG-Umlage hat das Unternehmen in 2015 damit rechnerisch rund 12 % der regulären EEG-Umlage zu tragen und es kommt die 20-%-Grenze nicht zum Tragen.
Beispiel 2: An einer Abnahmestelle wurde die EEG-Umlage durch bestandskräftigen Bescheid für den selbständigen Unternehmensteil eines Unternehmens der Milchbranche auf Basis der §§ 40 ff. EEG 2012 auf 100.000 € begrenzt, was rechnerisch 15 % der regulären EEG-Umlage ausmachte. Die Abnahmestelle kann als selbständiger Unternehmensteil künftig nicht mehr Entlastungen nach § 64 EEG geltend machen, weil das Unternehmen einer Branche nach Liste 2 des Anhangs 4 zugeordnet ist (vgl. 64 Abs. 5 EEG). Nach § 103 Abs. 4 S. 1 und 2 EEG werden die EEG-Kosten des Unternehmens bei unterstellter gleichbleibender EEG-Umlage auf 20 % der regulären EEG-Umlage begrenzt, woraus eine effektive Belastung von rund 133.000 € folgt (die Anhebung der Belastung von 12 % auf 20 % ergibt einen Faktor von rund 1,33 auf die bisherigen Kosten von 100.000 €).

---

[78] Vgl. dazu näher *Große/Kachel*, NVwZ 2014, 1122, 1127; *Wesche/Woltering*, CuR 2014, 56, 59.

8. Schienenbahnen

71 Für Schienenbahnen erfolgt eine **Begrenzung auf 20 %** der jeweiligen **EEG-Umlage**, vgl. § 64 Abs. 2 EEG. Dies gilt jedoch lediglich für den unmittelbar für den Fahrbetrieb im Schienenbahnverkehr selbstverbrauchten Strom, von dem insbesondere durch Bremsvorgänge erzeugte rückgespeiste Energie grundsätzlich ausgeschlossen ist.[79] Voraussetzung ist der Nachweis, dass die Schienenbahnen im letzten abgeschlossenen Geschäftsjahr mehr als 2 GWh Strom für den Fahrbetrieb verbraucht haben; auch hier ist rückgespeiste Energie grundsätzlich abzuziehen, vgl. § 65 Abs. 1 EEG.

72 Schienenbahnen haben zudem unter bestimmten Voraussetzungen die Möglichkeit, rückwirkend für die zweite Jahreshälfte 2014 eine Begrenzung der EEG-Umlage auf 20 % zu erhalten, vgl. § 103 Abs. 5 EEG. Überdies wird die in den Jahren 2009 bis 2013 für den Fahrbetrieb im Schienenverkehr verbrauchte Strommenge nachträglich auf 0,05 ct/kWh begrenzt, gesetzliche Grundlage hierfür ist § 103 Abs. 6 EEG.

III. Beihilfen zur Kompensation für indirekte CO_2-Kosten

73 Seit 2005 unterliegen bestimmte CO_2-austoßende (Strom-)Erzeugungsanlagen dem **Emissionshandel**; sie müssen also für jede ausgestoßene Tonne CO_2 ein entsprechendes Zertifikat vorweisen. Die Erzeuger legen die Kosten für die Beschaffung der CO_2-Zertifikate dabei auf die Strompreise um. Dies als Opportunitätskosten regelmäßig selbst dann, wenn ihnen kostenlos Emissionszertifikate zugeteilt worden sind. Um durch die Einpreisung drohende übermäßige Kostenbelastungen großer Stromverbraucher zu vermeiden, wurde eine Entlastungsmöglichkeit in Form von Beihilfen für indirekte CO_2-Kosten geschaffen. Auf die Darstellung des Hintergrunds und europäischen Kontexts dieser Beihilfe (Punkt 1.) folgt die Erläuterung der Antragsvoraussetzungen (Punkt 2.) sowie einiger praxisrelevanter Schwer- und Problempunkte (Punkt 3.).

1. Einleitung

74 Mit der Emissionshandelsrichtlinie (EmissH-RL)[80] wurde zum 1.1.2005 das System für den Handel mit Treibhausgasemissionszertifikaten in der Europäischen Union eingeführt. Unternehmen mit besonders stark CO_2-emittierenden Anlagen sind danach zur

---

[79] Vgl. BAFA-Merkblatt für Schienenbahnen, abrufbar unter http://www.bafa.de/bafa/de/energie/besondere_ausgleichsregelung_eeg/merkblaetter/merkblatt_schienenbahnen_2014.pdf.
[80] Richtlinie 2003/87/EG des Europäischen Parlaments und des Rates v. 13.10.2003 über ein System für den Handel mit Treibhausgasemissionszertifikaten in der Gemeinschaft und zur Änderung der Richtlinie 96/61/EG des Rates (EmissH-RL) (ABl EU Nr. L 275, S. 32 ff., i. d. F. v. 23.4.2009, ABl EU Nr. L 140, S. 63 ff.)

Teilnahme am **Emissionshandel** verpflichtet und müssen bis zum 30.4. eines jeden Jahres für die Gesamtemissionen des vorangegangen Jahres eine entsprechende Anzahl an CO_2-Zertifikaten abgeben.[81] Ist ein Anlagenbetreiber dazu nicht in der Lage, muss er u. a. finanzielle Sanktionen fürchten. **Ziel** des Systems ist es, den Handel mit Emissionszertifikaten zu verbessern und auszuweiten, wirtschaftliche Anreize zur Vermeidung von Emissionen zu setzen und damit den Ausstoß von Treibhausgasen insgesamt zu reduzieren.

Zu den emissionshandelspflichtigen Anlagen gehören auch Stromerzeuger.

Beispiel
Gemäß Anhang I TEHG, Nr. II–IV betrifft dies Energieerzeugungsanlagen mit einer installierten Feuerungswärmeleistung von mindestens 20 MW.

Bei Implementierung des **Emissionshandelssystems** wurde angenommen, dass dieses auch **Auswirkungen auf** die **Strompreisentwicklung** haben würde.[82] Zum einen ist der Marktpreis der Zertifikate, die zur Erfüllung der Abgabepflicht erworben werden müssen, Bestandteil der Grenzkosten der konventionellen Stromerzeugung und damit bei der Preisbildung zu berücksichtigen. So erfolgt die Preisbildung an den Strombörsen nach dem Prinzip der Einheitspreisbildung gemäß der sog. Merit Order, also der nach steigenden Grenzkosten festgelegten Einsatzreihenfolge der Kraftwerke. Danach bestimmt das letzte zur Deckung der Gesamtnachfrage nach Strom noch erforderliche Kraftwerk, dessen Kosten am Markt noch gedeckt werden können, den Preis für sämtlichen nachgefragten Strom. Sofern es sich dabei um ein emissionshandelspflichtiges Kraftwerk handelt – also beim Einsatz fossiler, CO_2-emittierender Energieträger – setzt dies den Maßstab für den Strompreis. Vor diesem Hintergrund hat der europäische Richtliniengeber 2009 die Emissionshandelsrichtlinie überarbeitet,[83] um zu verhindern dass eine Ausweitung des Emissionshandels zu erhöhten CO_2-Zusatzkosten führt, die an die Stromverbraucher weitergegeben würden. Insbesondere bei stromintensiven Unternehmen wurde andernfalls die Gefahr einer Verlagerung der industriellen Produktion und des damit zusammenhängenden CO_2-Ausstoßes in Länder außerhalb des europäischen Emissionshandelssystems angenommen (sog. Carbon Leakage). Deshalb wurde den Mitgliedstaaten die Möglichkeit eingeräumt, betroffene Unternehmen finanziell für Kosten zu entschädigen, die ihnen indirekt (über gestiegene Stromkosten) durch den Emissionshandel auferlegt werden. Konkret können die Mitgliedstaaten gemäß Art. 10a Abs. 6 EmissH-RL

---

[81] Zum Anwendungsbereich des Emissionshandels, *Zenke/Fuhr*, CO_2-Zertifikate, Rn 130 ff.
[82] Dazu ausführlich Zenke/Wollschläger/*Fuhr/Telschow*, § 315 BGB, 2. Aufl., S. 226 ff.
[83] Richtlinie 2009/29/EG des Europäischen Parlaments und des Rates v. 23.4.2009 zur Änderung der Richtlinie 2003/87/EG zwecks Verbesserung und Ausweitung des Gemeinschaftssystems für den Handel mit Treibhausgasemissionszertifikaten, ABl EU Nr. L 140, S. 63 ff.

„zugunsten von Sektoren bzw. Teilsektoren, für die ein erhebliches Risiko einer Verlagerung von CO_2-Emissionen durch auf den Strompreis übergewälzte Kosten der Treibhausgasemissionen ermittelt wurde, finanzielle Maßnahmen einführen, um diese Kosten auszugleichen, sofern dies mit den geltenden oder künftigen Regeln für staatliche Beihilfen vereinbar ist."

77 Die Europäische Kommission hat auf dieser Basis im Jahre 2012 Leitlinien erlassen (**EU-Leitlinien**), in deren Rahmen die Mitgliedstaaten nationale Regelungen zur Kompensation indirekter CO_2-Kosten festlegen können.[84]

78 Im deutschen Recht findet sich die gesetzliche Grundlage der Beihilfen für indirekte CO_2-Kosten in § 2 Abs. 1 EKFG.[85] Ob ein Unternehmen tatsächlich eine Beihilfe erhält, bestimmt jedoch nicht das Gesetz, sondern die Deutsche Emissionshandelsstelle (DEHSt) nach einer pflichtgemäßen Prüfung. Die Voraussetzungen der **Beihilfegewährung** sind hierbei in einer Richtlinie des Bundesministeriums für Wirtschaft und Technologie (BMWi) festgelegt. Nachdem das BMWi im Januar 2013 eine Erstfassung der Richtlinie bekanntgemacht und bei der Europäischen Kommission zur Freigabe angemeldet hatte,[86] knüpfte letztere ihre Zustimmung an die Vornahme einiger Änderungen und die Angleichung an die Leitlinien der Europäischen Kommission. Dies betraf u. a.:
- die ersatzlose Streichung der Begrenzung des Selbstbehalts für Antragsteller mit mehreren Anlagen auf die CO_2-Kosten des Strombezugs von 2 GWh,
- die Änderungen zur Berechnung der Basis-Produktionsmenge,
- den Wegfall eines weiteren spezifischen CO_2-Emissionsfaktors bei Stromlieferungen aus Kraftwerken mit niedrigerem CO_2-Emissionsfaktor,
- den Ausschluss der Beihilfegewährung, wenn Stromlieferverträge keine CO_2-Kosten enthalten.

79 Die überarbeitete **Förderrichtlinie**[87] des BMWi (BMWi-Richtlinie) setzt die beihilferechtlichen Vorgaben der Europäischen Kommission um und konkretisiert die Voraussetzung für die Gewährung von Beihilfen wegen indirekter CO_2-Kosten.

---

84 Leitlinien für bestimmte Beihilfemaßnahmen im Zusammenhang mit dem System für den Handel mit Treibhausgasemissionszertifikaten nach 2012, ABl EU Nr. L 158, S. 4 ff.
85 Gesetz zur Errichtung eines Sondervermögens „Energie- und Klimafonds" (EKFG) v. 8.12.2010 (BGBl. I S. 1807), zuletzt geändert durch Gesetz v. 29.7.2011 (BGBl. I S. 1702).
86 Richtlinie für Beihilfen für Unternehmen in Sektoren bzw. Teilsektoren, bei denen angenommen wird, dass angesichts der mit den EU-ETS-Zertifikaten verbundenen Kosten, die auf den Strompreis abgewälzt werden, ein erhebliches Risiko der Verlagerung von CO_2-Emissionen besteht (Beihilfen für indirekte CO_2-Kosten), v. 30.1.2013, BAnz AT v. 7.2.2013 B1.
87 Richtlinie zu Beihilfen für indirekte CO_2-Kosten v. 23.7.2013, BAnz AT v. 6.8.2013 B2.

> **Tipp**
> Es existiert kein Rechtsanspruch auf die Gewährung einer Beihilfe, denn die BMWi-Richtlinie enthält in Nummer 1.2 einen ausdrücklichen Vorbehalt der Verfügbarkeit der erforderlichen Mittel.[88] Allerdings hat jeder Antragsteller einen Anspruch darauf, von der DEHSt gleich behandelt zu werden. Es gilt nicht der Grundsatz „Wer zuerst kommt, mahlt zuerst!". Übersteigt das Antragsvolumen also die vorhandenen Mittel, ist über eine anteilige Kürzung der individuellen Förderbeträge zu entscheiden, sofern nicht eine Erweiterung des Fördervolumens im Rahmen eines Nachtragshaushalts erfolgt.

2. Voraussetzungen der Beihilfegewährung
a) Antragsberechtigung

Antragsberechtigt sind alle Unternehmen, die beihilfefähige Produkte nach Anhang 2 der EU-Leitlinien herstellen – eine vollständige Zuordnung ist nicht erforderlich. Dies betrifft folgende Sektoren und Teilsektoren: 80
- Eisenerzbergbau;
- Gewinnung von Mineralien für die Herstellung von chemischen Erzeugnissen;
- Baumwollaufbereitung und -spinnerei;
- Herstellung von Lederbekleidung;
- Teile des Sektors „Herstellung von Holz- und Zellstoff": Mechanischer Holzschliff;
- Herstellung von Papier, Karton und Pappe;
- Herstellung von sonstigen anorganischen Grundstoffen und Chemikalien;
- Herstellung von sonstigen organischen Grundstoffen und Chemikalien;
- Herstellung von Düngemitteln und Stickstoffverbindungen;
- Teile des Sektors „Herstellung von Kunststoffen in Primärformen";
- Herstellung von Chemiefasern;
- Erzeugung von Roheisen, Stahl und Ferrolegierungen;
- Teile des Sektors „Herstellung von Stahlrohren, Rohrform-, Rohrverschluss- und Rohrverbindungsstücken aus Stahl": Nahtlose Stahlrohre;
- Erzeugung und erste Bearbeitung von Aluminium;
- Erzeugung und erste Bearbeitung von Blei, Zink und Zinn;
- Erzeugung und erste Bearbeitung von Kupfer.

Außerdem darf kein **Ausschlussgrund** (Nummer 3 Abs. 2 BMWi-Richtlinie) vorliegen, also etwa ein Insolvenzverfahren über den Antragsteller eröffnet sein. 81

b) Antragsverfahren

Die Förderung für indirekte CO_2-Kosten wird erstmalig für das Jahr 2013 gewährt und kann von den antragsberechtigten Unternehmen seit dem 1.1.2014 jeweils rückwir- 82

---
[88] Im Haushaltsplan 2014 sind 350 Mio. € vorgesehen.

kend für das vorangegangene Jahr bis zum 30.3. des Folgejahres beantragt werden.[89] Dabei handelt es sich um eine **Ausschlussfrist**, so dass ein verspäteter Antrag keinerlei Berücksichtigung findet. Die Gewährung der Beihilfe steht unter dem Vorbehalt der beihilferechtlichen Genehmigung durch die Europäische Kommission.

> **Tipp**
> Anträge auf Strompreiskompensation sind bis zum 30.3. des Folgejahres jeweils nachschüssig für das vorangegangene Förderjahr zu stellen. Verspätete Anträge finden keine Berücksichtigung.

83 Ende 2013 hat die DEHSt das Antragsformular samt Benutzerhandbuch sowie einen Leitfaden zur Antragstellung veröffentlicht, der eine wichtige Ausführungshilfe zur BMWi-Richtlinie darstellt.[90] Die für den Antrag relevanten Informationen sind in das elektronische Formular-Management-System (FMS) einzutragen. Die eingepflegten Daten müssen sodann von einem Wirtschaftsprüfer auf ihre Transparenz und Schlüssigkeit geprüft sowie verifiziert werden (vgl. Nummer 5.3 Abs. 3 BMWi-Richtlinie). Die elektronische Bestätigung der sachlichen Richtigkeit ist als Teil des Beihilfeantrags an die DEHSt zu übermitteln.

> **Tipp**
> Selbstverständlich darf der zertifizierende Prüfer nicht an der Erstellung des Antrags mitgewirkt haben!

84 **Antragstellendes Unternehmen** ist diejenige juristische Person, die eine Anlage betreibt. Eigenständige Tochtergesellschaften mit Rechtspersönlichkeit stellen einen gesonderten Antrag. Betreibt ein Antragsteller mehrere Anlagen, sind für jede Anlage einzelne FMS-Einträge zu erstellen, abschließend wird jedoch ein Gesamtbeihilfebetrag gebildet (vgl. Nummer 5.2 BMWi-Richtlinie).

c) Beihilfehöhe

85 Die **Förderhöhe** je Anlage pro Kalenderjahr berechnet sich anhand der BMWi-Richtlinie mit einer festgelegten **Formel:** Sie ist das Produkt aus den Werten der Beihilfeintensität im Abrechnungsjahr (Nummer 5.1 lit. h), dem CO_2-Emissionsfaktor (Nummer 5.1. lit. i), dem durchschnittlichen Börsenpreis für Emissionszertifikate (EUA-Preis, Nummer 5.1 lit. k) sowie der in Ansatz zu bringenden Strommenge der Anlage. Von

---

[89] Für das Förderjahr 2013 wurde die Antragsfrist aufgrund von Verzögerungen bei der Implementierung des elektronischen Antragssystems und der Veröffentlichung des Leitfadens zur Antragstellung (dazu sogleich) ausnahmsweise bis zum 30.5.2014 verlängert.
[90] Die Unterlagen stehen zum Download auf http://www.dehst.de/SPK/DE/Home/home_node.html bereit.

der Beihilfemenge für jede Anlage eines Antragstellers ist anschließend der Selbstbehalt abzuziehen.

Die **Beihilfeintensität** ist ein Degressionsfaktor, der in den EU-Leitlinien festgelegt wurde, u. a. auf 0,85 für 2013.[91] Der **CO_2-Emissionsfaktor** ist gemäß Anhang IV der EU-Leitlinien für Deutschland auf 0,76 t CO_2/MWh festgesetzt. Der EUA-Preis ist ein *„einfacher Durchschnitt der handelstäglichen EUA-Terminpreise (Schlussangebotspreise) für Lieferungen im Dezember des Abrechnungsjahres, die zwischen dem 1.1. und dem 31.12. des Jahres vor dem Abrechnungsjahr an derjenigen EUA-Handelsplattform innerhalb der EU, die im ersten Quartal des Jahres vor dem Abrechnungsjahr das höchste Handelsvolumen dieses Kontraktes aufwies, festgestellt wurde"*. Für das Förderjahr 2013 betrug der durchschnittliche EUA-Terminmarktpreis „Dec2013" an der ICE Futures Europe in London als die Handelsplattform mit dem höchsten Handelsvolumen im 1. Quartal 2012 7,94 €/t CO_2.

Die in Ansatz zu bringende Strommenge ist nicht identisch mit dem tatsächlichen Stromverbrauch zur Herstellung der beihilfefähigen Produkte. Dabei handelt es sich vielmehr um das rechnerische Produkt einer relevanten Produktionsmenge und eines produktspezifischen Stromeffizienzbenchmarks bzw. Fallback-Stromeffizienzbenchmarks,[92] die jeweils von der Europäischen Kommission festgelegt wurden.[93] Die **Bestimmung der relevanten Produktionsmenge** erfolgt auf Grundlage der hergestellten Produktionsmenge im Abrechnungsjahr sowie der zugehörigen Basismenge (vgl. Nummern 5.2.1, 5.2.2 BMWi-Richtlinie). Bezugszeitraum der Basismenge sind die Jahre 2005 bis 2011. Deshalb ist es erforderlich, dass im Antrag an die DEHSt auch die relevanten Informationen für diesen Zeitraum dargestellt und von einem Prüfer verifiziert werden.

Bei dem in Abzug zu bringenden Selbstbehalt handelt es sich um die Höhe der indirekten CO_2-Kosten des Strombezugs von 1.000 MWh pro Kalenderjahr und Anlage.

Tipp
Der Selbstbehalt pro Anlage im Abrechnungsjahr 2013 beträgt 7,94 €/t CO_2 (EUA-Preis 2013) x 0,76 t CO_2/MWh (CO_2-Emissionsfaktor) x 1.000 MWh = 6.034,40 €.

---

[91] Für die Jahre bis 2015 beträgt der Faktor 0,85, im Zeitraum 2016 bis 2018 dann 0,8 sowie für 2019 und 2020 schließlich 0,75.
[92] Der Faktor 0,8 wird in Anrechnung gebracht, sofern kein produktspezifischer Stromeffizienzbenchmark bestimmt wurde.
[93] Mitteilung der Kommission zur Änderung der Mitteilung der Kommission betreffend Leitlinien für bestimmte Beihilfemaßnahmen im Zusammenhang mit dem System für den Handel mit Treibhausgasemissionszertifikaten nach 2012 (2012/C 387/06) v. 15.12.2012. Bei einigen Produktkategorien, bei denen eine Austauschbarkeit von Brennstoff und Strom besteht, muss zusätzlich mit dem Faktor 1/0,465 (rd. 2,15) MWh/t CO_2 multipliziert werden.

3. Praxisrelevante Schwer- und Problempunkte

89 Weil der Fördermechanismus der Strompreiskompensation erstmalig im Jahr 2014 zur Anwendung gelangt, existieren bislang noch keine gesicherten Erfahrungswerte zur **Antragstellung und Bewilligungspraxis bei der DEHSt**. Folgende Schwerpunkte haben sich aber in der bisherigen Beratung der Antragstellungen herauskristallisiert:

a) Kapazitätserweiterungen

90 Wird die Kapazität einer **Anlage** erweitert, hat dies auch Auswirkungen auf die Höhe der möglichen Strompreiskompensation. Eine solche **Kapazitätserweiterung** ist bei der Berechnung der Basis-Produktionsmenge relevant. Nummer 5.2.4 Abs. 3 lit. a BMWi-Richtlinie regelt, dass „*für die Bestimmung der Voraussetzungen einer erheblichen Kapazitätserweiterung [...] § 2 Nummer 24 lit.a und b, aa der Zuteilungsverordnung 2020*" gilt. Damit sind für die Kapazitätserweiterung im Rahmen der Strompreiskompensation die Regeln über Zuteilung von Emissionszertifikaten entsprechend anwendbar. Darauf hat auch die DEHSt in ihrem Leitfaden hingewiesen, vgl. Abschnitt 3.9 des Leitfadens.

91 Problematisch in diesem Zusammenhang ist allerdings, dass die Verweisung nur teilweise erfolgt und nicht alle Normen zur Kapazitätserweiterung in Bezug genommen werden. Es ist zu erwarten, dass sich bei der praktischen Umsetzung noch Schwierigkeiten ergeben werden, die unter Zuhilfenahme allein des Leitfadens nicht zu lösen sind.

b) Strompreiskompensation bei eigenerzeugtem Strom

92 Fördergegenstand der BMWi-Richtlinie ist eine nachschüssige Erstattung indirekter CO_2-Kosten des Vorjahres. Eine **Strompreiskompensation** kann also nur dort erfolgen, wo die Kosten auch tatsächlich anfallen. Für Stromlieferungsverträge, die keine CO_2-Kosten enthalten, wird keine Strompreiskompensation gewährt.[94] Bei Stromlieferverträgen ist der Nachweis über anfallende Kosten erbracht, sofern der Versorger auf Basis der **Kennzeichnungsregeln** nach § 42 EnWG je Liefervertrag bestätigt, dass es sich bei dem gelieferten Strom nicht ausschließlich um CO_2-freien Strom handelt.[95]

93 Einen solchen Nachweis zu erbringen, ist hingegen unmöglich, wenn kein Liefervertrag besteht – etwa bei Eigenerzeugungsanlagen. Die EU-Leitlinien sehen eine Strompreiskompensation für Eigenstromerzeugung grundsätzlich vor. In Anhang IV der Leitlinien heißt es:

---

[94] 5.2.6 BMWi-Richtlinie.
[95] DEHSt, Leitfaden zur Erstellung von Anträgen auf Beihilfen für indirekte CO_2-Kosten für das Jahr 2013, S. 14.

„Um eine Gleichbehandlung der Stromquellen zu gewährleisten und Missbrauch vorzubeugen, gilt für alle Strombezugsquellen (Eigenerzeugung, Stromlieferungsverträge oder Netzversorgung) und für alle Beihilfeempfänger in den betreffenden Mitgliedstaaten derselbe CO_2-Emissionsfaktor."

Konsequenterweise hat die DEHSt deshalb im Leitfaden unter 3.11 auch festgehalten: **94**

„Sollte kein Stromliefervertrag vorliegen (z. B. bei Eigenerzeugungsanlagen), so wird der Stromverbrauch nur berücksichtigt, <u>wenn die Anlagen, von denen der Strom bezogen wird, emissionshandelspflichtig sind und für den erzeugten Strom kein Vergütungsanspruch nach dem Erneuerbaren-Energien-Gesetz besteht</u>. Bei Stromerzeugungsanlagen, die am Emissionshandel teilnehmen, wird davon ausgegangen, dass die Stromerzeugung mit CO_2-Kosten verbunden ist. Ein gesonderter Nachweis über CO_2-Kosten ist dann nicht erforderlich. Die Kompensation erfolgt bei diesen Anlagen unabhängig von den eingesetzten Brennstoffen und tatsächlichen CO_2-Emissionen der Anlagen. Auch für eigenerzeugten Strom gilt, dass er nur einer Anlage zugeordnet werden darf, in der er tatsächlich verbraucht wurde." [Hervorhebungen durch die Verfasser]

Im Lichte der Reform des EEG und der damit einhergehenden Unsicherheit über die Beibehaltung des EEG-Umlagebefreiungsprivilegs bleibt die tatsächliche Beihilfegewährung der Eigenstromerzeugung abzuwarten. **95**

c) CO_2-Strompreiskompensation in der Besonderen Ausgleichsregelung

Besonders **stromintensive Unternehmen**, für die die Beihilfe zur Kompensation indirekter CO_2-Kosten interessant ist, nehmen regelmäßig auch die **Besondere Ausgleichsregelung** nach dem EEG in Anspruch.[96] Zwischen beiden Entlastungsmöglichkeiten besteht aber über die Berechnung der **Stromkostenintensität** im Rahmen der Besonderen Ausgleichsregelung ein Wirkungszusammenhang. **96**

Gemäß EEG 2012 konnte eine Strompreiskompensation allenfalls bei der Berechnung der vom Unternehmen zu tragenden Stromkosten (§ 41 Abs. 1 Nr. 1 b) EEG 2012) in Abzug gebracht werden. Die Berechnung der Bruttowertschöpfung erfolgte bislang anhand der Marktpreismethode, so dass sich eine erhaltene Strompreiskompensation als Subvention an dieser Stelle nicht erhöhend auf die Bruttowertschöpfung auswirkte. **97**

Der nunmehr zum 1.8.2014 in Kraft getretene § 64 Abs. 6 Nr. 2 EEG sieht jedoch vor, dass die **Berechnung der Bruttowertschöpfung zu Faktorkosten** erfolgen soll. Das bedeutet, dass einerseits sonstige indirekte Steuern in Abzug gebracht werden können, aber andererseits Subventionen für die laufende Produktion berücksichtigt werden müssen. Da die konkrete Zuordnung einer gewährten CO_2-Kompensation im Rahmen der Berechnung der Stromkostenintensität aber auch nach neuem Recht **98**

---

[96] Zu Hintergrund, Voraussetzungen und Umfang der Entlastung im Rahmen der Besonderen Ausgleichsregelung siehe oben Rn 46 ff.

nicht abschließend geregelt ist, war zunächst unklar, ob die Strompreiskompensation in Antragsverfahren beim BAFA – wie bisher – bei den Stromkosten mindernd oder bei der Bruttowertschöpfung erhöhend oder schlimmstenfalls an beiden Stellen in Ansatz gebracht werden würde. Folge der letztgenannten Betrachtung wäre eine Erhöhung der Bruttowertschöpfung bei gleichzeitiger Minderung der Stromkosten um denselben Betrag. Damit würde sich die Stromkostenintensität – ein zentrales Element für das Ob und den Umfang der Entlastung in der Besonderen Ausgleichsregelung – doppelt vermindern.

99 In seinem aktuellen Merkblatt zur Besonderen Ausgleichsregelung für stromkostenintensive Unternehmen hat das BAFA die bestehende Unklarheit dahingehend aufgelöst, dass es festgelegt hat, die Strompreiskompensation im Rahmen der Berechnung der Stromkostenintensität wertmindernd lediglich als Subvention und damit als Bestandteil der Bruttowertschöpfung zu behandeln:[97]

> „Erhält ein antragstellendes Unternehmen Stromkostenbeihilfen im Rahmen des Emissionshandels, so sind diese Entlastungen bei der Berechnung des Verhältnisses der Stromkosten zur Bruttowertschöpfung nur als Subventionen wertmindernd zu berücksichtigen. Bei der Stromkostenermittlung sind diese Strompreiskompensationen **nicht** zu berücksichtigen."

100 An anderer Stelle relativiert das BAFA diese Aussage aber, wenn es erklärt, lediglich „nach derzeitigem Kenntnisstand" die **Strompreiskompensation** bei den Stromkosten unberücksichtigt zu lassen. Mit dieser Einschränkung könnte sich das BAFA eine Korrektur vorbehalten, falls sich die Berücksichtigung der Strompreiskompensation als Bestandteil der Bruttowertschöpfung in der Praxis nicht bewähren sollte. Zu denken wäre hier etwa an den Fall, dass im Hinblick auf die Ermittlung der Stromkostenintensität normzweckwidrig Spielräume für die bilanzielle Bewertung der Strompreiskompensation ausgenutzt werden, da die Strompreiskompensation immer nachschüssig für das jeweils vorangegangene Kalenderjahr gewährt wird und die genaue Höhe der CO_2-Kosten-Erstattung bis zum regulären Stichtag des 30.6. für die Antragstellung in der Besonderen Ausgleichsregelung[98] noch nicht feststeht.

101 Jenseits der Problematik, an welcher Stelle die Strompreiskompensation bei der künftigen Berechnung der Stromkostenintensität in Ansatz zu bringen ist, stellt sich in unterschiedlichen Konstellationen auch die Frage, ob und in welcher Höhe eine Anrechnung dieser Förderung erfolgt:

102 Unproblematisch ist zunächst der Fall, dass eine Strompreiskompensation nach Bewilligung durch die DEHSt auch **tatsächlich in Anspruch genommen** wurde. Denn hier ist die gewährte Förderung in jedem Falle bei der Ermittlung der Strom-

---

[97] BAFA, Merkblatt für stromkostenintensive Unternehmen, abrufbar unter http://www.bafa.de/bafa/de/energie/besondere_ausgleichsregelung_eeg/merkblaetter/merkblatt_stromkostenintensive_unternehmen.pdf, S. 14.
[98] Zur Frist im Antragsverfahren der Besonderen Ausgleichsregelung siehe Rn 63.

kostenintensität im Rahmen der Besonderen Ausgleichsregelung voll in Ansatz zu bringen. Dies sieht auch das BAFA in seinem aktuellen Merkblatt so, wenn es festlegt, dass eine Strompreiskompensation anzurechnen ist, wenn ein antragstellendes Unternehmen sie „erhält".

Ungeklärt ist bislang aber, in welcher **Höhe** eine nachschüssig für das Vorjahr beantragte Strompreiskompensation, deren Betrag mangels Bewilligung durch die DEHSt bei Antragstellung im Rahmen der Besonderen Ausgleichsregelung noch nicht feststeht, zu berücksichtigen ist.

103

Beispiel
Ein stromintensives Unternehmen der Papierindustrie beantragt für das Förderjahr 2013 bei der DEHSt bis zum 30.5.2014 eine Förderung im Rahmen der Strompreiskompensation. Bis zur Antragstellung beim BAFA im Rahmen der Besonderen Ausgleichsregelung für das Begrenzungsjahr 2015 – also bis zum 30.9.2014 (§ 103 Abs. 1 Nr. 5 EEG) – liegt kein Bewilligungsbescheid der DEHSt vor. Welchen Förderbetrag soll das Unternehmen bei der Antragstellung beim BAFA ansetzen?

Da erstens **kein Rechtsanspruch auf Gewährung der Beihilfe** zur Kompensation für indirekte CO_2-Kosten besteht und zweitens die Fördermittel nur in begrenztem Umfang entsprechend der dafür vorgesehenen Haushaltsmittel zur Verfügung stehen, spricht viel dafür, bei Antragstellung im Rahmen der Besonderen Ausgleichsregelung die Strompreiskompensation zunächst nur anteilig in Ansatz zu bringen und ggf. einen über den angesetzten Betrag hinausgehenden Förderbetrag bei der Antragstellung im Folgejahr zu berücksichtigen.

104

Tipp
Der Wirtschaftsprüfer sollte – ggf. unter Einbindung des BAFA – einen anteiligen Förderbetrag bei der Berechnung der Stromkostenintensität für die Besondere Ausgleichsregelung bestimmen, der sich einerseits an der beantragten Förderung und andererseits an einer nach kaufmännischen Grundsätzen zu beurteilenden Prognose über die Förderbewilligung orientieren sollte. Für die Prognose sind u. a. das im Haushalt eingestellte Gesamtfördervolumen der Strompreiskompensation und – sofern vorhanden – veröffentlichte Informationen (der DEHSt oder der Bundesregierung im Rahmen parlamentarischer Anfragen) zur Zahl der Antragsteller bzw. zum beantragten Fördervolumen zu berücksichtigen.

Ein weiteres Problem ergibt sich auch bei der Frage, ob und in welchem Umfang eine **fiktive Anrechnung** der Förderung der Strompreiskompensation bei Unternehmen erfolgt, die zwar förderberechtigt sind, aber keinen Förderantrag stellen oder einen einmal gestellten Antrag später wieder zurücknimmt.

105

Beispiel
Ein Unternehmen der Kunststoffindustrie kommt – ohne Ansatz einer möglichen Entlastung auf Basis der Strompreiskompensation – auf eine Stromkostenintensität von knapp über 16 % und wäre damit nach § 64 Abs. 1 Nr. 2 lit. a, bb EEG i. V. m. Liste 1 in Anlage 4 des EEG berechtigt, eine Begrenzung der EEG-Umlage für das Jahr 2015 zu beantragen. Würde bei dem Unternehmen eine mögliche Entlastung

aus der Strompreiskompensation für die von ihm hergestellten Produkte angerechnet werden, würde die Stromkostenintensität auf unter 16 % fallen. Deswegen verzichtet das Unternehmen auf einen Antrag zur Strompreiskompensation.

106 In seinem alten Merkblatt zu §§ 40 ff. EEG 2012 hatte das BAFA den fiktiven Ansatz einer Strompreiskompensation auch in dem Fall befürwortet, dass ein förderberechtigtes Unternehmen von einem Antrag absieht. Es hat die Unternehmen in solchen Konstellationen so gestellt wie sie stünden, wenn sie eine solche Entlastung geltend gemacht hätten. Gegen eine solche fiktive Anrechnung sprachen und sprechen allerdings gewichtige Argumente. Wie bereits erwähnt, ist es Ziel der Entlastungen aus der Strompreiskompensation, wie auch aus der Besonderen Ausgleichsregelung, die internationale Wettbewerbsfähigkeit deutscher Unternehmen zu erhalten und **Carbon Leakage** zu verhindern. Dieses Ziel würde aber konterkariert, wenn entlastungsberechtigte Unternehmen durch eine „aufgezwungene" Strompreiskompensation u. U. schwerwiegende wirtschaftliche Nachteile bei der Entlastung im Rahmen der Besonderen Ausgleichsregelung erleiden würden. Im Übrigen sprechen die oben bereits erwähnten Aspekte, dass auf die Förderung kein Rechtsanspruch besteht und das Gesamtfördervolumen u. U. nicht ausreicht, um allen Antragstellern in voller Höhe eine Entlastung zu gewähren, gegen einen fiktiven Ansatz derartiger Entlastungsmöglichkeiten. Entsprechend scheint das BAFA nunmehr im neuen Merkblatt bei der fiktiven Anrechnung von Stromkostenentlastungen zwischen Stromsteuerentlastungen auf der einen und einer Strompreiskompensation auf der anderen Seite zu differenzieren. Für Stromsteuerentlastungen legt das BAFA ausdrücklich fest, dass es diese im Umfang des tatsächlichen Anspruchs unabhängig von der Frage der Antragstellung in Ansatz bringen will:[99]

> „Entsprechend der Höhe des bestehenden Anspruchs ergeben sich für das betreffende Geschäftsjahr Stromsteuerreduzierungen, die unabhängig von der tatsächlichen Antragstellung zu berücksichtigen sind. Im Ergebnis wird das Unternehmen also immer so behandelt, als hätte es den Anspruch in voller Höhe geltend gemacht."

107 Da eine entsprechende Regelung für die Strompreiskompensation fehlt, kann im Umkehrschluss gefolgert werden, dass eine fiktive Anrechnung in diesem Fall gerade nicht erfolgt.

---

[99] BAFA, Merkblatt für stromkostenintensive Unternehmen, abrufbar unter http://www.bafa.de/bafa/de/energie/besondere_ausgleichsregelung_eeg/merkblaetter/merkblatt_stromkostenintensive_unternehmen.pdf, S. 14 f.

Kapitel 11
Resümee/Ausblick

In den vorherigen Kapiteln haben wir uns dem Preis von Energie von ganz verschiedener Weise genähert.

Am Anfang steht ein Kapitel zur **Entstehung von Preisen** – wie und in welchem Umfeld bildet sich der Preis für Energie eigentlich? Der Vertrieb erhält den Strom nicht mehr – wie früher zu den Monopolzeiten üblich – zu den **Durchschnittskosten**, auf Basis langfristig geschlossener Abreden und mit einer Korrekturmöglichkeit wie der **Preisgleitklausel**. Die **Liberalisierung** der Energiemärkte, die die Trennung von Netzbetrieb und Stromlieferung einerseits und von Erzeugung und Stromvertrieb andererseits als wichtige Merkmale begreift, um den wechselbereiten Abnehmer in einem regen Anbieterwettbewerb zu finden, führte zu neuen und durchaus hoch komplexen neuen Strukturen.

Was erst einmal so banal klingt, dass es keinen „Hund mehr hinter dem Ofen hervorlockt", nämlich, dass das freie Spiel von Angebot und Nachfrage den **Wettbewerb** ausmacht, ist in seiner Reinkultur im Energiemarkt nicht etablierbar. Wettbewerb setzt Freiheit voraus, weil nur dann auch dem Einzelnen der Freiraum der Entfaltung gegeben ist, hat Adam Smith schon 1776 gesagt.[1] Nun soll hier nicht die überkommene, jahrzehntelang propagierte Theorie vom Marktversagen im Bereich der leitungsgebundenen Energien[2] wiederbelebt werden. Allerdings ist der Markt für Energien kein Beispiel für optimale wettbewerbliche Theorien. Das zeigen der schnelle Blick auf die Erzeugungsverhältnisse im Strom oder die Importverhältnisse im Gas.[3]

Wettbewerb im Energiebereich braucht – dies ist eine (damals nicht banale) Erkenntnis aus der Nachliberalisierungszeit 1999 ff. – die **Regulierung**, die die Freiheit schützt. Diese wiederum sollte zwei Bedingungen erfüllen: Angemessenheit und Verlässlichkeit. In beiden Punkten sind wir vom Optimum klar entfernt.

Angemessenheit: Heute muss der Energiemarktteilnehmer über 11.000 Normen[4] kennen, will er den Markt betreten, Tendenz steigend. Gesetze, nationale und europäische Verordnungen, nationale und europäische Richtlinien, Festlegungen der verschiedenen Regulierer, ihre FAQs und Auslegungshinweise erfassen vieles kleinteilig, lassen aber auf der anderen Seite auch viele Fragen offen, begründen Systembrüche oder manchmal sogar Markteintrittshindernisse, denn sie sind nicht immer aufeinander abgestimmt.

Verlässlichkeit: Der Energiemarkt war in den letzten Jahren einem heftigen und mehrfachen Wandel unterworfen. Nach Jahrzehnten „ruhigem" Monopol und

---
1 *Smith*, Wealth of Nations, S. 22 (dt. Übersetzung von Recktenwald, Der Wohlstand der Nationen).
2 Vgl. nur Baur/*Kuhnt*, Deregulierung und Regulierung , VEnergR Bd. 71, S. 81 ff., 95, 98 f.
3 Siehe Kap. 2 und 3.
4 Schäfer/*Zenke*, Kommunalwirtschaft, S. 215, 216.

der lange angekündigten Entscheidung des Gesetzgebers für freiere Strom- und Gasmärkte in 1998 löste die sogenannte Energiewende plötzlich (und am Anfang unbemerkt) eine Kettenreaktion gesetzgeberischer Eingriffe aus. Vor dem Hintergrund der Havarie eines Kernkraftwerks im Hochtechnologieland Japan und ihren schrecklichen Schäden beschloss die Bundesregierung in 2011 den sofortigen Ausstieg Deutschlands aus der Kernenergie.[5] Was zunächst nur nach Umsetzung der Ausstiegsentscheidung im Atomrecht, einigen Schadenersatzprozessen der durch die vorzeitige Abschaltung der Kernkraftwerke betroffenen Anlagenbetreiber, einem Streit um die Fortzahlung der Kernbrennstoffsteuer[6] und der fortgesetzten Endlagersuche aussah, zog schnell Weiterungen nach sich. Die Erneuerbare Energie sollte die befürchtete Versorgungslücke schließen und einen deutlichen Ausbau erfahren. Weil diese aber hoch volatil ist, teils (noch) nicht erschlossen, teils als zu teuer angesehen wird, ergaben und ergeben sich weitere Handlungsnotwendigkeiten.

7   **Versorgungssicherheit** (diskutiert z. B. unter dem Stichwort **Winterreserve** oder **Kapazitätsmarkt**) und **Preiswürdigkeit** der Versorgung (diskutierte u. a. unter der Altmaier'schen **Strompreisbremse**) schienen gefährdet und machten/machen neue Eingriffe in das deutsche Rechtssystem objektiv und/oder subjektiv erforderlich. Verkompliziert wird das Ganze noch durch den vermehrten europäischen Eingriff, teils direkt und in die letzten Details in bislang nationale Regelungsdomänen. Dies betrifft Erzeuger, Verkäufer, Händler, Transporteure und Abnehmer von Energie gleichermaßen. Die Beweglichkeit der Gesetzgebung entzieht mancher Entscheidung die Grundlage; was gestern richtig war, muss es heute nicht mehr sein. Ständig wird nachgebessert und geschärft.[7]

8   Heute ergibt sich der Preis für eine Kilowattstunde nicht mehr einfach nur aus dem Aufaddieren von Kosten plus Marge. Den Preis richtig zu bestimmen, alle staatlichen Umlagen (rund 84 % des Strompreises ausmachend) richtig umzulegen und das schließlich gefundene Ergebnis ebenso juristisch richtig (und verständlich) an den Abnehmer zu kommunizieren – das ist alles andere als banal.[8] Umgekehrt gilt dies für

---

5 Wenige Monate nach der gerade beschlossenen Laufzeitverlängerung der Atomkraftwerke bis 2040 wurden acht der damals noch 17 im Betrieb befindlichen Kernkraftwerke vom Netz genommen; bis 2022 soll kein Strom in Kernkraftwerken mehr produziert werden.
6 Die Kernbrennstoffsteuer war ein Teil der noch 2010 beschlossenen Laufzeitverlängerung der Atomkraftwerke. Danach zahlen Kraftwerksbetreiber eine Steuer auf die Verwendung von Plutonium und Uran in Kernkraftwerken, § 1 Abs. 1 KernbrStG (Kernbrennstoffsteuergesetz v. 8.12.2010 (BGBl. I S. 1804)), um sie an den Kosten der Endlagerung des Atommülls zu beteiligen. Man rechnete ursprünglich mit Steuereinnahmen i. H. v. rund 2,3 Mrd. € pro Jahr, nach der Energiewende/dem Atomausstieg mit ca. 600 Mio. € pro Jahr.
7 Vgl. z. B. Kap. 4 oder 9.
8 Vgl. Kap. 5.

den Abnehmer von Energie. Hat er alle Möglichkeiten erfasst, um Energie zu sparen, Ausnahmen zu bemühen, Erleichterungen geltend zu machen?[9]

Auch in der Zukunft wird es – hier muss man Realist sein – weder einfacher noch billiger mit den Preisen und der Preisgestaltung für die Versorgung mit Strom, Gas und Fernwärme. Aktuell intensiv und mit großer Bandbreite wird etwa die Schaffung von Kapazitätsmärkten (Mechanismen zur Bereitstellung gesicherter Leistung) diskutiert. Während einige hierunter ein neues, regulativ zu etablierendes und genau zu überwachendes System sehen, verstehen andere hierunter lediglich die logische Folge des Marktes, die nur erfordert, anerkannt zu werden. Es gäbe bereits die Produkte und die Nachfrage wie etwa die Abschaltung großer Lasten, das Demand Response oder aber den Regelenergiemarkt. Hier werde lediglich ein Anerkennen erforderlich und der Mut zu mehr Markt und zur Innovation – für die Haushalte ebenso wie für die Industrie.

Im Ergebnis lässt sich resümieren. Der Energiemarkt ist komplex, stark reguliert und aktuell nur begrenzt verlässlich. Die Energiewende hat uns Aufmerksamkeit in der Welt verschafft, teils Bewunderung und teils Skepsis darüber, wie man einen solchen Umbau in Einklang mit Wohlstand und Industriewachstum bringen will. Gleichzeitig ergibt sich ein Vermittlungsproblem. Ohne die Verbraucher von Energie wird es schließlich auch nicht mehr gehen. Um die Energieeffizienz zu steigern, werden verbindliche Vorgaben geschaffen, aber auch die bestehenden Förderprogramme aufgestockt. Vor allem Investitionsprogramme für Haushalte mit geringen Einkommen sollen zum Kauf energiesparender Haushaltsgeräte anreizen und so einer drohenden „Energiearmut" vorbeugen. Energie ist also nicht mehr passiv zu konsumieren.

---

9 Vgl. Kap. 10.

Stichwortverzeichnis

Die fetten Zahlen verweisen auf die Kapitel, die mageren Zahlen verweisen auf die Randnummern.

§ 315 BGB
- Anwendung **Kap. 5** 40, **Kap. 5** 46
- Billigkeitskontrolle **Kap. 5** 40
- Preisanpassungsklausel **Kap. 5** 40
- Wasserpreis **Kap. 8** 46 ff.
- Wasserpreiskontrolle **Kap. 8** 56 f.
- Nichttarifkunde **Kap. 8** 65

15-Minuten-Kontrakt **Kap. 4** 15

A

Absatzportfolio **Kap. 4** 11
Absatzportfoliomanagement **Kap. 2** 93 ff.
Abwasserbeseitigung **Kap. 8** 83 ff.
Abwasserpreis **Kap. 8** 83 ff.
- Ausgangslage **Kap. 8** 1 ff.
- Billigkeitskontrolle **Kap. 8** 88
- Gestaltung **Kap. 8** 1 ff.
- Kontrolle **Kap. 8** 1 ff.
- öffentliches Finanzgebahren **Kap. 8** 88
- Preisanpassungsklausel **Kap. 8** 89
- Preisanpassungsrecht **Kap. 8** 85 ff.
- Rahmenbedingungen **Kap. 8** 1 ff.

Abwasserpreiskontrolle
- durch Kartellbehörde **Kap. 8** 89

AGB
- Preisänderungsklausel **Kap. 7** 5 ff.
- Preisanpassung **Kap. 5** 14 f.
- Transparenzgebot **Kap. 5** 30 ff.

AGB-Recht
- Anwendbarkeit Unternehmen/jur. Personen **Kap. 5** 20
- Anwendungsbereich **Kap. 5** 17 ff.
- Inhaltskontrolle **Kap. 5** 15

Anbieterwechsel **Kap. 1** 25 ff.
Änderungskündigung **Kap. 7** 94 ff.
Anlage
- Begriff **Kap. 10** 23

Anlage von bis zu 2 MW Nennleistung **Kap. 10** 22 ff.
anlegbarer Strompreis **Kap. 3** 59
Anreizregulierung **Kap. 9** 43 ff., **Kap. 9** 49 ff.
- Ausnahmen **Kap. 9** 44 ff.
- Einführung **Kap. 9** 51 ff.
- Erlösobergrenze **Kap. 9** 54 ff.
- Evaluierung **Kap. 9** 79 ff.
- geschlossenes Verteilernetz **Kap. 9** 45 ff.
- Investitionswellen **Kap. 9** 79
- Kostenträgerrechnung **Kap. 9** 145
- Kundenanlagen **Kap. 9** 48
- periodenübergreifende Saldierung **Kap. 9** 93
- Plankostenverbot **Kap. 9** 99
- Regulierungskonto **Kap. 9** 93
- Übergangsvorschrift **Kap. 9** 46

Anschluss-/Benutzungszwang
- Wasserversorger **Kap. 8** 47

Anschlussnutzungsvertrag **Kap. 5** 5
Äquivalenzfaktor **Kap. 7** 53
- Fernwärme **Kap. 7** 53

Äquivalenzprinzip **Kap. 8** 52
Arbitrage **Kap. 4** 30
ARegV **Kap. 9** 51 ff.
- Methodik **Kap. 9** 53
- Systematik **Kap. 9** 52

Atomkonsens **Kap. 3** 12
aufwandsgleiche Kostenpositionen **Kap. 9** 89, **Kap. 9** 96 ff.
- Netzentgeltermittlung **Kap. 9** 96 ff.

AusglMechV **Kap. 4** 48
automatische Preisänderungsklausel **Kap. 7** 3 ff.
- Vorteil **Kap. 7** 4

AVBWasserV **Kap. 8** 6

B

Backwardation **Kap. 2** 75
Baukostenzuschuss
- Wasserversorger **Kap. 8** 13

Beihilfegewährung
- Antragsberechtigung **Kap. 10** 80 f.
- antragstellendes Unternehmen **Kap. 10** 84
- Antragstellung **Kap. 10** 83
- Antragsverfahren **Kap. 10** 82 ff.
- Ausschlussfrist **Kap. 10** 82
- Ausschlussgrund **Kap. 10** 81
- Beihilfehöhe **Kap. 10** 85 ff.
- Beihilfeintensität **Kap. 10** 86
- Voraussetzung **Kap. 10** 80 f.

Beihilfeintensität
– Degressionsfaktor **Kap. 10** 86
Beschaffung
– indexorientierte **Kap. 4** 72
Beschaffungsportfolio **Kap. 4** 11
Besondere Ausgleichsregelung
– antragsberechtigte Unternehmen **Kap. 10** 48 ff.
– Antragsverfahren **Kap. 10** 62 ff.
– Begrenzungsumfang **Kap. 10** 65
– CO_2-Kosten, indirekte **Kap. 10** 96 ff.
– EEG-Umlage **Kap. 10** 47
– Härtefallregelung **Kap. 10** 66 ff.
– materielle Voraussetzungen **Kap. 10** 52 ff.
– stromintensive Unternehmen **Kap. 10** 99 ff.
– Stromkostenintensität **Kap. 10** 53
– Strompreiskompensation **Kap. 10** 96 ff.
– Stromverbrauch **Kap. 10** 52
– Unternehmensneugründung **Kap. 10** 58
– Unternehmensteil, selbständiger **Kap. 10** 60 f.
– Unternehmensumwandlung **Kap. 10** 59
Best-Preis-Abrechnung **Kap. 6** 25 f.
– Grundversorgung **Kap. 6** 26
Beteiligungskontinuität **Kap. 9** 155
BGH
– Anwendung § 315 BGB **Kap. 5** 41 ff.
– Flüssiggasurteil **Kap. 5** 79 ff.
– Gaspreisurteil **Kap. 6** 28
– GVV-Klausel **Kap. 5** 85 ff.
– HEL-Klausel **Kap. 5** 89 ff.
– Leitbildfunktion **Kap. 5** 27 ff.
– Preisanpassungsklausel **Kap. 6** 29 ff.
– Strompreisurteil **Kap. 6** 28, **Kap. 6** 48 f.
– Wetzlar **Kap. 8** 79 f.
Bid-ask-Spread **Kap. 4** 41
Bilanzkreisbewirtschaftung
– EEG **Kap. 4** 93
Bilanzkreisvertrag **Kap. 9** 23
Billigkeitskontrolle
– § 315 BGB **Kap. 5** 40
– Wasserversorgung **Kap. 8** 6
– Abwasserpreis **Kap. 8** 88
Biomasse
– Begriff **Kap. 10** 20
Biomasseverordnung **Kap. 10** 20
Börse **Kap. 4** 5
– Großhandel **Kap. 4** 5
Bottom-Up-Kalkulation **Kap. 2** 87 ff.

Braunkohle **Kap. 3** 4 f.
– Stromerzeugung **Kap. 3** 4 f., **Kap. 3** 25
– Stromerzeugungsanlage **Kap. 3** 4 f., **Kap. 3** 19, **Kap. 3** 34, **Kap. 3** 41, **Kap. 3** 44, **Kap. 3** 53 ff.
Bruttowertschöpfung **Kap. 10** 53 ff.
– Strompreiskompensation **Kap. 10** 97 f.

C
Call **Kap. 4** 35
Clean Spark Spread **Kap. 3** 51
Clean Spread **Kap. 3** 55 f.
CO_2-Emissionsfaktor **Kap. 10** 86
CO_2-emittierende Erzeugungsanlage
– Emissionshandel **Kap. 10** 73 f.
CO_2-Kosten, indirekte
– Kompensation **Kap. 10** 5
– Entlastungsmöglichkeit **Kap. 10** 6 ff.
– Optimierungsmöglichkeit **Kap. 10** 6 ff.
– Beihilfen zur Kompensation **Kap. 10** 73 ff.
– Beihilfegewährung **Kap. 10** 78
– Förderrichtlinie des BMWi **Kap. 10** 79
– Ausschlussfrist **Kap. 10** 82

D
Dark Spread **Kap. 3** 49
Daseinsvorsorge **Kap. 6** 2
Day-ahead-Auktion **Kap. 2** 36 f.
Day-ahead-Handel **Kap. 4** 2, **Kap. 4** 6
– Gasgroßhandel **Kap. 4** 26
Day-ahead-Markt **Kap. 4** 11, **Kap. 4** 14
– EEG-Strom **Kap. 4** 52
– Preisreferenz **Kap. 4** 52
– Stromgroßhandel **Kap. 4** 14
Day-ahead-Preis **Kap. 4** 52
Deckungsbeitrag
– Kraftwerksbetrieb **Kap. 3** 47 ff.
Deckungsbeitragsrechnung
– retrograde **Kap. 2** 89
Direktvermarktung **Kap. 3** 60
doppelte Deckung **Kap. 9** 119 f.

E
EEG
– Bilanzkreisbewirtschaftung **Kap. 4** 93
EEG-Einspeisevergütung **Kap. 10** 27
EEG-Portfolio **Kap. 4** 53 ff.
EEG-Strom **Kap. 4** 45 ff.
– AusglMechV **Kap. 4** 48

- Direktvermarktung **Kap. 4** 49 f.
- Fernsteuerbarkeit **Kap. 4** 50
- Managementprämie **Kap. 4** 49 f.
- Marktprämie **Kap. 4** 45 ff.
- physische Wälzung **Kap. 4** 47
- Portfoliotheorie **Kap. 4** 54
- Vermarktung **Kap. 4** 45 ff.
- Vermarktungsportfolio **Kap. 4** 53 ff.

EEG-Umlage **Kap. 1** 9 ff., **Kap. 4** 61 ff.
- 20-%-Deckel **Kap. 10** 68
- Antragsverfahren **Kap. 10** 62 ff.
- Begrenzung **Kap. 10** 58, **Kap. 10** 62 ff.
- Begrenzungsumfang **Kap. 10** 65
- besondere Ausgleichsregelung **Kap. 10** 47
- Entlastungsmöglichkeit **Kap. 10** 6 ff.
- Optimierungsmöglichkeit **Kap. 10** 1 ff., **Kap. 10** 6 ff.
- Reduzierung **Kap. 10** 4, **Kap. 10** 46 ff.
- Schienenbahnen **Kap. 10** 71 f.
- Strompreisentwicklung **Kap. 9** 7 f.
- Stromspotpreis **Kap. 4** 61, **Kap. 4** 62 f.
- Verdoppelungsverbot **Kap. 10** 67

EEX-Phelix-Futures-Kontrakte **Kap. 4** 34
Effizienzvergleich **Kap. 9** 59 ff.
- Aufwandsparameter **Kap. 9** 59
- Frontier-Ansatz **Kap. 9** 60
- Vergleichsparameter **Kap. 9** 59

Effizienzwert **Kap. 9** 59 ff.
- bereinigter **Kap. 9** 61
- Erlösobergrenze **Kap. 9** 59 ff.
- Fernleitungsbetreiber **Kap. 9** 65
- Mindesteffizienswert **Kap. 9** 60
- Übertragungsnetzbetreiber **Kap. 9** 65

Eigenerzeugung **Kap. 9** 12 f.
- Netzentgelte **Kap. 9** 12
- Netznutzungsentgelte **Kap. 9** 12 f.

Eigenkapitalverzinsung
- Netzbetreiber **Kap. 9** 4

Eigenstromerzeugung **Kap. 10** 92 ff.
einseitiges Leistungsbestimmungsrecht **Kap. 5** 41
- rechtliche Wirksamkeit **Kap. 5** 49

einseitiges Preisanpassungsrecht **Kap. 5** 44
EMIR **Kap. 4** 103 ff.
Emissionshandel
- CO_2-emittierende Erzeugungsanlage **Kap. 10** 73 f.

emissionshandelspflichtige Anlage
- Stromerzeuger **Kap. 10** 75

Energiebeschaffung
- Kosten **Kap. 1** 13 f.
- strukturierte **Kap. 4** 70 ff.

Energiebeschaffungskosten **Kap. 1** 13 f.
Energieeffizienzsystem für KMU
- Spitzenausgleich **Kap. 10** 41

Energiemanagementsystem **Kap. 10** 40 f., **Kap. 10** 57
- Nachweisführung **Kap. 10** 42

Energiepreis **Kap. 1** 1 ff., **Kap. 2** 1 ff., **Kap. 5** 60 ff.
- Angebot und Nachfrage **Kap. 2** 10 ff., **Kap. 2** 32 ff.
- Bottom-Up-Kalkulation **Kap. 2** 87 ff.
- Einflussfaktoren **Kap. 2** 1 ff.
- Entwicklung **Kap. 1** 2 f., **Kap. 1** 4 ff.
- Gebietsmonopol **Kap. 2** 5
- gerichtliche Preisprüfung **Kap. 6** 40 ff.
- Kartell **Kap. 2** 26
- Marktgleichgewicht **Kap. 2** 10 ff.
- Marktgleichgewichtspreis **Kap. 2** 1
- Marktmechanismus **Kap. 2** 5, **Kap. 2** 10
- Marktmissbrauchspotential **Kap. 2** 48
- Marktpreisrisiko **Kap. 2** 59 ff.
- Marktumfeld **Kap. 2** 5 ff.
- Mengenrisiko **Kap. 2** 58, **Kap. 2** 63
- Monetarismus **Kap. 2** 7
- Monopol **Kap. 2** 18 ff.
- Nachfragesteigerung **Kap. 2** 11
- Oligopol **Kap. 2** 23 ff.
- Preisrisiken **Kap. 2** 58 ff.
- Preissetzungskorridor **Kap. 2** 90 ff.
- retrograde Deckungsbeitragsrechnung **Kap. 2** 89
- segmentspezifische Tarifpreiskalkulation **Kap. 2** 93 ff.
- Tarifpreis **Kap. 2** 80 ff.
- Top-Down-Kalkulation **Kap. 2** 87 ff.

Energiepreisbildung **Kap. 1** 4 ff.
Energiepreisentwicklung **Kap. 1** 2 ff., **Kap. 2** 27 ff., **Kap. 9** 5 ff.
- Netznutzungsentgelte **Kap. 9** 5 ff.
- Netzentgelte **Kap. 9** 5 ff.

Energiepreiszusammensetzung **Kap. 1** 4 ff.
- regulierende Normen **Kap. 1** 30 ff.

Energieversorgung
- Normen **Kap. 1** 20 ff.
- Ex-ante-Einzelentgeltgenehmigung **Kap. 9** 16
- Ex-post-Methodenkontrolle **Kap. 9** 16

- Grundversorgung **Kap. 9** 14 ff.
Energiewirtschaft
- Normen **Kap. 1** 30 ff.
- Preisanpassungsregeln **Kap. 5** 3 f.
Entflechtung **Kap. 5** 4
Entgeltanpassung **Kap. 5** 8
- Inhalt § 315 BGB **Kap. 5** 40 ff.
Entgeltbildung
- kostenorientierte **Kap. 9** 36 ff.
Entgeltregulierung
- Wasserversorgung **Kap. 8** 7
Entlastungsmöglichkeit
- CO_2-Kosten, indirekte **Kap. 10** 6 ff.
- EEG-Umlage **Kap. 10** 6 ff.
- Stromsteuer **Kap. 10** 6 ff.
Entry-Exit-Modell **Kap. 4** 3
Entsolidarisierung der Netzfinanzierung **Kap. 9** 13
Erdgas **Kap. 3** 16 f.
- Fracking **Kap. 3** 16
- Importabhängigkeit **Kap. 3** 17
- Stromerzeugung **Kap. 3** 16 f.
- Stromerzeugungsanlage **Kap. 3** 16 f., **Kap. 3** 23, **Kap. 3** 34 f., **Kap. 3** 41, **Kap. 3** 45 f., **Kap. 3** 53 ff.
Erlösobergrenze
- Anpassung **Kap. 9** 73 ff.
- Ausgangsniveau **Kap. 9** 56
- Effizienzwert **Kap. 9** 59 ff.
- Ermittlung **Kap. 9** 55 ff.
- Erweiterung **Kap. 9** 76 ff.
- Festlegung **Kap. 9** 54 ff.
- genereller Produktivitätsfaktor **Kap. 9** 68 ff.
- individuelle **Kap. 9** 19
- Ineffizienz **Kap. 9** 63
- Kostenbestandteile **Kap. 9** 57 f.
- Qualitätsvorgaben **Kap. 9** 66
- Regulierungskonto **Kap. 9** 75
- vereinfachtes Festlegungsverfahren **Kap. 9** 70 ff.
Erneuerbare Energien **Kap. 3** 6 ff.
- Fernsteuerbarkeit **Kap. 4** 56 ff.
- Flexibilitäten **Kap. 4** 61 ff.
- Großhandel **Kap. 4** 45 ff.
- negative Preise **Kap. 4** 56 ff.
- Stromerzeugung **Kap. 3** 6 ff.
- Stromerzeugungsanlage **Kap. 3** 6 ff., **Kap. 3** 20, **Kap. 3** 36 ff., **Kap. 3** 34 f., **Kap. 3** 43, **Kap. 3** 53 ff.

Ex-ante-Einzelentgeltgenehmigung **Kap. 9** 16, **Kap. 9** 42
Ex-post-Methodenkontrolle **Kap. 9** 16

F
Fahrplan **Kap. 4** 19
- korrespondierender **Kap. 4** 19
- Spotbörse **Kap. 4** 19
Fernleitungsbetreiber
- Effizienzwert **Kap. 9** 65
Fernsteuerbonus **Kap. 4** 56
Fernsteuern **Kap. 4** 56 ff.
- Schalteinrichtung **Kap. 4** 57
Fernwärme **Kap. 7** 1 ff.
- Allgemeine Versorgungsbedingungen **Kap. 7** 18, **Kap. 7** 26
- Änderungskündigung **Kap. 7** 94 ff.
- Äquivalenzfaktor **Kap. 7** 53
- Arbeitspreis **Kap. 7** 65
- automatische Preisänderungsklausel **Kap. 7** 3 ff.
- Bereitstellungskosten **Kap. 7** 67
- Bestandskunde **Kap. 7** 116, **Kap. 7** 123
- Brennstoffe **Kap. 7** 46 f.
- Einkauf **Kap. 7** 55 ff.
- Erzeugungskosten **Kap. 7** 67
- Festpreis **Kap. 7** 21 ff.
- HEL-Index **Kap. 7** 52, **Kap. 7** 62 ff., **Kap. 7** 83
- HEL-Preisklauseln **Kap. 7** 51 ff.
- Investitionskosten **Kap. 7** 22
- Kartellrecht **Kap. 7** 109 ff.
- Korrekturklausel **Kap. 7** 108
- Kostenorientierung **Kap. 7** 53
- Kundenbindung **Kap. 7** 22
- Marktabgrenzung **Kap. 7** 110 ff.
- mittelbarer Preisrepräsentant **Kap. 7** 83
- Monopol **Kap. 7** 109 ff.
- Nachtragsvereinbarung **Kap. 7** 99 ff.
- Neukunde **Kap. 7** 116, **Kap. 7** 123
- Preisänderung **Kap. 7** 1 ff.
- Preisänderung durch öffentliche Bekanntgabe **Kap. 7** 10 ff.
- Preisänderungsklausel **Kap. 7** 3 ff.
- Preisänderungsrecht **Kap. 7** 12 ff.
- Sektorenuntersuchung **Kap. 7** 121
- Sonderkundenvertrag **Kap. 7** 15
- stillschweigender Vertrag **Kap. 7** 25 ff.
- Tarifkundenvertrag **Kap. 7** 15
- Wärmepreisänderungsklausel **Kap. 7** 3 ff.

Stichwortverzeichnis — 297

- Wirtschaftsklausel **Kap. 7** 108
Fernwärmeeinkauf **Kap. 7** 54 ff.
- Bereitstellungskosten **Kap. 7** 57
- Gestehungskosten **Kap. 7** 57
- Versorgungsunternehmen **Kap. 7** 54 ff.
- Vertragsverhältnis **Kap. 7** 55
Fernwärmeversorgung **Kap. 7** 1 ff.
- Vertragsschluss **Kap. 7** 24 ff.
Festpreis
- Fernwärme **Kap. 7** 21 ff.
- Zeitraum **Kap. 7** 23
fixe Vergütung **Kap. 3** 60
Flexibilitäten **Kap. 4** 60 ff.
- Abrechnung **Kap. 4** 61 f.
- Ausgleichseffekte **Kap. 4** 65 ff.
- Nachholeffekt **Kap. 4** 61 f.
Förderrichtlinie des BMWi **Kap. 10** 79
- Beihilfehöhe **Kap. 10** 85
- CO_2-Kosten, indirekte **Kap. 10** 92
Forward-Kontrakt **Kap. 4** 44
Forward-Prämie **Kap. 2** 74
Fracking **Kap. 3** 16, **Kap. 4** 3
Frontier-Ansatz **Kap. 9** 60
Fukushima **Kap. 3** 15
Futures **Kap. 4** 31 ff.
- physischer **Kap. 4** 43
- Stromgroßhandel **Kap. 4** 32 ff.
Futures-Kontrakt **Kap. 4** 31

G
Gasgroßhandel **Kap. 4** 1 ff.
- außerbörsliche Spotmarktprodukte **Kap. 4** 28 f.
- außerbörsliche Terminmarktprodukte **Kap. 4** 44
- Forward-Kontrakt **Kap. 4** 44
- OTC-Handel **Kap. 4** 28 f.
- physischer Future **Kap. 4** 43
- Spotmarkt **Kap. 4** 25 ff.
- Spread **Kap. 4** 41
- Terminmarkt **Kap. 4** 41 ff.
- Within-day-Handel **Kap. 4** 27
Gashandel **Kap. 4** 3
- Hub **Kap. 4** 9
- physischer Handelspunkt **Kap. 4** 9
- virtueller Handelspunkt **Kap. 4** 9
Gasliefervertrag **Kap. 5** 8 ff.
- HEL-Klausel **Kap. 5** 38
GASPOOL **Kap. 4** 25, **Kap. 4** 42

Gaspreis **Kap. 1** 15 ff.
- Entwicklung **Kap. 1** 17 ff.
- Haushaltskunde **Kap. 1** 17 ff.
- Zusammensetzung **Kap. 1** 15 ff.
Gaspreisentwicklung
- Grundversorgungsvertrag **Kap. 1** 19
- Sondervertrag **Kap. 1** 19
Gaspreisurteil **Kap. 6** 28
Generalklausel § 307 BGB **Kap. 5** 22, **Kap. 5** 24
genereller Produktivitätsfaktor **Kap. 9** 67 ff.
gerichtliche Preisprüfung **Kap. 6** 40 ff.
- Gegenstand der Prüfung **Kap. 6** 54 ff.
Gesamtkosten
- bereinigte **Kap. 9** 62
geschlossenes Verteilernetz
- Anreizregulierung **Kap. 9** 45 ff.
- Netzentgelte **Kap. 9** 47
Gewerbekunde
- HEL-Klausel **Kap. 5** 92 f.
Grenzkraftwerk **Kap. 2** 39, **Kap. 3** 57 ff.
Großhandel **Kap. 4** 1 ff.
- Börse **Kap. 4** 5
- Erneuerbare Energien **Kap. 4** 45 ff.
- Fernsteuerbarkeit **Kap. 4** 56 ff.
- Fernsteuerbonus **Kap. 4** 56
- Fernsteuern **Kap. 4** 56 ff.
- MiFID II **Kap. 4** 100 ff.
- negative Preise **Kap. 4** 56 ff.
- OTC-Markt **Kap. 4** 5
- Spotmarkt **Kap. 4** 6, **Kap. 4** 11 ff.
- Terminmarkt **Kap. 4** 30 ff.
Großhandelsmarkt **Kap. 4** 5
Grundlast **Kap. 4** 14
Grundpreis
- Fixkosten **Kap. 8** 23
- variable Kosten **Kap. 8** 23
Grundversorger
- Ermittlung **Kap. 6** 4
Grundversorgung **Kap. 6** 1 ff.
- Abgrenzung zum Sonderkundenvertrag **Kap. 6** 18 ff.
- berechtigte **Kap. 6** 5 ff.
- Best-Preis-Abrechnung **Kap. 6** 26
- Daseinsvorsorge **Kap. 6** 2
- EnWG **Kap. 6** 2 ff.
- europäisches Recht **Kap. 6** 29 ff.
- Gaspreis **Kap. 6** 47, **Kap. 6** 49, **Kap. 6** 55, **Kap. 6** 57 f.
- Gaspreisurteil **Kap. 6** 28

- gemischt genutzte Immobilien **Kap. 6** 9
- Grundversorgungspflicht **Kap. 6** 2 ff.
- Haushaltskunden **Kap. 6** 5 ff., **Kap. 6** 10 ff.
- Preisanpassungsrecht **Kap. 6** 13, **Kap. 6** 15 ff.
- Rechtsprechung in Deutschland **Kap. 6** 27 ff.
- Sperrrecht **Kap. 6** 14
- Strompreis **Kap. 6** 45 f., **Kap. 6** 58, **Kap. 6** 58
- Strompreisurteil **Kap. 6** 28
- Versorgungsunterbrechung **Kap. 6** 14
- Vertragsgestaltung **Kap. 6** 13
- Wirkung **Kap. 6** 10 ff.
- wirtschaftliche Unzumutbarkeit **Kap. 6** 10 ff.

Grundversorgungspflicht **Kap. 6** 2 ff.
Grundversorgungstarif
- Billigkeitsprüfung **Kap. 6** 44, **Kap. 6** 50 ff.
- gerichtliche Preisprüfung **Kap. 6** 40 ff.

Grüner Strom
- Output-Befreiung **Kap. 10** 19 ff.

Grünes Netz **Kap. 10** 19 ff.
GVV-Klausel
- Sonderkundenvertrag **Kap. 5** 49

H
Handelspunkt
- physischer **Kap. 4** 9
- virtueller **Kap. 4** 9

Handlungsrichtlinie **Kap. 4** 83 ff.
Haushaltskunden **Kap. 6** 5 ff., **Kap. 6** 10 ff.
- Grundversorgung **Kap. 6** 5 ff., **Kap. 6** 10 ff.

HEL-Index **Kap. 7** 52, **Kap. 7** 62 ff., **Kap. 7** 83
- Marktelement **Kap. 7** 62 ff.
- Kostenelement **Kap. 7** 63 ff.

HEL-Klausel **Kap. 5** 38
- Wirksamkeit **Kap. 5** 89 ff.
- Verbraucher **Kap. 5** 89 ff.
- Gewerbekunde **Kap. 5** 92 f.

HEL-Preisklauseln **Kap. 7** 51 ff.
- Wirksamkeit **Kap. 7** 52 f.

Hourly Price Forward Curve **Kap. 2** 70, **Kap. 4** 91 f.
Hub **Kap. 4** 9
- Gashandel **Kap. 4** 9

I
ICAP **Kap. 4** 28

indexorientierte Beschaffung **Kap. 4** 72
Industriekraftwerk **Kap. 3** 59
Industrieunternehmen **Kap. 7** 34 ff.
- spezieller Wärmebedarf **Kap. 7** 35

Ineffizienz **Kap. 9** 62 f.
- Erlösobergrenze **Kap. 9** 63

Initial Margin **Kap. 4** 31
Input-Befreiung **Kap. 10** 12
- Strom zur Stromerzeugung **Kap. 10** 14 ff.
- dezentrale Stromversorgung aus kleinen Anlagen **Kap. 10** 22 ff.

In-Sich-Abzugsfähigkeit **Kap. 9** 124
Insiderhandel **Kap. 2** 30, **Kap. 4** 106 ff.
Intraday-Handel **Kap. 4** 2
Intraday-Markt **Kap. 4** 11, **Kap. 4** 14
- Stromgroßhandel **Kap. 4** 14

K
kalkulatorische Abschreibungen **Kap. 9** 100 ff.
kalkulatorische Eigenkapitalverzinsung **Kap. 9** 113 ff.
- Anerkennungsfähigkeit **Kap. 9** 116 ff.
- Anzahlungen und Anlagen im Bau **Kap. 9** 116
- betriebsnotwendiges Eigenkapital **Kap. 9** 119 f.
- doppelte Deckung **Kap. 9** 119 f.
- Finanzanlagen **Kap. 9** 117
- Grundstücke **Kap. 9** 118
- kapitalmarktüblicher Fremdkapitalzinssatz **Kap. 9** 121
- überschießendes Eigenkapital **Kap. 9** 121
- Umlaufvermögen **Kap. 9** 117
- Zinssatzbegrenzung **Kap. 9** 122

kalkulatorische Gewerbesteuer **Kap. 9** 123 ff.
- Berechnung **Kap. 9** 124
- In-Sich-Abzugsfähigkeit **Kap. 9** 124
- Nach-Steuer **Kap. 9** 124
- Scheingewinn **Kap. 9** 125
- Vor-Steuer **Kap. 9** 124

kalkulatorische Kostenpositionen **Kap. 9** 100 ff.
- Altanlagen **Kap. 9** 101, **Kap. 9** 103 f.
- Bestimmung **Kap. 9** 108 ff.
- Indexreihe **Kap. 9** 104 f.
- kalkulatorische Abschreibungen **Kap. 9** 100 ff.
- kalkulatorische Eigenkapitalverzinsung **Kap. 9** 100, **Kap. 9** 113 ff.

- kalkulatorische Gewerbesteuer **Kap. 9** 123 ff.
- kalkulatorische Restwerte **Kap. 9** 100 ff.
- Nettosubstanzerhaltung **Kap. 9** 101 f.
- Netzentgeltermittlung **Kap. 9** 100 ff.
- Neuanlagen **Kap. 9** 101, **Kap. 9** 106
- Realkapitalerhaltung **Kap. 9** 101

kalkulatorischer Restwert **Kap. 9** 100 ff., **Kap. 9** 108 ff.
- Ermittlung **Kap. 9** 108 ff.
- Gasbereich **Kap. 9** 111
- historische Anschaffungs- und Herstellungskosten **Kap. 9** 112
- Strombereich **Kap. 9** 109
- Übergangsvorschrift **Kap. 9** 109 f.
- Vermutensregelung **Kap. 9** 109 f.

Kapazitätserweiterung **Kap. 10** 90 f.

Kartellbehörde
- Abwasserpreiskontrolle **Kap. 8** 89
- Sektorenuntersuchung **Kap. 8** 71
- Wasserpreiskontrolle **Kap. 8** 68 f.

Kartellrecht **Kap. 5** 50

kartellrechtliche Kostenkontrolle
- rationelle Betriebsführung **Kap. 8** 26

kartellrechtliche Missbrauchsverfahren
- Wasserpreis **Kap. 8** 9

Kernenergie **Kap. 3** 11 ff.
- Atomkonsens **Kap. 3** 12
- Fukushima **Kap. 3** 15
- Moratorium **Kap. 3** 15
- Restlaufzeit **Kap. 3** 13 f.
- Stromerzeugung **Kap. 3** 11 ff.
- Stromerzeugungsanlage **Kap. 3** 11 ff., **Kap. 3** 21

Klauselkontrolle
- nach § 307 BGB **Kap. 5** 22 ff.
- nach § 309 BGB **Kap. 5** 21

Kohlevorrang **Kap. 3** 57 ff.

Kontrahentenausfallrisiko
- Risikomanagement **Kap. 4** 80

Kosten
- beeinflussbare **Kap. 9** 57 ff., **Kap. 9** 62
- dauerhaft nicht beeinflussbare **Kap. 9** 57 f.
- fixe **Kap. 8** 23
- ineffiziente **Kap. 9** 62
- variable **Kap. 8** 23
- volatile Kostenanteile **Kap. 9** 57
- vorübergehend nicht beeinflussbare **Kap. 9** 57 f.

Kosten, fixe
- Zuordnung **Kap. 8** 23

Kosten, variable
- Zuordnung **Kap. 8** 23

Kostenartenrechnung **Kap. 9** 82 ff.

Kostendeckungsprinzip **Kap. 9** 51

Kostenelementeklausel
- Preisanpassungsklausel **Kap. 5** 67 ff.

Kostenkontrolle
- Wasserpreismissbrauch **Kap. 8** 81 f.

kostenorientierte Entgeltbildung **Kap. 9** 36 ff.
- Anwendungsbereich **Kap. 9** 43 ff.

Kostenorientierung
- Fernwärme **Kap. 7** 53

Kostenstellenrechnung **Kap. 9** 82 ff., **Kap. 9** 126 ff.
- Netzentgeltermittlung **Kap. 9** 126 ff.
- Pancaking **Kap. 9** 130
- Prinzip der Kostenwälzung **Kap. 9** 129

Kostenträgerrechnung **Kap. 9** 82 ff., **Kap. 9** 131 ff.
- Anreizregulierung **Kap. 9** 145
- Einspeisung elektrischer Energie **Kap. 9** 137
- Entgeltwälzung **Kap. 9** 148
- Entnahme ohne Leistungsmessung **Kap. 9** 135
- Gasbereich **Kap. 9** 146 ff.
- Gleichzeitigkeitsfunktion **Kap. 9** 133
- individuelles Netzentgelt **Kap. 9** 138 f.
- Kostenwälzung **Kap. 9** 148
- Netzentgeltermittlung **Kap. 9** 131 ff.
- Strombereich **Kap. 9** 132 ff.
- vermiedene Netzentgelte **Kap. 9** 137

Kraftwerksbetrieb
- Dark Spread **Kap. 3** 49
- Deckungsbeitrag **Kap. 3** 47 ff.
- fixe Stromgestehungskosten **Kap. 3** 32 ff.
- Kostenstruktur **Kap. 3** 31 ff.
- KWK-Anlage **Kap. 3** 52
- Spark Spread **Kap. 3** 49
- Spread **Kap. 3** 48 f.
- variable Stromgestehungskosten **Kap. 3** 32, **Kap. 3** 36 ff.

Kundenanlagen
- Anreizregulierung **Kap. 9** 48
- Netzentgeltgenehmigung **Kap. 9** 48

KWKG-Zuschlag **Kap. 10** 27

L

Liberalisierung
- Strommarkt **Kap. 4** 2

Lieferantenrahmenvertrag **Kap. 5** 5, **Kap. 9** 23
Liefervertrag **Kap. 5** 3
- AGB-Inhaltskontrolle **Kap. 5** 15

Liquiditätsrisiko **Kap. 4** 78
Löschwasser **Kap. 8** 21

M

Managementprämie **Kap. 4** 49 f.
- EEG-Strom **Kap. 4** 55

Margin
- Initial **Kap. 4** 31
- Variation **Kap. 4** 31

Market-Clearing-Preis **Kap. 4** 22
Marktabgrenzung **Kap. 7** 110 ff.
- Auswirkungen **Kap. 7** 120 ff.
- kartellrechtliche Folgen **Kap. 7** 121
- räumliche **Kap. 7** 118 ff.
- sachliche **Kap. 7** 112 ff.
- zivilrechtliche Folgen **Kap. 7** 122 ff.

marktbeherrschendes Unternehmen
- Preisanpassungsklausel **Kap. 5** 50

Marktgleichgewicht **Kap. 2** 10 ff.
- Angebotsfunktion **Kap. 2** 14 ff.
- Nachfragefunktion **Kap. 2** 14 ff.

Marktgleichgewichtspreis **Kap. 2** 1
Marktmanipulation **Kap. 2** 30
Marktmechanismus **Kap. 2** 10 ff.
Marktprämie **Kap. 3** 60, **Kap. 4** 45 ff.
- EEG-Strom **Kap. 4** 52
- optionale **Kap. 4** 49

Marktpreisrisiko **Kap. 2** 59 ff., **Kap. 4** 77
- Bewertung **Kap. 2** 65 ff.
- Mean-Reverting-Prozess **Kap. 2** 68
- Ornstein-Uhlenbeck-Prozess **Kap. 2** 68
- Portfoliomanager **Kap. 2** 65
- Value-at-Risk-Ansatz **Kap. 2** 67
- Volatilität **Kap. 2** 66
- Wiener-Prozess **Kap. 2** 69

Markttransparenzstelle **Kap. 2** 30
Marktverantwortung **Kap. 9** 3 f.
Mean-Reverting-Prozess **Kap. 2** 68
Mengenpreis
- Fixkosten **Kap. 8** 23
- variable Kosten **Kap. 8** 23

Mengenprognose
- Herausforderung **Kap. 2** 71 ff.

Mengenrisiko **Kap. 4** 79
Merit-Order-Verfahren **Kap. 2** 38, **Kap. 2** 55
MiFID II **Kap. 4** 10, **Kap. 4** 100 ff.
Mindesteffizienzwert **Kap. 9** 60
Mindeststeuersatz **Kap. 10** 9
mittelbarer Preisrepräsentant **Kap. 7** 52, **Kap. 7** 83
- Wirksamkeit **Kap. 7** 52

Monopol **Kap. 2** 18 ff.
- Wasserversorgung **Kap. 8** 1

Monopolpreis **Kap. 2** 18 ff.
Moratorium **Kap. 3** 15
MTF **Kap. 4** 101
MTSG **Kap. 4** 106 ff.

N

Nachtragsvereinbarung **Kap. 7** 99 ff.
Nachweisführung
- Energiemanagementsystem **Kap. 10** 42
- Regelverfahren **Kap. 10** 44
- Umweltmanagementsystem **Kap. 10** 42

NCG **Kap. 4** 25, **Kap. 4** 42
Netzanschlussvertrag **Kap. 5** 5 ff.
Netzbetreiber
- Dokumentationspflicht **Kap. 9** 42
- Eigenkapitalverzinsung **Kap. 9** 4
- gesetzliche Pflichten **Kap. 9** 3
- Marktverantwortung **Kap. 9** 3 f.

Netzentgelte **Kap. 1** 11 ff., **Kap. 9** 1 ff.
- Eigenerzeugung **Kap. 9** 12
- Energiepreisentwicklung **Kap. 9** 5 ff.
- Ermittlung **Kap. 9** 82 ff.
- Genehmigung **Kap. 9** 36 ff.
- geschlossenes Verteilernetz **Kap. 9** 47
- Haushaltskunde **Kap. 1** 11 ff
- individuelle **Kap. 9** 138 f.
- Netzinvestitionen **Kap. 9** 9 ff., **Kap. 9** 19
- kostenorientierte Ermittlung **Kap. 9** 82 ff.
- vermiedene **Kap. 9** 137

Netzentgeltermittlung **Kap. 9** 82 ff.
- aufwandsgleiche Kostenpositionen **Kap. 9** 89, **Kap. 9** 96 ff.
- berücksichtigungsfähige Kostenarten **Kap. 9** 85 ff.
- Einzelkosten des Netzes **Kap. 9** 91
- kalkulatorische Kostenpositionen **Kap. 9** 86, **Kap. 9** 90, **Kap. 9** 100 ff.
- Kostenartenrechnung **Kap. 9** 82 ff., **Kap. 9** 85 ff.

- Kostenstellenrechnung **Kap. 9** 82 ff., **Kap. 9** 126 ff.
- Kostenträgerrechnung **Kap. 9** 82 ff., **Kap. 9** 131 ff.
- Netzkostenermittlung **Kap. 9** 85 ff.
- Plankosten **Kap. 9** 98 f.

Netzentgeltgenehmigung **Kap. 9** 36 ff.
- Kundenanlagen **Kap. 9** 48
- Regulierungsbehörde **Kap. 9** 38 ff.
- Verteilernetzbetrieb **Kap. 9** 38
- Vorgaben **Kap. 9** 40 ff.

Netzentgeltregulierung **Kap. 9** 4 ff., **Kap. 9** 26 ff.
- EnWG 2005 **Kap. 9** 32 ff.

Netzentgeltüberprüfung **Kap. 9** 167 ff.

Netzfinanzierung
- Entsolidarisierung **Kap. 9** 13

Netzinvestitionen
- Refinanzierung **Kap. 9** 19

Netzkosten
- Ermittlung **Kap. 9** 82 ff.

Netzkostenermittlung **Kap. 9** 82 ff., **Kap. 9** 85 ff., **Kap. 9** 92
- kostenmindernde Erlöse und Erträge **Kap. 9** 92
- Vergleichsverfahren **Kap. 9** 87 f.

Netznutzungsentgelt **Kap. 9** 1 ff.
- Eigenerzeugung **Kap. 9** 12 f.
- Eilrechtsschutz **Kap. 9** 159 ff.
- Energiepreisentwicklung **Kap. 9** 5 ff.
- Ex-ante-Genehmigung **Kap. 9** 22
- Ex-post-Überprüfung **Kap. 9** 22
- Netzentgeltüberprüfung **Kap. 9** 167 ff.
- Rechtsschutz **Kap. 9** 149 ff.
- Verpflichtungsbeschwerde **Kap. 9** 149 ff.
- Weitergabe **Kap. 5** 70 f.

Netznutzungsvertrag **Kap. 5** 5 ff., **Kap. 9** 23
- Preisanpassungsklausel **Kap. 5** 7
- separater **Kap. 5** 5

netzwirtschaftliche Verträge **Kap. 5** 5 ff.

Netzzugang
- diskriminierungsfreier **Kap. 9** 18
- regulierter **Kap. 9** 21 ff.
- Regulierung **Kap. 9** 14 ff.
- Standardangebot **Kap. 9** 24
- verhandelter **Kap. 9** 21, **Kap. 9** 24, **Kap. 9** 27 ff.
- vertragliche Umsetzung **Kap. 9** 23

Netzzugangsbedingungen
- Reform **Kap. 9** 32 ff.

Nichttarifkunde
- Preisanpassungsrecht **Kap. 8** 29 ff.
- Prüfungsmaßstäbe **Kap. 8** 66 ff.
- Wasserpreis **Kap. 8** 14 f.
- Wasserpreiskontrolle **Kap. 8** 65 ff.

O

OFT **Kap. 4** 10
OLG Düsseldorf
- Berliner Wasserbetriebe **Kap. 8** 79

OLG Stuttgart
- Calw II **Kap. 8** 82

Oligopol **Kap. 2** 23 ff.
Optimierungsmöglichkeit
- CO_2-Kosten, indirekte **Kap. 10** 6 ff.
- EEG-Umlage **Kap. 10** 6 ff.
- Stromsteuer **Kap. 10** 6 ff.

Optionen **Kap. 4** 35 ff.
- Call **Kap. 4** 35
- Optionsprämie **Kap. 4** 36 f.
- Put **Kap. 4** 35

Optionsprämie **Kap. 4** 36 f.
Organisationshandbuch **Kap. 4** 83 ff.
Ornstein-Uhlenbeck-Prozess **Kap. 2** 68
- Wiener-Prozess **Kap. 2** 69

OTC-Geschäft **Kap. 4** 3
OTC-Handel **Kap. 3** 58
- Gasgroßhandel **Kap. 4** 28 f.
- Spotmarkt **Kap. 4** 29

OTC-Markt **Kap. 4** 5, **Kap. 4** 15
- Großhandel **Kap. 4** 5
- Stromgroßhandel **Kap. 4** 15

OTF **Kap. 4** 101
Out-of-area-Geschäft **Kap. 2** 89
Output-Befreiung **Kap. 10** 12
- Grüner Strom **Kap. 10** 19 ff.

P

Pancaking **Kap. 9** 130
Pauschalpreis **Kap. 5** 60
Pauschalpreissystem **Kap. 5** 61 ff.
Pay-as-bid-Verfahren **Kap. 3** 62
PEGAS **Kap. 4** 41
periodenübergreifende Saldierung
- Anreizregulierung **Kap. 9** 93

Phelix **Kap. 4** 24
- Base **Kap. 4** 24
- Peak **Kap. 4** 24

Phelix-Futures **Kap. 4** 31 ff.

physische Wälzung **Kap. 4** 47
physischer Future **Kap. 4** 43
Plankosten **Kap. 9** 98 f.
- Ansatzfähigkeit **Kap. 9** 99
Plankostenverbot **Kap. 9** 99
Planwerte
- Ansatzfähigkeit **Kap. 9** 99
Portfoliomanagement **Kap. 4** 72
Portfoliomanager **Kap. 2** 65
Preisänderungsklausel
- automatische **Kap. 7** 3 ff.
- Billigkeitskontrolle **Kap. 7** 9
- Gaspreis **Kap. 7** 6
- Strompreis **Kap. 7** 6
Preisänderungsvorbehalt **Kap. 5** 9 f.
- Inhaltskontrolle **Kap. 5** 17
- Rechtsprechungspraxis **Kap. 5** 11
- Sonderkundenvertrag **Kap. 5** 10
- Sonderkündigungsrecht **Kap. 5** 23
- vertragliche **Kap. 5** 12
Preisanpassung **Kap. 1** 21 ff., **Kap. 5** 60
- AGB **Kap. 5** 14 f.
- durch öffentliche Bekanntgabe **Kap. 5** 64 f.
- einseitige Vertragskündigung **Kap. 1** 20
- gerichtliche Überprüfung **Kap. 1** 21 ff.
- Rechtsrahmen **Kap. 5** 11 ff.
- Schutzzweck **Kap. 5** 16
- Tarifmodell **Kap. 8** 32 ff.
- vertragliche Vorgaben **Kap. 5** 14 ff.
Preisanpassungsklausel **Kap. 1** 21 ff., **Kap. 5** 1
- Abwasserpreis **Kap. 8** 89
- AGB-Kontrolle **Kap. 5** 95, **Kap. 8** 29
- Anforderung **Kap. 5** 94 f.
- automatische **Kap. 1** 21 ff.
- BGH **Kap. 6** 29 ff.
- Billigkeitskontrolle **Kap. 8** 30
- einseitige **Kap. 8** 30
- EltRL **Kap. 6** 29 ff.
- Energiepreis **Kap. 5** 60 ff.
- EuGH **Kap. 6** 29 ff.
- Gasliefervertrag **Kap. 5** 38
- Inhaltskontrolle **Kap. 5** 17
- Kostenelementeklausel **Kap. 5** 67 ff.
- marktbeherrschendes Unternehmen **Kap. 5** 50
- Netznutzungsvertrag **Kap. 5** 7
- Steuern, Abgaben, hoheitliche Belastungen **Kap. 5** 52 ff.
- Transparenzgebot **Kap. 5** 37
- Unangemessenheit **Kap. 5** 36
- Vertragslaufzeit **Kap. 5** 2
- Wirksamkeitsanforderungen **Kap. 6** 29 ff.
Preisanpassungsrecht **Kap. 6** 13, **Kap. 6** 15 ff.
- Abwasserpreis **Kap. 8** 85 ff.
- AGB **Kap. 6** 19
- einseitiges **Kap. 6** 28
- gesetzliches **Kap. 8** 31
- Nichttarifkunde **Kap. 8** 29 ff.
- Sonderkundenvertrag **Kap. 6** 18 f., **Kap. 6** 29 f.
- Wasserversorgung **Kap. 8** 27 ff.
Preisanpassungsregeln
- Energiewirtschaft **Kap. 5** 3 f.
- Sonderkundenvertrag **Kap. 5** 1 ff.
Preisbestandteil
- Energiepreis **Kap. 1** 4 ff.
Preisbestimmung
- nach billigem Ermessen **Kap. 1** 23
Preisblatt **Kap. 7** 72, **Kap. 7** 97
Preisbildung
- Energiepreis **Kap. 1** 4 ff.
Preisentwicklung
- Grundversorgung **Kap. 1** 19
Preisgestaltung
- Preisanpassungsklausel **Kap. 5** 60
Preiskalkulation **Kap. 2** 1 ff.
Preisprognose **Kap. 2** 49 ff.
- Herausforderung **Kap. 2** 71 ff
- langfristige Prognose **Kap. 2** 55
- Parameter **Kap. 2** 53
- qualitative Methode **Kap. 2** 50 ff.
- quantitative Methoden **Kap. 2** 50 ff.
Preisprüfung
- Ausgangspreis **Kap. 6** 55 ff.
- Billigkeitsnachweis **Kap. 6** 68 ff., **Kap. 6** 72 ff., **Kap. 6** 77 ff.
- Billigkeitsprüfung **Kap. 6** 44, **Kap. 6** 50 ff., **Kap. 6** 56
- Gegenstand der Prüfung **Kap. 6** 54 ff.
- gerichtliche **Kap. 6** 40 ff.
- gerichtliche Zuständigkeit **Kap. 6** 41 ff.
- Gesamtpreis **Kap. 6** 54 ff.
- gestiegene Bezugskosten **Kap. 6** 72 ff.
- Preisänderung **Kap. 6** 54, **Kap. 6** 60 ff.
- Preissockel **Kap. 6** 60 ff.
- Prüfungsumfang **Kap. 6** 65 ff.
- Senkungspotential **Kap. 6** 77 ff.
Preissenkungsverfügung **Kap. 8** 72

Preissetzungskorridor **Kap. 2** 90 ff.
Preissockel **Kap. 6** 60 ff.
- Wasserpreis **Kap. 8** 61 ff.
Prinzip der Kostenwälzung **Kap. 9** 129
Prinzipien des öffentlichen Finanzgebahren **Kap. 8** 52 ff.
- Abwasserpreis **Kap. 8** 88
Prodkutionsmenge, relevante
- Bestimmung **Kap. 10** 87
Prozesswärme **Kap. 7** 36
Put **Kap. 4** 35

Q
Qualitätsregulierung **Kap. 9** 66

R
räumlicher Zusammenhang
- Begriff **Kap. 10** 26
Regelenergie **Kap. 3** 61 f.
Regelenergiekraftwerk **Kap. 3** 62
Regulierungsbehörde **Kap. 9** 19
- Netzentgeltgenehmigung **Kap. 9** 38 ff.
Regulierungskonto **Kap. 9** 75
REMIT **Kap. 4** 10, **Kap. 4** 106 ff.
retrograde Deckungsbeitragsrechnung **Kap. 2** 89
Revenue Cap **Kap. 9** 19
Risikohandbuch **Kap. 4** 83 ff.
Risikomanagement **Kap. 4** 75 ff.
- Handlungsrichtlinie **Kap. 4** 83 ff.
- Kontrahentenausfallrisiko **Kap. 4** 80
- Liquiditätsrisiko **Kap. 4** 78
- Marktpreisrisiko **Kap. 4** 77
- Mengenrisiko **Kap. 4** 79
- Organisationshandbuch **Kap. 4** 83 ff.
- Reporting **Kap. 4** 86
- Risikobewertung **Kap. 4** 76 ff.
- Risikofestlegung **Kap. 4** 76 ff.
- Risikohandbuch **Kap. 4** 83 ff.
- Risikorichtlinie **Kap. 4** 83 ff.
- Überwachung **Kap. 4** 86
Risikorichtlinie **Kap. 4** 83 ff.
Rückzahlungsanspruch
- Verjährung **Kap. 8** 60

S
Schienenbahnen **Kap. 10** 71 f.
- 20-%-Deckel **Kap. 10** 71 f.
- Begriff **Kap. 10** 51

- EEG-Umlage **Kap. 10** 71 f.
Schutzzweck
- Preisanpassung **Kap. 5** 16
Sektorenuntersuchung **Kap. 7** 121
Selbstverbrauch
- Stromentnahme **Kap. 10** 27
separiertes Preissystem **Kap. 5** 60, **Kap. 5** 66 ff.
- Sonderkündigungsrecht **Kap. 5** 72 ff.
Sonderkundenliefervertrag
- AGB-Recht **Kap. 5** 40
Sonderkundenvertrag **Kap. 5** 8 ff.
- Abgrenzung zur Grundversorgung **Kap. 6** 18 ff.
- GVV-Klausel **Kap. 5** 49
- Inhaltskontrolle **Kap. 5** 17
- Preisanpassungsrecht **Kap. 6** 18 f., **Kap. 6** 29 f.
- Preisanpassungsregeln **Kap. 5** 1 ff., **Kap. 5** 51 ff.
- Preisbestandteile **Kap. 5** 51 ff.
- Preise **Kap. 5** 51 ff.
Sonderkündigungsrecht
- Preisänderungsvorbehalt **Kap. 5** 23
Spark Spread **Kap. 3** 49
Sparten-GuV **Kap. 9** 96
Sperrrecht **Kap. 6** 14
Spitzenausgleich **Kap. 10** 39 ff.
- Unternehmen des Produzierenden Gewerbes **Kap. 10** 39
Spitzenlast **Kap. 4** 14
Spotbörse **Kap. 4** 16 ff.
- Fahrplan **Kap. 4** 19
- Funktionsweise **Kap. 4** 16 ff.
- Gebot **Kap. 4** 20 ff.
- Gebotskurve **Kap. 4** 22
Spotgeschäft **Kap. 2** 33
Spotmarkt **Kap. 2** 35, **Kap. 2** 43, **Kap. 4** 6, **Kap. 4** 11 ff.
- Absatzportfolio **Kap. 4** 11
- Beschaffungsportfolio **Kap. 4** 11
- Blockpreis **Kap. 4** 23
- Day-ahead-Handel **Kap. 4** 6, **Kap. 4** 26
- Day-ahead-Markt **Kap. 4** 11
- Gasgroßhandel **Kap. 4** 25 ff.
- Gleichgewichtspreis **Kap. 4** 22 f.
- Großhandel **Kap. 4** 6
- Grundlast **Kap. 4** 14
- Intraday-Markt **Kap. 4** 11
- Lastentyp **Kap. 4** 14

- Market-Clearing-Preis **Kap. 4** 22
- OTC-Handel **Kap. 4** 29
- Phelix **Kap. 4** 24
- Portfolio **Kap. 4** 11
- Preisbildung **Kap. 2** 72
- Preisermittlung **Kap. 4** 20 ff.
- Referenzpreis **Kap. 4** 10
- Spitzenlast **Kap. 4** 14
- Strom **Kap. 4** 13 ff.

Spread **Kap. 3** 48 f., **Kap. 4** 41
- Bid-ask-Spread **Kap. 4** 41
- Clean Spark Spread **Kap. 3** 51
- Clean Spread **Kap. 3** 55 f.
- Dark Spread **Kap. 3** 49
- Spark Spread **Kap. 3** 49

Steinkohle **Kap. 3** 9 f.
- Stromerzeugung **Kap. 3** 9 f., **Kap. 3** 25
- Stromerzeugungsanlage **Kap. 3** 9 f., **Kap. 3** 22, **Kap. 3** 34, **Kap. 3** 41, **Kap. 3** 44, **Kap. 3** 53 ff.

Steuerentlastung **Kap. 10** 18
- Geltendmachung **Kap. 10** 34
- Nutzenergie **Kap. 10** 38
- Sonderfälle **Kap. 10** 39 ff.
- Unternehmen der Land- und Forstwirtschaft **Kap. 10** 35 ff.
- Unternehmen des Produzierenden Gewerbes **Kap. 10** 33, **Kap. 10** 35 ff.
- Voraussetzung **Kap. 10** 40 f.

Steuern- und Abgabenklauseln **Kap. 5** 52
- AGB **Kap. 5** 54
- Inhaltskontrolle **Kap. 5** 54
- Umlagen **Kap. 5** 57 ff.

Steuertarif
- regulär **Kap. 10** 9
- verringert **Kap. 10** 9

stillschweigender Vertrag **Kap. 7** 24 ff.
- Fernwärme **Kap. 7** 24 ff.

Strom aus erneuerbaren Energieträgern
- Begriff **Kap. 10** 20

Strom aus kleinen Anlagen **Kap. 10** 22 ff.

Strom zur Stromerzeugung
- Input-Befreiung **Kap. 10** 14 ff.

Strombörse **Kap. 2** 37

Stromentnahme
- Begriff **Kap. 10** 37
- Selbstverbrauch **Kap. 10** 27

Stromerzeuger

- emissionshandelspflichtige Anlage **Kap. 10** 75

Stromerzeugung **Kap. 3** 1 ff., **Kap. 3** 29 f., **Kap. 10** 15
- Braunkohle **Kap. 3** 4 f., **Kap. 3** 19, **Kap. 3** 25
- Eigenversorgung an Indurstriestandorten **Kap. 3** 59
- Emissionen **Kap. 3** 5
- Erdgas **Kap. 3** 16 f., **Kap. 3** 23
- Erneuerbare Energien **Kap. 3** 6 ff., **Kap. 3** 20
- Erzeugerlandschaft in der BRD **Kap. 3** 3 ff.
- Fermenter **Kap. 10** 16
- Flexibilitäten **Kap. 4** 61 ff.
- Industriekraftwerk **Kap. 3** 59
- Kernenergie **Kap. 3** 11 ff., **Kap. 3** 21
- Kohlevorrang **Kap. 3** 57 ff.
- regionale Verteilung **Kap. 3** 25 ff.
- Steinkohle **Kap. 3** 9 f., **Kap. 3** 22, **Kap. 3** 25
- Steuerbarkeit der Anlagen **Kap. 3** 18 ff.
- Stromerzeugungsanlage **Kap. 3** 4 ff.
- Wärme **Kap. 3** 63
- Windenergie **Kap. 3** 25 f.

Stromerzeugungsanlage **Kap. 3** 4 ff., **Kap. 3** 29 f.
- Braunkohle **Kap. 3** 4 f., **Kap. 3** 19, **Kap. 3** 34, **Kap. 3** 41, **Kap. 3** 44, **Kap. 3** 53 ff.
- Erdgas **Kap. 3** 16 f., **Kap. 3** 23, **Kap. 3** 34 f., **Kap. 3** 41, **Kap. 3** 45 f., **Kap. 3** 53 ff.
- Erneuerbare Energien **Kap. 3** 6 ff., **Kap. 3** 20, **Kap. 3** 34 f., **Kap. 3** 36 ff., **Kap. 3** 43
- Grenzkraftwerk **Kap. 3** 57 ff.
- Kernenergie **Kap. 3** 11 ff., **Kap. 3** 21
- Kostenhierachie **Kap. 3** 42 ff.
- Kostenstruktur **Kap. 3** 31 ff.
- mehrere **Kap. 10** 25
- Steinkohle **Kap. 3** 9 f., **Kap. 3** 22, **Kap. 3** 34, **Kap. 3** 41, **Kap. 3** 44, **Kap. 3** 53 ff.
- Steuerbarkeit **Kap. 3** 18 ff.

Stromgestehungskosten
- fixe **Kap. 3** 32 ff.
- variable **Kap. 3** 32, **Kap. 3** 36

Stromgroßhandel **Kap. 4** 1 ff.
- 15-Minuten-Kontrakt **Kap. 4** 15
- Day-ahead-Markt **Kap. 4** 14
- Futures **Kap. 4** 32 ff.
- Intraday-Markt **Kap. 4** 14
- Optionen **Kap. 4** 35 ff.
- OTC-Markt **Kap. 4** 15

Stichwortverzeichnis — 305

- Spotbörse Kap. 4 16 ff.
- Spotmarkt Kap. 4 13 ff.
- Terminmarkt Kap. 4 32 ff.

Stromhandel
- Day-ahead-Handel Kap. 4 2, Kap. 4 6
- Intraday-Handel Kap. 4 2

Stromkosten
- Optimierungsmöglichkeiten Kap. 10 1 ff.

Stromliefervertrag Kap. 5 8 ff.

Strompreis
- Angebot und Nachfrage Kap. 2 41 ff.
- Angebotsverknappung Kap. 2 45
- anlegbarer Kap. 3 59
- Bildung Kap. 2 34 ff.
- Einflussfaktoren Kap. 2 41 ff.
- Entwicklung Kap. 1 7 ff.
- Haushaltskunde Kap. 1 7 ff.
- Kostenbestandteile Kap. 10 1
- Preisbestandteile Kap. 2 84 ff.
- Preisprognose Kap. 2 49 ff.
- Spotmarkt Kap. 2 43
- Strompreisverlauf Kap. 2 44
- Überkapazitäten Kap. 2 47
- Umlagemechanismus Kap. 10 1
- Zusammensetzung Kap. 1 4 ff., Kap. 1 16

Strompreisbestandteil
- Reduzierung Kap. 10 3
- staatliche Abgaben Kap. 1 9 ff.

Strompreisbildung Kap. 2 33 ff.
- Angebot und Nachfrage Kap. 2 33 ff.
- Grenzkraftwerk Kap. 2 39
- Merit-Order-Verfahren Kap. 2 37, Kap. 2 52

Strompreisentwicklung Kap. 1 7 ff., Kap. 9 6 ff.
- Energiewende Kap. 9 7 ff.

Strompreiskompensation
- Bruttowertschöpfung Kap. 10 97 f.
- CO_2-Kosten, indirekte Kap. 10 96 ff.
- DEHSt Kap. 10 89
- Eigenstromerzeugung Kap. 10 92 ff.
- fiktive Anrechnung Kap. 10 105 ff.
- Kapazitätserweiterung Kap. 10 90 f.
- Optimierungsmöglichkeiten Kap. 10 1 ff.
- Rechtsanspruch auf Beihilfe Kap. 10 104

Strompreisurteil Kap. 6 28, Kap. 6 48 f.

Stromsteuer
- Anmeldung Kap. 10 10
- Entlastungsmöglichkeit Kap. 10 6 ff.
- Optimierungsmöglichkeit Kap. 10 1 ff., Kap. 10 4, Kap. 1 6 ff.

Stromsteuerbefreiung Kap. 10 7, Kap. 10 12 ff.
- Grüner Strom Kap. 10 21
- Inanspruchnahme Kap. 10 17

Stromsteuergesetz Kap. 10 6

Stromsteuerpflicht Kap. 10 8 ff.

Stromverbrauch Kap. 1 2

Stromverkauf
- Ausschreibung für Regelenergie Kap. 3 61 f.
- Börse Kap. 3 58
- Direktvermarktung Kap. 3 60
- EEG Kap. 3 60
- fixe Vergütung Kap. 3 60
- Großhandelsmarkt Kap. 3 58
- Marktprämie Kap. 3 60
- OTC-Handel Kap. 3 58
- Pay-as-bid-Verfahren Kap. 3 62

Stromversorgung
- Industrie Kap. 3 59

strukturierte Energiebeschaffung Kap. 4 70 ff.
- Aufbauorganisation Kap. 4 87 ff.
- EEG Kap. 4 91 f.
- Organisation Kap. 4 74 ff.
- Preiskalkulation Kap. 4 91 f.
- rechtliche Anforderungen Kap. 4 94 ff.
- Risikomanagement Kap. 4 75 ff.
- Vertragsmangement Kap. 4 95 ff.

Substitutionswettbewerb Kap. 5 43

T

Tarifkunde
- billiges Ermessen Kap. 8 50 ff.
- öffentliches Finanzgebahren Kap. 8 50 ff.
- Preisanpassungsrecht Kap. 8 27 f.
- prozessual Kap. 8 56 ff.
- Wasserpreis Kap. 8 12
- Wasserpreiskontrolle Kap. 8 47 ff.

Tarifmodell
- atypisches Kap. 8 32 ff.
- Kommunalabgabengesetz Kap. 8 39 ff.
- Rechtsprechung Kap. 8 39 ff.
- Vorgaben Kap. 8 37 ff.

Tarifpreis
- Anpassung Kap. 2 80 ff.
- Kalkulation Kap. 2 86
- segmentspezifische Tarifpreiskalkulation Kap. 2 93 ff.

Tarifwechsel Kap. 1 25 ff.

Termingeschäft Kap. 2 33 f.

Terminkontrakt
- Preisbildung **Kap. 2** 73

Terminmarkt **Kap. 4** 30 ff.
- Arbitrage **Kap. 4** 30
- Call **Kap. 4** 35
- Futures-Kontrakt **Kap. 4** 31
- Gasgroßhandel **Kap. 4** 41 ff.
- Großhandel **Kap. 4** 30 ff.
- Initial Margin **Kap. 4** 31
- Optionen **Kap. 4** 35 ff.
- Phelix-Futures **Kap. 4** 31 ff.
- Put **Kap. 4** 35
- Spread **Kap. 4** 41
- Stromgroßhandel **Kap. 4** 32 ff.
- Variation Margin **Kap. 4** 31

Terminpreismarktpreisniveau **Kap. 2** 75 ff.
Top-Down-Kalkulation **Kap. 2** 87 ff.
Tranchenvertrag **Kap. 4** 72
Transparenzgebot **Kap. 5** 30 ff.
Transparenzverordnung **Kap. 4** 106 ff.
TTF **Kap. 4** 25

U

Übertragungsnetzbetreiber **Kap. 9** 9
- Effizienzwert **Kap. 9** 65
- Investitionen **Kap. 9** 9

Umwelt-/Energiebeihilfeleitlinien **Kap. 10** 49
Umweltmanagementsystem **Kap. 10** 40 f., **Kap. 10** 57
- Nachweisführung **Kap. 10** 42

Unternehmen der Land- und Forstwirtschaft
- Nutzenergie **Kap. 10** 38
- Steuerentlastung **Kap. 10** 35 ff.

Unternehmen des Produzierenden Gewerbes
- Nutzenergie **Kap. 10** 38
- Spitzenausgleich **Kap. 10** 39
- Steuerentlastung **Kap. 10** 35 ff.

Unternehmensneugründung
- besondere Ausgleichsregelung **Kap. 10** 58

Unternehmensteil, selbständiger
- besondere Ausgleichsregelung **Kap. 10** 60 f.

Unternehmensumwandlung
- besondere Ausgleichsregelung **Kap. 10** 59

V

Value-at-risk-Ansatz **Kap. 2** 67
Variation Margin **Kap. 4** 31

Verbot der geltungserhaltenden Reduktion **Kap. 5** 15
Verbot von unangemessenen Benachteiligungen **Kap. 5** 19
Verbraucher
- HEL-Klausel **Kap. 5** 89 ff.

Verdoppelungsverbot
- EEG-Umlage **Kap. 10** 67

Vergleichsmarktkonzept
- Wasserpreismissbrauch **Kap. 8** 77 ff.

Verjährung
- Wasserpreis **Kap. 8** 60

Vermarktungsportfolio **Kap. 4** 53 ff.
- Auflösung **Kap. 4** 53 ff.

vermiedene Netzentgelte **Kap. 9** 137
Verpflichtungsbeschwerde **Kap. 9** 149 ff.
- Beiladung **Kap. 9** 158
- Beteiligungskontinuität **Kap. 9** 155

Versorgerpreise **Kap. 6** 29 ff.
- deutsche **Kap. 6** 29 ff.
- Einfluss europäisches Recht **Kap. 6** 29 ff.

Versorgerwechsel
- Preisänderung **Kap. 1** 20

Versorgungsunterbrechung **Kap. 6** 14
- Grundversorgung **Kap. 6** 14

Versorgungsvertrag
- Preisanpassung **Kap. 5** 1

Verteilernetzbetreiber **Kap. 9** 10
- Netzausbaumaßnahme **Kap. 9** 10
- Netzinvestitionen **Kap. 9** 10

Vertrag zur Netzzugangsabwicklung **Kap. 5** 3
Vertragsmangement **Kap. 4** 95 ff.
Vertriebskosten **Kap. 1** 14
Volatilität **Kap. 2** 66
Vollversorgungsvertrag **Kap. 4** 70
- Tranchenvertrag **Kap. 4** 72

Verbändevereinbarung Strom **Kap. 9** 29
Verbändevereinbarung Gas **Kap. 9** 30

W

Warenderivat **Kap. 4** 10
Wärmemarkt **Kap. 7** 59 ff., **Kap. 7** 109 ff.
- allgemeiner **Kap. 7** 59
- einheitlicher **Kap. 7** 113 ff.
- Kostenentwicklung **Kap. 7** 67
- Marktabgrenzung **Kap. 7** 110 ff.
- räumliche Marktabgrenzung **Kap. 7** 118 ff.
- sachliche Marktabgrenzung **Kap. 7** 112 ff.

- Substitutionswettbewerb **Kap. 7** 113, **Kap. 7** 118

Wärmepreisänderung
- Fernwärme **Kap. 7** 1 ff.

Wärmepreisänderungsklausel
- Abgasverbrennung **Kap. 7** 74, **Kap. 7** 77
- AGB **Kap. 7** 5 ff.
- Änderung **Kap. 7** 93 ff.
- Änderungskündigung **Kap. 7** 94 ff.
- Anforderungen **Kap. 7** 41 ff.
- Bereitstellungskosten **Kap. 7** 47
- Beurteilungszeitpunkt **Kap. 7** 83 ff.
- Billigkeitskontrolle **Kap. 7** 106
- Brennstoffkosten **Kap. 7** 72 f.
- einheitlicher Index **Kap. 7** 71
- einseitige Anpassung **Kap. 7** 102 ff.
- Erzeugungskosten **Kap. 7** 46
- Gaspreis **Kap. 7** 63
- Gewichtung Bemessungsfaktoren **Kap. 7** 75 ff.
- Grundsatz der Kostenorientierung **Kap. 7** 44
- HEL-Index **Kap. 7** 83
- Individualvereinbarung **Kap. 7** 37 ff.
- Industriekunden **Kap. 7** 34 ff.
- Investitionskosten **Kap. 7** 48
- Kalkulation **Kap. 7** 106
- Kartellverstoß **Kap. 7** 125
- Kostenechtheit **Kap. 7** 44
- Kostenelement **Kap. 7** 43 ff.
- KWK-Anlage **Kap. 7** 75 f.
- Laufzeit **Kap. 7** 83
- Lohnkosten **Kap. 7** 47
- Marktelement **Kap. 7** 59 ff.
- Mischindex **Kap. 7** 63
- mittelbare Kostenorientierung **Kap. 7** 49 ff.
- mittelbarer Preisrepräsentant **Kap. 7** 83
- Müllverbrennung **Kap. 7** 75, **Kap. 7** 77
- nachträgliche Rechtsänderung **Kap. 7** 84
- Nachtragsvereinbarung **Kap. 7** 99 ff.
- öffentliche Bekanntgabe **Kap. 7** 102
- ordentliche Vertragskündigung **Kap. 7** 94 ff.
- Preisblatt **Kap. 7** 73
- Preiserhöhung **Kap. 7** 80
- Preisindex **Kap. 7** 51
- Preissenkung **Kap. 7** 80
- Primärenergie **Kap. 7** 73
- stillschweigender Vertrag **Kap. 7** 28 ff.
- Transparenzgebot **Kap. 7** 78 ff.
- Voraussetzungen **Kap. 7** 33 ff.
- vorformulierte **Kap. 7** 41 ff.
- Vorhaltekosten **Kap. 7** 48
- Wirksamkeit **Kap. 7** 28

Wärmepreisänderungsrecht
- Rechtsfolge **Kap. 7** 19 f.

Wassergebühr **Kap. 8** 10

Wasserpreis **Kap. 8** 3, **Kap. 8** 9 ff.
- ansatzfähige Kosten **Kap. 8** 16 f.
- Ausgangslage **Kap. 8** 1 ff.
- Billigkeitskontrolle **Kap. 8** 56 ff.
- Gestaltung **Kap. 8** 1 ff.
- Grundpreis **Kap. 8** 12
- Kalkulation **Kap. 8** 9
- kartellrechtliche Missbrauchsverfahren **Kap. 8** 9
- Kontrolle **Kap. 8** 1 ff.
- Mengenpreis **Kap. 8** 12
- Nichttarifkunde **Kap. 8** 14 f.
- Preisanpassung **Kap. 8** 12 ff.
- Preisanpassungsrecht **Kap. 8** 27 ff.
- Preisbildung **Kap. 8** 12 ff.
- Preiskomponenten **Kap. 8** 12 ff.
- Preissockel **Kap. 8** 61 ff.
- Rahmenbedingungen **Kap. 8** 1 ff.
- Tarifkunde **Kap. 8** 12

Wasserpreiskalkulation **Kap. 8** 18 f.
- Gründe **Kap. 8** 18

Wasserpreiskontrolle
- durch Kartellbehörde **Kap. 8** 68 ff.
- durch Kunden **Kap. 8** 46 ff.
- Kontrollmaßstab **Kap. 8** 74 ff.
- Nichttarifkunde **Kap. 8** 65 ff.
- Tarifkunde **Kap. 8** 46 ff.

Wasserpreismissbrauch
- Kostenkontrolle **Kap. 8** 81 f.
- Vergleichsmarktkonzept **Kap. 8** 77 ff.

Wasserversorger
- Anschluss-/Benutzungszwang **Kap. 8** 47
- Baukostenzuschuss **Kap. 8** 13
- Rechtsgrundlagen **Kap. 8** 3 ff.

Wasserversorgung
- AVBWasserV **Kap. 8** 6
- Beitrags-/Gebührensatzung **Kap. 8** 5
- Billigkeitskontrolle **Kap. 8** 6
- Durchleitungsrecht **Kap. 8** 1
- Entgeltregulierung **Kap. 8** 7
- kartellrechtliche Kostenkontrolle **Kap. 8** 25

- Kommunalabgabengesetz **Kap. 8** 5
- Kosten **Kap. 8** 20 f.
- mit Vereinbarung **Kap. 8** 29 ff.
- Monopol **Kap. 8** 1
- öffentlich-rechtliche **Kap. 8** 5
- ohne Vereinbarung **Kap. 8** 31
- Preisanpassungsklausel **Kap. 8** 28
- privatrechtliche **Kap. 8** 6
- Rahmenbedingungen **Kap. 8** 1 ff.
- Rückzahlungsanspruch **Kap. 8** 60

Wasserversorgungsvertrag
- billiges Ermessen **Kap. 8** 50
- öffentliches Finanzgebahren **Kap. 8** 52

Wasserwirtschaft **Kap. 8** 1
Wasserzähler **Kap. 8** 12
Wettbewerb
- perfekter **Kap. 2** 28

Wiener-Prozess **Kap. 2** 69
Windenergie
- Stromerzeugung **Kap. 3** 25 f.

Within-day-Handel **Kap. 4** 27
- Gasgroßhandel **Kap. 4** 27

Y
Yardstick-Regulierung **Kap. 9** 81

Z
zentrale Steuerung
- Begriff **Kap. 10** 24
- zur Wärmeerzeugung **Kap. 10** 24